वाणी प्रकाशन
4695, 21-ए, दरियागंज, नयी दिल्ली 110 002
फ़ोन : +91 11 23273167 फ़ैक्स : +91 11 23275710
शाखाएँ
अशोक राजपथ, पटना 800 004, बिहार
कॉफ़ी हाउस कैम्पस, महात्मा गांधी मार्ग, इलाहाबाद 211 001, उत्तर प्रदेश
महात्मा गांधी अन्तरराष्ट्रीय हिन्दी विश्वविद्यालय, वर्धा 442 001, महाराष्ट्र
सुल्तानिया रोड, मोतिया पार्क, भोपाल 462 001, मध्य प्रदेश
www.vaniprakashan.com
marketing@vaniprakashan.in
sales@vaniprakashan.in

RAMDARASH MISHRA : VYAKTI AUR ABHIYAKTI
Edited by Jagan Sigh and Smita Mishra
ISBN : 978-81-7055-689-3
Criticism

प्रथम संस्करण 1999
मूल्य : ₹595

सिटी प्रेस, दिल्ली-110 095 में मुद्रित

वाणी प्रकाशन का लोगो मक़बूल फ़िदा हुसेन की कूची से

सम्पादकीय

साहित्य की विविध विधाओं में श्रेष्ठ और सार्थक लेखन करने वाले कवि, रामदरश मिश्र 15 अगस्त, 1999 को अपने जीवन के पचहत्तर वर्ष पूरे कर रहे हैं। उनकी लम्बी रचना-यात्रा साहित्य के अनेक मोड़ों से गुज़री है। वह बदलती हुई संवदेनात्मक छवियों, सामाजिक और मानवीय प्रश्नों एवं मूल्य-चिन्ताओं को सहज और सजग रूप से अपने में उतारती रही है। गाँव की मिट्टी से बना उनका लोक-मन इस समूची यात्रा में न तो कृत्रिम आधुनिक चमक से चमत्कृत हुआ है, न किसी अनुभूत आयातित वाद के दबाव में आया है। अपने परिवेश के साथ उनकी गहरी संपृक्ति ने उनकी रचनाओं को हमेशा गहरी विश्वसनीयता तथा संवेदनशीलता प्रदान की है।

हमें लगा कि इस अवसर पर मिश्र जी की साहित्य साधना के प्रति अपना अपनत्व भाव व्यक्त करने का सर्वोत्तम तरीका यही होगा कि विभिन्न लेखकों और साहित्य-चिन्तकों के विचारों के माध्यम से उनके साहित्य की यात्रा की जाय तथा उनके मित्रों और आत्मीयों के अनुभवों की राह से उनके व्यक्तित्व में बैठा जाये।

हमें बड़ी प्रसन्नता है कि इस साहित्यिक आयोजन की कई पीढ़ियों और विचारधाराओं के लेखकों का उत्फुल्ल रचनात्मक सहयोग प्राप्त हुआ है। हम हृदय से उनके आभारी हैं।

अनुक्रम

अभिव्यक्ति-3 277

व्यक्ति

डॉ. रामदरश मिश्र–जितना मैं जान सका

विष्णु प्रभाकर

कवि ने कहा है "भारत माता ग्रामवासिनी" अर्थात् भारत गांव में बसता है। लेकिन आज का युग तो नगरों का है। और जब गांव का निवासी नगर में आकर बसने को विवश हो जाता है, तो उसकी मानसिक स्थिति क्या होती है, इसकी झलक और गहरी पीड़ा डा. रामदरश मिश्र के व्यक्तित्व और साहित्य में मिलती है। ठीक याद नहीं, मैं कहीं जा रहा था–सामने से देखता हूं कि तीन प्राध्यापक और साहित्यकार चले आ रहे हैं। बीच में हैं दीर्घकाय कुर्त्ता-धोती पहने, आंखों से सहज मुस्कान बिखेरते डा. रामदरश मिश्र। और उनके दोनों और नातिदीर्घ-काया वाले दो सहयोगी प्राध्यापक। याद नहीं वे कौन थे, पर थे आधुनिक बुद्धिजीवी ही। बुद्धिजीवी तो डा. रामदरश मिश्र भी हैं; लेकिन प्रथम दृष्टि में मुझे ऐसा लगा कि देहात का कोई प्रबुद्ध व्यक्ति, प्रबुद्ध होकर भी अपने को देहात से मुक्त नहीं कर पा रहा है।

आज भी मेरे मन पर उनकी वही छवि अंकित है और उनके समूचे साहित्य में बार-बार वही द्वन्द्व मुखर हो उठता है। और मन पर वह प्रभाव छोड़ जाता है कि "नगर में आ निकला, देहात की माटी की सौंधी-सौंधी गंध लिये, एक इन्सान जो यहां की प्रकृति और संस्कृति से दूषित वातावरण से संघर्ष कर रहा है, याद करके गांव गोट के संघर्षशील नर-नारियों को। वहां के प्रदूषण से वह बेखबर हो, ऐसा नहीं है। जमींदार, महाजन और राजनीति के शिकंजे में तड़पते, निपट देहातियों में भी वह खोज लेता है संघर्षशील इन्सानों को।"

मैंने चर्चा की है उनकी अन्तर तक को भिगो देने वाली सहज मुस्कान की, लेकिन कभी-कभी उस सहज मुस्कान में शरारत की झलक भी दिखाई दे जाती है। अपने पूर्व परिचित को देखते ही वह ललक कर छाती से चिपटा लेते हैं। नागरिकता की दूरी पैदा करने वाली भावना, उनके स्नेह के स्रोत को नहीं सुखा सकती। मुझे उनके बहुत पास जाने का सौभाग्य तो नहीं मिला। केवल एक बार उनके घर गया था और मैंने तब अनुभव किया था कि मुझे नहीं लगता कि यह घर मेरा नहीं है। बड़े समारोह में कोई

पुराना शिष्य या शिष्या लपककर उनकी ओर आए वह उन्हें सहेज न लें, ऐसा हो ही नहीं सकता।

'भारतीय लेखक संगठन' का एक अधिवेशन हमने गुजराती भाषा के साहित्यकारों के सहयोग से अहमदाबाद में किया था। मैं वहां यह देखकर चकित रह गया कि वहां के बहुत से साहित्यकार और प्राध्यापक ऐसे ललक कर उनसे मिलते रहे जैसे वह उनके गांव के हों। तब मुझे पता लगा कि वह आठ-दस वर्ष तक गुजरात के विभिन्न विद्यालयों में प्राध्यापक रहे हैं। एक बात मैंने तब भी अनुभव की कि वह सबसे गांव के एक बुजुर्ग की तरह ही मिलते थे। भीगी आंखें और स्नेहसिक्त मुस्कान से मण्डित चेहरा।

देहरादून में भी कोई ऐसा ही अवसर आया। मैं भी आमंत्रित था वहां। जब मैं डा. शशि प्रभा शास्त्री के घर पहुंचा, तो देखता हूं कि वह समारोह के आयोजन के बोझ से दबी घबरा रही हैं और डा. रामदरश मिश्र उनके पास बैठे, मुस्कराते हुए उनकी ओर देख रहे हैं। घर के एक बड़े बुजुर्ग की तरह और वह भी गांव का बुजुर्ग। अपनत्व से सरोबार यह गांव का अनगढ़ व्यक्तित्व शहर के आडम्बरपूर्ण वातावरण में अपनी पहचान कभी नहीं खो पाता।

विपुल साहित्य की रचना की है उन्होंने। और उस पूरे साहित्य में गांव और शहर का यह द्वन्द्व बराबर उभरता रहा है। गांव से बिछुड़ने की पीड़ा बार-बार उभर उठती है। 11 कविता संग्रह, 11 उपन्यास, 12 कहानी संग्रह, 11 समीक्षा ग्रन्थ, निबन्ध संग्रह, यात्रा वृतान्त, संस्मरण, आत्मकथा, सब कहीं उन्होंने सहज भाव से आकलन किया है वातावरण का। न केवल बाहरी वातावरण का बल्कि आन्तरिक वातावरण का भी। उनकी चिन्तन-धारा, विचारों की कलात्मक अभिव्यक्ति, सब कुछ है, लेकिन देहात वहां भी नहीं छूटता, उनकी मज्जा में बस गया है वह। उनके अपने अतीत का दस्तावेज ही नहीं है, बल्कि वर्तमान का दस्तावेज भी है।

उन्होंने अपने एक निबन्ध में लिखा है, "अब जब कभी गांव जाता हूं तो प्रकृति उसी पुरानी सहचरी की तरह लगती है। अक्षयगंधा, अक्षयरूपवती, अक्षयरसमयी, लेकिन गांव के लोग वैसे नहीं लगते। उनके संबंध, उनके मूल्य टूट गए हैं। फक्कड़पन, बनियागीरी में बदल गया है। त्यौहार-पर्वों का उल्लास, पैसे और राजनीति की हलचल में खो गया है, अब उसमें जीवन देने की ताकत नहीं रह गई है।"

अपनी रचना "जहां मैं खड़ा हूं" में उन्होंने अपने बचपन के नितान्त अभावग्रस्त पर सघन जीवन के चित्र उकेरे हैं; तो मस्ती का जीवन जीने का रहस्य भी बताया है। इसके लिए वह अपने माता-पिता और बड़े भाई के ऋणी हैं। सभी ममता से पूर्ण, पर मां ऊर्जा से भरी-भरी। संघर्ष और अभाव में गौरवमयी। पिता दब्बू और भावुक, पर मित्रों जैसा खुलापन था उनमें। भाई अपने लिए संन्यासी पर परिवार के लिए सर्वस्व दाता।

ये सब पढ़ते हुए मुझे लगा जैसे मैं अपने ही अतीत को देख रहा हूं। बिल्कुल ऐसे ही वातावरण में, मैं पला और पनपा गांव में। और फिर शहर में आकर उसी संस्कृति

को ओढ़ने को विवश हो गया जिसकी चर्चा मिश्र जी अपने कथा साहित्य में बार-बार करते हैं।

गांव का चित्रण तो उनकी लेखनी से अपनी पूरी सम्पूर्णता में ऐसे झरता है जैसे पर्वतांचल में झरने झरते हैं। इसी रचना का एक लम्बा उद्धरण देने का लोभ मैं संवरण नहीं कर पा रहा, इसलिए भी नहीं कर पा रहा कि वह उनकी आस्था के स्रोत का साक्षी है–"अभाव के कीड़े-मकोड़े के दंश से तड़पते कछार के जीवन में कहीं बहुत बड़ी जीवनी शक्ति थी, रस का कोई अक्षय स्रोत था जिससे वह जीवन टूटकर भी नहीं टूटता था, रिसकर भी नहीं रीतता था··· बाढ़ हटते ही भूमि नहा-धो कर उभर जाती थी और नये बीज डालने का उत्साह चारों ओर छा जाता था। मिट्टी अपने भीतर की सौंधी महक लुटाने लगती थी। जल निथरने लगते थे, घाट चालू हो जाते थे। फिर दशहरा, दिवाली, कार्तिक पूर्णिमा के त्यौहार तरह-तरह की छवि लिये आते थे, जीवन विहंस पड़ता था, अपने अभावों में भी गाने लगता था, अकेलेपन से बाहर आकर समूह की माला में गुंथ उठता था··· भविष्य का एक सपना आंखों में पलने लगता था··· प्रकृति लेती है, तो देती भी है।"

"चर्चित कहानियां" संग्रह में उनकी एक कहानी है, 'एक औरत एक ज़िन्दगी'। उसमें जैसे उनके उपर्युक्त विचार मूर्त हो उठे हैं। स्वयं ही वह उस कहानी को कह रहे हैं। उनका एक सहपाठी था नरेश। खानदान तो वैसे उसका अपनी नंगई और गुण्डागर्दी के लिए मशहूर था, पर वह समझदार और नेक दिल था। मिडिल पास करके वह एक प्राइमरी स्कूल में शिक्षक हो गया था। उसी की बहू थी भवानी।

लेखक जब गांव पहुंचता है तो देखता है कि भवानी खेत में कुदाल चला रही है। जमीन की परतें तोड़ रही है। ब्राह्मण अभिजात्य की जनी हुई सतह तोड़ रही है, नए बीज उगाने के लिए। वह विधवा है। पति और परिवार के दूसरे लोग हैजे की बीमारी में चल बसे। नरेश का पिता कोदई भी एक दिन मर जाता है। पांच वर्ष बाद जब लेखक गांव में जाता है तो उसकी कहानी सुनकर चकित रह जाता है। लेखक का मित्र सुकुमार उसे बताता है–"जानते हैं भइया, कोदई की तेरही होते ही वह घर से निकल पड़ी। गांव की चकित बुढ़ियों ने समझाया–"बहू अभी तुम्हें शोभा नहीं देता इस तरह से घूम-घूम कर काम करना। अभी नरेश को मरे कितने महीने हुए हैं और अभी कोदई को मरे कितने दिन हुए हैं। अरे कुछ पूजा-पाठ में मन लगाओ, उसकी आत्मा को शान्ति मिलेगी।"

भवानी ने बड़ा रूखा-सा उत्तर दिया–"हां, ठीक कहती हो काकी जी, मैं पूजा-पाठ में मन लगाऊं और गांव वाले मेरी खेती-बाड़ी में मन लगाएं और एक दिन पूजा से जागकर पाऊं कि मेरे सारे खेत पट्टीदारों के नाम हो गए हैं और मैं अपने दोनों बच्चों को लेकर भिखारिन-सी रास्ते पर खड़ी रहूं। इससे उसकी आत्मा को शान्ति मिलेगी न।"

लेखक लिखता है–"भवानी ने अपना घूंघट उलट दिया, मानो सारे गांव का घूंघट उलट गया। वह घूम-घूमकर अपने सारे खेत देख आई, पहचान आई। खेत थे ही

कितने, केवल दो बीघे, मगर कई टुकड़ों में बंटे हुए।"

कैसे अपने खेतों को सम्भाला, कैसे अपनी ओर बढ़ते ललचाई आंखों से देखते गुण्डों से लोहा लिया। बड़े दर्दनाक संघर्ष की कहानी है वह। ऐसे संघर्ष की जिससे वह जूझती है पर टूटती नहीं। कामातुर धनपतियों के मुंह पर दांत काट लेती है, मानों शोहदेपन की छाती में छुरा घोंप देती है। लेखक अपने मित्र से कहता है। "बड़ी दु:खी है बेचारी।"

मित्र का उत्तर है–"दु:खी? नहीं भइया वह दु:खी नहीं है। दुखी तो वे लोग हैं जो खूब खा-पीकर, दूसरों को हड़पकर मुंह लटकाए रहते हैं। उसे देखिए, कभी उसके चेहरे को बुझा हुआ नहीं पायेंगे। चक्की चलाते समय, खेत काटते समय, रास्ता चलते समय, उपवास सहते समय, गाती ही रहती है। सबसे हंसकर ही बोलती है। पता नहीं भीतर का इतना रस उसे कहां से मिला।"

तीर्थ-व्रत सब छोड़ दिए उसने, गजब की हिम्मत है उसमें। माघ, पूस, फागुन हो, वह खेतों में हवा के समान दौड़ती रहती है और गांव वालों से लोहा लेती रहती है। बरस पर बरस बीतते गए उसे ऐसे ही जूझते अभावों से, कुरूपता से, अन्धकारों से, उपवास पर उपवास किए, बाधाओं पर बाधाएं थीं, लेकिन किसी के सामने झुकी नहीं। अपार जीवट पाया है इस औरत ने। अपने कोले के अमरूदों, जामुनों, नींबुओं को ले जाकर बाजार में बेचने लगी, तो लोग झल्लाए! "गांव की नाक कट रही है, ब्राह्मण की औरत का कुजड़िन की तरह बाजार में बैठना बड़ा ही खराब है।"

भवानी ने कहने वालों को सुना दिया,"और जूठी हांडी में मुंह डालते घूमना", खलियान फूंक देना, बैल चुरा लेना ब्राह्मण का काम है?"

इतना ही नहीं लेखक लिखता है "जब हम दशहरे के मेले में जा रहे थे, तो भवानी खेत में अपने लड़के के साथ हेंगा खींच रही थी और लड़की हेंगे पर चढ़ी हुई थी। मैंने कल्पना नहीं की थी कि स्वतंत्र भारत में एक औरत बैल की तरह हल हेंगा खींच सकती है। मुझे देखकर उसने पसीना पोंछा और हंसती हुई बोली, "बाबा मेला जा रहे हैं··· अच्छा कर रहे हैं बाबा, आए हैं तो अपनी जमीन को पूरा अपनाकर जाइए।"

लड़के चिल्ला रहे थे–"नीलकण्ठ नील बारी-बारी/सीता से कहिह भेंट अकवारी/हमार नाव किसन मुरारी।"

भवानी ने क्षण भर का मौन तोड़ते हुए कहा, "बाबा सीता जी से मेरी भेंट अकवार कह दीजिएगा।"

"कह दूंगा।" कहकर मैं अनमना-सा आगे बढ़ा, पीछे एक गुनगुनाती हुई आवाज छूट रही थी।

यही आवाज रामदरश मिश्र के पूरे साहित्य में गूंज रही है। सारे चित्र खींचने लगूं तो पूरा एक ग्रंथ हो जाएगा। गांव के नर-नारियों के बोलते चित्र उकेरे हैं उन्होंने। लेकिन उनके सपनों की नारी भवानी जैसी ही है। जो शहर में कहीं दिखाई नहीं देती। ऐसी ही

एक कहानी है "हद से हद तक"। उसका अन्त देखिए। "एक बुढ़िया है उसकी बेटी थी, जो मर गई, दवा के बगैर तड़प-तड़प कर। एक दिन उसने एक ऐसी ही लड़की को देखा, जिसका सब कुछ लुट गया था। दर्दनाक कहानी थी उसकी, कहां जाए वह, तभी वह बुढ़िया उसके पास पहुंची, बोली, "चल, मेरे यहां चल।"

वह कुछ नहीं बोली, केवल खड़ी रही। और बिखरते लोग जाते-जाते फिर रुक गए थे। बुढ़िया बोली,"चल बेटी, ये जितने तमाशा देखने वाले हैं न, औरत का दुःख नहीं समझते ये केवल मज़ लेते हैं। अभी तू इन्हें अकेले में मिल जाए न, तो तेरा पांव चाटने लगेंगे। लेकिन खुले आम, कुलटा कहेंगे, छिनाल कहेंगे।"

"ऐ बुड्ढी, क्या बक रही है, तेरी शामत आई है क्या?" कुछ लोग चिल्लाए।

"चल बेटी, चल इन्हें भूंकने दे। सरकार का दिया हुआ कमरा है, अपनी कमाई का खाती हूं, मुझे किसी का डर नहीं।"

और वह उसके साथ हो ली, लोग देखते रह गए।

बुढ़िया बोलती जा रही थी, "मेरा कोई नहीं, मैं चौका बर्तन करती हूं। तेरी जैसी एक बेटी थी, वह बीमारी में दवा बगैर तड़प-तड़प कर मर गई। तुझे देखा तो उसकी याद आ गई। देख बेटी में जानती हूं, औरत बुरी नहीं होती, उसे बुरा बनाया जाता है। तू जो भी रही हो, अपनी मर्जी से नहीं रही होगी। लेकिन अब तू अपने हाथों के काम पर जीना सीख। तुझे चौका बर्तन के कुछ काम दिला दूंगी। थोड़ा ही मिलेगा, लेकिन उससे मन को चैन मिलेगा। समझी न बेटी।"

वह चुप थी, "बोली हां, मां समझ रही हूं।"

"तेरे मुंह से 'मां' कितना प्यारा लगता है बेटी।"

"हां मां, आं··· आं··· " वह रोने लगी थी। बुढ़िया की आंखों में उसकी मां की आंखें उतर आई थीं।

बहुत कुछ है कहने को। इसी संग्रह की अन्तिम कहानी "अपने लिए" एक औरत की ऐसी ही कहानी है। बिना बताए एक पागल से उसका विवाह कर दिया। फिर जो कुछ होता है, वह होता है, लेकिन वह भाग जाने का मन बनाकर उसे छोड़ नहीं पाती। "सोचा था रात को भाग जाऊंगी। वह रात को कहीं से बड़बड़ाते हुए आए, देखा उनके ललाट से खून बह रहा था। लगता था किसी से लड़ाई-झगड़ा किया है। मरहम-पट्टी की गई।"

खा-पीकर मेरे कमरे में सोये तो कुछ शान्त थे। मैं जगी थी। बैठी-बैठी उन्हें देख रही थी। धीरे-धीरे मन में उनके प्रति करुणा उमड़ने लगी। आखिर मेरी ही तरह इस आदमी का भी क्या दोष है? कौन चाहता है पागल होना? लोग पागल बना देते हैं। क्या मैं इन्हें असहाय छोड़ जाऊं? मेरे भागने पर मुझे क्या मिलेगा मौत के सिवाय? नहीं, मैं कहीं नहीं जाऊंगी। लड़ूंगी अपने भाग्य से। लड़ूंगी इस आदमी के लिए। लड़ूंगी अपने लिए।

इधर जो उन्होंने नई कहानियां लिखी हैं, उनमें और भी निखार आया है। सहजता की बात हम छोड़ भी दें तो परत-दर-परत खुलती उनकी नई कहानियां इस बात का प्रमाण हैं कि वे मानवीय संवेदना और मानवीय चरित्र को अपने सही रूप में बड़ी गहराई से तलाश करते नजर आते हैं। "गगनांचल" के जनवरी मार्च 98 के अंक में उनकी कहानी "परिणति" इसी ओर संकेत करती है। "परिणति" की ही तलाश है उन्हें। और ये पंक्तियां इस बात का प्रमाण हैं-"अब यही देखो, अभी तक हम लोग बहुत साफ-सुथरे ढंग से जी के जीवन और व्यक्तित्व की गलाजतों को देख रहे थे, उन पर हंस रहे थे, घृणा कर रहे थे, क्रोध कर रहे थे, किन्तु ज्यों ही थोड़ा ठहरकर गलाजतों के अन्दर देखना शुरू किया, उनका रंग बदलने लगा, दूसरे आयाम खुलने लगे और मन इतनी आसानी से जीवन पर न हंस पा रहा है, न घृणा कर पा रहा है, न क्रोध कर पा रहा है बल्कि एक यंत्रणा-बोध सा अनुभव कर रहा है।"

केवल उनकी कहानियों में ही नहीं, बल्कि उपन्यासों में भी शहर और गांव का गहरा तुलनात्मक अध्ययन मुखर हुआ है। छोटे-नगरों को भी उन्होंने बहुत पास से देखा और परखा है। अपने उपन्यास "अपने लोग" में छोटे शहर को गंवई शहर कहते हैं। "अजीब लेथारजिक शहर है यह। किसी में कोई स्फूर्ति ही दिखाई नहीं पड़ती है। किसी को कोई शिकायत ही नहीं होती है और होती भी है तो अलग-अलग। दिल्ली की ज़िन्दगी के बाद यहां की ज़िन्दगी कितनी सुस्त मालूम पड़ती है। दिल्ली की ज़िन्दगी चुस्ती से मुंह में सिगार दबाये कार या स्कूटर पर भागती दिखाई पड़ती है। और यहां की ज़िन्दगी जैसे आहिस्ता-आहिस्ता सुरती मलती है, ठोंकती है; इतमिनान से ओंठों के बीच दबाती है और फिर पैदल या रिक्शे पर चल पड़ती है। दिल्ली में लोग जैसे सुबह को जगाते हैं और यहां सुबह लोगों को जगाती है। आदि-आदि।"

नगरों के राजनीतिक पेतरों का भी बड़ा मुंह-बोला चित्रण किया है उन्होंने। बुद्धिजीवी और सृजनात्मक साहित्यकार में जो अन्तर है उसे भी वह रेखांकित करते हैं। अपने पात्र शिवराज चौधरी का परिचय देते हुए वह कहते हैं, "वह बहुत लचीले व्यक्ति हैं, सबकी पीड़ा से पिघल जाते हैं। वे वियतनाम के दर्द से भी पिघलते हैं, और कांग्रेस के दर्द से भी। वे एक ही साथ आधुनिकता का चश्मा लगाकर दिल्ली और पेरिस को भी देख सकते हैं और अपने अफसर के घर के किचन को भी। वह एक ही साथ मार्क्स, गांधी, लोहिया और इन्दिरा सबके गीत गा सकते हैं। रामप्रसाद बिस्मिल की तस्वीर को देखकर भी उनकी आंखें नम हो जाती हैं।

वह नर-नारी के संबंधों को भी गहराई से देखते हैं। उनकी नारी-मात्र मार खाने वाली या पुरुष के प्यार के चंगुल में पिघलने वाली नहीं है। उनके एक पात्र बी. लाल अपनी होने वाली पत्नी को एकान्त में बुलाकर उससे बातें करते हैं-"तुम्हें बेहद प्यार करता हूं। बात यह है कि तुम इतनी सुन्दर हो कि तुम्हारे पास आकर मैं होशो-हवास खो बैठता हूं। तुम भी मेरी हो और तुम्हारी ये सब चीज़ें भी मेरी हैं।"

मंजरी उत्तर देती है-"ये सब चीजें तो वेश्या के पास भी होती हैं बी. लाल। लेकिन जहां सच्चा प्यार होता है, वहां इस बात का विवेक भी होता है कि इन चीजों का उपयोग कब और कहां किया जाए। प्यार में इन चीजों के उपयोग से बड़ी चीज होती है अपने प्रिय की इच्छा-अनिच्छा, सुख-दुख और इज्जत को समझना।"

यह ठीक है कि आज के बड़े नगरों के जीवन के लिए इन बातों का कोई अर्थ नहीं है पर भविष्य में नहीं होगा, यह कौन कह सकता है। इसी उपन्यास में मिश्र राप्ती नदी को सम्बोधित करते हुए जो कुछ कहते हैं, वह आज की सही तस्वीर है-"लेकिन आदमी ने आदमी से छल करके उस प्यार और मार का अलग-अलग बंटवारा कर लिया है। काश, उसने तुम्हारी सहज फुसकार को बांधकर सबके लिए ऊर्जा में बदल दिया होता और तुम्हारे प्यार को और भी गाढ़ा बना लिया होता। वर्षों दूर रहकर भी मैं अनुभव कर रहा हूं कि तुम्हीं मुझ में जी रही हो। माना कि तुम्हारा समाजवाद अधूरा है किन्तु समतामूलक तो है। क्या तुम्हारे समाजवाद से हम कुछ भी सीख नहीं सकते? कुछ भी नहीं ···।"

इसी तरह साम्प्रदायिक समस्या के यथार्थ को उन्होंने पकड़ा है। और उसे भड़काने वाले पेशेवर लोगों को बेनकाब किया है। सामान्य हिन्दू या मुसलमान अफवाहों के चक्रव्यूह में फंसकर ही अपने विवेक को खो देता है।

मिश्र जी के सौम्य और सरल व्यक्तित्व के पीछे यथार्थ के लिए कितना आग्रह है, उस यथार्थ के माध्यम से ही वह सच को पकड़ना चाहते हैं। वह कवि भी हैं, पर मैंने उनकी कविता की चर्चा नहीं की। लेकिन उनमें भी वह आज के यथार्थ को नहीं भूले हैं "नयी शताब्दी" शीर्षक कविता की पंक्तियां इसका प्रमाण हैं-

"क्या विज्ञान की मेधा की पिशाची ज्वाला
संस्कृति के रस का वरदान पायेगी?
क्या हम आकाश को संवारने से पहले
देखेंगे कि हमारी धरती कैसी है?"

और अन्त में उनकी एक और कविता "प्रतीक्षा" उद्धृत कर रहा हूं। उसके बाद कुछ कहने को नहीं रह जाता-

"एक-एक कर सब चले जा रहे हैं
उसे अकेला करते हुए
छोड़ते हुए सन्नाटे पर सन्नाटा
उसे लगता है
आगे आने वाला सन्नाटा और भी बड़ा है।
फिर भी लगातार
वह किसी न किसी की प्रतीक्षा में खड़ा है।"

डॉ. रामदरश मिश्र : भीड़ में सर्जक-शैलीकार की पृथक पहचान

विवेकी राय

यह एक विचित्र संयोग रहा कि रामदरश मिश्र के नाम से मैं एक भोजपुरी कविता के माध्यम से परिचित हुआ था। बात सन् 1954 के इर्द-गिर्द की है। मैं हिन्दी काव्य में ग्राम-चित्रण नामक एक लम्बा निबन्ध लिख रहा था। उसके लिए जहां कहीं भी ग्राम-जीवन से सम्बन्धित कविता दिख जाती वहां मैं चयन-दृष्टि के साथ अटक जाता था। रामदरश मिश्र जी की कविता ने मुझे बहुत प्रभावित किया। वह 'आज' (वाराणसी) दैनिक के साप्ताहिक विशेषांक में छपी थी। कविता की कुछ पंक्तियां इस प्रकार थीं–

"खेत में बदमास बदरा लेत होइहैं घेरि प्यारी ओ,
देह पर लुग्गा सुखत होई तोरे अधफेरि प्यारी ओ।
पेट जीअत होई पापी,
खाइ-खाइ उधार सावन आ गइल।"

इस लोकरंग में रसी-बसी भोजपुरी कविता में एक प्रवासी मजदूर की वेदना छिटकी हुई है। वह अपनी युवती प्रिया को याद कर रहा है और उसके सामने सावन की विभीषिका नाच रही है। उसकी प्रिया उत्पाती बादलों से घिरी खेत में काम कर रही है। पानी की बौछारों से उसकी साड़ी गीली हो गयी है। वह उसे आधा लपेटकर आधा सुखा रही है। इस प्रकार के उभरते चटक चित्रों में अपनी प्रिया को याद कर अन्त में मजदूर सोचता है, इस पापी पेट के लिए जो न करना पड़े।

वास्तव में पूरी कविता अनूठी व्यंजना से पूर्ण तथा मर्मस्पर्शी थी। उसे चयन कर उपयोग करने के पश्चात् मैं उसके रचियता की खोज में पड़ा। उन दिनों भोजपुरी में रचना करने वाले बहुत कम लोग थे और जो लोग थे वे बहुत गहराई के साथ गांव से जुड़कर लिखते थे। बाद में यह जान कर आकर्षण और बढ़ गया कि रामदरश मिश्र जी काशी हिन्दू विश्वविद्यालय में हिन्दी-प्राध्यापक हैं। यह आकर्षण इसलिए भी बढ़ता गया कि अपने लेखन की ज़मीन गांव की माटी रही। इस कविता के बाद रामदरश जी

की और भी रचनायें पढ़ने को मिलती गयीं। मुलाकात का सुयोग बहुत बाद में सन् 1970 के आसपास मिला। मगर भोजपुरी में उनकी रचना उसके बाद फिर कभी देखने में नहीं आयी।

उनके उपन्यास 'पानी के प्राचीर' (1961) और 'जल टूटता हुआ (1969) को पढ़कर परिचय की उत्सुकता बहुत अधिक बढ़ गयी। कौन है जो गांव की पीड़ा को इतनी अन्तरंग गहराइयों के साथ उभार रहा है? अपने स्वातंत्र्योत्तर ग्रामभित्तिक उपन्यासों सम्बन्धी शोध प्रबंध को तैयार करने में मिश्र जी के उक्त दो उपन्यासों को बहुत भरपूर तल्लीनता के साथ पढ़ा था। विशेषकर 'पानी के प्राचीर' की लोक-राग-रंग धुली बेजोड़ व्यंजनापूर्ण चित्र भाषा ने बहुत प्रभावित किया था।

अन्ततः मिश्र जी के दर्शन हुए। वह भी एक विचित्र सुयोग था। समाचार पत्रों में उनके वाराणसी में सम्पन्न होने वाले किसी कार्यक्रम का समाचार छपा था। वहां जाने पर ज्ञात हुआ कि वे कैंट स्थित रेलवे कालोनी में श्री जगदीश नारायण श्रीवास्तव के यहां रुके हुए हैं। श्रीवास्तव जी आधुनिक साहित्य-चेतना सम्पन्न एक सुपठित सज्जन व्यक्ति थे। उनके यहां जाने पर रामदरश जी के नहीं मिल पाले का दुख नये परिचय के सुख से धुल गया। ज्ञात हुआ कि कुछ समय पूर्व वे डा. शुकदेव सिंह के यहां सुन्दरपुर चले गये हैं और विचित्र संयोग था कि वहां पहुंचने पर ज्ञात हुआ कि वे ट्रेन पकड़ने के लिए केंट जा चुके हैं। मैं हार मानने के लिए अभी तैयार नहीं था। मुझे उलटे पांव केंट जाने के लिए तैयार देखकर डाक्टर साहब ने बताया कि अभी भेंट होना संभव है। वेटिंग रूम में या गोरखपुर जाने वाली ट्रेन के प्लेट फार्म पर या खड़ी गाड़ी में जो व्यक्ति कोट-पेंट में, लम्बी कद-काठी वाला, सतेज वर्णी और सिर पर उड़ते अति धवल बालों वाला, सामान्य यात्रियों से कुछ भिन्न जैसा लगता दिखे, बस समझ जाइये यही हैं डॉक्टर रामदरश मिश्र।

ऐसा ही हुआ और गोरखपुर जाने वाली खड़ी ट्रेन के एक डिब्बे में उक्त हुलिया वाले, एक समाचार पत्र पढ़ते व्यक्ति के सामने में जाकर इस प्रकार करबद्ध खड़ा हो गया कि अखबार परे कर उन्हें मुखातिब होना पड़ा। इससे पूर्व कि वे इस अपरिचित आदमी से परिचय पूछें मैंने चट कहा, "मैं गाजीपुर से आया हूं, विवेकी राय।"

डा. मिश्र उस समय जिस दुर्लभ अकृत्रिम आत्मीयता से मिले वह अविस्मरणीय है। राजधानी के महिमा मंडित विश्वविद्यालय प्राध्यापक के रूप में नहीं, गोरखपुर के सहज स्नेह-शील कवि के रूप में वे देर तक बात करते रहे। समय हो जाने के बावजूद लेट होकर ट्रेन भी हम लोगों के लिए मददगार सिद्ध हुई। एक-दूसरे के लेखन से हम लोग परिचित थे। इस भेंट से वह पूर्ण हो गया। मुझे उन्होंने अपनी एक कविता पुस्तक भेंट की 'बेरंग-बेनाम चिट्ठियां'। यह उन दिनों बहुत अधिक चर्चा में थी। उस मुलाकात से मुझे लगा था, यह आदमी है जो पूरी तरह अपने जैसा है, अपना है। चेहरे पर कोई मुखौटा नहीं है, पूरी तरह खुला हुआ विश्वसनीय और अव्यावसायिक।

गाजीपुर आकर अपने महाविद्यालय के पुस्तकालय में उन्हें ढूंढने में जुटा और देखा 'पथ के गीत' (पहला काव्य संग्रह : पहला प्रकाशन 1951) और 'हिन्दी आलोचना का इतिहास' और 'साहित्य, संदर्भ और मूल्य' नामक पुस्तकें मिलीं। कविता, कहानी और उपन्यास के साथ-साथ डा. मिश्र समीक्षा क्षेत्र में भी गहरी पैठ के साथ प्रतिष्ठित हैं, मेरे लिये यह नयी जानकारी थी। बाद में उन्होंने अपने प्रकाशकों द्वारा 'पक गयी है धूप', 'बीच का समय', 'खाली घर' और 'हिन्दी उपन्यास : एक अन्तर्यात्रा' नामक कृतियों को भेजवाया था।

अब तक (1998) डा. मिश्र की कुल पचपन रचनायें प्रकाशन पटल पर उतर चुकी हैं। इनमें एक-एक दर्जन-उपन्यास, कहानी-संग्रह, काव्य-कृतियां और शोध समीक्षा सम्बन्धी पुस्तकें हैं, दो-दो ललित निबंध और यात्रा वर्णन और एक-एक आत्मकथा, संस्मरण और चुनी हुई रचनाओं का संकलन है। अवकाश प्राप्ति की सीमा पर पहुंचने में कृतियों की यह संख्या ध्यानाकर्षक है। एक तो यह कि जो भी कृति है वह हलकी या मात्र गिनती बढ़ानें वाली नहीं है। दूसरे यह कि उनकी मौलिकता और गुणात्मक मूल्यवत्ता प्रतिष्ठित हो चुकी है। तीसरे यह कि विविध विधाओं की गहराई में पैठ की क्षमता वाली ये कृतियां डा. मिश्र के सर्जक की बहुआयामी रचनात्मक प्रतिभा को उजागर करती हैं। एक नाटक की विधा को छोड़कर उन्होंने हर क्षेत्र में अपने कृतित्व की, विशिष्ट शैलीकार की पृथक और स्पष्ट छाप छोड़ी है।

उत्तर प्रदेश हिन्दी संस्थान लखनऊ से 'साहित्य भूषण' (1997) और हिन्दी अकादमी दिल्ली से 'अकादमी सम्मान (1984) के अतिरिक्त प्रगतिशील लेखक संघ आगरा, नागरी प्रचारिणी सभा देवरिया और आगरा, नक्षत्र अहमदाबाद, तथा भारतीय लेखक संगठन दिल्ली आदि से सम्मानित डा. रामदरश मिश्र की साहित्यिक उपलब्धियां विशेषकर इस रूप में रेखांकित करने योग्य हैं कि उन्होंने रचनाओं के बल पर अपना एक विशाल पाठक वर्ग तैयार कर लिया है और यह वर्ग हर स्तर के प्रबुद्ध पाठकों का है। इसके साथ ही उनके साहित्य की लोकप्रियता का प्रमाण इस तथ्य से मिलता है कि देश की प्राय: हर भाषा में उनकी रचनाओं का अनुवाद मिलता है। 'अपने लोग', 'जल टूटता हुआ' और 'रोशनी की पगडंडियां' आदि उनकी आधे दर्जन से ऊपर पुस्तकें हिन्दी अकादमी दिल्ली, उत्तर प्रदेश हिन्दी संस्थान लखनऊ और आथर्स गिल्ड आदि द्वारा पुरस्कृत हो चुकी हैं।

डा. रामदरश मिश्र की साहित्यिक उपलब्धियां और उनसे जुड़े अकादमी और साहित्यिक पदों की विस्तृत तालिका उनके गंभीर साहित्यिक व्यक्तित्व और उत्तरदायी सभापुरुष होने को प्रमाणित करती हैं। वे भारतीय लेखक संगठन (दिल्ली) के 1984 से लेकर 1990 तक अध्यक्ष रहे। साहित्यिक संघ वाराणसी के 1952 से लेकर 1955 तक सचिव रहे। साहित्य अकादमी, हिन्दी अकादमी (दिल्ली) सहित विविध प्रतिष्ठानों की गोष्ठियों के अध्यक्ष, अनेक मंत्रालयों और उच्चस्तरीय शैक्षिक समितियों के सदस्य

और अनेक साहित्यिक पत्रिकाओं के सलाहार सम्पादक के रूप में उनकी सेवायें समाज को मिलती रहती हैं। वे दिल्ली विश्वविद्यालय के प्रोफेसर पद से सन् 1990 में सेवामुक्त हुए और इसके पूर्व गुजरात विश्वविद्यालय और काशी हिन्दू विश्वविद्यालय के हिन्दी विभाग को अपनी सेवाओं से गौरवान्वित कर चुके थे। मगर कालान्तर में डा. रामदरश मिश्र का मूल्यांकन उत्तर प्रदेश, गुजरात और दिल्ली तक के विश्वविद्यालयों को प्राप्त उनके मूल्यवान शैक्षिक अवदान के आधार पर नहीं होगा और न ही उसमें यह कोई महत्वपूर्ण बात होगी कि उनकी रचनायें अनेक विश्वविद्यालयों और विद्यालयों के पाठ्यक्रम में ससम्मान स्थान पाती हुई दीख रही हैं तथा उनकी रचनाओं पर पी.एच. डी. करने वालों की कतारें लम्बी हैं आदि-आदि। वास्तव में उनका मूल्यांकन हिन्दी साहित्य के इतिहास में उनके मानक, मौलिक और गंभीर सृजनात्मक अवदान के आधार पर होगा।

रामदरश जी कवि हैं, कहानीकार हैं, उपन्यास लेखक हैं, समीक्षक हैं और निबन्ध-लेखक आदि-आदि हैं परन्तु सबसे पहले वे उदात्त, उदार और स्नेह-शील स्वभाव वाले सहज, सुहृद व्यक्ति हैं। इसके साथ ही समय पड़ने पर उनका स्वाभिमानी, अक्खड़ और जुझारू स्वभाव भी सामने आ जाता है। वे विरोधियों से समझौता नहीं कर पाते परन्तु इसके साथ यह भी सत्य है कि वे साहित्यकार मात्र के मित्र हैं। उनके मित्रों की संख्या मोटे रूप से 'असंख्य' कही जा सकती है और अपने मित्रों से वे सम्पूर्ण मुक्त मन से मिलते हैं। वे अपने मित्रों को सहेज बटोर कर रहते हैं। मैत्री के बीच में पद और उनकी साहित्यिक गरिमा कहीं आड़े नहीं आती है। निकट के और दूर-दराज के नवोदित लेखकों को, यदि वे परिचय-क्षेत्र के हैं, सम्मान देने, भरपूर सहयोग प्रदान करने और उठाने-उकसाने में वे कोताही नहीं करते हैं। अधिक दिनों तक समाचार नहीं मिलने पर पत्र लिखकर मित्रों की खोज खबर लेते रहने की उनकी अन्यतम विशेषता ध्यानाकर्षक है। ऐसा लगता है कि उनके पास सम्मान का अथाह भंडार है और साहित्य से जुड़े लोगों के लिए वे मुक्त हस्त से लुटाते हैं। सृजनात्मक क्षेत्र में मात्र कदम रखने वाले दो-तीन युवक मेरे यहां से एक बार दिल्ली घूमने गये। घूमते-घूमते वे रामदरश जी के यहां पहुंच गये। लौटकर आये तो बोले, "रामदरश मिश्र तो अद्‌भुत व्यक्ति हैं। हम लोगों के सम्मान में उन्होंने एक गोष्ठी ही आयोजित कर दी।"

किन्तु इन सब बातों का यह अर्थ भी नहीं कि उनका कोई दल, शिविर और खेमा जैसा है। वास्तविकता यह है कि आधुनिक अर्थ में शिविर मुक्त या खेमा-बाहर स्वतंत्र साहित्यकार हैं। जो है वह एक मुक्त सुहृद मंडल है, राजनीति, साहित्य की राजनीति, स्वार्थ या किसी प्रतिबद्धता का सूत्र इसमें नहीं होता है। समान विचारधारा वाले सुहृद और श्रद्धेय सृजनधर्मी जनों का विशुद्ध साहित्यिक प्रयोजनों के आधार पर जुड़ना अपने आप में एक स्वस्थ तथा स्फूर्ति-दायक वातावरण बन जाता है। ऐसे एक प्रदूषण-मुक्त वातावरण का अनुभव मुझे दिल्ली के उत्तम नगर में जाकर हुआ था और उसके केन्द्र

में थे रामदरश जी।

दिल्ली पहली बार गया था। स्टेशन से उत्तम नगर पहुंचने का पूरा प्रामाणिक और स्पष्ट नक्शा बन्धुवर डा. ललित शुक्त ने बनाकर भेज दिया था। वे और डा. रमाशंकर श्रीवास्तव उत्तम नगर में रामदरश जी के पड़ोसी हैं। इतने पर भी मुझ घोर यात्रा भीरु व्यक्ति को कुछ अटपटा लग रहा था और भीतर से कुछ सहमा जैसा था। रामदरश जी को मेरा जाना मालूम तो था परन्तु मैंने यह नहीं लिखा था कि आप स्टेशन पर आइयेगा या मुझे कुछ-भी असुविधा हो सकती है। लेकिन अत्यन्त अप्रत्याशित रूप से स्टेशन से बाहर आते ही उन्हें खड़ा देखा तो मन चकितकारी आह्लाद से गद्‌गद् हो गया। 'मैं चला आया, आप कैसे जाते?' उनके शब्दों की निरालस-निरभिमान आत्मीयता ने मन मोह लिया।

उस बार आठ-दस दिन तक उत्तम नगर में मिश्र जी के घर साथ रहना एक सुखद अनुभव रहा। उनके परिवार में साहित्य, कला, रंगमंच और शिक्षा से जुड़ी बौद्धिक चर्चाओं का वातावरण भरपूर रूप में मुझे मिला। एक-दो दिन में ही लगने लगा कि अपने ही घर हूं। उन्होंने पत्राचार द्वारा पूर्व सुपरिचित अनेक लेखकों और प्रकाशकों तक मुझे पहुंचाया। वह फरवरी का महीना था और दिल्ली का उसके पार्कों में खिला-खिला रूप वे अत्यन्त मुग्ध भाव से मुझे दिखाते थे। ऋतुओं की रंगीनी को पीकर उल्लसित होने का जो संस्कार उनके कछार-अंचल ने बचपन में ही भीतर जमा दिया वह दिल्ली में भी अपनी पूरी ताजगी के साथ प्रतिष्ठित मिला। सायंकाल वे उत्तम नगर में मित्रों के साथ भ्रमण के लिए निकलते थे तो अधिकांश समय कांव्य विनोद में बीतता था। उत्तम नगर में उनका अत्यधिक सम्मान दिखायी पड़ा और मुहल्ले की व्यवस्था और सुधार-समस्याओं में भी उनकी पहल और अगुवाई देखने में आयी। ऐसा लगा कि वे मस्त कवि और गंभीर चिन्तक के साथ व्यवहार कुशल व्यक्ति हैं। समय-समय पर मुक्त हास और बेलौस परिहास के क्षण भी आया करते थे। परिवार के भीतर वे गृहपति की गंभीरता ओढ़े प्राय: नहीं दिखाई पड़ते। वास्तव में कृत्रिम गांभीर्य उनके स्वभाव से खारिज रहती है। उनके बड़े बेटे का विवाह का एक प्रसंग मुझे बराबर याद रहता है।

बारात 10 जुलाई, 1980 में गोरखपुर जिले के बड़हलगंज के पास महुलिया ग्राम में गयी थी। साधारण बारात नहीं थी, दिल्ली से डा. विनय, डा. महीप सिंह आदि तो आये ही थे उत्तर प्रदेश के कवियों, साहित्यकारों का पूरा जमाव वहां था। डा. रामचन्द्र तिवारी, श्री जगदीश नारायण श्रीवास्तव, डा. रामदेव शुक्ल, डा. भगवती प्रसाद सिंह, डा. परमानन्द श्रीवास्तव, श्री गिरीशचन्द्र श्रीवास्तव आदि पहुंचे थे। कन्यापक्ष की ओर से अत्यन्त सुरुचिपूर्ण व्यवस्था थी। मुख्य जनवासे से कुछ हटकर साहित्यकार लोगों के लिए बैठने की विशेष व्यवस्था थी। सायंकाल 'आज्ञा' नामक रस्म के लिए जब कन्यापक्ष के लोग 'समधी' को खोजते हुए पहुंचे तो वहां उस समय काव्यपाठ चल रहा था। रामदरश जी ने उन्हें देखते ही अत्यन्त सहज असम्पृक्त भाव से हंसकर लौटा दिया;

अरे-रे-रे यहां कहां आ गये आप लोग? उस जनवासे में मालिक लोगों के पास जाइये। बेटे के विवाह में समधी के भीतर तनिक भी 'समधीपन' का भाव नहीं झलकना प्रायः कठिन होता है। इसी मौके पर नहीं, उस बारात में पूरे समय वे अपने गांव-घर के लोगों को सम्मान देते रहे और स्वयं विशिष्ट बरातियों में से एक बने रहे। हास-विनोद और काव्य-रस में पूरा समय बीतता रहा।

इतने पर भी, उनके बिना जताये ही यह ज्ञात हो जाता था कि वे ही केन्द्रीय व्यक्ति हैं। उस बारात में ही क्यों, वह जहां भी होते हैं, केन्द्रीय व्यक्ति या केन्द्रीय व्यक्ति जैसा आकर्षण बनाये रखते हैं। काया काठी से लेकर वाग्मिभा और व्यवहार की सहजता में सर्वत्र एक मुदितापूर्ण मैत्री का खिंचाव होता है। पहली बार 13 मार्च, 1992 को जब वे गाजीपुर में आये थे तो कहकर आये थे कि यह यात्रा सर्वथा अनौपचारिक और टहलने-घूमने वाली होगी। इतने पर भी तीसरे दिन स्थानीय कवियों के बीच उन्हें घिर ही जाना पड़ा। थोड़ी देर में रंग चढ़ा तो कविता पर कविता सुनाते गये। गाजीपुर की हवा में उनकी एक सुनायी कविता अब भी गूंजती रहती है–

"मैं गमले का फूल तो नहीं
कि एक सुरक्षित कमरे से
दूसरे कमरे में रख दिया जाऊं
मैं तो पेड़ हूं एक खास जमीन में उगा हुआ
आंधियां आती हैं
लुएं चलती हैं
ओले गिरते हैं।
पेड़ हरहराता है, कांपता है,
डालियां और फूल टूटते हैं
लेकिन वह हर बार अपने में लौट आता है।"

रामदरश जी के संघर्षरत अटूट जीवन की मजबूत जड़ें, उनके गांव डुमरी की रसवन्ती ज़मीन की गहराइयों में हैं। उन्हें उसका रस सदा मिलता रहता है और स्थैर्य प्रदान करता है और वे नागरिक गमले का फूल नहीं गांव की जमीन पर तनकर खड़े सक्षम-सदाबहार पेड़ बने रहते हैं। इसी रस की ताजगी उनके काव्य, कथा और निबंध साहित्य को प्राणवान बनाती है। उसकी ऊर्जा और उसकी रागात्मक सत्ता उनके सृजन को एक अनूठी, मौलिक और सर्वथा नूतन पहचान देती है। राजधानी में रहकर आधुनिक जीवन जीते हुए, नयेपन के आधुनिक आयामों को अपने साहित्य में उतारते हुए भी वे अपने भीतर कैसे अनाहत गांव को सुरक्षित रखते हैं, इसका अनुभव उनके सम्पर्क में आने वालों को आसानी से हो जाता है।

दिल्ली जाने पर उनका मकान देखकर मुझे बेहद आश्चर्य हुआ। अरे, इसकी बनावट तो मुझ अनुभवहीन द्वारा स्वयं ही बनाये गये नक्शे वाले गाजीपुर स्थित मकान जैसी है।

अन्तर प्रवेश-द्वार में है। मेरा तो अति सामान्य है पर यहां राजधानी स्तर का भव्य और किसी शीशमहल का आभास कराता, खर-खर, खरखर कर खुलने वाला है। शेष स्थिति यह है कि आगे पूरी चौड़ाई में खुली-खुली जगह, फिर चौड़ा पूरा बरामदा, वैसे ही सीधे गलियारे के दोनों ओर कमरे, अन्त में फिर एक आंगन, सीधे-सीधे स्वयं ही लकीरों में खींचकर खड़ा कर दिया गया सहजभाव का पश्चिमाभिमुख मकान। किसी इंजीनियर से नक्शा बनवाया गया होता तो इतनी ज़मीन में कितना-कितना क्या-क्या आकर्षक तथा सुविधाजनक बन गया होता। लेकिन नहीं, इस मकान के प्राणों में नागर बुद्धि की जटिलता नहीं, गंवई चेतना की सहजता स्पन्दित रहती है। फिर इस मकान ही में क्यों, उसके जीवन और साहित्य में भी मैं स्वयं अपने को देखता हूं तो आश्चर्य होता है।

मेरा बीहड़ बाढ़ग्रस्त गांव सोनवानी (गाजीपुर) जैसे मंगई और झिरहिरिया जैसे भयानक नदी-नालों से तीन ओर से घिरा है, उसी प्रकार उनके गांव डुमरी को भी प्रकृति ने गोरा और राप्ती के गुंजलक में अभावग्रस्तता और बीहड़ता के पीड़ा-भोग के लिए डाल दिया है। ऐसे अपने तथा मामा के गांव की धूल-माटी में खेलकर, उसको कस कर जीते हुए, उसे समग्रता से आत्मसात करते हुए, विशेषकर उसके सांस्कृतिक रस-गंध घुले सौन्दर्य बोध को अपनी चेतना में प्रतिष्ठित करते हुए उभरे-उकसे मिश्र जी उसके विशिष्ट पक्ष-प्रतिपक्ष को बचपन से ही अपने जीवन-भोग और साक्ष्य में उतारते चलते हैं। कछार अंचल का वह प्रतिपक्ष है वहां की गरीबी, बेहाली, शोषण-उत्पीड़न भरी बदकिस्मती। उसके खेत-खलिहान, ऋतु-रंगीनी, त्योहारी उल्लास और जीवन की सहज मस्ती के पक्ष को उक्त महामारी जैसा प्रतिपक्ष पग-पग पर आहत करता है। इस पक्ष-प्रतिपक्ष के बीच संघर्षरत और अपनी राह स्वयं बनाता मिश्र जी का बाल कवि मिडिल स्कूल में पहुंच अपनी सृजन-क्षमता को प्रदर्शित करने लगता है। वह मिडिल पास कर उर्दू मिडिल पास करता है और घर-गृहस्थी के दबाव से पढ़ाई छूट जाने की स्थिति उत्पन्न हो जाती है। फिर वह स्वाध्याय की राह पकड़ गांव में त्यागी-तपस्वी जैसे साहित्यिक गुरुओं के पुरुषार्थ से चलने वाले हिन्दी 'विशेष योग्यता', 'विशारद' आदि के स्वयंसेवी 'गुरुकुलों' की शरण में जाता है तथा फिर एक चमत्कारिक उछाल आती है और हाई स्कूल के रास्ते शिक्षा परीक्षा के सोपानों को पार करता अध्यापक-जीवन के ऊंचे लक्ष्य तक पहुंचता है।

मिश्र जी के आत्मकथ्य को पढ़ता हूं तो लगता है, यह अपनी ही कहानी पढ़ रहा हूं क्या? यह कैसे हुआ कि उन्हीं की तरह मैं भी अपने लेखन को गांव की जमीन पर प्रतिष्ठित करता किसी वाद के झंडे के नीचे नहीं पहुंच सका और दायित्व बोध, नैतिकता तथा मूल्यों के प्रति आस्था अटूट भाव से बनी रही। ध्यान इधर भी जाता है कि लगभग सभी विधाओं में अपने को अभिव्यक्त करने के बाद हम लोगों ने एक विधा नाटक को क्यों छोड़ दिया? मैंने भी कोई नाटक नहीं लिखा और रामदरश जी ने भी।

संभव है साहित्यकार अध्यापक होने के कारण ही उधर झुकाव नहीं हुआ। जीवन के विचित्र 'नाटक' की मुसीबत ही कम नहीं रही। इस आलेख का अन्त यहीं से करूं कि भाई रामदरश जी ने मेरे ही मन की बात छीन ली। 'अध्यापक तो इस माने में और भी बेचारा है। वह नैतिकता की मूर्ति के रूप में कल्पित कर लिया जाता है। सबसे बड़ी विडंबना तो यही है कि समाज उसे सहज मनुष्य छोड़कर और कुछ मान लेता है। अध्यापक को भी अपने ऊपर आरोपित देवत्व का बोध हमेशा कोंचता रहता है। अतः देवता को अर्पित जीवित निर्माल्य की तरह उसे भी अपने आचार-विचार, बातचीत, रहन-सहन को सदैव संयत और सीमित रखना पड़ता है। वह कक्षा में हो तो उसकी निगाहों से सैंकड़ों निगाहें बंधी होती हैं—उसकी हंसी पर, बातचीत पर सैंकड़ों दीठियों का पहरा होता है। जब वह घूमने निकलता है, तो भी उसे अपने आसपास सैंकड़ों आंखें घूरती मिलती हैं। अतएव अध्यापक को रामलीला के राम की तरह एक खास अंदाज़ में चलना होता है, एक खास अंदाज़ मे हंसना होता है, एक पिटे-पिटाए लहजे में बोलना होता है, एक विचित्र पोज़ से उसे देखना होता है। वह अपने प्राइवेट जीवन में भी खुला नहीं रह पाता। वह कहां जा रहा है, किससे मिलता है, किस तरह के लोगों से उसके सम्बन्ध हैं- उन बातों की खबर हवा में फैलती हुई अधिकारियों के पास पहुंचती रहती है। अब कोई बताए कि अध्यापक साहित्यकार या इसी प्रकार की सीमाओं में घिरे अन्य साहित्यकार कैसे अपने आसपास के जीवन से तादात्म्य स्थापित कर लें? ('बबूल और कैक्टस' पृष्ठ सं. 36-37)।

सहृदय मित्र

प्रेमशंकर

स्मृतियों में लौटने का अपना सुख-दुःख होता है, इसे वही जानते हैं जिनमें अतीत बार-बार कई रूपों में आता है। प्रश्न केवल अतीत या स्मृतिजीवी होने का नहीं है, पर मनुष्य का संवेदन-संसार इतना निष्करुण नहीं होता, कि वह केवल 'तत्काल' में जिए। वे भाग्यशाली हैं, जो सब कुछ बिसराकर आगे बढ़ जाते हैं, तात्कालिकता को प्रधान मानकर, भावी पर आंख टिकाए। जब कभी किसी पुराने संगी-साथी के विषय में सोचता हूं तो सब कुछ एक महानाटक की तरह मेरे सामने आता है, जिसमें कई दृश्य हैं, जिनसे मिलकर वह पूर्ण होता है।

भाई रामदरश मिश्र के विषय में सोचता हूं तो काशी विश्वविद्यालय में बिड़ला छात्रावास की याद आती है। वे आयु में मुझसे बड़े हैं, रचना और यश में भी, पर संयोगवश जब मैं एम.ए. का छात्र था, तब वे बी.ए. में थे। वे लंबी राह से होकर आए थे–पुराना मिडिल–आठवीं कक्षा उत्तीर्ण करके। और मैं जीवन की विवशताओं में 'पगडंडी' अपनाने के लिए विवश था–घर पर ही शिक्षा, फिर प्रवेश परीक्षा के आधार पर चौथी कक्षा का छात्र। काशी में उन दिनों एक मिला-जुला वातावरण था: प्रसाद की रूमानी चेतना के साथ प्रेमचन्द का सामाजिक यथार्थ। छायावाद पर आधुनिकतावादी आक्रमण थे, पर काशी परंपरा के सर्वोत्तम में जीना जानती है और सरलता से पराजय नहीं मानती। जहां तक स्मरण है छात्रावास में ही कवि गोष्ठी थी, जिसमें युवा कवियों का कविता-पाठ था। पहली बार रामदरश भाई को सुना, तो उसमें लोकगीतों का संस्पर्श मुझे भा गया, साथ ही उनका सम्मोहक रूप-भाव भी। फिर तो कई अवसर आए, जब हम साथ-साथ थे। उस समय 'समय की शिला पर मधुर चित्र कितने, किसी ने बनाए, किसी ने मिटाए' के प्रसिद्ध गीतकार शंभुनाथ सिंह कवियों की युवा पीढ़ी को प्रोत्साहित करते थे। कवि सम्मेलनों का समय था, तब कविता गोष्ठियों तक सीमित नहीं हुई थी, उसका एक श्रोता-समाज भी था। निराला से लेकर नागार्जुन तक समाज को सम्बोधित करते रहे हैं, कविता के मान की रक्षा करते हुए।

रामदरश भाई से सम्पर्क बढ़ा और आज कह सकता हूं कि उनका एक व्यापक

आशय का रूमानी व्यक्तित्व था, जो उस समय के युवा-समाज के लिए स्वाभाविक था। स्वतन्त्रता का उषाकाल था, और हम सब एक नये उत्साह में थे, भावात्मक स्तर पर ऊष्मा का अनुभव करते हुए। जब परिचय में प्रगाढ़ता आई, तो साथ-साथ चाय पीने के अवसर बढ़ने लगे। मेरे साथ राजकुमार जैन रहते थे, जो असमय चले गए, वे रामदरश के सहपाठी थे, उन्हें कविजी कहते थे। उन्होंने एक उपाय निकाला कि सीढ़ियां चढ़कर कविजी को बुलाने की क्या आवश्यकता है। वे एक डंडा उठाते, छत में खट-खट करते और रामदरश भाई यदि कमरे में होते तो थोड़ी देर में ही नीचे उतरकर चाय पीने आ जाते। गप-शप होती और हमें उनकी नयी कविताएं सुनने का अवसर मिलता जो तब प्रायः गीत रूप होती थीं। काशी विश्वविद्यालय में ही कवि-अग्रज श्री नरेश मेहता और ठाकुर प्रसाद सिंह हमसे ज्येष्ठ थे। उस समय के जीवन का स्मरण करता हूं तो सबसे सराहनीय पक्ष काशी विश्वविद्यालय का 'खुला परिवेश' दिखाई देता है। मानवीय संबंधों में एक हार्दिकता थी और छात्रावास के साथी सम्मिलित परिवार की तरह रहते थे। रामदरश भाई जब कविता-पाठ करते तो तन्मय होकर और उस समय की युवा पीढ़ी पर इसका एक प्रभाव पड़ता था, वह भी भाव-विभोर होती थी : उमड़ रही पुरवइया कुन्तल जाल-सी। केदारनाथ सिंह कनिष्ठ थे, वे भी समां बांध देते थे : झरने लगे नीम के पत्ते, बढ़ने लगी उदासी मन की।

छात्रावास के वार्डन डा. राजबली पांडे थे, प्राचीन भारतीय इतिहास, संस्कृति, पुरातत्व के यशस्वी आचार्य तो थे ही, साहित्य में भी रुचि रखते थे।

छात्रों के प्रति उनका व्यवहार जनतांत्रिक था और वे उनकी आवश्यकताओं के प्रति सहृदय थे। संयोग ऐसा कि हम पर उनका विशेष स्नेह था, स्वयं रामदरश जी ने इसका उल्लेख किया है कि कैसे उनके परामर्श से वे प्रयाग से काशी लौटे। डा. राजबली जी योग्य छात्रों को हर प्रकार का प्रोत्साहन देते थे, और उनके घर पर भी साहित्यिक गोष्ठियां होती थीं। एक बार छात्रावास में चुनाव था और डा. पांडे की इच्छा थी कि कोई ऐसा व्यक्ति संस्कृति-सचिव पद पर निर्वाचित हो, जो साहित्य में रुचि रखता हो। रामदरश भाई ने निस्संकोच मेरे नाम का समर्थन किया। आज भी स्मरण है कि अपेक्षाकृत अपने अन्तर्मुखी स्वभाव के बावजूद उन्होंने मेरे पक्ष में प्रचार किया। जब मैं निर्वाचित हुआ और आभार व्यक्त करने उनके कमरे में पहुंचा तो हंसते हुए उन्होंने कहा कि स्वारथ लागि करहिं सब प्रीती। अब कुछ साहित्यिक पत्र-पत्रिकाएं आ सकेंगी। उस समय काशी विश्वविद्यालय 'लघु भारत' था और सभी प्रदेशों के विद्यार्थी अध्ययन के लिए आते थे। बिड़ला छात्रावास कला महाविद्यालय के छात्रों के लिए था, फिर भी अहिन्दी भाषी क्षेत्र के विद्यार्थी पर्याप्त संख्या में थे। आज जब हिन्दी के प्रश्न पर राजनीतिक छद्‌म हावी हैं, तब मुझे काशी विश्वविद्यालय के वे दिन याद आते हैं, जब गैर हिन्दी भाषी हिन्दी सीखने का प्रयत्न करते थे और हिन्दी पत्र-पत्रिकाओं में भी रुचि लेते थे। रामदरश भाई उन व्यक्तियों में थे जो निस्वार्थ भाव से उनकी सहायता करते थे।

काशी के प्रसंग में एक विचित्र तथ्य यह कि जो कुछ भुलाना चाहता हूं, वह भूलता नहीं क्योंकि काशी विश्वविद्यालय ने हमें मानवीय संस्कार दिए। बताया कि धैर्य से सब कुछ पार किया जा सकता है। संयम रखो, विचलन न आने दो, सही राह चलो और सुखी रहोगे। चेतना का एक अपना आनंद होता है, जो अर्थवादी समय में हमसे दूर होता जाता है। ऐसे में काशी के छात्र जीवन की याद आती है : वे दिन कुछ कितने सुंदर थे। काशी मुझसे छूट गई, शायद वह सबके भाग्य में होती ही नहीं। यों शंकर आशुतोष हैं–शीघ्र प्रसन्न होने वाले, पर जब वे काशी के बेटों को काशी से दूर कर देते हैं, तब भी उनका कोई प्रकारान्तर उपकार-भाव ही होता है। काशी में स्थान विज्ञापित हुए थे, पर दोनों ही रह गए। मुझे अभी तक रामदरश भाई की सदाशयता का स्मरण है कि उन्होंने कहा था कि आप ज्येष्ठ हैं, पहला स्थान आपका। आज के इस गलाकाट समय में, जब महाभारत काल की आंशिक मर्यादाएं भी शेष नहीं हैं, जैसे युद्ध में सब क्षमा है, तब रामदरश भाई के अयाचित स्नेह के प्रति कृतज्ञता व्यक्त करना अपना पुनीत कर्तव्य समझता हूं।

रामदरश भाई से काशी छूटी, गुजरात होकर वे महाराजधानी आ गए। मैं कुछ दिन लखनऊ क्रिश्चियन कॉलेज में अध्यापक रहकर, सागर आ गया, यहीं का हो गया। जब काशी में हम प्रत्याशी थे, तब आचार्य नरेन्द्रदेव काशी विश्वविद्यालय के कुलपति थे और आचार्य हजारी प्रसाद द्विवेदी हिन्दी विभाग के अध्यक्ष। हमारी नियुक्ति नहीं हो सकी, पर पूरे ईमान से कह सकता हूं कि हमने इन आचार्यों के व्यक्तित्व के प्रति सदैव आदर-भाव रखा, जिसे पूजा-भाव तक कहा जा सकता है। गुरुवर आचार्य द्विवेदी के प्रति रामदरश जी का श्रद्धा-भाव है : उन्होंने साहित्य की जीवंत परम्परा की गहरी पहचान की थी, और वहां से भी भरपूर शक्ति ग्रहण की थी। उन्होंने अपने समय की मानवीय चेतना का गहरा साक्षात्कार किया था। कुल मिलाकर पंडितजी मनुष्य थे, और मनुष्य में आस्था बढ़ाने वाली हर चीज़ को पहचानते थे। प्यार करते थे इसलिए वे मनुष्य को झुठलाने वाले आध्यात्मिक छल की भर्त्सना करते थे, और निश्छल भाव से मनुष्य को अपनाने वाले सहज भाव की सुंदरता को रेखांकित करते हैं (सर्जन ही बड़ा सत्य है)। गुरु द्वारा निर्मित पथरेखा को योग्य शिष्य अपने ढंग से विकास देते हैं, कई बार विनम्र असहमति व्यक्त करते हुए। नाम गिनाने के अपने संकट हैं, पर जिन शिष्यों ने यशस्वी आचार्य की परम्परा को स्वीकारा, उस पर निष्ठा से चले, उनमें डा. रामदरश मिश्र उल्लेखनीय हैं।

आज़ादी के बाद भारतीय समाज क्रमशः टुकड़ों में बंटने लगा। सम्प्रदाय, जाति-बिरादरी, भाषा, क्षेत्र के नारों के बीचे बौना नेतृत्व मर्यादाहीन राजनीति के मार्ग पर अग्रसर हुआ। सब कुछ सत्ताकामी राजनीति में सिमट-सिकुड़ गया, जिसके लिए कुतर्क तक का सहारा लिया गया। उच्च शिक्षा के प्रतिनिधि हमारे विश्वविद्यालय भी इन व्यक्तियों से घिर गए, जिनसे शिक्षाशास्त्री सर्वपल्ली राधाकृष्णनन ने आशा की थी कि वे समाज का नेतृत्व

करेंगे और सामाजिक जागरण में उनकी भूमिका होगी। जब हम काशी विश्वविद्यालय के छात्र थे, तो पूरे देश के अध्यापक और छात्र वहां देखे जा सकते थे। रवीन्द्र ने भारत की कल्पना 'महामानव समुद्र' के रूप में की है, वैविध्य जिसका सौन्दर्य है। रामदरश से काशी ही नहीं छूटी, प्रदेश ही छूट गया और वे गुर्जर प्रदेश पहुंचे, जहां उन्होंने अपने विचार एवं व्यवहार से एक सम्मानजनक स्थान बनाया। पर प्रतिभा का अपना एक आत्मविश्वासी स्वाभिमान भी होता है, जो समर्पण से इन्कार कर देती है और समय क्रमशः दासानुदास वृत्ति का होता जाता है, जैसे मध्ययुग दूसरे ढंग से लौटा हो। आचार्य रामचन्द्र शुक्ल ने श्रद्धा को आनन्दपूर्ण कृतज्ञता के रूप में व्याख्यायित किया है, जिसका अनिर्वचनीय सुख है। पर ईर्ष्या एक मानसिक रोग है, जिसके मूल में हीन भावना होती है और चेतना इतनी संकुचित हो जाती है कि देखि न सकहिं पराई विभूती। अपने आत्मवृत्त 'सहचर है समय' में रामदरश जी ने 'टूटते-बनते-दिन' खंड में गुजरात-प्रवास का वर्णन किया है। मिश्र जी से एक बार यहीं भेंट हुई तो लगा कि उन्होंने अपने भीतर पूर्वांचल का वह गांव कहीं छिपा रखा है, जो उनके सर्जक को प्रेरणा देता है। इसी के साथ है काशी का खुलापन, जिसे उनके सहज हास्य में देखा जा सकता है। बात पुरानी है, पर मुझे लगा कि रामदरश भाई की स्थिति है कि ब्रज बिसरता नहीं। सुदूर गुजरात में उन्होंने स्नेह और आदर पाया, यह उनके व्यक्तित्व की स्वीकृति है।

रामदरश दिल्ली लौटे और यहां उनकी सर्जना को एक नयी गतिशीलता मिली। कविता, कहानी, उपन्यास, निबंध, समीक्षा, आत्मकथा, यात्रावृत्त आदि कई दिशाओं में उन्होंने स्वयं को प्रक्षेपित किया। सब कुछ है के बीच उनका आत्मविश्वास जीवित रहा और उन्होंने स्वयं लिखा है: "मैं टूटा नहीं, बिखरा नहीं, मिट-सिमटकर बनता गया हूं, गिर-गिरकर उठता गया हूं, भटक-भटक कर रास्ते पर आ गया हूं (सहचर है समय)। महाराजधानी में प्रयाग, काशी के द्वीप हैं, जो आ गया, प्रायः यहां बस गया–प्रत्यावर्तन के लिए अवसर नहीं। पर जो लोग महानगर के अनेक प्रहार झेलकर भी, अपने 'पूर्व मानुष' को थोड़ा बचा ले जाते हैं, वे निश्चित ही सराहनीय हैं। मानव संबंधों का निर्वाह करना तो वे जानते ही हैं, वे अपने रचनाकार के ईमान की रक्षा भी कर लेते हैं। मां के माध्यम से कवि रामदरश कहते हैं : 'वह जादू नगरी है बेटे, वहां जाकर लोग भेड़-बकरियां कि सांप-सूअर बन जाते हैं' (दवा की तलाश)। नागार्जुन, त्रिलोचन से लेकर रामदरश मिश्र, केदारनाथ सिंह, मंगलेश डबराल, विजय कुमार, उदयप्रकाश, एकांत श्रीवास्तव आदि कई नाम हैं, जिनमें ग्राम-नगर का द्वन्द्व देखा जा सकता है। मुझे लगता है कि रामदरश का कथा-साहित्य, विशेषतया उनके उपन्यास इस संघर्ष को कौशल से उभारते हैं। यात्रा आरंभ होती है–लोकजीवन से, पर उसमें जटिल जीवन-यथार्थ प्रवेश करता जाता है। जिसे आंचलिकता कहा गया और मेरे विचार से जो एक सीमित आशय का शब्द है, उसे एक नयी व्याप्ति मिलती है, जब वह रूमानियता को पार करते हुए, समय-समाज के यथार्थ के साथ उसे चित्रित कर पाती

है। पानी के प्राचीर, जल टूटता हुआ, सूखता हुआ तालाब आदि उपन्यासों में लोकजीवन संघर्ष की भूमि पर व्यक्त हुआ है : 'सीता कैद है, रावण के यहां, आज ही मुक्त होगी। सीता धरती की बेटी है, धरती के शोषक के यहां। धरती के बेटे बेचैन हैं अपनी बहन से मिलने के लिए, उन्हें मालूम है कि राम आज उद्धार करेंगे, सीता का' (जल टूटता हुआ)।

रामदरश जी जब दिल्ली आ गए तो भेंट के अवसर अधिक आने लगे। मैं उनके एक विशेष व्यवहार का उल्लेख करना चाहूंगा। महानगरों के अपने दबाव होते हैं, जीवन इतना व्यस्त कि मनुष्य स्वयं में खो जाता है, हम वहां हैं, जहां से हमको हमारी खबर नहीं आती। पर मिश्र जी पत्रों का उत्तर देकर दूसरों की भावना का सम्मान करना जानते हैं, और उस विषय में वे आचार्य हजारी प्रसाद द्विवेदी का अनुसरण करते हैं। वे सारी व्यस्तता में पत्रों का उत्तर देते थे, वह भी हार्दिकता के साथ और यदि आचार्य श्री के पत्रों का संपूर्ण संकलन आ सकता, तो उनके व्यक्तित्व की मानवीय दिशाओं के नये आयाम खुलते। मिश्र जी दिल्ली आकर प्रसन्न थे, इस दृष्टि से कि घर के किंचित पास थे। उन्होंने स्वयं को महानगरों की भीड़ में खो जाने से बचा लिया, इसकी सराहना करनी होगी। जब भी रामदरश भाई से भेंट होती है, यह नहीं लगता कि महानगर ने उन्हें इतना परिवर्तित कर दिया है कि संवाद ही न स्थापित हो सके। उनकी ऊष्मा का आदर करता हूं, और शीत लहर वाले इस अर्थयुग में विशेष रूप से इसे रेखांकित करना चाहूंगा। वे यशस्वी रचनाकार हैं–पद, सम्मान से सुशोभित, पर उन्होंने अहंकार को स्वयं पर नहीं हावी होने दिया कि सामने के व्यक्ति को 'मूरख' मानकर चलें। उनके व्यवहार में जो सहजता है, वही उनकी रचनाओं में भी देखी जा सकती है : 'दिल्ली जैसे आधुनिक नगर की आधुनिक बस्तियों में भी, बबूलों को बनाव-सिंगार से दूर, झाड़-झंखाड़ों में ही जीते, फलते-फूलते देखा है। इस कमबख्त को आज भी जीवन जीना नहीं आया' (बबूल और कैक्टस)। रामदरश जी जब भी मिलेंगे, हाथ में हाथ लेते हुए, जिसके विषय में केदारनाथ सिंह ने कहा है : 'उसका हाथ, अपने हाथ में लेते हुए मैंने सोचा / दुनिया को हाथ की तरह गर्म और सुन्दर होना चाहिए।' रामदरश अपनी कविता में 'कंधे पर भीतर से उगे सूरज' की बात करते हैं।

जब मानवीय सम्बन्ध तेजी से बदल जाते हैं, और लोग पहचानने से भी इन्कार करते हैं, तब उन मित्रों के प्रति सहज कृतज्ञता-भाव उमड़ आता है, जो अब भी स्नेह देते हैं। यों इस विषय में भाग्यशाली हूं कि मुझे संगी-साथियों का इतना स्नेह मिला, जिसकी पात्रता भी मुझमें नहीं है। अहंकार-भरे छल की व्यथा-कथा की चर्चा भी क्या करना, क्योंकि हममें ही कहीं कोई कमी होगी। निराला याद आते हैं : 'मैं ही क्या, सबही तो छले गए।' रामदरश जी के विषय में जितना देखा जाना है, उससे कह सकता हूं कि वे सम्बन्धों का निर्वाह करना जानते हैं, और इस प्रयत्न में वे कई अवरोध पार करते हैं। पता नहीं महानगर उन्हें किस 'पंथ' में रखना चाहेगा, पर मैं एक घटना का उल्लेख

करना चाहूंगा। एक बार एक साक्षात्कार था और भाई मिश्र जी ने स्पष्ट शब्दों में कहा कि व्यक्ति कभी-कभी टेढ़ी चाल चलता है, पर है योग्य। आज जब भाई-भतीजावाद के साथ कलयुगी अवसरवादी प्रपत्तिमार्ग का प्रसार है और लोग अपनी 'गोत' की चिन्ता में लगे हैं, तब इस प्रकार का आशंसापत्र प्रमाणित करता है कि मिश्र जी गुणग्राहक हैं और योग्यता का सम्मान करना जानते हैं। उन्हें यह देखकर पीड़ा होती है कि आदमियों के मौसम अलग-अलग हैं। और वे वृक्ष में वसंतागम का चित्र बनाते हैं, जैसे एक नयी लय पूरी हो: 'नव जीवन का महोत्सव जाग उठता है' (पेड़)।

रामदरश मिश्र को मैं एक उदारपंथी के रूप में देखता हूं, जो किसी प्रकार की भी 'जकड़न' से स्वयं को मुक्त रखना चाहता है। प्रायः विचारधारा का प्रश्न उठाया जाता है और उसे वे स्वयं "आज के संदर्भ में 'मानस' की प्रासंगिकता" निबंध में उठाते हैं। वे लिखते हैं : 'यह सत्य है कि अनुभवों की रचना में विचार और दृष्टि की बड़ी हिस्सेदारी होती है, किन्तु साहित्य रचना के मूल में प्रमुख भूमिका अनुभव की होती है। दृष्टि या विचार इन अनुभवों को पुनर्निर्मित करते हैं और पूरी रचना को भी एक अन्विति देते हैं, किंतु रचना के मूल में आधारभूत शक्ति अनुभव की है।' मैं रचनाकार रामदरश मिश्र को किसी 'शिविर' विशेष में रखने में कठिनाई का अनुभव करता हूं, पर एक पाठक के रूप में ईमानदरी से यह कह सकता हूं कि उन्होंने रूमानी बनावट से अपनी यात्रा का आरंभ किया, उसमें ग्राम-जीवन के लोक उपादानों का प्रवेश कराया गया और फिर उसे व्यापक जीवन-यथार्थ से सम्बद्ध किया। निबंधों तक में इनका कुशल संयोजन देखा जा सकता है, कई बार आचार्य हजारी प्रसाद द्विवेदी अथवा आचार्य विद्यानिवास का समीपी बनकर। फागुन रामदरशजी की प्रिय कृति है और फागुन, वसंत, चैत का एक सम्मिलित क्रम है जो उनमें दिखाई देता है। पर फागुन साधारण ऋतु नहीं है, वह कवि के लिए एक काव्य जैसा है : 'फागुन मेरे लिए खुले हुए, मस्ती भरे सहज जीवन का प्रतीक है। उसे पाने के लिए तड़पता हूं, क्यांकि उसे मैं अपने जीवन के संस्कारों के साथ मिलाकर जी चुका हूं। निबंधकार की पीड़ा है कि 'अब उस फागुन से भेंट नहीं होती। होती है तो जी खोलकर मिल नहीं पाता' यह पीड़ा है प्रकृति-साहचर्य से मनुष्य के निरन्तर कटते जाने की। रामदरश प्रकृति की शोभा और प्रवाहित जीवन-यथार्थ को एक साथ संयोजित करने का प्रयत्न करते हैं : 'जाने-अनजाने फागुन के रूप में जिया गया यह विराट सामाजिक जीवन मुझे अपने में जोड़ लेता है' (फागुन)। उपन्यासों के ग्राम चित्रों में और कविताओं में रामदरश जी का प्रकृति निरीक्षण तथा इसके प्रति उनकी रागात्मकता को देखा जा सकता है। वसंत से संवाद के लिए स्वयं से बाहर निकलना पड़ता है, जीवन-धार से सम्पृक्ति स्थापित करते हुए; धूल भरी हवाओं के भीतर बहती, रंगों की छोटी-छोटी नदियां/ पत्तियों की उदास लय में से उगता, नये हरे स्वरों का एक जंगल/ नंगे पेड़ों के बीच कसमसाता, लाल-लाल आभाओं का एक नया आकाश/ चट्टानों के तोड़-तोड़कर झरने के लिए आकुल प्रकाश

के झरने/कंपकंपाती आंखों के बीच तैरती, अनंत परछाइयां (बाहर तो वसंत आ गया है)। और जब प्रिय पास नहीं होता तो उन्हें फागुन-वसंत की याद आती है: तुम बिन लगता जैसे कन-कन से फागुन बीता हो।

अध्यापक रहा हूं, साहित्य का विनम्र विद्यार्थी हूं, कई रचनाकारों से परिचय है, उनका स्नेह पाया है, जिसे सहज कृतज्ञता-भाव से स्वीकार करता हूं। रामदरश भाई के विषय में विचार करते हुए सोचता हूं कि क्या रचनाकार एक साथ कई जीवन जी सकता है? संभवतः नहीं। यह सच है कि हम वैयक्तिक अनुभवों को उसी रूप में रचना में व्यक्त नहीं करते, उसमें कई अन्य तत्वों का प्रवेश होता है और सबके संयोजन से कृति कला-रूप ग्रहण करती है। इस दृष्टि से उसका एक सामाजिक-सांस्कृतिक पक्ष भी होता है, जिसमें पाठक वर्ग सम्मिलित होता है। पर मेरे सामने अब भी यह प्रश्न है कि चुनौती-भरे जटिल समय में व्यक्ति अपने 'मानवीय संवेदन' की रक्षा कैसे करे? रचनाकार के विषय में तो यह और भी प्रासंगिक है। रामदरश भाई से जब भी मिलता हूं, उनमें एक अकृत्रिमता पाता हूं, जो मुझे उनकी ओर आकृष्ट करती है इसलिए कि यह सब अब दुर्लभ होता जाता है। दांव-पेंच, छल-छद्म, राग-द्वेष के बीच कोई 'भला मानुष' मिल जाय तो सुखद आश्चर्य होता है। सहज संवाद स्थापित होता है, और उससे हम निकटता का अनुभव करते हैं। कई दूरियां टूटती हैं, हमारे बीच कुंठाएं नहीं होतीं और हम खुले मन से बात कर सकते हैं। रामदरश जी का एक उपन्यास पाठ्यक्रम में निर्धारित हुआ। प्रकाशक ने उन्हें जानकारी दी कि मैं उसमें था। जब भेंट हुई तो इसकी चर्चा नहीं की, संकेत से कहा कि आपका स्नेह सहेज रखने लायक है। हम दोनों ने एक-दूसरे के प्रति जो अपनापा अनुभव किया है, उसका आधार है, रामदरश जी का वह गंवई गांव का सहज मानुष, जिसे उन्होंने महानगर में भी बनाए रखा है। उनकी सदाशयता को मैंने सदैव सराहा है।

रचना-कार्य निरन्तर कठिन होता जाता है, कई प्रकार के दबाव हैं–आर्थिक से लेकर उपभोक्ता अपसंस्कृति के। ऐसे में संवेदन-संसार की रक्षा का कार्य सरल नहीं, उसे अभिव्यक्ति दे सकने की चुनौती भी है। जीवन के ऐसे व्यस्त आकर्षण कि कई बार रचना अपनी भूमिका का निर्वाह नहीं कर पाती। संभवतः इसीलिए रचना के संदर्भ में 'समाधि' जैसी साधना का उल्लेख किया गया है, जहां कई प्रलोभन छोड़कर स्वयं को एकाग्र करना होता है। इस जटिल समय में भी मुक्तिबोध जैसे रचनाकारों ने इसे संभव किया। रामदरश जी ने लम्बी आयु (जन्म 1924) में रचना की नई दिशाओं की ओर प्रयाण किया, और सबके बीच अपने 'मूल संवेदन' को सुरक्षित रखा। इसे जीवन से जोड़ते हुए उसे नया विस्तार दिया। उनका संवेदन क्षुद्रताओं से आहत होता है : हम भी तो हवा, पानी, आकाश, आग और धरती से बने हैं। लेकिन हमने उन्हें अलग-अलग धर्मों में बांट दिया है। हिन्दी में तरह-तरह के बुदबुदी दौर आए, पर रामदरश जी अपने जाग्रत संवेदन के सहारे रचना में अग्रसर रहे, बिना आक्रान्त हुए और आज उनका एक

रचनाकार-व्यक्तित्व हमारे सामने है। 'समय-देवता' श्री नरेश मेहता की लंबी कविता है, जो द्वितीय तारसप्तक में प्रकाशित हुई थी और अपनी वैश्विक दृष्टि से चर्चित है। रामदरश जी की कविता भी इसी शीर्षक से है, जहां समय की पीड़ा है : ओ समय-देवता/ जो भोगा हुआ हमारा सत्य है/ वह तो क्वांर की धूप-सा हमारी नंगी त्वचा में/चिनमिना रहा है युगों से। रचना के लिए अर्जित सत्य की अपेक्षा होती है, जिसे व्यापक जीवन-दृष्टि और गहन मानवीय संवेदन से प्राप्त किया जाता है। रामदरश ने अतिवादी सीमान्तों से अपनी रक्षा का यथासंभव प्रयत्न किया, और तथाकथित आधुनिकतावादी दौर अथवा चरम क्रांति के दौर में भी वे अपने संवेदन के सहारे रचनाओं में अग्रसर रहे। शिविरों में सम्मिलित होना उन्होंने रचना के लिए अनिवार्य नहीं माना, और आज निर्विवाद कहा जा सकता है कि उनका अपना एक स्थान है। रचना और जीवन दोनों में उनकी मानवीयता का आदर करता हूं और इतने लंबे अरसे से वे मेरे सहृदय बंधु हैं, इसे उनकी निष्कंप सदाशयता के रूप में देखता हूं।

वैसा शतरंज खेला तो नहीं, परख लिया

रमेश कुंतल मेघ

वे सन् 1953-54 के शारदीय दिन थे। तब प्रिय युवा कवि रामदरश मिश्र वाराणसी में लंका और दुर्गाकुंड के बीच संकटमोचन वाली सड़क पर रहा करते थे। उनके साथ विष्णु स्वरूप रहा करते थे। लंबे-चौड़े (उस समय भी) खिचड़ी बालों को संवारे कुर्ता-पैजामा में लैस तथा कंधे पर शांतिनिकेतनी झोला लटकाए रामदरश तब भी वैसे ही सरल-सहज थे··· प्रशंसा में कुबेर, रोष में कर्ण तथा परनिंदा में वामन। ऐसा मोहक आदमी जो पहली मुलाकात में ही आपका दिल जीत ले। उन्होंने भी साहित्यिक पारी का आरंभ कविता से किया।

विष्णुचंद्र शर्मा 'कवि' पत्रिका का अनियतिकालीन संपादन करते थे तथा 'साहित्य संघ' भी चलाते थे जिसकी मासिक गोष्ठियां लगभग हो ही जाती थीं। रामदरश ने ही सर्वप्रथम मुझे एक गोष्ठी में आमंत्रित किया था। मैंने 'रुक जा मथुरा के खंभों की नग्न यक्षिणी!' पढ़ी जिस पर कोई विशेष ध्यान नहीं दिया गया। मैं यशभीरु तथा प्रचारभीरु तो शुरू से ही रहा हूं। अतः उन गोष्ठियों में यदा-कदा जाता रहा किन्तु मित्र रामदरश अनूठे पारखी और स्वच्छ कसौटी वाले गुणग्राही थे। नये-नये हस्ताक्षर वालों को ढूंढ निकालना भी उनका एक दायित्व था। मेरी 'सरिता' में एक प्रारंभिक रोमांटिक कविता छपी थी 'जिस रात तुम्हारी आंखों का काजल गाढ़ा हो जाता, उस रात गगन के हो जाते हैं काले सभी सितारे।' सो एक दिन काशी हिन्दू विश्वविद्यालय के मुख्य द्वार पर पान की एक दुकान पर संझवाती के समय उन्होंने कविता की यही पंक्ति सुना कर मेरा उत्साह बढ़ाया। न जाने क्यों, उन्हें मेरे नाम के परसर्ग (कुंतल मेघ) के प्रति आकर्षण था। उन्हें हर प्रिय, नवीन, मौलिक प्रमेय के प्रति मोह रहा जो बाद में उनकी कविताओं, आंचलिक उपन्यासों तथा आलोचनेतिहास में झिल-मिलकर जगमगाता गया। वे दंभ और अहम्मन्यता से ऊबते-उचटते रहे हैं। आज तलक भी वे इसीलिए सत्ता के गलियारों में या पार्टी के चौराहों पर अनुपस्थित होते रहे हैं। उनकी शख्सियत की ये खूबियां आज तक बरकरार हैं। अंधेर है कि दिल्लीवासी हो जाने के बावजूद भी बरकरार हैं।

काशी हिन्दू विश्वविद्यालय में आचार्य डा. जगन्नाथ प्रसाद शर्मा के अधीक्षण में

आधुनिक हिन्दी आलोचना के इतिहास पर उन्होंने शोधकार्य किया जो पहले तो यूनिवर्सिटी के प्रकाशन ब्यूरो ने, बाद में (अब बंद हो चुके) मैकमिलन कंपनी की हिन्दी-प्रशाखा ने छापा। मूल पुस्तक तो आज भी अद्वितीय तथा प्रतिमानक है। इसका कारण? मौलिक क्षमता तो है ही। तथापि आचार्य हजारी प्रसाद द्विवेदी (तत्कालीन विभागाध्यक्ष भी) से गरिमा, मर्यादा, सहजता और सिसृक्षा का अंगीकार करते हुए अपने यशपुरुष का परिष्कार किया। उन्होंने इन दोनों के साथ अपने नाजुक तथा कांटे के रिश्तों में दोहरापन या धोखाधड़ी नहीं बरती। यह उनकी इंसानी गहराई की गूंज है। इसी तरह सातवें दशक के शुरू में अहमदाबाद के सेंट जेवियर कॉलेज से हटाये जाने के बाद उन्होंने विश्वविद्यालयों की कुछ चयन समितियों के महंथों और माफियाओं को (कौवाचाल वाले) हंस मानकर व्यंग्य लिखे। दुःख, प्रतारणा तथा अनिश्चय वाले उन दिनों में वे चंडीगढ़ अपने प्रथम गुरु आचार्य हजारी प्रसाद द्विवेदी की शरण में आये। तीन चार दिन रुके। उस समय मैं पंजाब यूनिवर्सिटी चंडीगढ़ में आरा (बिहार) से आकर नया-नया लैक्चरार लगा था। उन चार दिनों में उन्होंने अपने उन अस्तित्ववादी अंधेरों को बताया। किस तरह विक्रम की पीठ पर अगिया बैताल बैठ गया। खैर, दुःख की निशा सिरा गई। रामदरश दिल्ली के डी.ए.वी. कॉलेज में नियुक्त हो गये। इसका श्रेय भी आचार्य द्विवेदी (परोक्ष रूप से) तथा डा. नगेन्द्र (प्रत्यक्षतः) को जाता है। तब डाक्टर नगेन्द्र बाहर के होनहार चिंतकों को दिल्ली में ले आने में परहेज़ नहीं करते थे। तब उनके अक्खड़पन में कहीं अकादमिक विवेक भी जागृत था। उन्होंने ही एक लंबे राजनीतिक षडयंत्र के बावजूद मुझे रीडर नियुक्त कराया था। सबसे खूबी भरा तथा खुशनुमा तथ्य यह रहा कि रामदरश ड़ा. नगेन्द्र के निकटस्थ भी हुए लेकिन अपनी हस्ती की निजता भी कायम रखी। वे डा. नगेन्द्र के चाटुकार-चक्र तथा चरण-बुहारू खेमे में कदापि भर्ती नहीं हुए। आश्चर्य तो यह है कि डा. नगेन्द्र ने इसकी सराहना न करके भी रामदरश के मूल बिंब को अपनाया। स्पष्ट है कि सत्ता और व्यवस्था के अधिकार सुख ने डा. नगेन्द्र को सुअवसर पर आत्म-मंथन भी करने की छूट दे दी थी। शायद बाद में वह विरोध एवं विरोधी दमन में बिछुड़ती चली गई। क्लासिकी ज्ञान के नगेन्द्र और आधुनिक सिरजना के दरस देखने दिखाने वाले का यह कुतूहल से सराबोर एक दीर्घकालीन दृश्य पटल है जिसमें कई छायाएं-परछाइयां भी होंगी जिन्हें दिल्ली वाले जानते होंगे, मैं नहीं।

रामदरश में ललित ग्राम्यत्व गुण भी है। सन् 1974-75 में मैं गुरु नानक देव यूनिवर्सिटी अमृतसर आ गया। तब वे यदा-कदा विभाग के कामों से आते रहे। एक बार मेरा परिवार बाहर गया था। रामदरश आ गए। हम दोनों ने मिलकर अपने-अपने स्वपाकी होने के अभ्यास किये और लगभग सफल रहे। दोनों ने मिलकर संयुक्त पाक का भोग लगाया। उन्हीं में से एक दिन मेरा नया फ्रिज भी आ गया। तब तो हम लोगों ने जगन्नाथ पुरी वाला आनन्दोत्सव मनाया। गोरखपुरिये रामदरश में ब्राह्मण विनयन के

साथ-साथ एक पुरबिये की जो सामूहिक ग्राम्यग्रंथि है, वही उनके आंचलिक उपन्यासों की कुंजी तथा अय्यारी की जड़ी भी है। शायद दिल्ली के उन दंभी नामीगरामी लोगों के बीच वे आज भी उपेक्षित, बाहरी और बनवासी जैसे होंगे जो तथाकथित 'एलीट' तथा सर्व सभा चतुर हैं। तथापि रामदरश नयी लघु पत्रिकाओं तथा नव लेखन और युवा लेखकों से जिस अद्भुत ढंग से तादात्मय करते चले आए हैं वह उन्हें सदैव चिरयुवा तथा नित नवीन बनाये हुए है। गुरुडम के बोझ से उनकी कमर भी नहीं टूटी। छद्म के मुखौटों से उनके मुख की वह मुसक्यान भी नहीं गुम हुई– और उस मुख की वह मुसक्यान। हम तो उसी के मुर्शिद हैं, अजीज़ रामदरश। अलबत्ता हंसमुख भाभीजी अर्थात श्रीमती सरस्वती मिश्र ने अद्भुत धैर्य और सहनशीलता के साथ हर दिन जाने-अनजाने, अजूबे अगमड़े मेहमानों का जो स्वागत-महकमा संभाले रखा, वह आज तक बरकरार है। उसने अपने कवि साथी के तनाव कम से कमतर किये। संतति ने दो पीढ़ियों के अन्तराल को मुखर करते हुए भी अपना अपना लक्ष्य पा लिया है। अब वे दोनों उत्तम नगर में उदात्तोत्तम ढंग से सेवामुक्त हैं, सुंदरता के साथ बूढ़े हुए हैं तथा सरलता के साथ शिशु बने हुए हैं। आज की दिल्ली और आजकल की हिंदी-मानसिकता के लिये तो यह आश्चर्य है। किंवा अंधेर है। है न, रामदरश जी?

जैसा मैंने उन्हें जाना

शिवकुमार मिश्र

स्वार्थपरता, व्यक्तिगत लाभ-लोभ, आपाधापी, अहंकार और ठेठ लेन-देन पर विश्वास करने वाली आज की दुनिया में व्यक्तिगत सामाजिक और विशुद्ध मानवीय स्तर पर संबंधों को बनाए और बचाए रखना कितना कठिन काम हो गया है, इसे वे सब लोग महसूस करते होंगे जो मूल्यों के भयानक विघटन वाले आज के युग में यह सब कुछ अपनी आंखों से देख और भोग रहे हैं। मानवीय संबंधों के क्षरण की यह विष-बेल, कहना न होगा, अपने बुद्धिजीवी होने का दावा करने वालों, अपने को लेखक, रचनाकार, कलाकार और संस्कृति-कर्मी मानने वालों के बीच कदाचित अधिक तेजी से पनप और फैल रही है। महत्वपूर्ण और सार्थक सृजन हाशिए पर जा रहा है और अपने दायरे के मीडियाकर लिख्खाड़ों की रचनाएं प्रायोजित होकर नामी-गिरामी साहित्यिक पत्र-पत्रिकाओं में समय के सबसे सार्थक सृजन के रूप में विस्थापित की जा रही हैं। व्यक्तिगत संबंधों– लाभ-लोभ से जुड़े संबंधों के आधार पर रचनाओं पर निर्णय किए जा रहे हैं, रचनाकारों के महत्व की श्रेणियों का निर्धारण हो रहा है। यह सब, जो आज अपने समय को पहचानने के नाम पर, साहित्य, कला और संस्कृति की रक्षा के दम पर, अपनी सोच और अपनी समझ को जमाने की सबसे सार्थक और सबसे आला समझ के रूप में प्रचारित करने के नाम पर हो रहा है, बहुत ही कष्टकर और क्लेशदायक है, किंतु कहना होगा कि चंद अपवादों को छोड़कर, यही आज का यथार्थ और आज का हमारा आचरण या कदाचरण है।

ऊपर हमने इस स्थिति के कुछ अपवादों की बात की है। वस्तुतः ये अपवाद ही हैं जो मूल्यों के विघटन के, संबंधों के क्षरण के और प्रायोजित होकर महत्वपूर्ण बनने और बनाए जाने की आज की सांस्कृतिक राजनीति और रणनीति के छद्म में आदमीयत पर, रचना और रचनाकार के स्वत्व पर, संस्कृति और संस्कृति-कर्म की महनीयता पर, मानवीय मूल्यों और आदर्शों के महत्व पर चली आ रही निष्ठा पर, हमारे विश्वास, आत्मविश्वास और आस्था पर, और इन अपवादों को बचाए रखने और उनमें संवृद्धि करने के हमारे संकल्प पर हमें कायम रखे हुए हैं।

डा. रामदरश मिश्र के साथ मेरे संबंध ऐसा ही एक अपवाद हैं। चार दशक पहले मैंने पहली बार उनका नाम जाना था और चार दशकों के बाद मैं उन्हें, उनके मनुष्य, उनके रचनाकार एक तरह से उनके व्यक्ति और सर्जक को कभी कुछ जान-समझ चुका हूं, मुझे यह कहने में कोई संकोच नहीं है कि रामदरश मिश्र के साथ अपने इन दीर्घकालीन संबंधों ने उपर्युक्त अपवादों के प्रति मेरे विश्वास को बल प्रदान किया है, यही नहीं, मेरे इस विचार को भी दृढ़ किया है कि विचारों और सोच की भिन्नता तथा व्यक्तिगत लाभ-लोभ की समझदारी के अभाव में भी मानवीय धरातल पर न केवल संबंध बनाए जा सकते हैं, उन्हें बचाया और गहरा भी किया जा सकता है। आदमीयत के स्तर पर बन गए और गहरे किए गए संबंध अंततः विचारों और सोच की भिन्नता के नाते आई व्यक्ति और व्यक्ति के बीच की दूरी को कम भी करते हैं तथा जड़ता और हठवादिता से परे सोच और विचार के स्तर पर भी पारस्परिक समझदारी को बढ़ाते हैं।

जब तक मैं गुजरात नहीं आया था, मध्यप्रदेश के सागर विश्वविद्यालय में था, मिश्र जी के साथ मेरे संबंध औपचारिक रहे। शायद ही सागर के बीस वर्षों में मेरे सेवाकाल में मेरा और रामदरश जी का पत्राचार हुआ हो। गोष्ठियों-सम्मेलनों में एक-दो बार की भेंट और आवश्यक शिष्टाचार निभाने तक ही ये संबंध सीमित रहे। उस समय मिश्र जी गुजरात विश्वविद्यालय अहमदाबाद में थे और गुजरात का साहित्य तथा साहित्य के अध्यापन का काल मेरे लिए नितांत अपरिचित था।

मैं सन् 1977 के सितंबर महीने में गुजरात आया। तब तक मिश्र जी गुजरात से दिल्ली जा चुके थे। गुजरात आने पर मुझे ज्ञात हुआ कि मिश्र जी कितना बड़ा शून्य गुजरात में छोड़ गए हैं। गुजरात के महाविद्यालयों और विश्वविद्यालयों के हिन्दी अध्यापकों और मिश्र जी के गुजराती भाषा-भाषी शिष्यों जिनमें से कुछ हिन्दी के अध्यापक होते हुए भी गुजराती भाषा तथा साहित्य के क्षेत्र में कथाकार और समीक्षक-विचारक के रूप में ख्यात हो चुके थे—मसलन भोला भाई पटेल और रघुवीर चौधरी, आदि की बात जाने दें, तो गुजराती भाषा के उमाशंकर जोशी जैसे अग्रणी कवि, विचारक तक इस शून्य को महसूस कर रहे थे। गुजरात में मैं जहां भी गया मुझे मिश्र जी के प्रशंसक-शुभचिन्तक और एक कशिश के साथ उन्हें याद करने वाले मिले। मिश्र जी ने अपने गुजरात प्रवास में धन क्या कमाया होगा, यश भरपूर कमाया। अपने वैदुष्य, अपनी सहृदयता, अपने स्वाभिमान, अपनी शिष्य वत्सलता और एक महत्वपूर्ण हिन्दी रचनाकार के रूप में अपनी कलम की ऐसी छाप और ऐसी साख उन्होंने गुजरात के गुजराती और हिन्दी साहित्य प्रेमियों के मन पर छोड़ी, जो ऐसे प्रवासियों के लिए प्रायः विरल ही मानी जाएगी। मिश्र जी के इस यश से एक स्तर पर जहां मुझे अतिशय सुख तथा संतोष प्राप्त हुआ, दूसरे स्तर पर इस बात को लेकर चिंताशील भी हुआ कि मिश्र जी के इस प्रभामण्डल के बरक्स ही गुजरात में मेरा अपना कर्तृत्व जांचा परखा जाएगा और मुझ पर निर्णय किए जाएंगे। आज मैं भी सेवा से अवकाश पा चुका हूं। मेरे कर्तृत्व पर क्या

निर्णय-निष्कर्ष निकले और निकाले गए उनकी बात न करके इतना जरूर कहना चाहूंगा कि मिश्र जी की विरासत से मैं समृद्ध ही हुआ और मुझे अपने समूचे कार्यकाल में उन सबका भारी समर्थन और सद्भावना मिली, जो मिश्र जी से जुड़े हुए थे, उनके प्रशंसक, शुभचिंतक, उनके मित्र और शिष्य थे। जो बातें मिश्र जी की इस अतिशय लोकप्रियता की चर्चा में बार-बार उभर कर सामने आई वे थीं–उनका वैदुष्य, उनकी सर्जनात्मक क्षमता, उनका अध्यापन, अपने शिष्यों के साथ, प्रभावशाली-शिष्यों के साथ उनकी आत्मीयता, उनके प्रति उनका जनतांत्रिक व्यवहार, उनकी निष्पक्षता, उनकी स्पष्टवादिता, उनका स्वाभिमान और उनकी मानवीय सदाशयता। मिश्र जी आज सशरीर गुजरात में मौजूद न होकर भी यहां के साहित्य और अध्यापन काल में बराबर मौजूद हैं, सम्मानित हैं, बराबर याद किए जाते हैं।

मैंने अपने और मिश्र जी के बीच जिस संबंध-सूत्र को सबसे ज्यादा तरजीह दी है, बनाए और बचाए रखना चाहा है, वह देखा जाय तो बुनियादी तौर पर मनुष्यता का संबंध-सूत्र ही है, हर तरह के लाभ-लोभ से अलग, पेशे से जुड़े किसी भी प्रकार के लेन-देन से परे, फिर भी मजबूत और निरंतर मजबूत होता हुआ संबंध। मैं और वे हम-पेशा ही नहीं रहे, मेरे लिए वे मेरे बड़े भाई की तरह रहे। बड़े भाई की मान्यता के बावजूद आज्ञा या आदेश के स्वर में कुछ भी कहने की बात तो दूर झिड़की या उलाहने भी नहीं, मृदुता से, मित्रवत भी, उन्होंने मुझसे कभी यह शिकायत नहीं की कि मैंने उनकी रचनाओं पर, उनके रचनाकार पर कभी कुछ भी विस्तार से नहीं लिखा। शायद ऐसा कुछ करना या कहना उनके स्वाभिमान के अनुरूप नहीं था, एक रचनाकार और एक मनुष्य के अपने स्वाभिमान के अनुरूप। और जहां तक मेरी बात है तमाम ख्यात-अख्यात रचनाकारों या रचनाओं पर तमाम कुछ लिखते हुए अलग से मिश्र जी की रचनाओं–कविता या उपन्यासों पर कभी विस्तार से कुछ नहीं लिख पाया, गोकि उनकी रचनाओं, कविता तथा उपन्यास, दोनों को सदा रुचि के साथ पढ़ा और सराहा, प्रसंगतः उनकी मौखिक-लिखित चर्चा भी की, उन्हें केन्द्रित करते हुए ज़रूर कुछ भी नहीं लिख पाया। उनकी 'बैरंग-बेनाम चिट्ठियां', कविता-पुस्तक तो मैंने सागर में ही पढ़ ली थी। उसे अपने पैसों से खरीदा भी था। फिर 'पानी के प्राचीर', 'जल टूटता हुआ', 'दूसरा घर' शीर्षक उनके उपन्यास भी पढ़े जो मुझे अच्छे ही नहीं लगे, पहले दो तमाम समकालीन रचनाओं–ग्राम जीवन के यथार्थ को प्रस्तुत करने का दावा करने वाली रचनाओं से बेहतर भी लगे। उनके भीतर मैंने रामदरश जी के कथाकार के यथार्थ को परखने-पहचानने की, और कला में उसे रूपायित करने वाली दृष्टि तथा रचनात्मक प्रतिभा को भी पहचाना, अघोषित ही सही, उनकी ज़िन्दगी तथा मनुष्य के यथार्थ से जुड़ी साफ-सुथरी, प्रगतिशील सोच और समझ से भी मुखातिब हुआ, उन पर कभी कुछ अलग से लिखने का मन भी बनाया, परन्तु लिख नहीं पाया। बावजूद इसके, जब कभी मिश्र जी से आमना-सामना हुआ, उन्हें सदा ही आत्मीय भाव से भरा हुआ, अपने से

हंसते-बतियाते ही पाया। कभी कोई शिकवा-शिकायत नहीं, उनके मन की विनम्रता तथा खुलापन ही मुझे मिलता रहा। कहना चाहूंगा कि इस सबमें कोताही हुई तो मेरी तरफ से हुई होगी, मिश्र जी की तरफ से नहीं।

आज, जबकि मिश्र जी सर्जना तथा समीक्षा, दोनों आयामों पर हिन्दी जगत को काफी कुछ सार्थक और मूल्यवान प्रदेय दे चुके हैं, इस बात को जोर देकर कहना चाहूंगा कि कवि और समीक्षक के रूप में हिन्दी जगत में अपनी पहचान को बनाते हुए कथाकार के रूप में खासतौर से प्रेमचंद की ग्राम-केन्द्रित कथा परंपरा को गुणात्मक समृद्धि देने वालों और उसे विकसित करने वाले रचनाकारों के बीच मिश्र जी का अवदान पहली पंक्ति के साथ रेखांकित किया जाएगा। विचार के धरातल पर ही नहीं, विचार के कलात्मक रूपान्तरण के धरातल पर भी, ग्राम-जीवन की बुनियादी समझ के स्तर पर ही नहीं, उस समझ को कला के रूप में प्रस्तुत कर पाने की क्षमता के आधार पर भी, और यही वह बिंदु है जहां वे समकालीन अनेक चर्चित कथाकारों से भी आगे प्रेमचन्द परंपरा के रूप में अलग से अपना परिचय कराते हैं।

ऐसा नहीं है कि मिश्र जी और मेरे संबंधों में संवाद ही संवाद और सम ही सम हो, हम दोनों जानते हैं कि हमारे विचारों, हमारी सोच और हमारे सामाजिक सांस्कृतिक सरोकारों में काफी कुछ अंतराल और भिन्नता है। साहित्यिक मुद्दों पर भी हमारे विचार बहुत कुछ हमारी अपनी सोच से अनुकूलित, अतः अलग-अलग हैं। मिश्र जी राजनीति से काफी कुछ उदासीन हैं, और साहित्य और राजनीति के रिश्तों को लगभग अमान्य करते हैं। प्रतिश्रुति या प्रतिबद्धता की हमारी बात उन्हें रास नहीं आती। रचना या साहित्य को वादों में बाँधकर देखने वाली दृष्टि के भी वे विरोधी हैं। लेखक-संगठनों में भी उन्हें रुचि नहीं है और उन्हें वे साहित्य की राजनीति का अखाड़ा मानते हैं। ये बातें ऐसी हैं कि इनसे जुड़े हुए व्यक्ति के साथ उनका सामंजस्य नहीं बैठ पाता और नहीं बैठ पाया है। अब इसे मैं अपवाद ही मानूंगा कि बावजूद इस सबके मेरे और मिश्र जी के संबंध न केवल बरकरार रहे हैं, दृढ़तर भी हुए हैं। ऐसा भी नहीं है कि विवादास्पद मुद्दों पर हमारे बीच बात न करने की सहमति हो, फिर भी एक-दूसरे के विचारों से कतई असहमति जताने के बावजूद हमारे संबंधों में तनाव या कटुता कभी नहीं आने पाई। एक प्रसंग का उदाहरण देना चाहूंगा। पटना में कई साल पहले एक राष्ट्रीय संगोष्ठी में फणीश्वरनाथ रेणु बनाम प्रेमचंद विवाद अनचाहे ही कुछ प्रतिभागियों द्वारा उठाया गया। उपस्थित विद्वान में विष्णु कान्त शास्त्री, गोपाल राय, विवेकीराय, मेरे तथा अन्य लोगों के साथ मिश्र जी भी थे। रेणु ने कुछ अनावश्यक रूप से प्रेमचंद को उनकी सर्जना के बरकस कमजोर साबित करना चाहा। मुझे यह सब अच्छा नहीं लगा और न चाहते हुए भी कुछ अतिशयोक्तियों के साथ मैंने रेणु की आंचलिक रुझान की कमजोरियों पर तीखा प्रहार किया। रामदरश जी भी इस अवांछित विवाद से क्षुब्ध थे, किन्तु उन्होंने रेणु के बारे में मेरी स्थापनाओं का तीव्र प्रतिवाद किया। अंततः गोष्ठी संपन्न हुई। बाद में

हम लोग मिले। मैंने मिश्र जी को अपनी स्थापनाओं के औचित्य के बारे में सहमत करने की कोशिश की, किन्तु वे मुझसे सहमत नहीं हुए। इस तरह के और भी कुछ प्रसंग हैं वहां मिश्र जी और मुझमें गहरी असहमति रही किंतु हमारे मानवीय संबंधों पर इन बातों का कभी कोई प्रभाव नहीं पड़ा। अपनी-अपनी जमीन पर अहसमति रखते हुए हम दृढ़ रहे और परस्पर संवादिता भी हममें बराबर रही।

मिश्र जी के साथ अपने लंबे साहचर्य के क्रम में जो बात मुझे मिश्र जी की सोच और व्यवहार में केन्द्रवर्ती लगी है, वह उनकी जनतांत्रिक निष्ठा है। अपनी जमीन और अपने विचारों के प्रति वे जितने ही दृढ़ और आस्थावान हैं दूसरों से असहमत होते हुए भी वे इस बात के कायल हैं कि दूसरे को भी अपनी जमीन और अपने विचारों के प्रति उतना ही दृढ़ बने रहने का अधिकार है। वे टकराव में नहीं संवादधर्मिता पर बल देने वाले हैं और उनका रुख कभी भी हठ के स्तर तक नहीं गया है। वे खुले इंसान हैं मन में गांठ बांधकर असहमति और विरोध को संजोए रखने के आदी नहीं। वे मिलनसार, बहिर्मुख और स्पष्टवक्ता हैं और इस नाते संबंधों को असहमति के बावजूद बनाए रख पाते हैं। अपने तईं मैं विश्वास के साथ कह सकता हूं कि उनके साथ मेरा सहभाव सदा ही बहुत मधुर, मैत्री की ऊष्मा से भरपूर, तथा अपनी-अपनी सोच और समझ के प्रति निष्ठावान रहते हुए, निरंतर परस्पर संवाद करते रहने का रहा है। मनुष्य और उसकी ज़िन्दगी से जुड़े अहम सरोकारों के प्रति हमारी सोच एक जैसी ही रही है और इसी नाते ज़िन्दगी के इस मोड़ तक पारस्परिक विश्वास को कायम रखते हुए हम अपने संबंधों को दृढ़तर बना सके हैं।

मिश्र जी में गजब की रचनात्मक ऊर्जा है। ज़िन्दगी के पचहत्तरवें वर्ष में भी उनकी लेखनी पहले की ही तरह गतिशील है, अनुभवों की आंच में और भी नयी निखरी। ये अनुभव भी, स्वभावतः तिक्त और स्वमधुर दोनों ही हैं जीवन को उसके पूरेपन में मिश्र जी ने भोगा-परखा और जिया है और उसी को अपने रचनात्मक लेखन में रूपायित किया है। जिन्होंने उनकी आत्मकथा पढ़ी है, वे सहमत होंगे कि ज़िन्दगी की कोई बहुत साफ-सुथरी, सीधी सड़क उन्हें चलने को नहीं मिली। तमाम दूसरों की तरह उन्हें अपना रास्ता खुद बनाना पड़ा है। वे दुरभिसंधियों के, घटिया राजनीति के, छल के शिकार भी हुए हैं। उन्हें उनका प्राप्य भी मुश्किल से ही मिल पाया है। किंतु वे हारे नहीं, हताश नहीं हुए हैं और अंततः जो कुछ प्राप्त कर सके हैं अपने जमीर को हर कीमत पर बचाते हुए, महज अपनी निष्ठा और अपनी कर्मठता के बल पर और वह कम नहीं है अतिशय मूल्यवान है, इस नाते कि वह उनकी अपनी मशक्कत की फलश्रुति है, किसी से पाया हुआ, मांगा हुआ या उधार लिया हुआ नहीं।

मिश्र जी की जीवन-यात्रा निरापद रहे, उनका रचनाधर्मी मन जागृत बना रहे, उनके प्रति यह मेरी शुभकामना है।

रामदरश मिश्र : साधारणता ऐसी कि असाधारण बना दे

महावीर सिंह चौहान

सन् 1957 में रामदरश मिश्र का बड़ौदा से अहमदाबाद आना हमारे लिए एक घटना थी। हम लोग बहुत ही जल्दी उनके चाहक और प्रशंसक बन गये। स्थिति यह कि मिश्र जी के बिना कवि-गोष्ठियां नीरस और उबाऊ, साहित्यिक आयोजन बेरंग और बेजान लगते थे। जिस कार्यक्रम में मिश्र जी पहुंच जाते उसमें जान आ जाती और शायद ही ऐसा कोई कार्यक्रम हो जिसमें मिश्र जी पहुंचते न हों। यहां यह जोड़ देना भी जरूरी है कि प्राय: कार्यक्रम के आयोजन उनकी प्रेरणा से और इस शर्त पर होते थे कि वे उनमें उपस्थित रहेंगे। देखते-ही-देखते अहमदाबाद के हिंदीभाषी जगत में जैसे साहित्यिक चेतना की एक नयी लहर दौड़ गयी। कार्यक्रमों पर कार्यक्रम, गोष्ठियों पर गोष्ठियां। बात बात में सौ-दो-सौ लोग इकट्ठे हो जाते। कार्यक्रमों का आयोजन करुणेश शुक्ल करते। सिर्फ दो दिन की नोटिस में सैंकड़ों लोगों के पास कार्यक्रम की सूचना पहुंच जाती। हिसाब-किताब का ब्यौरा देते हुए करुणेश जी बड़े अभिमान से कहते कि मैंने डाक टिकट पर एक पैसे का भी खर्च नहीं किया।

उन दिनों की बहुत सारी गोष्ठियां अनौपचारिक हुआ करती थीं। सब लोग प्राय: मिश्र जी के घर पर ही इकट्ठा हुआ करते। चार-पांच लोग आ गये कि कविता-पाठ शुरू। गोष्ठी में भाग लेने वाला हर एक कुछ न कुछ लिखकर लाता। हम लोग जो उन दिनों बी.ए., एम.ए. के छात्र थे, पढ़ते कम थे, लिखते अधिक थे। हमारी रचनाओं पर मिश्र जी ऐसे बातचीत करते जैसे हम रचना के क्षेत्र में किसी नये काव्यांदोलन का सूत्रपात करने जा रहे हों। उन दिनों हम सबकी बातचीत का धरातल दूसरे प्रकार का था। हम समकालीन साहित्यिक गतिविधियों के साथ जुड़े हुए हैं, यह साबित करने के आशय से मिश्र जी से आग्रह करते, "सर, वह कविता सुनाइए जो कल्पना के पिछले अंक में छपी है या वह जो इस बार के 'धर्मयुग' में आयी है।" 'कल्पना' या 'धर्मयुग' का संदर्भ देकर हम उन्हें कविताविषयक अपनी समझदारी के बारे में आश्वस्त करना चाहते

थे। यानी भले ही हम आपकी कविता के शब्द संयोजन या शिल्प के नयेपन को पहचानने जैसी समझदारी से लैस न हों और भले ही हम आपकी संवेदन और बोध की नवीनता पर पुराने ढंग की वाह-वाही करते हों लेकिन फिर भी इस तथ्य से हम अपरिचित नहीं हैं कि आपकी रचनाशीलता को बाहरी दुनिया में स्वीकृति मिल चुकी है। मिश्र जी नाराज होते। यह क्या? बार-बार 'कल्पना' और 'धर्मयुग' को बीच में ले आने की क्या जरूरत? अरे भाई सीधे कविता की बात करो। फिर थोड़ा-सा मूड बदलते, कविताविषयक हमारी समझदारी के भोथरेपन पर अपनी समीक्षा की सान चढ़ाते हुए कहते, "कविता का महत्व इस बात में नहीं है कि वह किसी पत्रिका में छप गई है। अरे भाई, कविता अच्छी लगी—उसने हमारे मर्म को छू लिया कि समझ लो कविता अच्छी है।" उनकी इस प्रकार की बातों के दो अभिप्राय होते। एक तो यह कि मैं तुमसे अभिन्न हूं। दूसरा यह कि तुम लोगों को इस बात से निराश नहीं होना चाहिए कि तुम्हारी रचनाएं छप नहीं रही हैं। रचना के स्तर पर अगर वे अपनी पहचान बनाने में सक्षम हैं तो देर-सवेर उन्हें स्वीकृति भी मिलेगी।

उन दिनों हम लोगों के लिए पढ़ाई-लिखाई तो गौण चीज थी। असल में हममें से अधिकांश छोटी-छोटी नौकरियां करते थे। अधिकतर लोग प्राइमरी, हाई स्कूलों में टीचरी में लगे हुए थे। नौकरी करते-करते बी.ए. डिग्री हासिल कर ली थी। स्नातक बन गये थे। उन दिनों गुजरात-विश्वविद्यालय में हिन्दी में एम.ए. करने की व्यवस्था नहीं थी। डा. विश्वनाथ शुक्ल ने अपने प्राचार्य रेवरेंड फादर डीसोजा के कान में न जाने कौन-सा मंत्र फूंका कि वे सेंट जेवियर्स कॉलिज में हिन्दी अनुस्नातक शिक्षण की व्यवस्था करने को तैयार हो गये। लेकिन शायद यह उतनी बड़ी बात नहीं थी जितनी बड़ी बात यह कि वे मिश्र जी को आग्रहपूर्वक बड़ौदा से अहमदाबाद ले आये। अब अगर अनुस्नातक शिक्षण व्यवस्था हुई है तो हमें एक दिशा मिल गयी। सोचा एम.ए. कर ली जाये। यानी नौकरियों के जिस बाजार में हम थे, उसमें अपनी चार पैसे कीमत बढ़ा लें। उन दिनों यही हमारा लक्ष्य था, यही उद्देश्य। यह तो मिश्र जी थे, जिन्होंने हमारी इस मानसिकता पर झाड़ू फेर दिया। उन्होंने बताया था कि साहित्य को पढ़ना-पढ़ाना अपने आपमें एक बड़ी चीज है। यह बात अलग है कि उनकी इस बात पर न हम तब अमल कर पाये और न आज अमल कर पा रहे हैं। उनका समझाने का तरीका बड़ा अच्छा होता। न तो वे हमें उपदेशों का गंगाजल पिलाते और न डांट-फटकार कर रास्ते पर लाने की कोशिश करते। उनका तत्व दर्शन उनके शब्दों में नहीं, आचरण में होता था। वे एकदम अपनी मस्ती में जीने वाले जीव थे। बाहर से भीतर तक एकदम आडंबरहीन और अकृत्रिम। चलते-चलते किसी फुटपाथिया चाय की दुकान पर रोक लीजिए, रुक जायेंगे। 'सर, चाय।' और 'सर' हैं कि कभी मना नहीं कर सकते। यह नहीं कि संकोच के कारण मना न करते हों बल्कि कविता और काव्य चर्चा के मूड में इस बात की ओर मिश्र जी का ध्यान ही नहीं होता कि चाय पीने के लिए उन्हें जहां रोक लिया गया है, वहां

ठीक से बैठने और खड़े होने तक के लिए जगह नहीं है। वे अपने विद्यार्थियों के बीच बिलकुल विद्यार्थी बन जाते। उन दिनों चाल-ढाल से वे प्रोफेसर कम रिसर्च स्कॉलर अधिक लगते थे।

मिश्र जी के विद्यार्थियों में एक हुआ करते थे रघुवीर चौधरी और एक थे भोला भाई पटेल। दोनों कुछ भिन्न प्रकार के थे। यानी हिंदीभाषी विद्यार्थियों जैसी प्रदर्शनकारी गुरु-भक्ति उनमें नहीं थी। इसलिए हम सबके बीच वे अपने आपको पूरी तरह खपा नहीं पाते थे। भोलाभाई तो शायद कहीं पढ़ाते-लिखाते थे, इसलिए उन्होंने अपने ऊपर अध्यापकी किस्म का अनुशासन लाद रखा था। रघुवीर चौधरी कहीं पढ़ाने की नौकरी नहीं करते थे। इसलिए बी.ए. के छात्र रघुवीर एम.ए. के विद्यार्थियों और अपने प्रोफेसरों को ही पढ़ाने लगे थे। बात-बात में लड़ते-झगड़ते, बात-बात पर अकड़ते-झड़कते। वे उन दिनों खादी पहनते और इस भ्रम में रहते कि गांधीजी का अधूरा काम उन्हीं को पूरा करना है। यूं शिकायत उनको गांधीजी से भी थी। उनका मानना था कि गांधीजी के हाथ में जो लकड़ी थी उसका वह सही उपयोग नहीं कर सके। रघुवीर इस जुगाड़ में थे कि गांधीजी की वह छड़ी कहीं उनके हाथ लग जाये तो वे देख लें सबको। गांधीजी की छड़ी तो खैर उनको मिलती क्या, बस कुछ दिनों तक यह सोचकर वे सबसे हाथापाई करते रहे कि आज नहीं तो कल जब वह मिल जायेगी तो देखना कैसे लोगों के सिर तोड़े जाते हैं। रघुवीर उन दिनों उमाशंकर जोशी को जानते थे तो समझते थे कि उन्होंने सारी दुनिया को जान लिया। रघुवीर अपने प्रोफेसरों में मिश्र जी का बहुत आदर करते थे और मिश्र जी ऐसे शिष्य वत्सल कि रघुवीर न हों तो हर जगह रघुवीर को देखें और रघुवीर हों तो रघुवीर के अलावा और किसी को देखें ही नहीं। इस बात को लेकर लोग मिश्र जी पर बहुत नाराज रहते। कहते मिश्र जी बहुत सीधे आदमी हैं। हम इतनी दुआ-सलाम और दण्डवत प्रणाम करते हैं और यह कुछ नहीं, एक रघुवीर है कि ठीक से नमस्ते भी नहीं करता और उसकी तारीफ के पुल बांधे रहते हैं। आज हमें आश्चर्य होता है कि उन दिनों मिश्र जी ने रघुवीर में क्या देख लिया था? रचना और रचनाकार को तो पहचाना जा सकता है लेकिन किसी संभावित रचनाकार को पहचानना बहुत बड़ी बात है और यह पहचानना कि उसकी उद्दण्डता में उसकी असाधारण रचनात्मक ऊर्जा का संकेत समाहित है अपने आप में एक अचरज है।

जिस शहर को हम अहमदाबाद के नाम से जानते हैं वह कोई एक अहमदाबाद नहीं है, उसमें अनेक अहमदाबाद समाहित हैं। कम से कम उसके दो रूप तो बहुत ही साफ हैं। एक सेठों वाला अहमदाबाद और दूसरा मेठों वाला अहमदाबाद। एक खुशहालियों वाला अहमदाबाद और दूसरा चालियों वाला अहमदाबाद। यहाँ मजदूर बस्ती को चाल या चाली कहते हैं। 'चाली' की व्युत्पत्ति कैसे हुई हम नहीं जानते। हो सकता है कि गाली के वजन पर किसी समझदार आदमी ने यह शब्द गढ़ लिया हो। चूंकि हममें से अधिकांश चालियों में ही रहते थे, इसलिए उन दिनों मिश्र जी चाली देखने को बड़े

उत्सुक और बेचैन रहते। कई विद्यार्थियों से चाली देखने की इच्छा प्रकट की। लेकिन संकोचवश उन्हें कोई चाली दिखाने को आमंत्रित नहीं करता। उनका एक विद्यार्थी सुल्तान (अब एक प्रसिद्ध कवि और गज़लकार) उन दिनों कसाई की चाल में रहता था। शायद मिश्र जी को यह नाम बड़ा उत्तेजनापूर्ण लगा। इसलिए पहुंच गये कसाई की चाल में। सुल्तान परेशान कि अब 'सर आ गये हैं तो इन्हें बिठाया कहा जाये, खड़ा कहां रहने दिया जाये।' अगर कोई दूसरा होता तो लगता यह चोंचलेबाजी की जा रही है। लेकिन मिश्र जी को लेकर कभी इस प्रकार की बात सोची ही नहीं जा सकती। उन्हें मालूम था कि अपने गांव के अभावों वाली जिस जिंदगी को छोड़ आये हैं वह एक नया छद्म ओढ़कर शहर में आ गयी है। वे सचमुच चाली को नहीं उस छद्म को देखना चाहते थे। अपने नवीनतम उपन्यास 'दूसरा घर' में मिश्र जी ने अहमदाबाद की मजदूर बस्ती की यातना को वाणी दी है। 'दूसरा घर' में कसाई की चाल आती है। मिश्र जी का कहना है कि गरीबी ही कसाई है। यूं मिश्र जी यह अर्थ न भी बताते तो भी हम यह जानते थे लेकिन उनकी इस खोज के द्वारा हम उन्हें और अधिक अंतरंग रूप से जान सके।

मिश्र जी की सरलता एकदम बेजोड़, बेमिसाल है। कितने भी नाराज हों, कैसा भी खराब मूड हो, आप उन्हें कविता पर ले आइए, अप्रासंगिक रूप से ही किसी कविता की दो पंक्तियां सुना दीजिए, ऐसी पंक्तियां कि जिनमें कहीं ज़िन्दगी का थोड़ा-सा स्पर्श हो, बात कहने का थोड़ा अपने ढंग का अंदाजेबयां हो, बस समझ लीजिए कि नूरजहां की सल्तनतवाली बात हो जायेगी।

कविता पढ़ी जा रही है, कोई आंख बचाकर आपस में कानाफूंसी करने लगा। मिश्र जी बेचैन हो उठे, नाराजगी के साथ बोले, "यह क्या बकबक लगायी है, बड़े अहमक हैं आप लोग!" और फिर ठहाका लगाकर हंस दिये। एक ही वाक्य से नाराजगी और नाराजगी को दूर करने का उपक्रम मिश्र जी की एक बड़ी सहज भावस्थिति है। लेकिन जब मिश्र जी अहमदाबाद में साहित्यिक वातावरण बनाने में अपने आपको खपा रहे थे उसी समय वे वहां से उखाड़ दिये गये। 'उखाड़ दिये गये' यह कहना शायद गलत होगा, वे तो उखड़े हुए ही थे। समझदार लोग जानते थे कि मिश्र जी की जड़ें कविता में–साहित्य में कितनी ही गहरी गयी हों, वहां कतई नहीं थीं जहां होनी चाहिए। हर जगह कुछ ऐसे लोग होते हैं जिनके आने पर विश्वविद्यालय के बुर्ज आदाब में झुक जाते हैं, टॉवर की घड़ियां सहमकर चिहुंकने लगती हैं, साहित्य की विधाएं अपना स्वरूप बदलने लगती हैं, साहित्य अपनी नाक रगड़ने लगता है। यूं देखा जाये तो ऐसे लोग अधिक खतरनाक नहीं होते। इन लोगों में एक प्रकार की सरलता और सहज विश्वसनीयता होती है। ये चप्पल उतारें और आप उसे हाथ में लेकर थोड़ा उलटें-पलटें कहें वाह, इसका सोल कितना मुलायम है या उनके गंजेपन पर मलने के लिए थोड़ा-सा मरहम ले आयें। दूसरा भी फार्मूला है, कह दें, गुजरात में आज तक दो ही आदमी जन्मे

हैं एक (खाली जगह) और दूसरे आप। खाली जगह पर समयानुकूल किसी का भी नाम रख दें–गांधीजी, सरदार पटेल वगैरह। आज तक ऐसा कोई माई का लाल नहीं जन्मा है जो कह दे, "लो ये पांच रुपये और कन्हैयालाल मुंशी की 'गुजरात की अस्मिता' किताब खरीदकर पढ़ लेना। आप हमारे बारे में कुछ न जानें तो हम चला लेंगे, लेकिन गुजरात की ऐतिहासिक-सांस्कृतिक परंपरा से इस कदर बेखबर हों यह मेरे अपने अहं के लिए असह्य है।" लेकिन मिश्र जी इस प्रकार की महान विभूतियों से कोई फायदा नहीं उठा सके। उल्टे उनको नाराज़ ही करते रहे। परिणाम वही हुआ जो होना था। कांकरिया झील (अहमदाबाद का प्रसिद्ध सौन्दर्य धाम और प्राणी संग्रहालय) के पास के उद्यान में इंटरव्यू हुआ। तमाम पक्षियों में से एक हंस खोज निकालना था। बगुले को हंस मानकर चुना गया। जनता चिल्लाती रही, यह अन्याय है, सरासर अन्याय है। लेकिन इससे क्या फर्क पड़ता। बगुले का चुनाव थोड़े ही रद्द हो सकता था। मिश्र जी गुजरात विश्वविद्यालय नहीं पहुंचे, यह तो हुआ ही, उन्हें गुजरात छोड़ना पड़ा।

उन दिनों मिश्र जी बड़े दु:खी हुए। जो कुछ घटित हुआ था उससे उनको गहरा सदमा पहुंचा था। उस मन:स्थिति में लिखी गयी उनकी कहानी–'एक इंटरव्यू उर्फ कहानी तीन शुतुमुर्गों की' बड़ी जानदार है। यहां वैयक्तिक पीड़ा को व्याप्ति प्रदान कर दी गयी है। सारी स्थिति के चित्रण में एक निर्मम तटस्थता और जीवन के एक नितांत कटु यथार्थ का बेबाक चित्रण है। उनकी यह कहानी 'धर्मयुग' में छपी थी। कहानी के साथ दिये गये चित्र में चयन समिति के सदस्यों का रेखांकन भी था। मिश्र जी ने वह चित्र देखा तो जैसे हंसी का एक निर्झर ही फूट पड़ा। काफी देर तक उनका ठहाका चलता रहा। वे चित्रकार की कलम की दाद देते नहीं थकते। मैं उनकी इस मुद्रा को देखकर दंग रह गया। एक छोटे से चित्र को देखते हुए वे अपने साथ हुए इतने गंभीर किस्म के अन्याय को एकदम भूल गये। हंसी के इस असाधारण ठहाके में जैसे यातना का इतना बड़ा हिमालय गलकर अदृश्य हो गया।

बाद में यह हुआ कि मिश्र जी ने इस प्रकार की घटनाओं को बड़ी सहज स्थिति के रूप में ग्रहण करना सीख लिया। एक बार मूड में थे तो अपने एक इंटरव्यू की बात करने लगे। एक आचार्य महोदय ने पूछा "··· आप आंचलिक उपन्यास क्यों लिखते हैं?" मिश्र जी एकदम निरुत्तर। वे कुछ देर तक प्रश्नकर्त्ता अध्यक्ष और आचार्य का मुंह देखते रहे। एक उत्तर जबान पर आया कि "आप जैसे आचार्य इस प्रकार का प्रश्न पूछ सकें, इसलिए लिखता हूं।" लेकिन फिर वे बात टाल गये। आचार्यजी ने प्रश्न का फलक थोड़ा मर्यादित किया। "···आप स्थानीय भाषा का क्यों उपयोग करते हैं।" मिश्र जी उनका आशय नहीं समझ सके, तो आचार्य जी ने अपना सही स्वरूप प्रकट किया, कहा–"आप हिंदी का रूप बिगाड़ रहे हैं" मिश्र जी ने कहना चाहा कि जब तक आप जैसे आचार्य इस क्षेत्र में सक्रिय हैं तब तक यह काम करने की जुर्रत मैं या दूसरा कोई कैसे कर सकता है? लेकिन वे बोले कुछ नहीं। आचार्य जी थोड़ा विचलित हुए, पूछा,

"इस बारे में आपको क्या कहना है?" "मेरे कहने के लिए आपने गुंजाइश ही कहां छोड़ी है?" मिश्र जी ने कहा–"प्रश्न आपका था, उत्तर आपने दे दिया, अब केवल मूल्यांकन बाकी है वह तो आपको करना ही है। इस सारी प्रक्रिया में मैं आता ही कहां हूं।"··· इस घटना में अंतर्निहित विडंबना को उजागर करने के साथ मिश्र जी फिर से एक ठहाका लगाते हैं और अचानक विषयांतकर कर देते हैं "छोड़ो यह बात ··· अब यह बताओ, आजकल क्या लिख रहे हो?" मेरे पास अपना अपराध स्वीकार कर लेने के अतिरिक्त कोई चारा नहीं रहता। "एक-दो छिटपुट लेखों के अलावा लेखन का तो कोई काम नहीं हो पाता, हां, थोड़ा-बहुत पढ़-पढ़ा जरूर लेता हूं।" मिश्र जी मेरे उत्तर से निराश नहीं होते, उनके चेहरे पर कुछ इस प्रकार का भाव उभरता है कि चलो यही क्या कम है? फिर वे अचानक प्राध्यापक की मुद्रा करके कहने लगते हैं, "बोलो क्या पढ़ा है इन दिनों?" मिश्र जी ने सवाल किया और मैंने कहा–"कविता के नये प्रतिमान।" उन दिनों नामवरसिंह की इस पुस्तक पर जोर-शोर की चर्चा छिड़ी हुई थी। सचमुच मैं इस पुस्तक के बारे में मिश्र जी की राय जानना चाहता था लेकिन मिश्र जी ने कोई उत्साह नहीं दिखाया। वे चुप्पी साध गये। मैंने सीधा-सीधा सवाल किया–"आपकी राय क्या है नामवर सिंह की पुस्तक के बारे में?"

"मेरी राय क्यों पूछते हो भाई? अपनी ही राय बताओ!" मिश्र जी के स्वर में कुछ उदासीनता थी।

"आपकी राय इसलिए पूछता हूं कि इस पुस्तक से लोगों को अजीब तरह की शिकायत है। पहले कहेंगे कि नामवर की कविताविषयक धारणाएं एकदम वाहियात हैं और फिर कहेंगे कि इसमें मेरा नाम? या अपना नाम न दे कर कहेंगे कि फलां नाम क्यों नहीं शामिल किया?"

मिश्र जी को मेरी बात छू गयी। एकदम बोल उठे,"इस बात को मैं दूसरे ढंग से कहूंगा।" नामवर सिंह को जहां कविता मिलती है वहां प्रगतिशीलता नहीं दिखायी देती और जहां प्रगतिशीलता होती है वहां उन्हें कविता नहीं मिलती। जैसे प्रगतिशीलता और कविता के बीच कोई रिश्ता ही न हो। ऐसे में होता यह है कि घूम-फिरकर चर्चा उन्हीं कवियों की होती रहती है जो प्रगतिशील आंदोलन के विरोध में रहे हैं, उनकी उपेक्षा हो जाती है जिन्होंने कविता और जीवन के लिए समान रूप से संघर्ष किया है, "और फिर नामवर सिंह अपने अभिप्राय भी बड़ी जल्दी बदल देते हैं।"

मिश्र जी की इस बात के साथ साहित्यिक और गैरसाहित्यिक समझौतों की बात चल पड़ी। किसी ने नामवर सिंह पर छींटाकशी की। मिश्र जी का रुख बदल गया। कुछ नाराज़ हो गये बोले "··· मैंने नामवर को नजदीक से देखा है। बनारस विश्वविद्यालय से हटाये जाने के बाद वह आदमी कैसे रहता था जानते हो? रहने के लिए एक छोटा-सा कमरा। किताबें रखो तो खुद को सोने-बैठने की जगह नहीं और उसमें बैठिये तो किताबें निकालकर बाहर रख देनी पड़ें। बेकारी की स्थिति में भी वे पुस्तकें खरीदते थे। ऐसी

विषम स्थिति में रहकर कुंठा और निराशा को चुनौती देकर एक अवधूत की-सी मस्ती में जिसने नामवर को जीते देखा है, वह उस आदमी के बारे में किसी प्रकार की टुच्ची बातें नहीं सुन सकता।"

"लेकिन धर्मवीर भारती?" सवाल किया तो मिश्र जी ने यूं देखा जैसे सवाल का सिर-पैर कुछ भी उनकी समझ में नहीं आया। बोले–"धर्मवीर भारती ··· यानी?"

"यही कि साहित्य में प्रगतिशीलता के आग्रहों और 'अंधायुग' की संवेदना के बीच आप तालमेल कैसे बिठा लेते हैं।"

"इस संबंध में एक बात बहुत स्पष्ट रूप से समझने की ज़रूरत है, वह यह कि रचना अंततः रचना है, वह कोई राजनीतिक दस्तावेज़ जैसी चीज़ नहीं है कि आप उसमें अपने विचारों, मान्यताओं, कार्यक्रमों और रणनीतियों को जबरन ठूंस-ठांस दें। ये चीजें भी बहुत जरूरी हैं और मैं तो यहां तक कहता हूं कि ये रचना में लायी जानी चाहिएं लेकिन शर्त यही है कि ये उसके रंगरेशे में पूरी तरह से घुल-मिल जायें। अगर ऐसा नहीं होता तो उनके वहां होने का कोई औचित्य नहीं। हिन्दी में प्रगतिशीलता के नाम पर ऐसी अनेक रचनाएं आयीं और लुप्त हो गयीं। उन्होंने न तो राजनीतिक क्षेत्र में राहबरी की ओर न साहित्य के क्षेत्र में। रचना को राजनीतिक दस्तावेज़ के रूप में पढ़ने से एक लंबे समय तक प्रगतिवादी समीक्षकों ने प्राचीन साहित्य के मूल्यांकन में भी गंभीर किस्म की ग़लतियां कीं। हालांकि अब प्राचीन और मध्यकालीन साहित्य के मूल्यांकन में सावधानी बरती जा रही है। समकालीन साहित्यिक प्रवृत्तियों के मूल्यांकन में भी इसी प्रकार की सावधानी बरतने और संतुलन रखने की आवश्यकता है। यहां मैं एक सवाल करता हूं कि प्रगतिशील आंदोलन ने हमें 'अंधायुग के वज़न की कितनी रचनाएं दी हैं और अगर हम इस सच्चाई को स्वीकार कर लें कि हमारी उपलब्धियां उन्नीस हैं तो यह जरूरी हो जाता है कि हम 'अंधायुग' को एक रचनात्मक चुनौती के रूप में देखें। उसकी उपेक्षा कर देने या उसके अभिप्रायों का विरोध करने से काम नहीं चलेगा, उसकी रचनाशीलता के आंतिरक स्वरूप को समझने और इस समझदारी का अपने सृजन में उपयोग करने की ज़रूरत है।

मैं जानता हूं कि इस उत्तर से समस्या सुलझती नहीं और फिर कुछ समस्याएं होती हैं ऐसी पेचीदा कि उनको सुलझा पाना किसी के लिए भी आसान नहीं होता। उनका कोई अंतिम निराकरण नहीं दिया जा सकता। ··· बस यह है कि इस सवाल पर मिश्र जी की मान्यता यही है। आप उनकी मान्यताओं से सहमत हों, असहमत हों, यह बात अलग है। उनका यह आग्रह कतई नहीं रहता कि आप उनकी बात को 'बाबा वाक्य' की भांति स्वीकार कर लें। 'साहित्य में अगर वैयक्तिकता की छूट नहीं होगी तो वह अपनी पहचान ही न खो देगा? सांचे में ढली हुई चीज़ें का साहित्य में कोई खास महत्व नहीं होता।"

मिश्र जी को गुजरात के साथ बड़ा गहरा लगाव है। उनके कथा साहित्य का एक

बड़ा हिस्सा गुजरात की पृष्ठभूमि पर रचा गया है। गुजरात की अपेक्षाकृत अधिक गतिशील सामाजिक परंपरा, वैचारिक उदारता, मैत्री और सहिष्णुता की बातें उनके उपन्यासों और कहानियों में बार-बार आती हैं। उनकी कई कहानियों का नायक दूर-दराज स्थलों से अपने गांव वापस लौटता है तो सामाजिक रूढ़ियों और दकियानूसी मान्यताओं से त्रस्त गाव की कोई औरत आकर उसके सामने खड़ी हो जाती है। उसका सवाल होता है कि वहां के लोग कैसे रहते हैं? कथानायक जवाब देता है–"उधर के लोग इतने दकियानूस नहीं हैं इसलिए सुखी भी हैं। उधर लड़कियों की बहुत इज्ज़त है।" (एक औरत : एक ज़िन्दगी)।

मिश्र जी जब उधर की बात करते हैं तो वह गुजरात होता है। वे अच्छी तरह गुजराती नहीं जानते, लेकिन हम लोगों के लिए उनकी एक आम सलाह होती थी "तुम लोग थोड़ी बहुत गुजराती जानते हो तो गुजराती साहित्य पढ़ो। इसलिए नहीं कि तुम्हारा ऐसा करने से राष्ट्रीय एकता को बल मिलेगा बल्कि इसलिए कि इससे तुम्हारे अंतर्जगत का थोड़ा विस्तार होगा, परिष्कार होगा। तुम सब हिंदी जगत से बहुत से बहुत दूर हो, हिंदी की रचनाशीलता के मूल उत्स से कटे हुए हो। यहां तुम्हारे लिए कोई रचनात्मक चुनौती नहीं है। कहिए कि कोई वातावरण ही नहीं है, इस प्रकार का। वातावरण की जड़ता आदमी को खा जाती है। इस जड़ता को तोड़ने का तुम्हारे पास एक रास्ता है, अपने आपको गुजराती साहित्य की सामयिक गतिविधियों से जोड़ने की कोशश करो। संभव है कि यह जुड़ना तुम्हें कुछ करने, सोचने-समझने के लिए प्रेरित करता रहे।" मिश्र जी यह नेक सलाह देकर गुजरात से दिल्ली चले गये। डा. शिवकुमार मिश्र से क्षमायाचना के साथ एक सामान्यीकरण करने की छूट लेना चाहता हूं, हिन्दी का जो आदमी हिन्दी जगत में स्वीकृति प्राप्त कर लेता है, वह देर-सवेर गुजरात को छोड़-छाड़कर दिल्ली वगैरह किसी हिंदीभाषी क्षेत्र में चला जाता है। लेकिन किसी का यहां से जाना हमें उतना नहीं खला जितना कि डा. रामदरश मिश्र का। वे एक सर्जक और समीक्षक के रूप में जो हैं सो तो हैं ही, लेकिन एक व्यक्ति के रूप में वे निर्विवाद रूप से असाधारण हैं–विरोधाभास यह है कि वे अपनी साधारणता में असाधारण हैं। हमने उन्हें गंभीर यातनापूर्ण क्षणों में वातावरण की जड़ता को तोड़ देने वाला ठहाका लगाते देखा है और तब ऐसा लगा है जैसे चैत की कड़ी धूप और लू-लपट को चुनौती देता हुआ गुलमुहर का कोई पेड़ पोर-पोर खिल गया हो।"

गहरी नैतिकता की ऊर्जा

रामदेव शुक्ल

हमारे समय का सबसे बड़ा संकट है, हड़बड़ी। जल्दी से जल्दी सब कुछ पा लेने की हड़बड़ी। इसीके चलते एक नया मुहावरा विकसित हो गया है। जब कोई आदमी कोई काम लेकर आता है और उसे समझाकर कहा जाता है कि यह काम होने लायक नहीं है, तो उधर से एक मंत्र की तरह रटा हुआ वाक्य फूट पड़ता है 'इस काम को किसी कीमत पर होना है।' 'किसी कीमत पर' इस मुहावरे का धड़ल्ले से प्रयोग करने वाले लोग इसके अर्थ की सम्पूर्ण सम्भावनाओं के प्रति घोर अज्ञानी होते हैं। इसीलिए प्रायः अपने मानसिक और शारीरिक स्वास्थ्य की 'कीमत' देकर जो कुछ प्राप्त करते हैं, 'वही' उनके लिए निरर्थक होता चला जाता है। अपने आस-पास नज़र उठाकर देख लीजिए, ऐसे लोग मिल जायेंगे, जो डॉक्टरों के सहारे जैसे-तैसे जी रहे हैं। उनको अवसर मिले तो वे पहले वाली ज़िन्दगी में लौटने के लिए हड़बड़ी में अर्जित किया हुआ सब कुछ छोड़ देने को तैयार हो जायेंगे। इसी हड़बड़ी के कारण 'सत्ता' और 'अपराध' के बीच इतना अटूट सम्बन्ध बनता जा रहा है। और तो और सृजन कर्म में लगे लोग भी तत्काल कृति को भुना लेने की हड़बड़ी में सृजन का आनन्द और उसका आस्वादन ही भूलते जा रहे हैं। इसी हड़बड़ी की एक परिणति है पुस्तकों का लोकार्पण। लिखा हुआ 'प्रकाशित हो गया' का अर्थ ही है कि वह लोकार्पित हो गया किन्तु जिन रचनाकारों को अपनी 'रचना' पर विश्वास नहीं होता, वे किसी राजनीतिक परजीवी अथवा उसी कोटि के साहित्यजीवी के हाथों अपनी कृति का समारोहपूर्वक 'लोकार्पण' कराते हैं। लोकार्पित कृति पर मुख्य अतिथि के 'कद' के अनुरूप मीडिया में चर्चा हो जाती है और कृति पुरस्कार की लाइन में लग जाती है। उसका एक उदाहरण तीन वर्ष पूर्व दिल्ली के अशोक नामक पांच तारा होटल में एक समारोह में मिला। एक साथ एक लेखक की बारह पुस्तकों का 'लोकार्पण' लाखों रुपये के भव्य समारोह में हुआ। हिन्दी जगत के रचना और आलोचना के शिखरों पर बैठे एक व्यक्ति अध्यक्ष बने दूसरे बने मुख्य अतिथि। मजेदार बात यह कि उस विराट् रचनाकार का नाम न पहले किसी ने सुना था, न बाद में किसी पढ़े-लिखे आदमी ने सुना। एक ही छलांग में इतने बड़े रचनाकार।

डा. रामदरश मिश्र साठ वर्षों से लगातार लिख रहे हैं। काशी हिन्दू विश्वविद्यालय में अध्ययन के लिए जाने से पहले राप्ती-गोर्रा के बीच 'पानी के प्राचीर' लांघकर पाठशाला में पढ़ने वाले युवक रामदरश मिश्र अपने अध्यापकों और मित्रों के बीच 'कविजी' के रूप में ही विख्यात थे। उनके गांव और जवार के अपढ़-अधपढ़ लोग भी सुन्दर सुघर व्यक्तित्व सम्पन्न 'कविजी' को पहचानते थे। उनके गांव के पास के जमींदार मदनेश जी 'कविजी' से काव्य-विमर्श करते थे। पचहत्तर वर्ष की उम्र में फागुन मन वाले कविजी का तन भी तब फागुन-फागुन था। लोकप्रिय गीतकार के रूप में कवि सम्मेलनों में ख्याति मिल चुकी थी, जब बनारस के मस्ती भरे साहित्यिक परिवेश से जुड़ने का अवसर मिला। प्रपंचरहित सरल मन 'कविजी' को क्यों गुजरात जाना पड़ा, वहां क्या कुछ करना पड़ा, दिल्ली कब और कैसे आए वहां किस तरह के संघर्ष से होकर गुजरना पड़ा—यह सब विस्तार के साथ मिश्र जी अपनी आत्मकथा 'सहचर है समय' में लिख चुके हैं। एक-एक बात उनके पाठकों को स्मरण है।

मैं सिर्फ यह कहना चाहता हूं कि दर्जन भर उपन्यासों, सैंकड़ों कहानियों, दर्जनों कविता संग्रहों, गीत संग्रहों, गज़ल संग्रहों, आत्मकथा, आलोचना ग्रंथों के लेखक डा. रामदरश मिश्र ने कभी अपनी किसी कृति का लोकार्पण नहीं कराया। उनकी कृतियां लोकार्पण की बैसाखी के बिना ही अपने पाठक तक पहुंचती हैं और अपनी बात अच्छी तरह कहती हैं। उनकी किसी कृति पर न त्रैलोक्यविकंपनकारी धमाका होता है न मुकदमा चलता है, न करोड़ों की रायल्टी मिलती है। उनके अनेक उपन्यास धारावाहिक रूप में प्रकाशित हुए हैं। पाठक अगली कड़ियों की उत्सुक प्रतीक्षा करते रहे यह सब होता रहा। समय-समय पर अनेक संस्थान उन्हें सम्मानित पुरस्कृत करते रहे हैं। अनेक बार विदेशों से सम्मानजनक आमंत्रण मिलते रहे। मिश्र जी जाते रहे। उनकी उपस्थिति को रेखांकित किया जाता रहा। उन्नीस सौ अट्ठानवें में दयावती मोदी कवि शेखर सम्मान भी उन्हें मिला। यह सब 'धीरे-धीरे' होता रहा। बहुत पहले डा. मिश्र ने लिखा था—

> जहाँ आप पहुँचे, छलाँगें लगाकर
> वहाँ मैं भी पहुँचा, मगर धीरे-धीरे।

यही 'धीरे-धीरे' भारतीय जीवन पद्धति का सूत्र है। यह आज की 'हड़बड़ी' और 'आपाधापी' के आक्रमण के विरुद्ध सबसे बड़ा सुरक्षा कवच है। धीरे-धीरे एक-एक कदम सम्हालकर उठाने वाला अलंघ्य ऊंचाइयों को आराम से परास्त कर लेता है। दाएं-बाएं दोनों ओर सन्तुलन बनाए रखना, 'गलाकाट स्पर्द्धा' और 'शार्टकट' की धूर्तता के सहारे हड़बड़ी में सब कुछ पा लेने वालों पर मन्द-मन्द मुस्कुराते हुए चुपचाप अपना काम करते जाना, रामदरश मिश्र की सहज विशेषता है। इसीलिए उनको साहित्य प्रसव करने के लिए न तो पांचतारा होटलों की ज़रूरत रहती है, न शराब की और न कातिक के कुक्कुरों की तरह इधर-उधर मुँह मारने की। मिश्र जी एक सहृदय, भावुक, कर्त्तव्यनिष्ठ पति, पिता, अध्यापक, सुनागरिक और विश्वसनीय मित्र हैं। अपनी सीमा

और शक्ति के अनुरूप दूसरों की सहायता और सहयोग करना उन्हें पसन्द है। लेखक होने के नाम पर अनैतिक होने का खुला लाइसेन्स वे नहीं चाहते। वे लेखक इसलिए नहीं है कि अनैतिकता के नये मानदंड स्थापित करें। उनका लेखन मानव जीवन को बेहतर बनाने के लिए है किन्तु इसके लिए उन्मत्त सांड का सा स्वेच्छाचारी जीवन उन्हें पसन्द नहीं। पिछले दिनों प्रखर पत्रकार श्री राजकिशोर ने राजनीति की एक घटना को लेकर लेखक और मौलिकता का प्रश्न छेड़ दिया। साहिब सिंह वर्मा दिल्ली के मुख्यमंत्री की गद्दी छोड़ कर अपने घर जाने लगे तो डीटीसी की बस पर चढ़कर गये। बस से उतरे तो पैदल गये। अगले दिन उनके मुहल्ले वालों ने श्रद्धावश चन्दा जुटाकर उनके लिए नई कार खरीदी। इसी पर राजकिशोर ने लिखा कि साहिब सिंह का यह आचरण प्रशंसनीय है। और भी अच्छा होता, यदि वे भेंट की गयी कार का उपयोग न करके डीटीसी की बस में ही यात्रा करते रहते। जनता उन्हें अपने बीच पाती, अपना सगा मानती। कितना अच्छा होता।

यह लिखने के बाद राजकिशोर ने प्रश्न उठाया कि इतना आदर्श आचरण करने वाले व्यक्ति में मुख्यमंत्री पद सम्हालने की योग्यता न हो तब क्या किया जाये? अप्रस्तुत विधान के रूप में राजकिशोर ने लिखा कि मान लीजिए एक लेखक बहुत अच्छा आदमी है किन्तु वह बहुत बोर उपन्यास लिखता है, तो उसका नाम साहित्य के इतिहास में लेखक के रूप में क्यों दर्ज होना चाहिए ?

बहुत सही सवाल है। अच्छा आदमी होना और अच्छा लेखक होना दो अलग-अलग बातें हैं। ऐसे बहुत से उदाहरण हैं कि व्यक्ति के रूप में सारे दुर्गुणों से भरे आदमी का लेखन बहुत महत्वपूर्ण और लोकप्रिय होता है। तब अच्छे आदमी का खराब लेखन और खराब आदमी का अच्छा लेखन क्या स्वीकार्य होना चाहिए ? सवाल जितना दीखता है, उतना सीधा नहीं है। अच्छा लेखन क्या है? यह लम्बे विवाद का विषय है भी और नहीं भी। समकालीन पाठक की मांग अर्थात् बाज़र की मांग पर लोक-दिखाऊ लेखन करना, चालू फैशन की तरह देश-विदेश में चालू मुहावरों की भाषा में साहित्य रचकर पुरस्कृत होना, राजनीतिक परजीवियों को रिझानेवाला साहित्य रचना, परीक्षोपयोगी लेखन करना, यथार्थाग्रह के नाम पर देह का भूगोल परोसना, शाश्वत के नाम पर अर्द्धनिमीलित नेत्रों से नश्वर-जगत् की ओर दृष्टिपात् करते हुए अध्यात्माभ्यास रचना, करोड़ों का व्यापार करने वाला साहित्यभास रचना—कितने तरह का लेखन-व्यापार तो है साहित्य की मंडी में। इनमें से सभी समय-समय पर अपना-अपना बाज़र बनाते रहते हैं।

प्रायः अपने अनैतिक आचरण पर पर्दा डालने के लिए समाज से हर तरह की 'छूट' मांगने वाले लेखक बाल्ज़क और दास्तोएव्स्की के नाम सामने लाते हैं। ये विश्वविख्यात कथाकार अभाव, कर्ज़, जुआघरों से जुड़े होकर भी ऐसा अमर साहित्य दे गये। ध्यान देने पर स्पष्ट होता है कि इनकी जो भी सीमाएं रही हों ये लोग बहुत गहरे अर्थ में नैतिक थे। इसीलिए उनका जीवन चाहे जितना विवादास्पद रहा है, लेखन कभी विवादास्पद नहीं

रहा। बहुत गहरे स्तर की नैतिकता ही लेखन के मूल में सक्रिय होती है तभी कोई बड़ा लेखक बनता है।

हमारे समाज में लेखक-पाठक-प्रकाशक का जो अन्धायुग चल रहा है, उसमें चर्चित लेखक होने और सद्यःपुरस्कृत सम्मानित होने के लिए आई.ए.एस., आई.पी.एस, विभागाध्यक्ष, कुलपति, उद्योगपति या देहोत्सवपति होना आवश्यक है। गरीब किसान के कर्ज से पढ़कर लेखक बना विद्वान महानगरों की शामें रंगीन करता अपना व्यापार चलाता है। वही गरीब बूढ़ा अब और लाचार होकर अपने दिन गिनता है साथ ही उस तिरस्कृत बहू का भरण-पोषण भी करता है जिसका पति लेखक होकर शहर में जगमगा रहा है, पत्नी को गंवार कहकर गांव में छोड़े हुए है और लेखन के लिए 'प्रेरणाओं' के तलवे सहलाता घूम रहा है। करोड़ों का वैभव एकत्र करके कम्प्यूटरों और स्मार्ट सेक्रेटरियों के सहारे लेखन-संस्थान चलाने वालों के महान् लेखन में अधभूखों, अधनंगों की व्यथा कैसे सजाकर रख दी जाती है, इसके उदाहरण अति सुलभ हैं। जो व्यक्ति दस-बीस-पचास लाख की खरीद का आदेश दिलवा दे, उसे प्रकाशक रातों-रात महान् लेखक बना देने को आतुर हैं। जिन्हें कलम पकड़ने का शऊर नहीं, उनकी 'ग्रंथावलियां' प्रकाशित हो रही हैं।

ऐसे माहौल में लेखक की नैतिकता पर व्यापक बहस कितनी आवश्यक है, इसका अनुमान कठिन नहीं है।

एक बुजुर्ग तकियाकलाम की तरह रटते रहते थे–'रहम काम रहमान का, जल्द काम शैतान का'। 'रहम काम' का मर्म है, जीवन की वह करुणाप्रेममुदिता से भरी हुई मंथर गतिवाली शैली, जिसमें यह ध्यान रखा जाता है कि हड़बड़ा कर चलने में कहीं किसी को धक्का न लग जाय या पैर से दबकर किसी लघुप्राण जीव का अन्त न हो जाय। पृथ्वी पर अपने अस्तित्व की रक्षा करने वाले प्राणी का यह सहज कर्त्तव्य होता है कि वह दूसरे प्राणियों के अस्तित्व और उनकी स्वाधीनता को आहत न करे, ज़रा-सा भी क्षतिग्रस्त न करे। लेखक-जीवन वरण करने वाले मनुष्य के लिए दूसरों के अस्तित्व एवं उनकी स्वाधीनता की चिन्ता का स्तर अपेक्षतया अधिक गहरा हो जाता है। ऐसा लेखक अनैतिक हो ही नहीं सकता। इसी को इस रूप में भी देखा जा सकता है कि 'साहित्य' नैतिकता के प्रति अधिक सावधान रहता है। इसीलिए वह जीवन को बेहतर बनाने में अपनी भूमिका का निर्वाह कर पाता है।

डा. रामदरश मिश्र निर्विवाद सद्गृहस्थ का सादा जीवन जीते हैं और प्राणिमात्र के प्रति करुणा ममत्व से भरे लेखन-कार्य को निरन्तर गतिशील रखते हैं। 'धीरे-धीरे' उनके जीवन और कर्म की अन्तःसलिला है, जो सबको जुड़ाती है, और सबके ताप हर लेती है।

सहज आत्मीयता का राग

कृपाशंकर सिंह

मुझे रामदरश जी, जिन्हें मैं शुरू से डाक्टर साहब कहता आ रहा हूं, के बारे में लिखने के लिये कहा गया है। आज जब मैं लिखने बैठा हूं तो कुछ सूझ नहीं रहा कि क्या लिखूं और कहां से शुरू करूं। दरअसल सम्बन्ध का समय-दायरा इतना विस्तृत है और सम्बन्ध इतना घनिष्ठ है कि उसमें से लिखने के लिये कुछ अलग करना बहुत मुश्किल लग रहा है। फिर उनके साथ उस तरह की घटनायें भी कभी नहीं घटीं जो तैरती हुई मेरी पकड़ में आ जायें और मैं उन्हें अलगाकर रख सकूं। उन पर सोचते हुए लगता है कि मुझे अपने को बहुत पीछे ले जाना पड़ेगा। कोई 30-32 साल पीछे। उम्र के उस रूमानी कुहासे में फिर से, अपने को टटोलना पड़ेगा, जिसमें रोज़मर्रा की घटनायें बहुत जल्दी भूल जाया करती हैं। आदमी की सोच में एक रूमान घुला-मिला रहता है और वह उस उम्र की रूमानियत में फिसलता हुआ चलता है। मैं कोशिश करता हूं कि कुछ तफ़सील से बयान कर सकूं।

भाषाविज्ञान में एम.ए. करने के बाद कुरुक्षेत्र विश्वविद्यालय के भाषाविज्ञान विभाग में मैं प्राध्यापक लग चुका था पर कुरुक्षेत्र में मन नहीं लगता था। बड़ी उदास-सी जगह थी। बिल्कुल बेरौनक। ऊबा-ऊबा सा महसूस करता था। कुरुक्षेत्र से दिल्ली बहुत दूर नहीं थी, पर दिल्ली मैं कभी रहा नहीं था, इसलिए दिल्ली के लिये मैं बिल्कुल अजनबी था। सो उस ऊब को थोड़ा कम करने के लिए अक्सर मैं कुरुक्षेत्र से आगरा क.मु. विद्यापीठ आया-जाया करता था। उसी दौरान एक बार डा. नित्यानन्द तिवारी और मैं दोनों आगरे से दिल्ली आये। उन दिनों पं. नर्मदेश्वर चतुर्वेदी भारतीय ज्ञानपीठ में व्यवस्थापक होकर आये थे और दरियागंज में रह रहे थे। नित्यानन्द जी चतुर्वेदी जी को बहुत अच्छी तरह जानते थे, उनकी कोई आपसी रिश्तेदारी भी थी। खैर, हम लोग उस रात चतुर्वेदी जी के यहां ही ठहरे। दूसरे दिन मैं कुरुक्षेत्र वापस चला गया। कुछ दिनों बाद किसी कार्य से मुझे दिल्ली आना पड़ा। खाली होने पर मैंने चतुर्वेदी जी को फोन किया। फोन पर उन्होंने बताया कि वे माडल टाउन में एक मकान किराये पर ले चुके हैं और चाहते हैं कि मैं शाम को वहां आऊं, सुनकर मुझे अच्छा लगा। चतुर्वेदी जी

इतनी अच्छी बातें करते थे कि पहली मुलाकात में ही मैं उनका प्रशंसक बन गया था। वे हंसी-हंसी में ज़िन्दगी के कड़वे-मीठे सच को और परिहास में ही सीख की बहुत सारी बातों को कह देने में माहिर थे। बहुत खूबसूरत व्यक्तित्व था उनका। साथ ही गद्यकाल के बारे में उनकी जानकारियां आंखें खोल देती थीं। शाम छः बजे के आस-पास मैं उनके यहां पहुंचा। चाय-वाय के बाद उन्होंने कहा कि तुम आज यहीं रहो, और अभी चलते हैं रामदरश मिश्र से मिलने जो बगल वाले मकान में रहते हैं। रामदरश जी की अनेक कवितायें और उनके मार्मिक गीत मैं धर्मयुग और दूसरी पत्रिकाओं में समय-समय पर पढ़ चुका था। उनके गीतों को मैं कई बार पढ़ता था। वे गीत कभी मेरे अन्दर रोमान्स को जगाते थे और कभी पढ़ते हुए उदासी घिर आती थी।

स्वाभाविक था कि उनसे मिलने के लिए मेरे मन में एक उत्सुकता पैदा होती। वे घर पर ही थे। औपचारिक दुआ-सलाम के बाद कुछ देर तक साहित्यिक गतिविधियों पर चर्चा हुई और फिर दिल्ली शहर और उसमें रहने वाले साहित्यकार बन्धु जैसे बहुत सारे विषयों पर बातचीत होती रही। उस पूरी चर्चा में गाहे-बगाहे कुछ बोलने के अलावा मैं ज्यादातर श्रोता ही रहा। डेढ़ दो घंटे के बाद हम लोग लौटे। चलते समय मिश्र जी ने कहा कि मैं जब भी दिल्ली आऊं तो उनकी ओर आना न भूलूं। उस डेढ़ दो घंटे की बातचीत के दौरान मैंने यह महसूस किया कि रामदरश मिश्र जी के गीतों को पढ़ते हुए कवि की जो तस्वीर उभरती है, रामदरश जी बिल्कुल उसी तरह के हैं-- बहुत भावुक, सदाशय और कोमल। सहज सरल स्नेह की चमक आंखों में लिये हुए। उसके बाद तो जब भी मैं दिल्ली आया उनसे मिले बगैर वापस नहीं लौटा। उनके व्यक्तित्व और व्यवहार में सभी के प्रति एक सहज अपनत्व और निश्छल सरलता मुझे हमेशा महसूस होती रही है और इसी के कारण मैं अनायास ही उनके करीब होता गया।

उनकी एक और विशिष्टता जो मुझे बहुत अच्छी लगी थी वह यह थी कि वे हमेशा से नये लोगों के प्रति बड़े उदार रहे हैं, आज भी उतने ही उदार हैं। आज सोचते हुए मुझे लग रहा है कि मेरा जो कुछ आड़ा-तिरछा लेखन है उसमें उनके प्रोत्साहन का बड़ा हाथ है। विश्वविद्यालय में भी जिस विद्यार्थी में लिखने-पढ़ने के प्रति कुछ उत्साह दिखाई पड़ा उसे रामदरश जी का वरद्हस्त प्राप्त हुआ। यह और बात है कि यहां के विद्यार्थियों में जिनकी रुचि बाद तक लिखने-पढ़ने में रही तो उनकी संख्या इतनी कम है कि उंगलियों पर गिनी जा सकती है। लेकिन इसमें न तो रामदरश जी के प्रोत्साहन में कोई खोट था और न किसी अन्य अध्यापक की कोई गलती थी। दरअसल दिल्ली शहर की व्यावसायिक मानसिकता दिल्ली विश्वविद्यालय पर भी पूरी तरह काबिज़ रही है छात्रों पर भी वही मानसिकता तारी रहती है।

जैसा कि मैंने पहले कहा है कुरुक्षेत्र का एकान्त मन को कुछ अच्छा नहीं लगता था। ऊपर से कुरुक्षेत्र की हवा में कैम्पस-राजनीति की गन्ध पूरी तरह समाई हुई थी।

कौन किसके साथ उठता-बैठता है किसकी किसके साथ खटक गयी है, जैसी बहुत सी बातें चलती रहती थीं। वैसे मुझे इन बातों से कोई मतलब नहीं रहता था पर ऊब महसूस होती थी। धीरे-धीरे मेरे मन में यह ख्याल घर करने लगा कि मैं कुरुक्षेत्र छोड़कर दिल्ली आ जाऊं। उसी दौरान पी.जी.डी.ए.वी कॉलेज का एक विज्ञापन देखने को मिला। मैंने फार्म मंगवाये और भर-भराकर भेज दिया। डेढ़-दो महीने में वहां से साक्षात्कार का पत्र भी आ गया। मैं गया। डा. नगेन्द्र उन दिनों हिन्दी विभाग के अध्यक्ष थे और दिल्ली विश्वविद्यालय में उनकी मरजी के बिना पत्ता भी नहीं खड़कता था। कुछ संयोग ही ऐसा था कि साक्षात्कार भी ठीक-ठाक हो गया। पर भाषाविज्ञान से हिन्दी में आने की कठिनाई अपनी जगह थी। फिर मैं पी.एच.डी. भी प्रो. जगदेव सिंह, जो भाषाविज्ञान के प्रोफेसर थे, के निर्देशन में 'संरचनात्मकता' विषय पर कर रहा था और थीसिस पूरी हो चुकी थी। सो इंटरव्यू के दौरान ही डा. नगेन्द्र ने मुझसे यह कहा कि तुम्हारी नियुक्ति यहां नहीं हो सकती, लेकिन हमने एस.जी.टी.बी. खालसा कॉलेज के लिए भाषाविज्ञान की एक जगह निकाली है, तुम वहां के इन्टरव्यू में आना। रामदरश जी उन दिनों डी.ए. वी. में ही थे। उनसे मिलने पर मैंने सारी बातें बताईं। उन्होंने ध्यान से मेरी बातें सुनीं और फिर बड़े इत्मीनान के साथ कहने लगे कि समझ लीजिये कि आप यहां आ गये। उनकी बात सुनकर जब मेंने कोई प्रतिक्रिया ज़हिर नहीं की तो मुझे आश्वस्त करने के लिए उन्होंने कहा कि डा. नगेन्द्र के इतने आश्वासन को नियुक्ति जैसा ही मानना चाहिए। फिर हम लोगों ने समाचार पत्रों में विज्ञापन ढूंढ़े और दूसरे दिन मैंने खालसा कॉलेज में आवेदन किया। स्थानीय पता मैंने मिश्र जी का ही दिया। डेढ़ महीने के बाद साक्षात्कार का पत्र भी आया। दिल्ली आकर मिश्र जी के यहां ही ठहरा। साक्षात्कार हुआ और नियुक्ति हो गयी। इस तरह कुरुक्षेत्र को अलविदा कहकर मैं दिल्ली आ गया।

दिल्ली आने पर जो सबसे पहले समस्या आई वह मकान की थी। उन दिनों माडल टाउन विश्वविद्यालय के अध्यापकों और दूसरे साहित्यकारों, कलाकारों की कॉलोनी के रूप में मशहूर था। मुझे ज़्यादा भटकना नहीं पड़ा। डा. भोलानाथ तिवारी जो माडल टाउन में ही रह रहे थे, उनके सामने वाले मकान का एक हिस्सा काफी दिनों से खाली था। वजह यह थी कि वे किराया अन्य मकानों की तुलना में कुछ ज्यादा मांग रहे थे। मकान हवादार और बहुत अच्छा था। मैंने तुरन्त ही उसके लिए हामी भर दी। मिश्र जी का मकान इस मकान से दूर नहीं था। जब तक मैं माडल टाउन में रहा बहुत कम ऐसे दिन रहे होंगे जब हम लोग शाम को साथ-साथ न घूमे हों और घूमते हुए विभिन्न विषयों पर बहसें न की हों। जहां कहीं और भी जाना होता-अक्सर हम लोग साथ ही जाते। जब मैं अपने लिखने-पढ़ने के बारे में कभी सोचता हूं तो मुझे लगता है कि कुछ लिखने के प्रति आवेश और उत्कंठा तो किशोरावस्था से ही मन में पल रही थी और कुछ आँय-बाँय लिखता भी रहता था पर लेखन के प्रति एक निश्चय और एक निश्चित कार्यक्रम रामदरश जी के सम्पर्क में आने के बाद ही मैं बना पाया था। उनकी कविताओं

को पढ़ते हुए मैं हमेशा भावुक होता रहा हूं। उनके गीतों की छिटपुट पंक्तियों को गुनगुनाना मुझे हमेशा अच्छा लगता रहा है। कुछ गीतों की पंक्तियां तो मैं अक्सर गुनगुनाता रहा हूं–

थरथराने से लगे कुछ पंख अपने नीड़ में
एक छाया छू मुझे, उड़ खो गयी किस भीड़ में
ताल फिर हिलने लगा, फटने लगी फिर काइयां।
या
बार-बार बांसुरी बजाओ न पिया
लहरों के पार से बुलाओ न पिया...
सपनों से मन को गुहराओ न पिया...
या
दौड़ता-सा हांफता दिन/एक नीली झील पर आ रुक गया है।

इस तरह की बहुत-सी पंक्तियां है। जो मुझे बहुत प्रिय हैं।

रामदरश जी के व्यक्तित्व की एक और विशेषता जिसका मैं कायल रहा हूं, वह यह कि उन्होंने कभी भी किसी गुट या खेमे से जुड़कर अपनी पहचान बनाने की कोशिश नहीं की। दायें-बायें दोनों बाजुओं से उनकी समान दूरी और समान निकटता रही है। लेकिन इस दूरी और निकटता के पीछे कोई चालाकी छिपी हुई नहीं थी जैसा कि बहुत-से साहित्यकारों में यह लक्षित होती है जिनको दोनों खेमों से इनाम इकराम के साथ चर्चा में रहने का फ़ायदा मिलता रहता है। रामदरश जी के स्वभाव में इस तरह की चालाकियों के लिये कभी कोई जगह नहीं रही। वे दरअसल साहित्यकार को विभिन्न खेमों में वर्गीकृत करके देखने के कायल कभी नहीं रहे। उनके लिए लेखन सृजनात्मकता के तकाज़े का प्रतिफलन है। रचना को मत-मतान्तरों की रोशनी में देखना परखना उसका सही मूल्यांकन नहीं है। इसी तरह लेखन को मत मतान्तर के सांचे में ढालना रचनात्मक प्रतिभा का दुरुपयोग है। इसका परिणाम यह रहा कि इधर सालों से इनामों और कवि सम्मानों की बाढ़-सी आ गयी है पर कविता कहानी उपन्यास सभी कुछ प्रभूत मात्रा में लिख चुकने पर भी रामदरश जी का नाम उनमें कहीं दिखाई नहीं पड़ता। हां अभी हाल में उन्हें दयावती मोदी पुरस्कार अवश्य मिल गया है। इस पुरस्कार के बारे में स्मिता, जो अब मुझे चाचाजी न कहकर 'सर', कहने लगी है, ने जब मुझे बताया तो पहले तो मुझे यकीन ही नहीं हुआ। पुरस्कार और सम्मान विभिन्न गुटों में जिस तरह कैद हैं उसको देखते हुए यकीन का न होना बिल्कुल स्वाभाविक था। मोटी-मोटी राशियों वाले अधिकतर पुरस्कारों को देने वाले बड़े-बड़े सेठ हैं, लेकिन पुरस्कारों के चयनकर्त्ताओं की मंडली में जो स्वनामधन्य साहित्यकार हैं उनका आचरण कुल मिलाकर गुटबाजों के आचरण से काफी कुछ मिलता-जुलता सा होता जा रहा है। अब इसके लिए आप क्या कहेंगे कि बिना सिर पैर की जुम्मा-जुम्मा एक-दो

किताबों के नाम पर एक मोटी-सी रकम पुरस्कार के बहाने कोई हड़प ले। खैर, दरअसल मैं यह बता रहा था कि रामदरश जी इन पुरस्कारों वाली राजनीति के पचड़े में कभी नहीं पड़े, इसलिये जब उन्हें दयावती मोदी पुरस्कार मिला तो हम सभी को हैरानी हुई और यकीन करने में थोड़ा समय लगा।

रामदरश जी के व्यक्तित्व की खासियतें बहुत-सी हैं पर कुछेक खासियतें ऐसी हैं जिनसे प्रभावित हुए बिना आप नहीं रह सकते। लोगों के प्रति एक सहज आत्मीयता उन्हीं में से एक है। उनमें एक उच्छल आत्मीयता है जो सामने वाले व्यक्ति को अपने में समेट लेती है। समकालीन साहित्यकारों की रचनाओं पर चर्चा के दौरान किसी निकृष्ट रचना को निकृष्ट बताते हुए भी रचनाकार के प्रति कोई अवहेलना का भाव उनमें आया हो, ऐसा मैंने कभी नहीं देखा। हम लोग आपस में लगभग सभी साहित्यकारों पर बातचीत करते रहते थे। पत्र-पत्रिकाओं में जो रचनायें आती थीं उन पर अच्छी या उतनी अच्छी नहीं या खराब जैसी कोटियों का निर्धारण भी करते रहते थे। कई बार रचना से फिसलकर बातचीत रचनाकार के व्यक्तित्व के दायरे में भी चली जाती थी फिर भी लेखक के प्रति कोई दुर्भावना उनके मन में आयी हो या उन्होंने ज़हिर की हो ऐसा मैंने कभी अनुभव नहीं किया।

रामदरश जी पर सोचते हुए यह बात फ्लैश की तरह मेरे दिमाग़ में कई बार आती रही है कि रामदरश जी का लेखकीय व्यक्तित्व और उनके समूचे लेखन का ढर्रा किस तरह का चल रहा होता अगर सरस्वती जी से न होकर किसी और से उनका विवाह हुआ होता। इस बारे में मुझे कोई संदेह नहीं रहा है कि रामदरश जी के समूचे लेखकीय व्यक्तित्व में सरस्वती जी रची बसी हैं। मिश्र जी की सदाशयता और उनके लेखकीय विकास में उनकी काफ़ी बड़ी भूमिका है। यह एक अन्तर्निहित भूमिका है। रामदरश जी ने कोमल अनुभूतियों के गीत और कवितायें लिखी हैं। नौकरी के साथ-साथ उन्होंने काफ़ी परिमाण में बहुत कुछ लिखा है। आज भी बहुत कुछ लिख रहे हैं। इसके पीछे लेखन को लेकर उनमें अदम्य उत्साह तो निश्चय ही रहा होगा पर इसमें उन्हें एक तरह का भावप्रवण आलम्ब सरस्वती जी से अवश्य मिलता रहा है। यही नहीं उनके प्रचुर मात्रा में लिखने में इस बात का भी कोई कम महत्व नहीं है कि उन्हें घर गृहस्थी के मामलों में कभी उलझना नहीं पड़ा। इस बात की उन्हें कोई जानकारी नहीं रहती कि कालोनी में राशन की दुकान कहां है या सब्जियां कहां से और किस भाव आ रही हैं। सरस्वती जी उन्हें कवि जी कहती हैं और कवि जी की सारी दुनियावी चिन्ताएं उन्होंने अपने हिस्से में कर ली हैं।

जीवन लय पर सजा हुआ कवि कर्म : रामदरश मिश्र

चन्द्रकला त्रिपाठी

रामदरश मिश्र से व्यक्तिगत रूप से मिलने का संयोग काशीविद्यापीठ (वाराणसी) में 'प्रेमचंद' पर आयोजित एक विचार-गोष्ठी में मिला। गोष्ठी में डा. गोपाल राय, डा. रमेश कुंतल मेघ सहित अन्य कई विद्वान आये थे। मिश्र जी से मेरा परिचय गुरुवर डा. शुकदेव ने कराया। मिश्र जी अत्यन्त आत्मीयता से मिले। उनकी सहजता ने वातावरण को सहसा बदल दिया था। हमने पाया था कि हम सब विद्यार्थी प्रेमचंद पर चली उस दिन की बहस पर अपनी प्रतिक्रिया दे रहे हैं और मिश्र जी बड़े धीरज से सुन रहे हैं। इतनी देर तक चली बातों से उबर कर उन्होंने पूछा था-'आप कुछ लिखती हैं?'

प्रश्न को सीधे अपनी तरफ देखता पा मैं कुछ संकुचित हुई थी। उस समय तक मैं कवितायें लिख रही थी, एकाध कहीं छपी भी थीं किन्तु उन्हें लेकर मैं अपने लिखने के प्रति बहुत आश्वस्त नहीं थी। इसलिए मेरा लगभग अटकता हुआ-सा उत्तर था कि 'कवितायें लिखती हूं'।

मिश्र जी ऐसे खुश हुए थे जैसे कोई अपने संगोत्री से मिलकर खुश होता है।

याद नहीं कि समकालीन भारतीय साहित्य का वह कौन-सा अंक था जिसमें मिश्र जी की कुछ अच्छी कवितायें छपी थीं। बिना किसी बड़बोलेपन के युग के अन्तर्विरोधों के साथ-साथ मध्यवर्गीय व्यक्ति की अवसरवादिता और सुविधा भोग की खबर लेने वाली सशक्त कविताऐं थीं वे। समकालीन भारतीय साहित्य में रचनाकारों के पते भी छपते हैं। मैंने मिश्र जी की उन कविताओं के अपने ऊपर अत्यधिक प्रभाव का उल्लेख करते हुए उन्हें पत्र लिखा। लौटती डाक से उनका उत्तर मिला। वे मेरी कविता संबंधी समझ से संतुष्ट हुए थे। उनके पत्र से लगा था कि कविता उनकी भी सर्वाधिक प्रिय विधा है। जब कोई उनके कविरूप को टोहता है, उन्हें बहुत अच्छा लगता है। उसके बाद ही उन्होंने मुझे अपना 'दूसरा घर' शीर्षक उपन्यास भेजा था जो 'वाणी प्रकाशन' से उसी समय प्रकाशित हुआ था। मैंने उपन्यास पढ़ा और उस पर समीक्षा भी लिखी

जो 'आजकल' में प्रकाशित हुई थी। उपन्यास बहुत सहज था। महानगर के समूचे परिवेश में व्याप्त टूटन को शिद्दत से पहचानने वाले कथ्य के साथ जीवन मूल्यों के लिए किसी सीमा तक जाकर संघर्ष करते नायक का चित्रण बहुत विश्वसनीय था। वहां आधुनिकतावादी लेखन के प्रिय नकली मोहभंग के लिए कोई गुंजाइश नहीं थी क्योंकि सामंती-पूंजीवादी व्यवस्था में समझौतों की ओर जाते मध्यमवर्गीय मनुष्य की यातनाओं को लेखक ने समझा था। 'दूसरा घर' पर लिखी मेरी समीक्षा से मिश्र जी सहमत हुए थे। यद्यपि मेरी समझ की सीमायें थीं और आज यह मुझे ज्यादा स्पष्ट है तथापि मिश्र जी ने सदैव मेरी संभावनाओं का पक्ष लिया। यही कारण है कि गंभीर साहित्य और आलोचना के प्रति मेरी समझदारी को एक बड़ी प्रेरणा और अनुकूलता मिली। मिश्र जी को सदैव मेरी रचनात्मक सक्रियताओं से सरोकार रहा है। उन्हें मेरा गैर रचनात्मक किस्म के कामों में बंधकर कुछ न लिख-पढ़ पाना बहुत विचलित करता है। ऐसे में प्रायः उनका चेतावनी देता-सा पत्र जैसे मुझे समूचे नरक से उबारता है। मुझमें मेरे व्यक्तित्व की खोज की छटपटाहट को नयी खुराक मिलती है और में अपने समूचे ठहराव से मुक्त होती हूं, निरर्थक चीजों में निरर्थक वस्तु की तरह शामिल हो जाने की अपनी स्थिति पर गौर करती हूं और मेरा इस निरर्थकता से निकलने का संघर्ष तेज हो जाता है।

संभवतः वर्ष 86-87 में मिश्र जी शुकदेव सिंह जी के शोधछात्र की मौखिकी लेने बनारस आये थे। उसी समय वे मेरे पूरे परिवार से परिचित हुए। उन्हें मेरे पति डा. वशिष्ठनारायण त्रिपाठी की सहजता बहुत छू गयी थी और आज मैं कह नहीं सकती कि हम दोनों में से किस पर उनका स्नेह ज्यादा है। वे मेरे पति की विचित्र किस्म की व्यस्तता और बेपरवाही को झेल जाते थे और इसकी सदैव हंसकर चुटकी लेते।

1988-89 के बाद मिश्र जी जब भी बनारस आते हम लोग उनकी उपस्थिति में अपने आवास पर गोष्ठियां आयोजित करते। उस समय मेरा आवास विश्वविद्यालय परिसर के एक छोर पर था और विश्वविद्यालय मुख्य द्वार से उसकी दूरी काफी थी किन्तु इन गोष्ठियों में बड़ी संख्या में कवि जन, हिन्दी विभाग के साहित्यिक रुझान के अध्यापक-अध्यापिका गण और विद्यार्थी पहुंचते। इन गोष्ठियों में ठाकुर प्रसाद सिंह जी की उपस्थिति एक समा बांध देती थी। वे मिश्र जी की तरह ही अत्यधिक संवेदनशील उदार और विनोदी थे। इन गोष्ठियों में कविताओं पर उनकी चुटकीनुमा टिप्पणियां बेजोड़ होती थीं। रामदरश जी ठाकुर प्रसाद सिंह जी को अत्याधिक प्रिय थे। इन्हें एक साथ देखना भी एक अनुभव था। गोष्ठी में पढ़ी गई कविताओं को बिना किसी आडंबर के सराहा जाता किन्तु झूठ-मूठ किसी को चढ़ाया नहीं जाता था। कमज़ेर रचनाओं पर ठाकुर प्रसाद सिंह जी की चुभती हुई टिप्पणियों को मिश्र जी बड़ी कशुलता से सम्हाल लेते और वातावरण में सहजता बनी रहती। गोष्ठियां पांच-पांच घंटे तक चलतीं और उनके समाप्त हो जाने के बावजूद कोई मिश्र जी को छोड़कर जाना नहीं चाहता था।

मिश्र जी के भोजन और उन्हें गेस्ट हाउस पहुंचाने को लेकर हम कुछ चिंतित होते, हमें उनकी यात्रा की थकान का बोध होता था किन्तु मिश्र जी इस गहमागहमी के बीच काफी आह्लादित दिखाई देते थे। ऐसा लगता जैसे वे अपनी आत्मा के संगियों से घिरे बैठे हैं। नवें दशक में मिश्र जी कई बार बनारस आये। विश्वविद्यालय परिसर में कई गोष्ठियां हुईं और एक खास तरीके का साहित्यिक ठहराव टूटता गया था। उस समय बनारस में साहित्यिक गतिविधियां नहीं थीं। ऐसा नहीं कहा जा सकता, बल्कि उसी समय अनुदानों के चलते विभाग ने कई सेमिनार भी आयोजित किये किन्तु जाति संप्रदाय आदि को इस्तेमाल कर पनपते मध्यवर्गीय स्वार्थ और अवसरवाद ने बहुल सारी प्रतिभाओं को वंचित कर रखा था। मिश्र जी ने इन प्रतिभाओं को पहचाना था। दूर-दराज देहातों से आये छात्रों के जीवन में अछूते अनुभवों का खजाना था। इन तमाम रचनाकारों में एक नया शिल्प उभरता दिखाई दे रहा था और इसे मिश्र जी ने पहचाना था। मैंने अनुभव किया कि बनारस के ये नये-पुराने साथी मिश्र जी को अभिभूत करते हैं।

यहां बनारस की साहित्यिक खेमेबाजी का ज़िक्र किये बिना भी काम चलेगा किन्तु कुछ संकेत जरूरी होंगे। अपने आवास पर होने वाली गोष्ठियों में हम साहित्य से जुड़े सभी स्थापित-गैरस्थापित लोगों को आमंत्रित करते थे। वस्तुतः मिश्र जी सबसे मिलना भी चाहते थे। उनमें सबके प्रति बड़ा वत्सल भाव था और वे प्रत्येक की गतिविधि के प्रति गहरी उत्सुकता रखते थे। हम लोग भी कभी किसी दुराव-छिपाव के कायल नहीं रहे, किन्तु हमने देखा कि कुछ महान किस्म के रचनाकार इन गोष्ठियों में आना टाल जाते। इन गोष्ठियों से संबंधित चर्चाओं को भी वे बड़ी उपेक्षा से सुनते थे जैसे न जाने कैसा अप्रिय खटराग उनके कानों के पास बज रहा है। जिन्हें वे 'न पिद्दी न पिद्दी का शोरबा' समझते हैं वे खुद को रचनाकार समझने की जुर्रत किये बैठे हैं। नयी रचनाशीलता के लिए उनमें बड़ा सुनियोजित अवहेलना का भाव था हां कुछ शागिर्द किस्म के लोगों को बड़ा चमका कर पेश किया जाता था और ये शागिर्द किसी भी स्तर पर जाकर इन महानों का झण्डा उठाने के लिए तत्पर रहते थे। इनकी दृष्टि में रामदरश मिश्र पिछड़े हुए किस्म के रचनाकार थे। इन महानों से अन्तरंगता के भ्रम में उनके शागिर्द अक्सर इनकी गुमान भरी भाषा बोलते दिखाई देते थे। वह भाषा ऐसों के मुंह से कितनी फूहड़ लगती इसका अनुमान सिर्फ उसे सुनने और सहने वालों को है। यह खेमा वस्तुतः सीना फुलाऊ किस्म की उस छद्म प्रगतिशीलता का था जिसमें तमाम सामंती निम्नपूंजीवादी विकृतियां भरी थीं किन्तु वर्चस्व इन्हें प्राप्त था इसलिए कहीं इस घटियापन को चुनौती देने वाली शक्तियां नहीं दिखाई देती थीं। इन तथाकथित महानों का पतन कभी-कभी तो हमें चकित कर देता था। हृदयेश जी को 'पहल सम्मान' प्राप्त होने का प्रसंग था, महान ने घोषणा की-'हृदयेश कायस्थ हैं'। यह ज्ञानरंजन की छविभंजन का सुनियोजित प्रयास था। हम अवाक! आखिर सात घर तो डाइन भी छोड़ देती है। लेकिन नहीं। निजी महत्वाकांक्षाओं के रास्ते में कुछ भी नहीं सह सकते थे वे।

हमें तमाम सवाल मथ रहे थे 'ये कैसी प्रगतिशीलता है जो मनुष्यता का रंचमात्र न होने पर भी टनाटन चल रही है?'

यही है वह भयानक अवसरवाद! मुक्तिबोध की गहरी पीड़ा के सन्दर्भ यही हैं। यही है जो हमें अकेला और निहत्था करता है। ऐसे में क्या कोई है जिसमें मनुष्य होने की लड़ाई शेष है, जिसके लिए आदमी से ज्यादा कीमती कोई नहीं और जो इस समूचे छल को पहचानता ही नहीं इस छल से उपजी पीड़ाओं का साक्षी भी है। है तो कोई! है और पूरी ताकत के साथ है। मैंने पढ़ा था–

'झूठ रेखायें बना फिर वृत्त-सा बनता गया
और सच का बिन्दु खुद में थरथराता रह गया'

इस अनुभव में सच्चे मनुष्य की गहरी बेचैनियां बोल रही थीं। मैंने मिश्र जी को अपनी उलझनें बताईं। उन्होंने सहज ही मुझसे रचने का एक बड़ा मोर्चा चुनने को कहा। 'छोटी-छोटी लड़ाइयां तोड़ती बहुत हैं, खुद को ज्यादा बड़े सवालों के प्रति केन्द्रित करो'– ऐसा उन्होंने हर बार कहा था।

यही एक दु:ख नहीं था। हमारा निरंतर सुविधाभोग से पथराता जीवन, चारों ओर पतनशील रुचियों का पारावार था। यहां मानव जीवन की बड़ी सच्चाइयों, वेदनाओं के प्रति भारी संवेदनहीनता थी। हमें लगता हमारी आत्मा में एक बड़ा ऊसर फैलता जा रहा है, हम ऐसे बेजान हुए जा रहे हैं जैसे गंदे पानी में बह जाती हुई दूब हो। ऐसे में मिश्र जी से भेंट होती तो लगता जैसे नरक के लिए निष्कासित कर दी गई आत्मा को अपने स्वर्ग में लौटने का वर मिला हो। वे मेरा लिखा-पढ़ा सुनते उस पर अपनी राय देते। मिश्र जी साहित्य से अपेक्षित स्पष्टता के कायल थे। अमूर्तन को वे कविता के लिए ख़तरा मानते बल्कि उसे वे कथ्य के भीतर से पैदा होने पर ही ठीक मानते थे। उनका कहना था कि इसे कभी-कभी कहने का पदार्थ न होने की स्थिति में कवि जन अपनी चतुराई के तहत इस्तेमाल करते हैं और इस तरह के बौद्धिक कुहासे में कविता की सारहीनता दबी-ढकी रहती है। मेरी प्रारंभिक रचनाओं में अमूर्तन था और मिश्र जी ने मुझे उससे सचेत रहने को कहा था। वे मुझे मेरी सीमाओं से परिचित कराते रहे किन्तु इस तरह कि मेरा रचना कुन्द न हो।

मैंने मिश्र जी के कई रचना संग्रहों की समीक्षा की। उन्होंने मेरी मति-सम्मति को कभी निर्देशित नहीं किया। उनकी रचनाओं का मुख्य स्वर करुणा है। यह करुणा समकालीन समाज व्यवस्था में व्यक्ति की निस्सहायता और विघटन को गहरे मानवीय सरोकार से देखती है। कथ्य के प्रति उनका अनाडंबर युक्त शिल्प मुझे तो चकित करता था जबकि अन्यों को शायद उनके प्रति अगंभीर होने की छूट देता था जबकि जीवन के गहरे मानवीय अर्थ को मार्मिकता के साथ प्रस्तुत करने का उनका ढंग सदैव महत्वपूर्ण है। उनके रचनाकार के लिए मुझे 'मीर' की ये पंक्तियां बहुत माकूल लगीं कि–

'कब मुसीबत जदः दिल माइल-ए-आज़र[1] न था
कौन से दर्द सितम का, यह तरफ़दार न था।

मिश्र जी की सतत रचनाशीलता उनके समकालीनों का आश्चर्य है। 'न लिखने के कारण' की उनकी बेचैनियां जगजाहिर हैं। मुक्ति बोध ने मध्यवर्गीय मनुष्य के स्वार्थ और समझौतों में लिथड़कर सामाजिक अलगाव में पड़ जाने की नियति को पहचाना था। इसे वहां देखने की जरूरत है। रामदरश जी का कुनबा बहुत बड़ा है और इस कुनबे के प्रत्येक व्यक्ति को उनसे अंतरंग होने का विश्वास और अभिमान है। इतने विविध अनुभवों से जुड़ाव का जीवन जीने वाले को रचने के पदार्थ की क्या कमी हो सकती है।

गुरुवर आचार्य हजारी प्रसाद द्विवेदी को कहते सुना था कि किसी व्यक्ति के बारे में राय लेनी हो तो उसकी हंसी देखो यदि वह बच्चों की सी निर्दोष और मुक्त है और अपने प्रकाश से आस-पास का प्रत्येक चेहरा चमका देती है तो उस व्यक्ति की सरलता में कोई संदेह नहीं है।

मिश्र जी की हंसी ऐसी ही लगी थी और वह आज तक वैसी ही है।

---

1. माइल-ए-आजार : दुखों से प्रेम करने वाला

'गुरु-दक्षिणा का उत्तर-आधुनिक विकल्प'

हरजेन्द्र चौधरी

प्रोफेसर रामदरश मिश्र जी के सम्बन्ध में कुछ 'संस्मरणात्मक' लिखने के निर्णय-संकल्प के साथ ही मन में यह द्वन्द्व उठ खड़ा हुआ है कि किस पक्ष पर लिखा जाए। श्रेष्ठतर पक्ष को रेखांकित करना निःसंदेह निर्विवाद निर्णय होगा। पर अनेक 'श्रेष्ठतरों' के बीच चुनाव करूं तो कैसे करूँ? उनके व्यक्तित्व को केन्द्र में रखूं या उनके कृतित्व को? या केवल कुछ भावुक-सी, अर्धविस्मृत-सी स्मृतियों में कल्पना का मसाला छौंककर एक खुशबूदार स्वादिष्ट 'संस्मरण' तैयार कर डालूं ? या ठोस जीवन-स्थितियों और व्यवहारों के महत्वपूर्ण क्षणों को पकड़कर उन्हें संकलित कर दूं ? हिंदी की संस्मरण-परम्परा में अनेक विकल्प मौजूद हैं। इन विकल्पों में से एक को या 'कुछों' को चुनकर लिखूं या सब-कुछ मन और कलम पर छोड़ दूं कि मुझसे जैसा-जो लिखवाना है, लिखवा लो।··· तो शुरू करता हूं।

मिश्र जी एम.ए. में मेरे अध्यापक रहे, लेकिन उस दौरान उनसे मेरी घनिष्ठता नहीं रही। एम.फिल. करते समय भी थोड़ा सम्पर्क तो रहा, लेकिन दिल्ली की भागमभाग-भरी और काम से काम रखवाने वाली स्थितियों ने सम्पर्क को घनिष्ठता में तब्दील नहीं होने दिया। इस शहर की फ़ितरत ही ऐसी है कि आपको किसी से ज़रूरी काम पड़ जाए तो आप आधी रात भी अपनी पुरानी मित्रता और पुरानी स्मृतियों का हवाला देते हुए मित्र के यहां जा धमकेंगे··· काम (या मतलब) न हो तो आप 'फोन' तक करना 'भूल' जाएंगे··· भूलते चले जाएंगे। भाग्य से अथवा मेहनत या तेजी-चालाकी से यदि आप किसी बेहतर आर्थिक-सामाजिक स्थिति में पहुंच गए और अर्से बाद अचानक रास्ते में मिले मित्र ने 'रिहायश कहां है?' वाला निजी-सा सवाल पूछ लिया तो 'लोदी कॉलोनी' या 'पंडारा रोड' या 'साकेत' या 'वसंतु कुंज' कहकर औपचारिक और पीछा-छुड़ाऊ ढंग से कह देंगे– 'कभी आओ यार!' पूरा ता न वह पूछेगा, न आप बताएंगे। 'हां-हां-ज़रूर' कहता हुआ वह भी चालाकी समझता-करता हुआ 'राष्ट्रीय छद्म' में शामिल होकर चुपचाप विदा ले लेगा। ऐसा छलिया है यह 'राष्ट्रीय राजधानी'-शहर ! भावनाओं को प्राथमिकता या महत्त्व देने वाला व्यक्ति यहां बहुत धीरे-धीरे पथराता जाता है और

मानवता के 'फॉसिल्स' के रूप में तब्दील हो जाता है। ग्रामीण पृष्ठभूमि से आए अधिकतर लोगों की तो यही नियति होती है इस शहर में! निभाना चाहकर भी ('जेनुइन' संबंधों को) निभाना मुश्किल! बचाना चाहकर भी (खुद व खुदी को) बचाना मुश्किल! सच, ऐसा ही है यह दिल्ली शहर!

सितम्बर 1978 के पहले सप्ताह में ताज़ेवाला बांध से छोड़े गए पानी ने इस दिल्ली शहर में क़हर बरपा दिया था। तब मैं एम.ए. में था। पांच सितम्बर को यमुना उल्टी बहने लगी थी। मां ही डायन हो गई थी। नदी में गिरने वाले गंदे-नाले सांपों की तरह पलटकर सरसराते-फुंफकारते घरों-मुहल्लों की तरफ चल पड़े थे। लाल-पीली हुई यमुना ने तमाम नालों को सड़कों पर हांक दिया था। मॉडल-टाउन की सड़कों पर (हवा भरी दो-दो ट्यूबों पर उल्टी चारपाई रखकर बनाई गईं) नावें चलतीं देखी थीं मैंने! मिश्र जी तथा दिल्ली विश्वविद्यालय के अनेक दूसरे प्राध्यापक मॉडल-टाउन में रहते थे। मैं विद्यार्थी था और जवान भी। स्वयं-सेवा करने का जज़्बा था तब भीतर में! पर स्वयं सेवा के चक्कर में (गंभीर खतरे की सीमाओं को तोड़कर) बहुत भीतर तक जाना नागवार गुज़रा था—सो, मिश्र जी की कुशल-क्षेम पूछने उनके घर तक जाना बीच में ही रह गया। घनिष्ठता न होने के बावजूद उस संकट में उन तक पहुंचने की वह हड़बड़ाई-सी तड़प संभावित सम्बन्ध की पृष्ठभूमि थी या नियति का कोई (ऐसा ही) संकेत? उन सैलाब-भरे दिनों में क्या मेरा मन किसी गुरु की खोज में निकला हुआ था?

एम.ए. और एम.फिल. करने के बाद वह दौर शुरू हुआ जब रोज़गार लगभग खुदा के बराबर हो जाता है, जिसमें भीतर भरी अकूत ताक़त और क्षमताओं को आई.ए.एस., पी. सी.एस., बैंक-पी.ओ., 'मैनेजमेंट ट्रेनी' आदि अनेक प्रतियोगिताओं में झोंका जाने लगा! इसी दौर में पी.एच.डी. के रजिस्ट्रेशन का समय आया और मेरे शोध-निर्देशक बने प्रोफेसर रामदरश मिश्र! मेरे होस्टल (इंटरनेशनल स्टूडेंट्स हाउस) और उनके घर (वाणी विहार, उत्तम नगर) के बीच की दूरी घट गई। 'फेलोशिप' के फार्म पर हस्ताक्षकर करवाने हर महीने जाना होता ही था! बातचीत और कविताओं का दौर चलता। मौसम और वक्त के मुताबिक शर्बत, चाय और भोजन का भी।

विभागीय उठा-पटक के रहते (चलते) जल्दी 'लेक्चररशिप' मिलना कुछ अनिश्चित-सा लगा। कैरियरवादी महत्त्वाकांक्षा ने भी मुझे आई.ए.एस. में भाग्य आजमाने को उकसाया। 26 अप्रैल, 1983 को संघ लोक सेवा आयोग में आई.ए.एस. का 'इंटरव्यू' देने के बाद लगने लगा कि बस अब तो 'कैरियर' की दिशा-गति तय है। जल्दी से पी.एच.डी. को भी निपटा डालूं। आई.ए.एस. के साथ नाम से पहले 'डॉक्टर' भी लिखा हो तो क्या हर्ज़ है? ··· पर जो नहीं होना था, वह नहीं हुआ। मई में परिणाम आया—आई.ए.एस. की अंतिम सूची में मेरा नाम नहीं था।

उन्हीं मई-जून के गर्म दिनों में मुझे अचानक पीलिया ने धर दबोचा। मन और शरीर दोनों ने बिस्तर पकड़ लिया। तब तक मैं इंटरनेशनल स्टूडेंट्स हाउस से ग्वायर हॉल

(दिल्ली विश्वविद्यालय का सबसे पुराना छात्रावास) में 'शिफ्ट' कर चुका था। ग्वायर हॉल के कमरा नम्बर पचास की एक उमस-भरी, भभकी-भरी जून की बंद-बंद सी दोपहर में 'स्पैशल बॉएल्ड फूड' खाने के बाद पसीने से पीले हुए सफेद बिस्तर पर पड़े-पड़े अर्धनिद्रित अवस्था में दरवाज़े पर हल्की-सी 'खट-खट्' सुनाई दी। होस्टल की परम्परा के अनुसार मैंने पड़े-पड़े ही 'कम इन' बोला, पर द्वार खोलकर कोई भी भीतर नहीं आया। मैं उठा। दरवाज़ा खोलकर देखा तो भौंचक रह गया—मेरे सामने मिश्र जी खड़े थे। वरिष्ठ प्रोफेसर व शोध-निर्देशक का इस तरह अपने विद्यार्थी की तबीयत का पता करने आना, दिल्ली शहर के हिसाब से, अप्रत्याशित था।

—'तुम्हें' पीलिया होने का पता चलते ही सोचा कि मिलकर आऊं। बड़ी खराब बीमारी है। मैं तो भुक्तभोगी हूं'— उन्होंने कहा। फिर उन्होंने 'पथ्य' बताया। घनिष्ठ मित्र और वात्सल्यपूर्ण पिता का मिश्रित रूप लगे मुझे वे! मेरे भीतर भावुकता, कृतज्ञता और श्रद्धा का सैलाब ठाठें मारता रहा। कुछ देर बढ़िया कविताओं और होस्टल-कैंटीन की घटिया चार का दौर चला! उस दिन मुझे लगा कि मन पर से असफलता और बीमारी का मैला-सा बोझ उतर गया है! उस घटना का और भी गहरा प्रभाव मुझ पर यह पड़ा कि दिल्ली के अकेलेपन के क्षणों में मुझे लगता कि मैं अकेला नहीं हूं और मेरे कम-से-कम एक हितैषी अभिभावक दिल्ली शहर में भी हैं।

ठीक से स्वस्थ न होने के बावजूद जून महीने में आई.ए.एस. की प्रारंभिक परीक्षा दी थी। उसमें तो मैं पास हो गया लेकिन पीलिया और हालात का असर ऐसा रहा कि मुख्य परीक्षा बीच में ही छोड़ देनी पड़ी। यह भी अप्रत्याशित था! थानेसर के राजदरबार की ओर जाते बाणभट्ट को रास्ते में 'निउनिया' मिल गई हो जैसे! 'ब्यूरोक्रैट' बनना नहीं लिखा था ज़िन्दगी में······ या बनना भी लिखा था तो 'बने रहना' नहीं लिखा था। सितम्बर में दिल्ली विश्वविद्यालय में 'एड हॉक' लेक्चरर के पद पर नियुक्त हो चुका था। उधर 'हरियाणा सिविल सर्विसेज' में सफल होने के बाद द्वन्द्व में रहा कि लेक्चररशिप और एच.सी.एस. में किसे अपनाऊं, किसे छोड़ूं? मिश्र जी से मिलकर मन ने तय कर लिया कि मेरा कैरियर 'पढ़ाई-लिखाई' ही है, होना चाहिए। फलस्वरूप आज तक पढ़ने-पढ़ाने का काम कर रहा हूं और अपने उस चुनाव पर क्षोभ, असंतोष या पश्चात्ताप नहीं है।

अगले कुछ वर्षों में पी.एच.डी. के लिए 'पढ़ना' तो चलता रहा, पर 'लिखना' नहीं हो सका। मिश्र जी से कविताएं सुनना व सुनाना और साहित्य पर बातचीत का सिलसिला (रह-रहकर) चलता रहा। सन् छियासी की लगभग ढाई महीने की (प्राध्यापकों की) हड़ताल के दौरान (कुछेक बार पटेल चौक पर या आकाशवाणी भवन के आस-पास अपने आपको गिरफ्तार करवाने के 'नाटक में शामिल होने तथा दो-चार बार शास्त्री भवन के बाहर नारेबाज़ी में शामिल होने को छोड़कर) मैं शोध-प्रबंध लिखने में जुटा रहा। लिखता था, बीच-बीच में मिश्र जी को दिखाता था। वे संक्षेप में आधुनिकता व परम्परा की अवधारणा और सम्बद्ध विचार-बिन्दुओं को स्पष्ट करते हुए कभी-कभी

आचार्य हजारी प्रसाद द्विवेदी से सम्बन्धित कोई बात, प्रसंग, संस्मरण भी सुना देते थे। शोध-निर्देशक के रूप में उनका व्यवहार बहुत उदार रहा। शादी और डिग्री को ध्यान में रखकर हज़ार-हज़ार पृष्ठ के शोध-प्रबंध लिखने वालियों-वालों की भारी-भरकम परम्परा में मेरे दो सौ पृष्ठों के छोटे-से शोध प्रबंध ने हस्तक्षेप किया तो उसका श्रेय मिश्र जी को जाता है।

वास्तव में मिश्र जी हिन्दी-विभाग के तत्कालीन प्राध्यापकों में अकेले रचनात्मक लेखक थे। शेष अध्यापक मूलतः समीक्षा-आलोचना आदि पर कलम चलाते थे। मिश्र जी कवि, कथाकार, निबंधकार, समीक्षक सब कुछ हैं। परिमाण और गुणवत्ता दोनों दृष्टियों से उनकी रचनाएं अपनी प्रभविष्णुता में बेजोड़ हैं। बदलती हुई परिस्थितियों के साथ कंधे से कंधा मिलाती-भिड़ाती चलती उनकी रचनात्मकता आज भी बरकरार है। रचनाकार के रूप में वे अभी चुके नहीं है। इस घनघोर उपभोक्तावादी युग में उनकी कलम आज भी सरकंडे की है, सोने की नहीं जो 'सुंदर' लिखने की ललक छोड़कर 'सत्य' लिखती है। उनके रचनाकार और व्यक्तित्व की सहजता उन्हें वर्तमान जीवन-स्थितियों से भी जोड़े हुए है और 'लेटेस्ट' रचनात्मक सरोकारों से भी। रचनात्मक दृष्टि से मिश्र जी न तो बूढ़े हुए हैं और न ही दुर्बल। सबसे सुखद यह है कि वे आवृत्ति के ख़तरों से भी परे रहे हैं।

सन सत्तासी में शोध-प्रबंध जमा होने के बाद मैं मिश्र जी के उपन्यासों पर कुछ काम करना चाहता था–कुछ स्वतंत्र लेख या एक स्वतंत्र पुस्तक। उनके दो-तीन उपन्यासों पर समीक्षा-लेख लिखे, पर सिलसिला आगे नहीं चल पाया। सब 'चाहनाएं' कहां पूरी होने देता है यह दिल्ली शहर? और फिर दिल्ली में रहते हुए गांव लगातार मेरे कंधों पर हावी रहा, थोड़ा-बहुत आज भी है।

जापान के ओसाका विदेशी भाषा विश्वविद्यालय में विज़िटिंग प्रोफेसर के रूप में जापान जाने से कुछ महीने पहले (1993 में) मैं मिश्र जी के घर गया था, वे घर पर नहीं थे। बाद में फोन पर बात हुई कि जापान से पत्र लिखूंगा।··· पर नहीं जी, पत्र लिखना तो दूर, सन् छियानवे में जापान से लौटने के करीब छह महीने बाद ही, दीवाली के आस-पास, मैं उनके घर जा सका। उनकी नाराज़गी सहज-स्वाभाविक और निश्छल भाव से व्यक्त हुई–"छह महीने?··· आकर कम से कम फोन तो कर लेते! आने की सूचना तो देते!" मैं लज्जित और चुप था।

सन् अट्ठानवें की दीवाली के दो दिन बाद उनके दर्शन करने उनके घर गया तो उनके रचनात्मक कर्म पर मिलने वाले ढाई लाख रुपये के दयावती मोदी कवि शेखर सम्मान की सूचना मिली। बिना किसी 'हां-हूं' के मैंने किसान की-सी सरलता से सीधे ही पूछ लिया–'कब घोषित हुआ?' उत्तर के साथ उनका प्रश्न भी आया–'हिंदी का अखबार नहीं लेते क्या?' मैंने बताया कि अंग्रेजी का 'हिन्दुस्तान टाइम्स' लेता हूं तो वे बोले–'हां, इसीलिए तुम्हें पता नहीं चला।'

मिश्र जी आचार्य हजारी प्रसाद द्विवेदी के शिष्य रहे हैं। मैं मिश्र जी का शिष्य हूं, इस नाते मुझे एक उदार, उदात्त व महान् परम्परा से जुड़े होने का बोध होता है। यह परम्परा गुरुदेव रवीन्द्रनाथ टैगोर तक तो जाती ही है और ··· और आगे तक भी। मिश्र जी के सान्निध्य में मेरा सोया हुआ सहज स्वाभाविक गंवईपन अचेतन में से उठने लगता है। साथ ही मन में यह तड़प भी जागती है कि उपन्यास, कहानी, कविता कुछ तो लिखूं। वे मेरी 'कलम में ताकत' होने की बात बार-बार करते हैं। उनकी उपस्थिति में मुझमें घुसा 'दिल्लीपन' घटने लगता है—छल-छद्मपूर्ण बातचीत करना व्यर्थ लगने लगता है, 'हां-हूं' वाली गोलमोल शैली छूटने लगती है। जब मैं दिल्ली विश्वविद्यालय में पढ़ने नया-नया आया था, तब मैं कितना भोला, सहज और 'पवित्र'-सा था—यह बात याद आने लगती है। दो दशक पहले वाली वह निष्कपटता और दिल्ली शहर से मिली 'चालाकपन' की सौगात के घालमेल से कुछ दिनों तक मेरा व्यवहार दूध-मुंहा और दो-मुंहा-सा हो जाता है।

उम्मीद है कि मिश्र जी से पाई हुई प्रेरणाएं किसी दिन किसी निश्चित रचनात्मक परिणति तक पहुंचकर मेरी 'कलम की ताकत' का प्रमाण बनेंगी। साथ ही यह भी उम्मीद है कि जिस दिन ऐसा होगा उस दिन अपने गुरुवर मिश्र जी को और भी ज्यादा स्मरण करूंगा और उनका आशीर्वाद लूंगा। ऐसे क्षणों में ससम्मान स्मरण करना और आशीर्वाद लेना, 'सुदूर शिक्षा' के इस युग में, कृतज्ञता-ज्ञापन और आधुनिक गुरु-दक्षिणा का उत्तर आधुनिक विकल्प नहीं होगा क्या?

रामदरश मिश्र की अनन्य मनुष्यता

ज्योतिष जोशी

रामदरश मिश्र बहुआयामी लेखक हैं। उनसे मैं लगभग ग्यारह वर्षों से परिचित हूं। उनके कवि, कहानीकार, उपन्यासकार, आलोचक, आत्मकथाकार आदि अनेक व्यक्तित्वों से बहुत निकटता रही है और समय-समय पर हमने उनके कई पक्षों पर लिखा भी है। वे मूलतः कवि हैं, ऐसा वे स्वयं मानते हैं और उनके व्यक्तित्व में कविता जैसी ही पारदर्शिता दिखाई देती है। उनका कवि स्वतंत्र चेता है। अनुभूति की ईमानदारी और अभिव्यक्ति में सहजता उनके कवि की खास विशेषता है। सरल बिंबों में सादगी से मन के तारों को झंकृत करने वाले रामदरश जी हिंदी कविता की उस परम्परा से जुड़ते हैं जिसमें 'रीतिकालीनता' नहीं है। 'वाद', 'धारा', 'प्रवाह' और 'शैली' की चमत्कार प्रिय रीतिकालीनता उन्हें कभी पसंद नहीं आई और इसीलिए वे न मार्क्सवादियों के प्रिय रहे और न कलावादियों के। पर इससे उनके कवि को कोई फर्क नहीं पड़ा। वे लगातार अपने स्वतंत्र मार्ग पर चलते रहे और अपनी ज़मीन खुद बनाई। कई बार लगता है कि इस परम्परा को अगर हिन्दी की एक जीवंत परम्परा मानें तो इसमें जो नाम आयेंगे, वे आश्चर्य में डालने वाले होंगे। क्या यह भारतेन्दु, प्रसाद, दिनकर, धर्मवीर भारती, गिरिजा कुमार माथुर, सर्वेश्वर की परम्परा नहीं है? अगर है तो इनकी उपलब्धि क्या किसी की कृपा की मोहताज है?

रामदरश जी ने अनेक उत्कृष्ट कहानियां हिंदी को दी हैं। शिल्प के सौष्ठव में चारित्रिक द्वन्द्व और संघर्ष के साथ नई संवेदना संप्रेषित करती उनकी कहानियां जहां खत्म होती हैं कहानी की वास्तविक समस्या वहीं से शुरू होती है। बतौर उदाहरण 'सड़क' पर्याप्त है। अनेक उपन्यासों के लेखक रामदरश जी ने आंचलिकता को एक नया अर्थ दिया है तो महानगरीय विभीषिका को उसकी जटिलताओं सहित पकड़ने की चेष्टा की है। यात्रावृत्त लिखे तो 'गंतव्य' का कोना-कोना प्रकाशित हो उठा। 'आत्मकथा' भी ऐसी लिखी कि उसमें खुद को छुपाने का कोई मोह आड़े नहीं आया। एक तरल हार्दिकता जो हाशियों को केन्द्र में लाने की रही है, वह सब जगह अपनी उदारता दिखाती है। 'गांव' को उसकी समूची मौजूदगी में प्रत्यक्ष करने वाले लेखक रामदरश मिश्र का निश्चय

ही आज कोई प्रतिद्वन्द्वी नहीं है।

रामदरश जी जितने अच्छे लेखक हैं उतने ही अच्छे मनुष्य भी। वे उन लोगों में से नहीं हैं जो साहित्य और जीवन में अलग-अलग नज़र आते हैं। उनमें सहजता है, आत्मीयता है, एक सच्चे सहृदय की संवेदना है। अहंकार उन्हें छू भी नहीं पाया है तो महानगर में रहते हुए भी वे व्यर्थ के दंभ से कोसों दूर हैं। हर जरूरतमंद की मदद करना, भरसक सहानुभूति देना और एक अच्छे मनुष्य की तरह व्यवहार करना उनके व्यक्तित्व के वे पक्ष हैं जो अन्यों में खोजने से भी शायद ही मिलें। मैं उनका दो वर्षों तक छात्र रहा हूं। कक्षा से लेकर बाहर तक उनका प्रेम बराबर पाता रहा हूं। मैं ही क्या; ऐसा कोई भी छात्र खोजने पर भी नहीं मिल सकेगा जो यह कहे कि रामदरश जी ने अपने व्यवहार से उसे कष्ट दिया हो। पूरी तैयारी से कक्षा में आना और तन्मयता से निर्धारित विषय पढ़ाना उनकी खूबी रही है। आप जो चाहे प्रश्न करें, चाहें जिस शंका को उठायें–रामदरश जी के पास सबका समुचित उत्तर होता था। दिल्ली विश्वविद्यालय के दक्षिण परिसर में वे प्रोफेसर रहे और यह उनके कार्यकाल का अंतिम समय भी था। 1990 में उन्होंने अवकाश ग्रहण किया था।

रामदरश जी एम.ए. (हिन्दी) उत्तरार्द्ध के छात्रों को जैनेन्द्र का उपन्यास 'त्यागपत्र' पढ़ाते थे। 'त्यागपत्र' पढ़ाते हुए वे बार-बार मृणाल के संघर्ष, उसके जीवन की विडंबना और हिन्दू समाज की अतिवादिता को इस तरह रेखांकित करते थे कि आंखें छलछला जातीं। उन्हीं दिनों मैंने सोचा था कि अगर पी.एच.डी. तक जाने का मौका मिला तो मैं जैनेन्द्र के उपन्यासों पर ही काम करूंगा। यह भाव रामदरश जी के प्राध्यापक के कारण ही संभव हुआ और जब अवसर आया तो मैंने पी.एच.डी. जैनेन्द्र पर ही किया।

1990 में जब रामदरश जी की कार्यावधि पूरी हुई तो हमारे ही नेतृत्व में उनके सम्मान में विदाई समारोह रखा गया था। हमने एक टीम बनाकर छात्रों से पैसे वसूले और दक्षिण परिसर के सेमिनार हॉल में आयोजन रखा। मंच-संचालन मेरे ही ज़िम्मे था। मंच पर नित्यानंद तिवारी, विश्वनाथ त्रिपाठी, निर्मला जैन, बिंदुमाधव मिश्र आदि अनेक गुरुजन बैठे थे। डा. नगेन्द्र की प्रतीक्षा हो रही थी, बहुत देर बाद जब यह लगा कि शायद अब वे नहीं आयेंगे, तो कार्यक्रम शुरू हो गया। अभी कुछ मिनट ही बीते होंगे कि डा. नगेन्द्र आ पहुंचे। डा. नगेन्द्र के आने के बाद जो खुशी मुझे रामदरश जी के चेहरे पर दिखी, वह कभी और नहीं। रामदरश उस दिन बड़े भावुक थे और हम लोग उतने ही द्रवित। जब प्रशस्ति पट्टिका (यह हमने खास ढंग से अक्षर खुदाई कराकर बनवायी थी) पढ़ी गई तो वे बहुत उदास और दु:खी हुए। यह दु:ख अब उनका हम लोगों के बीच से जाने का था। इसकी पीड़ा हम लोगों को भी थी जो अनवरत आंसुओं के प्रवाह से जाहिर हो रही थी।

उनकी आत्मीयता का एक और उदाहरण मेरे जे.एन.यू. में प्रवेश से संबंधित है जिसे मैं कभी नहीं भूलता। बात 1991 की है। हमने जे.एन.यू. में प्रवेश के लिए लिखित परीक्षा

दी थी। उसमें उत्तीर्ण होने के बाद साक्षात्कार हुआ और मैं चुन लिया गया। उन दिनों मैं मुनीरका गांव में रहता था। दुर्योग से एम.ए. परीक्षा में कम अंक आने के कारण हमने जो पुस्तिका पुनर्मुल्यांकन के लिए फार्म भरा था, उसका परिणाम अब तक नहीं आ पाया था। फार्म के साथ पिछला अंक पत्र भी जमा हो चुका था। मैं बहुत मुश्किल में था। अंक पत्र के बिना एम.फिल. में प्रवेश असंभव था। तब हमने प्रो. नित्यानंद तिवारी (जो उन दिनों दक्षिण परिसर में हिन्दी विभाग के प्रभारी थे) से कहा, विश्वनाथ त्रिपाठी और ऩिर्मला जैन से कहा। इन सबकी बड़ी आत्मीयता मिली, स्नेह मिला और जो अपनत्व मिला, उसको शब्दों में वर्णन करना कठिन है पर इन सबने कोशिश की और परीक्षा नियंत्रक से मेरा अंक पत्र नहीं निकला। इस बीच में बीमार पड़ गया और जे.एन.यू. में प्रवेश की आशा छोड़ दी। 14 अगस्त, 1991 के ठीक एक दिन पहले एक लड़के ने मुझे रामदरश जी से कहने को प्रेरित किया। मैं सोच रहा था कि जब सभी लोग असफल रहे हैं तो अवकाश प्राप्त रामदरश जी मेरी क्या मदद कर पायेंगे। मैंने रामदरश जी को फोन किया और सारी बातें बताईं। वे सुनते रहे और बाद में डांटा भी कि पहले मुझे क्यों नहीं बताया। फिर उन्होंने खुद कहा कि कल परिसर आओ मैं देखता हूं कि क्या होता है। दूसरे दिन जब परिसर पहुंचा तो देखकर हैरान रह गया कि गेट के पास लॉन में छाता लगाये रामदरश जी मेरी प्रतीक्षा कर रहे हैं। हम लोग परीक्षा नियंत्रक के पास गये। रामदरश जी ने मेरी समस्या रखी और कहा कि अगर दोपहर तक इस लड़के का अंकपत्र नहीं मिला तो मैं यहीं अनशन करूंगा। यह क्या अन्याय है कि अपने यहां लड़कों का कैरियर खराब कर दिया जाये और कहीं अवसर मिले तो उस पर बेरहमी दिखाई जाय। रामदरश जी का वह क्रोध फिर कहीं नहीं देखा। यह अपने छात्र के प्रति एक गुरु का सच्चा प्रेम था–निष्कपट, निस्वार्थ और निर्द्वन्द्व। उनके क्रोध का तत्काल असर हुआ और अंकपत्र मुझे घंटे भर बाद ही मिल गया जिसके कारण उस अंतिम दिन मैं प्रवेश ले सका वर्ना मेरा एक बहुमूल्य वर्ष निश्चय ही खराब हो गया होता।

यह घटना मेरी पूंजी है। ऐसा उदाहरण अब इस महानगर तो क्या कहीं भी दुर्लभ है। वे समय की कीमत जानते हैं। प्रेम का मूल्य पहचानते हैं। एक अध्यापक, अभिभावक और अच्छे मनुष्य की ज़िम्मेदारी उन्हें मालूम है। उनके इस व्यवहार ने मुझमें मनुष्यता के प्रति आस्था बढ़ा दी। मैं रोमांचित हो उठा। साहित्य में भी वे इन्हीं मूल्यों के कायल रहे। कभी कोई गठजोड़ नहीं की न किसी हथकंडे का सहारा लिया। इसलिए तो वे कह सके–

'जहां आप पहुंचे छलांगें लगाकर।
वहां मैं भी पहुंचा मगर धीरे-धीरे।।'

रामदरश जी जैसा व्यक्ति दुर्लभ है और ऐसे ही व्यक्तियों से मनुष्यता भी बची है।

मेरे गुरु डॉ. रामदरश मिश्र

जगन सिंह

वर्षों बीत गये हैं परन्तु लगता है जैसे कल की बात हो। एम.ए. पूर्वार्द्ध में आये हमें एक पखवाड़ा हो गया था। उस दिन डा. लक्ष्मी नारायण लाल (अब स्वर्गीय) नहीं आये थे इसलिए हम क्लासरूम के बाहर बरामदे की चौड़ी रेलिंग पर बैठे हुए थे। कुछ लोग चाय पीने चले गये थे, कुछ लायब्रेरी की तरफ़ कूच कर गये थे। मैं अपनी सहेली पार्वती खन्ना के साथ सुमित्रा नंदन पंत की कविता 'परिवर्तन' की पंक्ति 'भूंकता सिड़ी शिशिर का श्वान, चीरता हरे अचीर शरी' पर बहस कर रही थी हमारे एक सहपाठी की नव-विवाहिता (जो उन दिनों इतिहास में एम.ए. कर रही थी।) उसे खोजती हुई आई। उसके श्रृंगार से हम दोनों इतनी अधिक प्रभावित हुईं कि पंत को भूलकर बिहारी को याद कर बैठीं। इसके पहले कि वह हमसे पूछती, मैंने पार्वती की ओर देखकर कहा–एक दोहा अर्ज़ करती हूं।

पार्वती ने शरारत से झूमकर कहा– इरशाद!

अर्ज़ किया है–मैंने शेर कहने के अन्दाज़ में दोहा पढ़ा–

> कियौ जु चिबुक उठाइकै, कम्पित कर भरतार।
> टेढ़ीयै टेढ़ी फिरति, टेढ़ै तिलक लिलाट।। *

हमने ठहाका लगाया तो उसने चकित होकर हमारी और देखा, फिर मुलायम स्वर में पूछा–"क्यों हंस रहे हो"? हमने पहले से भी ज़ोरदार ठहाका लगाया। फिर उस पर तरस खाते हुए पार्वती ने दोहा एक कागज़ पर लिखकर उसे थमाते हुए कहा–"यह लो। अपने 'उसको' दिखाकर अर्थ पूछ लेना। लायब्रेरी की तरफ गया है।"

वह जिधर से आई थी उधर चली गई। हमारे ठहाके अभी थमे नहीं थे कि सीढ़ियों की तरफ से एक ऊंचे-लम्बे चश्माधारी 'सर' आते दिखाई दिये। वह अपनी रौ में आगे निकल गये। फिर पलटे। आये और पैंसठ नम्बर कमरे में प्रवेश कर गये जहां हमारी

---

* जबसे पति ने कम्पित कर से ठोड़ी उठाकर इसके माथे पर टेढ़ा तिलक लगाया है तबसे उस तिलक को माथे पर धारण किये वह गर्व के मारे टेढ़ी-टेढ़ी चल रही है।

क्लास होनी थी। रेलिंग पर और कुर्सियों पर बैठे छात्रगण हड़बड़ा कर अन्दर भागे। हम दोनों ने भी चुस्ती दिखाई और जाकर पहली पंक्ति में बैठ गईं। मन ही मन लज्जित थीं कि गलियारे में बैठकर छत फाड़ ठहाके लगाने वाली लड़कियों के बारे में क्या सोचा होगा 'सर' ने? "लापरवाह और निकम्मी तो हैं ही, ऊधम भी मचाती हैं।" यह तो ज़रूर सोचा होगा। पर हमें लज्जित होने की आवश्यकता नहीं पड़ी। 'सर' ने काले फ्रेम के चश्मे के भीतर से हमारी ओर देखा। बेमालूम-सा मुस्कराये फिर हमारे सिरों के ऊपर से कहीं दूर देखते हुए व्याख्यान करने लगे। छायावादी काव्य-धारा पर बोलते हुए वह प्रगतिवादी और प्रयोगवादी काव्यधारा तक आने-जाने लगे। 'नोट' लेने की बजाय हम सुनने लगे, सुनते रहे, देखते रहे।

मांझी न बजाओ वंशी, मेरा मन डोलता,

हमने देखा 'सर' एक हाथ उठाये हुए हल्के-हल्के डोल रहे थे। पचास मिनट बड़ी जल्दी बीत गये। बाद में सहपाठियों से पता चला कि मन के भीतर वंशी की तान सुन लेने वाले 'सर' डा. रामदरश मिश्र थे—हिन्दी के जाने-माने कवि और कथाकार। उन दिनों वह पी.जी.डी.ए.वी. कॉलिज में पढ़ाते थे। एम.ए. की क्लासें लेने के लिए वह लम्बी दूरी तय करके विश्वविद्यालय परिसर, मौरिस नगर आया करते थे।

डा. रामदरश मिश्र का व्यक्तित्व हमेशा से सन्तुलित रहा है परन्तु वे पढ़ाते समय कभी-कभी भावुक हो जाते थे। उन्होंने हमें परम्परागत ढंग से पढ़ाने के अलावा कविता को समझने की दृष्टि दी। उनसे किसी भी समय साहित्य-चर्चा की जा सकती थी। क्लास के भीतर और बाहर दोनों जगह वह अपने शिष्यों की शंकाओं का समाधान करने के लिए तैयार रहते थे। क्लास में सवाल पूछने पर वह कभी नाराज़ नहीं हुए बल्कि सवाल पूछने वाले विद्यार्थी उनकी निगाह में अधिक महत्व पा गये। उन महत्व प्राप्त करने वालों में एक मैं भी थी।

डा. मिश्र अपने शिष्यों के लेखन में रुचि लेते थे और आवश्यकता पड़ने पर व्यावहारिक सुझाव भी देते थे। ज़ोर-शोर से प्रशंसा करने की उनकी आदत कभी नहीं रही। उन दिनों मैं कविताएं लिखती थी। मेरी कई कविताएं उन्होंने पढ़ी थीं और सुझाव भी दिये थे। आज भी डा. मिश्र अच्छी रचना की प्रशंसा अवश्य करते हैं पर यदि रचना उनके किसी शिष्य अथवा शिष्या की हुई तब तो क्या कहने! कई बार उसे पढ़ते हैं और भावुक हो आते हैं। उनकी कोई कृति पढ़कर उनके शिष्यों में से कोई यदि उन्हें फोन पर बताये तो वह कुछ नहीं पूछते। उनके स्वर की प्रसन्नता टेलीफोन के तारों पर झंकृत होकर कह जाती हैं कि वह इसीमें प्रसन्न हैं कि उन्हें कहीं न कहीं कोई न कोई पढ़ रहा है।

डा. मिश्र के शिष्यों में कोई बिरला ही होगा जो उनके घर न गया हो और बिना जलपान किये लौटा हो। दिल्ली में ऐसा माहौल नहीं है कि गुरु शिष्यों को घर आने के लिए कहे। शिष्य भी गुरु के घर नहीं आते। गुरु-शिष्य की आत्मीयता का इस प्रकार

का सम्बन्ध इस शहर में कभी पनपा ही नहीं परन्तु डा. मिश्र से समय लेकर कभी भी उनके घर जा सकते थे। वे प्रसन्न मन से अपने घर बुलाते थे। पहली बार जब मैं डॉ. मिश्र के घर गई बच्चे बड़े प्यार से मिले। श्रीमती मिश्र ने बड़े प्यार से जलपान कराया, चाय पिलाई। लगा ही नहीं कि पहली बार उनसे मिली हूं। बच्चों में सबसे बड़े हेमन्त तब दसवीं कक्षा में पढ़ते थे। दुबले-पतले, तीखे नाक-नक्श और घने घुंघराले बालों वाले हेमन्त आज बड़े कलाकार बन गये हैं और अभिनय के क्षेत्र में नाम कमा रहे हैं। उनके चाहने वालों को चाहे उनके सिर पर बाल दिखाई न दें परन्तु मेरी स्मृति में वे घने घुंघराले बाल उसी तरह सुरक्षित हैं। डा. मिश्र की दूसरी सन्तान अंजू दुबली-पतली भोली-सी लड़की थी। अब वह डा. अंजलि तिवारी होकर घर-परिवार की देखभाल कुशलतापूर्वक कर रही है। अंजु से छोटे शशांक अब बैंक में कार्यरत हैं। बचपन की शैतानियों का स्थान अब गंभीरता ने ले लिया है। अब वह किसी की नकल नहीं उतारते परन्तु तब इस क्षेंत्र में उन्हें महारत हासिल थी। शशांक से छोटे विवेक तब केवल उठा-पटक और मारामारी में रुचि लिया करते थे। बाद में नेशनल स्कूल आफ़ ड्रामा से प्रशिक्षण प्राप्त करके वह भी हेमन्त के साथ आ मिले। सबसे छोटी और सबकी दुलारी स्मिता को हम बन्नो यानी बनश्री कहते थे। बचपन में विवेक जितने शैतान थे बन्नो उतनी ही सीधी थी। अब डा. स्मिता मिश्र दिल्ली विश्वविद्यालय में पढ़ाती हैं। कविता लिखती हैं। विविध विषयों पर गाहे-बगाहे तेज़तर्रार लेख लिखती हैं और आकाशवाणी में खेंलों पर कमेंट्री भी कर लेती हैं। घर की सारी व्यवस्था का दारोमदार पहले की तरह आज भी श्रीमती सरस्वती मिश्र के कंधों पर है। पीठ पीछे वह डा. मिश्र को 'कविजी' कहती हैं, और परिवार के सारे दायित्व इसलिए संभाले रखती हैं कि कविजी की साहित्य-साधना में खलल न पड़े। गलत को गलत और सही को सही कर दिखाने वाली ऐसी दिलेर महिला मैंने दूसरी नहीं देखी। कहीं अन्याय के विरोध में तनकर खड़ी हुई और कहीं हंसी से सराबोर–उनकी दोनों छवियां मैंने देखी हैं। सन् 1984 के सिखविरोधी दंगों में उन्होंने बहुत-सी जानें बचाईं। खतरा उठाकर कई लोगों को घर में पनाह दी। उनका अपनत्व और विश्वास दूसरों के साथ मुझे भी मिला है बल्कि अगर कहूं कि कुछ ज़्यादा ही मिला है तो अतिशयोक्ति न होगी।

डा. रामदरश मिश्र के शिष्यों में से कितने राजनीति से दूर केवल साहित्य साधना में लगे हैं और कितने उच्च पदों पर बैठे हैं, मैं ठीक से नहीं जानती परन्तु जिनके नाम उनसे सुने हैं वे हैं– बनारस के शिष्य श्री विजेन्द्र, शुकदेव सिंह, गुजरात के रघुवीर चौधरी, भोलाभाई पटेल, महावीर सिंह चौहान और नवनीत गोस्वामी। गुजरात के उनके शिष्य हिन्दी के विद्वान हैं परन्तु लिखते अपनी मातृभाषा गुजराती में हैं। दिल्ली के उनके शिष्य जो आगे चलकर साहित्यकार हुए, उनके नाम हैं–सर्वश्री प्रताप सहगल, सुरेश ऋतुपर्ण, सुखबीर सिंह, दिविक रमेश, श्याम सुशील, प्रेमजनमेजय, ज्ञान चन्द गुप्त, हरीश नवल, ज्योतिष जोशी, विद्याशर्मा, कमल कुमार और मैं।

फागुन का महीना डा. मिश्र को इतना प्रिय है कि वह वर्षभर इसके आगमन की प्रतीक्षा करते हैं। इन दिनों उनके भीतर गीतों का सोता फूट पड़ता है। उन्होंने सबसे सुन्दर गीत फागुन में लिखे हैं। फागुन की चर्चा हो और होली की चर्चा न हो, यह सम्भव नहीं है। होली से कई दिन पहले से उनके मन में अबीर उड़ने लगता है–हरा, लाल, पीला, गहरा गुलाबी, कई रंगों के शेड्स। होली के दिन वह अपनी विशाल मित्रमंडली के साथ मेरे घर आते थे। तब हम सब माडल टाउन में रहते थे। हमारे बरामदे में रंगों से भरी बाल्टियां रखी रहती थीं। उनके आने पर होली शुरू होती थी। भीग जाने के बाद सब लान में बैठकर धूप सेंकते थे। गुझिया, मिठाई और चाय का दौर चलता था। डा. मिश्र के मित्रों में वयोवृद्ध भी थे, युवा भी। सबके चले जाने पर भी वह रुकते थे और अपनी ताज़ा कविताएं मुझे और मेरे पति डा. कृपाशंकर सिंह को सुनाते थे। माडल टाउन छूट जाने के बाद सब लोग दूर-दराज़ की कालोनियों में जा बसे हैं। उन दिनों की बस याद ही शेष रह गई है।

डा. मिश्र जहां आज हैं वहां पहुंचने के लिए उन्हें लम्बा संघर्ष करना पड़ा है। उस संघर्ष की तस्वीर उनकी पुस्तक 'रोशनी की पगडंडियां' में देखी जा सकती है। बनारस छोड़कर वह नौकरी के सिलसिले में गुजरात पहुंचे। गुजरात से वह दिल्ली आये और प्रवक्ता की हैसियत से दिल्ली विश्वविद्यालय के पी.जी.डी.ए.वी. कॉलिज में पढ़ाने लगे। उन दिनों डी.ए.वी. कॉलिज पहाड़गंज में था। मिश्र जी माडन टाउन में किराये के मकान में रहते थे। अपने निवास से कॉलिज की लम्बी दूरी वह डी.टी.सी. की बस द्वारा तय करते थे। डा. सावित्री सिन्हा ने दिल्ली विश्वविद्यालय के हिन्दी विभागाध्यक्ष का पदभार संभाला तो उन्हें रीडर पद पर कार्य करने के लिए आमंत्रित किया। सन् 1990 ईस्वी में डा. मिश्र प्रोफेसर पद से सेवानिवृत्त हुए। उनके कई उपन्यास, कहानी-संग्रह, कवितासंग्रह और आलोचनात्मक ग्रन्थ लगातार प्रकाश में आते रहे और प्रशंसित होते रहे परन्तु किसी राजनीतिक अथवा साहित्यिक गुट से सम्बद्ध न होने के कारण वह लगातार उपेक्षित रहे। केन्द्रीय साहित्य अकादमी ने पुरस्कार के लिए उनकी किसी कृति पर विचार करने की आवश्यकता कभी अनुभव नहीं की। अब पिचहत्तर वर्ष की आयु में उन्हें 'दयावती मोदी कविशेखर सम्मान' प्रदान किया गया है। मूल्यहीनता के इस दौर में केवल आस्था के सहारे डा. रामदरश मिश्र निरन्तर साहित्य-सेवा कर रहे हैं। ईश्वर उन्हें लम्बी आयु दे ताकि वह कुछ और श्रेष्ठ रचनायें हिन्दी साहित्य को दे सकें। उनकी छत्रछाया हम पर बनी रहे और उनका मार्गदर्शन हमें मिलता रहे ताकि विरोधाभासों से भरे संसार में हम उनकी तरह सन्तुलित रहकर अपने कर्त्तव्यों का पालन करते रहें।

मैं कैसे कहूं कि मेरे पास कुछ नहीं है

राधेश्याम तिवारी

कटिहार जैसे एक छोटे से कस्बे से मैं पहली बार 1990 में दिल्ली आया। तब वहां के सांसद श्री युवराज थे, जिनके निवास 7 महादेव रोड, नई दिल्ली में करीब एक माह ठहरने के बाद मैं पुनः यह सोचकर कटिहार वापस चला गया कि अब पुनः दिल्ली वापस नहीं आना है। उस एक माह में मैंने दिल्ली को जितना समझा और झेला था वह मेरे लिए एक नया अनुभव था। जिस संस्कृति से मैं आया था वह रेणु की संस्कृति थी–शुद्ध भारतीय गांवों की संस्कृति। वहां मैंने देखा था कि लोग किस तरह एक–दूसरे से जुड़ते और खुलकर मिलते हैं। दिल्ली में आकर लगा कि मुझे अपने परिचित शहर में ही संघर्ष करना चाहिए, लेकिन अंततः मुझे पुनः अप्रैल 1992 में दिल्ली, न चाहते हुए भी आना पड़ा और इस दृढ़ निश्चय के साथ कि अब जीना–मरना इसी दिल्ली में ही है।

मेरे लिए सबसे बड़ी समस्या यह थी कि मुझे कहीं भी स्वयं ही संघर्ष करके अपना रास्ता बनाना है। ऐसी स्थिति में मुझे लगा कि परिचित स्थल से अपरिचित स्थल इसके लिए अधिक अनुकूल होता है और तब मैंने इसके लिए दिल्ली को ही चुना। यहां आकर जिन दो लोगों से मैं सर्वाधिक जुड़ा उनमें डा. रामदरश मिश्र जी एवं श्री विश्वनाथ साहू जी हैं जिन्हें मैं बार–बार याद करता हूं। यहां आकर जहां से मैंने अपने संघर्ष की शुरुआत की उसकी एक मर्मांतक एवं लम्बी कहानी है जिसका यहाँ उल्लेख करना प्रासंगिक नहीं है।

जहां तक मुझे याद है कि मैं मोती नगर में हिन्दी लेखक डा. गुरुचरण सिंह से मिलने गया था। दिल्ली आने से पूर्व उनसे मेरा एक–दो बार पत्राचार हुआ था, उन्हीं संवादों का सूत्र पकड़कर जब मैं गुरुचरण जी से मिला तो उन्होंने ही मुझे कहा कि यहां तक आये हैं तो रामदरश जी से भी मिल ही लीजिए–एक बड़े और सहृदय रचनाकार हैं। वहीं से मैं पहली बार वाणी विहार, उत्तर नगर रामदरश जी से बिना किसी पूर्व परिचय के मिलने चला गया। उस पहली मुलाकात से ही मैं इतना अभिभूत हुआ कि इस दिल्ली के प्रति मेरी धारणा एकबारगी बदल–सी गयी और मुझे लगा कि इस महानगर की भीड़

में भी एक ऋषि रचनाकार है जो अपनी संस्कृति और गांव को बचाये हुए है। उस समय तक मैंने रामदरश जी की कुछ फुटकर रचनाएं पढ़ी थीं, बाद में जब इनकी रचनाओं से परिचित होता गया तो मुझे लगा कि रामदरश जी का लेखन जितना पारदर्शी एवं गुणग्राही है, उनका निजी व्यक्तित्व भी वैसा ही है। पर हिन्दी ही नहीं किसी भी लेखक के लिए यह बड़ी बात है कि उसके कृतृत्व एवं व्यक्तित्व में एकरूपता हो।

उस पहली मुलाकात के बाद से ही रामदरश जी से जो मैं जुड़ा तो जुड़ता ही चला गया। मेरे जैसे नये एवं बेचैन युवकों के प्रति मिश्र जी का यह जुड़ाव और कुछ नहीं उनकी सहजता का ही द्योतक है। दिल्ली के गणितज्ञ रचनाकारों की भीड़ में रामदरश जी का गणित इतर भावभूमि का है, जहां शुद्ध संवेदना है, इंसानियत है और ऐसा कुछ भी नहीं है जिसे छुपाने के लिए बौद्धिकता का लबादा ओढ़ना पड़े।

रामदरश जी की यह सहजता मेरे संस्कार के अनुरूप है। साहित्य की लगभग सभी विधाओं में निरंतर अथक रूप में लिखने वाले इस रचनाकार से जुड़कर मैं निरंतर गौरव की अनुभूति करता रहा हूं और इनके साथ रहते हुए इनसे मेरी जितनी स्मृतियां जुड़ी हैं उन्हें अगर एक-एक कर खोलूं तो संभवतः एक मोटी पुस्तक हो जाएगी। मैं यहां कुछ घटनाओं का उल्लेख करना चाहूंगा।

होता यह है कि मैं जब भी रामदरश जी के यहां जाता हूं तो लगभग 3-4 घंटों से कम नहीं बैठता। कभी-कभी तो पूरे दिन भी उनके पास बैठा रह जाता और साहित्य तथा निजी स्तर की इतनी चर्चाएं होतीं कि समय कपूर की तरह उड़ जाता और कुछ पता भी नहीं चलता। उस वक्त मैं यह नहीं समझ पाता कि मैं वृद्ध हो गया हूं या रामदरश जी युवक। क्योंकि उम्र का इतना लम्बा अंतराल पाटकर मेरे जैसे अनेक युवकों से मिलते हुए रामदरश जी का बड़ा रचनाकार कभी आड़े नहीं आता। खासकर मुझे कभी ऐसा नहीं लगा कि मैं इतने बड़े रचनाकार से बातें कर रहा हूं। रामदरश जी का यह सहज व्यक्तित्व ओढ़ा हुआ नहीं है कदाचित रामदरश जी की यह ऊंचाई दूसरे बड़े रचनाकारों में भी हो सकती है लेकिन जितनी शीतल छांह मुझे उनसे मिली दूसरों से नहीं। उनसे मिलकर मुझे जो संतोष है उसका ठीक-ठीक बखान नहीं कर सकता।

संभवतः अक्तूबर 98 में मैं एक दिन रामदरश जी से मिलने गया। उस दिन काफी देर तक हम दोनों बातें करते रहे। अक्सर जब मैं उनके यहां जाता तो कुछ अपनी रचनाएं भी सुनाता और उनसे भी कुछ सुनाने का आग्रह करता। उस दिन रामदरश जी ने अपने कुछ ताजा गीत सुनाये। उनमें से एक गीत की कुछ पंक्तियां मेरे मर्म को झकझोर गयीं। वे पंक्तियां मुझे अभी तक याद हैं।

'चलते-चलते थके पांव
बुझ रहा उजाला है,
आओ बैठो पास
कि अब दिन ढलने वाला है'

रामदरश जी के भीतर मैंने कभी ढलते हुए दिन को नहीं देखा था। अगर वे ऐसा महसूस करने लगे हैं तो निश्चय ही मेरे लिए कष्टकर है, लेकिन यह एक सच्चाई है कि रामदरश जी जैसा रचनाकार और सच्चे इंसान का दिन कभी नहीं ढलता। उन्हें मैं निरंतर उगते हुए सूरज के साथ देखने की कामना करता हूं। उनसे मैं जब-जब मिलता रहा हूं, एक ताजगी का अहसास लिए वापस घर आता हूं। इतनी आत्मीयता और अपनापन भरा दिन और क्षण को कोई भला ढलते हुए कैसे सह सकता है। उनसे मिलने के क्रम में मुझे उनकी यह कविता अक्सर याद आती है–

'आज बहुत दिनों बाद
शहर के एक उपान्त से
उगते हुए चांद को देखा
पेड़ों, पौधों फसलों पर से
गगन में उठ रहा था चांद धीरे-धीरे
और चांदनी बरस रही थी
हल्की-हल्की फुहार-सी
पेड़ों की गलियारों में
सपने टहलते से लग रहे थे
अट्टालिकाओं के छांह से कसा मेरा मन
बहुत दिनों बाद पिघला था
और शीतल प्रकाश की धारा बन
फैल रहा था दिगन्तों की ओर
आज अपना गांव का बचपन
याद आ गया था।'

दरअसल रामदरश जी का गांव हमसे अपरिचित नहीं है। इनके साहित्य में जिन गांवों का उल्लेख है, उसे मैं जीता और भोगता रहा हूं। इस महानगर में आकर जब कभी गांव की याद आती है तो मैं उनके पास चला जाता हूं और तब मुझे लगता है कि मैं अपने पिता की छाया में बैठकर गांव-गवार की भूली बिसरी बातें कर रहा हूं, उन्हें पढ़ते हुए मुझे गांव की चौपाल, खेत-खलिहान, सरसों के फूल, वृद्ध बरगद और न जाने गांव की कितनी ही स्मृतियां मेरे मन-मस्तिष्क में तैरने लगती हैं, जो मेरे जीवन से गहरे जुड़ी हैं। हालांकि अब गांव भी वह गांव नहीं रहा। बहुत कुछ बदल गया है। संचार माध्यमों के कारण गांव और शहर की संस्कृति सिमटती जा रही है। फिर भी सपने अभी भी बाकी हैं। और गांव की जो अच्छाइयां शेष हैं। वे जीने के लिए और जीवन में खुशबू बिखेरने के लिए काफी हैं। रामदरश जी से मिलते हुए अंग्रेज कवि कीट्स की ये पंक्तियां मुझे अक्सर याद आती हैं–

'तुममें इतनी सारी चीज़ें हैं

और तुम हो मेरे पास
फिर मैं कैसे कहूं कि
मेरे पास कुछ नहीं है।'

कच्ची मिट्टी और बसंत का फूल

अलका सिन्हा

यों पुरस्कृत होना कोई बड़ी बात नहीं होती और पुरस्कार किसी की योग्यता का सही मापदण्ड हो, कोई ज़रूरी भी नहीं। फिर भी, बहुत अच्छा-सा लगा, जब पता चला कि रामदरश जी को मोदी कवि शेखर सम्मान दिया जा रहा है। मेरी बड़ी इच्छा थी मुंबई में हो रहे इस समारोह में उपस्थित होने की किन्तु घर-परिवार की ज़िम्मेदारियों के कारण वहां उपस्थित नहीं हो सकी। फिर भी बहुत जुड़ा हुआ-सा महसूस किया मैंने खुद को इस पूरे समारोह से। रामदरश जी के सम्मानित होकर लौटने पर मैं उनके आवास पर गई थी, उन्हें बधाई देने। वहां उनकी पत्नी श्रीमती सरस्वती मिश्र से उत्सुकतावश पूछ बैठी, "आपको कैसा लगा वहां?" निहायत संयत स्वर में उनका जवाब मिला, "पुरस्कार तो कोई बड़ी बात नहीं थी, मगर वहां काफी अच्छे लोग थे, बहुत श्रोता थे, और बड़े ध्यान से कार्यक्रम में उन्होंने हिस्सा लिया, यह अच्छा लगा ···।" मुझे अचानक ऐसा लगा कि पुरस्कार की खबर से मुझे भी कुछ ऐसा ही लग रहा था। दरअसल रामदरश जी आज जिस मुकाम पर पहुंच चुके हैं वहां उनको पुरस्कृत होना कोई बड़ी बात नहीं थी, पर यह खबर फिर भी सुखदायी इसलिए थी कि आज जब सभी आगे बढ़ने की होड़ लगाए बैठे हैं, किसी थोड़े से लाभ के लिए हर तरह के समझौते कबूलकर शार्टकट अपना रहे हैं, उस वातावरण में ऐसी विचारधारा को पुरस्कृत किया जाना निश्चय ही मूल्यवान है जो आदर्श और संयम के साथ सर उठाकर चलने का पाठ सिखाती है–

जहां आप पहुंचे छलांगें लगाकर
वहां मैं भी पहुंचा, मगर धीरे-धीरे।

डा. रामदरश मिश्र से मिलना मेरे लिए एक सुखद आश्चर्य था। सुखद आश्चर्य इसलिए कि पहली बार मिलने पर भी कहीं अजनबीपन का अहसास नहीं था। उन्हें उनकी कविताओं, कहानियों के माध्यम से जैसा जाना था, बिल्कुल वैसा ही पाया–प्राय: ऐसा होता नहीं। लोग लिखते समय तो मर्यादापुरुषोत्तम की रचना करते हैं किन्तु वास्तविक जीवन में उसका अंशभर भी मुश्किल से ही देखने को मिलता है। मैंने रामदरश जी से

मिलकर ऐसा महसूस किया जैसे वे बरगद का सघन छायादार वह परिपक्व वृक्ष हैं जिसने अपनी नींव की मिट्टी को बड़ी मजबूती से पकड़ रखा है। उन्हीं के शब्दों में–

मैं गमले का फूल तो नहीं
कि एक सुरक्षित कमरे से दूसरे कमरे में रख दिया जाऊं
मैं तो पेड़ हूं एक खास ज़मीन में उगा हुआ···

रामदरश जी की कविताएं उनके घर-आंगन में बिखरी पड़ी हैं। जब पहली बार उनके घर जा रही थी तब एक धुकधुकी सी थी–इतने वरिष्ठ साहित्यकार हैं, पता नहीं कैसे व्यक्ति होंगे, कैसा घर होगा? मुझे तो बड़े घरों के कायदे निभाने का भी शऊर नहीं है, पता नहीं कालीन पर चप्पल पहनकर जाना ठीक होगा या कि चप्पल बाहर उतारना ही ठीक रहेगा। अजबी-सी उधेड़बुन थी। खैर! वाणी विहार पहुंचकर रामदरश जी का मकान ढूंढने में कोई परेशानी नहीं हुई। मुहल्ले का नाम भी बड़ा प्रिय लगा। मुझे लगा, जहां रामदरश जी रहते हों, वहां वाणी अवश्य विहार करती होगी। घर के दरवाजे पर नेमप्लेट थी–'डा. रामदरश मिश्र'। मैंने ध्यान से पूरे मकान को देखा। दरवाज़े पर हरसिंगार का पेड़ था, कुछ भीतर, कुछ बाहर अपनी खुशबू बांटता हुआ। अभी भी कुछ ताजे, कुछ कुम्हलाए फूल बिखरे थे। अनायास ही कहीं कुछ कवितात्मकता का अहसास हुआ। गेट खोलकर भीतर आई तो पाया कि पक्के मकान की एकदम बाईं ओर थोड़ी-सा कच्ची जमीन छोड़ी हुई थी। कवि का प्रकृति प्रेम सहज ही मुखरित हो उठा। जब कमरे में दाखिल हुई तो बिल्कुल 'घर' जैसा माहौल पाया। साइड-बाई-साइड दो दीवान बिछे थे। एक ओर लकड़ी का सोफा, दूसरी ओर दो कुर्सियां। बीच में टेबल पर फूलदान में हरसिंगार भरे हुए थे। मैंने पाया कि जो कविता बाहर बिखरी थी, रामदरश जी उसे अपने कमरे में ले आए थे, हू-ब-हू वैसे ही ··· । आज उनकी सद्यप्रकाशित पुस्तक 'बारिश में भीगते बच्चे' पर चर्चा गोष्ठी थी, जिस सिलसिले में डा. नित्यानंद तिवारी सपत्नीक वहां उपस्थित थे। रामदरश जी की पत्नी और डा. तिवारीजी की पत्नी में कुछ चुहलबाजी भी चल रही थी, जिन्हें सुनकर मुझे भी हंसी आने लगी थी और अनजाने में ही मैं भी उनकी हंसी में शामिल हो गई थी। तो यूं रामदरश जी से पहली बार मिलना, पहली बार मिलने जैसा था ही नहीं।

मैं रामदरश जी की कविताएं निरंतर पढ़ती रही हूं, कुछ कहानियां भी पढ़ी थीं, पर एकबारगी उनकी ऊंचाई को नहीं पकड़ पाई थी। उनके कहानी संग्रह-'फिर कब आओगे' पर एक चर्चा गोष्ठी रूसी दूतावास में आयोजित की गई थी। वहां इसी तरह के कई प्रश्न उठाए गए थे। किसी ने उन कहानियों को यात्रा-वृत्तांत कहा तो किसी ने संस्मरण और स्वतः ही कुछ प्रश्न उठ खड़े हुए कि कहानी और आत्मकथा, यात्रा-वृत्तांत और संस्मरण में विभाजक रेखा कौन-सी है? किन्तु इतना तो सभी ने स्वीकारा कि ये रचनाएं हर किसी पाठक के बेहद करीब हैं, उनकी निजी ज़िंदगी के आस-पास हैं। कहानियों का इतना सहज होना एक असहज उपलब्धि है। मुझे व्यक्तिगत

तौर पर यह अनुभव हुआ कि रामदरशजी परिस्थितियों या पात्रों का बनावटी शृंगार नहीं करते। कहानी को उभारने के लिए एक पात्र मर्यादापुरुषोत्तम बने और दूसरा रावण–ऐसी कोई शर्त नहीं है। कहानी का केन्द्र उभारने के लालच से पात्रों का चरित्र दांव पर नहीं लगाते, बल्कि मनुष्यगत सहज कमजोरियों को सहज स्वीकारते हैं। उनकी कहानियों की पहली शर्त उनका ईमानदार होना है। समाज में जो कुछ घट रहा है उसे वैसा ही प्रस्तुत करना इन कहानियों की विशेषता है। किन्तु इसका अर्थ यह नहीं कि आदर्शों, जीवन-मूल्यों से उनकी रचनाओं का कोई सरोकार नहीं है। उनके पात्र कुत्सित राजनीति का, भ्रष्टाचार का, गिरते जीवन मूल्यों का विरोध बराबर करते हैं, पर किसी जिद पर अड़ते हुए या लोहा लेते हुए नहीं बल्कि एकदम सहजता से, आम आदमी की तरह। यही उनकी रचना को अभूतपूर्व बना देती है, जिसमें रचनाकार आम आदमी बनकर पाठक का ही प्रतिरूप हो बैठता है और कहानी आत्मकथा-सी लगती मालूम पड़ती है।

वरिष्ठता की ऊंचाइयों तक पहुंचकर भी रामदरश जी छोटी-छोटी बातों का भी खूब ध्यान रखते हैं, इतना कि उनके निकट आपको अपनी लघुता का अहसास नहीं होता और यही उनके बड़प्पन की पहचान है। मैंने सदा ही उनके भीतर पाया है एक ऐसा इंसान जो सिर्फ अपने ही नहीं, अपने इर्द-गिर्द मौजूद पात्रों के भी दुःख से व्यथित हो जाता है, उनकी खुशी में ठहाके लगा बैठता है और चल पड़ता है किसी के भी साथ उसकी ज़रूरत के मुताबिक···। वर्ष 1998 में मैं काफी बीमार हो गई थी और अस्वस्थतावश कार्यक्रमों में मेरी भागीदारी नहीं रह पाई थी। रामदरश जी गुड़गांव में एक पुस्तक का लोकार्पण कर लौट रहे थे कि पालम के निकट पहुंचकर अचानक मेरे घर की ओर गाड़ी मुड़वा दी कि, "अलका बीमार है, क्यों न उसे देखते हुए चलें।"

रामदरश जी का यूं मेरे घर आना कितना आत्मीय और सुखद था, उसे कहा नहीं जा सकता। मैं तो इस अप्रत्याशित खुशी से असहज हो गई थी और रामदरश जी बड़ी सहजता से कह रहे थे, "तुम्हारा मकान तो काफी हवादार है, धूप भी अच्छी आती होगी··· " उनके लौट जाने के बाद भी मैं तौलती रही कि इतना बड़ा साहित्यकार और उससे भी बड़ा यह व्यक्ति क्या सचमुच मेरे छोटे से घर में निस्संकोच मेरा हाल-चाल पूछने चला आया था? शायद रामदरश जी की यही बातें उन्हें भीड़ से बिल्कुल अलग खड़ा कर देती हैं और हम देखते हैं व्यक्ति और साहित्यकार एक साथ, एक जैसा-जो जिया वही लिखा और जिसे लिखा, उसे ही जिया भी। मेरी तबियत के प्रति चिंतित होते हुए एक दिन उन्होंने फोन पर बताया कि मुझे फालसे की छाल से लाभ होगा। छाल कहां उपलब्ध होगी, पूछने पर उन्होंने एक पंसारी से छाल मंगा देने का आश्वासन भी दिया।

कई बार मैं इतरा बैठी यह अनुभव कर कि मुझे रामदरश जी का विशेष स्नेह प्राप्त है, पर फिर लगा कि दरअसल उनके स्नेह का अक्षय भण्डार सभी के लिए बराबर खुला है और वह मुझ पर ही नहीं, हर किसी पर दोनों हाथों से लुटाते रहे हैं। मुझे याद है-होली के एकाध रोज पहले की बात है। मनु (मेरे पति) फालसे की छाल लाने के

सिलसिले में रामदरशजी के घर गए थे। मनु काफी संकोची स्वभाव के हैं और बड़ी मिन्नत के बाद किसी के सामने पड़ते हैं। रामदरशजी के घर अकेले जाने में बड़ी हिचक महसूस कर रहे थे। पर आवश्यक था, इसलिए गए। और जब लौटे तो काफी समय लगा चुके थे। मुझे कुछ हैरानी-सी हो रही थी। जब देरी का कारण पूछा तो हंसते हुए कहने लगे, गांव-घर से आ रहा हूं, समय तो लगता ही। होली के माहौल में रामदरशजी के घर जाना। माताजी ने गरमागरम दलपूड़ी और बैंगन की तरकारी खिलाई थी। साथ में रामदरश जी ने अपनी कविताओं से अपने गांव के फाग को 'टटका' कर दिया था, ऐसे में समय का पता कहां चलता?" मनु कह रहे थे कि उन्मुक्त हवा का यह देहाती फूल, शहरी कंटीली झाड़ियों में कहां आ फंसा? यह तो सच है कि रामदरश जी देहाती मिट्टी की सोंधी खुशबू हैं, पर वे शहरी कंटीली झाड़ियों में आ फंसे हों, ऐसा नहीं है। दरअसल शहर के इस पक्के मकान में भी उन्होंने बचा रखी है देहात की वह थोड़ी-सी कच्ची जमीन जिसकी मिट्टी का सोंधापन उनके घर को विषाक्त नहीं होने देता और सच तो यह है कि उनकी रचनाओं के माध्यम से पाठक भी शहरी प्रदूषण में होते हुए भी अपनी मिट्टी से जुड़े हुए पाते हैं खुद को।

पिछले कई महीनों से रामदरश जी परेशान रहे हैं कि उनका डाकिया नियमित रूप से डाक नहीं दे जाता। प्रायः चिट्ठियां देर से मिलती हैं और कई बार तो मिलती ही नहीं। रामदरश जी जैसे व्यक्ति के लिए इस संबंध में किसी उच्चाधिकारी से मौखिक रूप से बात करना भी बहुत हो सकता है, परन्तु उन्होंने पूरी प्रक्रिया का अनुपालन करते हुए एक शिकायत पत्र सार्वजनिक तौर पर लिखा और पहली बार संतोषप्रद कार्रवाई न होने पर अब दूसरा रिमाइंडर भेजा है। हंसी भी आती है, कहानी के इस भोले नायक पर और उन्हीं की पंक्तियां उन्हें सुनाने को मन करता है–

भगे जा रहे लोग कहीं पर
मैं ठहरा-सा देख रहा
सच कहते हैं लोग
कि मुझमें अभी बहुत नादानी है।

किन्तु उनका और उनके लेखन का यह भोलापन उन्हें अपने पाठकों का प्रिय बनाता रहा है। उन्होंने कभी समूचे समाज को बदल डालने जैसी लम्बी दलीलें नहीं दीं। हां, अपने कृत्य के प्रति बेहद सजग रहे। डेढ़, ढाई चाल की बाजी को कभी नहीं स्वीकारा। खुद आगे बढ़ने के लिए किसी को धकेला-कुचला नहीं। मज़े की बात यह कि, इतनी ऊंचाई पर पहुंचने के बाद भी कहीं अहंकार नहीं, मगर स्वाभिमानी भी इतने कि न कभी अपनी वीरता का राग अलापा न ही किसी की झूठी विरुदावली को ही सहन किया।

रामदरश जी की अपनी एक अलग शैली है जो अत्यंत नम्रता और सहजता लिए हुए है जिससे अचानक ही यह अहसास ही नहीं होता कि उन्होंने किसी विचारधारा का पूरी तरह खण्डन भी कर दिया है। मुझे याद है, इन्हीं दिनों जब रामदरश जी के मोदी

सम्मान की खबर फैली, तब लोगों की भीड़ लगी रही थी कि हम भी आपका सम्मान चाहते हैं। उसी सिलसिले में उनके क्षेत्र में राजनीति के चुनावी माहौल की गहमागहमी में उनके मना करने के बावजूद चुनाव प्रचारक के रूप में उनका सम्मान कार्यक्रम निश्चित कर दिया गया था। जब उन्हें बुलाने के लिए कार्यकर्त्ता आए, तब मैं उनके आवास पर ही थी: उन्होंने अत्यन्त नम्रतापूर्वक लेकिन दृढ़ता से अपनी असहमति प्रगट करते हुए कहा कि, "यह एक चुनावी कार्यक्रम है। मुझे सम्मानित ही करना चाहते हैं तो फिर कभी एक स्वतन्त्र कार्यक्रम रख लीजिएगा, यों राजनीतिक हाशिए पर कैसा सम्मान?" वे लोग चुपचाप लौट गए थे और मैं मन ही मन सोच रही थी कि रामदरश जी इतने भी सीधे नहीं कि अपने स्वाभिमान की भी परवाह न करें।

रामदरश जी पुरुष होकर भी नारी की पीड़ा को बूखबी उभारते रहे हैं। नारी के प्रति एक उदार और व्यापक दृष्टिकोण उनकी रचनाओं में सदा दिखाई पड़ता रहा है। अभी हाल की ही कविताओं में एक रचना में वे सुना रहे थे कि घर-घर जाकर सामान बेचने वाली औरत को देखकर अचानक कवि को अपनी मां याद हो आई जो उसकी आवश्यकतानुसार कभी कंघी, कभी तौलिया तो कभी खाने का सामान लेकर आ खड़ी होती थी। आज इस औरत को कवि ने 'नहीं' कहकर लौटा तो दिया मगर फिर अचानक अकुला उठा समाज के बदले हालात पर जिसने औरत को जीवन-यापन करने के लिए गलियों-मकानों तक भटका रखा है। कवि की यह सूक्ष्म दृष्टि कविताओं तक ही नहीं, वास्तविकता में भी सर्वदा दिखाई पड़ती है।

रामदरश जी ने हर विधा में, हर पहलू पर लिखा है और उनकी हर रचना में एक छोटा-सा गांव है, जिसकी मिट्टी की सोंधी सुगंध साहित्य जगत को सदा ही सुरभित करती रहेगी। रामदरश जी ने बचा रखा है बसन्त का वह खिला फूल जो साहित्य के उपवन में कभी भी पतझड़ को छाने नहीं देगा। जब तक समाज जुड़ा रहेगा साहित्य से, तब तक जुड़ा रहेगा वह मिट्टी की उर्वरता से, अपनी जड़ों से, जीवन मूल्यों से, सींचेगा प्रकृति के क्रम को पारदर्शी आदर्शों से निरन्तर, सतत्… और जो बनाए रखेगा हमारी पहचान कभी न खत्म होने वाली, वह लौट आएगा हर बार अपने में, और भी हरा-भरा होकर, और भी भरा-पूरा होकर…।

मेरे अनुज रामदरश मिश्र : बचपन की कुछ यादें

रामनवल मिश्र

मेरे अनुज रामदरश मिश्र मुझसे ढाई वर्ष छोटे हैं। भाई होने के साथ-साथ हम मित्र जैसे थे। खेलना-कूदना, स्कूल तथा हाट बाज़ार जाना, खेतों की रखवाली करना साथ-साथ होता था। गांव के पश्चिम-उत्तर में आम का एक बाग था, उसके साथ हमारे बचपन का बड़ा गहरा सम्बन्ध था। न जाने कितनी स्मृतियां जुड़ी हैं इस बाग़ से। स्कूल से आकर दोपहर को हम बच्चे उसी में खेलते-कूदते थे, आपस में झगड़े करते थे। आम के मौसम में तो जैसे हम बाग़मय हो उठते थे। दिन को तो वहां होते ही थे, रात को भी लुकछिप कर आम बीनने पहुंच जाते थे। तमाम आंधियों और बरसातों का सामना हमने इसी बाग़ में किया है। तमाम मांगलिक उत्सवों को इस बाग़ में जिया है।

हम अभावग्रस्त गांव के अभावग्रस्त परिवार के बेटे थे। सूखा, बाढ़, भूकंप, ओला-पाथर जैसी न जाने कितनी आपदाओं को हमारे बचपन ने जिया है किन्तु हम लोग इन आपदाओं से कभी पराभूत नहीं हुए। हम सहज भाव से और मस्ती से उनके भीतर जी रहे थे। बाढ़ आती थी तो खूब छपकोरियों मार कर नहाते थे। ओला गिरता था तो बीन-बीन कर खाते थे। मस्ती से पढ़ने के साथ मस्ती से खेलते थे। खेल-खेल में हम खूब झगड़ भी पड़ते थे किन्तु दूसरों के साथ लड़ाई-झगड़ा होता था तो हम एक हो उठते थे। रामदरश बचपन से ही हृष्ट-पुष्ट और स्वाभिमानी थे। अपने से अधिक उम्र वाले लड़कों को भी कुश्ती में धूल चटा देते थे। इनकी कलाई में इतनी ताकत थी कि भारी से भारी लाठी उठा लेते थे जिसे हम लोग नहीं उठा पाते थे। इनमें प्रतिस्पर्धा और संकल्प का भाव भी अद्भुत था।

किसी भी व्यकित के बचपन के भीतर कितना कुछ छिपा होता है जिसे हम देख नहीं पाते। ऊपर से उसे पहचानने का दावा करके उसकी अनंत संभावनाओं की उपेक्षा कर बैठते हैं। बचपन में जब रामदरश को अक्षरज्ञान कराया जा रहा था तब इनकी प्रतिभा की जड़ता से सभी लोग हैरान हो गये थे। बड़े भाई साहब रामअवध मिश्र ने

और मैंने घोषित कर दिया था कि इस जड़ को अक्षरज्ञान नहीं कराया जा सकता। किन्तु मां तो मां होती है न। उसकी भीतरी आंखें अपनी रचना की शक्ति को पहचानती हैं। मां ने हम लोगों की घोषणा का उपहास उड़ाते हुए कंडे की राख पर रामदरश की अंगुलियों को घुमाना शुरू कर दिया और आश्चर्य कि रामदरश की अंगुलियों से अक्षर फूटने लगे और फूटे तो फिर फूटते ही गये और वे ही अक्षर कालांतर में कविता, कहानी, उपन्यास बनते चले गये।

रामदरश मिश्र वैसे तो बहुत विनम्र और सहनशील हैं किन्तु अन्याय और बेहूदेपन को बर्दाश्त नहीं कर पाते–वह चाहे अपने प्रति हो, चाहे समाज के प्रति। वे प्रतिकार करते हैं और नहीं कर पाते तो भावात्मक स्तर पर प्रतिकार दर्ज कराते हैं। बचपन से ही यह प्रतिकार-भाव सजग रहा है। मेरे गांव में एक बलवान लम्पट लड़का था। वह प्रायः लड़कों को मारता-पीटता रहता था-यों ही। उसने एक दिन रामदरश को भी आहत कर दिया। एक दिन जब छुट्टी हुई और लड़के कक्षा के कमरे से बाहर निकल रहे थे तब इसने रामदरश को धक्का दे दिया उनका सिर चौखट से टकराया और फूट गया। मास्टर साहब ने लम्पट को सज़ा दी–किन्तु रामदरश का आक्रोश कम नहीं हुआ। एक दिन वह गांव के उत्तर पोखरी के पार मिल गया। हम दोनों भाई साथ थे। मैंने उसे उठाकर पटका और उसकी छाती पर चढ़ गया। रामदरश उसकी आंख में उंगली घुसेड़ने लगे और चिल्लाते गये आज इस बदमाश की आंख फोड़ दूंगा। एक बुजुर्ग वहां पहुंच गये और लम्पट को हम लोगों से मुक्त किया। इसी तरह की कुछ घटनाएं और घटीं। ठीक यही प्रक्रिया दुहरायी गयी। तमाम घटनाएं सिद्ध करती हैं कि रामदरश खुद किसी को नहीं छेड़ते थे किन्तु छेड़ने वाले दुर्व्यवहार के प्रति जब तक अपना सक्रिय प्रतिकार दर्ज नहीं करा लेते थे उन्हें चैन नहीं पड़ता था।

वे बचपन में गदबदे थे। खूब खाते थे, भोले तो थे ही। गांव के बहुत से लायक-सयाने लोग ऐसे बच्चों को चिढ़ाना अपना जन्मसिद्ध अधिकार समझते हैं। इस तरह के कई सयाने लोग रामदरश को चिढ़ाया करते थे तरह-तरह से। एक थे रामेश्वर भाई। वे जब भी मिलते इन्हें छेड़ बैठते-'गते गते ते गत'। उस दिन रामदरश ने क्रोध में एक डंडा खींचकर मारा और वह डंडा रामेश्वर भाई के मर्मस्थल पर लगा। वे केशव के दरवाज़े पर गिरकर अचेत हो गये। केशव की मां रामदरश को कोसने लगी तो मैंने उन्हें गुस्से से सुनाया कि : 'बच्चे को क्यों डांटती हो इन सयानों को समझाओ जो बच्चों को अपने मन-बहलाव का साधन समझते हैं। उनकी तकलीफ का ख्याल किये बिना उन्हें न जाने क्या-क्या कहा करते हैं।' रामेश्वर भाई को होश आ गया था और बोले–'रामनवल ठीक कह रहे हैं। अब रामदरश को कभी नहीं चिढ़ाऊंगा।' यह ख़बर फैली तो सारे चिढ़ाने वाले सावधान हो गये।

रामदरश बचपन से ही बहुत संवेदनशील रहे हैं। जो कमज़ोर हैं, पीड़ित हैं उनके प्रति उनके मन में एक गहरा रागात्मक लगाव रहा है। ऐसे लड़कों को यदि कोई छेड़ता

था तो उसका प्रतिकार करते थे। मेरी पट्टीदारी के एक लड़के थे ब्रजनाथ जो पढ़ने में खूब तेज थे किन्तु शरीर से दुर्बल थे। परिवार भी निहायत अभावग्रस्त था। उनको लड़के सताते थे और रामदरश इसे बर्दाश्त नहीं कर पाते थे। वे सताने वालों से भिड़ जाते थे और उनकी औक़ात उन्हें बता देते थे। रामदरश तो जैसे ब्रजनाथ के संरक्षक थे, हमेशा उनका बचाव करते रहते थे। यही नहीं, वे ब्रजनाथ को अपने साथ खिलाते-पिलाते भी थे। एक घटना याद आ रही है—हम लोग ब्रजनाथ के दरवाज़े पर खेल रहे थे। उस दरवाज़े से थोड़ी दूरी पर छेदीराम का दरवाज़ा था। वहां खड़े कुछ बच्चे वहीं से ब्रजनाथ को चिढ़ा रहे थे—'एक बृजनानी, एक बृजनानी ···' काफी देर तक यह क्रम चलता रहा तो रामदरश से रहा नहीं गया। उन्होंने उन सबों को ललकारा और ढेलाबाजी शुरू हो गई। रामदरश ने एक ढेला ऐसा खींचकर मारा कि वह जाकर एक लड़के के ललाट में लगा। वह लड़का खून टपकाता और चिल्लाता अपने घर की ओर भागा और सारे लड़के उसके पीछे-पीछे पलायित हो गये।

हम दोनों भाइयों ने साथ-साथ न जाने कितने खेलवाड़ किये हैं, कितनी शरारतें की हैं, कितना डरे हैं, कितने सुख-दुख भोगे हैं और घर गृहस्थी के काम में लथपथ हुए हैं। डर तो न जाने कितने तरह के होते हैं किन्तु उनमें दो ऐसे होते हैं जिनसे बच्चों का साबका आये दिन पड़ता है। एक डर होता है स्कूल का, दूसरा भूतप्रेत का। बच्चे सचेत होते ही गांव के व्यस्कों से सुनते रहते हैं कि अमुक बाग़-बगीचों में, ताल-तलैयों में, यहां तक कि गांव की कुछ गलियों में भी भूतप्रेत, चुड़ैल का निवास है। बच्चों को रात बिरात कहीं निकलते डर लगता है। हमारे मकान के पीछे अमरूद का एक पेड़ था। बताया गया था कि उस पर कोई भूत रहता है। अपने दरवाजे पर हम सोते तो डरते कि गली में से निकलकर भूत कहीं आ न जाये। हम दोनों भाई एक ही खाट पर सोते थे और गली की ओर नहीं सोना चाहते थे। इसे लेकर हम दोनों में रोज़ झगड़ा होता था। इसी तरह की एक घटना याद आ रही है। हमारा मकान बनने वाला था, सवा लाख ईंटें पकने वाली थीं। कोयला बड़की बारी में गिरता था। उसकी रखवाली के लिए हम दोनों अल्पवय भाइयों को रात को उस बाग़ में सोना पड़ता था। बड़ा-सा सुनसान बाग़ और उसके न जाने कितने पेड़ों पर भूतों के निवास की कहानी सुन रखी थी। कोनहवां पेड़ तो गिरते हुए कोयले के पास ही था जिस पर एक जाबिल नट के निवास की चर्चा थी। हमारा बड़ा बुरा हाल था। वहां भी यही सवाल था कि कोनहवां पेड़ की ओर कौन सोये। हम लोगों ने बारी बांध रखी थी-यानी एक दिन मैं उधर सोता था दूसरे दिन रामदरश। रामदरश तो जाते ही मुंह ढक कर सो जाते थे किन्तु बड़ा होने के कारण मैं थोड़ी निर्भीक भूमिका अदा करने की कोशिश करता। रात भर हमें यही डर लगा रहता कि पता नहीं कब उस पेड़ पर से भूत उतरेगा और हमें दबोच लेगा। सुबह होती तो जान में जान आती। पन्द्रह दिन तक हमें वहां सोना पड़ा और भूत क्या भूत की कोई आहट भी नहीं सुनाई पड़ी। और हम दोनों के मन में यह विश्वास पैदा हुआ कि

भूत नहीं होते, केवल उनकी कहानियां होती हैं।

रामदरश पढ़ने में तेज़ थे किन्तु वे कई बार कई कारणों से स्कूल के रास्ते से भटके। कई बार स्कूल के मास्टर द्वारा भेजे गये लड़के उन्हें टांग कर स्कूल ले गये और इन्होंने कइयों की टोपी और कमीज फाड़ी, कइयों को दांत से काटा और नाखूनों से आहत किया। एक बार फीस न जुट पाने के कारण हम दोनों स्कूल नहीं गये। फीस के पैसे के लिए ज़िद कर रहे थे। मां ने हम दोनों को धकेल कर घर से बाहर कर दिया और दरवाज़ा बंद कर लिया। हम दोनों दरवाज़ा पीटने लगे। किवाड़ नहीं खुला तो बाहर से आंगन में ढेले फेंकने लगे। तभी पिताजी कहीं से आ गये और खरहर उठा कर हमारी पीठ पर जमाना शुरू कर दिया और कहते रहे–"बस्ता उठाओ, स्कूल जाओ।" हम बस्ता उठाये भागते रहे, वे खरहर उठाये हमारा पीछा करते रहे और हम लोग भागते हुए बड़की बारी तक चले गये। तब वे यह हिदायत देते हुए लौटे कि "सीधे स्कूल जाओ।" हम स्कूल तब भी नहीं गये, शाम तक इधर-उधर चक्कर काटते रहे क्योंकि वहां जाने पर विलंब के लिए और फीस न देने के लिए मास्टर से पिटते।

और एक घटना की याद कर तो भय से कांप जाता हूं। वह घटना यदि अपने चरम पर चली गयी होती तो क्या होता। लेकिन भगवान की कृपा है कि वह रामदरश को ऐसी घटनाओं की लपेट से निकाल लेता रहा है। उस साल हमारे गांव में गन्ना खूब बोया गया था। हम दोनों भाई सुबह-सुबह खेलते-खेलते बड़की बारी में जा पहुंचे। वहां गन्ने का एक कोल्हू खड़ा हुआ था। वहीं गन्ने के कुछ टुकड़े पड़े हुए थे। फिर हो गया खेल शुरू। रामदरश ने कहा–'भाई, आप कोल्हू खींचिए, मैं गन्ना लगाता हूं।' उन्होंने पास ही पड़ा हुआ गन्ने का एक टुकड़ा कोल्हू में लगाया और मैं बैल बन गया। रामदरश ने दायें हाथ से गन्ने का टुकड़ा पकड़ रखा था और दूसरे हाथ की अंजुरी में वे झरता हुआ रस संभाल रहे थे। रस को पीते हुए बोले–"अरे रस बहुत मीठा है रे।" इसी बीच उनका ध्यान भंग हुआ और बायें हाथ की दो उंगलियां (अंगूठा और तर्जनी) कोल्हू में फंस गयीं। चिल्लाये–'भाई, उल्टा चलाओ, उल्टा चलाओ।' मैं समझ गया। झट से जुवाठ को उल्टी दिशा में चलाया तो कोल्हू में फंसी हुई उंगलियां बाहर निकलीं। अंगूठा और तर्जनी पिसकर लहू लुहान हो गये थे। देशी दवाओं से अंगुलियां ठीक तो हो गयीं किन्तु यह भय आज तक मेरे मन में थर्रा रहा है कि यदि पूरा पंजा पिस गया होता तो और यदि वह पंजा दाहिने हाथ का रहा होता तो? तो क्या होता उन कविताओं का, उन कथाओं का और अन्य सारी रचनाओं का जो इन अंगुलियों से झरी हैं सावन के जल की तरह, वसंत की धूप की तरह?

मेरे कवि जी

सरस्वती मिश्र

मेरी बिटिया इन पर पुस्तक सम्पादित कर रही है। उसने मुझसे कहा–"मां तुम भी पापा पर कुछ लिखो।" मेरी समझ में नहीं आ रहा है कि मैं क्या लिखूं और कहां से शुरू करूं।

मैं बहुत छोटी थी जब मेरी शादी हुई। कवि जी (डा. मिश्र) तब डॉक्टर थे और मैं सातवीं में थी। सन् 48 में मेरी शादी हुई और आज सन् 99 है। इतना लम्बा सफर कैसे समेटूं। फिर भी कुछ तो लिखना ही है बिटिया का आग्रह जो ठहरा। मैं आलोचक तो हूं नहीं, जो इनकी कृतियों के बारे में लिखूं। मैंने सोचा–मैं ऐसे पहलू पर लिखूं जिसे कोई न जानता हो।

मैं अपने मां-बाप की पहली संतान हूं। मुझसे छोटे दो भाई। एक भाई जवानी में ही चल बसे और एक भाई दिल्ली में ही हैं। मैं मामा-मामी और विधवा मौसी की भी लाड़ली थी। मैं जब थोड़ी बड़ी हुई तभी सबको यह चिन्ता हुई कि इसकी शादी जल्दी और खूब धूम-धाम से की जाए। उस ज़माने में लड़की की शादी जल्दी कर देना सम्मान की बात मानी जाती थी।

पिताजी थे तो मामूली हैसियत के परन्तु उनके दोस्त ऊंचे तबके के लोग थे और उनका ज़्यादा समय उन्हीं लोगों के साथ बीतता था…। अपने दोस्तों में वे बड़े सम्मानित थे। उनके बच्चों के शादी-ब्याह में वे सम्मिलित होते थे और वे चाहते थे कि वे भी अपनी बिटिया की शादी इसी प्रकार किसी अच्छे पढ़े-लिखे लड़के से करें जहां उनकी बेटी को भरपूर मान-सम्मान और प्यार मिले परन्तु मेरे बाबूजी के पास न पैसा था न रुतबा। अच्छा वर तो तब (और आज भी) पैसे या रुतबे से ही मिलता था। परन्तु मेरे बाबूजी को इतना ज्ञान ज़रूर था कि उनकी बेटी बड़ी भाग्यशाली है। उस ज़माने में जब छोटी-छोटी लड़कियां साड़ी पहनती थीं और घर से बाहर नहीं निकलती थीं मेरे बाबूजी जहां कहीं भी सभा-सोसायटी में जाते थे मुझे वहां लड़के वाले कपड़े (पैंट-शर्ट) पहनाकर ले जाते थे। मां अक्सर बाबूजी से लड़ती थीं, "बेटी को सिर पर चढ़ा रखा है जब सुसराल जाएगी तब इसके साथ आप भी जाइएगा और सब काम-धाम करिएगा

क्योंकि बेटी तो आपकी सभा-सोसायटी में जाएगी।" तब बाबूजी कहते थे-"तुम चिन्ता मत करो मेरी बेटी कभी-भी मेरा नाम नहीं हंसायेगी।"

मेरे पिताजी के एक दोस्त ने कवि जी के बारे में बताया तो पिताजी बहुत खुश हुए और जैसे लगा कि मुंह मांगी मुराद मिल गयी हो। उन्होंने बताया कि लड़का कवि है और बनारस में हिन्दू विश्वविद्यालय में पढ़ता है और उसे दान-दहेज नहीं, केवल लड़की अच्छी चाहिए। मेरे पिताजी को इतना विश्वास तो था ही कि मेरी बेटी को कोई नापसन्द नहीं करेगा। पिताजी ने मां से कहा कि "एक लड़का देखा है जो बनारस यूनिवर्सिटी में पढ़ता है।" मां बहुत खुश हुई क्योंकि उस ज़माने में बनारस यूनिवर्सिटी में पढ़ाना बड़े-बड़े लोगों का काम था सबके बस की बात नहीं थी। लेकिन जब उन्हें यह पता चला कि लड़का कवि है और घर कछार में है तब तो मानो मां पर गाज गिर गई। वे रोने लगीं और कहने लगीं, "एक ही तो बेटी है उसे आप कवि से ब्याह रहे हैं और वह भी कछार में। इससे तो अच्छा होता कि आप उसे ज़हर दे देते या कुएं में डाल देते। एक ही दिन का कष्ट होता, यह तो ज़िन्दगी भर का रोना हो गया।" इसका कारण यह था कि उस ज़माने में हमारे यहां एक कवि आया करते थे उनका नाम चंचरीक था। वे बड़े गरीब और दीन-हीन थे। जब वे आते थे तो पिताजी समझ जाते थे कि इन्हें पैसे चाहिए और वे बिना मांगे ही दे देते थे। मां पढ़ी-लिखी तो थी नहीं उन्हें यही पता था कि कवि लोग गरीब होते हैं। और रही बात कछार की सो उसे तो वही जान सकता है जो भुक्त भोगी हो। बाढ़ के दिनों में कैसी यातना भोगनी पड़ती है। परन्तु पिताजी को आदमी की पहचान थी। उन्हें पता था कि पढ़-लिखकर ये कछार में थोड़े न रहने वाले हैं। पिताजी एक बार इन्हें देखने के बाद कहीं लड़का देखने नहीं गए। प्रतिदिन सुबह-शाम घर से कहकर जाते कि लड़का देखने जा रहा हूं और एक-दो घण्टे दोस्तों से गप्पें मारकर वापस आ जाते और मां से कहते-"यहां लड़का देखा, वहां लड़का देखा।" मां बेचारी संतुष्ट हो जातीं। इस प्रकार मां को बेवकूफ बनाते हुए पिताजी ने एक साल निकाल दिया।

एक दिन हमारे फूफा जी आए और उनके सामने पिताजी ने अपनी समस्या रखी और कहा, "तुम्हारी भाभी किसी भी कीमत पर यहां शादी करने के लिए राजी नहीं है।" चूंकि मां फूफा को बहुत मानती थीं अपने बच्चे की तरह उनका ख्याल रखती थीं अतः उन्हें मनाने का कार्य फूफा जी ने अपने ऊपर ले लिया। वे मां से हमारी शादी के बारे में पूछने लगे, तब मां ने कहा, "ये रोज ही सुबह-शाम जाते हैं परन्तु कहीं बात नहीं बन पा रही है।" उन्होंने कहा, "हमारी नज़र में एक लड़का है बहुत समझदार है बनारस में पढ़ता है कवि है, कहिये तो मैं बात करूं?" इतना सुनते ही मां कहने लगीं-"वही जो कछार का रहने वाला है।" "हां, परन्तु आपको कैसे मालूम?" "इसके बारे में इन्होंने मुझे बताया था।" मैंने इन्हें बहुत भला-बुरा कहा। वे फिर चुप हो गये। "परन्तु आपने क्यों मना कर दिया।" और यह भी कोई पूछने की बात है एक तो कछार

का रहने वाला दूसरे चंचरिकवा की तरह कविता करता है। इतना सुनने के बाद फूफा जी बड़े जोर से हंसे और कहने लगे–"तो यह बात है। परन्तु पढ़-लिखकर कर क्या वह कछार में रहेगा? अरे वह तो शहर में अच्छे ओहदे पर रहेगा। आपकी बेटी राज करेगी। और रही बात कविता की तो कवि तो तुलसीदास जी भी थे। कितने महान थे। सभी चंचरीक की तरह थोड़े होते हैं लड़का हमारी रिश्तेदारी में पड़ता है। उसे मैं अच्छी तरह जानता हूं बहुत ही अच्छा और सुशील है।" इसके बाद मां ने हामी तो भर दी मगर अन्दर ही अन्दर कुछ था जो उन्हें परेशान करता रहता था।

शादी की तैयारी शुरु हो गयी। हमें भी बहुत ज्ञान तो था नहीं मगर कविता पढ़ना अच्छा लगता था। तो सोचा कि जब सभी को पसन्द है तो अच्छा ही है। और उस ज़माने में लड़की यह तो कह नहीं सकती थी कि "मैं यहां शादी करूंगी और यहां नहीं करूंगी।" और लड़की से पूछता ही कौन था? मां-बाप ने पसन्द कर लिया, पसन्द कर लिया। और अगर पूछा भी जाता तो भला सातवीं क्लास में पढ़ने वाली बच्ची को क्या ज्ञान था जो हां या ना करती।

और इस प्रकार हमारी शादी सन् 1948 में हो गयी। और तबसे आज तक हम दोनों साथ-साथ चल रहे हैं। कभी-कभी मैं जब अकेली होती हूं तो सोचती हूं कि मां की सोच और पिताजी की सोच में कितना फर्क था। अगर पिताजी इतने समझदार न होते तो क्या मैं इस मुकाम तक पहुंच पाती? कवि और लेखक पति तो बहुतों को मिले हैं परन्तु वास्तव में पति कितनों को मिले हैं? मैं कितनी भाग्यशाली हूं कि मुझे कवि और लेखक होते हुए भी एक ज़िम्मेदार, सीधा और प्यारा पति मिला है जो सही मायने में इन्सान है।

मुझे पापा चाहिए

हेमन्त मिश्र

मेरे पापा डा. रामदरश मिश्र, पचहत्तर वर्ष के हो गए हैं, निहायत खुशी की बात है। ये खुशी की बात हर वर्ष बढ़ती रहे, यही अच्छा लगता है। ऐसी क्या बात है कि मैं, अपने पापा के लिए इतना सोचने लगा? सोचते-सोचते मैंने अपने विगत जीवन पर ध्यान केन्द्रित कर दिया पर कोई भी घटना याद नहीं आई जो यादगार तरीके से घटित हुई हो। कारण? वही। मैं, पिता से भागता रहा, साथ रहता तब न यादगार घटना होती।

पिता से इतना दूर रहने का कारण मैं खुद था। वो मेरी भलाई चाहते थे। उन्हें पढ़ने के लिए विकट संघर्ष झेलना पड़ा था, अभाव झेलना पड़ा था। मुझे ये संघर्ष न झेलना पड़े, इसलिए सारे संघर्षों और अभावों को स्वयं झेल लिया।

कॉलेज के दिन थे। पढ़ाई में मेरी रुचि नहीं थी। हां नाम कमाने में थी, पर दिशा नहीं थी कहा जाता है न बड़ जैसे वृक्ष के नीचे दूसरा पेड़ नहीं उगता। सोचता था पापा के सामने कौन-सा नाम कमाऊं कि समाज मुझे देखे! तो किसी का सिर फोड़ देता, किसी का शीशा तोड़ देता। एक दिन मेरे एक मित्र ने कहा, कि तुम्हारे पिता कवि हैं। तो तुम्हें भी लेखन करना चाहिए। लेखन? मुझे तो कलम के नाम से बुखार आता था। मेरे लिए एप्लीकेशन भी दूसरे लिखते थे। लेकिन यह तो चुनौती थी कि मेरे पापा कवि हैं तो मुझे भी कविता लिखनी चाहिए। ख़ैर मैंने, दोस्त को पापा की दो लाइनें सुनाकर कहा कि ये मेरी हैं। लेकिन दोस्त ने पापा की कविता पहले से पढ़ रखी थी। सो झेंपना पड़ा पर ज़िद चढ़ गई। मैंने पापा से कहा कि मुझे भी कविता लिखना सिखाइए। पापा ने कहा-"बेटा, कविता लिखना कोई सिखा नहीं सकता। खुद लिखो, तुममें दूसरों का सुख-दुःख समझने की क्षमता है, और उस सुख-दुःख को समाज तक सार्थक रूप से पहुंचाने की क्षमता, भाषा और शैली है तो स्वयं निखर कर आएगी। उसके लिए संघर्ष करने की ज़रूरत है। कविता, बनाई नहीं जाती, बन जाती है।"

आज देखता हूं तो लगता है कि मैंने पापा से दूर भागने की बहुत कोशिश की पर भाग नहीं पाया। हर जगह पापा सिर पर सवार थे। चाहकर भी मैं उनसे कुछ भी छुपा नहीं पाया। लेखक की आंख, लगता है दूसरों के मन की भावनाओं से भी आगे देख

लेती है शायद। मुझे नहीं पता, मैं लेखक थोड़े हूं। पापा हैं, मेरे जीवन में हर जगह पापा हैं, इस बुरी तरह कि अब तो पापा मेरी आदत बन गये हैं। चाहे मुझे, लिखने-पढ़ने को भी कहें तब भी पापा चाहिए।

पापा! तुम्हारी दिखायी हुई दुनिया

स्मिता मिश्र

पापा और मां को लेकर मैं बचपन से ही बहुत possessive रही हूं। हालांकि हम पांच भाई-बहन हैं लेकिन सबसे छोटी होने के कारण मां और पापा का अतिरिक्त स्नेह मुझे मिला, शायद उसी के कारण मैं उन पर सबसे ज्यादा अधिकार जताती रही और अभी भी जताती रहती हूं। सबसे छोटी होने के कारण मैं पापा के साथ सबसे ज्यादा जुड़ी रही। पापा देशभर में जहां-जहां यात्राएं करते, मैं साथ ही साथ डोलती रहती। साहित्य संस्कार में आता गया और मुझे संस्कारित करता गया। इन साहित्यिक यात्राओं के कारण भी मैं अन्य भाई-बहन की अपेक्षा कहीं अधिक साहित्य से जुड़ती चली गयी। पापा की जो कविताएं मेरे बाल मन के बिम्बों से जुड़ती थीं वे मुझे आकर्षित करने लगीं। इन कविताओं को कंठस्थ कर मैं तमाम मंचों पर सुनाने लगी जैसे–

यह दिल्ली है
यहां भी रास्ता काट जाती एक बिल्ली है

इस कविता में दिल्ली और बिल्ली की तुकबन्दी मुझे बहुत अच्छी लगी और शायद यह पहली कविता भी जहां से मैंने कविता को समझने की अपनी यात्रा शुरू की थी। और इसी तर्ज़ पर मैंने पानी-नानी, आजा-खाजा जैसी तुकबन्दी कर कविता-लेखन के प्रथम चरण में प्रवेश किया था। चूंकि मैं बचपन से ही शर्मीली थी इसलिए पापा को कभी अपनी कविताएं नहीं दिखायीं। उन्हें आज भी मुझसे सबसे बड़ी शिकायत यही है कि मैं उन्हें अपनी कविताएं नहीं दिखाती। दुनिया भर के लोग उनसे अपनी कविताएं ठीक कराने आते हैं लेकिन उनकी अपनी बेटी ही कविताएं छिपाती है। खैर, धीरे-धीरे साहित्य मुझमें घुलता गया। मेरे हमउम्र बच्चे जब फिल्मी गाने गाते थे, मैं कामायनी कंठस्थ कर रही होती थी। साहित्य के साथ-साथ मेरी रुचि एक अलग दिशा में भी होती गयी और वह थी–खेलों की दिशा! और वह रुचि आज भी बरकरार है। पापा ने कभी भी मुझे खेलने से नहीं रोका। उन्हें कभी ऐसा नहीं लगा कि मैं पढ़ाई पर कम और खेलों पर ज्यादा ध्यान दे रही हूं। पापा का मुझ पर यह विश्वास मेरे जीवन का सम्बल बना और मैंने भी उनके विश्वास को कभी डगमगाने नहीं दिया। बास्केट-बाल के अभ्यास

और प्रतियोगिताओं में भाग लेने के कारण कभी-कभी मैं रात को दस बजे के आस-पास घर पहुंचती थी या फिर कई-कई दिनों के लिये दूसरे राज्य भी जाती थी। लेकिन मुझे कभी भी मां-पापा की ओर से कोई असुविधा नहीं हुई जबकि मेरी अन्य सह-खिलाड़ियों को अपने माता-पिता को बहुत मनाना पड़ता था। साहित्य और खेल के मिले-जुले प्रभाव से मेरा व्यक्तित्व कुछ अलग आकार में ढलने लगा जो निश्चित रूप से परम्परागत नहीं था। पापा और उनके साहित्य के प्रभाव से जहां एक ओर मैं अत्याधिक संवेदनशील होती चली गयी वहीं दूसरी ओर खेल के कारण एक स्वतन्त्र और सक्षम व्यक्ति मेरे भीतर उभरने लगा। पापा मेरी इस यात्रा में बराबर शरीक रहे।

जबसे मुझे याद पड़ता है पापा के व्यक्तित्व के दो पक्ष सर्वत्र दृष्टिगत होते रहे। वे हैं उनके व्यक्तित्व की सहजता और उनकी संवेदनशीलता। वैसे तो पिता के व्यक्तित्व के कई आयाम होते हैं लेकिन मुझे सभी में संवेदना से भरे हुए एक भावुक व्यक्ति ही दिखाई दिये। मां-पापा के मुकाबले अधिक सशक्त दिखाई दीं। और मेरा तो मानना है कि अगर पापा के भावुक व्यक्तित्व को मां के दृढ़ व्यक्तित्व का आधार न मिला होता तो पापा शायद इतनी ऊंचाई पर न होते। अनेक प्रसंग मुझे याद आते हैं जब मां को मैंने पापा को निर्णय लेने की स्थिति तक पहुंचाते देखा। और पापा ने भी कभी मां के महत्व को कम नहीं आंका। कहते हैं न कि हर सफल आदमी के पीछे कोई औरत होती है। मां की यही स्थिति रही। वह चुपचाप अनवरत कार्य करते हुए पापा और हम भाई-बहनों के व्यक्तित्व को गढ़ती रही। उन्होंने हमें आकाश में पतंग की तरह स्वतंत्र उड़ने दिया लेकिन कभी जरूरत पड़ी तो डोर हाथ में थामकर दिशा भी दी। इसलिए हम कभी पटरी से नहीं उतरे। नये रास्ते तलाश करने के लिये हेमन्त भाई या विवेक भाई इधर-उधर तो हुए लेकिन अंततोगत्वा दोनों ने अभिनय में भी अपना स्थान बना लिया।

जबकि मैं पापा से बराबर जुड़ी रही। उनकी मूल्यनिष्ठा, ईमानदारी और संवेदनशीलता से मैं पग-पग पर प्रेरणा लेती रही हूं, हालांकि उसके कारण मैं बहुत बार आहत भी हुई। दरअसल हम सभी भाई-बहनों में वह सांसारिक बुद्धि नहीं पनप पाई जोकि आज के युग में अपने को आगे बढ़ाये रखने के लिए बहुत ज़रूरी है। एक बार कुछ ऐसी ही घटना हो गयी थी जिससे मैंने आहत होकर एक कविता लिखी 'पिता के नाम'। जो इस प्रकार है–

बाबा
तुम कहां हो?
मैं चलती चली आ रही थी अभी तक
तुम्हारे कुरते का छोर पकड़े-पकड़े
मैं चलती रही तुम्हारे पीछे-पीछे
देखती रही आपकी दिखायी

दुनिया को–
समझती रही आपकी परिभाषाओं से
दुनिया को–
सच बोलना अच्छा है, झूठ बोलते नीच हैं
और मानवता ईमानदारी तो बहुत बड़ी चीज़ है।
जो जैसा करता है वैसा ही भरता है,
और अंत में सत्य ही विजयी होता है।
मैं घोंटती रही इन बातों को अपनी तुतलाती आवाज़ में
और आत्मसात करती गयी इन्हें अपने जीवन में।
फिर एकाएक तुम्हारे कुरते का छोर मुझसे छूट गया
मेरे तुम्हारे बीच का तार यकायक टूट गया
तब मैंने उठायी अपनी नज़रें और पाया
कि मैं जंगल में खड़ी हूं
मेरे चारों ओर जंगली जानवर अपने-अपने दांत चमका रहे हैं।
मैं उनके सामने मानवता का पाठ दोहराती हूं
वे मुझपर हंसते हैं।
बाबा तुमने जो मुझे सिक्के दिये थे न,
यात्रा के आरंभ में वे यहां खोटे पड़ गये हैं।
बाबा, तुमने मुझे कमजोर बना दिया
तुमने मुझे जो दिखायी, वह दुनिया सच नहीं थी
तुमने मुझे जो परिभाषाएं सिखायीं, वे सच नहीं थीं
मैं क्या करूं बाबा?
मैं बहुत डर रही हूं
मैं बहुत डर रही हूं
तुम कहां हो बाबा?

लेकिन महत्वपूर्ण बात यह रही कि सांसारिक असफलताओं के बावजूद जीवन और मूल्यों के प्रति गहरी आस्था बरकरार है और मैं अभी तक उसी के सहारे चलती चली आ रही हूं।

हमारी दुनिया में एक सीधा आदमी

(रामदरश जी के लिए)

प्रकाश मनु

बुरा न मानिए
जितने सीधे हैं
उतने ही मुश्किल हैं आप रामदरश जी,
जितने सीधे हैं
उतने ही जरा टेढ़े ··· ऊबड़खाबड़
गूढ़-निगूढ़ ।

कि जैसे हरियाली और दरख्तों की हंसी से भरपूर
एक सीधा-सादा पठार
जो मेरी कलम में बंधा ही नहीं आज तलक,
जबकि सोचा था, आपका भी क्या!
जब भी चाहूंगा, पा लूंगा–
लगाकर दौड़ या कि दो-चार छलांगें भरकर
छू ही लूंगा आपका हाथ!

पता न था कि
छोटे-छोटे हाथ-पैरों वाले बुभुक्षित
दैत्यों की इस नगरी में
सड़क पर सीधे तनकर चलता है कोई सीधा आदमी

तो उसकी छाती में बनते हैं
ऐसे-ऐसे भंवर

ऐसे-ऐसे बला के भंवर…
कि राम बचाए!
पता नहीं आप में भंवर है
या आप भंवर में
मगर मुश्किल तो मेरी है गुरुदेव
कि जब-जब पूरी तैयारी के साथ आया आपके करीब

अक्सर लौटा अधूरा...उदास, खाली हाथ।
मगर जब खाली हाथ चला आया यूं ही टहलते-टहलते
मन में सदानीरा सी बहती किसी खुली जिज्ञासा के साथ
तो खुले खजाने मिले
जिन्हें मैं दोनों हाथों में भर-भरकर लौटा
उछलते पांवों के उत्साही रथ पर!

कहां से आते हैं ये अकूत खजाने गुरुदेव!
एक सीधे-सादे आदमी में
कहां से आता है इतना दम?
अपनी शर्तों पर जीने की ताकत?
कहां से यह निपट देहाती नदी के से
मोहक कटावों वाली भाषा,
जो बगैर किसी कोशिश के हम हड़बड़िए
लोगों की हड़बोंग पकड़ लेती है,
सीधी-सादी बातों में दे जाती है अंदर तक का पता।

बातें… बातें… बातें…
जब-जब आपको याद किया
आप हमेशा बातों के पुल पर से उतरते हुए नज़र आए
बातें जो कभी भी कहीं भी हो जाती थीं
खोज लेती थीं कहीं से भी सर्वमुक्ति का रास्ता
कभी भुट्टे खाते हुए सड़क पर बातें
कभी बस या ट्रेन के संग-संग
हिचकोले भरती बातें
और कभी हिन्दुस्तान टाइम्स कैंटीन की चाय में डूबी

मैली बैंचों के चौगिर्द
एक भरी-पूरी दुनिया रचती बातें।
बातों में आप होते हैं तो पता नहीं कितने युग
एक लड़ी में बंधकर पास आ जाते हैं
कालिदास बन जाते हैं हमारे समकालीन
ठहाका लगाते आचार्य द्विवेदी हमें हिंदी
पढ़ाने लगते हैं।

अक्सर मैं चक्कर में पड़ जाता हूं
देखता हूं आपको जब आचार्य शुक्ल, नंददुलारे वाजपेयी
और आचार्य द्विवेदी से उतरते ही
निपट उदीयमानों से–कंधे पर धरे हाथ–
निपट आत्मीयता से बतियाते ···
कि समय की हदें फलांग कर
जैसे बह आई हो आर्द्रा नदी एक रोशनी की
हमें ऊभ-चूभ करने!

कौन सा है वह आस्था का अनादि उत्स गुरुदेव!
कहां से आती है ज़िन्दगी की
हड्डियों में धंसी यह पुख्ता पकड़ ···?
क्या आंगन की उस बित्ते भर जमीन से
जिसे कच्चा छोड़ दिया था आपने घर बनाते समय?
या उस अबोध मास्टराना जिद से ···
जब आप पूरी तल्लीनता से पकड़कर एक बिल्ली को,
पूंछ और पंख का फर्क समझा रहे होते हैं
माथे पर चुहचुहा आया पसीना पोंछते
और देखकर हम जरा उलझन में पड़ जाते हैं।

या फिर उस धूसर गांव से–जो हज़ारों सालों से आपके साथ
रोता-हंसता, कभी यूं ही कुछ गुनगुनाता-सा
किसी हमजाद की तरह चला आता है।
और बताता रहता है
जाड़े, गरमी या बारिशों के अलग-अलग पानियों
की अलग-अलग गंध और स्वाद

कड़ी धूप में पकती और वसंत में
हुमचती फसलों के बदलते हुए रंग ···

धरती को मेघदूत-सी स्फटिक हंसी, रुदन
और उदासियों के चोले
और बाढ़ और पानी में खिरती हुई दीवारों की बिसूरती आंखें
सुबकते और अटका-अटककर रोते कच्चे घर ···
और तालाब पर जमी काई और उजली वाचाल
बतखों की कैं-कैं-कैं
को एक साथ छेड़ती शारदीया धूप

सच्ची, कोई आदि-अंत ही नहीं
उस सिलसिले का
जो हम गुरु-शिष्य में
कभी सिलसिले से शुरू हुआ ही नहीं।
बस इतना जानता हूं
कि उड़ते हुए आसमानों और तरसती हुई धरती की प्यास
के सांझे बिम्बों से बनी है वह दुनिया
जो आपकी है ···

जिसमें नींद में भी सिर उठाकर चलते हैं आप रामदरश जी!
यूं तो ऊंचे हैं, लम्बे हैं, दूर-दूर तक फैले हैं आप-
बस, आप की ही तरह
मगर मेहरबान हों किसी पर
तो आपसे बढ़कर मेहरबान भी नहीं कोई
गरज यह कि जबसे आपसे मिला हूं
दौड़-दौड़कर आपको अपने पास आते
दौड़-दौड़कर भावनाओं की तह पर तह,
थक्के पर थक्के जमाते
ईंटों के रद्दे पर रद्दे लगाते
मेरा अधूरापन भरते ही देखा है!

जैसे कि बगैर मुझसे पूछे
खुद-ब-खुद तय कर लिया हो आपने

कि आप उस रोंदू, उजाड़, चटियल मैदान में
अपने गांव की हंसती, हुमचती हरियाली बोकर दिखाएंगे
परती में भी उगाएंगे पेड़ ···!!
वह उजाड़ जिसे मैं सारी दुनिया की नज़रों से छिपाए
दौड़ता रहा-दौड़ता रहा आज तलक
वह कब आपकी सीधी एकटक दीठ के आगे खुला
बताइए तो भला, जनाब रामदरश मिसिर जी!

अब तो खैर बहुत ढल गया हूं
सीख ली है थोड़ी सभ्यता, थोड़ी चालाकी
सब ओर चीथते दुश्मनों के बीच भी
रह सकता हूं जिंदा ···
इसलिए कि जानता हूं इस शहर में
कुछ हैं जो जानते हैं मुझे
और इसी शहर में एक बहुत सीधा, बहुत लम्बा
बहुत ऊंचा आदमी है ऐसा
जो हर घड़ी मेरे आसपास है—मुझमें है।
कभी दोस्त, कभी बड़ा भाई और कभी पिता भी
अक्सर वह बदल-बदलकर निभाता है भूमिकाएं
शायद इसलिए कि जान गया है वह
प्यास बड़ी है मेरी, बहुत बड़ी
और उजाड़ जो मेरे भीतर है
हर घड़ी हरहराता रहता है ···

वह जो आदमकद है शख्स
अक्सर अलग-अलग शक्लों में
आता है मुझे बहलाने
जैसे देसी ठाठ वाली कसबे की रामलीला में
जहां जो राजा दशरथ है, वही अगले अंक में सुग्रीव ··· जाम्बवंत भी!
और यूं नजदीक आ गए हैं आप इतने
कि एक आदत-सी आदत है उसकी भी
अक्सर सुबह आठ बजे का फोन ···
अक्सर मामूली बातों और मामूली दिनचर्या
का लम्बा हालचाल

हमदर्द सलाहें ···
भीगते हुए सुख-दुख में साथ-साथ ···!
अक्सर डर जाता हूं कहीं अपनी उजड्ड मूर्खता में
खो न बैठूं यह विश्वास ···!

हालांकि जानता हूं-तजुर्बे से ···
बहुत सीधा होता है जो आदमी
वह मिलता है अक्सर देर से ···
मगर मिलता है तो छोड़कर जाता नहीं है
चाहे दुनिया चाहे, जमाना चाहे
तब नहीं ···
कब्भी नहीं
कब्भी नहीं!

कवि

(रामदरश जी के लिए)

ज्ञान चन्द गुप्त

कविवर
सच-सच बतलाना
किस प्यास से पीड़ित हो
पत्थरों के इस शहर में
युग बीते रहते हुए यहां
नहीं भुला पा रहे वह गांव
नदी, नाले, बाढ़
खेत-खलिहान
कोयल की कुहुक, जीवन गंधा अमराई
उस कजरी और चैती की दर्दीली पुकार
उत्सवों और त्यौहारों के राग-रंग
ज़िन्दगी से कसमसाते,
वे मेले और हाट बाज़ार
आज शहर की इस भागमभाग की ज़िन्दगी के रेतीले विस्तार में
किस ऊष्मा की नदी की तलाश है
तुम्हारी ऊहापोह
अकुलाहट
अकारण नहीं है कवि श्रेष्ठ ।

तुम्हारा सपना तो नहीं था
प्रतिष्ठा के दुर्ग में स्थापित होना
संबंधों और रिश्तों के बनाना समीकरण

शायद इसलिए कभी किसी के न झण्डा बने
न किसी पुरस्कार की ओर ललचायी दृष्टि से देखा
न किसी अभिजात
ऊंचाई की ओर सिर उठाया
न किसी आंदोलन की मसीहाई की
अपनी रचनाओं में बड़ी बेबाकी से
उतारते रहे गांव घर के सच को ।
तुम्हारे दर्द में समाकर खुलती रही
मिट्टी की यातनाओं की अनेक पर्तें
और उगती रहीं तुम्हारी सर्जना में
परिस्थितियों से टकराकर और ठहाके लगाती रही
तुम्हारे अभिशप्त पात्रों की जिजीविषा
और अपनी उपेक्षा के दंश को भीतर ही भीतर पीती रही ।

और अब तो
विचारों की अभेद्य दीवारों से निर्मित दुर्ग ढह गया है
चरमरा गया है वह ढांचा
जिसने बिगुल बजाया था साहित्य-सत्ता का
जाने क्यों अब भी लोग
उसी घेरे के मोह में ग्रस्त
दुर्निवार आकर्षण से दीवाने हैं उनके फतवों के
भटकते रहते हैं उनके गलियारों में ।

कविवर !
तुम अपने जवार के दर्द को
अपने सिर पर बोझे की तरह उठाये हुए
भीतर ही भीतर अपनी छटपटाहट को छिपाये
किस लक्ष्य को पाने को आतुर
यहां तक आ गए यात्रा करते हुए ।

उस दर्द को तुमने कितनी ही विधाओं में जिया
तुम्हारी रचनाओं को लेकर
शब्दों के कितने उत्सव मने
और यही तुम्हारे पुरस्कार थे

सच्चे पुरस्कार
तुमने तो तात्कालिकता की चिन्ता से मुक्त हो रचा है
अपनी अनुभव-संपदा को
अपनी सजल मूल्य दृष्टि को
कथा में, कविता में
इनमें गंध है गांव की
कहानी है भरी नदी की
एक अनुगूंज व्याप्त है इनकी
पूरे माहौल में।

कविवर !
सच-सच बतलाना
क्या कभी साहित्यिक महात्माओं के तंत्र-मंत्र ने
तुम्हें आकर्षित नहीं किया
नामों की विभिन्न छायायें रच-रचकर
दिन-रात उन्हें पीटते हैं
और सिर चढ़े भूत को उतारते हैं

तुम तो गांव से छूटकर
कब से चल रहे हो महानगरों के कोलाहल में
समय के साथ किन्तु अकेले-अकेले
फिर भी उस पक्षी की तरह लगते हो
जो दूर-दूर तक उड़कर फिर जहाज पर आ जाता है
यह कौन-सी लाचारी है कवि ।

अभिव्यक्ति-1

नदी एक रोशनी की

विद्यानिवास मिश्र

डा. रामदरश मिश्र मेरे हम वतन हैं, मेरा उनका जन्म एक ही कछार में हुआ है, उनके गांव की अमराई मेरे गांव की अमराई छूती है। उन्हें मैंने लगभग 65 वर्षों से नजदीक से देखा है। उम्र में मुझसे बड़े, पर पढ़ने में मुझसे वर्ष भर पीछे, इनके बड़े भाई मेरे सहपाठी थे। गंवई वाला मन बड़ा दुर्निवार होता है, उनके और हमारे शहर में बरसों रहते हुए वह जैसा का तैसा है। उस मन के नाते उदासी भी विचित्र होती है और अनान्त्मीयताओं के बीच आत्मीयता भी विचित्र होती है।

रामदरश जी ने अपनी वह सहज आत्मीयता जिस-जिस कस्बाई, शहरी या महानगरी परिवेश में रहे, उसे भरपूर दी। उनकी कविता 'परकटी धूप' की पंक्तियां–

कहीं से छूट कर
गिर पड़ी है एक मुट्ठी धूप
परकटे पंछी सी चुपचाप
        मेरी दीवार के ऊपर
        और वहीं पड़ी-पड़ी तड़प रही है।

खुलेपन के लिए टीस जगाती है। कवि बन्द-बन्द से परिवेश में कहीं खुलापन खोज ही लेता है। रामदरश जी की वसन्ती कवितायें और ज़मीन-घर से जुड़ी कवितायें बड़ी प्यारी लगती हैं। वसन्त की उपस्थिति उनके लिए "अज्ञात फूल" की सुरभि है और बस एक उत्तम उत्कंठा है या फिर–

नीचे
एक बिसाती
धीरे-धीरे फैला रहा है रंगबिरंगी
खिलौनों की दुकान
मानवीय लीला का अपार विस्तार।

रामदरश जी की दूसरी विशेषता है उनकी पारिवारिक संसक्तता। पत्नी, बच्चे, पौत्र, पौत्री ये सभी उनकी कविता के प्राण स्तंभ हैं। इसी पारिवारिकता का प्रसार वे प्रकृति के

उपादानों तक करते हैं धूप, चांदनी, सूर्य, चांद, नदी, पेड़ सबके साथ उनका रिश्ता है–इतना गहरा रिश्ता है कि "अनात्म भवनों की विविध छवियों के बीच रहते हुए भी उनके भीतर और उनके वारिसों के भीतर एक नदी बहने लगी है रोशनी की, दूर से आती हुई दूर तक जाती हुई" रामदरश जी इस नदी के कारण ही अपने समय की विसंगतियों से कभी-कभी उदास तो होते हैं पर परेशान नहीं होते। उनके भीतर दुर्दम्य आशा है, क्योंकि उनके कन्धे पर सूरज है और "ढला हुआ सूरज" भी "सैंकड़ों सूरज बन उग रहा है हमारी धमनियों में।"

रामदरश जी ने कविता की कई विधाओं को रचा है, रचाया है, गीत, ग़ज़ल, और मुक्त कविता, परन्तु मुक्त कविता में वे अधिक रमे हैं और उनकी बड़ी कवितायें प्रबन्ध की दृष्टि से उतनी ही गठी हुई हैं जितनी उनकी छोटी कवितायें सघन।

रामदरश मिश्र अपनी यात्रा में कविता की साहित्य की विभिन्न विधाओं का अनुभव समेटे अपने रास्ते की प्रत्येक कच्ची ईंट को संघर्ष तथा संभावना की आंच में पकाने वाले कवि हैं। इस कवि को ग्रामीण संस्कृति स्फूर्ति देती है। वे मनुष्य को अपराजेय का बोध कराने वाले प्रतिबद्ध कवि हैं। एक छोटे से पौधे की भाषा में उत्तम जीवन का आभास तथा पत्थर को फोड़कर भी कल-कल कर बहते आने का संघर्ष उनकी कविताओं में मुखरित हुआ है। आने वाला समय गांव की खुली पगडंडियों में नंगे पांव चलने वाले इस कवि का है। इनकी लेखनी समाज के पुनरुत्थान का प्रमुख मार्ग है। गांव की मिट्टी से जुड़ा यह कवि बार-बार बताता है कि मनुष्य की यात्रा पराजय स्वीकार करने वाली नहीं है वह अपराजेय है।

मैंने रामदरश जी की वैचारिक सक्रियता के साथ-साथ राजनैतिक, सामाजिक सक्रियता भी देखी है। वे नागरिक के रूप में अपने को अलग दर्ज कराते हैं, कवि के रूप में अलग। कवि होने को अपने सामाजिक दायित्व की भरपाई नहीं मानते, इसके कारण ही उनकी रचनाओं की भाषा ईमानदार है। वे भोले तो हैं और भोलेपन में फंसते भी हैं जालों में, पर उस भोलेपन के भीतर कोई चौकन्नापन है, जो समय से उन्हें बाहर निकाल लेता है।

रामदरश मिश्र की कविता : अपने में लौट आता पेड़

रघुवीर चौधरी

कविता में 'दर्द' शब्द की क्या-क्या अर्थच्छायाएं हो सकती हैं इसका उत्तर मिश्र जी की कविता में है। प्रश्न होता है दर्द के साथ ऐसा निजी गहरा रिश्ता क्यों ?

यह दर्द कोई स्थूल दुःख नहीं है, यह व्यापक मानवीय व्यथा भी है और आत्मचेतना से आलोकित वेदना भी और जैसा कि रवि ठाकुर ने कहा है वेदना आनन्द का विरोधी तत्त्व नहीं है। कवि का दर्द वेदना का पर्याय है जो सबसे जोड़ता है, स्वयं जुड़ता है। कवि को साझेदारी चाहिए तो इस सीमा तक ही। किसी की दवा तो वर्ज्य है ही, आश्वासन भी इष्ट नहीं। इस तत्त्व से अपनापन है तो इसे बचाये रखने के लिए अकेलापन भी चाहिए। मिश्र जी को दर्द पाने का गौरव है और मिर्जा गालिब का ही नहीं प्रत्येक सच्चे कवि का दर्द लाइलाज होता है। क्योंकि मिलने-बिछुड़ने की लीला अविरत चलती रहती है।

एक विरल संयोग की बात है कि मिश्र जी की अधिकांश कविताओं का प्रवक्ता 'यात्री' है और वे स्वयं भी स्थलों से, समाजों से जुड़ते-टूटते रहे। मिश्र जी एक ऐसे रचनाकार हैं जिनकी जीवनी उनके काव्य को व्याख्यायित करने में व्यवधान नहीं बनती, प्रावधान बन सकती है। पारदर्शी व्यक्तित्व की तरह उनके काव्यशिल्प में भी खुलापन है।

पानी के प्राचीरों के बीच का डुमरी गांव छोड़ा। इसके बाद तो जैसे सब छूटता ही गया। गोरखपुर, बनारस, बड़ौदा, अहमदाबाद, नवसारी, फिर अहमदाबाद और दिल्ली नगर, गली, घर छूटते हैं तो विच्छेद केवल दीवारों से नहीं होता, उन सन्दर्भों से भी होता है जो हमें मनुष्य की याद दिलाते हैं। मनुष्य कभी एक भीड़ है, कभी एक रिश्तेदार है, तो कभी अकेला है। मिश्र जी समाजवादी विचारों से प्रतिबद्ध हैं परन्तु अधिकांश प्रगतिवादी कवियों की तरह ये मुखर नहीं हैं, बहिर्मुख नहीं है, राजधानी में बसकर भी गुफावासी ही रहे। गुफावास क्यों? परिस्थितियों के प्रति उदासीन रहने के लिए ? नहीं,

स्वत्व-रक्षा के लिए। आत्मगौरव का यह स्वर कभी रूठता नहीं, आत्मजयी ब्राह्मण की तरह अयाचकव्रत का पालन करता है। 'बन्द कर लो द्वार' रचना मिश्र जी के कवि-व्यक्तित्व के सन्दर्भ में न जाने क्यों बार-बार याद आती है–

मेरे दर्द के झोंके हिमानी ये
किसी को क्या कंपा जायें?

संप्रेषण के दोनों छोर टूटने की–'कम्युनिकेशन गैप' की समस्या कवि के लिए समस्या ही नहीं है, यदि वह अपने भीतर झांकता रहे, 'स्वस्थ' रहे। मिश्र जी का कवि अपने भीतर बसा हुआ है, सारी सृष्टि को बसाना चाहता है, यह सम्भव नहीं होता और आर्द्र संवेदना तड़प उठती है। 'अनकहा दर्द पत्ते की तरह कांप रहा है अलग-अलग अर्थों के बीच एक खामोशी मधुमक्खी की तरह भिनभिना रही है।'

एक ठेठ देहाती मन यंत्रविज्ञान के शिकंजे में जीने को अभिशप्त है। यह व्यथा-कथा केवल रामदरश मिश्र की नहीं है, प्रकृति की गोद गंवा चुके अनेक नगरजीवी बौद्धिकों की है। लेकिन मिश्र जी को अभिव्यक्ति का एक वस्तुनिष्ठ आधार मिल गया है–यात्री। इसकी शख्सियत अजनबी की है और उसका दर्द अनकहा, फलतः रहस्य की एक आभा जगती है। यह रहस्य किसी वाद को लांघकर और दूर चला गया है–रिश्ते का वादा देकर :

दूर ही दूर से बुलाता है, कोई है पास नहीं आता है।
उसकी आवाज अजनबी जैसी, लगता फिर भी युगों का नाता है।

जो दूर-सुदूर से बुला रहा है, एक अव्याख्येय सम्बन्ध का अनुभव करवा रहा है वह कोई व्यक्ति नहीं, मनुष्य है। मिश्र जी के शब्दतीर्थ का देवता मनुष्य है। यहां साध्य और साधक दोनों एक ही हैं-मनुष्य? एकोऽहम् बहुस्याम्? कैसे-कैसे प्रतिरूप मिले हैं मार्ग में? विवश के अश्रु सी शाम चुपचाप चू पड़ती है इसकी राहों में। ऊपर का अवकाश उसके मुलायम स्वप्न की अन्तिम पुकारें पी जाता है। एक देहाती टीसन पर यात्री देखता है-बेटे को युद्ध के लिए बिदा देकर एक मां की सिसकी सूने में भटक-भटक कर टूट रही है। मिश्र जी के विभिन्न संकल्पों में मां या वृद्धा-विषयक की कविताएं देखिए। किसी नवयुक से वसंत का पता कन्या नहीं पूछती, एक लम्बी प्रतीक्षा के बाद वृद्धा पूछती है। ऐसे क्षणों में नाभिच्छेद की-कटे हुए सम्बन्धों की बात मौन के माध्यम से व्यक्त होती रही है। युवक वृद्धा के भोले विश्वास को कैसे तोड़े? वह नहीं कह पाता कि वसन्त को जहां आना था, आकर कब का चला गया है।

कैसा सामाजिक अर्थान्तर सिद्ध हो गया। व्यक्तिचेतना और सामाजिक यथार्थ के बीच यहां कोई अलगाव नहीं। 'गिरा-अरथ जल-बीचि सम कहियत भिन्न न भिन्न' वाली बात! कविता बिम्ब-प्रतिबिम्ब न्याय से जड़-चेतन का भेद मिटा देती है। हमारी रोज-व-रोज की ज़िन्दगी से ही मिश्र जी की प्रतीक रचना की सामग्री मिल जाती है। एक परिस्थिति में खड़ा काव्ययात्री क्या देखता है? एक हाथ से पीतल की प्लेट छूटकर

फर्श पर जोर से झनझनाकर चुप हो जाती है। अनेकों ने सहानुभूति से पूछा : 'हाय! टूट तो नहीं गई?' इसके सामानान्तर एक दूसरी घटना घटित होती है। कोने में एक शीशा गिरा, बिना शोर किए चूर-चूर हो गया खण्ड-खण्ड टुकड़ों में कोई प्रतिबिम्ब कराह उठा। किसी ने देखा नहीं। बस, दो हाथों ने उन्हें सहेजा और खिड़की के बाहर फेंक दिया! इस प्रकार वह खण्ड-खण्ड प्रतिबिम्ब बाहर हो गया और उस पीतल की झनझनाहट भीतर रह गई! कैसा विरोधाभास! ऐसे कई विरोधाभासों को अपने जीवन का हिस्सा बनाकर हम जी रहे हैं! कवि साक्षीभाव से सब देखता है, स्वयं समझौते नहीं करता। वह अनैतिहासिक क्षणों को जीता है, एक दो क्षण जीवन्त हो उठे तो उसे और क्या चाहिए? उन्हीं काव्यक्षणों को ही कवि ने बैरंग (बिना टिकट लगी) और बेनाम (बिना पते की) चिट्ठियां कहा है। बेनाम चिट्ठी का हकदार कोई भी हो सकता है। कितनी बड़ी सम्भावना! दूर-सुदूर बसे अनजानों के बीच अव्यक्त सम्बन्ध को ये चिट्ठियां जाहिर कर देती हैं! मिश्र जी को विश्वास है: कभी कोई अपरिचित इन चिट्ठियों को कौतूहल-वश उठाकर पढ़ेगा तो तड़प उठेगा। उसे अहसास हो जाएगा कि ये चिट्ठियां शायद मेरे ही नाम किसी ने लिखी थीं।

कुछ चिट्ठियां कवि अपने नाम भी लिखता है, उसे स्वगत संवाद करने की आदत होती है। क्योंकि हम बाहर भी हैं, उसके भीतर भी। वह हमारी ओर से अपने साथ बात करने का अधिकार जताता है। 'निशान' ऐसा ही एक स्वगत संवाद है। मोहभंग की प्रक्रिया के बाद हम यंत्रविज्ञान के संवेदनशून्य वीराने में जी रहे हैं। इस रिक्त अवकाश में कोई अंत:स्त्रोतस्विनी मुग्धता हमारे जीवन को सह्य बनाती है—स्मृति-लोक का मुलायम स्पर्श 'निशान' नामक मुक्तक में प्रतीकार्थ धारण करता है।

हां, यह मकान बढ़कर
तिमंजिला-चौमंजिला हो गया,
इसकी सीमेन्ट सूखकर कड़ी हो गयी
लेकिन उस दिन
तुमने जो मज़ाक-मज़ाक में
गीली सीमेन्ट पर
मुलायम पांव रख दिया था
उसका निशान ज्यों-का-त्यों है।

आज की बुद्धि-परस्त कविता के मुख्य प्रवाह में मिश्र जी की कविता रागात्मकता के स्रोत का गौरव करती है। मुक्त छंद की कविता में गद्यात्मक शुष्कता से बचना मुश्किल होता है। मिश्र जी के यहां रागात्मकता की निराली पूंजी है जो हमें शैशव के उजाले में ले जाती है, अंधश्रद्धा की अनवस्था में नहीं। मनुष्य को भटकाने वाली अनवस्थाओं से मिश्र जी आतंकित हैं। जिसे हमने व्यवस्था मान रखा था वह तो पहरेवालों की छाया भर है। वे युगचित्त के सन्नाटे को द्विगुणित करते रहे हैं :

मैं वह सन्नाटा हूं, जिसको पहरेवाले
आवाज़ें देकर चले गये दूना करके।

ये पंक्तियां 'आत्महत्या के पहले' नामक लम्बी कविता से उद्धृत की हैं। 144 पंक्तियों की यह छंदबद्ध रचना एक त्रस्त व्यक्ति के भूत, वर्तमान और भविष्यहीनता को मूर्त करती है। 'पक गयी है धूप' संकलन की लम्बी कविता 'समय देवता' मानव-चेतना की हत्या के बाद की स्थिति का ब्यौरा है।[1] 'मुझे क्या बुरा था मरना अगर एक बार होता'। मनुष्य इतिहास में बार-बार मारा गया है, इस तथ्य के प्रति मिश्र जी का आक्रोश यहां बुलन्द हो उठा है। इतिहास के घटनाक्रम में कोई संगति नहीं यही तो एब्सर्डिटी है! आल्बेर कामू ने कहा था : प्रत्येक मनुष्य जानता है कि युद्ध खतरनाक है फिर भी वह उसमें प्रवृत्त होता है, इससे बड़ी अर्थशून्यता-विसंगति क्या हो सकती है। कवि के उद्गारों की आवृत्ति में सच्चाई झांकती है—इसे वस्तुनिष्ठ आधार मिल जाता, कोई मूर्त संकलनसूत्र सुलभ हो पाता तो प्रेषणीयता की समस्या सुलझ पाती। 'फिर वही लोग' भी लम्बी कविता का महत्त्वाकांक्षी प्रयोग है। डॉ. प्रेमशंकर इसे सामयिक संदर्भों की दृश्य योजना[2] बताते हैं। संकलना और सम्प्रेषण का प्रश्न यहां व्यंग्य के द्वारा हल हो पाया है। मार्मिक व्यंग्य ने ही इस लम्बी कविता की दृश्य-योजना को काव्यात्मक स्निग्धता प्रदान की है, विचार को प्रचार के बड़बोलेपन से बचा लिया है

फिर वही लोग जा रहे हैं इस सड़क से
जो कल गये थे।

इस सीधे-सादे कथन से व्यंग्य का अनुभव होता है। कवि ने पुनरावृत्त होती घटनाओं को एक साथ रख दिया—यह संयोजन ही इसकी समझदारी है। अन्याय का प्रतिकार करने के लिए विरोध होता है जब कि यहां विरोध करना एक पेशा है। क्रान्ति का भ्रम फैलानेवाले धोखेबाजों को मनुष्य की संज्ञा नहीं दी जा सकती :

यह सड़क देख रही है कब से
कि उस पर आदमी नहीं,
केवल जुलूस गुजरे हैं;
चेहरे नहीं,
वरदियां और झण्डे गुजरे हैं।

मनुष्य के चेहरे को साइनबोर्ड बना देती राजनीति राष्ट्रीय बल्कि सांस्कृतिक संकट खड़ा कर रही है। मां धरती बेटों द्वारा बंटती रही है। छली गई है, इन्द्र और चन्द्र के द्वारा अहल्या। हेतु में थोड़ा-बहुत अन्तर अवश्य आया है। विषय और संयोगों में आकाश मुस्कराता है और?

चांद नीचे उतर कर
किसी झण्डे की छांह में
तिजोरियां संभालने लगता है

चांदनी के कुहासे में
सब कुछ ढक जाता है यहां से वहां तक · · ·

चाँदनी यहां अपारदर्शी हो गई, इसका अर्थसंकेत नकारात्मक हो गया! धरती का यौवन वसन्त भी किसी झण्डे से समझौता करने चल देता है राजधानी की ओर।

भारत की राजनीति परिवर्तन का माध्यम नहीं रही और राजधानी अराजकता का केन्द्र बनी। कैसा मूल्य-विपर्यय! मिश्र जी की एक अन्य कविता है 'राजधानी एक्सप्रेस'। जनता गाड़ियां रोक दी गई हैं, छोटे स्टेशनों पर और राजधानी एक्सप्रेस राजरानी की तरह जा रही है।

यह राजधानी से राजधानी को जाती है
इन तमाम स्टेशनों को कुचलती हुई
जहां छोटी-छोटी देहाती गठरियां
अपने अनन्त सुख-दुख बांधे हुए
किसी देशी गाड़ी के इंतजार में पड़ी होती हैं।

कवि बिना कहे सूचित कर देता है कि राजधानी एक्सप्रेस की गति समाजवादी प्रगति के विपरीत है। ग्रामवासिनी भारतमाता की विशाल गोद इससे सम्मानित होती है क्या? मिश्र जी लिखते हैं : दो राजधानियों के बीच के अनन्त विस्तार में फैले खेतों, खलिहानों, जंगलों, मैदानों, नदियों, पहाड़ों, बरसातों, गर्मियों और जाड़ों से होती हुई उनके बीच अपनी दहशतभरी आवाज बोती हुई यह गाड़ी जा रही है! इसे भी हक था जाने का परन्तु दहशतभरी आवाज़ बोते हुए नहीं, औरों की गति रोककर नहीं। यह एक्सप्रेस गाड़ी अपने को अपने तक सीमित रखती है। गांधीजी ने ट्रस्टीशिप का सिद्धान्त सुझाया था, यह तो इसका विलोम-रूप है। बड़े नेताओं तथा बड़े प्रबन्धों के लिए सारा देश मानो अपने घर का प्रांगण है, परन्तु क्या वे देश के हैं?

अपने अपारदर्शी शीशों के भीतर
अपने को बंद किये हुए
वह देश की फिज़ में नहा रही है।

अलंकरण यहां केयूर-कुण्डलवत नहीं, रचना का अंग ही है।[3]

उमांशकर जोशी की एक काव्यपंक्ति है : 'देश तो आजाद होते हो गया, तूने इसके लिए क्या किया?' सामान्यरूप से प्रगतिवादी कवि ऐसा आत्मनिरीक्षण नहीं करते परन्तु मिश्र जी दामन बचाकर नहीं चलते। 'साक्षात्कार' नामक लम्बी सुग्रथित रचना में यथार्थ का बहुआयामी अंकन है। इसकी भूमिका पर प्रकृति, राजनीति, धर्म सभी के प्रति आक्रोश है। 'बादल आकर बिना बरसे' ज़ल लिये लौट जाते हैं। धरती के रस को पीती हुई बालियां फसलों के कन्धों पर लाशों की तरह लटक जाती हैं। सूरज के मरियल घोड़े हांफ रहे हैं। यहां प्रकृति और मिथक संकेत भी हैं और स्वयं तथ्य भी। आगे चलकर काव्यनायक मंत्रालयों और फैक्टरियों में गढ़े जाते सपनों के विषय में पूछता है : वे कहां जाते हैं?

पवित्र माने जाते संस्थानों की स्थिति क्या है? 'धर्मग्रन्थों पर बैठे हैं आत्मा छाप आदमी।' जीवन के सभी क्षेत्रों का आश्रयदाता बन बैठा राज्य सिर्फ एक झंडा है।

और एक बड़ा-सा झंडा
इन सब को ढकने की कोशिश में
स्वयं नंगा हो जाता है।

सारी संभावनाओं का राज खुल जाने पर कवि अपनी ओर देखता है तो उसे डर लगता है। जल में अपनी परछाई की जगह मगर तो दिखाई नहीं देगा?

किसी के विरुद्ध आस्तीन चढ़ाने में
खतरा महसूस होता है कि
कहीं उसमें पलता हुआ कोई सांप न निकल आये।

काव्यनायक की दहशत कविता की अन्तिम पंक्तियों में सर्वव्यापी हो जाती है। बीमार मां की दवा की तलाश में शहर आया काव्यनायक दिल्ली में दिल्ली को तलाशने में प्रवृत्त होता है, मन को समझा-बुझा देता है कि मां अब मर चुकी होगी परन्तु वह यथार्थबोध से बच नहीं पाता। गांव से आया एक युवक बता देता है: 'मां अभी मरी नहीं है, वह अभी भी तुम्हारे लौटने का इन्तजार कर रही है।' अधूरा यथार्थ सोचने को विवश कर सकता है जबकि मिश्र जी की रचनाएं इससे आगे बढ़कर संवेदना जगाती हैं क्योंकि वे आत्म-रक्षा तक पहुंचकर नहीं रुकती, आत्मनिरीक्षण जगाती हैं। यह अनुभव डॉ. महावीर सिंह चौहान का भी है।[4]

अनुभूति की प्रत्येक व्याप्ति कवि-कर्म की प्राप्ति न भी हो फिर भी कहना होगा कि मिश्र जी का संवेदन-विश्व एकपार्श्वी नहीं है, खण्डित नहीं है, नकारात्मक नहीं है। वैयक्तिक दर्द की अंतरतम छवियों से लेकर युगजन्य व्यथाओं के विषय में जाग्रत होने का, मूल्य चुकाने का दायित्व भी है। आये दिन इस विधायक तत्त्व की सराहना होगी।

समान्य रूप से कविता से पाठक की अपेक्षा सौन्दर्यानुभूति की होती है। परन्तु मिश्र जी जैसे कवि मानवीय सम्बन्धों की सच्चाई के आयाम से अनुभूति के सौन्दर्य को शक्ति प्रदान करते हैं। मिश्र जी के यहां के वसन्त के जो विविध रूप हैं वे उत्तर भारत के ग्रामीण अंचलों की धरोहर हैं। इनके गीत लोकगीत जैसे पारदर्शी हैं अपनापन जताते हैं, उनमें लोकचेतना की लय है। गीत-ग़ज़ल सुनते लगता है कि कवि होने और मनुष्य होने के बीच कोई फासला नहीं। कभी कविता की पगडंडी पर मनुष्य चल रहा है तो कभी मनुष्य की दीठियों के द्वारा कविता शिखरों को छूना चाहती है। ऐसे गीतकार कभी वर्ग-संघर्ष के ठेकेदार नहीं बन सकते, न तो अपने राग-द्वेष छिपाते हैं। खुलेपन का माहौल देखिए :

किसी को गिराया न खुद को उछाला
कटा ज़िन्दगी का सफर धीरे-धीरे!

जहां आप पहुँचे छलाँगे लगाकर
वहां मैं भी पहुँचा मगर धीरे-धीरे!

इस ग़ज़ल में जो जीवन-दृष्टि व्यक्त हुई है, अन्यत्र स्वीकारोक्ति के रूप में पाई जाती है।

मैं गमले का फूल तो नहीं
कि एक सुरक्षित कमरे से दूसरे कमरे में रख दिया जाऊं।

यह सारा युग गमलों के फूलों का बल्कि कागज के फूलों का है परन्तु मिश्र जी का काव्यनायक युगीन परिस्थितियों का पुर्जा बनने से इन्कार करता है। खास जमीन में आग, आँधियां-लूएं-ओले सहता, हहराता-फूलता-फलता-टूटता और अपने में हर बार लौट आता पेड़ है यह काव्य-नायक। ऐसी निजबोधपरक रचनाएं मिश्र जी की कविता का ऐतिहासिक संदर्भ में मूल्यांकन करने को प्रेरित करती हैं। 'समय लिख रही हैं कविताएं' नामक लेख में डा. चन्द्रकला त्रिपाठी ने मिश्र जी की कविता में प्रगतिशील परम्परा का सातत्य सही परिप्रेक्ष्य में देखा है :

'प्रगतिशील कविता के स्वभाव के अनुरूप कवि का सामाजिक अंश बहुत सक्रिय है, किन्तु कट्टर प्रगतिशीलों की तरह वह अपने निजी अन्तरंग अनुभवों को कविता में तानने में संकोच नहीं करता। यह खुलापन ही उसे अनेक आत्मीय मुँहबोली कविताओं की सृष्टि तक ले जाता है और संवेदनशीलता की इसी ताकत से वह गीत भी लिखता है।'

जहां आधुनिक कवि युगजन्य नकारों के सामने हारता नज़र आता है वहां मिश्र जी को प्रगतिशील परम्परा का आत्मजयी स्रोत बचा लेता है। इस तथ्य को भी चन्द्रकला जी ने उभारा है।[5] डा. नित्यानन्द तिवारी के स्वाध्याय में भी शब्दान्तर से यही प्रतिपादन लक्षित होता है।[6] सातवें-आठवें दशक की हिन्दी कविता की उपलब्धियों का सम्पूर्ण लेखा-जोखा तैयार होने पर केदारनाथ सिंह और रामदरश मिश्र जैसे कवि हासिये से हटकर उन मूर्धन्य कवियों के बीच लक्षित होंगे, जिन्होंने अपने संवेदन घन बिम्बों के द्वारा सहृदयों से सीधा सम्पर्क स्थापित किया। इन्हें समीक्षक नामक बिचौलियों की आवश्यकता नहीं रही। 'स्नेह निर्झर बह गया है, रेत ज्यों तन रह गया है' (निराला) जैसी पंक्तियों को सहृदय गुनगुनाने लगे यह भी सफल संप्रेषण की कसौटी है। मिश्र जी के यहां ऐसी पंक्तियां हैं जिन्हें हम जाने-अनजाने गुनगुनाने लगें:

खो गयीं सब यात्राएं साथ की
रास्ता ही रास्ता अब रह गया।

x x x

राह पांवों में पिन्हा कर मेरे
दीठियों-पार मुस्कराता है।

x x x

रच रेती पर चित्र पवन से
चले गए ये दिन उनमन-से।

उपर्युक्त तीनों उद्धरणों में जो क्रिया है, उसका संकेत गति विषयक है। प्रथम और तृतीय उद्धरण में भाव खोने का है, द्वितीय में प्रेरित होने का। तीनों से हम प्रभावित होते हैं क्योंकि इनका बोध रागात्मक है और रूप इन्द्रिगम्य। बिम्बों का चित्रात्मक होना पर्याप्त नहीं, उनमें हमारी जीवन्त सत्ता के रूप निरूपित होने चाहिएं। मिश्र जी के बिम्ब सचेतन सृष्टि का हिस्सा बनकर प्रत्यक्ष होते हैं, इनकी सहजता विरल है—

हांफती है शाम अपने से कटी
किसी आँधी बीच टूटे पंख-सी

इस दृश्य बिम्ब में गति भी है

नारंगी-सी गंध हवा में भाती है,
चुप्पी है यह अजब कि छू-छू जाती है।

यहां घ्राणेन्द्रिय और स्पर्शेन्द्रिय का इन्द्रिय-व्यत्यय विरल है।

फिर अपनी पीठ पर भारी कदमों की आहट महसूस करूंगा।
तुम्हारी परछाइयों का बहाव
अनजाने ही मेरे भीतर बहता रहा।

देश के यथार्थबोध को चित्रात्मक एवं गत्यात्मक बिम्बों के द्वारा आलेखित करके मिश्र जी ने एक नीरस से कथ्य को स्पर्शक्षम बनाया है।

कितना बड़ा हो जाता है।
सन्नाटे में अंधकार का अहसास।
जब सब-कुछ सोया होता है आसपास

एक विस्तार को यहां रूप मिला है! सन्नाटे के अहसास को अंधकार के द्वारा दृश्यात्मकता प्राप्त होती है।

मिश्र जी के काव्य-बिम्ब पांचों इन्द्रियों और छः ऋतुओं का उत्सव बनकर आते हैं। गंध और स्पर्श के अनुभव भी इन्द्रियगोचर होते हैं। बिम्बों की भाषिक रचना की खूबियों के कारण एक इन्द्रिय का अनुभव दूसरी इन्द्रिय का विषम हो सकता है। उपर्युक्त उद्धरणों से यह अनायास फलित होता है।

पच्चीस वर्ष दिल्ली में बिताने के बाद मिश्र जी अहमदाबाद के अपने एक निवास की दिशा में मुड़ते हैं और बदलाव की झाँकी करते ही स्मृति तुलना के लिए प्रेरित करती है:

हसीन पत्थरों के जंगल में
खोजता हूँ अपना वह खुरदरा मकान
जिसकी दीवारों पर
मेरी पुतलियों ने न जाने कितने नाम लिखे थे!
बल खाते धुएँ के चक्रव्यूह में

खोजता हूं मेंहदी के वे झाड़
जो मुझे आते-जाते पुकारते थे अपनी साँसों से!

साँसों से पुकारना, शब्दों से नहीं-यह सूक्ष्म अनुभव मेंहदी के झाड़ के सम्बन्ध में अपूर्व है। मेंहदी के झाड़ से सटकर गुजरने पर एक उष्मापूर्ण उच्छ्वास का अनुभव होता है और इनकी पंक्तियों में छिपा जो रंग है वह भी हमारे अस्तित्व के किसी अणु-परमाणु को कभी न कभी रंग चुका है। यहां दो विरोधाभास भी उल्लेखनीय हैं-हसीन पत्थरों का जंगल और उसमें अपने मकान का खुरदरापन, धुएं का चक्रव्यूह और उसमें मेंहदी की पुकार! एक संकुल एवं मौलिक सम्बन्ध उभारने की क्षमता मिश्र जी की बिम्ब-योजना ने व्यक्त की है।

बिम्ब परस्पर संकलित होकर समवेत स्वरों में संवेदना जगाएं या मुक्त साहचर्यों द्वारा कवि की अनुभूति को व्यंजित करें-दोनों रचना-रीतियां मिश्र जी की कविता में लक्षित होती हैं। संवेदना के स्वरूप एवं कथ्य के द्वारा रीति निर्धारित होती है, यहां प्रयोग के हेतु कभी प्रयोग नहीं मिलेगा। शिल्प के अकारण प्रयोगों ने मिश्र जी को कभी लुभाया नहीं और जटिलता-दुर्बोधता से ये निरन्तर मुक्त रहे। यात्री के सामान की तरह इस कवि ने भी कभी अतिरिक्त उपकरणों का भार ढोया नहीं।

विचार सूचित करने का दायित्व प्रतीक का है, बिम्ब संवेदना जगाते हैं। परन्तु मिश्र जी के प्रतीक संवेद्य हैं और बिम्ब सांकेतिक। एक मुक्तक है 'कंकड़ी' :

चारों ओर का जल समेटकर
अगाध बने
अपनी चुप्पियों में डूबे सरोवर
तुम एकाएक थर्रा क्यों उठे?
मैंने तो एक छोटी-सी कंकडी फेंकी थी।

यहां सरोवर विमल जल जीवन का प्रतीक नहीं, संचित पूंजी का प्रतीक है। एक आकस्मिक कंकड़ी इसे दहशत से थर्रा देती है। यह कंकड़ी परिवर्तन का संकेत है जिसके लिए सरोवर की बद्ध स्थिति और कंकड़ी की गति मिलकर एक सक्रिय दृश्य का निर्माण करती है। इस दृश्यात्मकता को बिम्ब कहेंगे और फलित अर्थ को प्रतीकार्थ। यहां कंकड़ी शब्द का प्रतीक है। कवि का शब्द बहुत बड़ा परिवर्तन जगाये या नहीं परन्तु वह इस सम्भावना का निर्देश अवश्य करता है।

एक नीममंजरी
मेरे आँगन झरी
काँप रहे लोहे के द्वार।

शब्दशक्ति के उपर्युक्त संकेत को इस गीत-रचना में परखकर उमाशंकर जोशी ने एक प्रवचन में सन् 1962 में इसकी व्याख्या की थी--गीत की आंतरिक संकलना, सुग्रथितता उद्घाटित की थी।

मिश्र जी की रचनाएं साद्यंत सुबद्ध होने के विरल दृष्टान्त प्रस्तुत करती हैं। इनके आरम्भिक गीतों में से 'रात-रात भर मोरा पिहँके' भी इसी दृष्टि से उल्लेखनीय है। नदीतट, रात, मोर, पंछीनाद, जलप्रवाह, हवाएँ, बालू के महल, सपने मिलकर एक ऐसे वातावरण का निर्माण करते हैं जो यथार्थ के दोनों रूपों–प्रत्यक्ष तथा चैतसिक–का अनुभव करवाएँ। यहाँ प्रकृति मानो एक चरित्र है।

'दिशाएं बन्द हैं' रचना सुग्रथित बिम्ब-विधान का विरल दृष्टान्त है। यहां केन्द्रीय क्रिया है विफल लौटने की! दिशाओं का बन्द होना एक लाक्षणिक प्रयोग है।

वास्तव में दरवाजे बन्द होते हैं, दिशाएं नहीं। संकेत है–संभावनाएं नज़र नहीं आतीं। जो एक शून्य अवकाश है वह आकाश फड़फड़ाता दिखाई दे, उस पार से इस काल्पनिक दीवार को कोई हिलाने लगे, चिरन्तन माना जाता समय पलछिन में बंट जाए और मछुआरे की तरह पकड़ने में विफल सूर्य कन्धे पर जाल रखे लौट जाए ये सारे क्रियाशील बिम्ब भावान्विति के द्वारा भावक को प्रभावित करते हैं। दो दशक पहले मैंने इस रचना का गुजराती अनुवाद किया था, जो नई पीढ़ी के सजग कवियों को पसन्द आया था। उन दिनों उमाशंकर जी ने कविता के अनुवाद तथा आस्वाद को लक्ष्य करके 'संस्कृति' (सन् 1971 दिसम्बर) का विशेषांक संपादित किया था, जो बाद में 'काव्यायन' नाम से ग्रन्थस्थ हुआ था। उसमें अज्ञेय जी की 'कालेमेग्दान' तथा श्रीकान्त वर्मा की 'शोक' कविताओं के साथ मिश्र जी की 'जंगल' रचना का मैंने विश्लेषण किया था, जो इस प्रकार है :

अतियथार्थ (सुर्रियल) अनुभव का आलेखन करने के स्थान पर रचनारीति (टेकनिक) के रूप में इसका प्रयोग करके प्रस्तुत कविता में वास्तव की मार्मिक व्याख्या करना कवि का लक्ष्य है।

सीमित ही नहीं परन्तु बद्ध, निहित हेतुओं द्वारा व्यवस्थाप्राप्त जगत कवि के सामने है। मछलियां बन्द जल में तैरती हैं, सीमाओं ने सहज गति को अवरुद्ध किया है। संवेदनाओं का प्रागट्य स्वतंत्र नहीं रहा। जल, हवा, कुहरा–ये सब विशृंखल नज़र आते हैं, संतुलित लगते हैं केवल मकान। ये मकान टँगे हुए हैं–फांसी पाए से! खुशबुओं को बेचतीं रातें स्त्रियों के संकेत देती हैं। खुशबू या प्रकाश को बेचना जीवन को सीमित एवं प्रदूषित करना है। जंगल का विपर्यय है यह सारी क्षुद्र और तुच्छ सृष्टि। यहां जंगल का एक दृश्य नहीं, अनुभव है जंगल को कवि ने देखा भर नहीं, वह उसमें से गुजरा है। कहां है वह जंगल?–प्रश्न का वजन महसूस होता है।

सड़कें, दुकानें, स्कूल–बेहतर जीवन के लिए अस्तित्व में आये परन्तु आज के यंत्र वैज्ञानिक युग में जीवन का ह्रास सूचित करते हैं।

कविता के तीसरे चरण में जंगल आग लेकर लौट आता है। कोई कवि इसी संवेदना को व्यक्त करने के लिए जंगल के कटने की क्रिया का विनियोग करता, मिश्र जी ने आग के द्वारा व्यापक तथा गहरी चोट पहुंचाई है। निहायत विरोधी है आग जंगल के

निबिड़ अंधकार की। जंगल का समूचापन जो हमारे स्मृतिकोश में सुरक्षित था वह छिन गया है और आधुनिक कवि की तरह हम भी भीतर जलते जंगल को गुजरता अनुभव करते हैं।

रचना के प्रथम चरण में काव्यनायक जंगल से गुजरता है, तृतीय चरण में जंगल काव्यनायक के भीतर से गुजरता है। बीच में है आज का समाज, जो जिम्मेवार हैं विपरीत स्थिति के लिए। सृजनशील अनंत शांति से जलते जंगल की भव्य शून्यता कितने कम शब्दों में यहां व्यक्त हो पाई है! इस बोध को सौन्दर्यानुभूति तक पहुंचाने में वास्तविक जल और स्वप्निल जंगल के निर्देशों से जगती रहस्यात्मक अनुभूति का जो गौण योगदान है उसे भी विदग्ध पाठक पहचान लेंगे। अतियथार्थ की रचनारीति के बावजूद यहां जो सादगी है, वह धोखा दे सकती है, आप आगे बढ़ जाएं और कविता मुस्कराती खड़ी रह जाए!

मिश्र जी की गेय-अगेय रचनाओं की लय में लोकगीतों की लय का सहज प्रवाह है और भाषा में आंचलिकता की जीवन्तता। मिश्र जी ने कुछ गीत भोजपुरी में लिखे थे।[7] जब वे उनका सस्वर पाठ करते थे तो गीत-लोकगीत का भेद याद नहीं रहता था। मिश्र जी कर्मकाण्ड में आस्था नहीं रखते परन्तु विवाहगीत पसन्द करते हैं क्योंकि रचनाकार के एस्थेटिक्स से इसका मेल है।

जो सर्जक अपनी जड़ों का अनुग्रह नहीं भूलते वे भाषा के बोलचाल के रूप का आदर करते हुए उसका साहित्यिक विनियोग करते हैं।

'पल-छिन', 'गलबांही', 'परछाइयाँ' आदि शब्दप्रयोगों के साथ गीतों में 'बिरहिन बन-बन, कजली बन-बन', 'बौर-बौर सूने में जैसे टेर रहा' जैसी पंक्तियाँ लोकभाषा और लोकचेतना की पारस्परिक अनिवार्यता सिद्ध करती हैं।[8]

> फटी-फटी आंखों में लादे भूख डरानी,
> बैठे होंगे खाली घर के सभी परानी!

यहां लय का विशेष सहयोग मिलता है, परन्तु मुक्त छंद की रचनाओं में भी बोलचाल की सहजता कविता का उत्कर्ष पाती है।

चिड़िया घोंसला बनाती जाती है और काव्यनायक उसे उजाड़ता जाता है। एक संकल्पना के निष्कर्ष का तरल सरल भाषारूप देखिए--

> मुझे अपने कमरे की बांझ सफाई की चिन्ता है,
> और उसे आनेवाले अपने बच्चों की।

यह स्पर्धा निष्ठुर प्रकृति और निर्दोष बच्चों के बीच भी चलती रहती है। वहां भी कवि को इसी प्रकार की भाषिक संरचना सुलभ होती है। किनारे पर बच्चों की रचनाएं पानी के प्रचंड बहाव में नष्ट हो गईं, लेकिन यह अंत नहीं है-

> इस बीच न जाने बच्चे कब जुट आये हैं
> और फिर मिट्टी और तिनके बटोरने लगे हैं।

जहां कथ्य गद्यात्मक मन:स्थिति के अनुरूप है वहां शब्द भी सहमे से चलते हैं! पाठक को अभिजात भावुकता से बचाने वाली भाषा देखिए:

सरकंडे की कलम
खूबसूरत नहीं, सही लिखती है।

यांत्रिक भावविश्व की एक छवि देखिए : 'उड़ती हुई आवाज़ें कुहरे-सी टंग जाती हैं छतों के बीच' तो इसके विरुद्ध नैसर्गिक ऋजुता की अभिव्यक्ति देखिए :

रेती में खेल रहीं
हरी-हरी दूबें।

बोलचाल की भाषा के स्रोत खोजने में तत्समवृत्ति नहीं चलेगी। जो अधिकार भोजपुरी बोली को है, वह उर्दू को क्यों नहीं? सतही निगाह से बटोरते उर्दू शब्दों की कमी महसूस नहीं होगी–दर्द, लावारिस, अजनबी, खामोशी, महज, बदतमीज, लाश, इन्तजार, दस्तक, वर्दियां, जुलूस, शामिल, फर्श, पैबन्द, खुशबू, सैलाब, तलाश, कोशिश, खतरा, बेतहाशा, गमला, फिजा, खिलाफ, खूंखार, मुहब्बत–सूची बढ़ती जाएगी। सहजता के दावे के साथ कुछ अंग्रेजी शब्द भी बेपर्दा (अपटीक्षेपेन?) प्रवेश करेंगे–सिगरेट के खाली 'केस', सीमेण्ट, माइक, साइनबोर्ड, पोस्टर, पेटीकोट, स्कर्ट, ऑपरेशन-टेबल, स्कूल, फैक्टरियां एक्सप्रेस, इन्जन की सीटियां, फुटपाथ··· कोई रोक नहीं, यदि कथ्य की मानसिकता भाषिक चेतना धारण कर सके। मिश्र जी के यहां यह सम्भव हुआ है क्योंकि यह भी उस काव्ययात्री के निराडंबर व्यक्तित्व का ही एक लक्षण है। यह काव्ययात्री लोकधर्मी है, धूल और उसमें खेलती हरी दूबों का चहेता है परन्तु जाने-अनजाने उस रहस्यात्मक परम तत्त्व से भी प्रेरित हो[illegible] है जो इसके पैरों में राहें पिन्हाकर दीठियों पार मुस्कराता है।

ईश्वर के विषय में पूछने पर मिश्र जी ने बताया था : ज़िन्दगी के सन्दर्भ में ही ईश्वर का होना या न होना प्रासंगिक है। मनुष्य के सुंदर पहलू की पूर्ण कल्पना ही ईश्वर है। मिश्र जी का काव्ययात्री इसी पूर्ण कल्पना के वास्तविक रूप की तलाश में है, उसने आज तक के पड़ावों का हिसाब दिया है। उसके भविष्य में हमारी रुचि है, कुतूहल है।

संदर्भ एवं टिप्पणियाँ

1. पूरी कविता में क्रूर, यथार्थ के जिस घटाटोप अंधेरे का वर्णन किया गया है उससे निकलने का कोई दरवाजा नहीं दिखता। जगदीश नारायण श्रीवास्तव पृ. 74, रचनाकार रामदरश मिश्र, संपादक : डा. नित्यानन्द तिवारी, डा. ज्ञानचन्द गुप्त
2. किसी सामाजिक सदाशयता से प्रेरित न होकर ये तरह-तरह के जुलूस मुखौटों पर चलते हैं और नेतागीरी का शौक किसी भी क्षेत्र में हो सकता है, केवल राजनीति में नहीं। जुलूस

को परिभाषित करने में कविता इस बात पर जोर देती नजर आती है कि भीड़ एक असंगठित समाज है जिसका गलत इस्तेमाल इतिहास में कई बार हुआ है। पृ. 63, र. रा.मि.

3. यह कविता न तो इतनी सपाट है कि कविता ही न रहे, और न ही इतनी सूक्ष्म और जटिल है कि पहेली बन जाये। पृ. 97, र. रा.मि.
4. 'ममता की व्यासरेखाओं के सहारे कवि का यह फैलना कवि की आत्मस्फीति न होकर उसका अपना सहज आत्म-विस्तार है। ···आत्म-साक्षात्कार के स्तर पर 'समाज पर चीखने' और 'कविता करने' भर से मन के उद्वेलन को शान्त नहीं किया जा सकता। दायित्व-बोध का यह नया रूप है जिसके रहते रचनाकार शीशे में अपना चेहरा देखने का साहस नहीं जुटा पाता। ··· आज की राजनीतिक स्थिति हमारे समकालीन जीवन का एक अत्यधिक घिनौना रूप प्रस्तुत करती है जिसके प्रति हमारी प्रतिक्रिया विरोधात्मक या अस्वीकारमूलक ही हो सकती है। लेकिन मिश्र जी के अस्वीकार में एक गहरा आत्मान्वेषण का भाव समाहित है जिसके रहते राजनीतिक कविताएं भी बड़बोलेपन और अस्वीकार के चालू मुहावरे से अलग हट कर कविता के रूप में अपनी पहचान बनाए रखती हैं। पृ.21-31, कविता का वैचारिक वर्तमान, सं. सुखवीर सिंह।
5. यह सच है कि इस संग्रह की तमाम कविताओं में चुप्पियां, उदासियां, सन्नाटा, अकेलापन, टूटन, तड़पन, रोना-धोना, असंवादी दूरियां आदि लगातार उपस्थित हैं, किन्तु कवि इनका भारीपन महसूस करता हुआ भी इनसे हारा हुआ नहीं है। पृ. 6, 9 र. रा.मि.
6. 'बिम्बधर्मिता' चित्रात्मकता और सुन्दर प्रतीक मिश्र जी की काव्यप्रतिभा के परिचायक हैं जो पाठकों को धीरे से छू लेते हैं। इनका कारण है कि सब अन्य कवियों की तरह 'पोइटिक' ज्यादा नहीं बल्कि सहज रूप से काव्य में आए हैं, पूरी स्पष्टता के साथ उतरते हैं मानस-पटल पर। दरअसल यह सफलता अनुभव, संवेदना, विचार एवं भाषा की सामूहिक और संतुलित भागीदारी का प्रयास है इसलिए ऐसा लगता है (कुछ कविताओं को छोड़कर) कि इन कविताओं में न तो कोई खास चीज छूट गई है और न अनावश्यक रूप से जुड़ ही गया है। पृ. 36, र. रा.मि.
7. लोकगीतों के स्पर्श से युक्त एक अनोखी मार्मिकता मिश्र जी के गीतों में देखने को मिलती है जो पाठक को बरबस आकर्षित करती है। लोकजीवन में प्रचलित भाषा का सहज और स्वाभाविक प्रयोग देखते ही बनता है। डा. आनन्द गौतम, हिन्दी नवगीत का शिल्प-विधान पृ. 91, हिन्दी नवगीत-संदर्भ और सार्थकता, संपादक-वेद प्रकाश अमिताभ-रंजना शर्मा
8. रोज-बरोज के जीवन की व्यावहारिक और कामकाजी भाषा में प्रयुक्त होने वाले शब्दों को भी मिश्र जी अपने गीतों में कुछ इस तरह प्रयुक्त करते हैं कि उन में जीवन-सौन्दर्य की कोई अनजानी-अनपहचानी छवि उभर आती है। डा. महावीर सिंह चौहान, पृ. 126, हिन्दी नवगीत-संदर्भ और सार्थकता।

नये संवत्सर की लय

ओम निश्चल

रामदरश मिश्र कविता के क्षेत्र में कई दशकों से सक्रिय हैं तथा थोड़े-थोड़े समय बाद आते और चर्चा का केन्द्र बनते उनके कविता-संग्रहों से कभी यह नहीं लगा कि यह कवि कविता से विरत होकर गद्य-विधाओं की ओर चला गया है। हालाँकि गद्य-विधाओं में उनकी कृतियों का पलड़ा कम भारी नहीं है तो भी उनकी पहचान गद्यकार से अधिक कवि-रूप में ही है; और शायद इसका अहसास उन्हें खुद भी है तथा यही कारण है कि गद्य-विधाओं से जुड़े रचनाकार जहाँ कविता से विरत होकर उसे हाशिये की विधा समझने लगते हैं या कविता के लिए सिर्फ बचे-खुचे समय का इस्तेमाल करते हैं, रामदरश मिश्र गद्य-विधाओं में रमे होने के बावजूद अपने भीतर के कवि को चौबीसों घंटे सक्रिय रखते हैं। वे जितना और जैसा भी समय कविता के लिए देते हों, परन्तु उनकी कविताएं उनके पूरे व्यक्तित्व और चिन्तन का अक्स बनकर सामने आती हैं। उनकी कविताओं में बैठे-ठाले का चिन्तन नहीं बल्कि जीवन की तल्खी और समय के अन्तर्विरोधों की गहरी भावाभिव्यक्ति दृष्टिगत होती है। कविता में कभी-कभी वे इतनी निर्भीकता और साहसिकता का परिचय देते हैं जो कि उनकी आलोचना अथवा समीक्षा-कृतियों में भी कदाचित दुर्लभ होती है। इस अर्थ में उनकी कविता उनकी ही आलोचना से अधिक तत्वान्वेषी और स्पष्टभाषी प्रतीत होती है।

रामदरश मिश्र की कविता प्रतीकों-रूपकों से निर्बन्ध विचारों-अनुभवों के खुले प्रस्तुतीकरण का विन्यास है। अपने भावों और विचारों की पूँजी को वे प्रतीकात्मकता के रहस्य-लोक में क्षय होने देने से बचाते हुए उन्हें कविता के सीधे-सादे विचार-संसार में निवेश करना उचित समझते हैं। अपने मौखिक निवेदनों में भी वे ऐसी कविताओं की आलोचना करते रहे हैं जिनमें विचारों को सम्प्रेषित करने के लिए असंगत प्रतीकों, शब्दों का चयन किया गया होता है अथवा जिनमें प्रतीकों/रूपकों की अमूर्त अन्विति कविता को किसी ठोस मुकाम तक पहुँचने नहीं देती।

रामदरश जी की कविता की सहजता उल्लेखनीय है। कई बार वह इतनी सरल और सम्प्रेषणीय होती है कि उसे देखकर कविता का अभ्यासी पाठक यह सोच सकता है

कि इसमें कविता जैसा क्या है क्योंकि यह तो एक व्यवस्थित गद्य-सा है। परन्तु उनकी कविता की विशेषता यह है कि वह सीधी-सादी पंक्तियों में निरूपित होते हुए भी अपने गहन और आत्मीय विचारों से बांधती है। उनकी अधिकतर कविताएं वस्तुपरक और चरितमूलक हैं। शायद कवि को वस्तु या पदार्थ से जुड़कर अपनी बात कहने में आसानी होती है। 'गठरी', 'चिड़िया', 'जुलूस', 'चिट्ठियां', 'दंगा', 'लड़की', 'कलम', 'सेमल', 'लालटेन', 'मधुमक्खियां', स्याही, आग, पेड़, कुर्ते, कपड़े, भवन, झाड़फानूस, गुलमुहर, पुस्तकें, मकान, अखबार, खाली प्लाट, फूल, कुत्ता, झरबेरी, घर आदि ऐसी ही कविताएं हैं जिन्हें आधार बनाकर कवि ने वैचारिक प्रतिक्रियाएं व्यक्त की हैं। इनके अलावा पत्थर, नदी, बसंत, डर, दिन, धूप, हाथ, मौसम, सड़क, बच्चे, गांव, समय तथा कवि और कविता को लेकर रामदरश जी ने एकाधिक कविताएँ लिखी हैं। यहां तक कि कुछ विषयों पर तो चार-पांच से भी ज्यादा कविताएँ हैं जो उनके विभिन्न संग्रहों में सम्मिलित हैं। ऐसा शायद इसलिए कि वे प्रायः एक ही भाव-बिन्दु पर अपनी प्रतिक्रिया को तत्काल काव्यांतरित करने के अभ्यासी हो चले हैं। यही कारण है कि उनकी कविता में प्रायः कोई इकहरा भाव अथवा बिम्ब होता है, जिस पर उनकी पूरी काव्य-संवेदना टिकी होती है। ऐसे कवियों के यहां अपनी भावात्मक प्रतिक्रयाओं को दर्ज करने में कभी-कभी इतनी हड़बड़ी होती है कि वे सम्यक् संप्रेषण-क्षमता के बावजूद काव्य-कला के उपादानों का लगभग तिरस्कार कर अपनी प्रतिक्रियाओं को शब्दबद्ध कर लेना चाहते हैं। रामदरश मिश्र की कविताओं की निर्मिति में यह चूक यदा-कदा दिखायी देती है; यद्यपि वे सामान्य जन के मध्य सम्प्रेषणीय कविता लिखने के विश्वासी हैं। उन्होंने 'कुर्ते' शीर्ष कविता में धराऊं रेशम के कुर्ते की तरह कविता लिखने वालों पर टिप्पणी की है। ऊपरी चमक के मुलम्मे से बचाकर साधारण जीवन की स्थितियों, आशाओं-आकांक्षाओं को व्यक्त करने वाली कविता उनके निकट प्रश्रय पाती है। कविता में प्रस्तुत दृश्य-संयोजन की दृष्टि से उनकी कविताएं महत्वपूर्ण हैं। इस सन्दर्भ में उनकी 'पेड़' शीर्षक कविता उल्लेखनीय है, जिसमें उन्होंने 'स्वयं न खादन्ति फलानि वृक्षाः' की पारम्परिक सदाशयता का स्मरण दिलाते हुए मनुष्य जाति को इनसे सीख लेने की प्रेरणा दी है। वे कहते हैं, "जब तक इन्हें (पेड़ों को) देखता रहूंगा, मेरी कविता बची रहेगी।" वृक्षों की विनम्र भवदीयता वस्तुतः कवियों के लिए प्रेरणा की वस्तु रही है। इस कविता को पढ़ते हुए बसंत के दिनों में पेड़ों में एक लय की तरह फूट पड़ने वाले नये संवत्सर का चित्र ताजा हो उठता है।

रामदरश जी भारतीय परिवेश और विचारों के कवि हैं। इसीलिए उनकी कविताओं में किन्हीं मार्क्स, सार्त्र, लेनिन अथवा किसी विचारवाद की छाया खोजना मैं उचित नहीं समझता। उनके पूर्व संग्रहों 'पक गयी है धूप', 'कंधे का सूरज', 'दिन एक नदी बन गया', 'जुलूस कहां जा रहा है', 'आग कुछ नहीं बोलती' और 'बारिश में भीगते बच्चे' में भी लोक संस्कृति एवं भारतीय जीवन-मूल्यों के प्रति उनकी गहन आस्था परिलक्षित

होती है। उनकी कविताओं में जीवन के प्रति ममत्व और मांगल्य-भाव दृष्टिगत होता है।

आज कविता तुलसी युग से काफी आगे निकल आयी है। इस दौर में उसने अनेक वैचारिक आन्दोलन देखे हैं। यह सदी विचारों की टकराहट की सदी है। विचार की मान्यताओं को स्थापित करने का प्रयत्न इस काल के साहित्य में उत्कटता से पाया जाता है। परन्तु विचारधारा को लेकर साहित्य में समर्थन और निषेध की टकराहट हमेशा विद्यमान रही है। विचार जहां साहित्य का अनुषंगी है, विचारधारा दलीय प्रतिबद्धता का परिचायक। दल विशेष की मान्यताओं के प्रचार के लिए या उसके प्रभाव को साहित्य में उतारने को लेकर साहित्यिकों में निरन्तर बहस की स्थिति रही है। रामदरश जी के साथ यह स्थिति प्रकट है कि उन्होंने किसी विचारधारा के लिए काम नहीं किया। यद्यपि वे अपने को सदैव प्रगतिशील मानते रहे हैं और वस्तुतः वे प्रगतिशील हैं भी। तथापि वे विचारधारा के प्रति लट्टू कवियों, आलोचकों के पीछे कभी नहीं भागे तथा जब 'विचार' के नाम पर कुछ लोग मात्र 'कथन' तक सीमित थे, वे रचना के भीतर विचार किये जाने की स्थितियों को सम्भव बना रहे थे। आज रामदरश मिश्र के विस्तृत रचना-फलक को आकलित करते हुए यह बात चर्चा से ओझल नहीं की जा सकती है कि उनकी कविता विचार एवं व्यंग्यान्विति से सम्पन्न और सजीव है। सांस्कृतिक मूल्यों के क्षय होते जाने की चिन्ता उनकी कविताओं का केन्द्रीय बिन्दु है।

रामदरश जी ग्राम्य संवेदना और प्रकृति परिवेश के कवि माने जाते रहे हैं। गांव इनकी रचनाओं में अपनी पूरी संवेदना के साथ समाया हुआ है। उनकी कविताएं न केवल मानव-मन की सहज अभिव्यक्ति लगती हैं, बल्कि आधुनिकता के विरस, आतंकपूर्ण जीवन की अमानवीय परिस्थितियों पर अपनी दो टूक प्रतिक्रियाएं देती हैं। उनकी कविता हार्दिक अन्तरंगता से बतियाती-सी प्रतीत होती है। इन्सानियत के भावबोध को नष्ट करने वाली संस्कृति उन्हें स्वीकार्य नहीं है। मनुष्य के अस्तित्व पर हावी होते 'धर्मों के नीचे दबे मानुष धर्म' पर रामदरश मिश्र ने कचोट भरी कविताएं लिखी हैं। 'दिन एक नदी बन गया' तथा 'जुलूस कहां जा रहा है' की अनेक कविताएं इसका साक्ष्य हैं। 'दिन एक नदी बन गया' रामदरश जी की छोटी-छोटी कविताओं का संग्रह है, बल्कि कहा जाए तो वे छोटी-छोटी कविताओं के कवि हैं—प्रगतिशील चेतना से सम्पन्न। यहां यह बात ठीक से लक्षित की जा सकती है कि उनकी कविता सामान्यतया किसी एक 'बिम्ब' के सौन्दर्यबोध पर आधारित होती है, सघन 'इमेजरी' और आनुभूतिक संश्लिष्टता उनकी कविताओं में प्रायः नहीं मिलती। कविता के बेहतर शिल्प के लिए वे वैसा उद्यम भी करते नहीं दीखते, जैसा उद्यम आज के कवियों में दिखाई देता है। कभी-कभी तो रोजमर्रा के 'रिमार्क्स' तक उनकी कविता में जगह बना लेते हैं। उनके कवि-मन की यह स्वाभाविक प्रवृत्ति ही बन गयी है कि वे किसी एक अथवा एकाधिक बिम्बों को लेकर ही कविता रचने को उद्यत हो उठते हैं। इसीलिए कभी-कभी उनके कथ्य की

संवेदना उतनी प्रगाढ़ नहीं बन पाती और उनकी अनुभूति दृश्य-स्तर पर ही फिसल कर रह जाती है। उनकी प्रगीतात्मक चेतना भी इसकी एक वजह है जो उनसे ऐसी कविताएं लिखवा लेती है। 'दिन एक नदी बन गया' की 'पता', 'मौसम', 'चूहे', 'इन्तजार, 'अस्पताल, 'कल्पवृक्ष', 'जुलूस कहां जा रहा है' की 'चिट्ठियां', 'बसंत', हाथ, 'प्रतिमान', 'बहाना', 'फर्क', 'कंधें पर सूरज' की 'कवि-कर्म', 'बाहर तो बसंत आ गया है', 'बहती रही नदी', 'बारिश में भीगते बच्चे', की 'हाथ, 'यह किसका घर है', 'अपरिचित, 'उत्तर आधुनिकता', 'हम दोनों', 'साथ-साथ' (दोनों लगभग एक-सी अनुभूति की कविताएं हैं) 'बहुत दिनों बाद', 'केवल मैं नहीं हूं', 'मैंने तो कहा था' (दोनों लगभग एक ही भावबोध की कविताएं हैं) आदि ऐसी ही कविताएं हैं, जो भावात्मक प्रतिक्रियाओं और प्रायः किसी एक बिम्ब के सौन्दर्य से बनी-बुनी हैं यद्यपि ऐसी कविताएं किसी एक पद अथवा एक बिम्ब पर आधारित होकर भी आस्वाद्य हैं, चाहे यह आस्वाद क्षणिक ही क्यों न हो। उनकी 'चूहे' और 'इन्तजार' शीर्षक कविताएं देखें:-

चूहे :
सावधान
चूहे फिर उतरा गये हैं सड़क पर
जल्दी ही घरों में प्रवेश करेंगे
अपनी-अपनी किताबें संभाल लो
ये गोदाम या तिजोरी नहीं काटते
केवल किताबें काटते हैं
क्योंकि उनमें इनसे बचने
या मारने के उपाय लिखे होते हैं

इन्तजार :
हर चौराहे पर
दुर्घटनाग्रस्त होकर तड़प रहा है एक देश
और हम
डॉक्टर के बदले
पुलिस का इन्तजार कर रहे हैं।

('दिन एक नदी बन गया' से)

रामदरश मिश्र की कविताओं में मानवीय समर्थन के पर्याप्त संकेत मिलते हैं। बतौर लेखक वे मेहनतकश मजदूरों, किसानों और आम नागरिकों से अपना सरोकार स्थापित करते हैं। उनके दुख-दर्द को अपनी लेखनी में आत्मसात करते हैं। कामकाजी स्त्रियां, गृहिणी, लड़की, बच्चों और विभिन्न दलित वर्ग के चरित्र उनकी कविताओं में बार-बार आते हैं। इनके लिए कवि की सहानुभूति इतनी मार्मिक होती है कि आंखें नम हो उठती

हैं। उनकी कविता के हवाले से कहा जा सकता है कि धीरोदात्त नायक उनकी कविता का विषय कभी नहीं रहे, बल्कि लोकराम (दिन एक नदी बन गया) जैसे ग्राम्य चरित्र उनकी संवेदना से जुड़ते हैं। समग्रत: उनकी कविता गांव से शहर में आ बसे कवि की ग्राम्य चेतना-सम्पन्न कविता है। इसका अर्थ यह नहीं कि उन्होंने कविताओं में गंवई शब्द या पदावलियां टांक कर उसे लोक-रंजित बनाना चाहा है, बल्कि वे उस ग्राम-चेतना और कस्बाई संवेदना के कवि हैं, जो नगर संस्कृति का विरोध इसलिए करती है क्योंकि वह आज अजनबियत, अमानवीयता और विरस जीवन का पर्याय बन गयी है।

'बंसत' रामदरश मिश्र की कविता में एक अनिवार्य उपस्थिति है। उनके हर कविता संग्रह में बसंत की एकाधिक कविताएं अवश्य शामिल होती हैं। 'कंधे पर सूरज' में 'बसंत की सुबह', 'बसंत' तथा 'बाहर तो बसंत आ गया है', 'दिन एक नदी बन गया' में 'बसंत', 'जुलूस कहां जा रहा है' में 'बसंत', 'आग कुछ नहीं बोलती' में 'बसंताभास' तथा 'बसंत : आठ कविताएं' इसका प्रमाण हैं। इनके अलावा 'फूल', 'आग', 'पेड़', 'दिन', 'मकान', 'चलो दरवाजा खोल दें' आदि कविताओं में भी प्राय: बसंत के एकाधिक बिम्ब अवश्य मिल जाते हैं। 'बसंत' शृंखला की उनकी दशाधिक कविताओं में 'बाहर तो बसंत आ गया है' तथा 'दिन एक नदी बन गया' में संग्रहीत 'बसंत' शीर्षक कविता विशेष उल्लेखनीय है। ऐसा लगता है कि कवि-मन प्रकृति के सान्निध्य से उल्लसित हो उठता है। वह उसे जीवन का पर्याय मानता है। 'बसंत' कविता शृंखला की एक अन्य कविता द्रष्टव्य है:-

कहाँ से आयी मकान में यह खुशबू
मैंने तो जाते समय इसे चारों ओर से
बन्द कर दिया था
लगता है कोई झरोखा खुला रह गया था
और कहीं कुछ खुला रह जाये
तो बसंत की हवा को
वहाँ आने से कौन रोक सकता है।

('आग कुछ नहीं बोलती' से)

यद्यपि वे जानते हैं कि दरवाजे बन्द कर देने भर से बसंत की खुशबू लौट नहीं जाती, वह खुले झरोखों से आ ही जाती है। यहाँ उनका कथन उनकी बसंतप्रियता को इंगित ही कर देता है। लोग इसे बेशक उनकी कमजोरी मानें, किन्तु उनकी कविता में बसंत के लिए जगह ही जगह है और वे इसे खुले मन से स्वीकार भी करते हैं। बंसत के प्रति कवि के मन में जो आसक्ति और रूमानी भाव रहा है, उसके आधार पर होना तो यह चाहिए था कि बसंत के इन्तजार में कवि के घर के दरवाजे रात-दिन खुले रहते, किन्तु कवि के अनुसार कोई झरोखा ही बसंत के आने के लिए खुल सका है और इस

पर भी कवि को सन्देह है। केवल झरोखा खुले रह जाने पर तो यहां बसंत पर दर्जनों कविताएं मौजूद हैं और यदि घर के सारे दरवाजे खुले रह गये होते तो हम यहां कवि के किसी बासंती महाकाव्य की चर्चा कर रहे होते।

उनकी कविताओं में जहां मनुष्यता-विरोधी स्थितियों, राजनीतिक छल-छदम् के प्रति गंभीर चिन्ता मिलती है, वहीं उनके गीतों तथा लालित्यपूर्ण कविताओं में उनकी उच्छल हार्दिक संवेदना के दर्शन होते हैं। परन्तु इन सबके बावजूद रामदरश जी का कवित्व वहां अधिक सहज और मोहक प्रतीत होता है, जहां वे गांव, देहात तथा देशज संस्कार के बिम्बों के साथ सामने आते हैं। बल्कि कहना तो यह होगा कि उनके कवि की मूलभूत संवदेना में विश्वसनीयता और आत्मिक लगाव के ऐसे चाक्षुष बिम्बों की अर्थ-बहुल पूँजी छिपी है। उनके यहां तनाव की एकरसता नहीं है बल्कि जीवन के विभिन्न प्रसंगों, अनुभवों और स्थितियों की वैविध्यपूर्ण समरसता है। वे विषयों को एक सहज कवि की तरह उठाते हैं तथा उन पर अपने कवित्व का भार नहीं लदने देते। बड़े से बड़े तनाव और चिन्ता विषयक मुद्दों को भी वे इतने सलीके से उठाते हैं कि हम बिना उनके कवित्व से आतंकित हुए उनकी बात समझ लेते हैं। कविता के लिए वे सहज व्यवहार्य भाषा की तलाश करते हैं:-

न मैं तुम्हें जानता था
न तुम मुझे
न मैंने तुम्हारा नाम-धाम पूछा
न तुमने मेरा
न जाने कहां से तुम आए
और मेरे बुझे अकेलेपन के सामने
चुपचाप बैठ गये
मैंने देखा कि अंधेरी रात में कहीं एक मोमबत्ती जल उठी है

('बारिश में भीगते बच्चे' से)

वस्तुतः रामदरश मिश्र की कविताओं की पड़ताल करते हुए हम पाते हैं कि उनके कथ्य के निकट भाषा का संकट कभी नहीं रहा। वे भाषा की शिलष्ट संरचना के अभाव में भी कथ्य को सम्प्रेषित करने का रास्ता निकाल लेते हैं। उनकी कविताओं को पढ़ते हुए मैंने अक्सर महसूस किया है कि उनकी कविताएं न केवल अपने समकालीनों के बीच अपनी अलग पहचान बनाती हैं, बल्कि इस किंवदन्ती को बिना किसी भाषिक नाटकीयता के झुठलाती भी हैं कि आज के जमाने में कविता या तो कथ्य-कौतुक के सहारे चर्चा में आ सकती है या चीख की सीमा तक आदमी की पीड़ा को आकाश में उछाल देने से। प्रत्युत् सच तो यह है कि उनकी कविताएं दिमाग पर बोझ की तरह नहीं टूटतीं बल्कि हल्के सहलाव की छाप छोड़ती हैं:-

महक का एक नन्हा झोंका

बच्चे की हथेली की तरह छूता है···
फिर हंसता हुआ-सा खड़ा होता है
मेरा तीन साल का पोता
और मैं उसमें अपने को देखने लगता हूं···
ऐसे शुरू होती है मेरी सुबह

('आग कुछ नहीं बोलती' से)

चीख की भाषा को उन्होंने कभी तरजीह नहीं दी। अपने इसी सोच के चलते एक ओर वे धूमिल सरीखे कवियों के आलोचक रहे तो दूसरी और नकेनवादियों की तरह प्रयोग-सक्रिय तथा संस्कृतनिष्ठता से लदी भाषा के समर्थक कवियों के। किन्तु उनकी खुद की कविता के स्थापत्य में दशकों के अंतराल के बावजूद कोई ज्यादा बदलाव नहीं आया है। अपनी रचना-सरणि में अलग न होते हुए आज भी उनकी कविताएँ अपने प्रचलित ढर्रे के काव्यात्मक संगठन की पुष्टि करती जान पड़ती हैं। यही उनकी पहचान-सीमा तथा विशिष्टता भी है कि वे समकालीन कविता के प्रचलित मुहावरे की रौ में अपना चोला नहीं बदलतीं बल्कि विश्वासपूर्वक अपने वस्तु-विन्यास में उन जीवन-मूल्यों की रक्षा करती दिखती हैं जिनके लिए कवि की पक्षधरता पहले से ही मुखर और स्पष्ट रही है।

रामदरश जी की कविताएं इस अर्थ में उल्लेखनीय हैं कि वे मामूली से मामूली आदमी के संघर्ष और सुख-दुख की बात उठाती हैं। आम आदमी के मामूलीपन को निरी उपेक्षा की दृष्टि से देखती अखबारी प्रवृत्ति, अपने ईश्वर की दुहाई देकर दूसरे के ईश्वर पर गोली दागने वाले अपराधियों, स्त्री जाति के प्रति असहिष्णु समाज में लड़की की स्थिति, राजनीतिक संसार में पढ़े-लिखे समाज व बौद्धिकों व शब्द के निरन्तर अप्रासंगिक और बेमानी होते जाने की दुविधापूर्ण स्थितियों पर उनकी कविताएं सचाई का पक्ष वहन करती है। 'घर' शृंखला कविता का यह अंश कवि की मानवीय चिंता का परिचायक है:-

खाने को धूल है, धुआँ है
पीने को एक अन्धा-सा कुआँ है
सुनने को नेताओं का हुआँ-हुआँ है
चारों और कँटीले तार-सा तना हुआ डर है
ये जिसमें रहते हैं
पता नहीं, वह गुफा है या घर है

('बारिश में भीगते बच्चे' से)

आज के ज्यादातर बड़े कवि आज जब यह भूलने पर आमादा दिखते हैं कि वे कभी गीतकार भी थे, रामदरश जी आज भी इसे अपने कवि-व्यक्तित्व का एक जरूरी अंश मानते हैं। उनके गीतों में रागात्मकता तथा रूमानियत की उपस्थिति उनके अटूट

रचनात्मक लगाव का परिचय देती है। 'पथ के गीत' उनका पहला संग्रह था, गीतों का। उसके गीतों में देशज अनुभूतियाँ अवश्य थीं किन्तु गए नये गीतों की अभिनवता उनके बाद के गीतों में प्रकट हुई। 'पक गयी है धूप' और बाद के संग्रहों में शामिल गीतों में उत्तरोत्तर नवीनता आती गयी। 'कहां आ गया हूं मैं' (कंधे पर सूरज) 'खाली हूं मन भरा-भरा सा', 'हम पूरब से आए हैं' तथा 'दिन डूबा' (जुलूस कहां जा रहा है), 'फिर आये मीठे दिन जीने के' और 'फूल कितना बोलते हैं' (आग कुछ नहीं बोलती) जैसे गीतों की लालित्यपूर्ण उपस्थिति ने उनकी कविता को एकरस होने से बचाया है। वे इसके लिए धन्यवाद के पात्र हैं कि समकालीन हिन्दी कविता के एक महत्वपूर्ण कवि के रूप में जाने-पहचाने जाने के बावजूद अपने संग्रहों से गीतों का बहिष्कार नहीं किया है तथा आज के गीत-विरोधी समय में भी अपनी गीतात्मक छवि की पहचान को अन्य कवियों की तरह छुपाया नहीं है।

जब मैं रामदरश मिश्र के गीतों की चर्चा कर रहा हूं तो यह नहीं भूलता कि इन गीतों के बारे में विष्णु खरे जैसे आलोचकों का क्या ख्याल है। 'पक गयी है धूप' के कुछ गीतों में आये अन्त्यानुप्रासों को लेकर और 'पोर-पोर', 'साथ-साथ' जैसे दुहरावों पर टिप्पणी करते हुए विष्णु खरे ने लिखा कि, "गीतात्मकता पैदा करने के सारे फार्मूले जिन्हें गिनाना निस्सार है, उनकी कविताओं में मौजूद हैं, किन्तु कदाचित् सर्वाधिक दुर्भाग्यपूर्ण है, शब्दों को जोड़ों में प्रस्तुत करने की छायावादी हरकत।" यह तो गीत के आस्वादक बखूबी जानते हैं कि इन गीतों में यद्यपि छायावादी प्रभाव हो सकते हैं किन्तु इस प्रभाव को 'हरकत' कहना समूची गीत-सत्ता या कि गीत निर्मिति के उपादानों को नकारना है। आज नवगीत और नये गीत के दौर में भी गीतों के स्थापत्य में कोई ज्यादा तब्दीली आयी नहीं दिखती, हां, केवल छंदों को नये रूपों में प्रस्तुत करने तथा जन-जीवन की जटिलताओं को बहुत कुछ सतही तौर पर उकेरने की कोशिशें ही दिखाई देती हैं। तो भी हम गीत की सीमाओं को जान-समझ उसमें थोड़े-से भी नयेपन की अभिव्यक्ति को सराहे बिना नहीं रहते। गीत की इस नवता की उपस्थिति ही 'पांच जोड़ बांसुरी' के रचना-सहकार में तथा रामदरश मिश्र से लेकर नईम, ओमप्रभाकर, उमाकांत मालवीय, विजयकिशोर मानव तथा यश मालवीय तक के गीतों में दिखायी देती है। किन्तु यह स्पष्ट है कि गीत के सुकोमल स्थापत्य में प्रणय, सौन्दर्य और प्रकृति की सूक्ष्म अनुभूतियों के अलावा नयी संवेदना मनुष्य और समाज के ताजा हालात को उतनी भावप्रवणता के साथ अभी नहीं उठाया जा सका है, तो भी गीत का मौजूदा परिदृश्य कम तोषकारी नहीं है। मैं देखता हूं कि रामदरश जी के गीतों में सौन्दर्य है, प्रकृति है, जीवन का उल्लास है तथा उनके भीतर एक गंवई अल्हड़ता है और यह भी मानता हूं कि 'पांव थर-थर, गात जर्जर, झुर्रियां युग की निशानी' जैसे चित्र उनके यहां लगभग विरल हैं तो भी उनके गीतों का मूल्य इससे कोई कम नहीं हो जाता। भारतीय लोक और चित्त को निकट से महसूस करने वाले ऐसे सरल और सच्चे कवि हिन्दी में कम

हैं, जिनके यहां जीवन का जीवंत भाष्य मिलता है। उनके गीतों में प्रणति है, फागुनी रंगत है, रेती पर रचे गये चित्र और गुजरते उन्मन दिन हैं, लाज-बसन डुबोते यायावर बादल हैं, विदाभास देती बनराइयां हैं, झर-झर झरते हरसिंगार हैं, पके धान-सी झरती धूप है, टूटा हुआ दर्पण है, जलते हुए फूल हैं, लहरों के पार से बांसुरी बजाकर बुलाती पिय की टेर है–अर्थात् कुल मिलाकर एक रोमैंटिक भावबोध रामदरश जी के गीतों में समाया हुआ है। भले ही इन गीतों में आज के जटिल जीवन की मौजूदगी नहीं है, किन्तु जीवन के प्रीतिकर अहसासों की उपस्थिति तो है। नये गीतों की कसौटी पर उनके गीत भले ही कमतर हों, लेकिन उनके गीतों में एक चित्ताकर्षी संवेदना है, तरल स्पंदन है, अंतरंग को आलोकित करता निजी स्वर है–भीतर से पुकारती, बेचैन करती एक अनहद लय है. जिसकी पुकार अनसुनी नहीं की जा सकती:-

बार-बार बाँसुरी बजाओ न पिया
लहरों के पार से बुलाओ न पिया।
गाते हो तुम कि मेरा मन गमगमा रहा,
लगता जैसे कुछ प्राण में समा रहा
सपनों से मन को गुहराओ न पिया।

('मेरे प्रिय गीत' से)

रामदरश मिश्र की कविताएँ उनके आत्म-चिन्तन और यथार्थ-बोध की काव्यात्मक परिणति हैं। 'आग कुछ नहीं बोलती' में एक विशेष प्रकार का विपर्यय बोध है क्योंकि आग बोलती तो है, यद्यपि उसके गुण-धर्म को कवि ने अनेक दृष्टिकोण से देखा है। यह कविता यदि गैरजरूरी विस्तार से बच सकी होती तो कहीं अधिक प्रभावक होती। एक सीमा तक पहुंचकर जैसे ही कवि मूल काव्यभूमि की ही अधिक व्याख्या करने लगता है, वहां से कविता नीरस बनती जाती है। ऐसा एकाधिक अन्य कविताओं में भी हुआ है। रामदरश जी एक सुलझे हुए आलोचक-समीक्षक भी हैं, इस नजरिये से उनका मानना रहा है कि जब कवि नये सत्य का साक्षात्कार करता है, तो नयी भाषा का भी साक्षात्कार करता है। परन्तु उनकी कविताओं में हम नये सत्य का साक्षात्कार तो करते हैं लेकिन नयी भाषा का साक्षात्कार नहीं हो पाता। कवि आज के सत्य, आज के संदर्भ में भी अपनी उसी भाषा-सरणि पर चलता दिखाई देता है जिस पर वह दशकों से चल रहा है। एक बात उन्होंने आलोचक के सम्बन्ध में भी की है। एक कवि गांव के परिवेश से महानगर में आकर कैसे एक नीरस आलोचक बन गया है तथा कैसे धीरे-धीरे उसके भीतर का गांव तिरोहित होता गया है, इसे उन्होंने बड़े क्षोभ के साथ उठाया है। कम से कम अपनी कविता के सन्दर्भ में रामदरश जी को भी आत्म-परीक्षण करना होगा क्योंकि उनकी कविताओं पर इधर महानगरीय छाया दृष्टिगत होने लगी है। एक बात और! कविता के सन्दर्भ में रामदरश जी की धारणा है कि कविता अन्त में कविता ही बचती है, वह चाहे कितनी मुद्राएं धारण करे, कितने ही रूप-रंग बदले। परन्तु अपना

मानना तो यह है कि कभी-कभी कविता अपनी विभिन्न मुद्राओं, भंगिमाओं के बावजूद कविता नहीं रह जाती, यह कविता होने या कहलाने योग्य ही नहीं होती। यह गौरतलब है कि रामदरश मिश्र की कविताएँ अपने स्वरूप को सार्थक सिद्ध करती हैं तथा स्वस्थ काव्य-मूल्यों का सृजन करती हैं।

'जुलूस कहां जा रहा है' में रामदरश मिश्र समय और समाज के नये दृश्यबंध के साथ सामने आते हैं। उनके सोच में विद्यमान संजीदगी और अभिव्यक्ति की ताज़गी इन कविताओं में वैचारिक ऊर्जा और काव्यात्मक स्फूर्ति के रूप में उतर आई है। जिस कालखण्ड की ये कविताएं हैं वह राजनीतिक दृष्टि से सत्ता-परिवर्तन और उससे उपजे एक नये प्रकार के मोहभंग का काल रहा है। यह मोहभंग उनकी दशाधिक कविताओं के रचनात्मक आशयों में व्यक्त हुआ है। हालांकि रामदरश मिश्र की कविताएं राजनीतिक परिप्रेक्ष्य में इस संलग्नता के साथ नहीं डूबतीं जैसा इधर के अनेक कवियों की कविताएँ। उनकी कविताओं में विचार और भाव व्यक्ति की निरपेक्ष सत्ता के रूप में अवतरित होते हैं। किसी दलगत विचारधारा की गुंजाइश उनके यहां नहीं है। अपसंस्कृति से धुंधलाते मानवीय मूल्यों और सहानूभूति की दृष्टि से न देखे जाते हुए आदमी के प्रति उनकी कविताएं सदैव चिंताकुल दिखाई देती हैं। उनकी कविता इस पक्षधरता का बखूबी बयान करती है:-

> तुम्हारे हाथ में/ उनके लिए ईंट है, लोहा है, सीमेंट है, गारा है/ उनक हाथ में/ तुम्हारे लिए उठा हुआ एक खूबसूरत नारा है/ हम हाथ में लेखनी लिए/ कभी तुम्हें देखते है, कभी उन्हें/ और तुम धीरे-धीरे/ हमारी लेखनी में समाते चले जा रहे हो।
>
> ('जुलूस कहाँ जा रहा है' से)

कविताएं स्थितियों के प्रति वैचारिक प्रतिक्रियाओं/तिलमिलाहट से पैदा होती हैं। कवि की दृष्टि जहाँ प्रकृति के प्रांतर में पड़ती है, समाज में व्याप्त असंगतियों, सामान्यजन द्वारा झेली जा रही पीड़ाओं से भी उसका तादात्मय होता है। कवि की रचना तभी अर्थवती होती है, जब उसमें न केवल प्रकृति के स्थायी भाव का चित्रण होता है, बल्कि एक सक्रिय एवं सजग सामाजिक उत्तरदायित्व का भाव भी निहित होता है। यथार्थ के विसंगत परिवेश से आंख चुराकर आत्मरति की कविताएं इतिहास में कभी समादृत नहीं हो सकती। रामदरश जी की कविताएं इस उत्तरदायितव को सचेतनता से वहन करती हैं।

उनकी कविताएं विसंगत यथार्थ की कविताएं हैं। प्रकृति के जीवंत बोध की कविताएं हैं। प्रकृति को रचनाधार बनाते हुए वे हमेशा उसके माध्यम से कोई चुभती हुई बात कह देते हैं। यह व्यंजना ही उनकी कविता की शक्ति है। कविता में डूबकर उनकी पहचान उनके ही शब्दों में खोयी हुई खुशबू की तरह आदमी की पहचान बन जाती है, जहाँ उन्हें दिखायी देते हैं आँधी के खिलाफ तने हुए छोटे-छोटे पौधे, मार खायी आँखों के आँसुओं में बनते हुए आग के चित्र—और उन्हें लगता है कि उनके भीतर

कविता का जन्म हो रहा है। उनकी रचना की लय जीवन की लय से मेल खाती है। उनके लिए अभिव्यक्ति की सार्थकता का मतलब जीवन के साथ पूरी तौर से जुड़ने और उस जीने की प्रक्रिया में निहित है।

रामदरश जी की कविताओं में व्यंग्य की अन्विति झांकती है। उनकी ज्यादातर कविताओं के किसी न किसी हिस्से में व्यंग्य और करुणामिश्रित संवदेना की अभिव्यक्ति छिपी होती है। ऐसे स्थलों पर वे भावविगलित मार्मिकता से भर उठते हैं लेकिन विचार के गाढ़े रंग को भावना का 'डाइल्यूटर' हल्का और तरल नहीं बना पाता। कभी संवाद और कभी स्वगत कथन के शिल्प में वे अपनी सादगी से विमुग्ध कर देते हैं।

धर्म, राष्ट्रीयता और सांस्कृतिक विचलन के मुद्‌दों पर रामदरश मिश्र का नजरिया सपाट और अर्थहीन नहीं है। वे पूरी संलग्नता से, साफगोई से ऐसे पहलुओं पर अपनी बात कहते है। 'धर्म-1' एवं 'धर्म-2' शीर्षक कविता उनकी इस चिंताकुलता का परिचायक है। वे बातचीत की मुद्रा में, बिना किसी प्रायोजित उत्तेजना में आये हुए धर्म के प्रति मनुष्य का संकीर्ण नजरिया पेश करते हैं। हवा, पानी, आग, आकाश और धरती से अलग-अलग उसका धर्म पूछते हुए जब वे इन्हीं तत्वों से बने मनुष्य की ओर लौटते हैं तो प्रत्युत्तर में नफरत और अलगाव के शिखरों पर टिके धर्मों की एक लंबी फेहरिश्त उनके हाथ लगती है—जहाँ हर धर्म एक-दूसरे से कटा परनिंदा और अपने यशोगान में डूबा हुआ दिखता है। धर्मनिरपेक्षता के नाटकतंत्र में धर्म-सापेक्ष जीवन के विसंगत यथार्थ का मार्मिक चित्रण यहाँ संभव हुआ है। 'काली आँधियाँ' में वे आजादी के बावजूद कायम अंग्रेजियत के अस्तित्व को खुली चुनौती देते हैं। बहुराष्ट्रीय कंपनियों के आतंक, भारतीय जमीन पर अभिशाप की तरह छाती जा रही विदेशी पूंजी और गोरी सभ्यता पर गुस्सा जाहिर करते हुए वे कहते हैं:-

सावधान गोरी सभ्यताओं/ अब दुनिया समझ गयी है/ कि तुम्हारे सभ्य गीतों
की खोल में/ एक भंयकर संहार है/ और इनकी भयानक आग के भीतर/
झरने की तरह बहता हुआ प्यार है।

('जुलूस कहां जा रहा है' से)

देश के संदर्भ को स्मरण करते हुए 'जुलूस' से गुजरना आवश्यक है। बिना जुलूस के किसी भी देश का लोकतंत्र जैसे सार्थक नहीं होता। इस देश के भीड़ तंत्र के जुलूस में इस्तेमाल होने की नियति से कौन अपरिचित है। जिसे मालूम ही नहीं होता, जुलूस कहां जा रहा है, वह रीढ़ की तरह जुलूस में जुता होता है। हाल के दशकों में विकसित जुलूस संस्कृति पर 'जुलूस' कविता व्यापकता से निगाह डालती है।

इस जीवन का सच क्या है, इसके फैसले पर मतभेद हो सकता है। परन्तु कर्म की सार्थकता सिद्ध करना मनुष्य का धर्म अवश्य है। कर्म से विरत मनुष्य का जीवन एक टूटे हुए पहिए की तरह है, जिसकी कोई गति नहीं है। मनुष्य के साथ उसका सत-असत् ही अनुसरण करता है, और असत् की नींव पर पांव टिकाकर खड़ा नहीं हुआ जा

सकता। जीवन, धर्म, राजनीति अथवा कोई व्यक्ति हो, किसी पर भी घटाकर देख लीजिए, 'नदी' कविता इन पंक्तियों का सत्य खुद ब खुद हमें सच के करीब ले जाता है :

> बहुत निर्मम है यह नदी/ इसके तट पर/चाहे तुम रथ पर चढ़कर जाओ/ चाहे पैदल/चाहे सुनहले परिधानों में सजकर जाओ/चाहे चीथड़े लपेटकर/ इसे कुछ फर्क नहीं पड़ता/यहां न कोई नाव है न माझी/ न कोई पुल है/न किसी मजदूर की पीठ/तुम्हें खुद ही पार करनी होगी यह नदी/ यह नदी बहुत निर्मम है/यह झूठ-सत्य का सही हिसाब माँगती है/अपना सच ही इस नदी के साथ होता है।
>
> ('जुलूस कहाँ जा रहा है' से)

आखिरी दशक तक आते-आते इस सदी की विश्वसनीयता जैसे भय और आतंककारी गतिविधियों ने छीन ली है। उन घरों में जहां देर रात तक किवाड़ यों ही उढके होते थे, देर-सबेर आवाजाही बनी रहती थी, कहीं कोई भय नहीं था, आज उस स्नेह और विश्वास के संधिपत्र को आतंकवाद की कैंची ने पूरी तौर पर कुतर दिया है। साँझ होते ही दरवाजों पर कुंडियाँ चढ़ जाती हैं। दस्तकें आज किस हद तक अवांछित और अप्रिय हो गयी हैं कि वे मौत की घंटियों की तरह सुनाई देती हैं। 'दस्तक' में इसी आशय का मिश्रित भाव निहित है। 'फरवरी' शीर्षक कविता में भी लगभग यही अनुभव व्यक्त हुआ है।

इधर के वर्षों में साहित्य के प्रतिमानों का तेजी से पतन हुआ है। आलोचना में जातिवाद, जनवाद, रूपवाद के होहल्ले के बीच अच्छी कविता के मूल्यांकन में भी यही ढिलवाही बरती गयी है। अपने-अपने पूर्वग्रहों के चलते अच्छे से अच्छे कवियों और कविताओं को 'डाइलिसिस' की स्थिति में पहुँचा दिया गया है। कविता के पाठकों के अभाव की चिंता से ग्रस्त कवि आज यह भूल गये हैं कि कविता को कुछ चुनिंदा शिक्षित वर्ग तक सीमित रखने की चतुराई उन्हीं की रणनीति का हिस्सा है। कविता में आये दिन होने वाली बहसें संस्कृत के उन पुराने आचार्यों का स्मरण दिलाती हैं, जो आत्मतुष्टि के लिए कवियों में बड़ा दिखने के लिए अनावश्यक रूप से कविता को भाषा, शिल्प के अलंकरणों से दुरूह बना देते थे। यह दुरूहता उनके लिए प्रतिमान होती थी। आज की कविता का परिदृश्य कुछ-कुछ वैसा ही है। प्रतिमानों में अराजकता है। एकायामिता है। कहीं 'चिड़िया' मुक्ति की प्रगतिकामी चेतना का पर्याय है, कहीं कलावाद के पुष्पवृत पर बैठी महज 'चिड़िया' भर। आलोचकों ने इसे अपने-अपने सरलीकरणों के साथ परिभाषित किया है। समकालीन आलोचना की हालत यह है कि वह अपने प्रभु वर्ग के हितों के विपर्यस्त नहीं जा सकी है। रचना-आलोचना की दुरभिसंधियों को 'फर्क' शीर्षक कविता बारीकी से टटोलती है। सिर्फ रचनात्मक दुरभिसंधियों के फर्क को ही नहीं, मानवीय अंतर्सबन्धों के फर्क को भी रामदरश जी की कविताएं निपट आत्मीयता

से महसूस करती हैं। उनके उपमान और प्रतीक अमूर्तन के अवगुंठन में लिपटे नहीं होते, बल्कि वस्तुगत रूप से प्रयुक्त होकर कविता के कथ्य को मूर्त बनाते हैं।

समकालीन कविता में स्त्री जाति के प्रति जिस तेजी से श्रद्धा की भावना उमड़ी है, वह अनायास नहीं है। स्त्री समर्थक कवियों के घरों की स्त्रियों के दुख भले ही घर-गिरस्ती की धूल-धक्कड़ में जज्ब होकर रह जाते हों–स्त्री-मुक्ति के परचम उनकी कविताओं में लहराते हुए दिखेंगे। स्त्री के प्रति दुहरे बर्ताव के चलते जीवन और कविता में भी उसका किरदार "अबला जीवन हाय तुम्हारी यही कहानी" के मिथक से आगे नहीं बढ़ पाया है। रामदरश जी की 'औरत' शीर्षक कविता उसके किरदार को समग्रता से प्रस्तुत करती है। जीवन और कविता दोनों जगह स्त्री जाति के प्रति उनका एक-सा बर्ताव है और उसके दुखों, दायित्वों, गिरस्ती के कोल्हू में उसके जुते होने का सजग अहसास भी।

हर कवि की कविता का अपना ढांचा होता है। चीजों को देखने का उसका अपना नजरिया होता है। रामदरश मिश्र की कविताओं का विशेषत्व यह है कि वे समय और समाज की विशेषताओं को पूरी शिद्दत के साथ नोट करती हैं परन्तु उसकी अभिव्यक्ति के लिए वे न तो जनवादी रवैया अख्तियार करती हैं और न ही रूपवादी काव्यभाषा व नवरहस्यधर्मिता के मार्ग का अनुसरण करती हैं, इसलिए लीलाधर जगूड़ी, आलोक धन्वा, केदारनाथ सिंह और अशोक वाजपेयी की कविताओं के मूल्यांकन की प्रविधि रामदरश मिश्र की कविताओं की जांच–परख के काम नहीं आ सकती। अपने समकालीनों के बीच अपनी अलग पहचान के साथ प्रस्तुत उनकी कविताएँ जाड़े के थर्राते सन्नाटे में गुनगुने गीत की तरह या फरवरी के महीने में खिले हुए एक बड़े–से फूल की तरह या फिर थके हुए समय के बीच फुरसत के एक दिन की तरह हैं, जैसा कि 'फरवरी' शीर्षक कविता में उन्हीं का एक चित्र है:–

> फरवरी का महीना महीना नहीं होता/साल की डाल पर खिला हुआ/एक
> बड़ा–सा फूल होता है/ थके हुए समय के बीच/फुरसत का एक दिन होता
> है/एक गुनगुना गीत होता है/ जाड़े के थर्राते सन्नाटे में।
>
> ('जुलूस कहाँ जा रहा है' से)

कविता में रामदरश मिश्र आत्मीय सजगता से काम लेते दिखायी पड़ते हैं। उनके कथा संसार में रची–बसी दुनिया की समस्याएं उनकी कविताओं में भी व्यापकता से जगह बनाती हैं। उनकी कवितओं में न केवल उनकी बल्कि जन-जन की संवेदना, अनुभूति और चिंताकुलता मुखर हुई है। कहना न होगा कि यद्यपि किसी एक उचित पद या कि बिम्ब के भरोसे रामदरश जी ने अपनी कविताओं का जो मेयार हमारे समक्ष रखा है, वह अपनी शैल्पिक, कलात्मक प्रयुक्तियों के कारण भले ही उतना ध्यातव्य न हो किन्तु उनकी मानवीय दृष्टि का प्रभावी प्रक्षेपण तो करता ही है; और इसका अहसास स्वयं कवि को भी है, जब वह कहता है, "हमारे हाथ में सोने की नहीं/सरकंडे की कलम

है/सरकंडे की कलम/खूबसूरत नहीं, सही लिखती है/ वह विरोध के मंत्र लिखती है/प्रशस्ति पत्र नहीं लिखती है।" ('दिन एक नदी बन गया' से)

यों तो रामदरश जी के यहां प्रकृति के नाम पर बसंत की बेरोक आवाजाही है, वह उनके कविता संग्रहों का स्थायी भाव ही नहीं, उनके प्रकृति प्रेमी, गंवई मन की आत्मीय अनुभति बन चुका है। इसलिए वे जगह-ब-जगह 'बहार तो बंसत आ गया है' की हांक लगाते अथवा 'हम कब से प्रतीक्षा में थे उस बंसत की' कहते हुए प्रतीक्षातुर दिखते हैं। किन्तु वे 'बसंत' का यह भेद भी बखूबी समझते हैं कि "धूल उड़ाने से/या मुनादी करने से/बंसत का आना नहीं जाना जाता/बसंत तो एक विराट् गहरा अहसास है जो समय के गहरे अंतराल में/जमे हुए शून्य और भीगे हुए अंधकार से/लगातार टकराते/फूलों और किरणों के संगीत से बनता है और जब वह आता है/तो पूरी धरती अपने आप गा उठती है" ('कंधे पर सूरज') रामदरश जी कविताओं में दरअसल ललित निबंधों की छाप दिखती है–यद्यपि किंचित ही किन्तु उनके मन-मिजाज को मुकम्मल तौर से रेखांकित करती हुई। आज की कविता के बीच उनकी कविताओं की उपस्थिति का निश्चय ही अपना महत्व है।

ग़ज़लकार रामदरश मिश्र

सुभाष भदौरिया

उर्दू के सुप्रसिद्ध ग़ज़लकार ग़ालिब ने अपने एक शेर में कहा था–

बकद्रे शौक नहीं जर्फेतंगनाए ग़जल,
कुछ और चाहिए वुस्अत मेरे बयां के लिए।

परन्तु हिन्दी साहित्य के सशक्त हस्ताक्षर रामदरश मिश्र ने कहानी, उपन्यास, आलोचना गीत इत्यादि विधाओं के साथ उर्दू विधा ग़ज़ल को अपनी अभिव्यक्ति का सचोट माध्यम बनाया है। आपका 'बाजार को निकले हैं लोग' ग़ज़ल संगह 1986 में प्रकाशित हुआ है। इस संग्रह की ग़ज़लों के अध्ययन एवं विश्लेषण से ज्ञात होता है कि मिश्र जी ग़ज़ल विधा की खूबियों के प्रति काफी सजग रहे हैं। इनकी ग़ज़लों में भाषा की रवानी, कथ्य की संप्रेषणीयता–हृदय की टीस, सांकेतिकता, चित्रोपमता विशेष रूप से पायी जाती है। हिन्दी भाषा में दुष्यन्त कुमार के पश्चात् अन्य गीतकारों ने भी ग़ज़ल को संवारा है, उसके कथ्य को नये आयाम दिये हैं। यूं तो मिश्र जी ने दुष्यन्त से पूर्व भी ग़ज़लें कही हैं जो उनके काव्य संग्रह 'बैरंग बेनाम चिठ्ठियां' में संकलित हैं।

किन्तु 'बाजार को निकले हैं लोग' संगह की ग़ज़लों में आपने दुष्यन्त कुमार की तरह युगीन विसंगतियों एवं अवाम की तकलीफों को व्यक्त क़िया है, साथ ही आज के मनुष्य के एकाकीपन की पीड़ा, स्वार्थी शहरी संस्कृति में व्याप्त घुटन तो दूसरी तरफ गांव की स्निग्ध पुकार उनकी ग़ज़लों में सुनाई पड़ती है। ग़ज़ल के परम्परागत वर्ण्य–विषय सौन्दर्य एंव प्रेम की सोंधी–सोंधी महक भी उनकी ग़ज़लों में है तो दूसरी तरफ प्रतीक्षारत वियोगी हृदय की छटपटाहट भी।

उपर्युक्त तमाम विशेषताओं के पश्चात् भी अपनी ग़ज़लों के बारे में मिश्र जी का ये निवेदन 'ये ग़ज़लें' उन रचनाकारों के लिए दृष्टव्य हैं जो एक या दो अच्छे मिसरे कहने के पश्चात ही स्वयं को ग़ज़ल खाँ घोषित करते हैं, देखिए–

"ग़ज़ल मेरी मुख्य काव्य शैली न थी, न है, न रहेगी। मैं इस शैली पर अपना कोई अधिकार भी नहीं समझता। मैंने इन ग़ज़लों को बार–बार ग़ज़ल की दृष्टि से देखने और निखारने का प्रयत्न किया है फिर भी ठेठ ग़ज़ल प्रेमियों को इनसे तकलीफ पहुंचे तो

क्षमा करेंगे। उनसे निवेदन है कि यदि ग़ज़लों में उन्हें कविता दिखाई दे तो यही समझकर संतोष कर लें, "घी या लड्डू टेढ़ा भला" और यह मान लें कि ये ग़ज़ल नहीं ग़ज़लनुमा कविताएं हैं।"

मिश्र जी का यहाँ ठेठ प्रेमियों से संकेत उर्दू छन्दों के शास्त्रीय ज्ञाताओं से है। यह सच है कि हिन्दी भाषा में ग़ज़ल का शिल्पगत विकास भली भांति नहीं हो सका है। यह सर्वविदित है कि ग़ज़ल फारसी काव्य विधा है उसमें अरबी-फारसी बहरों का प्रयोग किया जाता है। हिन्दी की छन्द व्यवस्था एवं अरबी-फारसी उरूज में पर्याप्त भेद है। कुछ हिन्दी-उर्दू छन्द लगभग एक से हैं। इन छन्दों का हिन्दी ग़ज़लकारों ने सहजता से निर्वाह किया है, किन्तु जहां भी उन्होंने कौशल-प्रदर्शन की सोची वहीं मात खा गये हैं। आश्चर्य तो इस बात का है कि वे एक ही ग़ज़ल के शेर की दोनों पंक्तियों में भिन्न-भिन्न वजन की बहरों का प्रयोग कर देते हैं। उनकी दृष्टि में ये नया प्रयोग भी हो सकता है किन्तु ऐसे नूतन प्रयोग किसी भी उर्दू ग़ज़ल में नहीं मिलते। हिन्दी में इनकी भरमार है—

मिश्र जी के एक शेर से यह बात उजागर होती है। जैसे—

अपनी बुझी निगाह से कोसो ने वक्त को,
कुछ भी न सही हाथ में परचम तो दिये हैं।

यहां शेर की प्रथम पंक्ति का वज़न इस प्रकार है—

मफ ऊल	फायिलात	मफाईल	फायिलुन
SSI	SISI	ISSI	SIS
गा गाल	गा ल गा ल	ल गा गा ल	गा ल गा
अपनीबु	झी निगाह	से को सो न	वक्त को

जबकि दूरी पंक्ति अलग वजन में है। देखिये—

मफ ऊल	मफाईल	मफाईल	फऊलुन
SSI	ISSI	ISSI	ISS
गा गा ल	ल गा गा ल	ल गा गा ल	ल गा गा
कुछ भी न	सही हाथ	में परचम तो	दिये हैं

उर्दू छन्द शास्त्र की दृष्टि से ये दोनों अलग बहरें हैं। किन्तु इसी संग्रह में मिश्र जी ने अन्य सरल एवं कठिन बहरों का बड़ी सावधानी से प्रयोग किया है। उर्दू की प्रसिद्ध बहर कामिल का एक उदाहरण दृष्टव्य है—

"एक कारवां चलता रहा, तेरे पास ही तेरे पास ही।
तूने राह सारी गुजार दी किसी हम सफर की तलाश में।।

कहने का तात्पर्य यह है कि संग्रह के सभी लड्डू टेढ़े नहीं—उनका अपना विशिष्ट आकार है। मिश्र जी सफल गीतकार हैं मात्राओं की जगह आप लय पर विशेष ध्यान देते हैं। आपने अपने ग़ज़ल में संग्रह में कई उर्दू बहरों का सफलता से निर्वाह किया

है फिर भी उनका 'निवेदन' वास्तव में विनम्रता और स्पष्ट-वादिता का परिचायक है।

हम पहले ही कह चुके हैं कि रामदरश मिश्र की ग़ज़लों में प्रभावोत्पादकता, संप्रेषणीयता विशिष्ट पायी जाती है। हमारे देश की वर्तमान स्थिति का एक दृश्य है–

घर के मौसम को हुआ क्या आज है,
बन गयी आंगन की चिड़िया बाज है।
उधर पूरव की हवा बेचैन है,
उधर पश्चिम की हवा नाराज है।

इसी ग़ज़ल के अन्य शेर में विधि-प्रणाली पर व्यंग्य करते हुए आप कहते हैं–

यों हुआ है कत्ल सबके सामने,
पर अदालत के लिए यह राज़ है।

इसी ग़ज़ल में मिश्र जी के मिश्र ज वहर-ए रमल मुसद्धस महजूफ़ का प्रयोग किया है। इसका वजन प्रत्येक मिसरे में-इस प्रकार है–

फायिलातुन। फायिलातुन। फायिलुन

देश में होने वाले हत्याकांडों–फसादों को मिश्र जी प्राकृतिक प्रतीकों के माध्यम से व्यक्त करते हुए कहते हैं–

भोर रंगों में नहीं खूँ में सनी है।
बाग में बैठी हुई ऋतु अनमनी है।।
पूछते हैं पेड़ पेड़ों से सहमकर।
क्यों हवा में आज फैली सनसनी है।।

भाईचारे और मुहब्बत का पैगाम देते हुए आप इसी ग़ज़ल के आखिरी शेर में कहते हैं–

रंग सबके प्यार का तो एक ही है।
क्या हुआ मैं राम तू अब्दुल गनी है।।

मिश्र जी ने अपनी ग़ज़लों में लोगों की वेदना को बड़े प्रभावशाली ढंग से व्यक्त किया है आज हर शख्स बेघर है-घायल है। आप कहते हैं–

खत्म फुटपाथ का सफर होता ।
मेरा अपना भी कोई घर होता ।।

फिर भी वे एक दूसरे के हाल अवश्य पूछते हैं–

आता हूं और आता रहूंगा ये मेरा हक ।
मेरे नसीब में यों लिखी वापसी तो है ।।
जख्मों से भरे लोग हैं रोते हुए मिलते ।
आपस में पूछते हैं कि राजी खुशी तो है ।।

स्वातंत्र्योतर स्थितियां पहले से भी अधिक खराब हो रही हैं, चारों ओर वहशी दरिन्दों का बोलबाला है कहने को तो देश में प्रजातन्त्र है किन्तु सत्ता अभी भी आतताइयों के पास है। मिश्र जी कहते हैं–

उदास धूप है बस्ती मरी-मरी सी है ।
सुबह-सुबह सी नहीं मौन थर-थरी सी है ।।
सहम-सहम के बह रहा है नदी का पानी ।
हवा बहार की कैसी डरी-डरी सी है ।।
उलट गया है घड़े कौन यहां लोगों के ।
हरेक आंख देखिए भरी-भरी सी है ।

शहरी-सभ्यता के खोखले सम्बन्धों एवं प्रवंचनाओं का पर्दाफाश करते हुए आप कहते हैं-

जंगल से हम शहर को निकले शहर में जंगल उग आये ।
वह जंगल जंगल था यारों यह जंगल तो ज्ञानी है ।।
खामोशी की भाषा में तब मन की कितनी हलचल थी ।
भाषा की हलचल में कितनी खामोशी वीरानी है ।

आज चारों तरफ हिंसा, आतिशजनी, फसाद जैसी घटनाएं प्रतिदिन हो रही हैं, मनुष्य मनुष्य के रक्त का प्यासा बना हुआ है, ये कहीं आदिम युग की अविकसित स्थितियों का पुनरावर्तन तो नहीं, वे इसी ओर संकेत करते हैं। रामदरश मिश्र कहते हैं-

हम जहां से थे चले क्या फिर वहीं आना हुआ ।
यह अजनबी दृश्य कुछ लगता है पहचाना हुआ ।।

आर्थिक विषमताएं मनुष्य का जीना दूभर किये हुए हैं। उसे दो वक्त की रोटी के लाले पड़े हुए हैं फिर भी वह मायूस नहीं। आप कहते हैं-

चूल्हों में है बुझी हुई जलती है जिगर में ।
कैसी अजीब आग मिली जिन्दगी भर को ।।

मिश्र जी की ग़ज़लों में वेदना ही नहीं आस्था और संघर्ष के स्वर भी मुखरित हुए हैं। जिस तरह लोहा लोहे को काटता है उसी तरह दुःख की मारक शक्ति दुःखों में ही निहित है। देखिए-

एक ताजा चोट यों बरसी कि पहली धुल गयी ।
इस तरह से ग़म ग़लत, ग़म से किये जाते हैं हम ।।

हमें खुशनुमा जिन्दगी जीने के लिए संकुचित मानसिकता के घेरे से बाहर निकलना होगा, पूर्वग्रहों को त्यागना होगा, तभी जीवन का सही आनन्द प्राप्त हो सकेगा। रामदरश मिश्र कहते हैं-

तोड़ तो शीशा कहीं आये हवाएं ।
बन्द कमरें में घुटन छाने लगी है ।।
याद भर रह जायेगी जी लो घड़ी भर ।
देख लो ऋतु बाग से जाने लगी है ।।

मिश्र जी ने प्रेम रंग भी अपनी ग़ज़लों में भरा है। संयोग-वियोग दोनों ही दशाओं के

बड़े मार्मिक दृश्य आपने प्रस्तुत किए हैं–

यों तो पहले भी कई तन्हाइयां गुजरी मगर ।
आज पहली बार लगता है कि मैं तन्हा हुआ ।।

उर्दू ग़ज़लकारों ने भी इसी स्थिति का बड़ा मार्मिक वर्णन किया है–

जिन्दगी में दो ही लमहें मुझपे गुजरे हैं कठिन ।
एक तेरे आने से पहले एक तेरे जाने के बाद ।।

वियोगी हृदय अपने प्रिय के संदेश की बड़ी बेसब्री से बाट निहारता है किन्तु–

कोई आया न, कोई खत न तार ही आया ।
लौट आखिर को मेरा इन्तजार ही आया ।।

बरसों की जुदाई के बाद अचानक उसका मिलना और फिर से पूछना–

तुमने क्या अपना हाल किया है दिनों के बाद ?
किसने ये फिर सवाल किया है दिनों के बाद ।।
पहलभर में सारी खिड़कियां बेपर्दा हो गईं ।
मौसम ने फिर कमाल किया है दिनों के बाद ।।

इस प्रकार रामदरश मिश्र की ग़ज़लों का हिन्दी ग़ज़ल विधा में महत्त्वपूर्ण स्थान है। वर्तमान स्थितियों से जुड़कर आपने ग़ज़लें कही हैं। छन्दों की यान्त्रिकता की जगह कथ्य की संप्रेषणीयता को आपने विशेष महत्त्व दिया है। यही उनकी ग़ज़ल में निजी पहचान बन गई है।

मनुष्य के होने की तरह सहज हैं : रामदरश मिश्र के उपन्यास

प्रकाश मनु

रामदरश मिश्र के उपन्यास पढ़कर-या चलिए, रामदरश जी का कोई भी उपन्यास पढ़कर सबसे पहली बात मन पर क्या नक्श होती है।

साहित्य के एक मामूली पाठक के तौर पर मैं इस सवाल के नजदीक आता हूं-तो मुझे लगता है, इसके जवाब को लेकर मेरे मन में कहीं कोई दुविधा नहीं है।

रामदरश जी का हर उपन्यास पढ़ने के बाद मुझे लगता है कि मैं उपन्यास नहीं पढ़ रहा, ज़िन्दगी को देख रहा हूं। ज़िन्दगी के बीच पूरी तरह धंसकर ज़िन्दगी को देख रहा हूं। ज़िन्दगी जो बहुत सीधी-सादी है, प्रेममयी है, मोह और सम्मोहन जगाने वाली है और अपने खुरदरेपन के बावजूद एक कमाल की दिलकश और खूबसूरत शै है। ··· उसके सीधे-सादेपन और खूबसूरती में ऐसी-ऐसी भयंकर शक्लें, ऐसे-ऐसे करुण सत्य और ऐसे-ऐसे नग्न यथार्थ की स्याह परछाइयां छिपी पड़ी हैं कि उनका सामना होते ही हम थरथरा उठते हैं कि अच्छा, यह सब भी है, यह सब क्यों है··· यह सब तो नहीं होना चाहिए !! पर वह होता है और इतने नंगे, करुण और हृदय विदारक रूप में सामने आता है कि थोड़ी देर के लिए हमारी सांस रुक जाती है··· और लगता है, अगर ज़िन्दगी इसी का नाम है तो फिर यह क्यों है और इसे हम क्यों जीते हैं। ···

मगर फिर··· ? इन दुखों का चक्का कोई आगे बढ़कर थाम लेता है और उसे दूसरी दिशा में चला देता है! कभी नैतिक मूल्यों को लेकर चलने वाला कोई शख्स, कभी प्रकृति-और कभी-कभी तो विशुद्ध संयोग··· ! और फिर एकाएक पट-परिवर्तन! ···

अचानक कहीं से बांसुरी की धुन उठती है और दग्ध मन को सरसाने लगती है, कहीं होली की फगुनाहट बिखर जाती है, कहीं चैती कहीं विदेसिया··· प्रकृति का रस और अनंत छवियाँ, अनंत माधुर्य··· प्रेम की अद्भुत लीलाएं··· मनुष्य के छोटे-बड़े दुखों के बीच पिरोए हुए छोटे-छोटे सुख···!! और अभी हम इसमें बहते-बहते कुछ आगे निकले ही थे कि अशुभ, अमंगल की काली स्याह उत्पाती छायाएं! कुछ समर्थ, शक्तिशालियों

और धनपशुओं का कपट, अनीति, कुचालें!··· पिसती हुई जनता, हबसते हुए लोग !!

और फिर हमारे देखते-देखते यह चमत्कार होता है कि ये सभी एक-दूसरे में गुंथ जाते हैं—जैसे ज़िन्दगी में ! और हम देखते हैं कि रामदरश जी के उपन्यासों में जो लोग हैं, जो ज़िन्दगी है, वह लगभग उसी रूप में हैं—या वैसी ही है—जैसी ज़िन्दगी खुद है, जैसे लोग खुद हैं···

और यहां रामदरश जी के उपन्यास, उपन्यास न रहकर 'एक अनंत प्रवाह युक्त नदी गाथा' हो जाते हैं—जनगाथा हो जाते हैं ··· और न जाने कब उसकी लहरों में समरस होकर बहते-बहते, जब उपन्यास खत्म होने पर हम किनारे आ लगते हैं, तो हमें याद ही नहीं रहता कि अभी-अभी जिस किताब को हम पढ़ रहे थे, वह किताब थी या ज़िंदगी?··· अभी हम 'पानी के प्राचीर', 'जल टूटता हुआ', और 'अपने लोग' पढ़ रहे थे या रामदरश जी के साथ गोरखपुर अंचल की ओर घूमने निकल गए थे ···और इतिहास के गलियारों के बीच धंसते चले गए थे—'दूसरा घर' पढ़ रहे थे या रामदरश जी के साथ गुजरात जा पहुंचे थे जहाँ डा. गौतम अपनी कच्ची और हिलती हुई नौकरी के सहारे एक ओर अपनी छोटी सी गृहस्थी, दूसरी ओर साहित्य-कर्म और सामाजिक आदर्शों को थामे हुए थे।··· इसी के साथ-साथ न जाने कब उन विस्थापितों का दर्द जुड़ जाता है ··· जो नौकरियों और काम-धंधे की तलाश में अपने घर से सैकड़ों मील दूर यहां आ गए··· और लगातार अपमान झेलते हुए मर्माहत होते हैं। घर को याद करते हुए 'परदेस' में मैली जिन्दगी जीते हैं, पर घर लौट नहीं पाते।

यही बात रामदरश जी के अपेक्षाकृत छोटे उपन्यासों 'रात का सफर', 'थकी हुई सुबह', 'बिना दरवाजे का मकान,' 'आकाश की छत', 'सूखता हुआ तालाब', 'बीच का समय', और 'बीस बरस' के बारे में भी कही जा सकती है कि ये उपन्यास कम, जिन्दगी के भीतर धंसकर की गई ज़िन्दगी की यात्राएं ज्यादा हैं। इनमें शायद ही कोई उपन्यास हो, जिसके भीतर निजी एकांत का भंवर या अंतर्गुहाओं के गुंजलक होंगे!··· ऐसा नहीं कि मन की गुत्थियां या निजी परेशानियां इनमें नहीं हैं। वे हैं, मगर वे ज़िन्दगी की धारा का हिस्सा बनकर आई हैं या उनके साथ बहती नजर आती हैं··· इसलिए वे ऐसी नहीं है कि उनके कारण आसपास का कुछ भी दिखना बंद हो जाए!··· यह अपने सुख-दुख के साथ ही एक-दूसरे के सुख-दुख को महसूस करते हुए आगे बढ़ना है।

और मजे की बात यह है कि अपने बड़े उपन्यासों की तरह अपने छोटे उपन्यासों में भी वह कहीं न कहीं उपस्थित जरूर नज़र आ जाते हैं।

'रात का सफर' जो रामदरश जी के छोटे उपन्यासों में मुझे खासकर प्रिय है—को पढ़ना तो सच में ही रामदरश जी के साथ रेलगाड़ी के डिब्बे में बैठकर यात्रा करना है।··· रेल के सफर में रात कैसे उतरती है, आसपास से उझक-उझक कर आती प्रकृति कैसे मोहती है, यहां तक कि बीच-बीच में चाय पीने, टुकड़ा-टुकड़ा बातचीत और ऊंघने के दृश्य—यह सब बड़ा ही स्वाभाविक है।

रात का सफर पिता और पुत्री के साथ-साथ रेलयात्रा है। अपने पति को हमेशा के लिए छोड़कर आ रही ऋतु के पिता राकेश जी हालांकि मजिस्ट्रेट हैं, पर उनमें रामदरश जी के पितापन को देख पाना कोई मुश्किल नहीं है। इसी तरह 'बीस बरस' के कथानायक दामोदर जी एक प्रतिष्ठित पत्र के संपादक हैं ऊपर गौर से देखें तो यहां भी रामदरश जी मौजूद हैं।··· इसका इससे बढ़कर सबूत और क्या हो सकता है कि कथानायक संपादक हैं, पर अपने उपन्यासों का ही ज्यादा जिक्र करता है। असल में रामदरश जी से रामदरश जी की छवि छूटती ही नहीं। वह 'परकाया प्रवेश' करते हैं तो फौरन पकड़ में आ जाते हैं।

और रामदरश जी अपने उपन्यासों में हैं,—और उनमें किस हद तक 'आत्मकथा' है कि नहीं है, यह बात छोड़ भी दें तो इतना तो तय है कि यह जिन्दगी जिसमें रामदरश जी एक एक बहुत-बहुत संवेदनशील मगर अदृश्य गाइड की तरह रास्ता दिखाते हुए चल रहे हैं, उनके उपन्यासों को पढ़ते समय हमारे इर्द-गिर्द इस कदर घिर आती है कि कब हम खुद इसी का एक हिस्सा हो जाते हैं, हमें खुद पता ही नहीं चलता।

लिहाजा उपन्यास पढ़ते हुए कभी हम पात्रों के सुख से भीगते हैं और कभी अचानक आंखें भर आती हैं। रामदरश मिश्र के उपन्यासों को पढ़ने का तरीका भी यही हो सकता है। तटस्थ रहकर आप उन्हें नहीं पढ़ सकते। या कहें कि पढ़ते हुए तटस्थ रह ही नहीं सकते। जीवन के साथ एक गहरी साझेदारी के साथ वे लिखे गए हैं, शायद इसीलिए हमें तुरंत सांझीदार भी बना लेते हैं। इन उपन्यासों से निकलकर कोई हाथ, गहरी सहानुभूति और उष्णता से भरा हुआ हाथ हमारे कंधे पर आ पड़ता है—जो समझा देता है रामदरश जी जो कह रहे हैं, उस पर यकीन करो, उनके शब्दों पर यकीन किए बगैर हम रह ही नहीं सकते।···उपन्यास पढ़ते हुए उनके सुख से सुखी, उनके दुख से दुखी हुए बगैर रह ही नहीं सकते।

इसका एक उदाहरण आपको देता हूं। यों तो रामदरश जी के उपन्यासों में जिन्दगी बहुत है, इसलिए जिन्दगी का राग बहुत है। उनके यहां जिन्दगी खुरदरी और संघर्षशील चाहे जितनी हो, लेकिन राग-मोह और उत्सव-विलास से अंटी पड़ी है। रामदरश जी सीधे बहुत हैं, लेकिन उन्हें महज सीधा लेखक कोई न माने इसलिए बता देना चाहता हूं कि प्रेम और राग का जितना सूक्ष्म और महीन चित्रण रामदरश जी ने किया है, उतना बहुत कम देखने को मिलेगा। और आज की पीढ़ी तो उससे लगभग कोरी ही समझिए। मैं जानता हूं कि मैं एक विवादास्पद बात कह रहा हूं, पर मैं पूरी जिम्मेदारी और तसल्ली के साथ कह रहा हूं और इस आग्रह के साथ कह रहा हूं कि अगर आपने रामदरश जी के उपन्यास इस लिहाज से नहीं पढ़े, तो एक बार फिर पढ़ देखिए। अगर मैं ऐसे स्थलों को उद्धृत करने लगूं तो पन्ने के पन्ने भर जाएंगे और यह पूरा व्याख्यान उसी लपेट में आ जाएगा। इसलिए मैं उसे उद्धृत करने से जबरन बच रहा हूं। लेकिन हां, एक प्रसंग का उल्लेख जरूर करूंगा, 'जल टूटता हुआ' में बदमी और कुंजू का प्रेम।

यह प्रेम क्या शै है, यह कहां से उठकर कहां चला गया है और उसकी जड़ें कहां तक फैली हुई हैं, जितना-जितना मैं इस बारे में सोचता हूं, हैरान होता जाता हूं। बदमी और कुंजू के ये रागात्मक प्रसंग पढ़कर मन ही मन रामदरश जी को प्रणाम करने की इच्छा होती है। मन ही मन उनकी उस शिखरस्थ कला को प्रणाम करने की इच्छा होती है, जिसे ठीक से कभी समझा ही नहीं गया– ऊपर-ऊपर से स्थूल ढंग से उसकी तारीफ भले ही कर ली गई हो। गद्य में लिखी गई कविता क्या हो सकती है, यह आप बदमी और कुंजू के संवाद पढ़कर जानेंगे। और अन्यथा न लें, तो मुझे कहने दीजिए यह हमारी ज़िन्दगी का सर्वश्रेष्ठ गद्य गीत है। मैंने अपने जीवन में सबसे अच्छी जो प्रेम कविताएं पढ़ीं, वे भी इसके आगे पोच लगती हैं। लगता है, हम चुप्पे से इस प्रेम कहानी में घुसकर चुपके-चुपके इसका सारा रस बटोर लें और आश्चर्य तो यह है कि जिनका प्रेम इस ऊंचे शिखर तक चला गया है, वे बदमी और कुंजू हैं कौन? गांव के सबसे उपेक्षित लोग। बदमी एक ऐसी स्त्री है जो तमाम पुरुषों के वासना के पंजों में जकड़ी गई है, अभागिन है और कुंजू जो अपनी बांसुरी के साथ विरहा गाता हुआ, गांव में सबसे अलग उपेक्षित और तिरस्कृत है। और रामदरश जी ने उन्हें कहां से उठाकर कहां तक पहुंचा दिया!

तो रामदरश जी के साथ यह जो मिथ जुड़ गया है कि वह एक सीधे-सादे लेखक हैं, और इस मिथ के साथ कहीं न कहीं एक ही व्यंग्य या उपेक्षा की ध्वनि भी रहती है कि सीधे-सादे हैं मतलब यूं ही हैं–तो मैं पूरी विनम्रता और पूरी दृढ़ता के साथ आज यहां यह आग्रह करना चाहता हूं कि रामदरश जी कम से कम उतने सीधे-सादे लेखक नहीं हैं, जितना उन्हें समझ लिया गया है। उनकी सहजता का यह एक गलत और अति-सरलीकृत अर्थ होगा अगर कोई उन्हें 'सीधा-सादा लेखक' कहकर उड़ाना चाहे। रामदरश जी अगर सीधे-सादे लेखक हैं भी, तो उसी अर्थ में जैसे प्रेमचंद। और जैसे प्रेमचंद ज़िन्दगी की बारीक से बारीक, सूक्ष्म से सूक्ष्म, भंगिमाएं अपने उपन्यासों में ले आते हैं, ठीक वैसे ही रामदरश जी अपने उपन्यासों मे जीवन को लगभग सम्पूर्णता में दिखा देते हैं और कहीं-कहीं तो इतने महीन-महीन हो जाते हैं कि उनके उस्तादाना फन की दाद दिए बगैर नहीं रहा जा सकता। अपनी हृदय बेधती बांसुरी की धुन और विरहा गीतों के संग छा जाने वाली कुंजू तिवारी और बदमी का मैंने ऊपर जिक्र किया। 'जल टूटता हुआ' ही में देखें तो ऐसे प्रसंग तमाम हैं, जिनमें जीवन का रस-आनंद, भीतरी आकुलता और उल्लास झर-झर कर बह रहा है। शारदा जैसी अति संवेदनशील लेकिन कुछ-कुछ खिलंदड़ी लड़की और उसको पढ़ाने वाले मास्टर उमाकांत पाठक के प्रेम-प्रसंग में यही अनछुई राग-माधुरी है। ऐसे ही 'अपने लोग' को देखें तो पगले उमेश की जो डायरी है, वह एक बेशकीमती और नायाब चीज है। उमेश जैसे बहुत-बहुत संवेदनशील और प्रतिभावान युवक के साथ हुआ हादसा हमें बुरी तरह स्तब्ध कर देता है। और उसकी डायरी के वे पन्ने, जिनमें उसका दर्द बहा चलता है, जिनमें

उसके असफल प्रेम की गहरी कचोट है और जिसमें उसके पागल होने के कुछ प्रकट, कुछ अप्रकट कारण भी, उसके आंसुओं में रुंधी हुई सतरों के बीच मौजूद हैं··· पगले उमेश की डायरी के ये भीगे हुए करुण पन्ने ही शायद 'अपने लोग' उपन्यास के सबसे कीमती पन्ने हैं, जो बता देते हैं कि उमेश पागल नहीं था। उमेश जैसा आदमी पागल नहीं हो सकता। पागल तो वह दुनिया है जो उसे पागल कहती है और एक मुर्दे की तरह चीजों को देखती है, जबकि उमेश एक जिंदा और चोट खाया हुआ आदमी है। वह एक जिंदा आदमी की तरह चीजों को देखता है, जीता है, टूटता है, हारता है और पागल हो जाता है···

एक दफा रामदरश जी से एक लंबे इंटरव्यू में मैंने उनसे उनके उपन्यासों की रचना-प्रक्रिया के बारे में पूछा था। अब आप जानते ही हैं, रचना प्रक्रिया···! यह शब्द अपने आप में ही ऐसा जड़ ऊबाऊ और माफ कीजिए, 'ठूंठ' किस्म का है कि इसका जवाब भी कोई निहायत ठूंठ किस्म का ही हो सकता था और रामदरश जी अगर निरे प्राध्यापक ही होते–तो मेरा ख्याल है वो उसी ढंग का जवाब देते भी। मगर रामदरश जी कोरे प्रोफेसर नहीं, एक जिंदा और भरे-पूरे शख्स हैं जिनके भीतर दिल्ली में इतने बरसों से रहते हुए भी गांव अब भी सांस ले रहा है, तो उनका जवाब एक प्रोफेसर का नहीं, एक गंवई आदमी का जवाब था, लिहाजा उसमें एक उस्तादाना आब थी। बोले–"मनु जी, मैं पहले से सारी चीजें तय करके कभी नहीं लिखता। सिर्फ जिस चीज के बारे में लिखना है, उसका एक हल्का-सा खाका या तस्वीर मन में रहती है। और फिर होता यह है कि जब लिखने बैठता हूं तो कहीं से भी ज़िन्दगी में धंस जाता हूं और फिर जो लोग और स्थितियां सामने आती चलती हैं, उनमें रम जाता हूं और रास्ते खुद-ब-खुद खुलते चले जाते हैं।"

'एक साहित्यिक की डायरी' में मुक्तिबोध ने भी इसी रचना-प्रक्रिया जैसी पेंचदार चीज को आम आदमी से जुड़े हुए एक मामूली बिंब के जरिए समझाया था। उन्होंने किसी भी रचना को एक खोज कहा और उनके अनुसार यह ऐसा ही है जैसे कोई शख्स अंधेरे में एक लालटेन लेकर जा रहा हो। लालटेन से जितना वृत्त प्रकाशित हो रहा है, बस उतना आप जानते हैं। आगे चलने पर कुछ आगे की चीजें भी प्रकाशित होती जाएंगी, और यों आप चलते चलेंगे।

अब आप एक चीज पर गौर कीजिए। मुक्तिबोध रचना-प्रक्रिया जैसी जटिल चीज को अपने तईं अपने देशज बिम्ब के जरिए जैसा सहज बना लेते हैं, रामदरश जी भी ठीक वही काम कर रहे हैं। और अपने प्रोफेसर को अलग रखकर अपने पूरे गंवई ठाठ के साथ कर रहे हैं···अब आप समझे रामदरश जी के उपन्यासों की शक्ति। वह किसी बुद्धिजीवी की तरह लंबूतरा चेहरा बनाकर दूर-दूर तक अपने एकांत का पसारा करते हुए और उसी में लोट-पोट होते हुए उपन्यास नहीं लिखते। वह एक ऐसे सहज आदमी की तरह उपन्यास लिखते हैं, जो पढ़ाकू कम एक पारिवारिक आदमी या सामाजिक

आदमी ज्यादा है और इतना संवेदनशील है कि समय या उसमें आए हुए बदलावों से हर क्षण आंदोलित होता, रीझता और खीजता रहता है।

ऊपर जो चर्चा हुई, उसमें दो बातें साफ हो जाती हैं। एक तो यह कि रामदरश जी कोई साहित्यिक वादों और फैशनों के लेखक नहीं ··· कि आज कोई वाद खत्म हुआ और कल कोई और फैशन चल पड़ा, तो आज उनके झंडे लहरा रहे हैं और कल उस वाद के खत्म होते ही उसी झंडे में बांधकर वे पोथियां अलमारी के एक कोने में रख दी गईं– फिर कभी न पढ़ने के लिए। जी, नहीं। रामदरश जी ऐसे लेखक नहीं हैं। अगर वे कल थोड़े ढीले-ढाले से लेखक थे तो आज भी हैं और उनके ढीले-ढालेपन में कल अगर उस्तादी की बाकी छटाएं नज़र आती थीं, तो वैसी ही आज भी नज़र आती हैं और जैसे-जैसे समय बीतेगा, उनकी चमक फीकी पड़ने की बजाए और अधिक हमें लुभाएगी।··· और जैसे ज़िन्दगी कभी पुरानी नहीं होती, मनुष्य कभी पुराना और बासी नहीं होता, उसका हंसना-रोना-गाना, उसका प्रेम, राग-विराग, उसके भावों का आलोड़न यहां तक कि गुस्सा और नफरत भी जैसे कभी बासी नहीं होता, वैसे ही रामदरश जी के उपन्यास हैं और वे उसी तरह खुले-खुले और निर्बंध और सहज बहते हुए उपन्यास हैं जैसे खुद ज़िन्दगी। आप उन्हें कैसे बांधेंगे? किन शब्दों में, किस विशेषण में?

जी, नहीं रामदरश जी को आप इस तरह नहीं बांध सकते। और इस तरह नहीं, किसी भी तरह आप उन्हें नहीं बांध सकते। किसी खांचे में, किसी वाद में, किसी छोटे बड़े विशेषण और फार्म में। यही दीगर बात है कि उन्हें कभी 'आंचलिक' कह दिया गया, कभी 'ग्रामीण संवेदना का लेखक' कहा गया, कभी 'सचेतन' के खाते में डालने की आधी-अधूरी और वाहियात कोशिशें हुईं। मगर नहीं, ये सारी कसरतें फिजूल साबित हुईं। इसलिए कि वह इस सबसे बड़े हैं और तमाम सीमाओं को बार-बार तोड़कर बाहर निकल आते हैं–जैसे ज़िन्दगी, जैसे मनुष्य।

दूसरी बात जो रामदरश जी का कोई भी उपन्यास–यहां तक कि उनके किसी भी उपन्यास के कुछ ही पन्ने-पढ़कर समझ में आ जाती है, वह यह कि ये एकांतिक उपन्यास नहीं हैं। ये कृष्ण बलदेव वैद का 'काला कोलाज़' और निर्मल वर्मा का 'एक चिथड़ा सुख' आदि-आदि नहीं हैं, जिनमें या तो कमरे के भीतर कुछ चीजें होती हैं या फिर मन में होती हैं। कुछ गिने-चुने अति सेलेक्टिव लोग होते हैं और दूर-दूर तक इक्का-दुक्का मानवीय उपस्थिति के अलावा एक लंबा, बहुत लंबा उबासियां लेता और ऊबता उजाड़। ये विनोद कुमार शुक्ल के उपन्यासों की तरह भी नहीं है, जिनमें जादुई यथार्थवाद के नाम पर या तो यथास्थिति है, या फिर जीवन के 'स्टिल चित्र' जिन्हें गौर से देखो तो वे थोड़े हिलते-डुलते भी नजर आ जाते हैं। मनोहरश्याम जोशी जैसे उत्तर-आधुनिकता के नाम पर 'गू' और 'गूमालिंगबादी' उपन्यास लिखने वालों से भी ये अलग हैं और ईश्वर का लाख-लाख शुक्र है कि वे अलग हैं और उनमें हमें अपनी ज़िन्दगी और अपने समय की छोटी-बड़ी तकलीफें, छोटे-बड़े सुख-दुख और गरीब और

निरुपाय जनता की करुणा नजर आ जाती है।

और शायद यही कारण है कि इस जाती हुई सदी को-उसके अजस्र प्रवाह और उसमें आए आश्चर्यजनक मोड़ और बदलावों को-उसकी तमाम-तमाम शक्लों को जिन बड़े कद के लेखकों के उपन्यासों से समझा जा सकता है, उनमें प्रेमचंद, अमृतलाल नागर, यशपाल, जैनेंद्र, अज्ञेय, इलाचंद्र जोशी, हजारीप्रसाद द्विवेदी, रेणु, देवेन्द्र सत्यार्थी, भगवती चरण वर्मा जैसे बड़े लेखकों के साथ-साथ बेशक रामदरश मिश्र का नाम भी आप ले सकते हैं-बल्कि आपको लेना ही होगा। और यहां यह भी दर्ज करना ज़रूरी है कि समय के साथ-साथ रामदरश मिश्र के उपन्यासों का महत्त्व दिनों-दिन बढ़ता गया है और बढ़ता जाएगा।

जाहिर है, ऐसा कहते हुए मैं रामदरश मिश्र के उपन्यासों की सीमाएं नहीं भूल रहा हूं। मसलन रामदरश मिश्र के ही ऐसे कई उपन्यास हैं जो 'पानी के प्राचीर', 'जल टूटता हुआ' और 'अपने लोग' जैसे उनके कालजयी उपन्यासों के आगे बड़े हल्के और फीके लगते हैं। विकास-क्रम के लिहाज से उन्हें ऊपर होना चाहिए था, पर हकीकत यह है कि गांव की पृष्ठभूमि पर लिखे गए उनके 'बीस बरस' जैसे उपन्यास रामदरश जी के 'जल टूटता हुआ' और 'पानी के प्राचीर' जैसे बड़े-सचमुच बड़े उपन्यासों के आगे कहीं नहीं ठहरते। 'बीस बरस' को पढ़ना ऐसा ही है जैसे बीस साल बाद 'जल टूटता हुआ' का एक और बदले-हुए वक्त के हिसाब से लिखा हुआ··· 'उपसंहारनुमा' कोई चैप्टर पढ़ रहे हों! ··· या उनके यथार्थवादी उपन्यासों की धारा देखें, 'अपने लोग' जिसका शिखर है-तो इसी धारा में लिखा गया उनका उपन्यास 'बिना दरवाजे का मकान'··· 'अपने लोग' के साथ-साथ शायद चर्चा के लायक भी न समझा जाए!··· कहीं-कहीं रामदरश जी के उपन्यासों में भाषा और विन्यास के ढीले-ढालेपन और एक तरह की सुस्ती जैसी दिक्कतें हैं। कभी-कभी लगता है, जैसे थोड़ी मेहनत और की जाती, थोड़ा तराशा जाता या हल्का सा 'टच' किया जाता, तो भाषा में कुछ और चमक और खिलावट आ जाती।··· पर रामदरश जी के उपन्यास इतने बड़े और खुले जीवन को भीतर समेटकर चलने वाले और इतने बड़े केनवस पर लिखे उपन्यास हैं कि तमाम-तमाम सीमाओं के बावजूद उनका महत्त्व बल्कि कहना चाहिए उनका ऐतिहासिक महत्त्व कहीं कम नहीं होता और उनका खुरदरापन और थोड़ी-बहुत चूकें भी उनके कथा-प्रवाह में ढलकर उनकी अपनी खास तरह की शैली-और एक खास तरह की 'अदा' का आभास देने लगती हैं।

सच तो यह है कि अपनी थोड़ी बहुत न्यूनताओं के बावजूद रामदरश मिश्र के उपन्यास हिंदी उपन्यास का इतिहास रचने वाले उपन्यास हैं-और उनके उपन्यासों के जिक्र के बगैर हिंदी उपन्यासों पर की गई कोई भी चर्चा अधूरी और बेमानी ही कहलाएगी।

और सबसे बढ़कर है रामदरश मिश्र के उपन्यासों की प्रामाणिकता और विश्वसनीयता।

आप उनके हर शब्द पर विश्वास कर सकते हैं। उनके अनुभव एकदम सच्चे और खरे हैं। उनमें कोई मिलावट नहीं है। वे 'फेक' अनुभव नहीं हैं और वे किसी किताबी लेखक के अनुभव नहीं हैं जो सिर्फ अपने कमरे में ही चीजों का साक्षात्कार करता है। सच तो यह है कि रामदरश मिश्र के अनुभव जिंदगी की गहरी जद्दोजहद के बीच से निकले हैं और उनका हर शब्द यह भरोसा देता लगता है कि आप उन पर बेहिचक पूरा-पूरा भरोसा कर सकते हैं।

हो सकता है कि इनमें से कुछ उपन्यासों को–या उपन्यास के कुछ स्थलों को रामदरश जी पूरी तरह गहरा न पाए हों··· हो सकता है कि कहीं-कहीं पूरी मेहनत न की गई हो और भाषा कहीं-कहीं असमर्थ होकर उनके भावों और विचारों और चिंताओं का बोझ पूरी तरह संभल न पा रही हो··· पर एक बड़े मानवीय धरातल पर चिंता और चिंतन की एक ऐसी उदात्तता और उच्चाशयता उनमें है कि रामदरश जी के उपन्यासों को फिर चाहे उनके छोटे उपन्यास ही क्यों न हों–आप हमेशा जीवन की संपूर्णता को चाहने की कोशिश करते नज़र आएंगे।··· यह एक ऐसा पहलू है जो रामदरश जी के उपन्यासकार को हमारी सदी का एक बड़ा उपन्यासकार साबित करता है।

रामदरश जी के पहले उपन्यास 'पानी के प्राचीर' का समर्पण वाक्य है– "युगों से राप्ती नदी के प्रकोप और अपने अभावों के असूझ अंधकार से जीवट के साथ जूझती हुई जनता को!" और राप्ती नदी अपने कोमल और कठोर दोनों रूपों में 'पानी के प्राचीर' के इस छोर से उस छोर तक फैली हुई है। ठीक वैसे ही जैसे वह 'जल टूटता हुआ' के इस छोर से उस छोर तक फैली है–और उपन्यासकार के मन के साथ-साथ पूरे उपन्यास में इस कदर संदेह और साकार होकर बह रही है कि लगता है कि यह कोई नदी नहीं, एक अनंत जल-प्रवाह है जिसकी एक-एक लहर में लोगों, चेहरों और चरित्रों की अनंत हलचलें दु:ख-दर्द, आंसू और सपने समाए हुए हैं।··· और यही राप्ती नदी रामदरश जी के एक और महत्वाकांक्षी उपन्यास 'अपने लोग' में भी है, जिसकी शुरुआत में ही हमें सूचना मिलती है कि प्रमोद जिस गाड़ी में है वह राप्ती नदी के पुल को धड़ाधड़ पार करती जा रही है··· यानी कि गोरखपुर! राप्ती नदी यहां भी एक विशाल जल-प्रवाह के रूप में संदेह और मूर्त होती देखी जा सकती है। हालांकि 'पानी के प्राचीर' और 'जल टूटता हुआ' की तुलना में 'अपने लोग' में उसका आत्मीय परस थोड़ा हल्का है ··· या नैकट्य की ऊष्मा थोड़ी कम है।

इसकी एक वजह शायद यह हो सकती है कि 'पानी के प्राचीर' और 'जल टूटता हुआ' में हम ग्रामीण जीवन की अधिक सहज और उद्दाम नदी-धारा के बीच बह रहे होते हैं और 'अपने लोग' में इसके बरक्स शहरी जीवन है, शहरी जीवन का नरक है! यह ठीक है कि इस शहरी जीवन पर भी एक कसबाई अनौपचारिकता और उन्मुक्तता हावी है जो इसे पूरी तरह सड़ने नहीं देती या क्रूर और अत्याचारी नहीं होने देती··· पर 'पानी के प्राचीर' और 'जल टूटता हुआ' में ज़िन्दगी के जो सहज छंद हैं, वे यहां तक

आते-आते कुछ-कुछ भग्न और बाधित जरूर हो जाते हैं। इसी कारण रामदरश जी के शुरुआती दो बड़े उपन्यासों 'पानी के प्राचीर' और 'जल टूटता हुआ' को जिस तरह जन-गंगा के 'नदी पुराण' या 'आख्यान' कहा जा सकता है, उसी तरह 'अपने लोग' को कहने में कदाचित हल्का संकोच होता है। वहां जन हैं, और ठट्ठ के ठट्ठ जन हैं, पर वे 'जनगंगा' शायद नहीं हो पाते··· या होते भी हैं तो वे एक ऐसी गंगा बनते हैं जो काफी मैली और प्रदूषित हो चुकी है। 'आकाश की छत' में दिल्ली की बाढ़ के संदर्भ में गांव की राप्ती नदी को बार-बार याद किया गया है, पर यहां भी 'पानी के प्राचीर' या 'जल टूटता हुआ' जैसी समरसता नहीं है।)

आप कहेंगे, तो गांव ही अब कौन से आदर्श गांव रह गए हैं! वहां क्या झूठ, कपट, अन्याय और अनीति की जाल नहीं हैं?··· वहां क्या राजनीति की कुचालें नहीं हैं?··· हैं, लेकिन वहां मनुष्य का प्रकृति के साथ साहचर्य ज्यादा मुक्त और खुला है। और यह प्रकृति बहुत कुछ मनुष्य के पापों को प्रक्षालित करती चलती है। 'अपने लोग' जाहिर है, 'पानी के प्राचीर' और 'जल टूटता हुआ' की तुलना में प्रकृति से थोड़ा दूर पड़ जाता है। नदी में यहां तक आते-आते काफी गंदगी घुल जाती है। लिहाजा 'अपने लोग' में गोरखपुर के बेतियाहाता मुहल्ले का—और याद रखिए, यह गोरखपुर के सबसे ज्यादा पोश या अतिकुलीन इलाकों में से है—जैसा वर्णन है, या बेतियाहाता की गंदगी जिस तरह बजबजाती हुई सामने आती है, वैसा न 'पानी के प्राचीर' में है और न 'जल टूटता हुआ' में।

'अपने लोग' असल में रामदरश जी के उपन्यासों में यथार्थवादी धारा का प्रतिनिधित्व करता हुआ उपन्यास है और उनके यथार्थवादी उपन्यासों में यह निर्विवाद रूप से सिरमौर है।··· पर फिर भी अगर हमें यह 'पानी के प्राचीर' और 'जल टूटता हुआ' की ही एक अगली और अधिक यथार्थपरक कड़ी जैसी लगता है, तो इसीलिए कि यहां भी राप्ती नदी मौजूद है।···और जहां राप्ती नदी मौजूद है, वहां रामदरश अपनी सबसे ज्यादा उमंगों और जिंदादिली के साथ मौजूद हैं और उनका उपन्यासकार राप्ती नदी के साथ-साथ उछालें भर रहा होता है। और इसीलिए हालांकि 'अपने लोग' में घृणा और जुगुप्सा पैदा करने वाली स्थितियां तमाम हैं, पर वह घृणा ऐसी ही है जैसी अपने लोगों से की जाती है—जिन्हें आप बेहद-बेहद प्यार करते हैं। रघुवीर सहाय की पंक्ति है—उनकी एक बड़ी ही खूबसूरत पंक्ति—"एक मेरी मुश्किल है जनता जिस पर मेरा क्रोध बार-बार निछावर होता है!···" आप अगर इस पंक्ति की एक बहुत ही विस्तृत और सजीव व्याख्या देखना चाहते हैं कि अपने ही क्रोध का अपने ही लोगों पर बार-बार निछावर होना क्या होता है, तो मेरी सलाह यह है कि आप 'अपने लोग' पढ़िए। नफरत और प्यार का ऐसा अजब समीकरण उससे बेहतर शायद कहीं और नहीं मिलेगा—यहां तक कि रामदरश जी के शुरुआती उपन्यासों 'पानी के प्राचीर' और 'जल टूटता हुआ' में भी नहीं मिलेगा। वहां प्यार का पलड़ा ही कुछ भारी है। नफरत और प्यार का जो कठिन और कुछ-कुछ

खतरनाक द्वन्द्व 'अपने लोग' में है, वह तो सिर्फ 'अपने लोग' में ही आपको मिल सकता है।

और सच तो यह है कि 'अपने लोग' रामदरश जी का एक ऐसा जबरदस्त उपन्यास है, जिससे आज के उपन्यास के रास्ते फूटते हैं। रेणु का 'मैला आंचल' एक अच्छा उपन्यास है और हो सकता है कि वह किसी मानी में 'अपने लोग' से कहीं बेहतर उपन्यास भी हो। पर मैं जोर देकर कहना चाहता हूं कि 'अपने लोग' जितना समकालीन यथार्थ के निकट है, उतना 'मैला आंचल' नहीं। आज के उपन्यास के तमाम-तमाम रास्ते, 'अपने लोग' से फूटते हैं, 'मैला आंचल' से नहीं। ··· मेरा यह वाक्य अगर कुछ दुर्विनीत किस्म का लगे तो क्षमा करें। पर जो मैं कह रहा हूं पूरी जिम्मेदारी के साथ कह रहा हूं।

अगर आप मुझसे पूछें कि रामदरश जी के सर्वश्रेष्ठ तीन उपन्यास कौन से हैं? तो मुझे जवाब देने में एक क्षण का भी समय नहीं लगेगा 'पानी के प्राचीर' और 'जल टूटता हुआ' और 'अपने लोग। और अगर फिर इन तीन में से किसी एक का नाम लेने के लिए कहें तो?··· यानी रामदरश मिश्र का सर्वश्रेष्ठ उपन्यास कौन-सा है?··· अब थोड़ा सोचना होगा। 'जल टूटता हुआ' या 'अपने लोग'? ···'अपने लोग' या 'जल टूटता हुआ'? थोड़ी देर के लिए यह सवाल शायद आंख के आगे कांपेगा। अनिश्चय का एक हल्का-सा क्षण। इसलिए कि मैं जानता हूं दोनों के अपने-अपने तर्क सामने आएंगे···और मैं कभी इधर, कभी उधर चला जाऊंगा। और 'जल टूटता हुआ' की राप्ती नदी और जन गंगा के उद्दाम वेग और महाकाव्यात्मकता के कारण मैं शायद उसे एक अंक अतिरिक्त दे दूं! ··· पर थोड़ी देर के लिए पेंडुलम इधर-उधर हिलता ही रहेगा। हर बार जब-जब आप पूछेंगे, वह हिलेगा और फिर मुझे नए सिरे से सोचकर फैसला करना होगा।

लेकिन रामदरश जी के तीन सर्वश्रेष्ठ उपन्यास कौन से हैं···? अब मुझे एक क्षण के लिए भी नहीं सोचना ।'पानी के प्राचीर' और 'जल टूटता हुआ' और 'अपने लोग'। ···उत्तर तभी से मेरे होठों पर है, जब मैंने कुछ समय पहले रामदरश जी के सारे उपन्यास एक साथ पढ़े थे।

रामदरश जी के बाकी उपन्यासों की चर्चा चलने पर, जाहिर है, मैं 'दूसरा घर' को अलगाना चाहूंगा। यह भी रामदरश जी के बड़े और महत्वाकांक्षी उपन्यासों में से है और पढ़ने पर यह मुझे कभी भी बुरा उपन्यास नहीं लगा। रामदरश जी के लम्बे गुजरात प्रवास के अनुभव इसमें बड़े सच्चे और प्रमाणिक तौर पर आए हैं। डा. गौतम के रूप मे रामदरश जी की एक अत्यंत सौम्य छवि इस उपन्यास में है, जो देर तक याद रह जाने वाली है। उनकी नौकरी की अस्थिरता, कच्ची गृहस्थी और इसके साथ-साथ उनकी साहित्यिक महत्वाकांक्षाएं, सामाजिक और प्राध्यापकीय आदर्श-और इसके बीच में कहीं पिरोई हुई विस्थापितों की एक अकथनीय पीड़ा, जिससे डा. गौतम के व्यक्तित्व

का एक कोना निरंतर भीगा ही रहता है।…

'दूसरा घर' में एक आदर्शवादी प्राध्यापक के रूप में डा. गौतम के व्यक्तित्व की उथल-पुथल है, शिक्षा क्षेत्र की गंदगी और घृणित राजनीति है… मगर यह सब होते हुए भी 'दूसरा घर' के केन्द्र में है विस्थापितों का दर्द। पूरब से सैंकड़ों मील दूर चलकर काम-धंधे और नौकरियों की तलाश में आए हुए लोग…! वे आंखों में कुछ चमकते हुए सपने लेकर अहमदाबाद आए हैं, पर जिस गंदगी में उन्हें रहना पड़ता है, जो दर्द और अपमान झेलना पड़ता है… जैसी टूटी-बिखरी ज़िन्दगी उन्हें जीनी पड़ती है, उससे उनके सपने टूक-टूक हो जाते हैं। डा. गौतम इस ज़िन्दगी को जीते तो हैं, पर वह इसके सच्चे प्रतिनिधि नहीं हो सकते। इसका सच्चा प्रतिनिधि तो कोई शंकर जैसा सख्तजान, हड़ीला और हिम्मतवाला शख्स ही हो सकता है जो जहां भी अन्याय देखता है, वहां भिड़ जाता है। सो रामदरश जी ने यह अच्छा किया कि डा. गौतम को 'दूसरा घर' का कथानायक नहीं बनाया। डा. गौतम 'दूसरा घर' में छाये हुए जरूर हैं, और उनकी सौम्य उपस्थिति एक भले-भले नैतिक आतंक की तरह महसूस होती है। पर उपन्यास के केन्द्र में तो शंकर ही है और उसका कुछ-कुछ खुरदुरा, लड़ाका व्यक्तित्व ही, जो रोजी-रोटी की तलाश में पूरब से अहमदाबाद पहुंचे विस्थापितों की अंतहीन तकलीफों, संघर्ष और अपमान भरी 'दुर-दुर' की याद दिलाता है। या फिर कमलेश और फेंकू जैसे दर-दर की ठोकरें खाने वाले लोग हैं जो अपने आंसू भीतर ही भीतर पी जाते हैं और अपनी इच्छाओं और सपनों का गला घोंटकर एक बेगानी ज़िन्दगी जी रहे हैं। यह बेगानी ज़िन्दगी की कचोट, यह कदम-कदम पर मिली फब्तियां और अपमान ही 'दूसरा घर' के प्रतीकार्थ को खोलते हैं। और बहुत चुपके से तथा बेमालूम ढंग से बता जाते हैं कि हमारा 'घर' में होना या न होना, क्या होता है। और दूसरी जगह आकर जब 'घर' छूट जाता है, तो उसके कैसे-कैसे अर्थ निकलते हैं।

निश्चित रूप से हिंदी में विस्थापितों के दर्द पर लिखे गए कुछ गिने-चुने उपन्यासों में 'दूसरा घर' की चर्चा होगी। पर मैं 'पानी के प्राचीर' और 'जल टूटता हुआ' और 'अपने लोग' के बाद ही 'दूसरा घर' पर विचार कर सकता हूं। मुझे लगता है कि रामदरश जी को जो जुड़ाव राप्ती नदी देती है, वह जुड़ाव अहमदाबाद से उनको हो ही नहीं सकता। इसीलिए 'दूसरा घर' उन्होंने लिखा जरूर है—और अच्छे और सुथरे ढंग से लिखा है, पर उसमें वह उस तरह बसे हुए नहीं हैं जैसे 'जल टूटता हुआ' में। हालांकि इस उपन्यास में भी उनके अनुभव प्रामाणिक और सच्चे हैं, पर निश्चित रूप से 'दूसरा घर' रामदरश जी का अपना घर नहीं हो पाया। उनके उपन्यासकार का अपना घर तो 'पानी के प्राचीर' और 'जल टूटता हुआ' और 'अपने लोग' ही हैं।

कोई यह न समझे कि मैं 'दूसरा घर' की संवेदना और कलात्मक गठाव को कम करके आंक रहा हूं। इसलिए बता दूं कि 'दूसरा घर' में तमाम ऐसे विरल और चकित कर देने वाले अनुभव भरे पड़े हैं, जैसे उनके दूसरे उपन्यासों में शायद दिखाई न पड़ें।

मसलन 'दूसरा घर' में कमलेश के कसाई की चाल में जाने और वहां के कोने-कोने, वहां की सड़नभरी बजबजाती गंदगी और वहां महमूद चाचा जैसे बड़े दिलवाले, निष्कलुष और भरे-भरे इन्सान से मिलने का जो दृश्य है वह पढ़कर बहुत देर तक मैं आगे बढ़ ही नहीं पाया। ये पन्ने शायद 'दूसरा घर' के सबसे कीमती पन्ने हैं। 'अपने लोग' में भी हालांकि रामदरश जी ने शहरी यथार्थ तथा काफी पास से देखी हुई गंदगी और कुरूपता का वर्णन किया है। पर कसाई की चाल की गंदगी और गलाजत में धंसकर जैसा वर्णन वह करते हैं और उसमें भी मनुष्य की धवलता और सच्चाई को जैसे उजागर करते चलते हैं, वह रामदरश जी जैसा कोई बड़ा उपन्यासकार ही कर सकता था। इसी तरह की एक गंदीचाल में चंदा और असरफी जैसी गंदी गालियां बकने वाली झगड़ालू औरतें भी रहती हैं, मगर आपने 'दूसरा घर' में चंदा और असरफी के झगड़े का पूरा वृत्तांत पढ़ा है? उफ, कैसी-कैसी भाषा वे इस्तेमाल करती हैं एक-दूसरे के खिलाफ। मैं इसे पढ़ते हुए कभी-कभी विकल होता और कभी हंसता रहा हूं कि अरे, रामदरश जी ने औरतों की यह भाषा कहां से सीख ली? और जिस समय सारी दुनिया में तमाशा बनने के बाद, ऐसा लग रहा था कि राजू पहलवान असरफी को मौहल्ले से निकाल देगा, तब देखिए, एक-दूसरे के खिलाफ पोच भाषा इस्तेमाल करने वाली ये झगड़ालू औरतें कैसे एक-दूसरे के गले लग जाती हैं और सारी भीड़ को हिकारत भरी नजर से देखते हुए कहती हैं, "जाओ··· जाओ, अपना काम करो!" और सच्ची कहूं, चंदा और असरफी का यह मिलन देखकर मुझे राम-भरत मिलन याद आ गया और मेरी आंखें भीग गईं। इसे मेरी भावुकता कह लीजिए, पर नहीं, बगैर बड़ी कलम और बगैर बड़ी कला के यह प्रभाव आ ही नहीं सकता। इसे रामदरश जैसा कोई सच्चा और खरा आदमी ही लिख सकता है। ऐसे ही 'दूसरा घर' में शास्त्री का जो चरित्र है, उसके जरिए शिक्षा की दुकानें खोलने और फैलते चले जाने की महामारी बहुत अच्छी तरह समझ में आ जाती है।

रामदरश जी के छोटे उपन्यासों में 'रात का सफर', 'बिना दरवाजे का मकान' और 'थकी हुई सुबह' तीन अलग-अलग कोणों से खींचे गए, स्त्री की वेदना के तीन चित्र हैं।

इनमें 'रात का सफर' शायद सबसे तीखा उपन्यास है। और सच में यह अंधेरे-घुप-अंधेरे में एक स्त्री का सफर है। एक ऐसी स्त्री का सफर जिसका पति डॉक्टर है, अच्छा कमाता है, सामाजिक तौर से उसमें कोई ऐब भी नजर नहीं आता। इसलिए कि समाज को दिखाने के लिए उसके पास एक सभ्य, चिकना चेहरा है। लेकिन यही सभ्य, चिकना चेहरा अपनी पत्नी ऋतु के साथ छल कर रहा है—और जो प्यार उसकी पत्नी को मिलना चाहिए, वह उसके नर्सिंग होम की एक नर्स के हिस्से चला जाता है। ऋतु की पति को सुधारने की तमाम कोशिशें डॉक्टर और नर्स को और उद्धत बनाती हैं—और अंत में उसके सामने एक गलीज प्रस्ताव यह आता है कि वह नर्स को भी सहन करे और दोनों डॉक्टर की पत्नी बनकर रहें।

इस 'मर्दवादी' दृष्टिकोण के जवाब में ऋतु का एक चांटा चटाक से पति के गाल पर पड़ता है, तो वह उसके पति और नर्स को ही नहीं, थोड़ी देर के लिए तो पाठक को भी झनझनाकर रख देता है। इसलिए कि यह सिर्फ एक चांटा नहीं है, यह एक स्त्री का पुरुष प्रधान समाज के अत्याचार के खिलाफ पहला विद्रोह है।

उपन्यास के शुरू में ही इस चांटे का जिक्र है और पूरी कहानी 'फ्लैश बैक' में चलती है, पर रामदरश जी की कला का यह जादू ही समझिए, कि यह चांटा 'चटाक··· चटाक···' की शक्ल में पूरे उपन्यास में गूंजता रहता है।

'रात का सफर' की ही तरह 'थकी हुई सुबह' भी एक दुस्साहसी उपन्यास है। पर इसके दुस्साहसी होने का कारण थोड़ा अलग है। भाषा और विन्यास के तौर पर यह एक सीधा सादा उपन्यास है, पर दुस्साहस कहीं है तो इसके पीछे की दृष्टि या 'विजन' में।

'थकी हुई सुबह' की शुरुआत इस सूचना के साथ होती है कि उमा जी गुजर गईं। फिर उमा जी कौन थीं? इस सवाल से होते हुए कथा-नायिका लक्ष्मी की अपनी जिंदगी के पन्ने खुलने लगते हैं। उमा जी रामधन मिश्र की पत्नी थीं। वही रामधन जिन्होंने कथानायिका को इस समय अवलंब और सहारा दिया, जब पति के भाग जाने पर लक्ष्मी पितृगृह में किसी तरह दिन काट रही है। उसके सारे रास्ते बंद हो चुके हैं। फिर आगे की पढ़ाई से लेकर अध्यापिका हो जाने तक का रास्ता खुलता है रामधन मिश्र के सहारे, जो धीरे-धीरे एक शक्तिशाली राजनीतिक शख्सियत में बदलते जा रहे हैं। और इसी बदलाव के क्रम में, समय की एक तेज बाढ़ में उमा जी पीछे छूट गईं और उसकी जगह आ गई लक्ष्मी। उमा जी तड़पती रहती हैं और लक्ष्मी को भी ऐसा तो बिलकुल नहीं कि अपराध-बोध बिलकुल न हो, पर यह एक नया यथार्थ है और हाथ में आए सुख को वह छोड़ना नहीं चाहती।

पूरे उपन्यास में लक्ष्मी की दुख दाह भरी जीवन-यात्रा और तकलीफों के पन्ने फड़फड़ाते रहते हैं। बीच-बीच में उमा जी की तकलीफें भी आती हैं और इस तरह 'थकी हुई सुबह' एक साथ दो स्त्रियों के शोषण और तकलीफों की गाथा है। आप कह सकते हैं यह एक शोषित और असहाय स्त्री द्वारा एक और असहाय स्त्री का शोषण है। एक शोषित द्वारा दूसरे शोषित का शोषण···! इसे किस भाषा में कहा जाए, कहना मुश्किल है। 'थकी हुई सुबह' में रामदरश जी ने एक उपन्यास ही नहीं लिखा, एक बड़ी कठिन 'पहेली' रच दी है—या आप कहिए कि 'चक्रव्यूह' रच दिया है और आलोचना यहां असमर्थ और गूंगी है। इसका पाठ लक्ष्मी की तकलीफों के संदर्भ में किया जाए या मर चुकी उमा जी के जीवन में आए एक विराट उजाड़ के संदर्भ में? मैं समझता हूं कि इस उपन्यास के सामान्य और प्रचलित ढंग के पाठ में कुछ न कुछ मुश्किल जरूर आती है। लक्ष्मी के एक मर्मान्तक अपराध बोध के सहारे ही इसे साधा जा सकता था। लक्ष्मी में द्वन्द्व है, अपराध बोध भी, लेकिन वह कुछ-कुछ इसी आख्यान

का समर्थन करता सा लगता है कि उमा जी के साथ जो हुआ, वह अपरिहार्य था। और अपनी मुट्ठी में आए सुख के मामले में न्याय-अन्याय के सवाल बेमानी हो जाते हैं। अगर इस उपन्यास का यह पाठ है, तो भयप्रद है। बहरहाल इसकी चर्चा अब यहीं समाप्त की जाए।

रामदरश जी के एक और छोटे उपन्यास 'बिना दरवाजे का मकान' में घरों में काम करने वाली स्त्री दीपा के माध्यम से आज की महानगरीय जिंदगी के यथार्थ को देखने की कोशिश है। आमतौर से मध्यवर्गीय आंख से निम्नवर्ग के पात्रों को, उनकी करुण और असहाय जिंदगी के उतार-चढ़ाव और हाहाकार को देखा जाता रहा है। पर 'बिना दरवाजे का मकान' में फ्रेम ऑफ रेफरेंस एकाएक बदल गया है। और यह दीपा जो यह सब देखती और कहती है, एक बहुत मजबूर और असहाय स्त्री है। अपने संपूर्ण स्त्री होने की इच्छाओं के बावजूद, वह असहाय है। इसलिए कि उसका पति बहादुर जो रिक्शा चलाता था, एक सड़क दुर्घटना में घायल और लाचार होकर घर पर पड़ा है। उसकी रीढ़ की हड्डी अब बेकार हो चुकी है। उसके घाव सड़ने लगे हैं, और उसके लिए ज़िंदगी में अब कुछ बाकी नहीं बचा है। और अपने पति से बहुत-बहुत प्यार करने वाली दीपा··· उसकी ज़िंदगी···? वहां भी अब क्या बचा है। एक बिना दरवाजे का मकान ही अब उसकी जिंदगी है, जिस में कभी भी कोई आकर उसे फटकार जाता है। यहां तक कि कुत्ते भी टहलते हुए चले आते हैं, जैसे सड़क और 'बिना दरवाजे के मकान' में कोई फर्क ही न हो।

पर रामदरश जी का उद्देश्य महज दीपा और उसके पति की लाचारी को दर्शाना ही नहीं है। वे कुछ बड़े कारणों तक जाते हैं ।··· वे बताते हैं कि वे तमाम-तमाम लोग जो संभ्रांत हैं, वे जो पैसे वाले सभ्य और सुचिक्कण लोग हैं, वे जरा-जरा सी बातों पर दूसरों को लांछित करते हैं, मगर खुद जिनकी मनुष्यता मर गई है जो इस कदर धनपशु हैं कि दहेज के लिए अपनी बहुओं को जलाते हैं, इनकी सभ्यता के चोले को उघाड़ने की जरूरत है। और सचमुच दीपा इनके आगे झुकती नहीं, बल्कि मुंहतोड़ जवाब देती है।

'बिना दरवाजे का मकान' में रामदरश जी बगैर किसी नारेबाजी के बहुत हल्के संकेत में यह कह जाते हैं कि समाज में एक हिस्सा जब सड़ रहा होता है, तो दूसरा हिस्सा भी खुशहाल नहीं रह सकता। एक साधनों की कमी से सड़ता है, तो दूसरा अपनी साधन-सम्पन्नता से दूसरी तरह से सड़ने लगता है। दीपा लाचार है, मगर वह तमाम धन-पशुओं से कहीं बेहतर भी है, क्योंकि वह अपने से बाहर निकल कर देखना, सोचना और जीना भी चाहती है। हां, यह ठीक है कि सामाजिक क्रूरता के इस दौर में दीपा का साहस लगातार छीजता जाता है। ठीक वैसे ही, जैसे एक निराशा और नपुंसक क्रोध बहादुर पर हावी है, और क्रोध से उन्मत्त होकर वह बुदबुदाता नज़र आता है कि ये कुत्ते बिना दरवाजे के मकान में जब चाहे घुसे चले आते हैं। जाहिर है, कुत्ते

सिर्फ कुत्ते ही हैं। उपन्यास में कुत्ते का जो प्रतीकार्थ है, वह कहीं ज्यादा बड़ा है और एक खौफ की सृष्टि करता है।

अब रामदरश जी के एक और छोटे उपन्यास– 'बीस बरस' की चर्चा करना चाहूंगा। कुछ ही अरसा पहले छपा 'बीस बरस' रामदरश जी के महत्वाकांक्षी उपन्यासों 'पानी के प्राचीर' और 'जल टूटता हुआ' की परम्परा की ही एक कड़ी है। जैसे वह गांव जो 'जल टूटता हुआ' में छूट गया था, 'बीस बरस' बाद उसका फिर से जायजा लिया जा रहा है। खास बात यह है कि इन बीस बरसों में जो कुछ बदला, उसके प्रति रामदरश जी की दृष्टि बड़ी खुली और स्वस्थ है। यह ठीक है कि गांव में अब पहले जैसी सरलता, आत्मीयता, राग-रंग और उत्साह नहीं बचा, पहले जैसी परदुख कातरता नहीं बची। त्यौहार और शादी–ब्याह के मौके पर पूरे गांव के एक परिवार होने का बोध नहीं बचा। पर एक अच्छी बात यह है कि पहले की बहुत सी अशोभन चीजें और जो अंधविश्वास थे, वे अब चले गए। होली में कबीरा गाकर दूसरों की मां-बहनों को जबानी नंगा करना बंद हो गया। अब गांव में वंदना जैसी स्त्रियां हैं जो विधवा होने पर विवाह करती हैं और खुद को स्त्रियों के उत्पीड़न के खिलाफ लड़ाई में झोंक देती हैं। हरिजन टोले के लोग और स्त्रियां अब ज्यादा हिम्मत के साथ खुद पर हो रहे अन्यायों का प्रतिकार करते हैं। लेकिन सबसे बड़ा विकार जो गांव में आया है और रामदरश जी को सबसे अधिक विचलित करता है–वह है गांव के नवयुवकों द्वारा शहर की अंधी और भौंडी नकल, आधुनिकता के नाम पर घिनौनी विकृतियां। क्या रूप ले रहा है गांव··· ? और फिर आत्मीयता के भीतर छिपा छल, मित्रता की आड़ में चापलूसी···और यह सब देखते हुए 'बीस बरस' के कथानायक दामोदर जी छुट्टियां बीच में ही खत्म करके दुखी होकर वापस दिल्ली चले जाते हैं।

जाहिर है, बहुत भारी मन से लिखा है रामदरश जी ने यह उपन्यास। उसके कुछ प्रसंग, खासकर होली-प्रसंग या बचपन के मित्रों की स्मृतियां भीतर तक भिगो जाती हैं। वहां अंगद भाई जैसे दमदार लोग भी हैं, जिससे आज भी गांव जीने लायक लगता है। पर शायद 'बीस बरस' के विन्यास में ही कुछ कमी है कि रामदरश जी इसमें बहुत अधिक रम नहीं पाए। बहुत से स्थल जहां स्मृतियों में कुछ गहरे जाने का उन्हें मौका मिल सकता था, सपाट कथनों के बीच खत्म हो जाते हैं। इसी तरह दामोदर जी यों तो एक बड़े पत्र के संपादक है, पर उनका संपादक वाला रूप ज्यादा जंचा नहीं। रामदरश जी उसे बहुत विश्वसनीय नहीं बना पाए। तो भी 'बीस बरस' में ऐसा बहुत-कुछ है जो रामदरश जी का इतने निकट से देखा और भोगा हुआ है कि हम उससे अनछुए रह ही नहीं सकते।

और अंत में···

रामदरश जी जीवन के··· जीवन की सम्पूर्णता के कवि, कथाकार और उपन्यासकार हैं। वह एक ऐसे लेखक हैं जो जीवन से कम किसी भी चीज के लिए राजी हो ही

नहीं सकते। इस मामले में कोई भी वाद, कोई एक विचार, या कोई सामाजिक, राजनीतिक बाड़ा उनके लिए छोटा, बहुत छोटा साबित होगा। और ऐसे ही मनुष्य···! यह मनुष्य ही उनके लिए साहित्य, कला आदि-आदि सारी चीजों के लिए कसौटी है। वह चाहे प्रकृति की सुरम्य लीला में हों, गांव में हों या उससे मीलों दूर दिल्ली में, उनकी तलाश मनुष्य की होती है। वे मनुष्य को देख लेना चाहते हैं, मनुष्य को छूना चाहते हैं। और गांव उन्हें कुछ खास इसलिए प्रिय हैं, या दिल्ली के होते हुए भी आज भी यह गांव में इसलिए हैं कि तमाम मैल और बिगाड़ों के बावजूद मनुष्यता के सबसे सच्चे और धवल रूप अब भी गांवों में ही हैं। कोई कह सकता है 'बीस बरस' तो गांव से उनके मोहभंग का उपन्यास है, फिर भी आप ऐसा कह रहे हैं। तो इसका जवाब यह होगा कि 'बीस बरस' में दामोदर जी के गांव से शहर चले आने का यह मतलब नहीं है कि 'गांव अब कोई संभावना नहीं है।' यह शहरों की कुछ-कुछ अंधी नकल में पड़ चुके गांवों के प्रति अपनी तीखी चिंता को दर्शाने का उनका एक ढंग भी है। वरना न गांव रामदरश जी से छूटा था और न रामदरश जी उससे छूट पाएंगे।

रामदरश जी के कवि और उपन्यासकार रूप दोनों ही मुझे प्रिय हैं। और कई बार तो मुझे यह लगता है कि रामदरश जी बड़े उपन्यासकार इसलिए हैं क्योंकि वह बड़े कवि हैं। अगर वह बड़े कवि न होते तो वह बड़े उपन्यासकार भी न होते। मैंने उन्हें पहले कवि रूप में ही जाना, पढ़ा और अभिभूत हुआ। उनके उपन्यासकार रूप से परिचय बाद में हुआ। खुद भी यह पूछने पर कि वह मूलतः कवि हैं या उपन्यासकार उनका जवाब अक्सर मुझे मिला है—"मनु जी, मूलतः तो मैं कवि ही हूं।" ··· पर अगर रामदरश जी के कवि और रामदरश जी के उपन्यासकार में से एक को चुनने के लिए कहा जाए तो मेरा जवाब क्या होगा?··· मुझे उपन्यासकार रामदरश जितने बड़े लगते हैं। उतने बड़े कवि नहीं—यह जवाब देने में भी मुझे पलांश का भी समय नहीं लगेगा। और अगर आप मुझसे यह पूछें कि रामदरश जी इतने बड़े उपन्यासकार आप की नज़र में क्यों है, तो इसका जवाब जानते हैं क्या होगा? मेरा जवाब होगा रामदरश जी बड़े कवि हैं, इसीलिए इतने बड़े उपन्याकार हैं···!!

अब आप देखिए, यह क्या चक्करघानी है—यह कैसी पहेली है। मैं जब-जब इसे हल करने की कोशिश करता हूं, थोड़ा और उलझ जाता हूं। शायद यह भी रामदरश जी का बड़प्पन या उनके लेखक का बड़ा होना हो। शायद हर बड़ा लेखक ऐसा ही सीधा और ऐसा ही जटिल होता है, जैसे रामदरश मिश्र! मगर इसी कारण उनका साहित्य हर क्षण, मूल्यांकन के लिए ललकारता भी है।

रामदरश मिश्र के उपन्यासों की संरचना

सूर्यदीन यादव

मिश्र जी के उपन्यासों की कथा-संरचना एक नया रूप लेकर आती है। पुराने उपन्यासों की तरह इनमें कथा पूर्वापर सम्बन्धों से जुड़ी नहीं होती है और न ही सामाजिक उपन्यासों की तरह समस्याओं को उठाने वाला कोई केन्द्रीय पात्र ही होता है। इसका आशय यह नहीं कि यहां समस्याएं नहीं हैं। समस्याएं हैं, किन्तु इनके पात्र आपस में टकराते हुए एक नये प्रकार का कथासृजन करते चलते हैं। कथा-नायक कोई विशेष पात्र के रूप में नहीं, बल्कि पूरा परिवेश ही नायक होता है और कथा अनेक छोटी-बड़ी घटनाओं की निर्मिति होती है। प्रायः घटनाएं आ-आकर आगामी घटना को जन्म दिये बिना लुप्त हो जाया करती हैं। फिर भी कहीं-न-कहीं वे जुड़ती-सी प्रतीत होती हैं। वे सीमित या सीमाबद्ध नहीं होतीं, न किसी निर्दिष्ट काल-चक्र में घिरती ही चलती हैं। बल्कि उनका कथा-प्रवाह अतीत और वर्तमान में प्रवाहमान रहता है। मिश्र जी के सामाजिक उपन्यास भी नायक प्रधान नहीं हैं। उनके मनोवैज्ञानिक उपन्यास भी मात्र पात्रों की मन:स्थितियों तक सीमित नहीं होते बल्कि मन की गहराइयों की यात्रा भी करते चलते हैं तथा उनमें समाज का यथार्थ चित्र भी उभरता चलता है। वे सामाजिक और मनोवैज्ञानिक परिवेशगत जीवन के यथार्थ दस्तावेज होते हैं। आंचलिक उपन्यासों की तरह उनमें अंचल या परिवेश नायक बनकर आते हैं और विविध आयामों को रूपायित करते चलते हैं। प्रकृति और मानव, परम्परा और प्रगति तथा रूप-रस, गंध-स्पर्श, वर्ग-तनाव आदि से मिलकर वे एक विशिष्ट कथा-विन्यास रचते हैं। लेखक किसी प्राचीन ऐतिहासिक कथ्य का सहारा न लेकर छोटे-बड़े नये सन्दर्भों या कथा-खण्डों को जोड़ बटोरकर उन्हें धारावाहिक स्वरूप दे देता है। एक कथा कभी दूसरी, तीसरी या चौथी कथा को काटती या मोड़ती हुई हमेशा किसी नयी कथा की शोध में आगे बढ़ती है। जो कहीं तो अंधकारमय जीवन में घुट-घुटकर रह जाती है और कहीं नये प्रकाशमान जीवन की ओर गतिशील होती है। नयी कथा नये-नये पात्रों के मिलते रहने से एक संक्रांत कथा के रूप में निर्मित होती हं। कहीं वह प्रासंगिक या मुख्य कथा नहीं होती, बल्कि अपने पात्रों से संबद्ध छोटे-बड़े कथा खण्डों का गुच्छ होती है। सभी पात्र उसे

अंचल में जीने वाले मानव प्राणी और प्रकृति ही अंचल के रूप में मुखरित होते हैं, पात्र अपनी जीवंतता के साथ परिवेशगत जीवन के किसी-न-किसी पक्ष को उजागर करते हैं। पात्रों के जरिए अंचलीय जीवन की तमाम पर्तें खुलती हैं। मिश्र जी का चक्रीय कथानक पूरे देश को समेट लेता है। कथा गांव और शहर से जुड़ी हुई मानो भारत के कोने-कोने से जुड़ जाती है। किन्तु उनका गांव सर्व व्याप्त है। गांव और शहर को अलगाकर उसके सही रूप को नहीं देखा जा सकता। जो लोग केवल शहर या गांव को अलग-अलग देखते हैं उनकी दृष्टि सत्य से कटी हुई एकांगी, पक्षपाती अथवा बनावटी होती है। समग्र यथार्थ-द्रष्टा गांव और शहर को एक ही भारत भूमि मानकर देखता है। शायद इसी कारण मिश्र जी का कथानक गांव और शहर से जुड़कर यथार्थ की सर्वव्यापकता का बोध तथा जीवन के हर पहलू एवं प्रत्येक स्थिति का प्रत्यक्षीकरण कराता है। वास्तव में मिश्र जी के अन्तस् की गहराई में गोरखपुर के आस-पास का पूर्वी उत्तर प्रदेश बसा है। 'पानी के प्राचीर', 'जल टूटता हुआ' और 'सूखता हुआ तालाब' उपन्यासों का कथानक तो सीधे उत्तर प्रदेश के आंचलिक जीवन से सम्बन्धित है और 'अपने लोग' में उत्तर प्रदेश के शहरी जीवन को चित्रित किया गया है। परन्तु 'बीच का समय' (आदिम राग) जैसे उपन्यास में भी, जिसका कथानक गुजरात से सम्बन्धित है, लेखक अपने प्रदेश को नहीं भूलता। प्रो॰ शील गोरखपुर का ही रहने वाला है। उसके माध्यम से उपन्याकार दो-एक बार अपने प्रदेश को सामने ले आता है। 'रात का सफर' में यद्यपि पूर्वी उत्तर प्रदेश की किसी समस्या को नहीं लिया गया, किन्तु नायिका ऋतु अपने पति डा. दिनेश के साथ गोरखपुर में रहने अवश्य जाती है। और 'आकाश की छत' उपन्यास का नायक 'यश' तो पूर्वी उत्तर प्रदेश के 'गजपुर' गांव का रहने वाला ही है। 'बिना दरवाजे का मकान' दिल्ली महानगर से लेकर उत्तर प्रदेश के पिछड़े गांव 'मांझी टोला' तक की कथा कहता है। 'दूसरा घर' उपन्यास गुजरात प्रदेश के महानगर अहमदाबाद की चालियों में बसे नौकरी-पेशेवर उत्तर प्रदेशीय के जीवन की झांकी कराता है। यानी मिश्र जी के उपन्यासों के कथानक भारतीय गांव-शहर को समेटते हुए सर्व-व्यापी मानव जीवन के यथार्थ को साकार करते हैं।

मिश्र जी का कथानक गांव और शहर के मेल-मिलाप, बिखराव, टूटन-सृजन, तनाव, संघर्ष आदि से निर्मित है। उनकी कथा लघु कथाओं या गल्पों से नहीं, बल्कि समग्र परिवेशगत जीवन के सत्यों से विनिर्मित है, जिसके बीच लेखक जीकर विकटतम परिस्थितियों को झेल चुका है। मिश्र जी के कथानक छोटे भी हैं और बड़े भी। 'पानी के प्राचीर', 'जल टूटता हुआ' और 'अपने लोग' विस्तृत आकार में देश के यथार्थ को रूपायित करते हैं। उनके आंचलिक उपन्यासों की कथा समग्र अंचल को जीवित करती है। "अंचल के जटिल जीवन-चित्र को अंकित करने के लिए लेखक कहीं मोटी रेखाएं खींचता है, कहीं पतली, कहीं अवकाशों को भरने के लिए दो-चार बिन्दु अपनी तूलिका से झाड़ देता है, अनेक पर्वों, उत्सवों, परंपराओं, विश्वासों व्यथा के अवसरों, गीतों,

संघर्षों, प्रकृति के रंगों, पुराने नये जीवन-मूल्यों आदि से लिपटा हुआ अंचल का जीवन अभिव्यक्ति के एक नये माध्यम की अपेक्षा करता है।" 'पानी के प्राचीर' जैसे बड़े उपन्यासों की कथा के बिखराव को देखकर कुछ आलोचकों ने उसे छोटी-छोटी प्रासंगिक कथाओं का गुंफन कहा है। ऐसे सपाट और सीधे भागते कथानक के अभ्यस्त लोग आंचलिक जीवन के आवर्त को कैसे जान सकते हैं। आंचलिक कथा इतनी जटिल एवं घुमावदार, संश्लिष्ट होती है कि सामान्य पाठक उलझन में पड़ सकते हें, क्योंकि उसमें चित्रित संघर्षों, तनावों, कठिनाइयों, बेबसियों को देखकर मनोरंजनप्रिय लोग उस जंजाल में पड़ना नहीं चाहते। ऐसे लोग वास्तव में परिवेशगत जीवन से कटे हुए होते हैं, वे सत्य से डरते हैं। उन्हें तो नकली, सपाट, आदर्शवादी मनोरंजक, बाजारू कथानक ही प्रिय लगेंगे। उन्हें सामाजिक यथार्थ जीवन से क्या मतलब? किन्तु जिसने अंचल से जुड़कर वहां के कसमसाते जीवन को जिया है या अनुभव किया है, वे अवश्य ही आंचलिक उपन्यासों की गहराई समझ सकते हैं। ऊपर से भले ही कथानक में बिखराव दिखे, किन्तु आंतरिक रूप में जीवन की जटिलता के साथ एकसूत्रता बनी रहती है। "इन उपन्यासों में अधिकारिक कथा और प्रासंगिक कथा या उपकरण में कथानक का विभाजन नहीं होता। अनेक छोटी-बड़ी कथाओं का या कथा खण्डों का परस्पर संग्रथन करके अंचल के जीवन की बहुआयामी जीवन कथा का चित्रण ही अभीष्ट होता है।" अन्य उपन्यासों में कथा प्रायः नायक के सहारे आगे बढ़ती है और किसी मूल उद्देश्य पर केन्द्रित होती है। ऐसी कथाओं का कथानक केन्द्र के चारों ओर घूमता रहता है। किन्तु मिश्र जी के उपन्यासों में कथानक बिन्दुगामी नहीं होता। वह सम्पूर्ण रूप से मुक्त हो पूरे परिवेशगत जीवन के कोने-कोने को टटोलता, देश-विदेश में भटकता अपने परिवेश से जुड़ा रहता है। आंचलिक उपन्यासों के कथा-तंतुओं में कहीं भी सुसम्बद्धता परिलक्षित नहीं होती। क्योंकि "उनका आन्तरिक एकात्म और पात्रों से संबंधित न होकर अंचल की समग्रता और सम्पूर्णता से होता है। जिसे उजागर करना उनका लक्ष्य होता है। उपन्यासकार की केन्द्रीय दृष्टि अंचल की सम्पूर्ण विविधता और समग्रता पर केन्द्रित होती है, और वह ही उपन्यास का नायक होता है।" मिश्र जी के बहुतआयामी, संघर्षमय, प्रगतिशील कथानक सूक्ष्म दृष्टि से अंचल के ढंके-मुंदे आवर्तों को उघाड़ते चलते हैं। साथ-साथ प्राकृतिक वातावरण का अवलोकन भी होता है। "अंचल की विविधता को रूप देने के लिए लेखक कभी इस कोण पर खड़ा होता है, कभी उस कोण पर, कभी ऊंचाई पर कभी नीचाई पर। इसमें अनेक पात्रों की आवश्यकता रहती है। हर पात्र की सत्ता महत्त्व की है। इनमें से कोई पात्र एक-दूसरे के निमित्त नहीं होता, वे सब अंचल के निमित्त होते हैं। इस उद्देश्य को न समझ पाने के कारण ही लोगों को कथानक का, पात्रों का, सांस्कृतिक पक्षों का बिखराब दीखता है। 'जल टूटता हुआ' घर, परिवार, गांव, समाज और देश की टूटन है। इसकी कथा गोरखपुर की राप्ती और गोर्रा नदियों के बीच के कछरांचल पर आधृत है। पात्र या स्थान विशेष की दृष्टि से

कथानक में बिखराव लगता है, किन्तु यहां किसी पात्र या स्थान विशेष की कथा नहीं कही गयी है। प्रारंभ में मास्टर सुग्गन का दयनीय, चिन्ताग्रस्त चित्र उनका व्यक्तिगत नहीं, बल्कि आशाओं पर पानी फिर चुके, जन-सामान्य का चित्र है। सुग्गन की गरीबी में देश की गरीबी झलकती है। गांव में जो परिवर्तन या शोषण है वह मात्र गोरखपुर के कछारांचल का नहीं, बल्कि भारत के अनेक पिछड़े गावों का है। अकाल और प्रकृति-प्रकोप सर्वव्यापी प्रश्न हैं। कथानक मात्र गांव परिवेश में ही चक्कर नहीं काटता। आजादी के बाद नौकरी पेशे लोग जगपतिया के रूप में परदेश जाते हैं और लौटकर एक नये मूल्य की स्थापना करते हैं, जिससे निम्नवर्ग में भी एक नयी चेतना जाग्रत होती है। इस प्रकार गांव और शहर से जुड़े कथानक द्वारा लेखक विभिन्न सामाजिक दृष्टिकोणों को देखता है।

मिश्र जी की आंचलिक कथा में केन्द्रीकरण की प्रवृत्ति के विपरीत एक बिखराव दिखाई पड़ता है, क्योंकि आंचलिक कथाकार का उद्देश्य जीवन के एकांगी या खण्डनात्मक व्यक्तित्व को उभारना नहीं होता, बल्कि कथागत एवं जीवनगत बिखराव को एक ही आंचलिक परिवेश में देखना होता है। आंचलिक कथाकार परिवेशगत जीवन को विभिन्न स्थानों से खड़ा होकर देखता है। कभी बाह्य ऊंचाई से तो कभी मन की गहराइयों में डूबकर, तो कभी प्रकृति के बीच घूमता हुआ मानव-स्थितियों को परखता है। घर से चलकर गलियों, खेतों, खलिहानों, सिवानों, टोलों, मेलों, बाजारों तक पहुंचता है। कभी पीछे मुड़कर घरेलू आपसी सम्बन्धों के बीच अड़ोस-पड़ोस में एक संघर्षमय वातावरण से टकराता है। यानी कथानक तरह-तरह से अंचल के संक्रांत जीवन की परतें खोलता हुआ, मोड़ लेता चलता है। जैसे 'पानी के प्राचीर' में कुर्कअमीन के आते ही गांव में भगदड़ मच जाती है। मुखिया के बेटे की बारात की तैयारी होते देख कुर्कअमीन घनश्याम तिवारी के यहां बैठता है। मुखिया तिलमिला उठते हैं कि बारात में भंग डालने के लिए घनश्याम ने कुर्कअमीन को बुलाया है। लोग अपने जानवरों को छोड़कर भगा देते हैं अथवा उन लोगों के दरवाजों पर बांध देते हैं जो लगान दे चुके हैं। देखते-ही-देखते घनश्याम के दरवाजे पर पूरे गांव के बैल इकट्ठे हो जाते हैं। एक बेबसी की पीड़ा लिए लोग कतार में खड़े हो जाते हैं। कुर्कअमीन गालियां देता है। गाय-से कांपते गांव के लोग विनती करते हैं-"जब खेत में कुछ होता ही नहीं तो मालगुजारी कहां से दें हुजूर?" किन्तु तेजस्वी मलिन्द कहता है-"यह तो हुजूर का इकबाल है जो करें सो थोड़ा है। हुजूर की यह बात पसन्द नहीं आयी कि जमीन अंग्रेज बहादुर की है। जमीन तो हिन्दुस्तानियों की है। हमारा इस पर हक होता है और हुजूर भी हिन्दुस्तानियों में से एक हैं।" मलिन्द के ये शब्द सुनकर कुर्कअमीन हतप्रभ हो जाता है। सब लोग आश्चर्य में पड़ जाते हैं। किसी में हिम्मत न थी जो इतना खरा जवाब देता। यहाँ मलिन्द अपने लिए या अपने स्वार्थ के लिए नहीं बोलता। उसकी आवाज में पूरे गांव की आवाज़ है। गांव डर के मारे कभी बोल नहीं पाता था। यह प्रसंग किसी

दो व्यक्ति की कथा नहीं है, यह तो गांव भर की छटपटाहट और बेबसी है। और साथ ही मलिन्द के ठेठ जवाब में नयी चेतना का आक्रोश है। यहां अनेक वर्ग के लोगों की पारस्परिकता, एकता और तनाव की पहचान एक साथ होती है। गांव की समूहगत चेतना का संश्लिष्ट चित्र मलिन्द के कथन से व्यक्त होता है। यानी कथा पूरे परिवेश को समेटती हुई चलती है। कहीं नीरू के पीछे कथा चलने से आभास होता है कि कहीं अंचल के बदले नीरू ही तो नायक नहीं है? आंचलिक के बदले चरित्र प्रधान सामाजिक उपन्यासों में घटनाएँ तथा आवश्यक तत्व मात्र पात्रों के चरित्रांकन के लिए होते हैं, जबकि यहां पर नीरू का व्यक्तिगत चरित्र नहीं, बल्कि उसके रूप में, जहां कहीं भी वह जाता है, समग्र अंचल ही चित्रित हो उठता है। 'सूखता हुआ तालाब' में 'रामी तालाब' ग्रामीण समाज का प्रतीक है। तालाब किसी एक व्यक्ति का नहीं है। उसका सूखना, कीचड़ बाहर आना, मछलियों का छटपटाना अर्थात् पूरे गांव की गंदगी बाहर आती है और अत्याचार से लोग छटपटाते हैं। सत्य और न्याय तो मात्र समझौता रह गये हैं। भ्रष्टाचार इतना बढ़ गया है कि गांव में भले लोगों का रहना मुश्किल हो गया है। देव प्रकाश और चेनइया के रूप में अनेक लोग उस भ्रष्ट गन्दे गांव से तंग आकर किसी बड़े समाज से जुड़ते हैं।

'पानी के प्राचीर' का प्रारम्भ होली के पर्व से होता है। होली के प्रसंग के साथ तमाम प्रसंग उभरते हैं। होली के गीत 'सदा आनन्द रहे एहि द्वारे जिए से खेले फाग रे' से लेकर शैतान छोकरों की टोली, होली का ईंधन बटोरना, निर्बल तेली की कथा, रामदीन की कथा, भुतहे टीले का प्रसंग, महेश द्वारा नीरू की गरीबी का मजाक, पांडे-पुरवा के बाभनों और पकड़िहा के अहीरों की शत्रुता, चित्थू बाबा की कथा, नीरू-गेंदा का प्रसंग, नीरू-संध्या का प्रेम, गेंदा-महेश की लुका-छिपी, नीरू के घर की गरीबी, संध्या द्वारा महेश पर पत्थर मारना, भूखे रामदीन को पूड़ी देना, प्रेम करते गेंदा और महेश का भूत से डरकर भागना आदि सभी में एक-सा बिखराव लगता है, किन्तु सब एकसूत्रता के साथ उस अंचल से जुड़े हुए हैं। अर्थात् एक ही प्रसंग में अनेक छोटी-बड़ी कथाओं-उपकथाओं का जमघट है। साथ-साथ प्रकृति कथा को और जीवंत बना देती है। कभी नीरू के परिवार की गरीबी तो कभी पांडे पुरवा के मेले का दृश्य और कभी फागुन के उतरते ही चैत की मादक गंध विरह गीतों के साथ फूट पड़ती है-"आ गइले चैत महिनवा हो रामा कि सइयां नाहीं अइले।" तथा "सेजिवा से सैंया रूसि गइलें हो कोइलरि तोरी मीठी बोलियां।" इन गीतों के साथ आंचलिक लोक संस्कृति का उद्‌घाटन तो होता ही है, साथ-साथ सइयाँ के आने की राह निहारती विरहिनियों की विरह-वेदना उभरती है। कहीं संयोगिनियों की सेज पर खलल पहुंचाने वाली कोयल को धमकी दी जा रही है। यहां दोहरी कथा के साथ एक नये कथाविन्यास का रूप बनता चलता है। एक सफल कथाकार होने के नाते मिश्र जी कथा में बिखराव होने के बावजूद आंतरिक संगठन बनाये रखते हैं। उनके उपन्यासों में घटनाएँ जुड़ती हुई एक नये कथा-सूत्र के

आयाम का सृजन करती हैं। घटनाओं के साथ दोहरी कथा कहती हुई गीत-योजना में एक तारतम्य बना रहता है। 'जल टूटता हुआ' में नागपंचमी पर्व पर गीता के कंठ से फूटता हुआ कजली का गीत–"हरि परि पवन बहे पुरवइया नदिया डोले ए हरी।" पूर्वी उत्तर प्रदेश के नागपंचमी के त्यौहार का परिचय देता है। लोक-संस्कृति का यह गीत मास्टर सुग्गन को सोचने के लिए विवश भी कर देता है। उनकी सयानी बेटी गीता भी तो उमड़ती नदी-सी है। गीता का उमड़ता यौवन भी उसके गीत में प्रवाहित हो रहा है। इसी कारण इन गीतों की भी दोहरी भूमिका देखिए–"नदिया बिन मीन पियासी रे, मोहि सुनि-सुनि आवे हांसी।"

"दइया बड़ा कड़ा ज़ल बरसे, कइसे जइब बिदेसवाँ ना।"

ऊपर की पंक्ति उमाकांत और शारदा की प्रेम-प्यास व्यक्त करती है। उसके साथ-साथ कुंजू और बदमी की प्रेम-प्यास भी व्यक्त होती है। दूसरी पंक्ति में खेतों में काम करती मजदूरिनों की आंतरिक तड़प है, जिसमें प्रिया विदेश जाते प्रिय को रोकती है। इस प्यारे गीत के साथ सतीश के मन का दर्द, उसकी विदेश यात्रा के दिन, अभाव का दर्द, जवार की पूरी ज़िन्दगी का दर्द, लहलहाते खेत, बाढ़ का पानी और विरह का दर्द आदि सभी कुछ अर्थात् पूरे अंचल का दर्द उभर आता है।

'अपने लोग' गोरखपुर शहर का प्रतिनिधित्व करता है। कथा दिल्ली महानगर से उठकर गोरखपुर शहर और कहीं गाँव से भी जुड़ती चलती है। उपन्यास सामाजिक होते हुए भी अंचल से जुड़ा है। पूरे उपन्यास में राजनीति का बोलबाला है। यहां तक कि शिक्षण-संस्थाएं भी राजनीति का केन्द्र बन चुकी हैं। तमाम घटनाओं एवं चरित्रों ने संग्रंथन के साथ लेखक का प्रामाणिक अनुभव प्रत्यक्ष दृष्टिगोचर होता है। गोरखपुर शहर का गोलघर, बेतिहाता मुहल्ला–चौराहा, उर्दू बाजार, रेती चौक आदि सब अपने जीवंत रूप में उभरते हैं। प्रारम्भ में प्रमोद का सुशिक्षित आदर्श परिवार, जिसमें प्रगतिशील विभा और पवन का चित्रण तथा परिवार से जूझती पत्नी संज्ञा का चित्रण एक आदर्श भारतीय परिवार का परिचायक है। बीच-बीच में गाँव से आते-जाते रमेश तथा उसके बीवी-बच्चों द्वारा गंवई ज़िंदगी की एक भद्दी झलक भी दिखाई पड़ती है। इसके साथ कथा अनेक मोड़ लेती हुई शहरी घिनौने चित्रों को भी देखती चलती है। डा. सूर्य द्वारा फुलवा और उसके गरीब पति का शोषण, कलावती और प्यारेलाल का बेमेल विवाह, कलावती का परपुरुषों का सहारा लेना और पति की आत्महत्या, मां के कुसंस्कारों से बी. लाल का आवारा तथा किसन का पागल बनना आदि सब कथाएं यथार्थ रूप में चित्रित होती हैं। बी.लाल.-मंजरी, किसन-इमिरितिया, उमेश-माधवी, सूर्य-मंजरी, सूर्य-पत्नी-बच्चे, विलास–उसका टूटता परिवार आदि तमाम कथाओं के ताने-बाने से बुना कथानक अपने लोगों के जटिल सम्बन्धों की पहचान कराता है। बी. लाल और पवन की मैत्री, जनार्दन का सम्पर्क तथा जनवादी पार्टी में मिलना आदि सक्रिय राजनीतियुक्त कथा एक नई पीढ़ी की आशा के साथ असामाजिक तत्वों के

मुकाबले खड़ी होकर एक नये समाजवाद का संकेत देती है। छोटी-बड़ी सभी कथाओं को कथानक में इस भांति गूंथ दिया गया है कि कोई भी घटना या प्रसंग बिखरा हुआ नहीं लगता, बल्कि एक सामाजिक जीवन का जीवंत संपुट लगता है।

मिश्र जी के लघु उपन्यास 'आदिम राग' और 'रात का सफर' सम्पूर्ण जीवन के परिवेश को तो नहीं, किन्तु जीवन के किसी एक अनुभव को रूपायित करते हैं। 'रात का सफर' एक ही रात की ट्रेन की यात्रा में ऋतु के छः महीने की जीवन कथा है। उपन्यास अपने सीमित आकार में भी दिल्ली, कलकत्ता, गोरखपुर से जुड़कर अत्यन्त गतिशील बन गया है। उसकी कथा ऋतु का मनोमंथन नहीं, बल्कि एक भारतीय समाज की सच्ची कथा है। "इस छोटे से उपन्यास में कथा-कथन की पद्धति में वैविध्य है। कहीं लेखक कहता है, कहीं ऋतु, कहीं उसके पिता राकेश-कभी मौन रूप से कभी मुखर रूप से। कभी सोच में, कभी संदर्भों में। इससे उपन्यास को छवि प्राप्त हुई है। कथा वर्तमान में भी चलती है ओर अतीत में भी। कहीं वह कही गई है, कहीं चित्रित की गई है, कहीं नाटकीय पद्धति पर घटनाओं, संदर्भों और मनोस्थितियों के तनाव से संकेतित की गई है। वह बाहर भी चलती है और भीतर भी। सच तो यह है कि वह बाहर-भीतर के तनाव से चलती है। आदिम राग की कथा भी गांव और शहर से जुड़ी हुई चलती है। उत्तर प्रदेश का प्रो. शील गुजरात के वातावरण एवं वहां की संस्कृति में जी रहा है। किन्तु बार-बार वह स्मृति एवं पत्रों द्वारा अपनी गँवई ज़िंदगी से जुड़ जाता है। इसकी कथा गुजरात और उत्तर भारतीय संस्कृति का उद्घाटन करते हुए गुरु और शिष्या के सहजाकर्षण के साथ उनके सात्विक प्रेम-रूप एवं आदिमपन को उभारती चलती है। बड़े उपन्यासों की तरह यहां बिखराव नहीं है, किन्तु कथा शहर से लेकर गुजरात के कॉलेज और गांवों, पहाड़ों तक घूमती है। कथानक दो पात्रों के सहारे अग्रसर है। मानो एक लम्बी कहानी भी कहा जा सकता है, क्योंकि इसमें आदि से अन्त तक कथात्मक एकतानता बनी रहती है। और कहीं रोक, मोड़ अथवा जटिल अन्विति की परिस्थितियां पाठकों के एकावधान को अन्योपस्थापित नहीं करती हैं। रामदरश मिश्र का मूल कथाकार-व्यक्तित्व जो ग्राम-जीवन के लिए निर्मित है, इस कृति में अपनी सहज लाइन पर होता है। सभ्यता नहीं, सारा खिंचाव संस्कृति के प्रति होता है। गुजरात प्रदेश की संस्कृति, वहां के दर्शनीय प्राकृतिक दृश्य और सांस्कृतिक स्थलों की पृष्ठभूमि पर बुनी यह वैयक्तिक अन्तर्विरोध की रोमान गाथा नारी-स्वतंत्रता के अनेक महत्वपूर्ण आयामों को उजागर करती है। कथाकार कॉलेज जीवन के इन्द्रधनुषी परिदृश्यों से लेकर जीवन के गम्भीर क्षणों तक के बीच पाठकों को घुमा देता है।

'आकाश की छत' और 'बिना दरवाजे का मकान' दोनों उपन्यास दिल्ली महानगर से लेकर गंवई ज़िन्दगी तक की कथा कहते हैं। दोनों ही कथा वर्तमान ओर अतीत में चलकर शहर और गांव के यथार्थ को उभारती हैं 'आकाश की छत' का यश बाढ़ से घिरे छत पर अकेले विसंगतियों के चक्रव्यूह में फंसा अपने अतीत में पितृ-प्रेम,

भ्रातृ-प्रेम, स्वार्थी भाई और मित्र रूपवती एवं कामरेड के बीच पहुँच जाता है। पानी में 'छपाक' की आवाज उसे बार-बार अतीत से खींचकर वर्तमान में लाती है। इस प्रकार कथा वर्तमान से अतीत और अतीत से वर्तमान में चलती रहती है। कथा का घटनाक्रम मन:स्थितियों के सहारे जुड़ा रहता है। यश के तीन दिन के घिरे जीवन में उसके बचपन तक का सम्पूर्ण अतीत मूर्त हो उठता है। "रामदरश मिश्र का यह सातवां उपन्यास 'आकाश की छत' अपने रचना विधान में अन्य उपन्यासों से हटकर है। दो-तीन दिन की छोटी-सी समयावधि में सिमटा हुआ यह उपन्यास साधारण क्षणों को संयत तथा घनीभूत बनाकर अपने कथानक का विन्यास करता है। इसमें प्रत्यक्ष घटनाएँ कम और स्मृतियां अधिक हैं। 'बिना दरवाजे का मकान' उपन्यास का कुछ हिस्सा लेखक के सामने घटित हुआ है। कुछ दीपा की स्मृतियों से होकर गुजरा है जहां कथा दीपा की स्मृतियों से होकर गुजरी है वहां अनेक पात्रों के संवादों की भाषाशैली दीपा की अपनी भाषागत क्षमता के अनुरूप हो गई है।" मुख्य पात्र दीपा, बहादुर और कहीं वसंत तथा अन्य छोटे-छोटे पात्रों के मेल से बनी कथा शहर और गांव के वर्गीय भेद-भावों तथा बेसहारा गरीब मजदूरों की असुरक्षित ज़िन्दगी के यथार्थ को उभारती है। दीपा के रूप में प्राय: निम्न वर्ग की लड़कियों का जीवन असुरक्षित बन गया है। घर है बिना दरवाजे का जिसमें कुत्ते-बिल्ली सभी घुस जाते हैं। फिर भी दीपा स्वयं को सुरक्षित रखने के लिए विकटतम परिस्थितियों से जूझती है। पति बहादुर के बेकार हो जाने पर उसे लोगों के यहा चौका बरतन करने जाना पड़ता है। दीपा द्वारा बड़े घरों की घुट-घुटकर जीवन जीने वाली बहुओं का पर्दाफाश होता है। दीपा बार-बार अपने अतीत के गांव में पहुंचती है और वर्तमान में लौटकर अपने असुरक्षित जीवन तथा 'बिना दरवाजे के मकान' को संभालती है। इस प्रकार कथा अनेक विसंतियों से गुजरती, बल खाती और भूत-वर्तमान की तमाम पर्तों को उघाड़ती हुई चलती है।

परिवेश विधान : मिश्र जी मुख्यत: आंचलिक कथाकार हैं। आंचलिक कथाओं में परिवेश ही व्यक्तित्व होता है। यह अंचल के प्राकृतिक और सामाजिक उपकरणों से बनता है। मिश्र जी अंचल की समग्रता उघाड़ने के क्रम में परिवेश के जीवन का प्रत्यक्षीकरण कराते चलते हैं। उनकी दृष्टि में परिवेश से अलग होकर मानव-जीवन-सत्य को देखा ही नहीं जा सकता। और जो लोग देखते हैं वे यथार्थ से कटे हुए होते हैं। "उपन्यास से परिवेश उसी तरह घुला, रचा, बसा हुआ होता है जैसे दूध में मक्खन या फूल में सुगंध। उपन्यास में बाहर से दिखाई पड़ जाये तो परिवेश रचनात्मक न रहकर प्रचारात्मक या गैर रचनात्मक हो जाता है। इसलिए परिवेश का प्रश्न रचनाकार के यथार्थबोध से अनिवार्यत: जुड़ा होता है। परिवेश और अपरिवेशगत यथार्थ का जो अर्थ रचनाकार के लिए होता है वह अन्य किसी प्रकार के व्यक्ति के लिए नहीं होता।" अज्ञेय जी के पात्र बर्फ में घिरे होने से घुटन महसूस करते हैं। 'अपने-अपने अजनबी' में योके का यह कथन- "मुझे किसका सहारा है, मैं नहीं जानती। शायद मृत्यु का ही सहारा

है।" निराशा से भरा मृतक-सा लगता है। यहां योके जीवन से ऊबकर जीवन मुक्ति चाहती है। मानो उसमें जीवन संघर्षों को झेलने, सहन करने की शक्ति-सामर्थ्य ही नहीं है, जबकि मिश्र जी के उपन्यासों में पात्र विकट परिस्थितियों में भी जीने के लिए लालायित दिखते हैं। उनके उपन्यासों में ऋतुएं, खेत-खलिहान, जंगल-पहाड़-समुद्र, धूप-छांह, गंध, वायु, नदी-तालाब आंचलिक जीवन के रूप में ही आते हैं। और इसी प्राकृतिक परिवेश में मानव जीने की अपार लालसा लिए विकट परिस्थितियों का सामना करता चलता है। इन परिस्थितियों में ही उसका जीवन काँपते-हाँफते, डूबते-उतराते और उपवास पर उपवास करते बीतता है। वह बाढ़, सूखा और शीत-ताप से डरकर न तो भागता है न जीवन से ऊबकर मर मिटने की सोचता है। वह अपने परिवर्तनशील प्राकृतिक वातावरण में जीने के लिए कटिबद्ध रहता है।

आंचलिक उपन्यासों में वातावरण की सृष्टि के लिए प्राकृतिक परिवेश एक आवश्यक अंग होता है। भौगोलिक परिवेश एवं सामाजिक वातावरण के जीवन्त चित्रों के माध्यम से ही आंचलिक कथाकार गंवई ज़िन्दगी के समूचे वैशिष्ट्य को उसके स्वाभाविक रूप में चित्रित कर पाता है। मिश्र जी के सभी उपन्यासों में भौगोलिक परिवेश का विशिष्ट योगदान है। उसी वातावरण में जीते-जागते लोग जीने के लिए प्रयत्नशील हैं। मानव और भौगोलिक वातावरण को अलग करके देखा नहीं जा सकता है। दोनों एक-दूसरे के परिपूरक हैं। जहां मानव है वहां वर्षा और शीत-धाम भी है। जहां ऋतुएं, वायु के झोंके और तूफानी लहरें हैं वहां मानव भी है। नदी, पहाड़, जल, वायु और शीत-ताप में रहने का अभ्यस्त मानव घर से लेकर खेतों, खलिहानों और सिवानों तक व्याप्त है। प्रकृति-प्रकोपों से वह कभी मुख नहीं मोड़ता। फुफकारती बाढ़ के घेरे में छत पर उपवास करता मानव, वर्षा से अस्त-व्यस्त होता मानव, सूखाग्रस्त विस्तारों में पेड़ की छाल खाकर जीने की लालसा लिए मानव, घाम-शीत-मेह में खेतों में तपता, कांपता, भीगता मानव, यानी हर परिस्थिति और परिवेश में उसका जीवन मिश्र जी के उपन्यासों में दिखाई दे जाता है। 'जल टूटता हुआ' में कहीं मौसमी झकोरों में उड़ते सामयिक लोकगीत तो कहीं वर्षा के फुहारों से लहराते हरे-भरे खेत, कहीं चिलचिलाती धूप, तो कहीं ठंड से किटकिटाते दांत, कहीं ओला-पाला तथा सूखा से नष्ट होती फसलें तो कहीं बाढ़ के प्रकोप से साफ होते सिवान, कहीं भारी वर्षा और बाढ़ से दरकते बांध तो कहीं धरती की सीधी गंध आदि सब कुछ प्रत्यक्ष दृष्टिगोचर होते हैं। नंग-धडंग लड़कों का सुअरियों के पीछे सुटुकुनी लेकर दौड़ना, उनके गन्दे फटे वस्त्र, मकान में पानी का झर-झर चूना, खाई-खंदक में बसे जीवन, बाढ़ आने पर चारों तरफ के शोर-शराबे, जमींदारी उन्मूलन, निराश जीवन, भूख से छटपटाते दर्दीले गीतों का आलाप, प्रेमियों की लुका-छिपी आदि विविध रंग-बिरंगे चित्र उभर आते हैं। गांव के भौतिक परिवेश को उभारने के लिए लोक-उपादानों का प्रचुर उपयोग हुआ है। मिश्र जी के उपन्यासों के लोक-उपादान जैनेन्द्र की तरह अन्तर्मन से नहीं, बल्कि अंचल की

उस जमीन से उपजे हैं जिसकी गोद में कथाकार का जीवन फला-फूला है। कथाकार अंचल के गीतों को सुनता रहा है, उसके प्रकृति-परिवेश को जी चुका है, पर्व-त्यौहारों में शामिल रहा है, अपने लोगों के बीच गंवई भाषा में बातें करता रहा है और ऋतुओं या मौसमों के अनुसार फसलों की बुआई, निराई और कटाई में सहभागी रहा है। तभी तो इन उपन्यासों में अंचल के प्रति लेखक का इतना लगाव और इतनी आत्मीयता है।

ग्राम-समाज का जीवन सदा प्रकृति पर निर्भर रहा है और कृषक प्रकृति को निहारते हुए जीविका कमाते रहे हैं। प्रकृति के वातावरण के बीच दो प्रेमियों का मधुर मिलन उसमें नयी चेतना जगा देता है। जैसे –'जल टूटता हुआ' में कुंजू ओसारे में बौछारों का झोंका खाते-खाते कमरे में बदमी के पास जाता है। दो सुलगती लपटों का मिलन और जोरदार वर्षा तथा तेज हवा चल रही है। तपी धरती के अंग से भाप निकल रही है। झाड़ियां झरती हैं, शिखाएं और डालियां हहराती-झुकती हैं, बिजली तड़तड़ाती है और कभी अंधेरे में सब कुछ ओझल हो जाता है। ऐसे दृश्यों का न आदि है न अन्त। वर्षा से न जाने कितने घर गिरते हैं, लोग बेघर होते हैं। कितने भले घरों की लाज उघड़ जाती है। लौकिक जीवन इतना असुरक्षित हो जाता है कि अपने टूटे-टपकते घरों में चीज वस्तुओं को इधर-उधर खिसकाते पूरी रात बीतती है। खाई-खंदक, नदी नालों के बीच में गांव बसे हैं, ऊपर से मूसलाधार वर्षा, चारों ओर से जल का घिराव और सांप, बिच्छू, गोजर आदि का भय है। गरीबी की आंच में तपता हुआ तिवारीपुर गांव। उपवास पर उपवास। मास्टर सुग्गन के रूप में पानी में छपाक से गिरते लोग, अर्थात् लोगों का बिखरा जीवन, गरीबी, अकाल, बाढ़, दहेज, बेटी की शादी आदि सब मास्टर सुग्गन की आंखों में तैरने लगते हैं। नदी के प्रवाह-सी उफनती गीता की जवानी। बाढ़ की ऊंची-ऊंची लहरों का फुफकारते हुए उड़ना। खेतों में काम करतीं भूखी मजदूरिनें, सामयिक लोकगीतों में अपने दुःख-दर्दों को पिरोती गाती चली जाती हैं। उनके गीत प्रकृति एवं लोक मानव के दर्दीले जीवन से जुड़े होते हैं। लोकगीत और प्रकृति आंचलिक उपन्यासों में कहीं स्वतंत्र रूप से नहीं आते। उनके माध्यम से जीवन के दर्द भी उभरते चलते हैं। सत्रह साल की गीता अपनी सहेलियों के साथ सावन के ऊंचे स्वरों में कजरी गाती है–"हरि हरि पवन बहे पुरवइया नदिया डोले ए हरी।" इस कजरी गीत में गीता की उफनती जवानी की तड़प भी है।

धरती का जीवन ही मानव-जीवन का प्रतीक बन गया है। जेठ की चिलचिलाती धूप मानव-जीवन को छोड़कर चुक जाती है। आषाढ़ आते ही खेतों में बोये गये बीजों के फूटते अंकुर और फिर सावनी समा में हरे-भरे लहलहाते खेत। कभी उन अंकुरित, फलते-फूलते खेतों एवं मानव-जीवन को रौंदती बाढ़ अपनी क्रूरता दिखाकर उतर जाती है। किन्तु मानव जहां का तहां जीने की लालसा लिए उसी धरती को पुनः चीरता और नये अंकुर के लिए बीज बोता रहता है। कितना लगाव है मानव को अपनी प्यारी धरती से! उस परिवेश का चित्रण देखिये–"क्वार था, तो भी हल्का-हल्का झींसा पड़ रहा था।

सतीश हल्का-हल्का भीग रहा था। सामने फैले हुए नंगे खेत बाढ़ की बरबादी की मौन कथा कह रहे थे। हाँ नंगी धरती, धरती का जड़ सन्नाटा, सन्नाटे के भीतर सोया हुआ संघर्ष, टूटने बिखरने का भयानक शोर, जड़ सन्नाटे को चीरते हुए ये हल-बैल, जड़ता की छाती में बिखरते हुए बीज, लहलहाते अंकुर, झूमती फसलें और फसलों के कट जाने के बाद का सन्नाटा सतीश को लग रहा है कि जैसे यह धरती का जीवन उसके जीवन का प्रतीक बन गया है।" भौगोलिक वातावरण से सिक्त मानव-जीवन जल-प्रवाह-सा बह रहा है। प्राय: मिश्र जी जल को जीवन का प्रतीक मानते रहे हैं। मात्र किसी वातावरण को उभारना ही उनका उद्देश्य नहीं, बल्कि उस वातावरण में जीते जीवन को उभारना है। जल, वायु, धरती, सूखा, बाढ़, ओला-पाला आदि सब प्रतीकात्मक रूप से मानव-जीवन को भी उभारते हैं। 'सूखता हुआ तालाब' का पानी सूखना अर्थात् सुखमय सुन्दर गांव का जीवन सूख रहा है। तालाब के सूखने से उसमें की गन्दगी और मछलियां बाहर आती हैं। चेनइया के रूप में मछलियां शिकारियों का शिकार होती हैं। मछलियां छटककर भागती हैं और किसी दूसरे तालाब में जाती हैं। 'पानी के प्राचीर' में देखें तो भवसागर में डूबता-उतराता मानव-जीवन तितर-बितर हो रहा है। आपसी सम्बन्ध टूट रहे हैं। लोग बिखर रहे हैं। यह टूटन और बिखराव 'जल टूटता हुआ' में भी है। लोग नये मूल्यों एवं निर्माण के लिए जूझ रहे हैं। शीत में ठिठुरे, घाम में तपते, जलते-भुनते और वर्षा से तर-बतर मानव के चित्र प्रत्यक्ष दिखते हैं। घर की गरीबी को दूर करने के लिए नीरू के रूप में लड़के कच्ची उमर में गांव से चलकर शहर जाते हैं नौकरी के लिए। और माताएं फफककर रोती हैं आंचल में मुंह छिपाकर। ऊपर से गनगनाती धूप मानो उपहास करती हो। नीरू सत्तू-पिसान की गठरी लादे चला जा रहा था। "धूप तेज हो रही थी। नंगे पाँव जलती धूल में छटपटा उठते थे और ऊपर सूरज की तीखी किरणें उसके मुँह पर गिर रही थीं। कभी-कभी जलती धूप का झोंका उसके मुँह और आँख पर थपेड़े मारता हुआ निकला जाता था। जब पैर एकदम छौंछिया जाते तो दौड़कर किसी गुम आदि के पौधे पर चढ़ बैठता था या अपनी सत्तू पिसान वाली गठरी ही पैरों के नीचे पांच मिनट के लिए डाल लेता।"…"आह यह तो नदी का निचाट है। मीलों तक रेत फैली है, न कहीं पेड़ हैं न पौधे, न कहीं गाँव न गिरावें। चाँदी की तरह चमकती रेत, केवल रेत।"

दिन, हफ्ते, पक्ष, महीने, ऋतुएं, पर्व-त्यौहार, पूरा वर्ष बीतते देर नहीं लगती। शिशिर ठिठुरकर सो जाता है, जेठ तपकर शान्त हो जाता है और अषाढ़ घड़घड़ाकर फट पड़ता है। जन-सामान्य तथा पशु-पक्षी में रौनक आ जाती है। हरे-भरे खेतों और पौधों से वातावरण हरा-भरा हो उठता है। खेतों में धान की निराई शुरू हो जाती है। मजदूरिनें कतार में बैठकर निराई करती हैं। उनके दर्दीले गीतों से सिवान गूँज उठता है–"रामा नाही पिया अइलें फुहार में आरे सांवलिया।" वर्षा की झड़ी के साथ "दिड़ दिड़िम दिड़" बादल गरजते हैं। फुहार तेज होते ही गीत ठंडे पड़ जाते हैं। खेत लहरा उठते हैं। कई

दिनों तक सूर्य छिपा रहता है। मूसलाधार वर्षा से राप्ती और गोर्रा नदियां बढ़ती हैं। लोग चिल्लाते हैं। शैतनवा नाले का बांध दरकता है। लोग एकजुट होकर अपनी दुश्मनी को भूलकर बाँध बाँधते हैं किन्तु सब बेकार। गोर्रा-राप्ती तथा नाले एक हो जाते हैं। बाँध टूट जाता है। परलय आती है! "घुर-घुर-घुर-घुर पानी की धारा गड़ही में गिर रही है। गड़ही और खेत देखते-देखते एक हो गये। गाँव के चारों और छाती भर पानी घहरा उठा।" ··· लोग और पशु डूब रहे हैं। ऊंची-ऊंची मचानें डालकर बाल-बच्चों के साथ लोग उस पर बैठे किसी नाव का इन्तजार कर रहे हैं। ऊपर से पानी बरस रहा है, नीचे धारा हाहाकार कर रही है। बीच में हवा हरहरा रही है। मचान हिलने लगती है। लोग कमर भर पानी में कन्धे पर छोटे-छोटे बच्चों को लेकर खड़े हैं।

सामाजिक उपन्यासों में शहरी जीवन के बीच कहीं-कहीं भौगोलिक वातावरण मिलता है। 'आकाश की छत' में बाढ़ से घिरा दिल्ली महानगर छटपटा रहा है। यमुना नदी का वह भयंकर रूप, जहां यश मकान की छत पर भूखा-प्यासा कभी उस प्रलयंकारी दृश्य को देखता है, तो कभी अपने अतीत को सोचता है। 'बिना दरवाजे का मकान' में दीपा दिल्ली में रहती है और गांव को याद करती है। गांव में मल्लाहों का जीवन नदी में नौका पर बीतता है, दीपा का बचपन पिता के साथ नाव में ही बीता था। नदियों से मानव-जीवन काफी जुड़ा है। शहरों में लोग पार्क ओर गार्डन में घूमने जाते हैं। परिवेश की ठंडी हवा उन्हें स्पर्श करती है। 'अपने लोग' में एक तरफ प्रमोद है और दूसरी तरफ गोरखपुर शहर का परिवेश, गोरखपुर का पिछड़ा अंचल, गांव-घर के सम्बन्ध, प्रमोद के पिता और चचेरे भाइयों की चालबाजी, शिक्षण संस्थाओं तथा साहित्य में राजनीति एवं जातीयता, नर्स से लेकर चमाइन तक के रोमांस का वातावरण। डा. सूर्य जैसे धूर्त, समाज शोषक राजनीतिज्ञ लोग। अर्थात् सम्पूर्ण शहरी परिवेश में एक संघर्ष है। शहर के घृणास्पद चित्र प्रमोद और उसके परिवार को तंग कर देते हैं। कभी बगीचे में नव वय की सुगन्ध-सी भरी संज्ञा के साथ प्रमोद प्रकृति के रंग और गन्ध को महसूस करता है। 'आदिम राग' में गगनचुंबी पहाड़ियों पर शील और रीता पहाड़ी वातावरण में खो जाते हैं। पहाड़ के रंग-बिरंगे चित्र एवं पहाड़ियों से घिरी एक झील-जिसके गहरे नीले जल में आकाश डूबा-सा प्रतीत होता है। पहाड़ियों का धीरे-धीरे अंधेरे में डूबता और भयानक सन्नाटा। कहीं आकाश में चांद और फिर अपनी सुगन्ध से किसी के आंचल को भरती हुई पारिजात की गंध। ऐसे मनोरम भौगोलिक वातावरण में शील और रीता का सहज मिलन तथा नितांत अंधेरे पहाड़ पर आदमी की आदिमता का आक्रमण और मानवीय चेतना की सजगता। 'सूखता हुआ तालाब' में किसी का दुःख और बेबसी किसी के लिए मनोरंजक बन गयी है। "कितना अच्छा लगता है नदी के किनारे बैठकर पुरवइया हवा में एक पर एक गिरती-पड़ती भागती हुई फेनिल लहरों को देखना।" ··· किसी नाव का डगमगाते हुए धाराओं से संघर्ष करना, तट की डालियों का झुककर पानी में भीगते रहना, ऊपर-ऊपर काले-काले बादलों का

लहरा पर लहरा ··· दूर-दूर तक धान के खेतों का कांपना–और ··· और ··· हां, कुछ और भी ··· शायद गाँव की कसमस युवतियों का घाट पर आना, ··· नहाना और भीगे हुए वस्त्रों का तन से चिपकना ··· और-और ··· इस प्रकार से मिश्र जी ने भौगोलिक वातावरण से युक्त यथार्थ जीवन को मूर्त कर दिया है।

मानवीय संवेदनाओं को उकेरती कहानियां

सुरेन्द्र तिवारी

छठवें दशक में जबकि 'नई कहानी' का जोर-शोर था और नई कहानी के नाम पर नगरीय कहानियां लिखी जा रही थीं, जिनमें स्त्री-पुरुष संबंधों को ही बार-बार उकेरा जाता था, दाम्पत्य संबंधों का बोल-बाला था, उस वक्त कहानी को एक नया तेवर, एक नया स्वरूप, एक नई दिशा देने के लिए कुछ कथाकार आगे आये जिन्होंने गांवों को अपनी कलम से पकड़ा। सिर्फ नारी-पुरुष संबंध ही नहीं बल्कि मनुष्य के हर रूप को, उसके संघर्ष को, पीड़ा को अपनी कहानियों में जकड़ने की कोशिश की। ऐसे कथाकारों को ग्रामीण या आंचलिक कथाकार कहा गया, हालांकि इस विशेषण की कोई सार्थकता न तब थी, न अब है। यह एक दिग्भ्रमित करने वाली बात थी कि जो नगरों के जीवन को लेकर कहानियां लिख रहा है वह नागर कलाकार है और जो गांवों को लेकर लिख रहा है वह ग्रामीण कथाकार है। मूलतः इनमें कोई अंतर नहीं था। अपने-अपने समाज और अनुभवों के अनुरूप ये कहानियां लिख रहे थे। रामदरश मिश्र उसी काल में उभरा एक ऐसा नाम है जो तबसे आज तक अनवरत, अनथका लेखन से जुड़ा हुआ है।

रामदरश मिश्र मूलतः कवि हैं, यह बात वे खुद भी स्वीकारते हैं और तभी अपनी कहानियों की चर्चा करते हुए वे कहते हैं–"मेरे मूल संस्कार कवि के होने के नाते मेरी कहानियों में भी काव्यात्मकता का काफी दबाव है।" परन्तु जब मैं उनकी कहानियों को पढ़ता हूं उनका विश्लेषण करता हूं तो मुझे लगता है कि कवि होने के नाते उनके कलाकार-व्यक्तित्व पर इसका कोई असर नहीं पड़ता है, हां उनकी भाषा जरूर काव्यात्मक हो उठती है। कवि की अपेक्षा मुझे वे एक सजग सचेत कथाकार ज्यादा नजर आते हैं। यथार्थ की, मानवीय संवेदनाओं की सामाजिक विषमताओं की जितनी सूक्ष्म पकड़ उनकी कहानियों से मिलती है, कविताओं में नहीं।

रामदरश जी की समग्र कहानियों के बीच से अगर एक बार गुजरा जाये तो दो बातें बहुत स्पष्ट हो उठती हैं। एक तो यह कि उनकी कहानियों में समाज के शोषित-उपेक्षित वर्ग के जीवन का यथार्थ अधिक व्यक्त हुआ है, और दूसरा यह कि उनकी कहानियों

में एक पीड़ा-बोध बराबर बना रहता है। इन दोनों तथ्यों को रामदरश जी खुद स्वीकारते हैं-"मेरी कहानियों में अपने परिवेश के सामाजिक जीवन का यथार्थ ही अधिक व्यक्त हुआ है। वैसे मैं अपने गांव-जवार से बाहर निकला तो एक शहर से दूसरे शहर तक घूमता रहा और इन नगरों के परिवेश में जितना जी सका, उतना उनका चित्रण भी अपनी कहानियों में किया, किंतु लगता है मेरे भीतर सदा मेरा गांव ही जीता रहा। यह गांव कछार का गांव है-दो नदियों के बीच घिरे हुए एक बहुत बड़े कछार अंचल का गांव। इस गांव के सारे अभाव, विडंबना, अवमानना, प्राकृतिक प्रकोप के आघात और जिजीविषापूर्वक उनसे मनुष्य का संघर्ष, पाखंड को मैंने देखा ही नहीं, जिया भी है। मेरे अनुभव में इस गांव के माध्यम से सारे कछार की भयानक गरीबी और पीड़ा, सामूहिक उल्लासों के स्वर, प्रकृति के विविध रंग और गंध, तरह-तरह के अभिशप्त और उदास चेहरे बिम्ब बनकर पड़े हुए हैं। शायद इन्ही बिम्बों ने मुझे कथा साहित्य की ओर ढकेला भी।" (भूमिका 'इकसठ कहानियां')।

यह पीड़ा-बोध ही रामदरश जी की कहानियों का मूलमंत्र है। उनकी हर कहानी में किसी न किसी पात्र को हम पीड़ाग्रस्त पाते हैं। यह पीड़ा कहीं अर्थ की है, कहीं संबंधों की, कहीं मानसिक कहीं शारीरिक। किन्तु अधिकांश कहानियों में आर्थिक तंगी से उपजी पीड़ा ही है जो कहीं-कहीं पाठक को अभिभूत कर देती है। 'गीतू' कहानी में छोटी बालिका गीतू की आर्थिक कारणों से हुई मौत हमें हिला देती है। 'एक रात' के नायक प्रवीण की मनोदशा उस वक्त विचित्र हो जाती है जब उसे पता चलता है कि उसकी भूतपूर्व प्रेमिका दूसरे शहर से इस शहर में आ रही है और उसके यहां आकर टिकेगी। प्रवीण अपने परिवार के लिए खाना नहीं जुटा पाता, उसकी पत्नी गुड़ की ढेली खाकर, पानी पीकर भूख मिटाती है, ऐसे वक्त किसी मेहमान का घर में आना कितना पीड़ादायक हो सकता है, यह प्रवीण की स्थिति में रहकर ही समझा जा सकता है। विपन्नता मनुष्य के जीवन को कितना अभिशप्त बना देती है, इसका चित्रण कुछ अन्य कहानियों में भी मिलता है। 'लेकिन' में मासूम गुल्लू (गुलाब) जो आर्थिक तंगी के कारण आठ-दस साल की उम्र से ही रिक्शा चलाता है, आज के महानगरीय दुष्चक्र का प्रत्यक्ष प्रमाण है। 'रोटी' में एक शिक्षित युवक भूख से लाचार होकर एक फैक्टरी में मजदूरी करता है, किन्तु वहां भी उसे पूरे पैसे नहीं मिलते। 'नौकरी' में आरक्षण के नाम पर हो रहे पक्षपात और अन्याय से जूझते एक युवक की असहाय स्थिति का चित्रण है जो अपने घर के लोगों की फटेहाल ज़िन्दगी को बस लाचारी से देखता रहता है।

रामदरश जी ने मात्र गरीबी दर्शाने के लिए इस तरह की कहानियां लिखी हों, ऐसा नहीं है। बल्कि जो समर्थ हैं, धनवान हैं वे गरीबों का शोषण किस तरह करते हैं, कुछ थोड़े से लोग अपनी शक्ति के बल पर किस तरह सामाजिक और राष्ट्रीय ढांचे को बदल देते हैं, आर्थिक विषमताएं पैदा करते हैं, यह दिखलाना उनका मुख्य उद्देश्य रहा है। 'घर लौटने के बाद' कहानी इन्हीं आर्थिक विसंगतियों को मार्मिकता से प्रस्ततुत करती

है। नौकरी से अवकाश प्राप्त करने के बाद धनी और गरीब दोनों तरह के व्यक्ति की समाज में क्या हैसियत रह जाती है, इसका बेबाक चित्रण यह कहानी करती है। दीनू भाई अवकाश के बाद अर्थाभाव के कारण अपने ही घर में नौकर बनकर रह जाता है, जब कि दूसरी तरफ जो ऊंचा तबका है, जहां धन की कमी नहीं है, वहां अवकाश प्राप्त व्यक्ति अपने घरवालों के लिए कठपुतली या शोपीस बनकर रह जाता है। उसकी हर सुख-सुविधा का ख्याल रखा जाता है। परंतु वह अपनी इच्छा से कुछ भी करने को स्वतंत्र नहीं है। सामाजिक प्रतिष्ठा उसके पास रहती है, किंतु व्यक्तिगत आजादी छिन जाती है। उनकी कुछ अन्य कहानियों– कर्ज, जमीन, ऊंची इमारत, दिनचर्या, सर्पदंश, सीमा, घर, हद से हद तक, आदि में भी आर्थिक पीड़ा ही है या अर्थ के कारण टूटते-बनते संबंधों का लेखा-जोखा। इन कहानियों में वही अभावग्रस्त व्यक्ति है जिसकी पीड़ा को अपनी पीड़ा मानकर कथाकार चलना चाहता है। धन के अभाव में व्यक्ति किस निम्नस्तर तक उतर सकता है, किस तरह जीवन से हार थककर अपने को पशु जैसा बना लेता है, इसका चित्रण इन कहानियों में बखूबी हुआ है। 'दिनचर्या' में रोटी के लिए बैल बन जाने वाला व्यक्ति तो 'कर्ज' में अपना कर्ज उतारने के लिए हर महीने अपना खून बेचने वाला भीखू सामाजिक शोषण के साक्षात उदाहरण हैं। 'मुर्दा मैदान' में दो छोटे बच्चों के सामने जीवनयापन की इतनी विकट समस्या आ खड़ी होती है कि पढ़ाई-लिखाई छोड़कर गंदे मैदान, जिसे मुर्दा मैदान भी कहते हैं क्योंकि वहां मरे जानवरों को फेंक दिया जाता है जिन्हें खाने के लिए दिन-रात गिद्ध मंडराते रहते हैं के कूड़े में से लोहा-प्लास्टिक चुनने के लिए मजबूर हो जाते हैं।

इन कहानियों के चरित्र हमारे लिए अपरिचित हों , ऐसा नहीं है, बल्कि इन्हें हम दिनरात अपने आसपास देखते हैं पर उधर न देखने का बहाना किए रहते हैं, क्योंकि इससे हमारे संस्कारों को धक्का पहुंचता है। परंतु रामदरश जी ने ऐसे ही पात्रों को अपनी कहानियों में उतारा है जो उपेक्षित हैं, दलित हैं, पीड़ित हैं। एक तरफ गरीबी है तो दूसरी तरफ शक्तिशाली उच्चवर्ग का शोषण भी। धन ही नहीं, जाति की श्रेष्ठता भी किस तरह सामाजिक उत्याचारों और अनाचारों का पोषक है यह भी इन कहानियों में देखा जा सकता है। 'सवालों के साये' ऐसे ही एक दलित औरत की कहानी है जो उच्चवर्ग द्वारा पीड़ित है। 'सर्पदंश' में भी हरिजनों पर होने वाले अत्याचारों को दर्शाया गया है। परंतु इस कहानी का अंत भावुकता में सना न होकर ठोस यथार्थ के धरातल पर खड़ा है। गांव के मुखिया द्वारा गोकुल हरिजन की हत्या कर दी जाती है और कहा यह जाता है कि उसे सांप ने काटा है। किंतु गोकुल का लड़का सच जानता है कि वह इस हत्या का बदला लेने को उत्सुक है। वह बाप की लाश को छोड़कर दूसरे गांव की ओर भागता है, अपने जाति-भाइयों को सूचना देने। उसे याद है कि एक दिन उस गांव का हरिजन नेता यहां आया था और उसके बाप से कह रहा था कि जीने के लिए हमें एक होकर सांपों से लड़ाई करनी पड़ेगी।

रामदरश जी एक संस्कारपूर्ण और भावुक कथाकार हैं, यह उनकी कहानियों से स्पष्ट है, और यह भावुकता ही उन्हें दुखी लोगों और असहाय औरतों की जिन्दगी को रेखांकित करने के लिए बार-बार उत्प्रेरित करती है। विशेष रूप से दुखी और अभिशप्त नारी चरित्रों का चित्रण उनकी कहानियों में बहुत मिलता है। 'सीमा' की नायिका सीमा, 'आखिरी चिट्ठी' की प्रभा, 'एक अधूरी कहानी' की सोहागी, 'अतीत का विष' की सुषमा, 'अकेला मकान' की जगरानी फुआ, 'एक औरत एक जिंदगी' की भवानी आदि नारी पात्रों को समाज के विभिन्न वर्गों में साक्षात पाया जा सकता है। 'चक्र' कहानी नारी-शोषण के रूप को अलग ढंग से और एक अलग परिवेश में प्रस्तुत करती है। हिंदू-मुस्लिम दंगे के कारण सहमा हुआ एक मुस्लिम परिवार हिन्दुओं का मुहल्ला छोड़कर मुस्लिम मोहल्ले में आकर रहने लगता है। परिवार की युवा बेटी जब घर से बाहर निकलती है तो इस मोहल्ले के कुछ गुंडानुमा लड़के उसे छेड़ते हैं। लड़की रोज उनके रिमार्क सुनती है और डरी-डरी रहती है—पता नहीं ये लौंडे कब क्या कर दें। और एक दिन रोते हुए वह अपने पिता से कहती है—'अब मैं यहां नहीं रहूंगी। अपने पहले वाले मकान में ही जाऊंगी।' यानी समाज कोई भी हो, किसी भी संप्रदाय का आदमी हो, शोषण से आतंक से वह मुक्त नहीं है। 'गांव का बड़ा आदमी', कहानी का प्लाट और खलिहान,' 'दक्षिणा', 'अकेली वह,' 'अपने लिए,' 'वह औरत' आदि ऐसी ही कहानियां हैं जहां शोषण का संबंधों के अमानवीयकरण का स्वार्थ का प्रत्यक्ष दर्शन हमें होता है। बहुत साधारण सी लगने वाली ये कहानियां मनुष्य की अंतर्वेदना को, उसकी जिजीविषा को जिस सूक्ष्मता के साथ, यथार्थ रूप में चित्रित करती हैं, वह प्रशंसनीय है।

रामदरश जी की कहानियों को एक साथ पढ़ने के बाद कुछ बातें जो मुख्य रूप से सामने आती हैं, उनकी चर्चा आवश्यक है। एक, मिश्र जी के अनुभव का दायरा बहुत विस्तृत है—गांव से लेकर महानगर तक के जीवनानुभवों को उन्होंने अपने अंदर समेटा है—और हर कहानी यह कहती है कि मैं कल्पना के पंख से नहीं, अनुभव की गहराई से उभरी हूं, यहां जीवन, जीवन की सच्चाई है, उसे सही परिप्रेक्ष्य में देखने और समझने की दृष्टि है। कहना न होगा कि इस दृष्टि का अभाव आज के कहानीकारों की विशेषता बनती जा रही है और इसी कारण कहानी भी मात्र पठनीय बनती जा रही है, विचारणीय नहीं। रामदरश जी इस बात को, इस स्थिति को विवेचित करते हुए कहते हैं—"आज के युवा कथाकार किसान-मजदूर के जीवन के एक ही पक्ष को लेते हैं—शोषण का। हालांकि यह बहुत मानवीय है, आवश्यक है, परंतु उन्होंने जहां जिंदगी के एक अहम पहलू को उठा लिया है वहीं दूसरे पहलुओं के चित्रण के प्रति बहुत विरक्त हैं। प्रेम की कहानी सिर्फ रोमानी तो नहीं होती, तल्ख भी हो सकती है, उसके साथ आर्थिक संघर्ष भी जुड़ा हो सकता है और अगर न भी जुड़ा हो तो वह जीवन का एक रूप तो है ही।''' दूसरी बात यह है कि वैविध्य आता है अनुभव से। एक ही

बात को आप लेंगे, हम लेंगे, किंतु उस बात का अगर हमारा अपना-अपना अनुभव है तो उसका रूप-रंग अलग-अलग होगा। परंतु यदि अनुभव नहीं है और उस समस्या को हम सिर्फ बौद्धिक स्तर पर उठायेंगे तो एकरूपता आ जायेगी। बुद्धि का रंग अलग नहीं होता है अनुभव का रंग अलग होता है। यह ज़रूरी है कि लेखक जिस संघर्ष की बात कर रहा है उस संघर्ष से, उस जीवन से, उसका सीधा परिचय हो। तब वह जो कुछ लिखेगा, वह जरूर कुछ नया होगा। लोग दूर से दृश्यों को देख रहे हैं इसलिए उनके लेखन में जो विशिष्टता होनी चाहिए वह नहीं है।" (कथारंग : साक्षात्कार)

दूसरी बात जो ज्यादा महत्वपूर्ण है, यह कि मिश्र जी में जीवन के प्रति अपार आस्था है। उनके पात्र कठिन से कठिन परिस्थितियों में भी जीवन के प्रति निराश नहीं होते, हारते नहीं, बल्कि संघर्ष की एक नई जमीन तलाशते हैं। 'मनोज जी' में मनोज जी कभी भी किसी स्थिति से घबड़ाते नहीं, मंजिल पर पहुंचने के लिए चलते ही रहते हैं। 'हद से हद तक' में एक लड़की को, जो मजबूरी में वेश्या बनी है, लोग बेसहारा कर देते हैं तो उसे एक बुढ़िया सहारा देती है। बुढ़िया कहती है-"चल बेटी, ये जितने तमाशा देखनेवाले हैं न, ये औरत का दुख नहीं समझते। ये केवल मजा लेते हैं। अभी तू अकेले में मिल जाए न तो तेरा पांव चाटने लगेंगे, लेकिन खुलेआम कुलटा कहेंगे।" वह आगे कहती है-"देख बेटी, मैं जानती हूं, औरत बुरी नहीं होती, उसे बुरा बनाया जाता है। तू जो भी रही हो अपनी मर्जी से नहीं रही होगी। लेकिन अब तू अपने हाथों के काम पर जीना सीख। तुझे चौका बरतन के कुछ काम दिला दूंगी। थोड़ा ही मिलेगा लेकिन उससे मन को चैन मिलेगा।"

'आखिरी चिट्ठी' का अंत भी इसी आस्था और विश्वास से भरा हुआ है-"नहीं, मुझे इतना निराश नहीं होना चाहिए, प्रभा की बेटी एक विद्रोह की कविता है, उसके प्यार और आग भरे हृदय से फूटी हुई एक मूर्त कविता। वह घूरे पर नहीं फेंकी जा सकती। नहीं, वह अवरोध पाकर और उठेगी, वह अपनी लपटों की झालर में अपनी रक्षा करेगी। प्रभा ने एक नई शुरुआत की है जिसमें खुद तो होम हो गई किंतु होम होकर उसने जो ताप और दीप्ति दी है वह नहीं मरेगी।" इस तरह के अनेक उदाहरण मिश्र जी की कहानियों से दिए जा सकते हैं, जहां जीवन के प्रति अटूट आस्था और विश्वास है। जीवन के दुख-दर्द को हंसते हुए झेलने की कोशिश है। 'हंसी' ऐसी ही कहानी है, जहां नायक पाता है कि लोग धीरे-धीरे हंसना भूलते जा रहे हैं, किंतु वह है कि किसी भी तरह की समस्या हो उसका समाधान हंसी के बीच ढूढ़ने की कोशिश करता है, गमगीन चेहरों को भी अपनी हंसी से सराबोर कर देता है।

तीसरी बात, कहा जा सकता है कि मिश्र जी एक प्रतिबद्ध कथाकार हैं, परंतु उनकी यह प्रतिबद्धता राजनैतिक अर्थों में न होकर रचनात्मक अर्थों में ही है। पार्टी पालिटिक्स, पार्टी-कमिटमेंट आदि जुमलों से अलग हटकर मानवीय दुख दर्द, मनुष्य का मनुष्य द्वारा शोषण आदि के प्रति उनका रचनाकार प्रतिबद्ध है। विशेष रूप से निम्नवर्ग, जो

कि इस देश का सबसे बड़ा वर्ग है, उसके दुख-दर्द, आशाओं-आकांक्षाओं सफलता-असफलता को अपनी रचनाओं में मिश्र जी ने सदैव प्रमुखता दी है, हरिजनों के प्रति उनकी सहानुभूति अनेक कहानियों में प्रकट है। खुद समाज के प्रतिष्ठित वर्ग से संबंधित होने के बावजूद वे निम्नवर्ग के निकट अपने को ज्यादा पाते हैं, इसी कारण उच्चवर्ग द्वारा किए जा रहे शोषण, अत्याचार, व्याभिचार, लूट-खसोट दिखाने में, उनकी प्रताड़ना करने में उन्हें कोई संकोच नहीं होता। इससे भी ज्यादा महत्वपूर्ण बात यह है कि इस उच्चवर्ग के प्रति जो आक्रोश उनमें पैदा होता है, उसे दबाए वे मूक दर्शक नहीं बने रहते, बल्कि उस आक्रोश को प्रकट करते हैं। इसी कारण इनके अधिकांश पात्र, जो दबे-कुचले हैं, वे विरोधी मुद्रा में उठ खड़े होते हैं, बिना किसी नारे या शोर-शराबे के वे अपना विरोध अपने कार्यों से प्रकट करते हैं।

किसी भी रचनाकार के लिए यह एक चुनौती है कि वह सोए हुए व्यक्ति को, वर्ग को, समाज को जगाए, उसमें नई चेतना भरे। मिश्र जी इस चुनौती को दृढ़ता से स्वीकारते हैं यही उनकी उपलब्धि है। इस जागृत चेतना को अगर देखना हो तो 'पशुओं के बीच' कहानी का नायक महेश या 'एक औरत एक जिंदगी' की नायिका भवानी में बखूबी देखा जा सकता है। विशेष रूप से भवानी का वह रूप जब वह हाथ में गंडासा लेकर अपने अन्न की रक्षा करती है और कहती है-"जिस किसी ने डांठ पर हाथ लगाया उसे काट दूंगी, यह डांठ हमारे खून-पसीने से सिंचा है।" संघर्ष की प्रतिमूर्ति बनी भवानी का यह रूप शोषण और शोषकों के खिलाफ जाग्रत विद्रोह है। सिर्फ यही नहीं कि एक वर्ग ही दूसरे वर्ग का शोषण करता है बल्कि परिस्थितिवश एक मां भी किस तरह अपनी संतान का शोषण करती है, इसका भी चित्रण 'लड़की' कहानी में बहुत ही सजीवता से हुआ है। हमारा सामाजिक ढांचा कुछ ऐसा बन गया है कि मां-बाप भी लड़की को कुछ तुच्छ समझकर लड़के को ज्यादा महत्त्व देते हैं' इस सच्चाई को 'लड़की' कहानी दर्शाती है।

अपने समाज, अपने परिवेश, अपने लोग, अपना मिट्टी की मोहक सुगंध जहां रामदरश जी की कहानियों में मिलती है, वहीं सामाजिक समस्याओं से भी वे अपने को अछूते नहीं रखते। साम्प्रदायिकता, दंगे, जातिवाद आदि समस्याओं पर भी उनकी दृष्टि रही है। हालांकि इस तरह की कहानियां उनके पास बहुत कम हैं, किंतु जो हैं वे महत्वपूर्ण हैं। 'रहमत मियां' इसी तरह की एक कहानी है जिसमें धर्म से ऊपर मानवीयता को स्थापित किया गया है, रहमत मियां एक हिंदू बालक को पालते-पोसते हैं और उसका नाम मोहन अली रखते हैं जो मुस्लिम समाज को स्वीकार नहीं होता और दंगे में उन्हें मार दिया जाता है। आज की विसंगत स्थितियों का बेबाक चित्रण इस कहानी में है। ऐसी ही दूसरी कहानी है 'चक्र' जिसमें अपने ही सम्प्रदाय के व्यक्ति के ऊपर आदमी का विश्वास नहीं जमता, वह ज्यादा खतरनाक लगता है। 'कर्फ्यू' में आतंकवाद के कारण उत्पन्न दहशत, डर और सामाजिक अस्थिरता का वर्णन है।

हालांकि यह कहानी कम, रिपोतार्ज अधिक है परंतु एक गंभीर समस्या से हमें जोड़ती है, यहीं इसकी विशिष्टता है।

मिश्र जी की कहानियों में दो बातें कहीं-कहीं जरूर अखरती हैं। एक तो उनका अतिरिक्त विस्तार में जाना और दूसरा काव्यात्मक भाषा से लगाव। 'पश्चिमी संध्याकाश की एक सूंधी लाली उसकी आंखों में धंस गई थी।' (बेला मर गई); "नील रोमिल विंहगों की पंक्तियों की तरह आपस में धंसे हुए धानों को गुदगुदाता पवन आसपास सरसरा उठता है।" (एक रात); "शाम दोनों ओर थी– एक ओर गुनगुनाती हुई लज्जा की लाली को छिपाती हुई कोमल संध्या, दूसरी ओर रोकर चुकी हुई आंखों की लाली की तरह पूस की भारी भारी सांझ।" (एक रात); जैसी पंक्तियां उनकी कहानियों में प्रायः मिलती हैं। कहानी के एक साधारण पाठक के लिए जो बिंबों और प्रतीकों के अर्थ में, गहराई में उलझना न चाहता हो या जिसकी पकड़ में इनके अर्थ ही न आएं, काहनी पाठ में एक गतिरोध सा महसूस करता है। दूसरी तरफ, 'मुकदमा', 'एक कवि की डायरी', 'ज्ञानकुंज' जैसी कहानियां अत्यधिक सपाटता और विस्तार के कारण ही अपना अपेक्षित प्रभाव नहीं छोड़ पातीं। यहां यह भी दृष्टव्य है कि रामदरश जी की कहानियों में शिल्प का वैविध्य नहीं है। जीवन के हर क्षेत्र से, कोण से वे कथ्य जरूर उठाते हैं, पर उन्हें प्रस्तुत करने का ढंग एक-सा ही है। इसी कारण इनकी कहानियां कोई चमत्कारपूर्ण आकर्षण पैदा नहीं करतीं, किंतु पाठक के मन में एक संतोष जरूर पैदा करती हैं–कथ्य और ट्रीटमेंट के कारण।

मिश्र जी की कहानियों में एक और चीज की तरफ भी ध्यान देना ज़रूरी है, उनकी अधिकांश कहानियां–'खाली घर', 'मां, सन्नाटा और बजता हुआ रेडियो', 'खंडहर की आवाज', 'एक और यात्रा', 'चिट्ठियों के बीच', 'घुटता हुआ नगर', 'लाल हथेलियां', 'बेला मर गई' आदि में एक शरीफ पात्र गांव में जाता है और वहां की घटनाओं को, अनुभवों को हमारे समाने रखता है। इस कारण ऐसा लगता है जैसे एक ही व्यक्ति कई-कई अनुभवों से गुजरा हो और अलग-अलग नामों के साथ हमारे सामने खड़ा हो। संभवतः ऐसा इसलिए हुआ कि कथाकार स्वयं शहर में रहता है और अपने गांव के अनुभवों को अपनी कहानियों में उतारता है। परंतु इस तथ्य की ओर लेखक खुद इन शब्दों में संकेत करता है–"मेरी कहानियों में अधिकांश देहाती जीवन के यथार्थ की कहानियां हैं, किंतु एक बात ध्यान देने की है कि एक तो ये कहानियां नये गांव के टूटते सामाजिक मूल्यों और बढ़ते हुए अकेलेपन तथा स्वार्थपरता को उद्घाटित करती हैं, दूसरा, देहाती और शहरी मानसिकता का द्वन्द्व भी उपस्थित करती हैं। शहरी कथानकों में एक देहात और देहाती कथानकों में एक शहर है, इसकी वजह यही है कि मैंने प्रायः गांव के बदलाव के उद्घाटन के लिए उसी गांव के एक पात्र को प्रवक्ता बनाया है जो शहर में रहता है और छुट्टियों में गांव जाता है। उसके एक ओर बदला हुआ गांव है, दूसरी ओर शहर है। दोनों के अनुभवों की टकराहट उसके भीतर होती है या उसे शहर

का प्रतीक मानकर गांव उससे टकराता है।" (भूमिका : इकसठ कहानियां) कहना न होगा कि गांवों के प्रति मिश्र जी का एक अतिरिक्त मोह उन्हें बराबर उधर ही खींचता है और वहां के अनुभवों को वे नए-नए रूप में हमारे सामने प्रस्तुत करते हैं। हालांकि इस प्रक्रिया में महानगर और अधिक सार्थक होकर उनकी कहानियों में आया है। वैसे 'उत्सव', 'मिसफिट', 'आज का दिन भी', 'किस्सा श्याम कुमार का', 'शेष यात्रा', 'उलझन', 'खोया हुआ दिन', जैसी श्रेष्ठ महानगरीय कहानियां भी मिश्र जी के पास हैं, किंतु इन कहानियों में भी साधारण मनुष्य की तकलीफें ही ज्यादा उभरकर सामने आती हैं–अलग अलग परिप्रेक्ष्य में।

इन कहानियों के अतिरिक्त रामदरश जी की कुछ ऐसी कहानिया भी हैं जिन्हें हम नितांत निजी जीवन की कहानियां कह सकते हैं। वैसे तो हर कहानी लेखक के निजी अनुभवों से कहीं न कहीं जुड़ी होती है पर कुछ कहानियां ऐसी होती हैं जिनका जुड़ाव लेखक या उसके परिवार से होता है और लेखक उसे उसी रूप में प्रस्तुत भी करता है। 'फिर कब आयेंगे' संग्रह में इस तरह की कई कहानियां हैं। 'दिन के साथ', 'ही इज हेमंत्स फादर' और 'फिर कब आयेंगे' तो हमें विशेष रूप से लेखकीय जीवन में झांकने का मौका देती है। 'दिन के साथ' में अपनी पत्नी की दिनचर्या को आधार बनाकर लेखक संबंधों के उन महीन रेशों को उभारता है जिनके बल पर परिवार रूपी चादर बुनी जाती है। वैवाहिक जीवन की शुरुआत से लेकर वृद्धावस्था के अंतिम सोपान तक पहुंच चुकी पत्नी चेतना जी का जैसे अपना कोई शौक नहीं है, सुख कामना नहीं है, इच्छाएं नहीं हैं, वह बराबर सिर्फ परिवार और पास-पड़ोस के लोगों के बारे में सोचती हैं, उनके दुख-सुख को अपना दुख-सुख मानकर उसमें हिस्सा बंटाती हैं। परिवार में बेटे-बहू सब व्यस्तता भरी ज़िंदगी जीते हैं, स्कूल और आफिस जाने की भागदौड़ होती है और उनकी सारी सुविधाओं का ध्यान चेतना जी को रखना पड़ता है यहां तक कि रोते हुए पोते को चुप कराना, उसका ख्याल रखना, खाने की व्यवस्था करना भी।

पति (लेखक) यह सब देखकर बार-बार कहता है– "क्यों अपने को इतनी सजा देती हो? अरे यह शरीर इतना बोझ बर्दाश्त नहीं कर सकता। इसे कुछ आराम चाहिए।" इस पर चेतना जी का जवाब होता है– "आप क्यों सोचते हैं कि मैं अपने को सजा दे रही हूं। यह क्यों नहीं सोचते कि इससे शरीर में स्फूर्ति बनी रहती है और दिन छोटे तथा आत्मीय हो जाते हैं। मेरी कोई मजबूरी तो है नहीं, मैं किसी के आदेश से या डर से तो ये काम नहीं करती न, अन्तर्प्रेरणा से करती हूं। और किसके लिए करती हूं? किसी पराए के लिए? अरे, ये बहुएं, बेटे, पोते सब अपने ही हैं न?"(पृ.12)

रामदरश जी के जीवन को जो लोग निकट से जानते हैं, वे जानते हैं कि अगर उनकी पत्नी ने उन्हें हर तरह से सहयोग न दिया होता, सारी घरेलू जिम्मेदारियों को अपने कंधे पर न डाल लिया होता तो आज संभवतः रामदरश जी वह न होते, जो हैं। इतने बड़े परिवार को एक सूत्र में बांधकर रखने का श्रेय उनकी पत्नी को ही है। हालांकि उन्हें

अब लगता है कि पारिवारिक चिंता का दबाव पत्नी पर बहुत ज्यादा है कि तभी वह दाम्पत्य-जीवन को भूल-सी गई हैं। वे पत्नी से कहते हैं–"सबके बावजूद कुछ अपने निहायत निजी सुख होते हैं और उन सुखों की कामना वृद्धावस्था में बढ़ जाती है। ज़िन्दगी भर बाल-बच्चों की परवरिश, पढ़ाई-लिखाई ब्याह की चिंता लेकर हम यात्रा करते हैं और हमारे हर निजी सुख में उनके प्रति दायित्व का बोध टांग अड़ाता रहता है किन्तु बच्चों के बड़ा होने और उनके परिवार के बस जाने पर इच्छा होती है कि हम दोनों अब थोड़ा अपने लिए भी जिएं। यानी कुछ देर जाड़े की धूप में या गर्मी की छांह में साथ-साथ बैठें, कुछ गपशप करें, कुछ अतीत की यादों के साथ खेलें, साथ-साथ शहर में निकलें, छोटी-मोटी यात्राओं पर निकलें।" (पृष्ठ 13) परंतु पत्नी इतनी गहराई से निजी सुखों की बात नहीं सोचती और उसका पल-प्रतिपल पारिवारिक कर्मों से ही बंधा है। इसलिए लेखक बाद में अपने पोते से कहता है– "तुम्हारी दादी अपने आप में एक कहानी है।"

'ही इज हेमंत्स फादर' में लेखक की तड़प निजी पहचान का खोना है। रामदरश जी के पुत्र हेमंत मिश्र रंगमंच और टी.वी. सीरियल के सुपरिचित कलाकार हैं। एक बार एक सीरियल में मिश्र जी के पौत्र को अभिनय का मौका मिलता है और शूटिंग के लिए उसे लेकर यूनिट के साथ मिश्र जी को ही शिमला जाना पड़ता है। परिवार में दूसरा कोई व्यक्ति नहीं जो उसे लेकर शिमला जाए। मजबूरी में मिश्र जी ही जाते हैं, और वे पाते हैं कि यूनिट के लोग उन्हें सिर्फ एक ही परिचय से जानते हैं–ही इज हेमंत्स फादर। जो भी मिलता है वह यही पूछता है–आप हेमंत के पिता हैं न, मिश्र जी लिखते हैं–"अपने यशस्वी बेटे के नाते परिचित होने का अपना सुख है, अपना गौरव है, इसलिए इस यात्रा में जब कोई किसी से मेरा परिचय कराता था–ही इज हेमंत्स फादर तो अच्छा तो लगता था किंतु मुंह तीता भी हो जाता था क्योंकि परिचय देने वाला हेमंत के द्वारा मेरी पहचान कराकर हेमंत के प्रति अपना सम्मान नहीं व्यक्त करते थे बल्कि मेरे प्रति अपना अज्ञान व्यक्त करते थे। साहित्य में मेरी अपनी पहचान है, अपना नाम है, अपनी उस पहचान के साथ किसी का पिता हूं, किसी का भाई हूं, किसी का पति हूं और मैं कला के क्षेत्र में उतरे हुए लोगों से उम्मीद रखता हूं कि वे मुझे जानते होंगे।"

यह न जाने जाने की पीड़ा ही इस कहानी के मूल में है। ऐसे लोगों के बीच कुछ समय गुजारने के बाद मिश्र जी समझ पाते हैं कि सीरियल की सभ्यता ने जो माहौल पैदा किया है उसमें साहित्य और कला से परिचित होना ज़रूरी नहीं रह गया है। मीडिया से मिलने वाली ख्याति अनेक लोगों को लुभा रही है और बिना किसी अभिनय-क्षमता के, शिक्षा के सीधे गली-कूचों, से, दुकानों से, घरों से निकलकर लोग धारावाहिकों के अभिनय की दुनिया में पहुंचना चाहते हैं। मिश्र जी इस बात से पीड़ित होते हैं।

किंतु यह सिर्फ मिश्र जी की ही पीड़ा नहीं है बल्कि हर उस रचनाकार की पीड़ा है जो अपना सम्पूर्ण जीवन इस मोह में रचनाकर्म में ही समाप्त कर देता है कि वह

लोगों के बीच पहचाना जायेगा, उसकी अस्मिता का कोई अर्थ होगा, रचनाओं को पाठकीय और सामाजिक स्वीकृति मिलेगी। पर मीडिया और छद्म कला ने रचनाकार को कितना छोटा बल्कि निरर्थक बना दिया है, इस सत्य को इस कहानी के माध्यम से ही समझा जा सकता है। ये कहानियां इस बात का प्रमाण हैं कि आज के जीवन के अंतर्विरोध, प्रश्न और विडंबनाएं मिश्र जी के रचनाकार को कितना बेचैन करती हैं। इसी कारण उनकी कहानियों में निजता के क्षण ज्यादा हैं, समस्याओं को आत्मीयता के साथ देखने और प्रस्तुत करने की गहरी दृष्टि है। बनते-बिगड़ते संबंधों, आर्थिक आधारों पर जुड़ते-टूटते परिवार, स्वार्थों का खेल, राजनीति का अपराधीकरण आदि दशाओं का जितना सघन चित्रण मिश्र जी की कहानियों में मिलता है वह अन्यत्र दुर्लभ है। इन कहानियों में एक चिरपरिचित संसार है, हाड़ मांस के सजीव लोग हैं। 'अकेला मकान' की फुआ, 'फिर कब आयेंगे, के भाई साहब, 'दुकान' की उषा जैसे चरित्र हमारे आसपास अनायास ही मिल जायेंगे।

मिश्र जी ने जहां विस्तार वाली कहानियां लिखी हैं वहीं समय-समय पर लघु कथाएं भी लिखते रहे हैं। कई बार ऐसे चरित्र हमारे सामने आते हैं जिनको प्रस्तुत करने के लिए विस्तार में जाने की जरूरत ही नहीं पड़ती, इससे कथा-प्रवाह के अवरुद्ध होने का डर भी रहता है। जीवन में आए ऐसे अनेक क्षणों और अनुभवों को लघु कथा के रूप में बांधने का प्रयास मिश्र जी ने किया है। 'लघुकथा' लिखने के पीछे उनके मन में कोई आन्दोलन-भाव नहीं रहा है बल्कि सहजता और संक्षिप्तता से अपने को प्रकट करने का आग्रह ही रहा है। वे कहते भी हैं–"इधर मैंने एक निरंतरता में कुछ छोटी-छोटी कहानियां लिखीं जिनमें अपने और आसपास के जीवन में घटित कुछ छोटी-छोटी घटनाओं और अनुभवों को, कुछ लोक कथाओं एवं प्रसंगों को समकालीन जीवन संदर्भ में रचने का प्रयत्न किया है। इन कहानियों में कोई बात कहना ही मेरा उद्देश्य रहा है–वहीं यहां मुख्य है।" (भूमिका : एक कहानी लगातार) उनकी ऐसी चौंतीस छोटी कहानियों का एक संग्रह है–'एक कहानी लगातार'। इस संग्रह की कहानियों को पढ़ते हुए कहीं ऐसा नहीं लगता कि मिश्र जी अपनी जमीन, अपनी कथा-भूमि और सोच से तनिक भी अलग हटे हैं। साधारण लोगों का संघर्षरत जीवन, शोषण, साधारण व्यक्ति के भीतर छिपे असाधारण मनुष्य की तलाश, सामाजिक विसंगतियों पर व्यंग्य, कुरीतियों को स्वीकारते और दुत्कारते लोग, गांव और शहर के बीच फैलती वैमनस्यता··· इन छोटी कहानियों में वह सब कुछ पाया जा सकता है जिसकी उम्मीद हम एक पूर्ण कहानी से करते हैं, एहसान', 'प्रपंच-पांच कहानियां', 'चिकित्सा', 'पुरस्कार', 'मां', 'हंसी', 'संवाद', 'सफेद चोरी', 'इज्जत', प्यास', 'त्रिरोध', 'जहर', 'पटाखे' आदि ऐसी कहानियां हैं जो पाठक को भीतर तक झकझोर दे सकती हैं। यहां सिर्फ कहानी नहीं है बल्कि कथा-तत्व के साथ वैचारिक तत्व भी मौजूद है जो हमें अलग-अलग तरह की सामाजिक और राष्ट्रीय समस्याओं पर गहराई

से विचार करने को बाध्य करती हैं।

रामदरश मिश्र की कहानियों से गुजरने के बाद यह संतोष मिलता है कि हमने अपने आसपास के कुछ लोगों से साक्षात्कार किया है। बिना किसी शिल्पगत उलझाव के या भाषाई चमत्कार के लेखक अपनी बात, अपने चरित्रों को, हमारे सामने रख देता है। काल्पनिक संसार में जाने के बदले मिश्र जी जीवन यथार्थ को उसकी संपूर्णता में पकड़ते हैं और अपने अनुभवों के सहारे एक कथा-जगत का निर्माण करते हैं। लेखक के मन की जो पीड़ा है, जो उसका अनुभव है, जिस सच्चाई को वह सहता-झेलता रहता है, उससे उसका पाठक अगर जुड़ जाता है तो यह लेखक की सबसे बड़ी सफलता है, और रामदरश मिश्र इस दृष्टि से अपने समकालीनों में सबसे सफल लेखक हैं।

संदर्भ एवं टिप्पणियाँ

1. इकसठ कहानियाँ; प्रभात प्रकाशन, चावड़ी बाजार, दिल्ली।
2. अपने लिए; परमेश्वरी प्रकाशन, प्रीत विहार, दिल्ली।
3. आज का दिन भी; विद्या पुस्तक सदन, अम्बेडकर मार्ग, दिल्ली।
4. फिर कब आयेंगे; इन्द्रप्रस्थ प्रकाशन, कृष्णानगर, दिल्ली।
5. एक कहानी लगातार; प्रभात प्रकाशन, चावड़ी बाजार, दिल्ली।
6. कथारंग (साक्षात्कार: सुरेन्द्र तिवारी); किताब घर, दरियागंज, नई दिल्ली।

'सहज कहानी' का संवेदन-सिद्ध संसार!

पाण्डेय शशिभूषण 'शीतांशु'

साहित्यिक सीमाबंदी और गुटबाजी से अलग रहकर लिखने वाले रामदरश मिश्र जीवन के बहुआयामी अनुभव की समृद्ध पहचान कराने वाले पचासोत्तर कहानीकार हैं। कहना न होगा कि कवि और उपन्यासकार के रूप में पहले से यशस्वी डा. मिश्र का कहानी-संसार भी उनके आन्तरिक दबाव का ही सृजन है, उतना ही संवेदनशील, जीवन्त, यथार्थ और प्रभावी! घटना और परिदृश्य के दस्तावेज से अनुभव और अनुभव से संवेदन की घुमड़न; पुनः संवेदन से भाव, विचार और संदृष्टि का 'जेनुइन' कलात्मक रूपायन! डा. मिश्र की कहानियों का यही मार्मिक दृश्यानुभव संसार है, जो हमें अपने आस-पास की, अपने परिवेश की, अपने लोगों की, अपने गांव, कस्बा और शहर की समसामयिक पहचान कराता चलता है, हमारी समझ का दायरा बढ़ाता चलता है: "आपको अपने आस-पास के सारे सत्य से परिचित रहना चाहिए। आप नहीं जानते, इसका अर्थ यह है कि आप अपने इर्द-गिर्द की वास्तविकता से बेखबर हैं।" (पृष्ठ 125) और फिर यह भी कि "हम किसी सत्य को नहीं देखते, हम जो देखते हैं वही सत्य है।" (पृष्ठ 126)

गर्चे डा. मिश्र की कहानियों के 'थीम' दस्तावेजी वास्तव में ही तैयार होते हैं: "वह हट्टा-कट्टा तनकर खड़ा हो जाता है-'हां-हां, तलाशी ले ले" कहता हुआ पोकेट में हाथ डालता है और लुटे हुए आदमी का पर्स निकालकर अपने पास खड़े दूसरे आदमी को दे देता है, जो लेकर भाग जाता है। वह फिर छुरा निकालता है और तानकर कहता है-हां-हां, ले लो तलाशी-बेचारा लुटा हुआ आदमी भय से कांपने लगता है और घबड़ायी आवाज़ में कहता है-"नहीं-नहीं भाई साहेब, मुझे गलतफहमी हुई थी, तलाशी नहीं लूंगा।"··· दूर खड़ा पुलिस का सिपाही सब कुछ देखता हुआ भी मुंह फेर लेता है, पर उनकी अधिकाधिक कहानियों में मूल वास्तव ज्यों-का-त्यों नहीं आंकर कलात्मक वास्तव में रूपान्तरित होकर आता है, वह वास्तव-1नहीं होकर वास्तव-2 है, प्रत्यक्ष वास्तव नहीं होकर सर्जनात्मक वास्तव है। यही इस कहानीकार की कलात्मक सिद्धि का प्रमाण भी है।

यदि हिन्दी कहानी की किसी प्रवृत्यात्मकता से डा. रामदरश मिश्र की इन कहानियों के सहज तौर पर जुड़ने की झाँकी ली जाए, तो इन कहानियों को 'सहज कहानी' कहना अधिक समीचीन होगा। कभी अमृतराय ने 'सहज कहानी' का उल्लेख करते हुए बताया था कि इसके लिए अपनी परम्परा से जुड़ी सहज भूमि और सहज संवेदना का आधार अपेक्षित है। उनके अनुसार 'सहज कहानी वह है, जो हमें हँसा सके, रुला सके। सहज वह है जिसमें आडम्बर नहीं है, बनावट नहीं है, ओढ़ी गयी पद्धति का मुद्रा-दोष नहीं है, आईने के सामने खड़े होकर आत्मरति के भाव से अपने ही अंग-प्रत्यंग को अलग-अलग कोणों से निहारते रहने का प्रबल मोह नहीं है, किसी का अन्धानुकरण नहीं है। (अमृतराय, सम्पादकीय, नई कहानियां, इलाहाबाद, मार्च 1968, पृष्ठ 5) कहना न होगा कि इन विशेषताओं के आधार पर मिश्र जी की इकसठ कहानियों का यह सृजन विस्तार सहज कहानी के संवेदन-सिद्ध संसार के रूप में हमारे सामने आता है और डा. मिश्र को 'सहज कहानी' के सबसे शीर्ष कहानीकार के रूप में उपस्थापित करता है।

डा. मिश्र की कहानियों में मध्य वर्ग और निम्न वर्ग की ज़िन्दगी चित्रित हुई है। गांव का पिछड़ापन, गांव की गरीबी, गांव की दुर्दशा, रूढ़ियों के बीच वहां के लोगों की जकड़न, हरिजन और औरत पर उस परिवेश में लगातार किया जाने वाला अत्याचार और तिरस्कार–जैसे ढेरों पहलू उनकी कहानियों में कसमसाते हैं। उनकी कहानियों की मूल भूमि, मुख्य घटना-स्थल (लोकेल) गांव ही हैं। शहर या तो उनकी कहानियों में उनकी वृत्ति (प्रोफेशन) से जुड़ने के कारण आया है या अपने घर और अड़ोस-पड़ोस के शहर में ही होने के कारण। गांव में जाकर यद्यपि उन्हें अजनबीपन का भी आभास होता है, फिर भी वे बार-बार गांव लौटते हैं–चमार, पाली, मधुबन, जैसे हरिजनों की दर्दनाक हालत को देखने के लिए, लड़की से लेकर जवान औरत तक पर ढाये जाने वाले जुर्म को वाणी देने के लिए, मंत्री जी के बयान–'जमीन सबकी है पानी सबका है, सारे इन्सान बराबर हैं' (पृष्ठ 291) की चरितार्थता (?) को परखने के लिए और इस सूत्र को समझने-समझाने के लिए कि 'जीने के लिए हमें एक होकर सांपों से लड़ाई करनी होगी' (पृष्ठ 451)। इसीलिए इन कहानियों में उनका गांवों से जो सरोकार बनता है, वह केवल 'नौस्टेलजिक' या कि 'आदिमगंधी' नहीं है, बल्कि एक बहुत ज़रूरी मानवीय सरोकार है।

मिश्र जी की कहानियों में 'लोकेल' के अतिरिक्त 'काल' (टाइम) की उनकी पकड़ भी सशक्त है। इसीलिए अपने 'लोकेल' पर होने वाले समकालीनता और आधुनिकता की हर एक हरकत और धड़कन के प्रक्षेप को वे देखते-परखते हैं। समय को वे प्राय: खंड-एक में देखते हैं-'एक रात', 'एक बिसरा हुआ दिन', 'बादलों भरा एक दिन', 'पर दर्द की तड़प' में उनके काल-बोध का यही खंड एक व्यापक भी बन जाता है: 'ठहरा हुआ समय।' काल-चेतना के प्रति उनकी यह सजगता उनकी मूल्य-चेतना का

भी निर्माण करती है: 'मूल्य तो एक सामाजिक स्वीकृति है। धीरे-धीरे नयी पीढ़ी की पुरानी पीढ़ी के प्रति श्रद्धा टूटती जा रही है और यह टूटना एक सामाजिक स्वीकृति प्राप्त करता जा रहा है।··· इस चिंतन ने श्रद्धा नामक चिरंतन मूल्य को चिथड़े-चिथड़े कर फेंक दिया है। बेटे का बाप को मारना जितना नाजायज रह गया है उतना ही नाजायज बाप का बेटे को मारना भी। (पृष्ठ 135-36) इस सजग काल-दृष्टि के कारण उनकी कहानियां 'धन, 'पूंजी'' पैसे' तथा 'सेल्स' के अधिमान-प्राप्त क्रियात्मक मूल्य (आपरेटिव वेल्यू) को निरूपित करती हैं। पर मूल्य की समाज-स्वीकृति वास्तविक दिशा को प्रत्यक्ष दिखाते हुए भी उनका कहानीकार कहीं-कहीं आकल्पित मूल्य (कंसीव्ड वैल्यू) को भी तरजीह देता दीखता है। और इन दोनों से अलग तौर पर कभी-कभी उनकी कहानियों में वस्तुनिष्ठ मूल्य (आब्जेक्टिव वैल्यू) भी उजागर होने लग जाता है। उनकी 'बेला मर गयी', 'कर्ज', 'लड़की', 'सड़क', 'सवाल के सामने', 'जमीन', 'घर', 'घर लौटने के बाद', 'पराया शहर', 'बदलियां', जैसी कहानियाँ समाज में जीये जा रहे साम्प्रतिक क्रियात्मक मूल्य को दिखलाती हैं, तो 'गीत', 'पानी', 'हद-से-हद तक', 'इज्जत', 'पड़ौसिन' जैसी कहानियां आज भी आकल्पित मूल्य (कंसीव्ड वेल्यू) को संकेतित कर जाती हैं। तभी रचनाकार सोचता है, "क्या सचमुच पैसा ही सारे सम्बन्धों का सूत्रधार है? (पृष्ठ 92) इनसे परे मिश्र जी की 'सर्पदंश', 'मिसफिट', 'पिता', जैसी कहानियां वस्तुनिष्ठ मूल्य को सामने लाती हैं। पर मूल्यों का यह समीकरण उनकी कहानियों में सीधा-सपाट नहीं होकर कटावदार और प्रगुणात्मक रूप में भी उपस्थित होता है, जहां एक ही कहानी में एकाधिक मूल्य की धड़कनें सुनायी पड़ने लगती हैं। 'लाल हथेलियां' डा. मिश्र की एक ऐसी ही कहानी है, जिसमें क्रियात्मक मूल्य, आकल्पित मूल्य और वस्तुनिष्ठ मूल्य-तीनों ही अन्तर्ग्रथित हुए हैं। सुभाष और ज्योत्स्ना के उस सम्बन्ध के बीच जहां लाल-लाल उंगलियों वाली लाल-लाल हथेलियां लिए ज्योत्स्ना रोज सिनेमा देखने जाती है और रुग्ण पति सुभाष की देख-रेख 'नर्स' किया करती है, स्थायी क्रियात्मक मूल्य उभरता है, जो ममता और सुभाष के सम्बन्ध के बीच ममता की ओर से गहने बेचकर उसकी पहली बीमारी का इलाज आकल्पित मूल्य और सुभाष की ओर से ज्योत्स्ना के साथ फोटो स्नैप कराने में क्रियात्मक मूल्य तथा अपने सख्त बीमार भाई को स्टेशन से अपनी पीठ पर लाद कर लाने वाले घरेलू नौकर के आचरण में वस्तुनिष्ठ मूल्य: 'वह तो इस घर का नौकर है। सुना था उसका भाई सख्त बीमार था। उसी को शायद गांव से बुलाया है। स्टेशन से पीठ पर लादकर ले जा रहा है। काले-काले हाथ, ··· खुरदरी हथेलियां··· खुरदरी उंगलियां। (पृष्ठ 103)

आज जहां अद्यतन चिंतन की झोंक में 'द डिवाइडेड सेल्फ' (लंडन: 1865) का आर.डी. लैइंग जैसा लेखक यह कहता है कि 'आदमी का प्रधान शत्रु उसका परिवार है, जिसका इस्तेमाल उसके विरोध में समाज के द्वारा किया जाता है' (पृ. 140) और हिन्दी में इस नव्य आधुनिकता और फार्मूलेबाजी के बतौर धड़ल्ले से कहानियां भी

लिखीं जाती हैं, वहां इसके विपरीत रामदरश जी परिवार पर ही सबसे ज्यादा लिखते हैं और परिवार को उचित महत्त्व देते हुए लिखते हैं। वास्तव में परिवार उनकी कहानियों की मूल धुरी है, जिसके बीच भाई-भाई, पिता-पुत्र, पुत्री, मां-बेटा, बेटी, देवर-भाभी, चाचा-भतीजा और पति-पत्नी जैसे सम्बन्धों के ताने-बाने छाये हुए हैं। थोड़ा गौर करें तो मिश्र जी की कहानियों में यह परिवार नितांत पति-पत्नी और इनकी सन्तान वाला आधुनिक परिवार-मात्र न होकर भारतीय परम्परा के संयुक्त परिवार के रूप में भी सामने आता है। शहर में रहने वाले परिवार का भी कोई-न-कोई सूत्र गांव से जुड़ा है। वे अपनी कहानियों में शहर से गांव और गांव से शहर का सम्बन्ध-सूत्र जोड़ते हैं। इसका कारक तत्व या तो स्मृति है या पत्र या प्रत्यक्षगमन! उनके यहां मित्र-मित्र, प्रेमी-प्रेमिका, शिक्षक-छात्रा, मकान मालिक, किरायेदार और पड़ौसियों के सम्बन्ध तक परिवार की परिधि में उभरते हैं। इस प्रकार उनकी कहानियों के केन्द्र में सर्वत्र परिवार ही छाया हुआ है। उनकी कहानियों के शीर्षक तक घर-परिवार की इस चेतना से जुड़े हैं। 'खाली द्वार', 'घर' और 'घर लौटने के बाद' जैसे कहानी शीर्षक इसका साक्ष्य प्रस्तुत करते हैं। मार्के की बात यह है कि यह सब-कुछ उनके यहां सहज रूप में ही उपस्थित होता चलता है।

डा. मिश्र की कहानियां यद्यपि वातावरणमूलक भी हैं, पर मूलतः वे चरित्र प्रधान कहानीकार हैं। उनके 'मनोज जी', 'गीत', 'एक औरत एक ज़िन्दगी' की भवानी और 'घर' का बलराम उनकी कहानियों के अविस्मरणीय चरित्रों में से हैं। उनकी कहानियों के चरित्र-अलबम में साहित्यिक मौज मस्ती वाले गतिशील चरित्र, अपनी चपलता से हृदय पर स्थायी प्रभाव छोड़ने वाले और अपनी करुण कहानी कहने वाले बालचरित्र, आजाद भारत में भी नियति-निर्भर जिन्दगी जीने को मजबूर नारीचरित्र, भाग्य के एक-पर-एक अभिशाप को झेलनेवाले अविवाहित पुरुष-चरित्र, वर्तमान सामाजिक व्यवस्था में शोषित हो रहे एवं नाटकीय यातना झेलते हुए तिल-तिल मिटने वाले पुरुष और नारीचरित्र, कामेच्छा के तूफान को व्यक्त करने वाले युवती-चरित्र, समाज की मर्यादा को तोड़ने वाले बुद्धिजीवी चरित्र, हरिजनों पर अत्याचार करने वाले सामन्ती चरित्र, खादी और खादी का भेद स्पष्ट करा देने वाले नेता-चरित्र, बेमेल ब्याह, भूत-प्रेत, अंध-विश्वास, भविष्यफल, असगुनही छींक और सगुन उचरवाने की रूढ़ियों में जकड़े गंवई चरित्र भरे पड़े हैं। उनकी 'एक औरत : एक ज़िन्दगी' की भवानी/ अमृता प्रीतम की धन्नो की तरह ही बड़ी जीवट वाली और प्रखर, तेजस्वी नारी है। एक ओर वह कटु सत्य को भी सामने कहने से नहीं हिचकती कि "आपका इन्साफ कमजोर के लिए ही है।" (पृ. 164), दूसरी ओर उसमें स्थितियों की सही परख और समझ बनी हुई है, 'पंचायत में नालिश करना व्यर्थ था, क्योंकि वहां भी वे ही न्याय-मूर्तियां बैठतीं, जो सत्य को जानकर भी कहने का साहस नहीं कर सकती थी' (पृष्ठ 164) और तीसरी ओर वह अद्भुत कर्मराग में डूबी हुई औरत है, 'भवानी कल वाले खेत में अपने लड़के

के साथ हेंगा खींच रही थी और लड़की हेंगे पर चढ़ी हुई थी। मैंने कल्पना नहीं की थी कि स्वतन्त्र भारत में एक औरत बैल की तरह हल-हेंगा खींच सकती है।' (पृष्ठ 165) पर ऐसी तेजवाली भवानी को भी यह अनुभव करना पड़ा है कि एहसास का मूल्य क्या होता है : 'राह कर लगान गेरने दिया। यानी हमारा रास्ता बन्द किया।' (निराला)। हिन्दी में मिश्र जी प्रेमचन्द के बाद पहले ऐसे अकेले कहानीकार हैं, जिन्होंने अपनी कहानियों में सबसे अधिक बाल-चरित्रों को जगह दी है। उनकी इकसठ कहानियों में से तीन कहानियों में विविध प्रकार के जीवंत बाल-चरित्र आये हैं, जिनमें बच्चे और बच्ची दोनों हैं। उनकी कहानियों में ये बाल-चरित्र अपने आप में महत्त्वपूर्ण अध्ययन का विषय हैं।

मिश्र जी की कहानियां उत्तम पुरुष और अन्य पुरुष दोनों ही प्रकार के उत्तारकीय नैरेटिव शिल्पों में लिखी गई हैं। आकार की दृष्टि से ये छोटी भी हैं और लम्बी भी, पर इन सारी कहानियों में उनके यहां किसी विशेष शिल्प का आरोपित आग्रह नहीं मिलता। उनकी इन कहानियों में एक ओर स्मृति के पंखों पर उड़ने वाला पूर्वदीप्ति शिल्प है, तो दूसरी ओर संकेतों-प्रतीकों का अन्तर्ग्रथित शिल्प, एक ओर कहानी की पूरी संरचना में निहित विरोधी समांतरता का कटावदार शिल्प है, तो दूसरी और फंतासी का यथार्थ-व्यंजक शिल्प! और ये सभी शिल्प कथा की प्रस्तुति के अनुरूप उससे एकमेक होकर सहज स्वाभाविक रूप में उभरे-निखरे शिल्प हैं। 'लाल हथेलियां' और 'बदलियां' जैसी कहानियां पूर्वदीप्ति शिल्प पर टिकी हैं। 'बदलियां' प्रतीक शिल्प की भी कहानी है, जहां बदलियों प्रोफेसर राजीव के जीवन के स्वच्छ शारदीय आकाश में बेला-रूपी काली घटा के छा जाने को प्रतीकित करती है। 'पिंजड़ा' के नायक के लिए तो पूरा कस्बा और घर ही पिंजड़ा बन जाता है। और 'सर्पदंश' में उच्च जाति वाले प्रधानों के द्वारा हरिजनों पर किया जा रहा हिंसक अत्याचार और कदाचार सर्पदंश की नियति लेकर सामने आता है। उनकी 'लाल हथेलियां', कहानी विरोधी समांतरता के कटावदार शिल्प का भी उत्कृष्ट उदाहरण है। यहां विरोध घटना में भी है चरित्र में भी और दृष्टि में भी। इस प्रकार यह उसकी पूरी संरचना में व्याप्त है। इस कहानी में एक ओर ममता है, तो दूसरी ओर ज्योत्स्ना। दोनों राजन के जीवन में क्रम-क्रम से पत्नी बनती हैं। पर ममता जहां अपने पति के प्रति अनुरागमयी और कर्त्तव्य परायण है वहां ज्योत्स्ना न तो अनुरागमयी है और न ही कर्त्तव्यपरायण। ममता अपने रुग्ण पति की सेवा-सुश्रूषा स्वयं ही करती है और राजन की रुग्णता में अपनी हथेलियों से उसके उत्तप्त चेहरे पर स्पर्श सुख का परितोष भी देती है। पर ज्योत्स्ना अपने रुग्ण पति की सेवा करने की जगह किलकती-मचलती बाजार जाती है, फिल्में देखती है और रुग्ण पति की सेवा के लिए नर्स नियुक्त कर देती है। इस कहानी में संरचना की एक और विरोधिता तब उपस्थित होती है जब कोमल-कोमल उंगलियों वाली, लाल-लाल हथेलियों वाली ज्योत्स्ना अपने पति के पास फटकना तक नहीं चाहती, मानो उसकी लाल हथेलियां पति के बीमार

शरीर को सहलाने के लिए हैं ही नहीं। दूसरी ओर उसी घर के काले-काले हाथ और खुरदरी हथेलियों वाला उसका नौकर है, जो अपने बीमार भाई को इलाज के लिए स्टेशन से अपनी पीठ पर लादकर लाता है। इस प्रकार पूरी कहानी में यह विरोधिता आत्मीयता बनाम औपचारिकता की विरोधिता बनकर सामने आती है। मिश्र जी की 'एक इंटरव्यू उर्फ कहानी तीन शतुरमुर्गों की' अकेली कहानी है, जो फंतासी शिल्प में लिखी गयी है। यह अपने आप में अविश्वसनीय होकर भी इंटरव्यू की सही यथार्थता को उजागर करती है। यहां इंटरव्यू लेने वाला शुतुरमुर्ग निरुद्वेग भाव से कहता है, "आपको प्रश्न के बदले में प्रश्न करने का कोई अधिकार नहीं है। प्रमाण दे सकते हैं, तो दीजिए। सरकारी काम बिना प्रमाण के नहीं होते।" (पृ. 124)।

मिश्र जी की कहानियों की भाषा पूरी तरह पात्र और संदर्भ के अनुकूल है। इसमें न तो दिखाऊपन है और न ही यथार्थ के नाम पर किये जाने वाले अतिरेकी चौंकाऊ प्रयोग। उनकी भाषा की शक्ति समझ को खोलने और बंधी दृष्टि को तोड़ने की शक्ति है। वस्तु ध्वनि का सार्थक प्रयोग, अन्तर्पाठीयता (इण्टर-टैक्स्चुअल्टी) और काव्यात्मकता इनकी कहानियों की भाषिक शक्ति है। कहानीकार ने 'मुर्दा मैदान' कहानी में परिवेशगत यथार्थ को पूरी सजीवता में उपस्थित करने के लिए वस्तु-ध्वनियों के साथ प्रयोग किये हैं– 'भौं··· भौं··· भौं। घुर··· घुर··· घुर। कांव··· कांव··· कांव। फड़··· फड़··· फड़। टेंअ··· ।' इनका बार बार होने वाला आवर्तन मुर्दा मैदान के अस्तित्व से जुड़ा हुआ है। अन्तर-पाठीयता एक पाठ में दूसरे पूर्व पाठाशों के प्रयोग से उभरती है। मिश्र जी ने लोक गीतों और काव्य पंक्तियों के ऐसे भाषिक इस्तेमाल से अपनी कहानियों के संदर्भ को सटीकता और गहराई प्रदान की है। भाषा यहां प्रोक्ति (डस्कोर्स) स्तर पर अपनी क्रियाशीलता दिखा रही है। उनकी 'एक रात', 'एक वह', 'बसंत का एक दिन', 'ठहरा हुआ समय', 'लाल बत्ती के पास', 'एक औरतः एक ज़िन्दगी', 'पशुओं के बीच', 'एक इण्टरव्यू उर्फ कहानी तीन शुतुरमुर्गों की' तथा 'भगवत कथा' में अन्तर पाठीयता के भाषिक प्रयोग मिलते हैं, जो अधिकांश स्थानों पर बहुत सार्थक बन पाये हैं। 'एक रात' और 'आखिरी चिट्ठी' जैसी कहानियों में कहानी बनती ही काव्यात्मक भाषा के जरिए है। 'एक रात' के वाचक को प्रतीक्षा की रात में अतीत याद आता है : पदमा यह नाम कभी शिरीष के फूल-सा कोमल था। इन दो अक्षरों में प्रबीन के लिए सारी रागिनी थरथरा उठती थी। प··· द··· म··· ।······ प······ द······ म······ ।······ अतीत की घाटी में उतरता हुआ प्रवीन कहीं सो गया। सो गया उस दूर हरी-भरी बनांत की तलहटी में जहां कमलों से भरी झील है। झील के चारों ओर हरे-भरे नारियल के पेड़ बिखरे हुए हैं। नील शोभित विहंगों की पंक्तियों की तरह आपस में धंसे हुए धानों को गुदगुदाता पवन आर-पार सरसरा उठता है।' (पृष्ठ 65), इस कहानी के वर्तमान में इसकी भयंकरता भी काव्यात्मक भाषा के जरिए ही रूपायित होती है और सवेरा होने पर इससे मुक्ति भी उसे काव्यात्मक भाषा के सहारे ही प्राप्त होती है। 'आखिरी चिट्ठी' का

काव्यात्मक अंत कहानी को सार्थकता देता है, 'लगा, जैसे सूनी रेत के बिस्तर में मछली की तरह सोयी हुई एक लड़की हाथ-पांव फेंक कर रो रही है, रोते-रोते उसका गला बैठ गया है। कोई नहीं है, सुनने वाला, कोई नहीं है देखने वाला।...... नहीं, मुझे इतना निराश नहीं होना चाहिए। प्रभा की बेटी एक विद्रोह की कविता है, उसके प्यार और आग भरे हृदय से फूटी हुई एक मूर्त कविता। वह घूरे पर नहीं फेंकी जा सकती। नहीं, वह अवरोध पाकर और उठेगी, वह अपनी लपटों की झालर में अपनी रक्षा करेगी।' (पृष्ठ 438)। उक्त दोनों ही संदर्भों में कहानियों में काव्यात्मक भाषा न केवल ऊपरी तौर पर इस्तेमाल की गई है, बल्कि कहानी की संरचना में गहरे धँसी हुई है, अप्रस्तुत तौर पर आयी है और अपनी साभिप्रायता से कहानी को मर्मवान् बनाती है।

इन विशेषताओं के बावजूद 'इकसठ कहानियाँ' में मिश्र जी की कुछ कहानियाँ अपनी संरचना में आत्मकथानुंमा, डायरीनुमा या बिखरी हुई कहानियां भी हैं। फिर भी उनकी ताकत दृष्टि में है, जो इस पूरे संग्रह की कहानियों में बनी हुई है। उघड़े यथार्थ का चित्रण करने पर भी उनकी दृष्टि कहीं भी 'मार्बिड' नहीं है कहानीकार की नीयत 'माबर्ड' नहीं है। वे प्रमुख समस्याओं की जड़ अर्थ-वैषम्य को मानते हैं, वर्गीय चरित्र को संकेतित करते हैं और सामन्ती संस्कारों तथा रूढ़ियों द्वारा किये जाने वाले शोषण को पहचानते हैं। प्रारम्भिक स्तर पर उनकी कहानियों को पढ़ते हुए हम अब भी कहीं उनकी 'सर्पदंश' जैसी अधिकाधिक कहानियों के लिए प्रतीक्षारत हैं कि मिश्र जी अपनी अगली कहानियों में सहजता के वृत्त से आगे आकर ज्ञानात्मक संवेदन की इस पुकार को सार्थक तौर पर सृजित कर सकेंगे: 'मिथ्या की हत्या कर बुद्धि के, आत्मा के विष-भरे तीरों से। खींच चित्र मानव का प्राणों के रुधिर की लकीरों से।' जिस ओर हिन्दी-कहानी में अब तक 'सक्रिय कहानी' जैसे नारे के बावजूद कोई सक्रियता देखने को नहीं मिली है।

सहचर है समय

रामचन्द्र तिवारी

डा. रामदरश मिश्र हिन्दी के प्रतिष्ठित कवि, कहानीकार, उपन्यासकार, समीक्षक और निबन्ध लेखक हैं। 'सहचर है समय' उनकी आत्मकथा है। प्रत्येक आत्मकथा-लेखक के मन में यह प्रश्न उठता है कि वह अपनी कथा क्यों लिखना चाहता है? यह प्रश्न महात्मा गांधी के मन में भी उठा था और उन्होंने इसका समाधान इस रूप में किया था–'पर मैं आत्मकथा कहां लिख रहा हूं? मैं तो आत्मकथा के बहाने अपने उन प्रयोगों की कथा लिखना चाहता हूं जो मैंने सत्य के लिए समय-समय पर किये हैं।' इन प्रयोगों में भी महात्मा जी ने राजनीतिक क्षेत्र में किये गये प्रयोगों को महत्त्व नहीं दिया क्योंकि उनके विषय में देश और विदेश के लोग बहुत कुछ जानते थे। उन्होंने अपने उन आध्यात्मिक प्रयोगों को महत्त्व दिया जिन्हें वे जानते थे और जिनकी बदौलत उन्हें राजनीति के क्षेत्र में आगे बढ़ने की शक्ति प्राप्त हुई थी। पं. नेहरू ने भी 'अपनी कहानी' इस चेतावनी के साथ पाठकों को सौंपी थी कि यह विवरण एकदम एकांगी–इकतर्फा–है और निश्चित रूप से, व्यक्तिगत है और इसमें उन्होंने 'अपना मानसिक विकास अंकित करने का प्रयत्न किया है, हिन्दुस्तान के आधुनिक इतिहास का विवेचन नहीं'। महात्मा गांधी और पण्डित नेहरू महामानव थे। उनके प्रत्येक कार्य में लोगों की दिलचस्पी थी। इसलिए यह लोग जिस रूप में कथा लिखते, सामान्य जन निश्चित रूप से उसे महत्त्व और मान देता। यहां तो प्रश्न सामान्य जीवन जीने वाले एक सामान्य साहित्य-यात्री का है? इस देश में साहित्यकार को सम्मान देने की बात तो अभी भी एक दुःस्वप्न है। राजनीति के क्षेत्र में कार्य करने वाले अदना से अदना आदमी के जीवन की छोटी से छोटी घटना को लेकर समाचारपत्रों के कालम के कालम रंग दिये जाते हैं किन्तु साहित्य के क्षेत्र में आजीवन अपने को खपा देने वाले रचनाकार के दिवंगत होने पर भी समाचारपत्रों के कोनों में श्रद्धा के दो शब्द देखने को नहीं मिलते। ऐसे लोगों के बीच रहने वाले साहित्य-यात्री के मन में यह प्रश्न उठना स्वाभाविक है–'आत्मकथा? क्या है तुममें जो लोग तुम्हारी आत्मकथा पढ़ेंगे?' इसका उत्तर भीतर से फूटकर ऊपर आया–'लेकिन तुम्हारी कहानी अपनी ही कहानी कहां है? यह तो उस परिवेश की भी

कहानी है जिसमें तुम जिये हो? और माना कि तुम सामान्य हो लेकिन अनन्त सामान्य लोग सामान्य लोगों की सामान्य ज़िन्दगी में ही तो अपने को पाते हैं'–वह अत्यन्त महत्त्वपूर्ण है। जीवन के किसी भी क्षेत्र में शिखर-स्तर के लोगों की ज़िन्दगी जनता की ज़िन्दगी नहीं होती। जिस प्रकार आज बड़े-बड़े सम्राटों के कार्य-कलाप इतिहास के लिए प्रासंगिक नहीं रह गये हैं और हमें साधारण जनता के जीवन तथा उसके दुःख-दर्द को महत्त्व देने लगे हैं वैसे ही साहित्य के क्षेत्र में भी आयातित संवेदना के धनी महानगरों में अनेक आधुनिक सुविधाओं के बीच संघर्ष-रहित जीवन व्यतीत करने वाले नामी-गिरामी साहित्यकारों की ज़िन्दगी भी हमारे लिए प्रेरक और प्रासंगिक नहीं रह गई है। उनकी तुलना में अभावों से जूझते हुए अपनी अपराजेय जिजीविषा के बल पर अपना मार्ग बनाने वाले लोक-जीवन की ऊष्मा से दीप्त सामान्य साहित्यकारों की जिन्दगी का महत्त्व हमारे लिए अधिक है।

रामदरश मिश्र की आत्मकथा एक ऐसे साहित्यकार की कथा है जो पराधीन भारत के एक ठेठ गांव में पैदा हुआ। ऐसे गांव में जो प्रतिवर्ष वर्षा और बाढ़ से तबाह हो जाता था। जहां अभाव, अशिक्षा और जड़ता का साम्राज्य था। जहां सामन्ती शोषण क्रूरता के साथ गरीबों का रक्त चूस रहा था। जहां का किसान अन्धविश्वासों और रूढ़ियों में जकड़ा हुआ पशुओं की ज़िन्दगी जी रहा था। लेकिन इन सबके बावजूद अपराजेय थी इस गांव की जिजीविषा। 'बाढ़ हटते ही भूमि नहा-धोकर उभर आती थी और नये बीज डालने का उत्साह चारों ओर भर जाता था। शरद अपनी ताजगी लिये आता था; हवा में, धूप में, रातों में, जमीन में एक अद्‌भुत जीवन-गंध भर जाती थी, खेतों के जुतने से मिट्टी अपने भीतर की महक लुटाने लगती थी। जल निथरने लगते थे, घाट चालू हो जाते थे, फिर दशहरा, दीवाली, कार्तिक पूर्णिमा के त्यौहार तरह-तरह की छवि लिए आते थे, जीवन हंस पड़ता था, अपने अभावों को भी गाने लगता था, अकेलेपन के बाहर आकर समूह के पाले में गुथ उठता था।' और फसलों के पकने और फागुनी बयार के बहने के साथ तो पूरे गांव और जवार का मन आकाश में उड़ने लगता था। भूखे-नंगे लोग फाग गाने में मस्त हो जाते थे। रात-रात भर फाग गाते थे, दोपहर को गाते थे, दरवाजे पर गाते थे, चौराहों पर जमा देते थे, खेतों में गाते थे, रास्तों में गाते थे, कबीर गाते थे, रंग खेलकर आते-जाते लोगों से रास्ते भरे रहते थे–'फटे फटे कपड़ों पर रंग'। रामदरश मिश्र का ही गांव ऐसा नहीं है। पूरे भारत देश के गांव ऐसे ही हैं। जमीन से जुड़े हुए, धरती की गंध से जीवनी शक्ति प्राप्त करने वाले प्रत्येक गांव की यही कहानी है।

इसी गांव की गंध से रामदरश मिश्र के मन और प्राण निर्मित हुए हैं। इसी गांव की अक्षय गंधा, अक्षय रूपवती, अक्षय रसवती प्रकृति से उनकी सौन्दर्य-चेतना को आधार मिला है। इस जमीन में ही मेरे अनुभव बने हैं, मेरी दृष्टि बनी है और बना है वह देसी-पन जो मुझे चमकीले से चमकीले विदेशी आकर्षण के प्रति आतुर नहीं होने देता।

इसी जमीन से उठकर टरसी स्कूल के विशेष योग्यता तथा वरहज से विशारद और साहित्यरत्न की परीक्षायें उत्तीर्ण करने के बाद 'कवि जी' के नाम से प्रसिद्ध रामदरश मिश्र 1946 में वाराणसी के एक प्राइवेट स्कूल 'केम्ब्रिज अकादमी' में एडमिशन परीक्षा उत्तीर्ण करने के उद्देश्य से प्रवेश लेते हैं। प्रथम श्रेणी में उत्तीर्ण होते हैं। उसके बाद की शिक्षा बनारस हिन्दू यूनिवर्सिटी में पूरी होती है। इस विश्वविद्यालय से प्रथम श्रेणी में प्रथम स्थान प्राप्त करके एम.ए. और बाद में पी.एच.डी. करते हैं। इसी विश्वविद्यालय में उनके साहित्यिक संस्कार परिष्कृत और समृद्ध होते हैं। आचार्य हजारी प्रसाद द्विवेदी के संपर्क में आने का अवसर मिलता है। कवि के रूप में अपनी पहचान बनाते हैं। काशी की उस समय की प्रसिद्ध साहित्यिक संस्था 'साहित्यिक संघ' से जुड़ते हैं। अन्य संस्थाओं–'चेतना' तथा 'नव संस्कृति संघ' के कार्यक्रमों में भाग लेते हैं। इसी क्रम में रामविलास शर्मा, शमशेर, नागार्जुन, अश्क, अज्ञेय, धर्मवीर भारती, विजयदेव नारायण साही, सर्वेश्वर आदि के संपर्क में आते हैं। सन् 1956 तक वाराणसी में रहते हैं। इसी बीच कुछ दिनों तक कमच्छा के इण्टर सेक्सन में अध्यापन भी करते हैं, किन्तु अन्ततः उन्हें काशी छोड़ना पड़ता है। यों तो प्रत्येक छात्र को एक न एक दिन अपनी मातृसंस्था को छोड़ना पड़ता है। आवश्यक नहीं कि योग्य होने मात्र से उसे उसमें अध्यापन का अवसर मिल जाय। 'चयन' तो सुजान लोग करते हैं और उनको वश में करने के लिए जिस विशेष 'चितवनि' की आवश्यकता होती है वह सबके पास नहीं होती, लेकिन रामदरश मिश्र के लिये काशी छोड़ने का अर्थ उस परिवेश से कटना था जिसकी ऊष्मा से उनकी रचनाधर्मिता का सृजन हुआ था। ऐसी स्थिति में उनकी मानसिक दशा की कल्पना ही की जा सकती है।

इसके बाद के आठ वर्ष श्री मिश्र ने गुजरात में विभिन्न संस्थाओं में अध्यापन कार्य में व्यतीत किये। इन्हें उनके घोर संघर्ष के दिन कहा जा सकता है। अपने परिवेश से उखड़ा हुआ एक अत्यन्त संवेदनशील रचनाकार जीविका अर्जन के लिये नितान्त अपरिचित लोगों के बीच अपनी पत्नी और बच्चों के साथ कभी किराये के मकान की तलाश में भटक रहा है; कभी बीमार बच्चे की दवा कराने के लिए डाक्टरों और अस्पतालों की खाक छान रहा है और कभी जीविका के आधार के टूटने के संत्रास को झेलता हुआ एक-एक दिन घुटन और उपेक्षा से काट रहा है। जीवन की अनेक कड़वी-मीठी स्मृतियों को संजोकर मिश्र जी ने अपने टूटते-बनते दिनों की कहानी सहज भाव से अंकित की है।

डा. मिश्र 1964 में डी.ए.वी. कालेज में नियुक्त होकर दिल्ली आ गये। तब से आज तक का उनका सारा रचनात्मक विकास दिल्ली की देन है। इस अवधि की गतिशीलता को उन्होंने जीवन-यात्रा के 'उत्तरपथ' के रूप में अंकित किया है। 'उत्तरपथ' डा. मिश्र की जीवन-यात्रा का अनेक हस्तियों से अत्यन्त महत्वपूर्ण दौर है। इसमें आधुनिक हिन्दी साहित्य के विकास को रेखांकित करने वाले अनेक आन्दोलन होते हैं। दिल्ली

विश्वविद्यालय का हिन्दी विभाग डा. नगेन्द्र के नेतृत्व में उपलब्धियों के शिखर पर पहुंचता है। दिल्ली में हिन्दी के जाने-माने नये-पुराने साहित्यकारों का जमघट लग जाता है। राजनीतिक क्षेत्र में राष्ट्रीय-अन्तर्राष्ट्रीय क्षेत्र को आन्दोलित करने वाली अनेक घटनायें–पाकिस्तान का आक्रमण और उसकी पराजय, शास्त्री जी की मृत्यु, इन्दिरा जी का शासन, भारत-पाक सैनिक संघर्ष और बंगला देश की स्थापना, जयप्रकाश नारायण का सम्पूर्ण क्रान्ति का आह्वान, आपात स्थिति की घोषणा, छठा संसदीय चुनाव, जनता दल की विजय और उसका शासन, यमुना की भीषण बाढ़, जनता दल में फूट, सातवां संसदीय चुनाव, इन्दिरा जी का पुनः सत्ता में आना, इन्दिरा जी की हत्या और प्रतिक्रिया में होने वाले दंगे–घटित होती हैं। डा. मिश्र की महत्वपूर्ण रचनायें–'जल टूटता हुआ', 'बीच का समय', 'सूखता हुआ तालाब', 'अपने लोग', 'रात का सफर', 'आकाश की छत', 'बिना दरवाजे का मकान' (उपन्यास), 'पक गई है धूप', 'कंधे पर सूरज', 'दिन एक नदी बन गया' (कविता संग्रह) 'कितने बजे हैं' (ललित निबंध) प्रकाशित होती हैं। विश्वविद्यालय में पहले रीडर और उसके बाद प्रोफेसर पद पर उनका चयन होता है। हिन्दी के प्रायः सभी प्रतिष्ठित साहित्यकारों से उनका परिचय होता है और बहुत से उनकी अन्तरंगता कायम होती है। पारिवारिक स्तर पर भी उनकी उपलब्धियां कम नहीं हैं। उनकी पत्नी सच्चे अर्थों में उनकी जीवन-संगिनी हैं। डा. मिश्र की उपलब्धियों में उनका सहयोग श्लाघ्य है। डा. मिश्र ने अपना मकान बनवा लिया है, जो पुत्र-पुत्रियों और पौत्र-पौत्रियों से भरा-पूरा है। सबसे बड़ी बात यह है कि आज भी डा. मिश्र पूरी ऊर्जा के साथ रचनारत हैं। उनकी जीवन-यात्रा 'अभाव' बिन्दु से चलकर 'भाव' के बिन्दु को स्पर्श करने वाली है।

सच्चे अर्थों में देखा जाय तो यह आत्मकथा, आत्मीयता की, सहजता की और मानवीय मूल्यों के तलाश की कथा है। डा. मिश्र तो माध्यम हैं। डा. मिश्र जहां कहीं गये, जहां भी रहे, जिससे भी जुड़े आखिर किस बात के लिए बेचैन रहे? वे अपने गांव की तलाश करते रहे? सघन और सहज रागात्मक सम्बन्धों की तलाश करते रहे। वे नेता, अफसर, मिनिस्टर या श्रीमान् से मिलने में कतराते रहे। जहां कहीं खुलापन देखा, थोड़ी आत्मीयता पाई वहां सहज भाव से जा मिले। जहां अहंकार देखा, ठंडापन महसूस किया, औपचारिकता की गंध आई वहां अपने को समेट लिया। यह प्रवृत्ति उनका संस्कार बन गई है। यह संस्कार उन्हें गांव ने दिया है। यह गांव उनमें आज भी जीवित है। महानगर में भी वे इसी के लिए हुड़कते रहे हैं। यही कारण है कि उन्हें नितांत ठंडी, दार्शनिक प्रतिपत्तियों की सघनता से दबी, बौद्धिक तर्कजाल से उलझी रचनायें आकर्षित नहीं करतीं। इसी के चलते वे साहित्यकारों में भी एक खुलेपन, रागात्मक ऊष्मा और सहजता की तलाश करते हैं। आचार्य हजारी प्रसाद द्विवेदी, शमशेर, प्रभाकर याचवे, रामविलास शर्मा, बालकृष्ण राव, सावित्री सिन्हा, हरिवंशराय बच्चन, विष्णु प्रभाकर, भवानी प्रसाद मिश्र, ठाकुर प्रसाद सिंह, महीप सिंह, भारत भूषण अग्रवाल, अजीत

कुमार, देवीशंकर अवस्थी, विवेकी राय, नरेन्द्र मोहन आदि साहित्यकारों के प्रति उनके विशेष लगाव का कारण इसी सहजता और खुलेपन की तलाश ही है।

डा. मिश्र की आत्मकथा रचनाशील साहित्यकारों की उस पीढ़ी की कथा है जिसका जन्म स्वतन्त्रता-प्राप्ति के पूर्व हुआ है। जिसने 1942 के स्वतन्त्रता संग्राम और अंग्रेजों के दमन को अपनी आंखों से देखा है। जिसने स्वतन्त्र भारत में शोषणमुक्त नये समाज की रचना का स्वप्न देखा था। जो संघर्षों में पली, पढ़ी और बढ़ी है। जो स्वतन्त्रता प्राप्ति के बाद सभी क्षेत्रों में मूल्यों के ह्रास से चिन्तित हैं। जिसकी जड़ें गावों में हैं। जो गांवों की जड़ता, रूढ़िवादिता, संकीर्णता और अन्धविश्वास को तोड़ना चाहती है किन्तु उसकी रागात्मक सघनता, निश्छलता, सहजता और अपराजेय जिजीविषा की रक्षा करना चाहती है। जो एक ओर महानगरों में अपने को पूरी तरह फिट नहीं कर पाई, दूसरी ओर बदले हुए गांवों में भी अपने को अजनबी पा रही है। सचमुच यह उस परिवेश की कहानी है जो डा. मिश्र की सभी रचनाओं में किसी न किसी रूप में व्याप्त है। आज अपने जीवन के तीसरे चरण में डा. मिश्र अपनी उपलब्धियों से सन्तुष्ट हैं। 'आत्मीयता के ठोस परिवेश में जीकर मैं भीतर से बहुत भरा-पूरा अनुभव करता रहा। मैंने बहुत सम्बन्ध नहीं बनाये, लेकिन जो भी बने वे बहुत मूर्त हैं।' यह उनके शब्द उनकी आश्वस्ति के द्योतक हैं। इन सम्बन्धों की खुशबू उनके भीतर बनी हुई है–

'मिला क्या न मुझको ऐ दुनिया तुम्हारी
मुहब्बत मिली है, मगर धीरे-धीरे'।।

डा. मिश्र की रचनाओं के विषय में भी उपर्युक्त पंक्तियां सार्थक हैं। उनकी रचनाओं का महत्त्व और मूल्य भी भविष्य में अधिक गहराई से अनुभव किया जाएगा। उनकी पूरी पीढ़ी भविष्य में अधिक प्रासंगिक प्रमाणित होगी, ऐसा हमारा विश्वास है।

कितने बजे हैं ? : कथात्मक गद्य

गंगा प्रसाद विमल

ललित निबन्धों में सर्जना और पाण्डित्य का एक अद्‌भुत सम्मिश्रण रहता है। सर्जना की दृष्टि से उसमें लालित्य की अनोखी, रसपूर्ण उपस्थिति होती है तो पाण्डित्य के रूप में अतीत और जातीय संस्कारों की विवेकपूर्ण व्याख्या रहती है। पंडित हजारी प्रसाद द्विवेदी को ललित निबंधों की परंपरा का कीर्ति पुरुष मानने में किसे आपत्ति हो सकती है। उन्होंने ही वास्तव में सर्जनात्मकता और पाण्डित्य का एक अभूतपूर्व विनियोजन हिन्दी गद्य साहित्य में कर दिखाया था। पर उनके इस योगदान को शायद यह कहकर अधिक अर्थपूर्ण रूप में जाना जा सकता है कि उन्होंने हिन्दी की सपाट, कृत्रिम गद्य धारा को संस्कृति की विलक्षण रसज्ञता से पोषित किया। हिंदी गद्य की इस नयी परंपरा में अनेक लेखक रचनारत हैं। सुपरिचित कवि, कथाकार रामदरश मिश्र की कृति 'कितने बजे हैं?' को भी ललित निबंधों के इसी आलोक में परखना युक्तिसंगत जान पड़ता है।

कितने बजे हैं? का गद्य मुख्य रूप से 'कथात्मक' किस्म का है। उसमें 'किस्से' की बुनावट के वे सभी गुण विद्यमान हैं जो किसी कहानी में हमें सहज ही मिल जाते हैं। मसलन कहानी में सामान्य रूप से वर्तमान से अतीत की ओर जाने, या अतीत के संदर्भ के वर्तमान को जानने की वृत्ति होती है। 'कितने बजे हैं?' का शैल्पिक विधान सहसा अतीतोन्मुखी विवरणों से भरा पड़ा है। डा. मिश्र का पहला ही निबंध लें–'जहां मैं खड़ा हूं' वहां कवि के व्यतीत जीवन का दृश्य अंकित है, 'मैं पीछे मुड़कर दूर एक बालक को खड़ा देख रहा हूं, जो धूल में लोट-लोटकर अपने कपड़े फाड़फाड़कर रो रहा है। उसने एक छोटा-सा कुत्ता पाला था, घर वालों ने वह कुत्ता दूसरे गांव के एक आदमी को दे दिया। वह बालक उस कुत्ते को गोद में छिपाये भाग रहा है और उसकी गोद से उसे जर्बदस्ती छीनकर उस आदमी को दे दिया जाता है ··· तब कुत्ता पालता था अब सपने पालता हूं ···।' इस निबंध का विषय आत्मकथात्मक है। लेखक हमें अपने आत्मगोपन से परिचित कराता है। वह सिर्फ अपने किसी गोपनीय का रसपूर्ण अंकन नहीं करता अपितु उसके जरिये खुद के वर्तमान को व्याख्यायित करता है। यही नहीं

इस विधि से वह अपने समाज, अपने देश और अपनी जातीय विरासत की व्याख्या भी करता है। लग सकता है कि यह व्याख्या एक किस्म की हड़बड़ी में की गयी है। पंडित लोग जिस तरह ठहर-ठहर कर सत्य की परतें उघाड़ते हैं और निजता को फिर-फिर छिपाने का प्रयास कर एक महान भाव व्यक्त करते हैं–यह रामदरश मिश्र के निबंधों में नहीं है–वहां हड़बड़ी है तो वह एक आत्मगोपन को 'किस्से' की तरह व्यंजित करने की हड़बड़ी है। इस बात की भी है कि एक सुसंस्कृत भाषा की अपेक्षा मिश्र जी ने लेखक (सर्जनात्मक लेखक) और विश्वविद्यालय समीक्षक की भाषा के बीच से एक तीसरे ही किस्म की भाषा की इजाद की है। शायद इसे कोई भाषा पंडित ही संज्ञा दे सकता है–पर पाठक को जरूर लगता है कि इस भाषा में लेखक अपने वर्तमान के निर्माण की वह सारी कथा बता रहा है जो केवल कोई बीती हुई चीज भर नहीं है बल्कि उसके रेखांकों में आधुनिक भारत के बारे में पश्चाताप करने वालों की यातना भरी पड़ी है।

इस आत्मगोपन में आत्मस्वीकृतियों की कुछ ऐसी सूक्तियां हैं जो सार्वजनीन हैं। पर उन्हीं के बीच 'सत्य' के साक्षात की अविस्मरणीय स्थितियां उभरती हैं। बचपन की दुनिया छोटी थी, सामान्य रूप से बचपन के बारे में यह एक प्रकार की सार्वजनिक सच्चाई है परन्तु रामदरश मिश्र ने उस छोटी दुनिया को, उसके भौतिक संपर्क के कारण महत्त्व नहीं दिया। अपितु बताया कि वह दुनिया 'बहुत सघन' भी थी। अपने बारे में जो कवि सत्य उन्होंने बताया है वह इतना ही नहीं कि "मैं बचपन से ही भावुक रहा हूं। भावुकता ने मुझे जहां थोड़ी-थोड़ी बात में आहत हो उठने की कमजोरी दी है, वहीं उसने मुझे रस भी दिया है। अभावों भरे मेरे बचपन में इतना उल्लास, इतनी अकुंठ उद्दामता कहां से आयी?" बल्कि आगे चलकर अपने भावुकपन की दृढ़ता को वे स्पष्ट करते हैं, "जब जब कोई मुझे अपशब्द कहता था, मैं अव्यवस्थित हो उठता था।" आत्मसम्मान का यह जज़्बा किसी भी रचनाकार को विलोम से लड़ने की शक्ति देता है। 'जहां मैं खड़ा हूं' में रामदरश मिश्र ने उस विशद् फलक को छुआ है जिससे बहुत से व्यक्तिवादी, एकांतवादी कतराते हैं। उन्होंने स्पष्टत: अपनी संबद्धता के उन कोणों से अपने अतीत न होने वाले सम्यकों का भी विवरण दिया है। आदमी जहां से विकसित होता है वहीं से खड़े रहने की भूमि से उसका आजीवन संबंध स्थापित हो जाता है–और खड़े रहने की यह भूमि कितनी यातनाएं देती है–पूरे आदमी को किस तरह खंडित करती है–यह त्रासद गाथा इस छोटे से निबंध से पुष्ट होती है।

एक व्यक्ति की 'आत्मपीड़ा' उसका 'आत्मगोपन' निजता की संकीर्ण सीमाओं को तोड़ सार्वजनिकता की ओर बढ़ता है। शायद ही इस कथन पर कहीं कोई विवाद होता हो। परंतु यह सार्वजनिकता क्या कभी व्यक्ति को निजता से विलग हो पाती है? अर्थ यह कि 'निजत्व' के सह-संपर्कों से धीरे-धीरे चिंतन का या कहें सोचने का क्रम विकसित होता है। इस संकलन का बहुत ही जटिल निबंध है 'कितने बजे हैं?' समय

से हमारा टकराना भिन्न-भिन्न स्तरों पर होता है। अधिकांश केवल दिनचर्या के रूप में, पर कभी-कभी वह सामना चित्त को झकझोर देने वाला होता है। अर्थात् वह समय जो इंगितार्थ में है, वह आखिर है क्या? रामदरश मिश्र ने 'समय' की इस मुठभेड़ को एक कवि की चिंता के रूप में प्रस्तुत किया है। समय जो 'कालातीत' के दोनों, आदि जो अनादि है और अंत जो अनंत है, को कहीं न कहीं अपने से अलगाता नहीं है।

समय के चिंतन के साथ आधुनिक दुनिया की अपगति या उसके विकास का सवाल भी जुड़ा है। इस निबंध के प्रसंग-विवरणों को यदि हम ध्यान से देखें तो सहज ही जान पायेंगे कि 'समय' की एक यातनादायी प्रकृति भी है। इसके त्रासद को लेखक ने वृहत्तर नियति से भी जोड़ा है, "और आज इतिहास के इस प्रश्न का जवाब देना ही पड़ेगा, शीशे में बंद भागती ज़िन्दगियों को। यदि उन्होंने फिर बिखरी फाइलें समेटने का, टूटे शीशों को ठीक करवाने का, इमारतों की दरारों को भरवाने का दुस्साहस किया, तो समुद्र की तरह जन चेतना का इतिहास उन्हें क्षमा नहीं करेगा।" आशय यह है कि समय को भौतिक प्रारूप के जिस अंगी रूप में हम जांचते हैं, परखते हैं, उसकी प्रवाह धारा में जो कुछ घट रहा है-उसे एक निश्चित अवधि के भीतर देखती है मनुष्यता। और इसी के भीतर उसे अपने तत्काल को सुलझाना है। अतः समय जो व्यतीत और भविष्य के 'कल' का एक अदृश्य विधान है, अपने को 'तत्काल' या वर्तमान में ही रूपायित पाता है। समय की इस चिंता के माध्यम से इस ललित निबंध में रामदरश मिश्र ने एक भयावह, खौफनाक नियति की ओर संकेत किया है-शायद निबंध की परिसीमा में संकेत भर मनवाना निबंधकार का आग्रह भी लगता है। और केवल इसी आधार पर यह कहना उचित लगता है कि अपने चिंतात्मक निबंधों में लेखक की एक सजग उपस्थिति प्रतीत हो जाती है। ठीक एक हस्तक्षेप की तरह।

तो क्या रचनाकार अपनी रचनाओं के चिंतन बिंदुओं में 'हस्तक्षेप' न करे-यह बिल्कुल अलग ही किस्म की बहस का मुद्दा बन सकता है-अपने इस विवेचन में केवल यह कहना चाहते हैं कि कहीं-कहीं हस्तेक्षप ज़रूरी जरूरत भी हो सकता है। 'शोर मत करो आदमी सो रहे हैं' निबंध में 'व्यंग्य' के हस्तक्षेप के जरिये रामदरश मिश्र ने 'शोर' की फिजूलखर्ची पर चोट की है। अर्थात् उन्होंने लिखा है और, मुझे ऐसा लगने लगा कि यह प्लेट फार्म नहीं, मेरा देश है अर्थात् हमारा पूरा देश एक व्यर्थ के शोर में पड़ा हुआ है। निरर्थकता या 'एब्सर्ड' का यह प्रतीक आख्यान एक व्यंग्य कविता की तरह है। बड़ौदा की शाम, नगर जहां सपने टूटते हैं और एक यात्रा प्रकृति के बीच जैसे निबंधों में एक खास किस्म की एकरूपता है। एक ही व्यक्ति कहीं किसी नगर का विवरण देता है। ठीक वैसे जैसे प्रकृति की यात्रा के बीच उपलब्ध होता है और इनकी पूरक स्थिति मिलती है 'सपने टूटने' वाले नगर के वृत्तांतों में। इन निबंधों में एक हल्का-सा दुहराव भी है। कहीं-कहीं विवरणों का अतिक्रमण भी है। परन्तु इन सब चीजों के बावजूद बराबर यह अहसास पक्का होता है कि ये एक लेखक के जीवन के सच्चे

वृत्तांत हैं। अपनी कमजोरियों में भी लेखक ईमानदार है। फिर फागुन जैसे निबंध में एक-दूसरी ही किस्म का पछतावा उभरता है। नगर में रहकर अपने जातीय गौरव को भूल उठने का पश्चात्ताप—जैसे इस निबंध की मूल पीठिका है।

इन व्यक्तिगत निबंधों में सर्जना ही बड़ा सत्य है, जो एक साथ एक मानवीय व्यक्तित्व की गरिमा उद्घाटित करता है तथा यह भी स्पष्ट करता है कि किसी व्यक्ति इकाई का मनोबल उसकी रचनात्मकता में है। संयोग से लेखक का लक्ष्य रचनात्मकता को 'सर्जना' से जोड़ना है। सर्जना क्या है, जैसे पुरातन विषयों पर एक नये ढंग का विचार भी इस निबंध में मिलता है तो संस्कृति और इतिहास पर टिप्पणी के रूप में बड़बोलापन। परंतु चारों ओर से जितने भी विषय यह निबंध छूता है—उनके सबमें उभरता है वह पांडित्यपूर्ण, कोमल, सहृदय, रसिक, कूट प्रतीक। और इस निबंध का यदि प्रयोजन खोजा जाय तो स्पष्ट होगा कि इसका लक्ष्य ही यही है। पानी के प्राचीर फिर या गलत नाम जहां दोनों का मुख्य स्वर दो भिन्न स्थितियों का रूपांकन करना है, वहीं उनमें एक ओर सर्जनात्मक व्यंजना दिखाई देती है तो दूसरी ओर हास्य उत्पादित करने वाला व्यंग्य।

कुल मिलाकर रामदरश मिश्र के निबंध एक मिश्रित प्रभाव छोड़ते हैं। इनमें गोपनीय को प्रकट करने वाली सोत्साह उत्कटता भी है तो तमाम चीजों पर एक व्यक्ति की हिकारत भरी प्रतिक्रिया व्यक्त करने का भाव भी। इनमें एक ओर गांव है—अतीत में बसा एक गांव तो ठीक उस समानांतर शहर में छटपटाता एक बुद्धिजीवी। बुनियादी तौर पर ये निबंध कथात्मक टिप्पणियां हैं। इनमें लेखक ने कविता का उपयोग तो किया ही है—लोकचित्त को उद्घाटित कर 'लोकरस' का माधुर्य भी दिया है। कविता की रम्य धारा प्रकृति के विवरणें और त्रास को उभारने में सक्षम है। पर इन विवरणों के 'भाषिक गुण' कोई भाषाविद् ही रेखांकित कर सकता है या कोई वैयाकरण एक सामान्य पाठक के लिये ये निबंध हमारे वास्तव की ईमानदार सूचनाएं हैं। इन ईमानदार सूचनाओं से गांव, शहर, आर्थिक वैषम्य, खंडित संयुक्त परिवार और एक सुपठित विचारक की ठिठकन व्यंजित होती है। इनमें एक भाव—जो वस्तु रूप में उभरता है वह है 'स्व' के माध्यम से 'समग्र' के प्रति प्रतिक्रियाएं—और शायद इनका लालित्य इसी भाव को संपुष्ट करने की सार्थकता से परिपूर्ण है।

बबूल और कैक्टस : बबूल के व्याज से जड़ की चिन्ता

कृष्ण बिहारी मिश्र

कवि-कथाकार के रूप में ख्यात रामदरश मिश्र अपने प्रसन्न समय में जब तब ललित निबंध भी लिखते हैं, और सर्जन-कर्म से जुड़े विश्वविद्यालय के आचार्य की हैसियत से समीक्षा भी लिखते रहे हैं। पहले के भी रचनाकार वैचारिक आग्रह और परिस्थिति के दबाव से समीक्षा लिखते हैं। रामदरश मिश्र का समीक्षा-कर्म यद्यपि उनसे कम मूल्यवान नहीं है, जो केवल समीक्षा लिखकर महत्त-मुद्रा में खरे-खोटे और ऊंच-नींच का फैसला देते रहते हैं तथापि रामदरश जी की परिचिति रचनाकार के रूप में ही है। उनके ललित निबंध भी इस तथ्य की पुष्टि करते हैं कि अपने गुरु पं. हजारी प्रसाद द्विवेदी की तरह रामदरश मिश्र मूलतः सर्जनशील लेखक हैं। माटी-मन गांव का है और गंवई संवेदना ही उनके रचना संसार में विभिन्न विधाओं में व्यक्त हुई है।

रामदरश जी को गुरु ने मंत्र दिया है–'सर्जना ही बड़ा सत्य है।' इसी प्रत्यय पर उनका कृती व्यक्तित्व खड़ा है। और अपने धर्म की जितनी सटीक समझ है उन्हें उतना ही गर्व है अपनी वृत्ति के प्रति। अध्यापन-वृत्ति के प्रति किसी प्रकार के अन्यथा मन्तव्य का वे बड़े बल के साथ खंड़न करते हैं, विरासत का साक्ष्य देकर और अपने स्तरीय सर्जन-कर्म द्वारा। एक प्रीतिकर आश्वासन कि नकली आधुनिकता की आपाधापी में अध्यापना और रचना धर्म से समान निष्ठा से जुड़े लोग अपनी पटरी से अस्खलित रहकर पूरी जागरूकता से सांस्कृतिक प्रदूषण के खिलाफ युयुत्सु चेतना रचने में क्रियाशील हैं। इन्हें बोध है कि रागात्मक सत्ता ही साहित्य का केन्द्र बिन्दु है। यह सत्ता ज्यों-ज्यों क्षीण ओर सतही होती जा रही है त्यों-त्यों साहित्य का कार्य और भी चुनौतीपूर्ण बनता जा रहा है, उसका दायित्व बढ़ता जा रहा है। और आज की विकट चुनौती की समझ सवाल खड़ा करती है। क्या साहित्य समाज पर पड़ते हुए टेक्नोलाजी के प्रभावों को ही आज का जीवन सत्य मानकर उसकी यथावत् अभिव्यक्ति करे और आधुनिकता बनने का सुख लूटे या वह इन प्रभावों की पहचान करता हुआ इनके भीतर

दबे मनुष्य के राग और मूल्य-चेतना को पहचाने और केन्द्रीय सत्य के रूप में उन्हें अभिव्यक्त करे। रामदरश मिश्र की प्रतिभा इसी केन्द्रीय सत्य पक्ष के संसक्त है, कविता, कथा और ललित निबंध में यही प्रत्यय व्यंजित है। आधुनिकता के भ्रम में जीनेवाले अवसरजीवी लेखकों की घोषित प्रतिबद्धता से पूर्ण भिन्न प्रवृत्ति है रामदरश जी की जातीय आस्था की। इसलिए चटक प्रलोभनों के पीछे सरपट दौड़ने वाली पीढ़ी का विवेकहीन कर्म उनके गंवई संस्कार को उद्वेलित करता है, और उन्हें होरी की वेदना याद आती है, पूर्वज के पीढ़े को जलाने नहीं देते क्योंकि उसके साथ पूर्व पीढ़ी की तप-स्मृति जुड़ी है। पूर्व पीढ़ी के असह्य अभाव की, संघर्ष-क्षमता की, पुरुषार्थ की, विकट प्रत्यूहों से पंजा लड़ाते पौरुष की, संरक्षणशील आस्था की, स्वत्व-सजग संवेदनशील मन की और अपनी माटी की स्वकीय पहचान की रक्षा के लिये मर-मिटने वाले पागल आवेग की स्मृति। इसलिये सर्जनशील विवेक का आग्रह है कि पूर्वज के पीछे की हिफाजत ज़रूरी है ताकि उज्जवल और जुझारू संस्कार की स्मृति जीवित रह सके, ताकि जातीय पहचान को उपभोक्ता अंधड़ लील न जाय।

और यही चिन्ता तथा अपनी धरती की प्राण-नाड़ी का सटीक विवेक रामदरश मिश्र की सर्जनशीलता को अनुशासित कर विधायक आयाम से जोड़ती है। 'कितने बजे हैं' शीर्षक निबंध में रामदरश जी की जातीय चिन्ता पूरी प्रखरता के साथ प्रकट हुई है। और सर्जनशीलता पर अध्यापक-चिन्तक हावी नहीं होता, रचनाकार का सहज अन्दाज़ अक्षत रहता है। देश के तृणमूल से जुड़े सांस्कृतिक प्रश्नों को रामदरश जी की संवेदना ने पूरी ऊष्मा के साथ स्पर्श किया है–'कितने भी बजे हों, तुमसे मतलब?' एक जड़ चुप्पी मानो जनता से कहती है। जनता, बेचारी जनता सब कुछ सह लेती है, बेचारे लोग। लेकिन मैं देख रहा हूं कि अब ये बेचारे लोग, बेचारे नहीं हैं समय को जानना चाहते हैं। 'कितने बजे हैं' पूछता है किसान, सिपाही, मोची, चरवाहा, मजदूर, पत्थर तोड़ने वाला, भीख मांगने वाला। मैं पहले तो यह यह आवाज़ सुनकर गुनगुनाता रहा हूं लेकिन धीरे-धीरे अभ्यस्त हो गया, और अब लगता है कि ये आवाज़ें संगठित होकर तेज़ हो रही हैं और मुझमें पैठती जा रही हैं, मेरी आवाज़ तेज हो रही है और मैं भी पूछ रहा हूं, 'कितने बजे हैं'? ओ घड़ी की सुइयों को आगे-पीछे करने वालों! ओ पश्चिम की घड़ियों में पश्चिम का समय देखकर देश का समय ऐलान करने वालो! कितने बजे हैं? और अपनी माटी के प्रगाढ़ रूप में संसक्त विचक्षण विचारक देश के चरित्र को श्रीहीन, क्लीव और बेपहिचान करने वाली विषैली आबोहवा पर, उन्मथित होकर, तीखी टिप्पणी करता है, अंग्रेज़ी का 'इन्जेक्शन' लेकर उतराए हुए हैं, यहां से वहां तक देशी-विदेशी धर्मगुरु, नेता, राजा-महाराजा, सरस्वती-पुत्र, लक्ष्मी-पुत्र और काले अंग्रेज़ अफसर, जो अंग्रेज़ों की जूठी वाणी में हिन्दुस्तानी बच्चों को सिखाते हैं–हिन्दुस्तान की जनता से कटना, परम्परा और अपनी भाषा पर घृणा से थूकना। ये बच्चे सभ्य बनने के लिए सीखते हैं–अपनी मिट्टी के प्रति हीनता अनुभव करना,

बेशर्मी से अंग उछाल-उछाल कर बड़ों के सामने भंड़ैती करना, और फैशन के बनावटी रुतबे को ओढ़कर सहज जीवन धारा को असभ्य धारा समझना।··· विदेशी धर्मगुरुओं और उनके भारतीय चेलों का समूह इस देश के बच्चों को सम्मोहन की लकड़ी सुंघाता हुआ घूमता है, और यहां के शीशों में बंद फरिश्तों का लोक इसे अपना गौरव समझता है, तथा इन लकड़सुंघवों का स्वागत करता है। लकड़ी सूंघे हुए लड़के जाग्रत और सभ्य माने जाते हैं, बाकी असभ्य और सुप्त। देशी बोली-बानी और सजातीय रहनि की अवहेलना रामदरश मिश्र के रचनाकार के विवेक को प्रायः उत्तेजित करती रहती है। राजधानी की आलीशान इमारतें और विलायती बोली-वानी में थिरकता चाकचिक्य देखकर उन्हें अपना गांव, जो पूरे भारत का गांव है अनायाद याद आता है, संवेदना में ज्वार रचने वाला त्रासद दृश्य पूस-माघ की रात में सूती चादर ओढ़े थरथराते चित्र, नंगे पांव मेंड का कम्बल ओढ़े, रात शीत में लथपथ खेतों का चक्कर लगाते चित्र, आंखों में दो दिन के उपवास की उदासी भरे, जगह-जगह पैबन्द लगे फटे कपड़े पहने, थरथराती रात के अंतिम पहर में बर्तन-मांजते, गोबर पाथते, खेतों में पानी चलाते चित्र, टाटियों की खुली दरारों से दहाड़कर आती हुई पछुवा हवा में, अहककर सो गये भूखे बच्चों की सारी व्यथा लेकर रात को जागते चित्र। और संत विनोबा की उक्ति बरबस याद आ जाती है, भारत पराधीन गांवों का स्वाधीन देश है। वह ऐतिहासिक प्रसंग सहज ही याद आता है जब राजधनी में जवाहरलाल नेहरू के प्रश्न के जवाब में आचार्य विनोबा भावे ने कहा था कि देश के लोग बैल नहीं हैं, इसीलिए आपकी पंचवर्षीय योजना में उनकी दिलचस्पी नहीं है। बैल की जरूरत पेट तक सीमित होती है, मनुष्य को हित-अहित का विवेक ईश्वर ने दिया है। इसलिये विलायत की नक्ल पर, आयातित शब्दावली में रची गयी योजना को देश का आम विवेक स्वीकार नहीं करता। उसके जीवन के लिए वह सर्वथा विजातीय है। रामदरश जी की व्यंग्य मुद्रा उनके दर्द को प्रकट करती है, 'देहात के ये गरीब बच्चे कहां से लाएं वह सभ्य चेतना, जो हमारे देश के नवयुवकों को आदमी नहीं, अफसर बनाती है, जनता का पैसा और वोट लेकर उन्हीं से घृणा करना सिखाती है, उनकी भाषा को गंवारों की भाषा मानकर उनको उनकी अपनी ही आवाज़ से काटना चाहती है, और अंग्रेजी की लकड़ी सुंघाकर उन्हें मूर्च्छित करना चाहती है ताकि नेताओं की आवाज़ें, अफसरों की गद्दियों और सेठों की तिजोरियां फलती-फूलती रहें। रामदरश मिश्र कैक्टस नहीं, बबूल के पक्षधर हैं। और कैक्टस को देखकर गांव के बेटे को अपनी पहचान उजागर करने वाले अपने खेत में खड़े बबूल की याद आती है, साथ ही कैक्टस की प्रजातिकी याद आती है, नागफनी के साथ हमारा कोई मौसम बंधा नहीं है, कोई ऋतु उसके पास ठहरी नहीं है, गर्मी की दोपहरियों में स्कूल से छूटने पर हम घरों को भागते थे नंगे पांव, नंगे सिर, और रह-रहकर हम तड़पते थे। बीच-बीच में मस्ती से खड़े बबूल हमें अपने पास बुलाते और प्यार से हमारे सिरों पर हाथ फेर दिया करते थे।

बबूल पिता की तरह बूंद-बूंद रस स्रवित करता था। उस रस को निकालकर हम लाते थे स्याही बनाते थे। जिससे पता नहीं कितने अक्षर, कितनी पंक्तियां लिखी होंगी, कितने पन्ने रंगे होंगे, जीवन की कितनी सीढ़ियां चढ़ी होंगी। बबूल के पास सांस लेने वाली खेत की उंड़ार ही पं. हजारी प्रसाद द्विवेदी की जातीय चिन्तन-परम्परा और मूल्य पोषक सर्जक पक्ष रचती है। इस पक्ष को अपनी अक्षर साधना से समृद्ध करने वाली एक बड़ी जमात है, हिन्दी और दूसरी भारतीय भाषाओं के रचनाकारों की। इसी गोत्र के रचनाकार हैं रामदरश मिश्र। रामदरश जी की जाति उन रचनाकारों से अलग है, जो अगुआ का यश कमाने के लिये उस राह को बलात चुनते हैं जिनसे उनकी संवेदना का कोई नाता रिश्ता नहीं है, पर जो अलग दिखने और चर्चा में आने के लिए ज़रूरी लगती है। गांव में जन्मे-पले रचनाकार का नागर मुद्रा बनाकर महानगर की ज़िन्दगी को साहित्य रचने के लिए उपजीव्य बनाने का असहज कार्य-व्यापार कितना अप्रामाणिक और हास्यास्पद सिद्ध होता है, परीक्षा के समय असली चेहरा सामने आ जाता है। बलिया से इलाहाबाद के बीच न तो एक महानगर है और न महानगर-संस्कृति का एक कतरा, मगर इस भू-खंड के कई रचनाकार महानगर-बोध के रचनाकार के रूप में आलाचकों द्वारा शिखर पर उछाले गये। पर वे शहरी ज़िन्दगी के अनुभवों को भीतर से पकड़ नहीं पाते, वे मुद्राओं तथा अवधारणा के जरिये नगरों (बल्कि महानगरों) के जीवन-सत्य को पकड़ने की चेष्टा करते हैं। इस प्रयत्न में वे न तो अपनी ज़मीन की ताकत पाते हैं और न ही शहरी जीवन-सत्य को अपने भीतर उतार पाते हैं और इस तरह शहर और गांव की द्विधा में बंटे हुए अनेक नये साहित्यकार एक नकली मुद्रा बनाकर रह जाते हैं, और कुछ दिनों के बाद हांफ कर बैठ जाते हैं, टूटे से, थके से, उखड़े से। ऐसे उखड़े लोगों से भिन्न संस्कार के रचनाकार हैं रामदरश मिश्र। उनकी संवेदना अपनी जड़ से घनिष्ठ रूप में जुड़ी है। बिलायती पोशाक पहनने और दीर्घकाल से देश की राजधानी में रहने के बावजूद उनका सर्जनशील मन गांव में ही जीता है। यह निहायत स्वाभाविक है कि वे बबूल के पक्ष में खड़े होते हैं। दिल्ली के स्वनिर्मित घर में उन्होंने हरसिंहार रोपा है, उसकी शोभा-सुरभि में डूबकर गांव के सजातीय आस्वाद से अपेक्षित पोषण उपलब्ध करते हैं। लौकी-लता का गंवई मुद्रा में श्रृंगार कर उसकी हरीतिमा से अपने परिसर को समृद्ध बनाये रहते हैं। गांव के प्रति रामदरश जी का नैतिक आकर्षण है, लगभग वैसा ही आग्रह जैसा पं. रामचन्द्र शुक्ल में था। शुक्ल जी के निसर्ग, अनुराग का परिचय उनके साहित्य में तो मुखर है ही, काशी वाले अपने भवन के परिसर में उन्होंने जिन पेड़-पौधों को, आग्रह पूर्वक जगह दी थी, अपने नेहमोह से सींचा था, वे उनके ऐसे सहचर-सखा थे जिनसे उनका बाल्यकाल का अंतरंग परिचय था। शुक्ल जी की नैसर्गिक अभिरुचि और संस्कार का सही परिचय उनके विलायती परिधान से नहीं, उन पेड़-पौधों से प्रकट होता है, जिन्हें उन्होंने स्वनिर्मित घर में मान दिया था। उनमें गुलाब-तुलसी ही नहीं, करील-कदम्ब भी था और बांस भी। रामदरश जी का गंवई

पेड़-पौधों के प्रति झुकाव-लगाव उन शहराती लोगों जैसा शौकिया नहीं है, जो अपने ड्राइंग रूम में आदिवासी कला-कृति तथा संथालों की उल्लास मुद्रा के चित्र लटकाते हैं, कैक्टस के साथ बबूल की तन्वंगी डाल रखते हैं ताकि उनकी लोक-सम्पृक्ति और सुरुचि का भ्रम पैदा हो सके।

मगर इससे दुर्भाग्यपूर्ण है गांव का शहर का नकलची बन जाना। जान निसार अख्तर ने बड़ी वेदना के साथ लिखा है, 'गांव में आकर शहर बसे, गांव बेचारे जाये कहां।' इसी दर्द से उद्वेलित है रामदरश मिश्र की संवेदना। गांव की स्वकीयता को लीलने वाले प्रदूषण के विरुद्ध मगर सर्जनशील लोगों की एक जमात अपनी कलम से वैसे ही क्रियाशील है जैसे सुन्दर लाल बहुगुणा, बाबा आम्टे और मेघा पाटेकर देश की आधारभूत शक्ति को प्रदूषण-मुक्त रखने के लिए सत्याग्रह में अपनी प्राण-ऊर्जा की बाजी लगाये बैठे हैं। और यह संवेदनशील देशवासी के लिए बड़ा आश्वासन है कि सर्जना और सत्याग्रह से राजनीतिक-व्यावसायिक औद्धत्य का मुकाबला किया जा सकता है, गांव को बचाया जा सकता है।

जब सारी दुनिया कैक्टस को पोसकर अपनी आधुनिक समझ और वैश्विक मन का फूहड़ तरीके से ढोल पीटना बड़ा पुरुषार्थ मान रही हो, ऐसे बउराये मौसम में बबूल को बहु मान देना एक अटपटी बात लगती है। जिनका चिरकाल का साथी है बबूल, वे किसान भी उसके उपकार को भूलकर अब याद नहीं करते। खेती-बारी खलिहान में होरी के पूत हीरो बन गंवई आबोहवा को अश्लील राग से घायल करने पर तुले हुए हैं। बबूल बेचारा होरी की तरह हाशिये पर धकिया कर ठेल दिया गया है। और अछूत बना दूर खेत में खड़ा है, खिदमत के लिये सदा प्रस्तुत। न तो आम-जामुन की तरह दुलार पाता है और न तुलसी-पीपल जैसा ऋचा-अभिषेक। मगर किसान के खास-खास मौके पर अपने को बलिदान कर मूल्यवान सहारा वही देता है। यानी बिना किसी बाहरी पोषण की अपेक्षा किये अपने बलबूते पुष्ट काया में खड़ा काला-कंटीला बबूल किसान के जटिल प्रयोजन को पूरा करने को हरदम सुमुख रहता है। मगर ऐसे उपयोगी सखा को किसान घर-आंगन से दूर ही रखता है। और लक्ष्मण की तरह सेवाव्रती बबूल के मन में तिरस्कार का दंश होता तो मौसम के संस्पर्श के प्रति इतना संवेदनशील न होता, फूल-फल की विरल समृद्धि से अपने आन्तरिक उल्लास और अकूत प्राण-ऊर्जा को न प्रकट करता। उस की नैसर्गिक वदान्यता को रामदरश मिश्र वैसा ही बहुमान देते हैं जैसे कालिदास और हजारी प्रसाद द्विवेदी की सर्जनशील संवेदना ने 'कुटज' का संदेश सुना था और उसकी कठोर साधना की महत्ता को रेखांकित करते मूक तपस्या को अपेक्षित भाषा दी थी, मानो अहल्या को राम का आत्मीय संस्पर्श मिला हो।

हर क्षण विरूप होते परिदृश्य को और बबूल के आंगन में शहरी छूत से जन्मी वर्ण संकर बयार के अश्लील नाच को देखकर बबूल की हिफाजत के लिए रामदरश जी का रचनाकार चिन्ता-व्याकुल हो उठता है, 'दिल्ली जैसे आधुनिक नगर की आधुनिक

बस्तियों में भी, बबूलों को बनाव-सिंगार से दूर, झाड़-झंखाड़ों में ही जोते, फलते-फूलते देखा है। इस कम्बख्त को आज भी आज का जीवन जीना नहीं आया।' जैसे महात्मा गांधी को अपने हिन्दुस्तानी बाना से, अपनी विरल सादगी से इंग्लैंड के राजप्रासाद के विलायती 'प्रोटोकोल' को धकियाते तनिक संकोच नहीं हुआ था। मगर रामदरश जी का गंवई संस्कार आशंकित है कि 'कौन जाने, कल बबूल भी जीना सीख ले।' आशंका पूरी तरह निराधार नहीं है, क्योंकि रामदरश मिश्र को शर्मनाक स्थिति का समीपी परिचय है कि मूल्यों के जागरूक प्रहरी के रूप में सम्मानित विद्या-कर्म से जुड़े लोग देश और विदेश दोनों ही स्तरों पर परमुखापेक्षी बनकर अपने धर्म और व्यक्तित्व की उष्मा बुझा रहे हैं। साहित्य और संस्कृति से अनभिज्ञ गंवार नेताओं को दी जाने वाली अतिरिक्त महत्ता देश के लिए कम खतरनाक नहीं है और एक शर्मनाक स्थिति यह है कि बहुत से बुद्धिजीवी अपना बुद्धि-स्वातंत्र्य छोड़कर छोटे-छोटे स्वार्थों के लिए इनके पीछे-पीछे चलते हैं। मगर प्रीतिकर सत्य यह भी है कि इस कुल-स्खलन पर बेलाग टिप्पणी करने वाला विवेक सजग-सतेज है। विद्या-कुल की आलोकवर्षी परम्परा की स्मृति अभी भी मरी नहीं है। आकस्मिक नहीं है, जागरूक विवेक का आग्रह है कि रामदरश मिश्र के नये निबंध-संग्रह--बबूल और कैक्टस--में पं. हजारी प्रसाद द्विवेदी और पं. विद्यानिवास मिश्र के कृति व्यक्तित्व पर केन्द्रित दो निबंध संकलित हैं। चिन्मय मूल्यों के मनीषी पहरुए की प्रासंगिकता का बोध अम्लान है।

बबूल नकलची नहीं बन सकता। उसके बीहड़ व्यक्तित्व पर वर्ण संकरता अपना रंग नहीं जमा सकती। खेत-सिवान पर अहर्निश पहरा देने वाला बबूल मूल्यों के प्रहरी का अन्तरंग सखा है और सखा-धर्म के प्रति जागरूक है। कट-तपकर अपने चिरकाल के बन्धु मनुष्य के लिए पोषण के उपकरण सुलभ कराता है, अक्षर-रचना का साधन ही नहीं, प्रेरणा देता है अपनी कठोर तपस्या से। कैक्टस की कुटिल मुस्कान उस पर व्यंग्य करती रहे, वह अपनी वनैली रहनि छोड़ने वाला नहीं है। आधुनिक जोम में कृत्रिम ज़िन्दगी जीने वालों को वह समझ होती कि बबूल के धर्म को लकड़ी सुंघा कर प्रदूषित करना असम्भव है तो फिर वे अपने ड्राइंग रूम में उसे कैद करने की कोशिश न करते। देश की प्राण-नाड़ी को समझने वाले बबूल के पक्ष में खड़े हैं। और देश-निष्ठा में जीने वाले ऐसे कृती लोगों की जमात छोटी नहीं है। मूल्यों की ढाही के इस युग में संवेदनशील लोगों के लिए यह बड़ा आश्वासन है।

यात्रा संस्मरणों से गुजरते हुए

ज्ञान चन्द गुप्त

बहुमुखी प्रतिभा के धनी रामदरश मिश्र के गीत हों या कविताएं, कहानियां हों या उपन्यास, निबन्ध हों या आत्मकथा, यात्रा वृत्तान्त हों या कुछ और उनकी सर्जनात्मक विशेषता यही है कि उनमें बनावट कम से कम है–सहज सादगी ही उनका प्राण है। देश हो या विदेश, जीवन के बहुआयामी यथार्थ से उपजी उनकी रचनाएं मनुष्यता पर गहरा संवाद करती हैं। अनेकता में एकता तलाशती हैं तथा समाजार्थिक ज़िन्दगी के अनेक प्रश्न और पीड़ाओं से गहरा साक्षात्कार कराती हैं। सूक्ष्म पर्यवेक्षण शक्ति और गहन संवेदना से उपजे मिश्र जी के ये यात्रा संस्मरण अपने रचना-विधान में अद्‌भुत हैं जो बैठे बिठाये पाठक को बिना हाथ पैर हिलाए, बिना टिकिट और लाइन के यात्रा का वह सुख और ज्ञान देते हैं, जो शायद व्यक्ति को स्वयं यात्रा करने पर भी प्राप्त नहीं हो पाता। इनके यात्रा संस्मरणों का मेरूदण्ड वर्णन ही नहीं होता अपितु वे तमाम मीठे-कड़वे अनुभव होते हैं जो यात्रा के पहले, यात्रा के बीच और यात्रा के लिए हमारे भीतर बाहर घटते रहते हैं। यों तो ये यात्रा संस्मरण हैं लेकिन पढ़ने पर इनमें उपन्यास से भी ज्यादा रोचकता और पठनीयता विद्यमान है। मिश्र जी के कवि ने इस गद्य में भी एक लय उत्पन्न कर दी है जो बड़ी सहजता से यात्रा में अपने आस-पास बिखरी ज़िन्दगी की धड़कनों को सुनकर उन्हें देखती पहचानती है।

मिश्र जी की पहली यात्रा संस्मरण पुस्तक है–'तना हुआ इन्द्रधनुष' जो उत्तरी कोरिया की यात्रा को लेकर है। मिश्र जी वहां की जूचे अकादमी (सोशल साइन्स अकादमी) के निमंत्रण पर अपने शिष्ट मंडल के नेता बनकर गए। आते-जाते उन्होंने कम्युनिस्ट चीन और रूस के कुछ शहरों को देखकर, वहां की परिवर्तित स्थितियों और विकास को भी पहचाना। उत्तरी कोरिया, गत अनेक वर्षों से दो-दो साम्राज्यवादी शक्तियों से संघर्षरत रहा। उस संपर्क ने कोरिया में शौर्य की लय तथा श्रम के महत्त्व की चेतना उत्पन्न की जो विकास के लिए अत्यन्त आवश्यक थी। मिश्र जी ने वहां की द्वन्द्वात्मक मानसिकता और प्राकृति सौन्दर्य को देखकर ही शायद अपनी इस पुस्तक का काव्यात्मक नाम रखा 'तना हुआ इन्द्रधनुष'। कोरिया के समस्त जीवन को युद्ध की

मानसिकता ने प्रभावित और परिचालित किया है। उनकी फिल्में हों या नाटक या कोई और मनोरंजन के साधन सबके मूल में युद्ध-दृश्य और तैयारी की चेतना निहित है। बच्चों तक को बचपन से ही शौर्य की शिक्षा दी जाती है।

यात्रा के दौरान जब शिष्ट-मंडल को कोरियाई सीमा रेखा देखने को ले जाया गया तब वहां पता चला कि किस प्रकार बम और गोलियों की आवाजों के बीच बिना आतंकित हुए ये लोग अपने दैनिक कार्यों में मुस्तैदी से जुटे हैं। और अमेरिका है कि उत्तरी और दक्षिणी कोरिया के बीच पूरब से पश्चिम तक मोटी दीवार ही नहीं खींच रहा अपितु अपने सैनिकों से दिन-रात गोलीबारी कराता रहता है। अमेरिकी गतिविधियों पर सैनिक अफसर का यह कथन बड़ा ही व्यंग्यात्मक है-"देख रहे हैं न।" अमेरिका हमारी स्वतंत्रता की रक्षा कर रहा है। आपको उस पार कोई दक्षिण कोरियाई सैनिक दीख रहा है। नहीं न! सात समुद्र पार कर अमेरिका कोरिया की स्वतंत्रता और सलामती की रक्षा करने आया है। इन बेचारों को संसार के दूसरे देशों की बहुत चिन्ता है जैसे इनके गॉड ने दूसरों की चिन्ता और रक्षा करने के लिए ही इन्हें पैदा किया है।" इतना ही नहीं जब मिश्र जी सैनिकों से विदा लेते हैं और भोले-भाले नये चेहरों से हाथ मिलाते हैं और उनकी कठोर हथेलियों के दबाव को महसूस करते हैं तो वे डा. किम से इस अद्‌भुत विरोध की बात करते हैं। डा. किम भोले-भाले चेहरे और हथेलियों की कठोरता की बात सुनकर वेदना से भर उठते हैं और कहते हैं, "यही तो विडम्बना है डा. मिश्र। अठारह-अठारह बीस-बीस साल के जिन बच्चों को पढ़ने लिखने और जीवन के सुख जीने चाहिए थे, वे अमेरिकी जुल्म के मारे सब कुछ छोड़कर यहां आ रहे हैं। जिन हथेलियों में प्यार की कोमलता और ऊष्मा होनी चाहिए, वे बन्दूकें थामते-थामते सख्त और ठंडी हो गई हैं। जो हथेलियां अपने देश के उपवन में सपनों को उगाने, पल्लवित और पुष्पित करने के लिए थीं, वे बाड़ के पास बन्दूक ताने खड़ी हैं कि उपवन में जानवर न घुस आएं। अब बताइए इनका रचनात्मक उपयोग क्या हुआ? ··· इन ज़िन्दगियों को कौन-सा सुख मिल पाता है और ये सिवा अत्याचार के प्रतिरोध के और क्या कर पाती हैं? उन्हें रचनात्मकता का कौन-सा सुख और सार्थकता मिल पाती है। यदि साम्राज्यवादी देश दूसरे देशों के लिए खतरा न बनें तो धन और ज़िन्दगियों की इस प्रकार बरबादी क्यों हो? इन साम्राज्यवादियों के लिए मनुष्य का कोई मूल्य ही नहीं रह गया है, उनके लिए तो ये कीड़े-मकोड़े हैं।" इन पक्तियों में मनुष्यता और साधनों की बरबादी की गहरी पीड़ा के साथ साम्राज्यवादी ताकतों के ढोंग का पर्दाफाश किया गया है। उत्तरी कोरिया, जीवन के तमाम क्षेत्रों में तना हुआ इन्द्र धनुष लगता है। मिश्र जी की प्रगतिशील चेतना ने कहीं प्रत्यक्ष और कहीं अप्रत्यक्ष अत्याचारों के विरोध में इसे सर्वत्र तना हुआ पाया है।

उत्तरी कोरिया के शौर्य की लय के अतिरिक्त वहां की प्राकृतिक सुषमा, खेत-खलिहान, पहाड़ तथा नदी नालों ने मिश्र जी की कवि चेतना को बड़ा प्रभावित किया है। मिश्र

जी का कविमन एअरपोर्ट से निकलते ही प्रकृति के सौन्दर्य में खो जाता है। "पहाड़ी इलाके की समतल दुनिया। साफ-चौड़ी सड़क के दोनों ओर धान और मक्के के हरे-भरे खेत, बीच-बीच में बड़े-बड़े बाग, छोटे-छोटे जंगल, कुछ दूर पर हरियालियों के बीच धंसी हुई नदी, छोटे-छोटे पहाड़ी टीले, बीच-बीच में हंसते हुए गांव। धान और मक्के के खेत कहीं तो चौड़ाई में दूर तक चले गए थे, कहीं अगल-बगल पहाड़ी का दबाव कम होने के कारण एक लम्बी पट्टी के रूप में सड़क के साथ चलते प्रतीत होते थे। कहीं-कहीं छोटे-मोटे पहाड़ी नाले अपना स्वर बिखेर रहे थे।" मिश्र जी को उनका नेतापन रास्ते भर परेशान-सा करने लगा क्योंकि उनकी अगवानी में आये प्रोफेसर और दुभाषिया कुछ न कुछ औपचारिक सी बातचीत का सिलसिला बनाये रखना चाहते थे और मिश्र जी थे कि इस लम्बे रास्ते के प्राकृतिक सौन्दर्य बिम्ब को अपनी आंखों में भर लेना चाहते थे। मिश्र जी को क्या पता था कि कोरिया का तो चप्पा-चप्पा ही सौन्दर्य से भरा पड़ा है। चाहे किम इल सुंग के गांव मनजंग के दृश्य हों या मानटूंग दे फन (बच्चों के पार्क) की प्राकृतिक शोभा, टावर आफ जूचे आइडिया की फूलों की घाटी हो या चलचित्रों में बसी प्रकृति, कोरिया की सीमा पर हंसते फूल हों या न्योयांग पहाड़ की मनोरमता, चेयोग सन जल प्रपात का मनोहारी दृश्य हो या अन्तर्राष्ट्रीय मैत्री, प्रदर्शिनी का स्थल हो या प्रकृति की गोद में बसे गुफाओं के मंदिर या नामपोबेराज पर फूलों की हंसती क्यारियां हों या कोआपरेटिव आदर्श गांव हों या इण्डो कोरिया गांव हों या कोरिया के स्कूल हों या कारखाने सभी जगह प्रकृति का साम्राज्य, स्वच्छता और हंसते-खिलते फूलों का प्राधान्य था और तो और रेल की पटरियों के आस-पास दोनों तरफ फसलें लहरा रही थीं। सारा उत्तरी कोरिया ही वस्तुतः प्रकृतिमय और जिजीविषा का अद्‌भुत स्थल था।

मिश्र जी, कोरिया के बंटवारे की विडम्बना-कथाओं को सुनकर सीमा पर 10 मीटर चौड़ी दीवार पूरब से पश्चिम तक खिंची देखकर, बुरी तरह आहत हो उठते हैं। उनके मन में अपने देश विभाजन की पीड़ा उभर आती है। सीमा पर दीवार खींचने का तर्क उन्हें बड़ा भौंडा लगता है। भाई तो भाई से वंचित होगा ही अब जानवर भी एक-दूसरे की सीमा में नहीं आ-जा सकते। उत्तरी और दक्षिणी कोरिया की जनता एक होने की हार्दिक इच्छा के बावजूद एक नहीं हो पा रही क्योंकि अमेरिका अपनी स्वार्थ सिद्धि के लिए आड़े आ रहा है। लेखक ने विभाजन प्रसंग को बड़ा मार्मिक बनाकर अमेरिका की धौंस पट्टी और संयुक्त राष्ट्र संघ के वजूद के ऊपर गहरा व्यंग्य किया है।

मिश्र जी, कोरिया के ज्ञान-विज्ञान की चहुंमुखी उपलब्धि से बड़े प्रभावित हुए। उन्हें यह देखकर बहुत अच्छा लगा कि वहां सब काम-काज कोरियन भाषा में ही सम्पन्न होता है। हिन्दी भाषा के साहित्यकार के नाते उन्हें अपने देश में हिन्दी की स्थिति याद करके अपने राजनेताओं पर क्रोध हो आया जो राष्ट्रीय अस्मिता, राष्ट्रीय चिन्तन की अनदेखी कर वोट प्राप्ति और लोगों की हितचिन्ता के साधक बने हुए हैं।

कोरिया के बौद्ध मठ हों या मंदिर, कल कारखाने हों या स्कूल सभी जगह एक खुलापन है। पूरे देश में बच्चों के प्रति एक खास लगाव है। औरतें यहां पुरुषों के साथ कन्धे से कन्धा लगाकर कार्य करती हैं। स्त्री-पुरुष संबंधों में वहां हमारे जैसी वर्जनाएं नहीं हैं। लड़कियां हर क्षेत्र में कार्यरत हैं और इस प्रक्रिया में वे कृत्रिम वर्जनाओं की शिकार नहीं हैं। किन्तु यौन संबंधों पर नैतिकता का जो दबाव हमारे यहां है वही उनके यहां भी प्रतीत होता है। हमारे उनके परिवारों की बनावट में भी बहुत कुछ समानता है। मिश्र जी के अनुसार उत्तरी कोरिया आधुनिकता की दौड़ में पीछे नहीं रहना चाहता, किन्तु इसकी आधुनिकता पश्चिमी आधुनिकता की-सी व्यक्तिवादी और विसंगत नहीं है बल्कि नये-नये मूल्यवादी चिन्तन से प्रेरित सामाजिक कर्म है जिसकी जड़ें अपने देश की मिट्टी में हैं। यहां आधुनिकता एक नई विवेकपूर्ण सामाजिक लड़ाई है– पारम्परिक जड़ रूढियों से, गरीबी से, अशिक्षा से, निष्क्रियता से, पूंजीवादी शोषण से, भोग की जुगुप्सा से, व्यक्ति केन्द्रित सोच और कर्म से।

भोर का सपना

'भोर का सपना' मिश्र जी की दूसरी विदेश यात्रा पर आधारित दूसरा यात्रा संस्मरण है, जो बहुत जीवन्त और रोचक है, ऐसे यात्रा संस्मरण हिन्दी में बहुत कम पढ़ने को मिलते हैं। संयोग ही है कि यह यात्रा भी कोरिया की ही है लेकिन दक्षिण कोरिया की। अन्तर इतना है कि उत्तरी कोरिया की यात्रा वहां की जूचे अकादमी के निमंत्रण पर एक सरकारी शिष्ट मंडल के नेता के रूप में की और यह यात्रा एक श्रद्धावान कोरियाई शिष्य के आमंत्रण पर की। पहली यात्रा में देश के कुछ मित्र साथ थे और इस यात्रा में पत्नी साथ थीं। दोनों ही यात्राएं 15-15 दिन की थीं।

आधुनिक देश कोरिया के परिवारों में पारस्परिकता, सहयोग, आत्मीयता एवं आतिथ्य सत्कार की भावना बेजोड़ है। उनगूली के पिता की 61वीं वर्षगांठ और मिश्र जी के सम्मान में जो आयोजन हुआ उसमें परिवार के भाई-भाभी, चाचा-चाची, बहन-बहनोई जिस ऊष्मा से शरीक हुए और खुशियां मनाईं वह स्मरणीय था। मिश्र जी के शब्दों में, "पारिवारिक स्नेह की ऊष्मा और हर्षोल्लास अद्भुत था। पारिवारिकता की यह स्निग्ध धूप मेरे भारतीय मन पर फैल रही थी और मैं उसमें एक भारतीय परिवार की आंच अनुभव कर रहा था। यह धूप यात्रा के आरंभ से अंत तक मेरे भीतर फैली रही और निरन्तर मोहक होती गई और लौटकर आने पर मेरी स्मृतियों में समाई हुई है– अपनी सारी स्न्धिता, गुनगुनेपन और सुगन्ध के साथ।" मिश्र जी की आवभगत में ली के परिवारजनों ने कोई कसर न छोड़ी, भोजन रुचियों की बात तो अलग है।

इन्छोन से क्यांगजू की यात्रा में मिश्र जी को लगा कि औद्योगिक उपयोगिता की दौड़ में यह देश सौन्दर्य की गरिमा को न भूलकर उसकी ओर और अधिक आकृष्ट हुआ है। इस यात्रा में उन्हें भोर का सपना सच होते लगा, "राजमार्ग शुरू हो गया और

देखा–उसकी छवि का क्या कहना? चौड़ी, साफ़–सुथरी चमकती हुई। दोनों ओर पहाड़ी परिवेश, किनारे–किनारे उगे हुए रंग–बिरंगे फूल, घाटियां, खेत, आद्यन्त बीच में विभाजक पट्टी। सड़क कहीं–कहीं बहुत रोमांटिक ढंग से दायें–बायें, ऊपर–नीचे मुड़ जाती थी और लगता था हम सपना देख रहे हैं।" इसी सपने के चलते जब उनगूली की पत्नी ने पंकज उधास के हिन्दी कैसेट का गाना 'चिट्ठी आई है' लगा दिया तो आत्मीय साहचर्य के बावजूद मिश्र जी की और उनकी पत्नी की आंखें भर उठीं। देश की यादों ने भर दिया। क्यांगजू शहर जो अपनी पुरातनता के लिए मशहूर है सरकार के हाथों यथावत सुरक्षित है। अपनी प्राचीन भवन संस्कृति के प्रति गहरा लगाव यहां द्योतित है।

'भोर का सपना' हमारे देश के दूतावास के लोगों पर व्यंग्य करता है, स्त्रियों की सामाजिक स्थिति–परिस्थिति को उजागर करता है, विदेशी साहित्यकारों में भारतीयता के प्रति रुचि को बताता है, वहां की औद्योगिकता और समृद्धि को दर्शाता है, बच्चों के मनोरंजन की दुनिया में बूढ़ों का स्वागत करता है, देश के बंटवारे का दर्द भी आम आदमियों को सालता है। जो भी हो यह भी एक सच है कि "ऊपर–ऊपर से आधुनिक दिखाई देने वाला दक्षिण कोरिया परम्परा के अच्छे–बुरे दबावों से मुक्त नहीं हुआ है। यह बहुत अच्छी बात है कि उसमें अपनी पारस्परिक सभ्यता, संस्कृति और पारिवारिक संरचना का प्रभाव बाकी है, सभ्यता की नयी दौड़ में उसके पांव जमीन पर टिके हुए हैं, समाज में रागात्मक लगाव की ऊष्मा शेष है। अपने देश और समाज को सुदृढ़ बनाने का सामूहिक राग वहां दर्शनीय है।" 'भोर का सपना' का मूल्य और महत्त्व इसलिए विशेष है कि यह यात्रा जितनी बाहरी है उतनी ही भीतरी भी है। इसमें दक्षिण कोरिया के जीवन्त समाज की धड़कन, संस्कृति और प्रकृति के विराट रूप वैभव तो हैं ही, मानवीय करुणा के रेखांकन भी हैं जो पाठकीय चेतना को झकझोरते भी हैं और अभिभूत भी करते हैं।

पड़ोस की खुशबू

'पड़ोस की खुशबू' तीसरा यात्रा संस्मरण है। इसके अन्तर्गत दो भाग हैं। एक भाग है यात्राओं के संस्मरणों का और दूसरा भाग है व्यक्ति के संस्मरणों का। छह यात्रा संस्मरणों में दो संस्मरण विदेश यात्राओं पर हैं और चार देश के विभिन्न स्थलों की यात्राओं को लेकर हैं। देश हो या विदेश लेखक सर्वत्र पड़ोस की खशबू का अनुभव करता है। लेखक की मानवीय दृष्टि सर्वत्र अनेकता में एकता की खोज करती है और उसे लगता है कि मूलभूत मनुष्यता के कारण अनेक देश, प्रदेश, शहर, गांव एक–दूसरे के पड़ोसी हैं और उनसे प्यार की खुशबू फूट रही है। इन यात्रा संस्मरणों में प्रारंभ से लेकर अन्त तक बाहर और भीतर के, अनुभव और विचार के मुद्दों पर निरन्तर संवाद चलते रहते हैं।

'घर से घर तक' मिश्र जी की लंदन यात्रा पर लिखा गया यात्रा संस्मरण है। मिश्र जी को भारत की स्वाधीनता की स्वर्ण जयन्ती के उपलक्ष्य में कविता पाठ के लिए आमंत्रित किया गया था। इंग्लैंड के लोगों में साहित्यकारों के प्रति बड़ी सम्मान भावना है। इसका पता शेक्सपियर और कीट्स के जन्मस्थलों के रख-रखाव को देखकर वहां चलते सदाबहार पर्व को महसूस कर अपने देश की स्थिति याद करके वह दर्द से भर उठते हैं और कहते हैं, "हमारे यहां साहित्यकारों के प्रति जो लोगों का भाव है–विशेषतया सत्ता और व्यवस्था का–वह कितना उपेक्षापूर्ण और अपमानजनक है। सत्ता में संस्कृति और साहित्य के संस्कार से रिक्त राजनीतिज्ञों का आतंक छाया हुआ है। वे चारों और से देश को चूसकर जीते जी अपना भव्य स्मारक बनवा लेना चाहते हैं। पूंजीपति साहित्य से उतना ही जुड़ते हैं जहां तक उसे भुनाया जा सके।" साहित्य ही नहीं वहां की संस्कृति में भी उन्हें अजनबीपन और औपचारिकताओं की गहरी मानवीय संस्कृति दिखी। इंग्लैंड की अन्य स्मरणीय चीजों में स्वामी नारायण का भव्य और कलात्मक मंदिर, टेफिलगार स्क्वेअर में कबूतरों का मेला और जनरल हैवलक की बहुत ऊंची मूर्ति का विचित्र साहचर्य, बरमिंघम पैलेस की भव्यता और डायना के प्रति वहां के लोगों की सद्‌भावना और प्रेम के प्रतीक फूलों और गुलदस्तों के पहाड़ के पहाड़, वाटर लू स्टेशन की विशालता, टेम्स नदी का गहन सौन्दर्य, प्रकृति की गोद में दौड़ती सड़कें, मोम की मूर्तियों का अजायबघर जो एक अद्‌भुत जीवन्त संसार था, औद्योगिक देश की प्रगति और रंगीनियों से भरे बाजार, शहर और गांव की कम दूरियां, सुचारु यातायात व्यवस्था और अनुशासित जीवन पद्धति आदि थीं।

मिश्र जी की यह यात्रा लंदन की होकर भी लंदन की नहीं लगती, कहीं छात्र रमण नायक आ रहे हैं तो कहीं मीरा मिश्र बतिया रही हैं, कहीं कोई और छात्र जो अब दूतावास में अधिकारी हैं, अपना परिचय दे रहे हैं। अन्य कवि मित्रों की तो बात की क्या है? यहां तो प्रवासी भी अपने हैं। इस जीवन्त संस्मरण में कहीं मिश्र जी अपने मात्र भीरूपन को बतलाते हैं, तो कभी भुलक्कड़ स्वभाव पर खुद तो हंसते ही हैं दूसरों को भी हंसाते हैं, कभी हवाई जहाज के प्रबन्धक की लटकेबाजी को बतलाते हैं, कभी अंग्रेज माली को क्यारी में कार्य करते दिखलाकर विक्रमसिंह से बदला लेने की बात करवाते हैं, कहीं अपने देश की व्यवस्था पर कटाक्ष करते हैं तो कहीं स्वामी नारायण मंदिर में स्त्रियों को महंत के प्रवचन सुनने से रोके जाने पर उनके आक्रोश के साथ अपना स्वर मिलाते हैं। जो भी हो 'घर से लेकर घर तक की' यह यात्रा बड़ी रोचक और आत्मीय प्रसंगों से भरी पड़ी है।

'पड़ोस की खुशबू' मिश्र जी की नेपाल यात्रा पर आधारित यात्रा संस्मरण है। कोइराला नेपाल भारत प्रतिष्ठान के आमंत्रण पर मिश्र जी भारतीय स्वाधीनता की स्वर्ण जयन्ती के उपलक्ष्य में आयोजित कवि सम्मेलन में भाग लेने गए। मिश्र जी के रचनाकार को विदेश की धरती पर यह सुनना बहुत अच्छा लगा कि लोग उन्हें वहां उनकी रचनाओं

के जरिए जानते हैं, उन्हें पढ़ते हैं और उन्हें पसन्द करते हैं। हिन्दी कविता नेपाल के लिए वैसी ही उसी तरह अपनी है जैसी भारत के लिए। धार्मिक एवं सांस्कृतिक स्थलों में पशुपतिनाथ मंदिर की भव्यता और पीछे बहने वाली वाग्मती नदी की दुर्दशा, जनकपुर धाम की उड़न खटोले की रोमांचक यात्रा, जानकी मंदिर राम सरोवर, राम मंदिर, राम मंदिर के अहाते में बन्द यातना झेलता मोटा बन्दर (उसका गिनीज़ बुक में उल्लेख क्या हुआ उसका मोटापा लोगों के लिए प्रदर्शिनी बन गया) जानकी मंदिर तथा भक्तपुर के दृश्य रमणीक थे। कवि धूस्वां सायमि, पुराने सहपाठी मित्र विष्णु तथा शोध-छात्र राम दयाल राकेश से इतने दिनों बाद मिलना भी एक सुखद अनुभव था। सारी यात्रा में देखरेख, संयोजन की कार्यशैली तथा आतिथ्य सत्कार के लिए प्रथम सचिव श्री अखिलेश मिश्र की त्वरा भी स्मरणीय है।

'दखिन पवन बह धीरे' मिश्र जी का बहुत ही प्रभावी, रोचक और साहित्यिक सवालों से भरा यात्रा संस्मरण है। रचनाकार अपनी रचनाओं के माध्यम से कैसे अपने पाठकों से अनायास जुड़ता रहता है, कैसे वे उनकी रचनाओं की चुपचाप यात्राएं करते रहते हैं, कैसे वे मिलने की एक साध लिए दूर बैठे वर्षों तक इंतजार करते हैं। ऐसे ही एक सुविज्ञ पाठक और विद्वान हैं श्री वेंकटेश्वर विश्वविद्यालय के प्रो॰ शिवराम रेड्डी, जिनके निमंत्रण पर निराला की पुण्य शताब्दी पर आयोजित संगोष्ठी में मिश्र जी तिरूपति गए। निराला पुण्य शताब्दी पर वहां सारे भारत से अनेक विद्वान जुटे, कई सत्र चले, आलेख पढ़े गए, भाषण हुए लेकिन वहां उपस्थित साहित्यकारों में संलग्नता देखते बनती थी। हिन्दीतर भाषाओं के विद्वानों ने पूर्वाग्रह मुक्त होकर अपनी-अपनी बात कही और उनका प्रादेशिक स्पर्श उनकी बात में एक नया रंग भर रहा था। कनिष्ठ, वरिष्ठ सभी विद्वानों की शरीकता थी। मिश्र जी ने अपने समापन भाषण में संगोष्ठी में व्यक्त विचार, व्यवहार और निष्ठापूर्वक सुनने और बोलने को सराहते हुए कहा, "अच्छा हुआ हिन्दी क्षेत्र के अनेक स्वनामधन्य विद्वान और आलोचक इसमें सम्मिलित नहीं हुए, नहीं तो मंच पर एक-दूसरे से अपना पिछला हिसाब-किताब चुकाते और निराला को मेज बनाकर पंजा लड़ाते।" हिन्दी क्षेत्र की साहित्यिक वास्तविकता पर यहां गहरा व्यंग्य किया गया है। यह यात्रा संस्मरण साहित्य और व्यक्तियों पर एक साथ केन्द्रित होकर पाठक को नए अहसासों से गुजारता है जिनमें डॉ॰ शिवराम रेड्डी अपनी विद्वता और आतिथ्य भावना के लिए, डा. विजय लक्ष्मी अपनी साहित्य निष्ठा, त्वरा और खुलेपन के लिए तथा वाणी श्री अपने सौम्य शिष्यत्व के लिए तथा उसके पिता अपने सादगीपूर्ण व्यक्तित्व एवं विनम्रता के लिए।

'एक यात्रा प्रकृति के साथ' मिश्र जी की शिलांग यात्रा का प्रकृतिपरक संस्मरण है। यहां प्रकृति के ढेरों दृश्य हैं और इसी दृश्यात्मकता के कारण यह संस्मरण अलग तरह का है। हवाई जहाज में बैठे हों या टैक्सी में चारों ओर प्रकृति का सघन फैलाव, सन्नाटा, झरना, कुहरा, बादल, पहाड़, झोंपड़ी, खेत-खलिहान, झील, बरसात, बलखाती सड़कें

अपनी निर्जनता और सौन्दर्य की मौन कथा कहती हैं। कथा तत्व बहुत कम और सारा परिवेश ही अपनी दृश्यात्मकता से उजागर हुआ है। सही मायनों में कहें तो यह प्रकृति की एक लम्बी कविता है।

'फिर अहमदाबाद' यात्रा संस्मरण भी मिश्र जी के काव्य सम्मेलन में शरीक होने की यात्रा को लेकर लिखा गया है। मिश्र जी की मानवीय दृष्टि, व्यंग्यात्मकता, आत्मीयता, भावात्मकता के अनेक प्रसंग इस यात्रा संस्मरण में भी दिखलाई पड़ते हैं।

'किससे मिलने आए हो' बनारस को लेकर लिखा गया बड़ा ही मार्मिक और हृदय द्रावक यात्रा संस्मरण है। बनारस तो मिश्र जी का अपना शहर है जहां उनका रचनाकार बना है। इस बार उनकी यह यात्रा ऐसी यात्रा थी जिसमें उनके अभिन्न मित्र ठाकुर प्रसाद सिंह नहीं रहे थे। इसमें बनारस और ठाकुर प्रसाद सिंह की यादें एकमएक होकर पाठकों को रुला देती हैं। ठाकुर प्रसाद सिंह बड़े मस्तमौला व्यक्तित्व के थे। सारे बनारस में उनकी साहित्यिक सामाजिक गतिविधियों का बोल-बाला था। बीमारी से लथपथ होकर भी बनारस को बनारस के लिए जीते रहे और साहित्य को ज़िन्दगी की तरह जिया। मिश्र जी को साहित्यिक गोष्ठियां, गोवर्धन की गलियां, गौदोलिया, दशाश्व मेध चौक, विश्वनाथ गली, बी.एच.यू. की यह दुनिया याद आई जहां उनके रचनाकार व्यक्तित्व की निर्मिति हुई थी। यह यात्रा संस्मरण अतीत की दुनिया से लेकर वर्तमान तक के अनेक प्रसंग और घटनाओं की याद दिलाता है, उपेक्षाओं और अपेक्षाओं की बात करके साहित्यिक दलबन्दियों की ओर भी संकेत करता है जिनसे ठाकुर प्रसाद सिंह और स्वयं मिश्र जी भी आहत हुए हैं।

मिश्र जी के यात्रा संस्मरणों की खूबी है पठनीयता। न यहां उबाऊ वर्णन है, न ज्ञान बघारने की शेखी, न भाषा की गुंजलकें, ये विदेशी धरातल के होते हुए भी अपने से लगते हैं। इनमें वहां की सामाजिक स्थितियों, सांस्कृतिक परम्पराओं, रीति-नीतियों, भौगोलिक छवियों, प्रकृति के विभिन्न रूपों, नए जीवन-बोधों, चुनौतियों, प्रश्न और संबंधों का संश्लिष्ट रूपायन हुआ है। मिश्र जी की तटस्थता, भावात्मकता, विनोद-प्रियता, ठठाकर हंसना, खीझ बोलबाजी सभी कुछ सहज अनुपात में हैं। मिश्र जी की सूक्ष्म पर्यवेक्षण शक्ति चीजों को उनके सही सन्दर्भों में पहचानने की अद्‌भुत ताकत रखती है। जीवन के विभिन्न मोड़ों को प्रस्तुत करने वाले ये यात्रा संस्मरण कथात्मक रेशों के पुट से बने हुए हैं। स्थान विशेष और देश विशेष की विभिन्न स्थितियों के रूपायन में या उनके बारे में अपनी प्रतिक्रिया अभिव्यक्त करने में ये यात्रा संस्मरण कहीं कोई झिझक या संकोच नहीं बरतते। उन्होंने कहीं विदेशी ताकतों पर, कहीं अपने नेताओं पर, कहीं व्यवस्था की गलाजत पर, कहीं मानवीय स्थितियों पर, कहीं साहित्यिक प्रश्नों पर, कहीं अपनी भाषा की उपेक्षा पर गहरे व्यंग्य किए हैं। मिश्र जी भले ही यात्रा भीरू हों लेकिन उनका यायावर बहुत चुस्त दुरुस्त है जो जीवन जगत की गतिविधियों और क्रिया व्यापारों को हवाई जहाज से, रेलगाड़ी से, बस से, कार से या बाजार में पैदल गुजरते

हुए, विदेशी-प्रवासी, स्वदेशी परिवारों में रहते हुए, साहित्यिक कार्यक्रमों में सक्रिय भागीदारी करते हुए एक-एक बात की बड़ी ही संवेदनापूर्ण अभिव्यक्ति करता है। यह बात अलग है कि उनकी ये आधुनिक यात्राएं बीहड़ और ऊबड़-खाबड़ रास्तों से गुजर कर भी धूल धक्कड़ से रहित अपनी तरह की हैं जिनमें व्यक्ति थकान और खतरों की यातनाओं से लथपथ न होकर एक निश्चित योजना के तहत यात्रा करता है। इन यात्रा संस्मरणों की संरचना में बिम्बात्मकता, झीनी विवरणात्मकता और फाटोग्राफी तो है ही साथ ही साहित्य की अन्य विधाओं जैसे कविता, कथा, निबन्ध, नाटक और व्यंग्य आदि की गहरी छवियां भी संग्रथित हैं। निश्चय ही ये यात्रा संस्मरण अपनी संवेदनात्मक बुनावट और बनावट में नये हैं जो हमारी चेतना पर वैश्विकता की दस्तकें देते हैं।

स्मृतियों के छन्द : दीर्घ साहचर्य की उपलब्धियां

विजय कुलश्रेष्ठ

संस्मरण साहित्य विधा का स्वतंत्र रूप प्राप्त कर चुके हैं। संस्मरण निश्चित ही अपने से पूर्वजनों के साहचर्यलाभ से अर्जित और रचनात्मक ऊर्जा और समकालीनों से प्राप्त समानान्तर अनुभव एंव प्रतिक्रियाओं के बीच लेखक की स्वीयता और आत्मस्वीकृति का यथार्थ होते हैं। राजनेताओं के सान्निध्य और संसर्ग की उपलब्धियों से अपरिचित रहकर साहित्यसर्जना के दिग्गजों के आशीर्वादों की धरोहर संजोये हुए इन पंक्तियों का लेखक यह अवश्य जान पाया है कि साहित्यकारों का दीर्घ साहचर्य अपने आप में ऐसी धरोहर है जो गहरी सर्जना और सर्जनापरक दायित्वों की अपेक्षा रखता है। इस दृष्टि से डा. रामदरश मिश्र के ये चौदह संस्मरण हिन्दी संस्मरण साहित्य विधा की महत्त्वपूर्ण उपलब्धि हैं।

डा. मिश्र ने आलोच्यकृति 'स्मृतियों के छन्द' कहकर निश्चित ही अपने लेखक के काव्यमय व्यक्तित्व का परिचय दिया है (जितने उपन्यास और कहानी संग्रह हैं उनसे कम उनके काव्य संकलनों की संख्या नहीं है)। ये संस्मरण बिकाऊ पण्डित, गणेशदत्त, मदनेश, रामगोपाल शुक्ल और विद्याधर द्विवेदी विज्ञ (चार) को छोड़कर शेष दस ठाकुर प्रसाद सिंह, हजारी प्रसाद द्विवेदी, उमाशंकर जोशी, देवीशंकर अवस्थी, सावित्री सिन्हा, भवानीप्रसाद मिश्र, शमशेर, प्रभाकर माचवे, जैनेन्द्र कुमार और गिरिजा कुमार के अन्त:संसार का पारदर्शी चित्रण लिये हुए हैं जिसमें इन सभी की मानवीय कमजोरियों के संकेत भी यथास्थान हैं तो वहीं उनके व्यक्तित्व के वे अंश भी हैं जो उन्हें साहित्य-समन्दर के प्रकाशस्तम्भ (लाइट हाउस) बनाते हैं। डा. मिश्र ने इस संग्रह की भूमिका में यह स्पष्ट संकेत दिया है कि मेरी सारस्वत जीवनयात्रा में कुछ ऐसे गुरु, साहित्यकार और मित्र मिले, जिनका संक्षिप्त या दीर्घ साहचर्य मेरे जीवन में उजास की अमिट छाप छोड़ गया (यह पुस्तक, पृ. 6)

मिश्र जी ने प्रथम चार संस्मरणों में 'जलता हुआ प्रश्न' साहित्य का जीवन, युवा आचार्य का आश्रम और पागल प्रतिभा शीर्षकों के माध्यम से अपनी किशोरावस्था तक आते बनारस अध्ययनार्थ जाने तक की अवधि में अपने शिक्षा गुरुओं को याद किया

है। निश्चित ही याद रहने के लिये ऐसे ही लोग रह जाते हैं जो अनजाने ही अपनी प्रतिभा और व्यक्तित्व का इतना प्रभाव छोड़ जाते हैं कि उन्हें भुलाया नहीं जा सकता (पृ. 17)। मदनेश जी की विद्वता के पीछे क्या था उसके सम्बन्ध में लेखक का कथन है कि 'अपना सौन्दर्य बोध तृप्त करने के लिए ··· मारियों के साथ एक रूमानी लगाव स्थापित कर लेते ··· उस लगाव के पीछे भोगवाद नहीं, बल्कि भावात्मक स्निग्धता और उदारता से भरा मानवीय व्यवहार है' (पृ. 30) युवा आचार्य रामगोपाल शुक्ल के राजनीति में प्रवेश के कारणों तथा सारस्वत अस्मिता के निस्तेजीकरण पर लेखक की संस्मरणात्मक टिप्पणी एक गहरे यथार्थ से सभी सृजनधर्मियों को झकझोरती प्रतीत होती है-सक्रिय राजनीति में आकर ··· साहित्यकार ··· ऐसे लोगों की जमात में शामिल हो जाता है जो जोड़-तोड़ की प्रतिस्पर्धा में लगे होते हैं ··· वे राजनीतिक अस्मिता भी प्राप्त नहीं कर पाते ··· इसलिए पण्डित जी ने ··· बांध निर्माण और गांव में मिट्टी-पटाई का ठेका ले लिया। (पृ. 49)

डा. मिश्र ने इन चौदह संस्मरणों के लिए उन हिन्दी दिग्गजों का चयन किया है जो दिवंगत हैं तथा जिनका व्यक्तित्व और सृजन लेखक को प्रभावित करता रहा है। प्रत्येक संस्मरण के विस्तार में कुछ ऐसे अन्तरंग क्षण हैं जो केवल लेखक को ही नहीं, इन संस्मरणों के पाठकों भी सदैव प्रभावित करते रहेंगे। ठाकुर प्रसाद सिंह का संस्मरण पढ़ते हुए मेरे वे क्षण साकार हो उठे जिनमें कभी सिंह साहब (उत्तर प्रदेश के जनसंपर्क निदेशक थे) के साथ बीते तीन दिन। उनकी विनोदप्रियता और सहज आत्मीयता से आजतक कायल रहा हूं। इधर श्री मिश्र जी का यह कथन जीवन्त होता है कि गीतकार के साथ-साथ उनका निबन्धकार रूप बहुत सशक्त रहा ··· गहरे आत्मीय संस्पर्शों के साथ वे साहित्यिक-राजनीतिक सामाजिक-विसंगतियों पर प्रभावशाली चोट करते रहे (पृ. 69)। आचार्य हजारी प्रसाद द्विवेदी को अट्टहास करते और बातों ही बातों में गहरा मर्म प्रकट करते हुए विजय द्विवेदी जी के आवास पर दिल्ली में देखा था। उनके सम्बन्ध में सहज मानवीय गुणों से सम्पन्न द्विवेदी जी के खुलेपन में उनका व्यक्तित्व अपने पास बैठे लोगों के बीच एक सूक्ष्म और अदृश्य लक्ष्मण-रेखा को स्पष्टतः मिश्र जी देख पाते हैं। (पृ. 81)।

गुजरात के सुप्रसिद्ध साहित्यकार उमाशंकर जोशी को विनम्रतेज का नाम देकर मिश्र जी ने बताया है कि वे कहा करते थे–साहित्य की एक ही भाषा होती है, वह है संवेदना की भाषा। और यह भाषा अपने बचपन में अपने परिवेश से मिलती है (पृ. 88)। इधर देवीशंकर अवस्थी जैसे आलोचक के सम्बन्ध में बताया है कि वे अपने आपको साहित्य का मामूली विद्यार्थी कहा करते थे। लेकिन उनके आलोचक के सम्बन्ध में मिश्र जी ने लिखा है कि देवीशंकर जी किसी वैचारिक कठघरे में फंसे न होने के कारण आलोचना को खुलापन दे रहे थे। उनमें ईमानदारी थी हिन्दी आलोचना की नयी सम्भावना थे (प1. 96)। डा. सावित्री सिन्हा के सम्बन्ध में मिश्र जी ने लिखा है कि

सावित्री जी जैसी स्त्रियां इस नकली शर्म और अदब के बोझ से दबकर अपने व्यक्तित्व की सहज गति को मारने के लिए संसार में नहीं आतीं (पृ. 101) जबकि कुछ लोगों को उनका खिलखिलाकर हंसना नारी सुलभ नहीं प्रतीत होता था। भवानी भाई (भवानी प्रसाद मिश्र) की कविता के सम्बन्ध में लेखक का कथन है कि– उसमें समय के अंधकार का दबाव तो है किन्तु मानवीय मूल्यों और छवियों के प्रति अटूट लगाव एक उजास की तरह व्याप्त है (पृ. 112) जबकि उन्होंने शमशेर को निकट से पहचानते हुए लिखा है कि–वे अपने को अभिव्यक्त करने के लिये लिखते रहे, किसी की प्रशंसा या उदासीनता पाने के लिये नहीं। इसलिए वे किसी खेमे में फंसे नहीं शमशेर के लिए कवि नहीं, कविता का महत्त्व था। (पृ. 117)

प्रभाकर माचवे ने रामदरश मिश्र के प्रथम काव्य संग्रह की समीक्षा लिखी थी तभी परिचय हुआ और उन्होंने माचवे को गहराई से पहचाना। वे माचवे के काव्यत्व का उल्लेख करते हैं कि– 'जब तारसप्तक में संकलित कवियों पर छायावादी संस्कार हावी दिखाई पड़ते हैं। तब माचवे जी की कविताएं बिल्कुल उससे मुक्त और नये संस्कार की दिखाई पड़ती है। मन में जो कथ्य आया उसे तुरन्त कविता में उतार दिया।' (पृ. 126) जैनेन्द्र कुमार के विषय में श्री मिश्र ने बहुत ही सार्थक टिप्पणी की है कि–वे दूसरों के विश्वासों को धैर्य से सुनते रहे। अपने प्रति दूसरों की कटु से कटु आलोचनाएं सुनते रहे और उद्विग्न हुए बिना उत्तर देते रहे (पृ. 130)। यह इस लेखक का भी अनुभव है। उनके उपन्यासों पर लिखी गई पुस्तक से पूर्व उनसे अच्छी शंकाओं के कठघरे में खड़ा किया था। पर जैनेन्द्र बहुत निरपेक्ष पर मेरे प्रति सापेक्ष रहे। तारसप्तक के एक अन्य कवि गिरिजाकुमार माथुर के सम्बन्ध में मिश्र जी की अन्तरंग टिप्पणी है कि–रोमानियत माथुर साहब की कविताओं की केन्द्रीय वृत्ति है। ···इसके बावजूद वे समय के प्रति सचेत हैं और समय का स्वर उनकी कविताओं से फूटता चला है ···सामाजिक चेतना की कविताएं लिखने के दौर में··· नारीतन की मांसलता, सौन्दर्य की उष्मा, तरुणाई की प्यास, इस संसार के प्रति गहरी रागात्मकता दिखाई देती है (पृ. 135 और 137)। इन चौदह संस्मरणों में मानवीय सुखात्मक और दुखात्मक बिम्बों का संगुम्फन दिखाई देता है।

डा. रामदरश मिश्र ने इन संस्मरणों में अपनी काव्यपरक रागात्मकता का परिचय दिया है। इस पुस्तक का मुद्रण साफ-सुथरा एवं आवरण प्रतीकात्मक है। शैली अत्यन्त आत्मीय और चित्रात्मक है। (मधुमती से साभार)

रामदरश मिश्र की आलोचना-दृष्टि

वेद प्रकाश अमिताभ

काव्यालोचन

रामदरश मिश्र का 'हिन्दी आलोचना' पर महत्त्वपूर्ण शोध कार्य है और छायावाद से लेकर समकालीन कविता पर उन्होंने अपने आलेखों और आलोचनात्मक कृतियों में जमकर विचार किया है। वे एक सार्थक कवि के रूप में जाने-माने गये हैं। अत: 'काव्य' को लेकर उनके मंतव्यों और मूल्यांकनों की अपनी एक अहमियत है। चाहे शास्त्रीय उपपत्तियां हों या व्यावहारिक समीक्षाएं, सर्वत्र उनके गंभीर काव्य-विवेक से साक्षात् होता है। काव्य समीक्षा संबंधी उनकी पुस्तकें हैं–'छायावाद का रचना लोक', 'हिन्दी कविता:आधुनिक आयाम', 'साहित्य संदर्भ और मूल्य', 'आधुनिक हिन्दी कविता : सर्जनात्मक संदर्भ'।

'आधुनिक बोध और साहित्य' 'लोक संस्कृति और साहित्य', 'काव्य में प्रेषणीयता की समस्या', 'काव्य में अनुभूति और विचार' तथा 'पाठक की रचनाधर्मिता' शीर्षक आलेखों में रामदरश मिश्र ने अपनी समीक्षा-दृष्टि और उससे निर्मित प्रतिमानों को विस्तार से व्यक्त किया है। लेकिन वे उबाऊ शास्त्रीयता से बोझिल न होकर सहज हैं और इनमें सैद्धान्तिक और व्यावहारिक आलोचना का सन्तुलन द्रष्टव्य है। वे कविता से आधुनिक बोध और लोक-संस्कृति की अपेक्षा एक साथ करते हैं। आधुनिक बोध के स्वरूप पर विचार करते हुए उन्होंने एक ओर उसे युगीन चेतना के बोध से अनिवार्यत: सम्बद्ध माना है और दूसरी ओर उसे पुरानी धर्मचेतना या अध्यात्म-चेतना का विरोधी कहा है। वैज्ञानिकों तथा फ्रायड, डार्विन, मार्क्स आदि आधुनिक विचारकों ने जीवन के नये सत्यों और मूल्यों की खोज की है। लेकिन साहित्य में आधुनिक बोध का अर्थ एकदम वही नहीं होता जो ज्ञान-विज्ञान के अन्य क्षेत्रों में होता है। मिश्र जी आधुनिक बोध को अकेलापन-अजनबीपन की अनुभूति तक सीमित करने के समर्थक नहीं हैं। उन्होंने सन्तुलित दृष्टिकोण का परिचय देते हुए लिखा है: "यदि मानव-मूल्यों को कुचलकर स्वार्थ, संकीर्ण राष्ट्रभावना, रंगभेद, धर्मभेद आदि से प्रेरित होकर जीने

वाले साम्राज्यवादी देशों की क्रूरता और उनकी दिशाहीन, असंगतिपूर्ण, आत्मपराजित आन्तरिक जीवनधारा को समझना आधुनिक बोध है तो स्वतन्त्रता, भेदहीन मानवता, न्याय और मूल्यों के लिए लड़ने वाले तथा उन्हें नैतिक शक्ति और सहयोग प्रदान करने वाले देशों की चेतना को जानना भी आधुनिक बोध है।" मिश्र जी ने आधुनिकता को दृष्टि मानते हुए भी साहित्य के संदर्भ में उसे जीवन-प्रक्रिया के रूप में आँका है। 'आधुनिक हिन्दी साहित्य में आधुनिकता' शीर्षक आलेख में उनकी मान्यता है : "आधुनिकता का विचार जब साहित्य के सन्दर्भ में होता है, तब वह केवल अवधारणा मात्र नहीं रह जाती। वह विकास के एक बिन्दु तक पहुंचे हुए समाज के अनेक संवेदनात्मक, सौन्दर्य-बोधात्मक एवं चिन्तनात्मक आवर्तों से जुड़ी एक संश्लिष्ट जीवन-प्रक्रिया बन जाती है।" जिन लेखकों ने एक विशेष प्रकार की आधुनिकता की समझ को रूपायित करने और बहुत सीमित सत्य को उद्घाटित करने का प्रयास किया है, मिश्र जी उनसे आश्वस्त नहीं हो पाते हैं, क्योंकि ये रचनाएं लोकजीवन से दूर छिटकी हुई हैं और इनमें व्यक्त विद्रोह प्रायः यौन सन्दर्भों में निषेध मात्र है। मिश्र जी जहाँ आज रचना से आधुनिक बोध की अपेक्षा करते हैं, वहीं उनका विश्वास है कि वही साहित्य प्राणवान् और टिकाऊ होगा, जिसमें लोकजीवन में हो रहे परिवर्तन की सच्ची और प्रामाणिक आहट होगी।

'काव्य में प्रेषणीयता की समस्या' का प्रस्थानबिन्दु यह है कि कोई भी रचना अपने गहरे प्रभाव के कारण पाठक के भीतर निरन्तर जीती है, बार-बार 'हांट' करती है। प्रेषणीयता काव्य-सृजन का फल है। इसका सम्बन्ध एक ओर रचना से है तो दूसरी ओर पाठक से। मिश्र जी प्रेषणीयता की समस्या को सर्जनात्मकता के भीतर से उत्पन्न मानते हैं। लेकिन हिन्दी की कुछ कृतियों को देखते हुए उन्हें लगता है कि यह संकट रचना के नाम पर प्रचलित छद्म उपज भी है। उन्हीं के शब्दों में, "जब कवि वस्तुजगत से कटकर अपनी अन्तर्गुहा में चक्कर काटने लगता है, तब प्रेषणीयता का संकट बढ़ जाता है।" कविता की भाषा को 'वस्तु' मान लेने पर भी प्रेषणीयता का संकट गहराता है। प्रेषणीयता के लिए पाठक में भी अनुभव प्रवणता और रचना की गहरी समझ होना ज़रूरी है। पाठक की रचनाधर्मिता पर सुधी समीक्षकों ने कम विचार किया है। मिश्र जी ने पाठकीय रचनात्मकता के दो रूप माने हैं (1) कृति में निहित गहरी मर्म-छवियों का अपनी शक्ति के अनुसार उद्घाटन; (2) कृति के समान्तर कुछ नया रच लेना। यहाँ भी उनकी स्पष्ट मान्यता है कि पाठकीय रचना का आधार जीवन यथार्थ के अनेकानेक गहरे आयामों से जुड़ा साहित्य ही हो सकता है। 'कविता में अनुभूति और विचार' शीर्षक आलेख में अनुभूति को कविता का केन्द्र माना गया है। लेकिन मिश्र जी पाते हैं कि आज मात्र अनुभूति की प्रेरणा से कविता नहीं बन पा रही है। उसके साथ विचार की साझेदारी आवश्यक है। जो कवि अपने व्यापक और सघन अनुभवों के साथ अपनी वैचारिकता को कलात्मकता के साथ बुन पाता है, वह वज़नदार कवि

होता है। कोरी बौद्धिकता का आतंक खड़ा कर देने वाले कवि कुछ ही दिन चल पाते हैं। उनके अनुसार, अज्ञेय ने बड़ी चालाकी से अपनी कविताओं को छायावाद से अलगाने के लिए बौद्धिकता का सहारा लिया है, लेकिन बात बन नहीं पायी।

मिश्र जी ने आधुनिक कविता की पड़ताल के क्रम में 'छायावाद' को उसकी कल्पनाशीलता के सन्दर्भ में देखा है। मिश्र जी के विचार में, छायावादी कवियों ने काव्य के अन्य तत्वों को अस्वीकार न करते हुए भी 'कल्पना' को रचना के केन्द्र में रखा। द्विवेदी युग की कविता में कल्पना का उपयोग कुछ नयी उपमाओं और रूपकों की खोज तथा विषयों और भावों के नवीन आयोजन तक सीमित रहा। छायावादियों के यहां कल्पना नवीन सृष्टि की विधायिका बनकर आयी है। छायावादी कल्पना अतीत की ओर जाती है, लेकिन वह स्मृति जगाकर चुक नहीं जाती, अपितु अतीत को आधुनिक परिवेश में आलोकित कर नया सृजन कर डालती है। मिश्र जी ने 'छायावादी काव्य की प्रगतिशील चेतना' को भी रेखांकित किया है। उनके अनुसार छायावाद में मार्क्सवाद से प्रभावित प्रगतिशीलता '36 के बाद द्रष्टव्य है, जबकि अपने समय की नयी चेतना की पहचान के रूप में यह प्रारम्भ से ही मिलती है। छायावादी काव्य की वैयक्तिकता जड़ सामन्ती सामूहिकता की विरोधी है। छायावाद में नया स्वर पुरानी जड़ता को तोड़ता है और व्यक्ति के अनुभव और सौन्दर्य दृष्टि के अनेक आयाम उद्‌घाटित करता है। बालकृष्ण शर्मा 'नवीन' को मिश्र जी ने छायावाद के उत्तरार्द्ध से जोड़ा है और इसी सन्दर्भ में वे रहस्यवाद और राष्ट्रवाद को कोई प्रवृत्ति न मानकर विषय मानते हैं। मिश्र जी ने छायावाद की अशक्ति की चर्चा भी की है। वायवीयता, दार्शनिकता आदि के चलते ही सम्भवतः 'हुंकार' के सन्दर्भ में 'छायावाद के कुहासे' पद का प्रयोग किया गया है। मिश्र जी ने छायावादोत्तर काव्य में विद्रोह से सम्बन्धित आवाज़ों के 'हवाई फायर' को अनदेखा नहीं किया है। उन्हें दिनकर और नवीन इसलिए आश्वस्त करते हैं कि उनके काव्य में सामाजिक यातना का अनुभव बोलता है।

'नयी कविता' की बात करते हुए मिश्र जी 'स्वस्थ नयी कविता' की चर्चा करते हैं। नयी कविता से पूर्व प्रगतिवाद में कोटि-कोटि दीनहीन पीड़ितों और शोषितों के प्रति दृष्टिपात तो था लेकिन व्यक्तित्व की उपेक्षा होती रही। नयी कविता में कथ्य की व्यापकता और उन्मुक्तता दोनों हैं, नयी कविता प्रगतिवादियों और प्रयोगवादियों के लिए सामान्य किन्तु खुली भूमि के रूप में प्राप्त है। नयी कविता पर लिखने वाले आलोचकों को मुक्तिबोध अधिक प्रिय रहे हैं। मिश्र जी भी मुक्तिबोध की धनात्मक चर्चा बराबर करते हैं, लेकिन मुक्तिबोध को सराहने के लिए अज्ञेय को उपेक्षित कर देने की जरूरत उन्हें महसूस नहीं होती। पीड़ा के नकली कारखाने खोलने वाले और पश्चिमी वेदना का चश्मा लगाने वाले कुछ कवियों की मौजूदगी से वे अवगत हैं, लेकिन वे उन्हें नयी कविता की मूल धारा में नहीं मानते। नयी कविता के संदर्भ में 'लोक सम्पृक्ति' को उसकी विशिष्टता माना गया है। इस तरह नयी कविता का अधिकांश उन्हें आधुनिक

बोध और लोकोन्मुखता दोनों कसौटियों पर खरा लगता है। 'नये प्रबन्ध काव्य' शीर्षक आलेख में मिश्र जी ने केवल 'कनुप्रिया' और 'आत्मजयी' को बोध और शिल्प की दृष्टि से आधुनिकता का प्रतिनिधि माना है। पता नहीं क्यों, 'संशय की एक रात' को यह श्रेय नहीं दिया गया। जबकि 'कुछ युद्ध काव्य' शीर्षक आलेख में 'संशय की एक रात' के सम्बन्ध में यह मान्यता है कि कवि ने एक परिचित प्रसंग को नयी अर्थवत्ता दी है और उसे युग के संदर्भ से जोड़ा है। 'दो लम्बी कविताएं' में 'असाध्य वीणा' और 'अंधेरे में' की विस्तृत व्याख्या है। खासतौर पर 'अंधेरे में' मर्म तक पहुंचने में इस व्याख्या का महत्त्व असन्दिग्ध है। 'संक्रान्तिकालीन बोध और नये नारों की सार्थकता' में कविता को चालू नारों से अलग करके देखने का आग्रह है और 'कविता और कविता' में इस स्थापना का प्रत्याख्यान है कि 'नयी कविता' जीवन से भागने वाली सच्चाई रहित कविता है।

चूँकि रामदरश मिश्र साहित्य का मूल संबंध मानव की संवेदना से मानते हैं, अतः उनकी समीक्षा के प्रतिमान भी उस संवेदना से सीधे सम्बद्ध हैं। इसीलिए लोक संस्कृति से जुड़ाव को वे रचना का गुण मानते हैं और जीवन के ताप से रहित आधुनिकता को मूल्यवान नहीं मानते। वे कविता में कथ्य को प्राथमिक मानते हुए 'भाषा' और 'शिल्प' को प्रमुख मानने के सोच का विरोध करते हैं। कविता में विचार को महत्वपूर्ण मानते हुए भी पहले से बने-बनाये विचार पर केन्द्रित रचनाओं या चिन्तन से आक्रान्त कृतियों को श्रेष्ठ नहीं मानते। 'आत्मजयी' और 'असाध्य वीणा' की तुलना में 'अंधेरे में' वजनदार कविता इसलिए है कि इसमें वैचारिकता जीवन के साक्षात्कार से उपजी है। मुक्तिबोध अपनी दुरूहता के बावजूद आश्वस्त करते हैं लेकिन अज्ञेय के प्रति सर्वत्र एक सी राय नहीं है। एक स्थान पर कहा गया है–"इन कविताओं में संवेदना की न तो सघनता है और न व्यापकता।" दूसरे स्थान पर टिप्पणी है–"अज्ञेय एक ऐसे कवि हैं जिनका अनुभव बड़ा व्यापक है। सभी कवियों का बोध अज्ञेय के समान व्यापक नहीं है।" अपनी बात कहने के लिए मिश्र जी दूसरे विचारकों के उद्धरण पर कम निर्भर रहे हैं। उन्होंने जिन विचारकों-समीक्षकों को उद्धृत किया है उनमें इरविन हो, आचार्य शुक्ल, फिराक, रामस्वरूप चतुर्वेदी, रवीन्द्रनाथ श्रीवास्तव आदि मुख्य हैं। ज्ञान-विज्ञान के क्षेत्रों से किसी 'अवधारणा' या विचार लेने के वे विरोधी नहीं हैं, लेकिन उनकी यह मान्यता अर्थपूर्ण है कि साहित्य के किसी 'बोध या विचार' का अर्थ एकदम वही नहीं होता, जो साहित्य के बाहर होता है। मिश्र जी के काव्यालोचन की यह विशेषता मानी जायेगी कि वे किसी भी वाद के तहत हुई कविता को खड्गहस्त होकर नहीं जांचते। वे उसे समग्रता से देखते हुए उसके वैशिष्ट्य को रेखांकित करने में अधिक रुचि लेते हैं। यही कारण है कि 'छायावाद' और 'नयी कविता' के संबंध में उनका विवेचन अभिनव और पूर्वाग्रह-मुक्त लगता है।

मिश्र जी के काव्यालोचन की एक प्रमुख विशेषता यह है कि चाहे शास्त्रीय मुद्दा

हो या कोई समकालीन अवधारणा, उसे लेकर सर्वत्र वैचारिक स्पष्टता और निर्भ्रान्तता मिलती है। मिश्र जी किसी संगठन, किसी वाद या किसी गुट के प्रवक्ता आलोचक नहीं हैं। यथासम्भव वस्तुनिष्ठता का उन्होंने निर्वाह किया है। किसी को गिराने में न उनकी रुचि है और न वे अपनी ऊर्जा का उपयोग किसी अपात्र को महिमामंडित करने में करते हैं। नया से नया कवि और नयी से नयी प्रवृत्ति भी उनकी सहानुभूति और शुभशंसा प्राप्त कर सकती है, बशर्ते उसमें जीवन से जुड़ाव और मूल्यों से सम्पृक्ति हो तथा परिवर्तनशीलता का समर्थन हो। वस्तुनिष्ठ विवेचन, लोकोन्मुखी दृष्टि और स्वस्थ जीवन-मूल्यों से सम्बद्ध उनका काव्यालोचन आज की हिन्दी कविता के संदर्भ में भी पर्याप्त उपयोगी और प्रासंगिक है।

कथा-दृष्टि

एक सर्जक की समीक्षक के रूप में सफलता न केवल संदिग्ध समझी जाती है, अपितु कभी-कभी बहुत बेरहमी से कोंच दिया जाता है कि सर्जना में असफल होकर ही वह समीक्षा की ओर झुका है। इस सिलसिले में रवीन्द्रनाथ के बहाने से उठाया गया बुद्धदेव वसु का यह सवाल गैरमौजूं नहीं कि क्या एक साथ ही सोफाक्लीज और अरस्तू अथवा कालिदास और मल्लिनाथ हुआ जा सकता है? क्या यह वांछनीय और स्वाभाविक होगा? इसके उत्तर में श्री वसु ने रवीन्द्र को ही उद्‌धृत किया है। रवीन्द्र के अनुसार जब कोई बड़ी सृजनशील प्रतिभा समालोचना में हाथ डालती है, तब उसके लिए केवल यही संभव होता है कि वह समालोचना को ही सृजनात्मक कर्म बना दे।[1]

मुक्तिबोध ने भी समीक्षा के सृजनशील कर्म होने की बात कही है। हिन्दी के जो समीक्षक रचनात्मक शक्ति के साथ लेखन और समीक्षण को एक दायित्व के रूप में लेते रहे हैं, उनमें रामदरश मिश्र उल्लेखनीय हैं। 'साहित्य : सन्दर्भ और मूल्य', 'हिन्दी उपन्यास : एक अन्तर्यात्रा', 'हिन्दी कहानी : अंतरंग पहचान' और 'आज का कथा-साहित्य : संवेदना और शिल्प', 'हिन्दी गद्य साहित्य : आधुनिक आयाम' आदि कृतियों में उनकी कथा-समीक्षा अपनी सृजनात्मक बुनावट के चलते आश्वस्त करती है।

मिश्र जी की दृष्टि में एक रचनाकार का प्राथमिक दायित्व यथार्थ की पहचान को अभिव्यक्ति देना है। यथार्थ का स्वरूप बड़ा ही संश्लिष्ट, जटिल और परिवर्तनशील होता है। उसे देखने के लिए जीवन का गहरा अध्ययन और व्यापक अनुभव अपेक्षित हैं।[2] यथार्थ व्यक्ति का भी होता है और समाज का भी। यदि कुछ एकांगी समाजशास्त्री समाजिक यथार्थ को आत्यंतिक प्रमुखता देकर व्यक्ति के अन्तर्मन के एकान्त सत्यों की उपेक्षा करते हैं तो घोर व्यक्तिवादी विचारक 'व्यक्ति' को अधिक महत्त्व देकर उसे समाज के विराट प्रवाह से एकदम काट देते हैं।[3] मिश्र जी दोनों अतियों को खारिज करते हैं, लेकिन जहां 'व्यक्ति सत्य' (फ्रायडवाद) और 'सामाजिक सत्य' (समाजवाद) की प्रासंगिकता का सवाल उठता है, वहां वे मार्क्सवादी जीवनदृष्टि को वरीयता देते हैं।[4]

प्रेमकुमार के साथ बातचीत में (रूपकंचन, अगस्त 79) में उन्होंने स्वयं को दलीय आग्रहों से परे मार्क्सवादी माना है। 'अर्थ' को जीवन का केन्द्र मानते हुए उनका स्पष्ट अभिमत है कि मनुष्य सामूहिक रूप में आर्थिक आधार पर प्रकृति से संघर्ष कर रहा है। आर्थिक आधारों पर मनुष्य के सामाजिक सम्बन्ध बनते और बदलते हैं। सामाजिक सम्बन्धों का बदलाव वर्गों की मनःस्थिति, सौन्दर्यबोध, दर्शन, समस्याओं और आकांक्षाओं को निर्मित करता है।[5] साहित्य में इस परिवर्तनशील यथार्थ की पहचान दो स्तरों पर होती है : एक तो समकालीन जीवन में लक्षित होने वाले सम्बन्धों, प्रसंगों, समस्याओं, घटनाओं, हलचलों आदि की स्वीकृति के स्तर पर, दूसरे इन समस्त सम्बन्धों, प्रसंगों, समस्याओं, घटनाओं, हलचलों आदि के मूल में कार्य करने वाली केन्द्रवर्ती चेतना की समझ के स्तर पर। वास्तव में असली यथार्थ-दृष्टि इस दूसरे रूप में ही दिखाई पड़ती है।[6] प्रेमचन्द और यशपाल में न केवल केन्द्रवर्ती चेतना की पहचान है बल्कि यथार्थ को देखने-बूझने की अपनी दृष्टि भी है, अतः वे उल्लेखनीय और प्रासंगिक हैं।

जिन रचनाकारों के पास सुलझी हुई और निजी दृष्टि नहीं होती, वे व्यक्तिगत या नगण्य यथार्थ तक सीमित रह जाते हैं। लेकिन केवल 'दृष्टि' पर्याप्त नहीं, वह तो यथार्थ तक ले जाने का 'गाइड' मात्र है। कथाकार को उस यथार्थ को अपनी अनुभूति का अंग बनाने के लिए उनके साथ एकात्म होना अनिवार्य है।[7] यहीं अनुभव की प्रामाणिकता का सवाल उठता है। 'दृष्टि' को अपने आसपास की ज़िन्दगी से उठाये गये अनुभवों से जुड़ना चाहिए। मिश्र जी साहित्य का मूल सम्बन्ध मानव की संवेदना से मानते हुए उस पर विचारों के बलात् आरोपण के विरुद्ध हैं।[8] दर्शन की नयी भंगिमा या बुद्धिवाद का ऊहापोह कृति को श्रेष्ठ नहीं बना सकता। राहुल के उपन्यासों में निश्चय ही एक 'दृष्टि' है किन्तु उनके अधिकतर ऐतिहासिक उपन्यास अपेक्षित मार्मिकता तक नहीं पहुंच सके। उनका सैद्धान्तिक दृष्टिकोण बुरी तरह उभरता है और यथार्थ से एकात्म नहीं हो पाता। सिद्धान्त और शास्त्रज्ञान 'बाणभट्ट की आत्मकथा' में भी हैं, लेकिन मिश्र जी पाते हैं कि वहां द्विवेदी ने मानव राग की प्रतिष्ठा करके शुष्क शास्त्रज्ञान का निषेध किया है।[9] चाहे कैसा भी उपन्यास हो, मिश्र जी यह देखना चाहते हैं कि उसमें जीवन का रस कितना गहरा है।[10]

मिश्र जी वस्तुजगत् की कठोरता का अहसास कराने के स्थान पर उसे अतिक्रमित करने वाले स्वच्छंद मानवीय विचारों और आदतों से जुड़ने की रोमांटिक दृष्टि के कायल नहीं हैं। इसी प्रकार नकारवादी, व्यक्तिवादी, अस्तित्ववादी चिन्तन उन्हें प्रभावित नहीं कर पाता क्योंकि वह मनुष्य को निरुद्देश्यता के मैदान में भटकने के लिए छोड़ देता है। साहित्य में आधुनिक बोध की चर्चा खूब होती है। बकौल डा. मिश्र न तो केवल पूंजीवाद के विरुद्ध साम्यवादी चेतना का बोध आधुनिक है और न केवल व्यक्तित्व की स्वतंत्रता का बोध ही आधुनिक है। उन्हें क्षोभ है कि एक विश्वजनित आधुनिक बोध को हथियाने के चक्कर में हम अपने पांव तले की ज़मीन को भूलते जा रहे हैं। विश्व

नागरिक होने का सपना हमें अपनी जमीन से एकदम काट न दे। 'आकाश की छत' में 'अपने-अपने अजनबी' को लेकर जो विचार व्यक्त हुए हैं, वे उनकी समीक्षा-दृष्टि के मेल में हैं। नैरेटर के विचार में "...बल आता है उन पुस्तकों से जो आदमी की ज़मीन से जुड़ी होती हैं, जो उसकी अपनी परिस्थितियों, अपनी समस्याओं और उन समस्याओं से जूझने वाली अपनी ताकतों को पहचानती हैं। जो हवाई दर्शन का सार्वभौम विस्तार करती हैं, वे क्या दे सकती हैं?"[11] केवल आधुनिक-बोध से रचना सशक्त नहीं होती। ओढ़ी हुई आधुनिकता और यांत्रिक बौद्धिकता से लैस कहानियां समीक्षक को प्रभावित नहीं कर पातीं। धर्मयुग के कथादशक की श्रृंखला में 'सिर के सदके' (भीष्म साहनी) उन्हें सर्वाधिक अच्छी लगी क्योंकि उसमें तथाकथित आधुनिकता की बौद्धिक भंगिमा न होकर एक गहरा जीवनबोध था। राजेन्द्र यादव की प्रतीक्षा की तुलना में 'रेणु' की 'रसप्रिया' कहीं मार्मिक है, क्योंकि उसमें संवेदना की गहराई है, जीवन की सहजता है। ग्रामांचलीय कहानियों के प्रति उनके लगाव का प्रमुख कारण यह है कि उनमें जीवन का स्पंदन है, कमोबेश अपनी ज़मीन से सम्बद्ध हैं। अत: यह आकस्मिक नहीं कि गांव की मिट्टी में सनी कृतियां–'एक टुकड़ा इतिहास' (गोपाल उपाध्याय) 'पुरुष पुराण' (विवेकी राय); आदि उनकी प्रशंसा पाती हैं और कुछ मनचली औरतों की बेहद निजी और सतही समस्या पर आधारित 'उसके हिस्से की धूप' उन्हें प्रभावित नहीं कर पाती।[12] गंभीर समस्या पर लिखी गयी 'तमस' जैसी कृतियां इसलिए आश्वस्त करती हैं कि उनमें मानवीय संवेदना के बिन्दुओं के साथ-साथ नयी यथार्थ चेतना भी अन्तर्निहित है। कोई अतिवाद हस्तक्षेप नहीं करता–"लेखक मार्क्सवादी है, किन्तु मार्क्सवाद का आरोप कहीं भी लक्षित नहीं होता। वस्तुस्थिति की सही समझ, नयी चेतना के रेखांकन, मानवीय मूल्यों की पक्षधरता के रूप में ही उनकी मार्क्सवादी दृष्टि दिखाई पड़ती है। वस्तुस्थिति की सही समझ का एक बिन्दु शहर और गांव के सम्बन्धों की पहचान है।"[13]

किसी कथाकृति से उनकी यह अपेक्षा अनुचित और अस्वाभाविक नहीं जान पड़ती कि उसमें मानवीय दृष्टिकोण से गहरे और व्यापक यथार्थ का चित्रण हो। बहुत सपाट तरीके से निष्कर्षों की ओर ले जाने वाली किताब 'कृति' नहीं हो सकती। इसीलिए श्रीकांत वर्मा की कहानी 'घर' के सन्दर्भ में निचोड़वादी कहानियों और समीक्षाओं की सार्थकता पर प्रश्नचिन्ह लगाया गया है। हालाँकि पूर्वनिश्चित निष्कर्षों और फतवों की वैशाखियों पर चलने वाली 'समीक्षा' के अन्तर्विरोध शीघ्र ही उजागर हो जाते हैं, फिर भी इसका एक दुष्परिणाम यह होता है कि रचनाधर्मिता अपने बल पर जो रास्ता बनाती है, उसकी सही परख नहीं हो पाती। "आलोचक अनेक कृत्रिम कठघरे खड़े कर साहित्य के सही आकलन में बाधक बन जाता है और गलत ढंग से कुछ ऐसे निर्णय दे जाता है कि जिसकी सही-गलत अनुगूंज इतिहास को लंबी दूरी तक व्यापती रहती है और जिसे मात्र काटने के लिए बाद के लोगों को श्रम करना पड़ता है।"[14] नामवर सिंह की अनेक स्थापनाओं को खारिज करने के पीछे समीक्षक की यही समझ सक्रिय

है। अतिरंजना मिश्र जी को पसंद नहीं। वे कभी अनुभव और विचार के संतुलन पर 'जोर' देते हैं तो कभी दृष्टि और यथार्थ के सामंजस्य की चर्चा करते हैं। उनकी कथा-समीक्षा में इस संतुलन को एक प्रमुख औजार के रूप में देखा जा सकता है। नागार्जुन के उपन्यासों की सराहना इसी आधार पर हुई है कि वे जन-सामान्य के जीवन को यथार्थवादी दृष्टि से उभारते हैं और कहीं भी लाउड या असंयमित नहीं होते।[15] इसके विपरीत 'कटरा बी आर्जू' में व्यक्तिगत दृष्टि अधिक मुखर हो उठती है, अतः संतुलन गड़बड़ा जाता है।[16]

आचार्य रामचन्द्र शुक्ल के साक्ष्य में वे इस बात पर ज़ोर देते हैं कि कथाकारों को जीवन के भीतर दृष्टि गड़ाकर देखना चाहिए न कि राजनीतिक दलों की बातों को लेकर चलना चाहिए।[17] हाँलाकि विचारधारा को मिश्र जी 'रचना' में बहुत महत्त्व देते हैं। लेकिन वैचारिक संकीर्णता और कट्टरता के वे कायल नहीं हैं। प्रकाश मनु के 'कथा-सर्कस' की समीक्षा के संदर्भ में उन्होंने लिखा है–"कुछ खास विचारधारा के खानों में अपने को फिट करके चलने वाले कुछ लेखक-आलोचक सारे लेखकों को उसी में फिट करना चाहते हैं। विचारधारा के खाने के भीतर भी कुछ खाने हैं जिनमें विचारधारा में असमानता होते हुए भी कुछ लोग आपसी स्वार्थों के समीकरणों के आधार पर साथ दिखाई देते हैं। विचित्र बात यह है कि कुछ चतुर विचारधारावादी लेखकों के सम्बन्ध हर सत्ता से जुड़ जाते हैं। एक विचारधारा के अन्तर्गत जाति, धर्म, स्वार्थ आदि के न जाने कितने खाने हैं जो लेखकों के प्रत्यक्ष स्टैण्ड बनाते चलते हैं।[18] मिश्र जी उन लेखकों को अपेक्षाकृत महत्त्वपूर्ण मानते हैं जो इस तरह की कट्टरताओं और समीकरणों का अतिक्रमण करते हैं, जिनका संवेदनशील मन परिदृश्य की कुरूपता से बेचैन होता है, क्षुब्ध होता है।

आग्रहमुक्त होकर बेबाक, दो टूक और निर्भ्रान्त मत व्यक्त करने की क्षमता मिश्र जी में भरपूर है। वे किसी व्यक्तित्व से आक्रांत नहीं होते, उनके सामने 'सिर्फ' कृति या कृतियां होती हैं। रेणु की कहानियों पर विचार करते हुए वे इस नतीजे पर पहुंचे हैं कि कहानियों के पीछे उनके उपन्यासों की ख्याति न रही होती तो कहानी में उनकी सत्ता बहुत महत्त्वपूर्ण नहीं होती। 'अकहानी' की सैद्धान्तिक चर्चा के दौरान वे पाते हैं कि इसके सिद्धान्त पक्ष को सबसे अधिक गंगाप्रसाद विमल ने उठाया, लेकिन उनकी कहानियों की तरह उनकी सिद्धांत-चर्चा भी पल्ले नहीं पड़ती। कभी-कभी भ्रम से मिश्र जी को "सचेतन कहानी" से सम्बद्ध मान लिया जाता है। लेकिन सचेतन कहानी की दुर्बलता को वे नज़र अंदाज नहीं करते–"सचेतन कहानी ने मूल्य-निषेध का निषेध कर मूल्यों के प्रति अपना लगाव ज़रूर जाहिर किया, किन्तु उसकी भी दुनिया लगभग वही रही, जो अकहानी की है।" निर्मल वर्मा के सम्बन्ध में उनका विचार है कि यदि उनके साथ महत्त्व का आरोपित इतिहास न जुड़ा होता तो वे नयी कहानी के समर्थ कहानीकारों के क्रम में उनकी चर्चा नहीं करते क्योंकि निर्मल का लेखन रचनात्मक स्तर पर उन्हें

कुछ लिखने को बाध्य नहीं करता। मिश्र जी के इस कथन पर औरों को आपत्ति हो सकती है, खासतौर पर यह देखते हुए कि रोमानी मिजाज के कथाकार धर्मवीर भारती उन्हें बहुत अच्छे और सामर्थ्यवान लगते हैं। इसके अतिरिक्त 'परिन्दे' को मिश्र जी ने जिस तरह सराहा है, उससे भी निर्मल वर्मा एकदम उपेक्षनीय कहानीकार नहीं लगते। उनकी कहानी-समीक्षा से यह बात उभरकर आती है कि 'नयी कहानी' के प्रति उनकी सहानुभूति कुछ ज्यादा है। समूची साठोत्तरी कहानी को नयी कहानी का ही विस्तार मान लेना इसी का परिणाम है। इब्राहीम शरीफ, रमेश उपाध्याय, गोविन्द मिश्र आदि की चर्चा उन्होंने 'नयी कहानी' के अन्तर्गत की है, जबकि ये युवा कहानीकार नयी कहानी के ढांचे के बाहर के कहानीकार हैं।

पिछले दिनों समाजशास्त्रीय समीक्षा का बोलबाला रहा, जिसमें सिर्फ 'कथ्य की समीक्षा कर अपने कर्त्तव्य की इतिश्री समझ ली गई। इससे दो फायदे बहुत साफ हैं। एक तो कम समय में तेज़ और चालू किस्म की समीक्षा तैयार, दूसरे कथा-शिल्प के बारे में कुछ पढ़ने-जानने की छुट्टी। कोई सजग समीक्षक कथ्य और रूप का संश्लिष्ट अध्ययन करता है तो प्रायः उसे 'रूपवादी' कहकर धिक्कारा भी गया। मिश्र जी ने इस संबंध में संतुलन का परिचय दिया है। कोरी रूपवादी समीक्षा के खतरों से वे अपरिचित नहीं हैं। 'अनुभूतिहीन, कथ्यहीन, संवेगहीन, निरातंत्र कौशल' उन्हें आश्वस्त नहीं कर पाता। वे 'कथ्य' के खोखलेपन को उलझाव या कथन-कौशल के छिपाने के विरोधी हैं।[19]

दूसरों के मुद्दों और निष्कर्षों से सहमति जताने का मिश्र जी का तरीका प्रायः शालीन है। वे खड्गहस्त होकर नहीं, बल्कि एक सहयात्री के भाव से अपनी नापसंद दर्ज कराते हैं। 'मानस का हंस' की कथनपद्धति की सपाटता पर उनका कथन है : "यह पद्धति वह नाटकीय वक्रता और तज्जनय चमत्कृति उत्पन्न करने में समर्थ नहीं हो सकी जो घटनाओं के व्यतिक्रम और व्यतिक्रम के रचनात्मक विन्यास से संभव हो पाती है।"[20] इसी प्रकार 'लोकायतन' की भाषा में डा. नगेन्द्र की संस्तुति के संदर्भ में वे बहुत शालीनता से अपनी असहमति व्यक्त करते हैं। "डा. नगेन्द्र को 'लोकायतन' की भाषा से शिकायत नहीं हो सकती, लेकिन नये लेखक को सबसे बड़ी शिकायत यही है कि इसमें कवि ने जिस भाषा का प्रयोग किया है, वह अभिजात, परिष्कृत और सुगढ़ तो हो सकती है, किन्तु सार्थक नहीं है, अपने कथ्य की आंच से जुड़ी हुई नहीं है।"[21] 'मनदर्पन' (रामदेव) की सीमाओं को भी वे संकेतों में उद्घाटित करते हैं। एक मूल्यवादी लेखक के लिए मोहक स्थितियों और पात्र-व्यवहारों में लिप्त होने को वे सार्थक नहीं मानते हैं। उन्हें आश्वस्ति तब होती है जब उपन्यास का मनोवैज्ञानिक यथार्थ सामाजिक अर्थ में भी जुड़ता दिखाई देता है।[22]

अपने एक लेख में रामदरश जी ने यह चिन्ता व्यक्त की है कि समीक्षा 'संवाद' बनती जा रही है। इसे अपने आप में पूर्ण कार्य और गहन दायित्व मानने वाले लोग कम रह गये हैं। स्वयं मिश्र जी समीक्षा को बैठे-ठाले का काम नहीं मानते। इरविन हो

के साक्ष्य से वे लेखक और पाठक के बीच उत्पन्न तनाव की स्थिति में आलोचक की महत्ता रेखांकित करते हैं। उनके अनुसार : आधुनिक साहित्य जितना ही अधिक जटिल दिखाई पड़ता है, आलोचक का दायित्व उतना ही बढ़ जाता है, उसे प्रश्नों की प्रवृत्ति खोलनी पड़ती है। कहने की आवश्यकता नहीं कि बतौर समीक्षक अपने दायित्व को निभाने में मिश्र जी असफल नहीं रहे। रामदरश जी ने रामचन्द्र शुक्ल की चर्चा के प्रसंग में शुक्ल जी की दृष्टि के 'देशीपन' की चर्चा बार-बार की है। यह देशीपन उनकी अपनी कथा-दृष्टि में भी मुखर है। वे समीक्षा के पाश्चात्य प्रतिमानों को अपनाते हैं लेकिन उनका उपयोग 'अपनी ज़मीन के साथ साहित्य की गहरी संपृक्ति की गहरी समझदारी' के साथ करने में उन्हें सफलता मिली है। उनकी कथा-समीक्षा विवादास्पद मुद्दों को उछालने में रुचि नहीं लेती। उसका ज़ोर कृति के मर्म, प्रवृत्ति विशेष की शक्ति-सीमा और रचनाकार की सर्जनात्मकता को रेखांकित-उद्घाटित करने पर है। यह सम्पूर्ण प्रक्रिया वस्तुनिष्ठ, रसग्राही, सर्जनात्मक और सामाजिक दायित्वबोध से संपृक्त है, फलतः पाठकों को प्रभावित करने में समर्थ है।

संदर्भ एवं टिप्पणियाँ

1. रवीन्द्रनाथ के निबंध, भाग-2, पृ. 10
2. हिन्दी उपन्यास : एक अन्तर्यात्रा, पृ. 34
3. वही, पृ. 34
4. '··· मार्क्सवादी व्यक्तिनायक अपनी विसंगतियों और हीनताओं के बावजूद एक सामाजिक उद्देश्य से जुड़ा होता है जबकि मनोविश्लेषणवादी व्यक्ति अपने आप में अपनी सीमा होता है, परिवेश से कटा हुआ।' हिन्दी उपन्यास : एक अन्तर्यात्रा, पृ. 86.
5. साहित्य : सन्दर्भ और मूल्य, पृ. 23
6. हिन्दी कहानी : अंतरंग पहचान, पृ. 7
7. साहित्य : सन्दर्भ और मूल्य, पृ. 23
8. आज का हिन्दी साहित्य : सम्वेदना और दृष्टि, पृ. 20
9. हिन्दी गद्य साहित्य : आधुनिक आयाम, पृ. 60
10. वही, पृ. 74
11. आकाश की छत, पृ. 80
12. धर्मयुग, 8 फरवरी 76, 'पिछले वर्ष के कुछ उपन्यास : अनुभव के विविध आयाम', पृ. 19
13. हिन्दी गद्य साहित्य : आधुनिक आयाम, पृ. 96
14. हिन्दी कहानी : अंतरंग पहचान, पृ. 97
15. हिन्दी उपन्यास : एक अन्तर्यात्रा, पृ. 194

16. हिन्दी उपन्यास : समकालीन परिदृश्य, सं. महीप सिंह, 'आपातकाल संदर्भ की एक सार्थक रचना', पृ. 87
17. हिन्दी गद्य साहित्य : आधुनिक आयाम, पृ. 155
18. वागर्थ, जुलाई, 1996, पृ. 110
19. हिन्दी कहानी : अंतरंग पहचान, पृ. 71
20. हिन्दी गद्य साहित्य : आधुनिक आयाम, पृ. 91
21. वही, पृ. 179
22. वागर्थ, जनवरी, 1998, पृ. 110

अभिव्यक्ति-2

पथ के गीत : संवेगात्मक अभिव्यक्ति

अनिल कुमार शर्मा

अपने निजी अनुभव की संवेदना को शब्दबद्ध कर समय को अपने परिवेश के तथ्यों और सत्यों को गीतों में समेटने वाले रामदरश मिश्र का 'पथ के गीत' काव्य संग्रह सन् 1951 में प्रकाशित हो गया था। इसमें उनसे 1946 से सन् 1951 तक के गीतों का संग्रह है। "पथ के गीत" के गीतों पर छायावादी प्रभाव स्पष्ट रूप से झलकता है। इस संग्रह में कवि ने अपनी आँखें खोली हैं और दुनिया देखने का शुभारम्भ किया है। किसी भी कवि की प्रारम्भिक रचनाओं में प्रकृति और प्रेम का इन्द्रधनुषी रंग बिखरता हुआ दृष्टिगोचर होता है। अपने परिवेशगत संघर्ष, शोषण, पिछड़ेपन और विसंगति की ओर जो झुकान मिश्र जी के इस प्रारम्भिक युग में देखने को मिलता है, वह अपने परिवेश के प्रति सजग रहने वाले कवियों में रामदरश मिश्र जी को विशिष्ट स्थान प्रदान करता है।

कवि के प्रारम्भिक गीतों में जो संवेगात्मक आवेगों की अभिव्यक्ति देखने को मिलती है, वह कवि के जीवन संघर्ष से जुड़ी है। इस विचार के पक्ष में डा. ललित शुक्ल के निम्न वाक्य दृष्टव्य हैं–

"इस प्रकार की विस्तृति वहाँ अधिक दीखती है, जहाँ कवि का प्रारम्भिक जीवन संघर्षमय होता है वह समाज की गिरावट को, पिछड़ेपन को, विसंगति को, शोषण को केवल जानता पहचानता ही नहीं, उसका सहभागी भी होता है। मिश्र जी का सम्पूर्ण लेखन ही मुझे परिवेशगत दबाव के कारण का परिणाम लगता है।"[1]

इस काव्य संग्रह में जहाँ मिश्र जी अपने अनुभवों से सच्चे जीवन और प्रकृति की स्थिति को समझने में लगे दिखते हैं वहीं साथ-साथ प्रेम, कौतूहल, गतिशीलता व सौन्दर्य की गूंज भी सुनाई देती है। इस कथन की सत्यता के पक्ष में "विमल कुमार" जी के विचारों को भी यहाँ प्रस्तुत करना आवश्यक जान पड़ता है।

"यह पथ निःसन्देह उनके तरुण अनुभवों का था जहाँ वे अपनी आँखे खोल रहे थे, जीवन-जगत और प्रकृति के रहस्यों को समझ-बूझ रहे थे, साथ ही प्रेम, आशा, आकांक्षा, गीत, सौन्दर्य, विस्मय और कौतूहल के गीत गुनगुना रहे थे।"[2]

कवि के इस संग्रह के गीतों को पढ़कर ऐसा प्रतीत होता है कि मिश्र जी ने प्रकृति के प्रतीक और बिम्ब के रूप में अथवा सीधे-सीधे अपनी पीड़ा और वियोग की कथा के साथ अपने चारों तरफ बिखरे हुए अन्याय की आवाज को गूँथने की कोशिश की है।

प्रगतिशील कवि के संघर्षशील जीवन की झलक को स्पष्ट करता हुआ गीत (चल रहा हूँ), प्रकृति के कोमल और कठोर रूपों को प्रकट करता हुआ गीत (अभय जीवन), पक्षी को निशा संहारक मानते हुए रात्रि का चित्रण करता हुआ गीत (रात की पपीहरी), आँखों के विभिन्न रूपों और उनमें छिपे भावों को उजागर करता हुआ गीत (उनकी आँखें) फागुन की रात्रि बेला से प्रभावित होकर प्रकृति की कोमलता और सौन्दर्य का बखान करता हुआ गीत (फागुनी रात), वर्षा ऋतु का मनोहारी चित्र प्रस्तुत करता हुआ गीत (पावसगीत), कवि के एकाकीपन की कथा को उजागर करता हुआ गीत (मन डूबा सन्नाटे में), जाड़े की ऋतु की विशेषताओं को दर्शाता और प्रकृति का मानवीकरण रूप प्रस्तुत करता हुआ गीत (जाड़े में), वसंत ऋतु में सरसों के खेतों का सौन्दर्य प्रस्तुत करता हुआ गीत (सरसों का वन), विपत्तियों में भी अपने मार्ग से विचलित हुए बिना ही मुक्त भाव से विचरण करते हुए, पक्षी का गीत (पक्षी), वर्षा ऋतु में प्रकृति की मनोहारी दशा का प्रदर्शन करता हुआ गीत (आए घन बादरा), फागुन माह में प्रकृति के सौन्दर्य की अभिव्यक्ति करता हुआ गीत (फागुन आया), आषाढ़ मास के प्रथम बादल की दानशीलता, नि:स्वार्थ भावना, स्वच्छन्दता, निश्छलता और समशीतोष्णता आदि मानवीय गुणों का परिपाक करता हुआ गीत (मेरी राह न बांधो), प्रकृति के प्रत्येक तत्व को दानी और हितकारी रूप में चित्रित करने के साथ-साथ सत्मार्ग दर्शक की भूमिका दर्शाता हुआ गीत (सबने जीवन को दान दिया), शव के माध्यम से मानव पर हावी अमानवीय गुणों को प्रकट करता हुआ गीत (शवसाधाना) प्रकृति के माध्यम से कवि के जीवन चक्र सम्बन्धी हृदयोदगारों को प्रकट करता हुआ गीत (ज़िन्दगी की राह पर), बादलों के आने पर प्रकृति और पक्षियों द्वारा खुशी का इज़हार करते समय का सौन्दर्य दर्शाता हुआ गीत (ओ पिया), कविता सर्जन का स्रोत और मानव मन की पीड़ा की कसक को सामने रखता हुआ गीत (गीत हमारे), कोयल की मधुर ध्वनि को भी दर्द पैदा करनेवाली ध्वनि में परिवर्तित करने वाले पतझड़ का वर्णन करता हुआ गीत (तहाँ भिनसारे है), तथा अन्य अनेक गीत मिश्र जी के गीत संग्रह "पथ के गीत" में संगृहीत हैं। ऊपर दिए गए गीतों की चर्चा करना इसलिए भी नितांत आवश्यक हो गया क्योंकि ये समस्त गीत लेखक ने स्वयं भी "मेरे प्रिय गीत" संकलन के अन्तर्गत संकलित किये हैं।

इस संग्रह के गीत महज गेय ही नहीं हैं बल्कि इनमें मिश्र जी के हृदय की वह तड़प और छटपटाहट भी है, जो उनकी भावभूमि को उनके परिवेश से ही मिलाती है। इन गीतों में प्राय: व्यक्ति मन की पीड़ा को भी व्यापक जनजीवन की पीड़ा के रूप में ही

अभिव्यक्त किया गया है। गीतों को पढ़ने से एक बात स्पष्ट हो जाती है कि कवि के अनुभवों और संघर्षों से प्राप्त दर्द गीतों में उभरकर आया है।

"आँधियों में भी दिवा का दीप जलना ज़िन्दगी है
पत्थरों को तोड़ निर्झर का निकलना ज़िन्दगी है
चाहता हूँ मैं किसी छाया तले निश्वास ले लूँ
किन्तु कोई कह रहा दिन-रात चलना ज़िन्दगी है।"[3]

प्रस्तुत पंक्तियां कवि की कर्मठता और साहस की साक्षी हैं।

"दिगंत शांत सो रहा अनन्त मौन रो रहा
पवन चुरा-चुरा मरंद डालियां भिगो रहा"[4]

इन पंक्तियों में प्रकृति को जो सजीवता मिली है वह देखते ही बनती है। दिगंत के साथ 'शांत सो रहा' और अनंत के साथ 'मौन रो रहा' जैसे शब्दों के प्रयोग से तो कवि ने प्रकृति का मानवीकरण ही कर डाला है। रात्रि का वर्णन भी निम्नलिखित पंक्तियों में साकार हो उठा है–

"गुंथे-गुंथे किरन-किरन में तारे झिलमिला रहे
कि फेरियां अनेक प्रेम-बाबरी लगा रही"[5]

"उनकी आँखें" गीत में कवि ने अनेक आचार-विचार, हाव-भाव और अनुभूतियों को समाहित कर डाला है कवि की संवेदना इस गीत में अधिक मुखर है। इस गीत की निम्नलिखित पंक्तियाँ दृष्टव्य हैं–

"जब दो-दो मिलकर चार हुई इनका अपना संसार जगा
इनमें विरही चातक रोता, इनमें कोकिल की बानी है"[6]

प्रस्तुत पंक्तियों को देखने से स्पष्ट होता है, कि कवि ने नेत्रों की तुलना हिरनी से करके नेत्रों की चंचलता को दर्शाया है। 'दो-दो मिलकर चार होना' जैसे मुहावरे का सफल प्रयोग भी किया गया है। ऊपर दी हुई पंक्तियों में से नीचे वाली पंक्ति में चातक के रोने और कोकिल की बानी की बात एक साथ कहकर "विरोधाभास" की उत्पत्ति भी कर दी है।

"गंधाकुल आकाश नशीला
पीकर पत्थर भी है गीला
भीग रहे उजले-उजले पथ
बरबस मन का बंधन ढीला"[7]

ऊपर दी हुई पंक्तियों में फागुन मास की रात्रि का भाव-चित्र है। कल तक जहाँ धूल उठती थी, वे पथ भी भाव संवेग की तरलता से गीले हो उठे हैं। यह बसंत ऋतु भी एक पर्व-त्यौहार के रूप में प्रस्तुत की गई है। जड़ और चेतन दोनों में ही इस समय में मादकता का भाव जाग्रत हो जाता है। इन पंक्तियों को देखने से मिश्र जी का एक रचनात्मक वैशिष्ट्य सामने आता है, कि वे प्रेम की निजता और एकांतिकता को विशाल

सामाजिक बोध और संवेदना के साथ जोड़ देते हैं। इन पंक्तियों में सजे-धजे परदेशिया भाव-विभोर हो अपने-अपने घर जाते नजर आते हैं।

कवि मिश्र जी अपने अन्दर के सन्नाटे को, खालीपन को और पतझड़ के वीरानेपन को गीत में बांधकर व्यक्त करना चाहते हैं। निम्नलिखित पंक्तियां पतझड़ में प्रकृति के वीरानेपन को स्पष्ट करने में पूर्ण समर्थ हैं–

"ये नीमो की नँगी बाहें
ये चीड़ों की मर्मर आहें
यह सुनसान अमलतासों का
ये उजड़ी उजड़ी-सी राहें"[8]
यह एकाकीपन से घायल वन डूबा सन्नाटे में।

कवि बसंत ऋतु में सरसों के खेतों की शोभा को देखकर प्रभावित होता है और कह उठता है।

"पीली बेला में कछार की, सरसों का वन फूला है
दूर वहाँ तक गंध-छांह में डूबा अम्बर सारा है
उमड़ रही भू पर पीले-पीले सपनों की धारा है"[9]

डा. मिश्र जी एक पक्षी के माध्यम से मानव को सीख देना चाहते हैं साथ-साथ व्यंग्य भी कसते हैं–

"तूने कब मांगी मानव से उसकी मानवता अभिमानी
तूने कब मांगी मंजिल से राह, हवा से तेज रवानी
तूने इन छोटे पंखों से अपने जीवन का पथ नापा
दुनिया ने सीखा कब तुझसे मुक्त पँख उड़ना मनमानी।"[10]

कवि के गीतों में ध्वन्यात्मकता का गुण भी देखा जाता है। जैसे–

"लरज-लरज गरज-गरज आए घन बादरा"[11]

प्रकृति का मानवीकरण तो कवि ने बड़ी कुशलता से किया है। निम्नलिखित पंक्तियों पर गौर करें–

"टेसू दहके ये डालों में
जग जलता लाल गुलालों में
मधुकर रस का चुम्बन करते
धंस-धंस कुसुमों के गालों में"[12]

"पथ के गीत" संग्रह को स्वयं कवि अपने कवि रूप का आरम्भ ही मानता है। इस कथन की सत्यता के लिए निम्नलिखित पंक्तियाँ ही पर्याप्त होंगी–

"मैं आषाढ़ का पहला बादल
मेरी राह न बांधो
जन-जन के उर का कोलाहल पीकर मैं गाता हूँ।"[13]

नीचे वाली पंक्ति से एक बात और स्पष्ट होती है कि मिश्र जी ने स्वदर्द से अधिक स्थान "पर" दर्द को दिया है।

इस गीत में कवि के हृदय में पीड़ा की मशाल जलती दृष्टिगोचर होती है। ये पंक्तियां देखें–

"इतनी पीड़ा लेकर भी मैं पथ पर हंसता जाता
मुझे बुलाती करों से व्याकुल भू-पंचाली"[14]

कवि अपने रास्ते में आने वाली विपत्तियों व संकटों को एक चुनौती के रूप में स्वीकार करके और उनसे स्वंय को सुधार कर एक आदर्श प्रस्तुत करना चाहता है। निम्नलिखित पंक्तियाँ इस सन्दर्भ में गौरतलब हैं–

"सौ बार बिछी पथ पर मेरे कितनों के अन्तर की काई।
पर उनमें ही मैं देख सका अपने दोषों की परछाईं।।"[15]

मानवता के गिरते स्तर का खुलासा मिश्र जी निम्नलिखित पंक्तियों में करते हैं–

"फूल प्राणों का चढ़ाते स्वप्न की शव-साधना में
बलि चढ़ाते मनुज की पाषाण की आराधना में
लूटते हो आबरू की आब चांदी के करों से
प्यास को बन्दी बनाया नग्न भूखी वासना में"[16]

मिश्र जी ने बलि प्रथा और आत्मिक प्रेम पर हावी होते शारीरिक प्रेम पर करारा व्यंग्य किया है। कवि ने अपने गीतों के सर्जनात्मक स्त्रोतों को स्पष्ट करते हुए मुख्य रूप से गीत में संजोये तत्वों को भी सामने रखते हुए, "गीत हमारे" गीत की रचना की है। इस गीत में मानवमन की पीड़ा से स्वयं कवि रोता नज़र आता है। उदाहरण के तौर पर ये पंक्तियां देखी जा सकती हैं–

"गा उठता हूँ, जब गा उठती जीवन में लहरों की क्रीड़ा
रो उठता हूँ, जब रो उठती अन्तर में मानव की पीड़ा।"[17]

"पथ के गीत" संग्रह में मिश्र जी की भाषा-शैली सशक्त होने के कारण संवेदनात्मक भाव-भंगिमा की अभिव्यक्ति में एक प्रभावोन्मादकता आ गयी है।

संदर्भ एवं टिप्पणियाँ

1. रचनाकार रामदरश मिश्र, सं. डा. नित्यानंद तिवारी, ज्ञानचन्द गुप्त, पृ. 8
2 दीर्घा : साहित्य समीक्षा त्रैमासिक : दिसम्बर 1983 (प्रकाशित मार्च 1983), पृ. 107
3. डा. रामदरश मिश्र, : मेरे प्रिय गीत, चल रहा हूँ, पृ. 1
4. रात की पपीहरी, पृ. 9
5. वही, पृ. 10
6. उनकी आँखें, पृ. 37

7. फागुनी आँखें, पृ. 101
8. मन डूबा सन्नाटे में, पृ. 45
9. सरसों का वन, पृ. 107
10. पंछी, पृ. 48
11. आए घन बदरा, पृ. 90
12. फागुन आया, पृ. 95
13. मेरी राह न बांधो, पृ. 51
14. वही, पृ. 52
15 सबने जीवन को दान दिया, पृ. 42
16. शव-साधना, पृ. 59
17. गीत हमारे, पृ. 39

बैरंग बेनाम चिट्ठियां : जनपदीय मिट्टी की सुवास

विजेन्द्र

रामदरश मिश्र की कविताओं में एक विशेष संस्कार है। केदार को छोड़कर 'तीसरा सप्तक' के अन्य किसी कवि में यह संस्कार दुर्लभ है। जिस किसी ने उनकी कविताएं ऐतिहासिक क्रम में पढ़ी होंगी उसे यह संकेत मिला होगा। "पथ के गीत" से लेकर "बैरंग बेनाम चिट्ठियां" तक विचारणीय अन्तराल है। इस बीच उत्पन्न अनेक विचार प्रवाहों को आत्मसात करके भी मिश्र जी ने अपने आदि प्रेरणा स्रोत को संजीवित रखा और नयी काव्य संभावनाएं प्रस्तुत कीं– यह महत्त्वपूर्ण उपलब्धि है। इसके समानान्तर अन्य कवियों ने अपना काव्य-चरित्र अंकित किया और आने वाले अनिश्चित 'कल' की आशंका से आहत हो निर्ममतापूर्वक उसे धो डाला। इन्हीं असफल प्रयासों में संलग्न नयी पीढ़ी के उन कवियों का अब तक कोई सम्यक् काव्य-चरित्र नहीं उठ पाया जबकि "बैरंग बेनाम चिट्ठियां" इस बात का प्रसन्न-प्रसंग हैं कि यह कवि एक विशेष संस्कार विकसित करने हेतु निरन्तर कितना सचेत ओर सप्राण रहा। इसी सन्दर्भ में त्रिलोचन के साथ शमशेर और 'अज्ञेय' आदि के नाम भी उल्लेखनीय हैं जो साहित्य जीकर व्यक्तित्व रचते हैं–ऐसा व्यक्तित्व जो एकदम विशिष्ट है और जिसे पीढ़ियों का वेग सरलता से नहीं धुंधला सकता। यह तय है कि विशिष्ट काव्य-व्यक्तित्व को अक्षुण्ण रखने को अनेक प्रचलित आकर्षणों का उत्कर्ष अपरिहार्य है। पूर्ववर्ती काव्य में ऐसा विशिष्ट व्यक्तित्व महाकवि निराला है। प्रसंग संस्कार का था : बहुत ही प्रचलित अर्थ में काव्य संस्कार को कविता के शिल्प शोधन-परिमार्जन से ही नहीं आंकना चाहिए। वह कवि की मेधा का प्रण है। यह शक्ति अनेक प्रभावों का प्रक्रियात्मक प्रतिफल भी है।

एक युग था, जब प्रगीतात्मक कविताओं के नाम पर बहुत ही अरुचिपूर्ण और अनुकृत्यात्मक रचनाओं का जयघोष सुनाई पड़ता था। उसी समय इस कवि ने अपने सर्जन को, एक नयी भाव-भूमि तोड़ ली थी। काशी में डा. शम्भूनाथसिंह के छायावादी गीतों के समानान्तर मिश्र जी की कविताओं में नया प्रगति स्वर एक पीढ़ी को नयी

रचनात्मक दृष्टि के प्रति आश्वस्त कर रहा था। यहाँ तक कि समीक्षक डॉ. नामवर सिंह भी, सृजक के रूप में, इस आन्दोलन का रस ले रहे थे। जिस नये गीत-आन्दोलन की सम्प्रति चर्चा है, वह अपना युग काशी में कुछ पहिले आरम्भ कर चुका है। एक प्रकार से नयी-कविता और नव-गीत का आरम्भ काल एक ही था। जिन सीधी-साधी भाव-स्थितियों को, जब इन कवियों ने 'नयी कविता' की बौद्धिक-संश्लिष्टता के बोझ से बचा, सहज ढंग से व्यक्त किया, कदाचित्, तभी उन्हें एक नयी प्रगीत लय का बोध हुआ। नयी-कविता की लय की अपेक्षा पाठक को इसकी पकड़ आसान थी। इस लय में लिखी रचनाओं को परम्परित गीतों की तरह किसी विशेष 'तर्ज' में गाये-सुनाये जाने की आवश्यकता नहीं थी। उपेक्षित लोक-संस्कृति की प्राण-शक्ति को नये शिल्प में अधिक सूक्ष्मता से ढालने का सबसे बड़ा आकर्षण था। नयी-कविता में जिस महत्त्वपूर्ण मूल्य का अभाव बराबर महसूस किया जाता रहा है। उसकी पूर्ति इस 'गीत' ने की है। इसी अर्थ में यह नयी-कविता का पूरक माना जा सकता है पर उससे अलग और स्वतंत्र भी।

'पथ के गीत' का प्रकाशन इस बात का प्रमाण था कि मिश्र जी की सामाजिक और लोक-सांस्कृतिक चेतना की सहज प्रभावोत्पादक अभिव्यक्ति को, गीत-माध्यम कितना उपयुक्त और सक्षम है। नए काव्य आन्दोलन के उठते प्रवाह में उनके अन्य समवयस्क और समसामयिक कवियों ने इस चेतना को आत्मसात करने के लिए अपनी मूल संवेदना के विरुद्ध सजग प्रयास किए। जिस काव्य माध्यम से उन्होंने अपना सृजन आरम्भ किया, उसके साथ, उसकी आदि प्रेरणा को ही बदल दिया। इस स्थान पर रामदरश जी की प्रस्तुत कविताओं से लगता है कि यह कवि निरंतर विविध वैचारिक संघर्षों को झेलता उसी गीत-माध्यम को अधिक सशक्त, व्यापक और विकसित करने के लिए कितना सहज संकल्पित रहाँ गीत-शिल्प को एक दम कोई नया मोड़ न देकर भी इस कवि ने ऐसे अप्रगीतात्मक युग में भी गीतों के प्रति नयी अभिरुचि जगायी।

इन कविताओं में संस्कार की इसी विशिष्टता को समझने का एक स्तर और भी है। 'बैरंग बेनाम चिट्ठियां' में संकलित कविताओं को आद्योपान्त पढ़ने पर पाठक के मन में एक जानपदीय लोक-संस्कृति का बहुत ही स्वस्थ और आकर्षक रूप उभरता है। इस काव्योपलब्धि का घना संबंध कवि की मनःचेतना से है। कवि की मनःचेतना में सुरक्षित प्रवाह शक्ति उसके सृजन को अन्त तक उत्प्रेरित करती है। सम्भव है, अपवाद स्वरूप, कुछ रचनाकार किसी प्रतिबद्धता को विवशता के रूप में ओढ़ उन जीवन्त-सृज़न स्रोतों को नष्ट कर दें और कृत्रिम दर्शन की ओट में नए मूल्यों के प्रतिष्ठापन का आदर्श उपस्थित करें। मिश्र जी की कविताओं में सृजन-स्रोतों पर चलन विशेष और आरोपित दर्शन प्रतिबद्धता की कोई ऐसी पर्त अभी तक नहीं जमा पायी। उनकी संवेदना वस्तुओं का मूल स्वभाव व्यक्त करने को उनका वही बीज रूप अधिक ग्रहण करती है। यही कारण है कि उनकी नगर जीवन से संबंधित नवीनतम रचनाओं के गठन में भी जनपदीय

मिट्टी की सुवास हमें बड़े ही स्वाभाविक स्तर पर आन्दोलित करती है। यह इस कवि का निसर्ग है–जिसे प्रकारान्तर से उसने मौलिक बिम्ब–आदर्श के सहारे नितान्त सादगी के साथ सम्प्रेषित किया है। काशी के अधिकांश नयी पीढ़ी के कवियों में : (त्रिलोचन, केदारनाथ सिंह, नामवर सिंह, शम्भूनाथ सिंह, ठाकुर प्रसाद सिंह और विष्णुचन्द्र शर्मा आदि) यह चेतना लोक-संस्कृति की अनेक मूर्च्छनाओं में अनुध्वनित हुई है। यह प्रवृत्ति नयी-कविता की एक अलग शक्ति है और त्रिलोचन उनकी मूर्धा है। इन कवियों की यह निजी और संस्कारगत सूझ है जिसके आधार पर यह अपना व्यक्तित्व बनाते हैं और कितने ही विक्षुब्ध कोलाहल में अनायास अलग पहिचाने-परखे जा सकते हैं। इस शक्ति के विकास में, इन कवियों की उनके जनपद की बोली, भोजपुरी, ने उत्तरदायित्वपूर्ण योग दिया। मिश्र जी की कविताओं : (विशेषतया गीतों) की पद रचना, नैसर्गिक-मर्म छवियों और बिम्ब-आदर्श में उसकी आत्मा आकाश-सम परिव्याप्त है।

मिश्र जी की कविताओं का स्वभाव है उनकी 'पारदर्शी-स्पष्टता' और सरल अभिव्यक्ति। नयी-कविता पर दुरूहता और स्पष्टता का आरोप इन कविताओं की अनुगूंजों में कितना अप्रासंगिक है। प्राय: इस स्पष्टता और सादगी तक पहुंचने के प्रयत्न में कविता या तो सिलपट हो जाती है अथवा मात्र विवरणात्मक गद्य। किन्तु मिश्र जी अपनी सुष्ठ प्रतीक-योजना और सांकेतिक बिम्ब शैली के सहारे अपनी कविता को इन दोनों ही सीमाओं से बचा सके। यों उनकी अधिकांश कविताओं की प्रक्रिया लगभग सम है। रचना से पूर्व लगता है किसी वस्तु संस्थिति, घटना अथवा संवेग से अनु-प्रेरित हो मिश्र जी को शमशेर अथवा (पूर्व) केदारनाथ सिंह की भांति किसी प्रतीक अथवा बिम्ब-विशेष के अन्वेषण की असाधारण प्रतीक्षा नहीं करनी पड़ती। उनके निकट प्रत्येक वस्तु-स्थिति विश्व है। वह स्पष्ट है। उसे व्यक्त करने को किसी असम प्रक्रिया स्थिति की भी विवशता नहीं। शमशेर का आरम्भ, बिम्ब अथवा प्रतीक की नवरूपता के कारण मन में अनेक जिज्ञासाएं और विकल्प जगाता है। मिश्र जी में ऐसी किसी नाटकीयता का आग्रह नहीं। प्रथम पंक्ति रच जाने पर : जो कुछ है, उसका आरम्भ ही हो चुका है रचनान्त तक क्रमश: वह सम्पुटित शतदल हमारे मानस पटल पर स्वयं खिल उठेगा। कविता पढ़ने के उपरान्त लगता है वैसे कवि को जो कुछ कहना था कहा जा चुका। न तो उसमें कुछ छूटा और न उसमें कुछ छुपाने का यत्न किया गया किन्तु इस खुलेपन की तह में कविता का अन्तरभेदी व्यंग्य अन्तर्निहित है जो पाठक को सम्पूर्ण कविता पढ़ जाने पर सम्प्रेषित होगा और तभी उस कविता का गर्भस्थ-सत्य प्रकाशित हो नया क्षितिज दिखेगा। नयी-कविता में अनुपोषित इस सूक्ष्म व्यंग को पकड़ने में, अनेक कवियों ने अपने अलग-अलग बिम्ब-आदर्श के कारण, पाठकों को विविध बौद्धिक और संवेदनात्मक प्रक्रिया-स्तर पार करने पड़ते हैं। मिश्र जी की कोई भी कविता हमें उतना नहीं उलझाती और न उसे समझने को किसी प्रक्रिया विशेष का सहारा लेना पड़ता है। आज का प्रबुद्ध पाठक कह सकता है : आखिर इतनी भी स्पष्टता कविता में क्यों?

वह मिश्र जी में है : और वह कितनी स्वाभाविक है। त्रिलोचन में भी इसी स्पष्टता का चरमोत्कर्ष है किन्तु उनका छन्द संवेद, पद-परिष्कार और श्रेणदृष्टि उनकी कविता को अधिक सघन बनाती है और कल्पना को अन्वेषणात्मक वेग प्रदान करती है।

मिश्र जी के इस संकलन में अधिकांश नई-कविताएं हैं। फिर भी उत्तरार्ध में गीतों का बाहुल्य है। जिसमें कहीं-कहीं रूबाइयां और हिन्दी गजल के छींटे हैं। उनके गीत लोकप्रिय, स्पर्शी और संख्या में इतने हैं कि उनका संकलन अलग ही होना श्रेयस्कर और तर्क-संगत होता है। इस शिल्प और श्रेणी के गीत नई-कविता से एकदम भिन्न न होकर भी (जैसा वे मानते हैं।) एक संवेदनात्मक अलगाव की अपेक्षा रखते हैं। खैर, हिन्दी का दुर्भाग्य है इतनी सशक्त रचनाओं के प्रकाशनार्थ स्तरीय व्यवस्था आज का समाज नहीं कर पा रहा।

इधर के नये कहे जाने वाले अधिकांश गीतों में एक भिन्न प्रकार की चित्रात्मकता तो है किन्तु उनमें साहचर्य-घनत्व का अभाव होने के कारण उनकी बिम्बात्मकता शिथिल और निष्प्राण है। मिश्र जी के गीतों में साहचर्य-संवेग का आधिक्य होने के कारण बिम्बों की अन्तरंग-विधाएं प्रत्येक गीत के केन्द्र में प्रत्याभासित हैं। इनमें सन्दर्भ की ताज़गी के साथ ही जीवन शक्ति का ऊर्ध्वोच्छास भी प्रगीत बन गया है। इन्हीं गीतों में लय की संश्लिष्टता और छन्द-सूक्ष्मता यदि मिश्र जी द्वारा सम्भव हुई होती तो कदाचित यही गीत हमारी आज की जटिल सम्वेदनाओं की अभिव्यक्ति को बहुत ही सशक्त-माध्यम का अभीप्सित आदर्श उपस्थित कर सकता।

इन कविताओं की केन्द्रीय-चेतना व गतिशील समय का तीखा बोध-समय जो हमें रोंदता निरन्तर अतीतोन्मुख है। हम सभी एक ऐसे युग में जी रहे हैं जहाँ कोई भी मूल्य स्थित नहीं लगता। प्रतिपल हम कुछ-न-कुछ अपूर्व विचारते-भोगते हैं। चलते-फिरते अपने दैनिक जीवन में, भीड़, एकान्त अथवा आत्म-संघर्ष की संज्ञातीत स्थिति में निमग्न होकर भी हमें एक दबाव, एक प्रवाह आक्रांत किए रहता है। आकंठ इसमें डूबे हुए हम किसी स्थिति के प्रति अधिक आश्वस्त नहीं हो पाते। 'अपने अस्तित्व के प्रति शंकालु' हो 'अनदेखी' और अनचाही अपनी 'कुछ और शामें' गुजार देते हैं। चाहे अनचाहे हम सभी इसी प्रवाह में जीने को बाध्य हैं। यही भाव-बोध आज प्रत्येक वस्तु की, जैसे, चतुर्थ-विभा है; जिसमें घटनाएं, व्यक्तित्व, ठोसाकार घटित और स्थित होकर भी अलग से कोई अर्थ नहीं रहते दीखते, वरन् उन सबके पिघले हुए रूप की अपार्थिव गूंज ही हमारी संवेदना को ग्राह्य हो पाती है। इस प्रवाह के बांधने को प्रज्ञात्मक-बिम्ब अथवा सूक्ष्म-लय ही आज की कविता के उपयुक्त काव्य-माध्यम बन सके हैं। यह पूर्ण सत्य न हो, किन्तु युग सापेक्ष तो है ही। इस संकलन की 'उपलब्धि', 'गुलमुहर के फूल-सा दिन', 'तेतीसवीं वर्ष गांठ', 'सत्य से साक्षात्कार', 'अन्वेषण', 'गाड़ी की तेज गति', और 'प्रवाह' प्रभृति कविताओं में कालगति का तीव्र-बोध विभिन्न घटना-संस्थितियों में अभिव्यक्त हुआ है। चाहे-'कल के लिए अनन्त प्रतीक्षा की

सम्पत्ति छोड़कर जीवन का एक साल और गुजर गया' हो या 'कितने ही क्षण मुझे पुकार कर चले गये लेकिन मैं बोला नहीं'। अथवा–

'एक गुनगुनाता स्वर हर क्षण।

'कानों पर बह-बह जाता है' और 'गाड़ी की तेज गति मुझे दबोचे भागी जा रही है' और कवि के सामने उन चेहरों के बीच एक बड़ी-सी आवाज़ उठती गिरती' और उस आवाज के बाद लगता है हमारी हंसियों को छुए बिना समय चुपचाप सरक गया।'

नितान्त अकेलेपन की गहरी अनुभूति आज के युग का अविभाज्य आसंग है। जिस किसी ने भी अपने को आज की कोलाहल पूर्ण भीड़ में खो दिया उसी को इस स्थिति ने अधिक कचोटा। मुख्यतया नगर जीवन भोगने वाले कवियों की रचनाओं का आजकल यही मूल स्वर है और जब रचनाकार स्वयं की आन्तरिक विवशताओं के कारण अपने को इस भीड़ से काट लेता है तो यह स्थिति और भी चरम और प्रखर हो उठती है। एक ही सत्य को पाठक और रचनाकार अपने-अपने भोग रहे हैं। मिश्र जी ने इस तल्खी को अनेक स्तरों पर बांधने का प्रयत्न किया है। कभी सह-यात्रियों के बीच, 'पुस्तकें खुली हैं, जिनके शब्द तो एक हैं मगर अर्थ अलग-अलग··· और अर्थों के बीच एक खामोशी मधुमक्खी की तरह भनभना रही है···'बन्द कर ली द्वार' कविता में :

'यह घिरा सुनसान कमरा है
जहाँ मैं खुली ताजी हवाओं में तैरता
हर शाम चू पड़ता विवश के अश्रु-सा
चुपचाप···

x x x

'मेरा यह घिरा सुनसान कमरा है
जहाँ मैं हूँ सहज
हर रात मैं हूँ
कटा बाहर की धारा से' किन्तु यह स्थिति कवि की
'समूची ज़िन्दगी' नहीं :
'हर दिवस है तोड़ देता
ज्योतिधारा से अकेलापन··· और अकेलेपन का दर्द इतना
वैयक्तिक है कि उसे दूसरा क्यों भोगे:
मेरा अकेलापन
यहाँ का दर्द मेरा है
मेरे दर्द की सुनसान तस्वीरें
भला क्यों दूसरा देखे···

यही स्थिति, अन्य स्थानों पर, 'रीते घर' के हर रीतेपन में 'उठते हुए कोलाहलों' की बाढ़ में डूबते कभी 'शाम' को घंटों झेलते, 'प्लेट फार्म से' गाड़ी के चले जाने के पश्चात्

'फिर यह सूना घर है, अंधियारी ··· भोगते हुए, व्यक्त हुई है। कवि को यह, 'फिर सन्नाटा ··· सन्नाटा ··· सन्नाटा खरोंचता है और 'कोलाहल के महासागर में' वह सन्नाटे का द्वीप बनकर जीता है। यत्र-तत्र शहर बढ़ने पर यह 'सन्नाटा टूट जाता है' किन्तु फिर उसे वे 'तनहाइयां' आ घेरती हैं जहाँ उसे 'अपने अकेलेपन की विकल अनुभूति' अप्रतिम तड़पाती है। इसी क्रम में इस अकेलेपन की स्थिति अनायास किसी का साथ हो जाने पर बेहद सालती है:

'न जाने कब चलते-चलते पथ पर तेरा साथ हो गया
लगा किसी मृगछोने ने निर्जन के रोम-रोम को चाटा
लगा अचानक खुली पीठ पर किसी वत्स की अंगुली रंगी
सिंहरन सें भर गया दिगन्तों तक सोया लम्बा सन्नाटा'

इन दो स्थितियों (समय की तेज गति और नितान्त अकेलापन) के बीच मिश्र जी की कविताओं में उनके मन में चलने वाला 'त्रिबिम्बात्मक अन्तर्द्वन्द्व' भी व्यक्त हुआ है। कवि की आकांक्षाओं के सम्मुख एक ऐसा प्रभासित क्षितिज है जो उसे निरन्तर उद्वेलित करता है। अद्यतन के प्रति आस्थित होकर भी कवि को एक अनागतप्रश्न 'हवा-सा' पीटता है और 'भटकता' है। उसे आत्मसंघर्ष के क्षणों में कवि को 'टूटा हुआ बिखरा हुआ परिवेश' एक तलखी देता है और वह :

'दूर से आते हुए ···

एक नन्हें ज्योति-पग शिशु को कभी ऐसे देखता है। और इस 'अनागत' की प्रतीक्षा में कितनी आगत घड़ियों को लौटाया'। 'बसन्तागमन', 'बसन्त आ रहा है', 'आभास' और 'आज सुबह से ही' आदि कविताओं में 'रूप-रंग विहीन' वही भविष्य-जिज्ञासा व्यक्त हुई है। केदारनाथ सिंह की अनागत-चेतना में नव-बौद्धिक-जागरण की प्रखरता होते हुए भी उसमें धुंधले शंका-प्रश्नों की प्रचुरता है। मिश्र जी शंकाहत होकर भी उसकी स्थिति और आगमन के प्रति अधिक आश्वस्त और निश्चित हैं:

'दूर दिशा से आने वाले उन पावों से
वह जो पथ में गोरी-गोरी धूल उठ रही
लगता है
मेरे ही घर को विजय-ध्वजा सी उड़ी जा रही
शायद मेरे लिए
नया मौसम लाती हो'

किन्तु इस सबके बावजूद वही 'चारों ओर टूटा हुआ बिखरा हुआ परिवेश' है। एक बोझिल अंधकार 'निगल' लेने वाली 'काली-काली रातें' और रीढ़ाभाव में कुल-विनाश को आमन्त्रित करती हुई हमारी मृत्वासक्त पीढ़ी है। इस अन्तर्द्वन्द्व की तृतीय-विभा है कवि का अतीत-राग 'जो धोती में उलझें कांटे की तरह 'धीरे-धीरे' उसका 'दामन खींच' रहा है। 'आत्महत्या के पहिले' कविता में यह 'त्रिविमात्मक-अन्तर्द्वन्द्व'

सामयिक-आत्म-संकट के रूप में व्यक्त हुआ है। यह कविता आत्म-पक्षाघात-त्रस्त पीढ़ी का स्वगत है। समूचे संकलन में इस कविता के गाढ़े अन्धकार से शेष संकलन आच्छादित हो उठा है। इधर इतनी अनुशासित कविताएं कम ही लिखी गई हैं। इस रचना को संकलन के अन्त में रखना चाहिए था। यहाँ तक पहुंचकर पाठक जिस प्रत्यूषोन्मुख यात्रा पर होता है: वह सहसा टूटती है। इस रचना द्वन्द्व को भोगने के लिए हमें अपने सभी समर्जित और स्थानीय संस्कार छोड़ने पड़ते हैं। तदुपरान्त फिर नई यात्रा करने के लिए अनायास अपना सम्वेदना-स्तर बदलना पड़ता है। यह व्यतिक्रम कृतिकार को पाठक से उतने समय तक के लिए अलग कर रचना का समग्र-प्रभाव ग्रहण करने में बाधक होता है।

प्रकृतिः इस कवि का सबसे अधिक जीया हुआ सत्य है। यह चित्र-पट जहाँ भी है प्राणवानात्मा की लय है। उसका प्रत्येक स्पर्श कवि को स्फुरण देता है। ऋतुओं में 'माघ', 'फागुन', 'हेमन्त', 'शरद्', 'चैत', 'आषाढ़'··· फूलों में 'गुलमुहर', 'अमलतास', 'पलाश', 'हरसिंगार', 'सेमल', 'बादल और फुआर', 'पोखर और धान' आदि की मर्म-छवियां निरन्तर इन रचनाओं के गठन में दर्पणों की तरह कौंधती हैं।

अन्य इन्द्रियों की अपेक्षा मिश्र जी का 'त्वग्' और 'घ्राण' अधिक सजग रहा है। गतिशील, प्रकम्पित और थरथराती वस्तुएं उनकी संवेदना के अधिक निकट हैं। 'पत्ते की तरह कांप रहा है', 'कांपते हुए फूल', 'अंकुर बन लहलहा रहा हूं', 'कभी-कभी सन्नाटे के कम्पित शिखरों पर', 'हिलते हुए रूमाल', 'कांपते ओंठ' आदि वाक्य खण्ड उसी स्पर्श-बोध की ओर संकेत करते हैं। 'बादल घेर-घेर मत बरस' कविता में 'रह-रह कांपते हिया हवा में'··· से लेकर कापे फर-फर पात के थर-थर-थर बजरे की देह ···तक यह प्रकम्प परिव्याप्त हमारे रोम-कूपों को छूता है और कवि को 'सार जग हिलता चित्र दिखाई देता है' इसी प्रसंग में यह भी निश्चित है कि मिश्र जी द्वारा अनुभूत धरातल एकदम हमबार और चिकने हैं। जिन पर अधिकांश वस्तुएं फिसलती हैं या फिर जब तब 'भटकती' हैं। उसमें 'महमहाना' और 'भीगेपन' का स्वभाव वैशिष्ट्य है : जो 'गंधों की फुहार से तरु-तरु बनकर आंगन सींच रहा है।'

'मह मह मह मह मह मह हरसिंगार···
कि मन खिला
चढ़ा प्यार और···
हरसिंगार बिछ रहा, गंध से बन-बन भींज गया'।

रंगों में मिश्र जी का मनचाहा रंग है : 'पीला'···'धूप की पीली झील', 'पीला आंचल', 'पीले फूलों की रंग-रंगी हुई हवा' 'पीला सूनापन', 'महुए का पीला-पीला बन चटक गया', 'पीत कनेर', 'पीला-पीला अमलतास छाया है' और इस पीली झील में कहीं-कहीं धब्बे मिलेंगे 'नीले खेतों' के 'सुलगते सेमलों' और 'पलांशों' के··· कुछ शब्द हैं मिश्र जी के अपने और प्रिय। 'डूबना', 'तनहाइयां' जिनकी पुनरावृत्ति क्रमशः

प्रतीकात्मक होती चली गई है; बाद में यही प्रतीक प्रवृत्तियों की शक्तियां ग्रहण करते हैं और कवि की बिम्ब-चेतना और लय-गति समझने को अनेक प्रकाशित-गवाक्ष खोलते हैं।

'पथ के गीत' के पश्चात् यह संकलन मिश्र जी के काव्य-व्यक्तित्व के विकास की दूसरी सीढ़ी है। इधर उनका व्यक्तित्व कविता के अतिरिक्त कहानी, उपन्यास, आलोचना और व्यंग्य चित्रों में भी मुखर हुआ है : और आगे की रचनाओं में, जैसाकि अपेक्षित है, वे और अधिक परिपक्व और प्राणवान् काव्योपलब्धियां दे सकेंगे। इस संकलन का तो हम हृदय से स्वागत करते ही हैं।

कंधे पर सूरज : अनुभव का आत्मपरक रूप

राजकुमार शर्मा

'कंधे पर सूरज' डॉ. रामदरश मिश्र का चौथा कविता-संकलन है। जरूरी है कि इन कविताओं पर कुछ कहने से पहले कवि के अब तक के रचना-कर्म की उन खूबियों को समझ लिया जाये, जिनका विकास इस संकलन की रचनाओं में देखा जा सकता है। कवि के समूचे लेखकीय व्यक्तित्व की विकास-प्रक्रिया की पहचान के व्यापक सन्दर्भों में ही इस दौर की रचनागत बारीकियों की पड़ताल सम्भव है।

रामदरश जी के पिछले पच्चीस वर्षीय लेखन का एक विशिष्ट प्रगतिशील चरित्र रहा है। पूर्ण प्रतिबद्धता उनके लेखन में भले ही कभी न रही हो लेकिन संघर्षरत तबकों के प्रति हार्दिक सहानुभूति का भाव इनकी प्रत्येक कृति में दिखलाई पड़ता है। मानवीय मूल्यों के प्रति भावात्मक प्रतिश्रुति ने रामदरश जी की रचना-दृष्टि को हर जगह उस मानवीय विवेकशीलता से जोड़ा है जो सामाजिक यथार्थ की द्वंद्वात्मक स्थितियों में बिना किसी अतिरिक्त आयास के– शोषित वर्ग के प्रति अपनी सहानुभूति निर्धारित और व्यक्त करती चलती है। 'नयी कविता' के उस दौर में भी जब एक बड़ा लेखक समूह 'अस्तित्व' को जीवन से बहुत ऊपर घोषित करता हुआ सामाजिक यथार्थ से 'पलायन के आदर्शीकृत रास्ते' खोज रहा था: पश्चिम की ह्रासोन्मुख पूंजीजीवी संस्कृति से उधार लेकर पूरी संभ्रांतता से मृत्यु-भय, संत्रास, अजनबीपन या आत्मनिर्वासन से कुंठित ज़िन्दगी के काल्पनिक बिम्ब अंकित कर रहा था; जब कला की स्वायत्तत्ता तथा व्यक्ति की स्वतन्त्रता का नारा देकर व्यवस्था के मूलभूत अन्तर्विरोधों से पाठक का ध्यान हटाकर उसे अनुभवों के एक ऐसे अजनबी संसार में भटका देने की कोशिशें की जा रही थीं ताकि वह सही सोच और सामाजिक संघर्ष के जीवित सन्दर्भ से बिल्कुल कट जाय; तब रामदरश जी उस दौर में भी 'नींव के पत्थर', 'सत्य से साक्षात्कार' तथा 'आत्महत्या से पहले' जैसी प्रगतिशील यथार्थवादी कविताएँ लिख रहे थे। रहस्यवादी तो वे किसी स्तर पर रहे ही नहीं हैं। इससे पहले कविता-संकलन 'पक गयी है धूप' की भूमिका में उन्होंने स्वयं लिखा है, "मूल प्रश्न तो यह है कि कलाकार अपने जीवन्त परिवेश को कहाँ तक जी सकता है, उसके और अपने बीच के तनावों, दबावों,

संगति-असंगति, संघटन-विघटन को कहाँ तक, कितनी दूर तक महसूस कर सका है।
... मैंने अपने परिवेश-जन्य अनुभवों को सदा महत्त्व दिया है इसलिए न तो मैंने बहुत से आधुनिक कहे जा सकने वाले कलाकारों की तरह विश्व के अनुभवहीन यथार्थ को अपने से पैबन्द की तरह जोड़ा है और न अकवितावादियों या इस तरह की अन्य स्वकेन्द्रित, अस्वीकृतिमयी, छद्म धाराओं के कवियों की तरह परिवेश को अस्वीकारा ही है।" मेरा अपना ख्याल है कि रामदरश मिश्र साफ तौर पर अज्ञेय, और भारती की व्यक्तिवादी धारा से अलग परम्परा के कवि हैं।

यदि गौर से देखें तो रामदरश जी के समूचे रचनात्मक लेखन के केन्द्र में एक खास व्यक्ति का चेहरा है। कहानी, उपन्यास, कविता सभी में यह चेहरा अपने विशिष्ट व्यक्तित्व के साथ मौजूद है। अपनी अतिरिक्त संवेदनशीलता के कारण कविता में तो इस चेहरे को और अधिक आसानी से पहचाना जा सकता है। 'पथ के गीत' से लेकर 'कंधे पर सूरज' तक सभी रचनाओं में यह चेहरा अपनी पहचान विकसित कर रहा है। यह चेहरा है एक ऐसे संवेदनशील व्यक्ति का जो महानगरीय परिवेश की जटिलताओं के बीच अपने को विस्थापित अनुभव करता है, यंत्र-सभ्यता की गिरफ्त में कसी ज़िंदगी के खिंचावों और तनावों के बीच झटके खाते हुए एक अजीब-सी घुटन महसूस करता है। इस घुटन से उबरने के लिए वह अपने गंवई-जवार की उस सौंधी महक से जुड़ना चाहता है जो उसकी स्मृति में, उसके संस्कारों में कहीं गहरे बसी हुई है। धरती की यह सौंधी महक वर्तमान के अजाने दबावों और भयों से उसे मुक्त कर, ले जाती है उस खुले प्राकृतिक परिवेश में जहाँ सूरज है, आइने-जैसा चांद है, जंगल है, अजनबी हवाएं हैं, धूप है, ताल है, पहाड़ी-झील है, बहती नदी है, विस्तृत आकाश है, यायावर बादल, गुलमुहर के फूल-सा दिन तथा फागुनी शाम है और है 'बसंत' (जो मिश्र जी की कविताओं में सबसे ज्यादा आया है)। प्रकृति में मुक्ति खोजने का यह प्रयास ठीक वैसा ही नहीं है जैसा कि 'द वर्ल्ड इज टू मच विद अस' की चिंता से भरे रोमान्टिक कवियों तथा कुछ अंशों में उनसे प्रेरित 'बाले तेरे बाल--जाल में कैसे उलझा दूं लोचन' की दुविधापूर्ण स्थिति में पड़े हुए कुछ छायावादी कवियों में था। गुणात्मक दृष्टि से यह एक भिन्न रचनात्मक दृष्टि और अनुभव-स्तर है। यहाँ कवि गाँव को महज प्रकृति नहीं मानता। उसके तई गाँव जीवंत सामाजिक परिवेश और एक ठोस अनुभव संसार है। इस परिवेश में वह मूल्यों की खोज करता है और अनुभवों के बीच नये-पुराने सामाजिक सम्बन्धों की पहचान और उनके टकराव की स्थितियों को प्रत्यक्ष करता है। शायद यही वजह है कि ग्रामीण परिवेश और प्रकृति के दृश्यों की सहज सामान्य संयोजना में भी उसकी कविता की अर्थ-प्रक्रिया दुहरे-तिहरे स्तरों पर सक्रिय हो उठती है:

1. आकाश में फसल लहलहा रही है
   धरती बंजर पड़ी है
   हवाएँ हंसिया लिये घूम रही हैं (मेरा आकाश)
2. आकाश की खिलती धूप में

रंग-बिरंगे पंख उड़ रहे हैं
नंगी डालियों पर लाल-लाल पत्ते बिछे हैं
एक जीवन दूसरे जीवन की आँच से जुड़ता चला गया है
और बसन्त आ गया है (मेरा आकाश)

पिछले दिनों साहित्य में और खासतौर पर कविता एवं गीत में गाँव बनाम शहर की बात ज़ोर-शोर से चलाई गई थी और आज की राजनीति में भी निहित स्वार्थों वाले प्रतिक्रियावादी लोग इसे उठा रहे हैं। गाँव बनाम शहर की समस्या गलत सन्दर्भों में उठने पर एक प्रगतिविरोधी रवैया बन जाती है। विज्ञान एवं तकनीकी के विकास के जरिये शहर और महानगर सामाजिक यथार्थ और मानवी सम्बन्धों के नये रूपों को सामने ला रहे हैं। सामाजिक विकास की द्रुततर प्रक्रिया के दौरान मानवीय न्याय के लिए निर्णायक संघर्ष और उनमें जूझते हुए वर्ग इन्हीं महानगरों में देखे जा सकते हैं। भविष्य की मानवीय व्यवस्था की आशा इन्हीं महानगरों में केन्द्रित है। ऐसी हालत में समूचे महानगरीय परिवेश को कारखानों के गंदे शोर, धूल, धुंए, भीड़ से अंटा हुआ या यांत्रिक, अमानवीय एवं घुटन से भरा हुआ घोषित कर अस्वीकृत कर देना उस भाववादी और अंततः इतिहास-विरोधी रुख का परिणाम है जो अनुभूति को एकांगी ढंग से अतिरंजित करती हुई यथार्थ के पहलू को सम्पूर्ण मान लेती है और इस तरह विचार और यथार्थ के बीच अलगाव पैदा कर देती है। शहर बनाम गाँव की यह बहस कई बार यह संदेह पैदा करती है कि इस तरह के लोग कहीं इतिहास के चक्र की गति को उलटकर पूंजीवाद से समाजवाद की अगली स्थिति में आने के बजाय सामंतवाद की पहले गयी-बीती स्थिति में ले जाने का प्रतिक्रियावादी षड्यंत्र तो नहीं कर रहे हैं।

महानगरीय परिवेश में आत्मनिर्वासन के इस अनुभव के अपने कारण, अपना स्वभाव और अपनी विशेष स्थिति है जो वर्तमान समाज में ढांचे और उसके अन्तर्विरोधों से उत्पन्न हुई है। "इस निर्वासन का सामाजिक और इससे भी अधिक आर्थिक सन्दर्भ है। मशीनीकरण की प्रक्रिया में फंसकर, महानगर की घोर विषमता में रहता हुआ आदमी एक 'डिप्रेशन' महसूस करता है। चूंकि उसका अपनी मेहनत से पैदा की गई वस्तु से कोई लगाव नहीं होता, यंत्रों की तरह संबंधहीनता और जड़ता उसमें समाती जाती है, जो सारे सामाजिक सम्बन्धों और दायित्वों तक फैल जाती है।" यह परायापन पूंजीवादी सभ्यता की ही देन है जिसमें सभी ठोस परिस्थितियां और समूचा वातावरण आदमी को बराबर यह महसूस करवाते रहते हैं कि वह एक ऐसे निर्वैयक्तिक ढांचे-आप्रेटस-पर निर्भर है जो उसके बाहर (और उसके भीतर भी) चालू है, और जो बिना उसकी संचेतना और सहयोग के उसे चलाता है।

यह खुशी की बात है कि 'कंधे पर सूरज' की इन कविताओं में कवि महानगर से भागकर ग्रामीण प्रकृति के आँचल में दुबकने की प्रवृत्ति तथा गाँव बनाम शहर की बेमतलब बहसों के माहौल को काफी पीछे छोड़ आया है। यहाँ वह अपने आपको उस

स्पर्शबिन्दु पर खड़ा पाता है जहाँ एक ही आर्थिक-सामाजिक संरचना के आधीन शहर और गाँव के दोनों यथार्थ-वृत्त अपनी समानान्तर घुटन को पूरी भयावहता में प्रत्यक्ष करते हैं। उसे महसूस होता है कि–

अब गाँव हो या शहर
... ...
सब पर एक ही घिसा हुआ विराट मौसम बिछा हुआ है
और एक घरघराती मशीन दौड़ रही है।

इस दृष्टि से 'गठरी' इस संकलन की एक महत्वपूर्ण कविता है।

मुक्तिबोध ने एक जगह लिखा है कि "मैं कलाकार की स्थानान्तरगामी प्रवृत्ति (माइग्रेशन इंस्टिक्ट) पर जोर देता हूँ। आज के वैविध्यमय, उलझन भरे, रंग-बिरंगे जीवन को यदि देखना है तो अपने वैयक्तिक क्षेत्र से एक बार तो उड़कर बाहर जाना ही होगा। बिना उसके, इस विशाल जीवन-समुद्र की परिसीमा, उसके तट-प्रदेशों के भूखंड आँखों से ओट ही रह जायेंगे। कला का केन्द्र व्यक्ति है, पर उसी पर केन्द्र को अब दिशाव्यापी करने की आवश्यकता है।" मुक्तिबोध की इस बात को यहाँ दोहराने का एक खास मकसद है। अपने बहुत-से समकालीनों की तरह रामदरश जी का कवि भी यथार्थ की उस भावाकुल व्यक्तिवादी समझ की गिरफ्त में रहा है जो सामाजिक मूल्यों के केन्द्र में व्यक्ति को ही रखकर सोचती है; मध्यवर्गीय यथार्थ को ही स्वायत्त और सम्पूर्ण समझती है तथा मानव-मुक्ति की चेतना को दृष्टिसम्पन्न, संगठित प्रयास की जगह अकेले आदमी की अपने तक सीमित भावपरक संघर्ष-चेतना के रूप में परिभाषित करती है। यथार्थ को अपनी निजी वैचारिक जरूरतों के दायरे में परिभाषित एवं प्रस्तुत करने वाली इस मध्यवर्गीय दृष्टि के प्रभाव में कवि समाज और व्यक्ति के बीच के जटिल सम्बन्धों को वैज्ञानिक विवेक की रोशनी में परखने की बजाय निजी तथा सामूहिक जीवन के तथ्यों का सीधे-सीधे समीकरण बैठाने लगता है। जाहिर है कि ऐसे किसी भी समीकरण या महज आरोपण में व्यक्ति व समाज अपनी अलगाव-भरी समानान्तरता बनाए रखकर एक-दूसरे से टकराने की नाटकीयता में ढल जाते हैं। अपने विरोधी परिवेश की अमानवीय परिस्थितियों से कवि व्यक्तिगत स्तर पर निपटने की बेचैनी से भर उठता है और सामाजिक परिवर्तन के ऐतिहासिक विवेकसम्मत संगठित, सामूहिक प्रयासों के विरोध की मुद्रा अख्तियार करता है। रामदरश जी की पिछली कविताओं (फिर वही लोग) में और यहाँ भी (साक्षात्कार, वसंत की सुबह आदि) सब जुलूसों तथा सभी झण्डों को यकसां मानकर सबका समान भाव से विरोध बार-बार दिखलायी पड़ता है। यह मुमकिन है और इतिहास में कई बार ऐसी स्थितियां आती हैं जब हम संघर्ष के परिवर्तन की तीव्र आकांक्षा के बावजूद मौजूदा प्रयत्नों और उनके पीछे की राजनीतिक समझ और कार्यनीति के प्रति आलोचनात्मक रुख अपनाते हैं लेकिन यह स्थिति अल्पकालिक और प्रासंगिक होती है। पर यहाँ यह स्थिति 12-24

वर्षों की अवधि में अति व्याप्त है। सामान्य निष्कर्ष यही निकलता है कि राजनीतिक प्रयत्नों के प्रति कवि की यह प्रतिक्रिया यथार्थ की वस्तुनिष्ठ समझ की देन न होकर उसके संस्कारों में कहीं गहरे बसी हुई, राजनीति मात्र के प्रति तीव्र नफरत की ही उपज है। यह नफरत बारह वर्ष पहले लिखी गयी कविता 'फिर वही लोग' में भी है और उन्नीस सौ सत्तर में लिखी गयी 'वसंत की सुबह' में भी :

लेकिन सावधान रहना हवा,
तुम्हारी आवाज को नारा
और तुम्हारे पंखों को झण्डा बना देने वाले
बहुत से वसंत पूजक मिलेंगे।

वास्तव में ऐसी प्रतिक्रियाएं मध्यमवर्गीय विभ्रमों में कैद व्यक्ति की उस सामान्य राजनीतिक समझ के ही प्रमाण जुटाती हैं जो बुनियादी सामाजिक परिवर्तन का एक स्वतःस्फूर्त प्रक्रिया मान कर चलती है। अपने जीवन और रचनागत व्यवहार में यह समझ प्रतिक्रियावादी बुजुर्आ मानसिकता के उस अदृश्य हस्तक्षेप की शिकार हो जाती है जो बहुत बारीक और चालाक तरीके से हमारी सारी रचनात्मकता को एक खास दिशा और वर्गहित में मोड़ देता है। रचना-प्रक्रिया की दृष्टि से भी ऐसी प्रतिक्रयाएं कविता की भीतरी रचनात्मक जरूरतों को पूरा करने की जगह वैचारिक संघटन के अभाव तथा संवेदनात्मक पैटर्न के अधूरेपन को ही सामने लाती हैं। वैज्ञानिक समझ के अभाव में, सामाजिक यथार्थ के वस्तुगत सन्दर्भ और रचनाकार की विच्छिन्न चेतना के बीच एक बड़ी दरार पड़ जाती है। आत्मनिरूपण की अकेली चिंता कवि को आत्मसजग प्रतिक्रियाओं से आगे नहीं बढ़ने देती तथा उसका पूरा रचना-कर्म आत्मपरक परिणतियों पर केन्द्रित होकर अपनी अलग-थलग स्थिति को जस्टीफाई करने की प्रक्रिया में व्यस्त हो जाता है।

और मैं फिर नहीं जा पाऊंगा
कागजों के पार।
लेकिन मेरे जीने के लिए यह बोध कम तो नहीं
कि वह मुझसे छूटा नहीं है।

लेकिन 'कंधे पर सूरज' की कुछ कविताओं जैसे 'गठरी', 'लौट आया हूँ मेरे देश', 'वह इस मौसम में आता है', 'दो किनारे', 'तुमने कहा था' में आत्म-संघर्ष की वह प्रक्रिया स्पष्ट होने लगी है जहाँ कवि 'अपने वैयक्तिक क्षेत्र से उड़कर बाहर आने' की कोशिश कर रहा है। आत्म-निरूपण से आगे बढ़कर आत्मसाक्षात्कार की यह प्रक्रिया उसे अपनी सीमाओं के बारे में नये सिरे से, पर पूरी ईमानदारी के साथ सोचने को विवश करती है : 'मैंने कमरे में/खिड़की के सामने एक बड़ा-सा आईना लगा रखा है/सुबह से शाम तक/आइने के एक किनारे बैठा/देखता रहता हूँ/आईने में गिरती सारी सड़क को/छायाएं/छायाएं/छायाएं/अंत में/मैं इन सारी कुरूप छायाओं को बटोरकर/समाज पर

चीखता हूँ/ और कविता करता हूँ/ और न जाने क्यों/खुद आईने के सामने आने में डरता हूँ।'

'आत्मसाक्षात्कार' की इस प्रक्रिया के दौरान' वह अपने भीतर के उस मानवीय सत्त्व को सक्रिय पाता है जो उसे अपने चारों ओर फैले परिवेश, जिसके अन्तर्गत 'हर आदमी स्वतंत्र होने के लिए छटपटा रहा है।' जिसके साये में 'एक मौन आतंक घूमता है हवाओं पर, प्लेग की तरह छायाएं छायाओं से टकराती हुई निकल जाती है।' जहाँ 'मौसम का हर फूल किसी डर से कांपता है' की अमानवीयता के खिलाफ भावनात्मक हस्तक्षेप के निर्णय से जुड़ता है। इस संकलन की वे कविताएं काफी जानदार हैं जो कवि ने आपातकाल के दौरान लिखी हैं। 'जंगल में', 'रूपान्तर' तथा 'कविता का आकाश विस्तृत हो गया है' जैसी कविताओं में कवि की बेबसी, तिलमिलाहट और तीखे अस्वीकार की मुद्राएं अपने काव्यात्मक अनुशासन में काफी प्रभावशील हो उठी हैं। मुझे व्यक्तिगत रूप से इस संकलन की अंतिम कविता बहुत प्रिय है। अपनी निजबद्धता से छूटकर बाहर आने के कवि के निजी इस अनुभव में, पूरी आत्मीयता के साथ हम सब भी शरीक हो सकते हैं :

बाहर निकलो
देखो,
बन्द दिशाओं को तोड़ती
धूलभरी हवाएं बह रही हैं
उदास लय में झरते चले जा रहे हैं पत्ते…
आकाश में लदा हुआ लम्बा-सा सन्नाटा
चट्टान की तरह यहाँ-वहाँ दरक रहा है
एक बेचैनी लगातार चक्कर काट रही है—
सारे ठहरावों के बीच
जमी हुई आँखें अपने से ही लड़ती हुईं
अपने से बाहर आना चाहती हैं।
आ गुजरो इनसे
तब तुम्हें दिखाई पड़ेंगी
धूल भरी हवाओं के भीतर बहती
रंगों की छोटी-छोटी नदियाँ
नंगे पेड़ों के बीच कसमसाता
लाल-लाल आभाओं का एक नया आकाश।

पक गयी है धूप : जीवित संवेदनाओं का प्रामाणिक नक्शा

जगदीश नारायण श्रीवास्तव

रामदरश मिश्र अपनी अब तक की कविताओं में प्रसन्न लोक-संवेगों की गहरी पकड़ और युग के महीन विचारों की सहज अभिव्यक्ति के कारण 'नयी कविता' में ख्यात रहे हैं पर ऐसे वक्त, जब 'छोटी मछलियों' के शिकार में लगी हुई 'बड़ी मछलियां' पानी में डुबकी लगाकर धो लेती हैं 'अपने लहुलुहान मुँह' और 'पेड़ डरकर दूसरे से बातें करना बंद कर देते हैं' तब आधुनिक सोच से लैस एक संवेदनशील कवि के लिए अपनी पूर्ववर्ती 'कूक' ताक पर रखकर 'मैं के नीचे कुचले हुए 'मैं' की तड़प पर कान देने के सिवा कुछ नहीं रह जाता या फिर रह जाता है अपनी समूची आंतरिकता के साथ व्यवस्था की अमानुषिक 'काली चट्टान' को कला की छेनी से फूल और पत्तियां देने से इंकार कर, उसकी कलई उधेड़ने अथवा उसकी जड़ों में व्यंग्य की डायनामाइट रखने की आक्रामक मुद्राओं की अपनी कविता में स्वीकृति। 'पक गयी है धूप' की कविताएं इस दृष्टि से कवि के पूर्ववर्ती रचना संसार से, उसकी नयी बेचैन दुनिया के आत्म-संघर्षों, पराजयों तथा उनसे मिली अन्तनिर्हित तनाव-प्रक्रियाओं की काव्यात्मक परिणतिया हैं, जो अपने श्रोता या पाठक को किसी प्रकार की 'जड़ाऊ' या 'हृदय-जुड़ाऊ' स्वर संगतियों से सम्मोहित या भाव-विभोर करने वाली कविताएं न होकर चेतना-स्तर पर परेशान करने वाली कविताएं हैं–यानी 'अपनी ही दुर्घटनाओं से गुजर कर' पायी गयी कविताएं, जो मन को बींधती हैं, बींधने का नाटक नहीं करतीं।

चलन की अधिकांश कविताओं की तरह समय और भूगोल के कटाव-बिंदु पर प्राप्त आज की विपन्न ज़िन्दगी की जटिलताओं में अपने को नंगे पांव उतारने या उनकी दुखती रगों का साक्षी होने से ये कविताएं भी कतरा सकती थीं या किसी चमचमाते सरलीकरण की छल-छाया द्वारा स्थितियों को शब्दों के कुहरे से ढंक सकती थीं बशर्ते कि इनका कवि भी अपनी 'घड़ी में पश्चिम का समय देखकर देश के समय का एलान' करने का फैशन अपना लेता किन्तु उसे भारतीय वक्त के तकाजे मालूम हैं और मानवीयता

का निस्संकोच पक्षधर होने के कारण मालूम है हर हथेली पर सौंपी गयी लाचार ज़िंदगी की तीखी सच्चाइयां और उनके प्रति एक सजग कलाकार की वैयक्तिक सामाजिक-जिम्मेदारियां भी। यही कारण है कि संग्रह की 'होने, न होने के बीच'; 'समय-जल-सा' तथा 'मेरा आकाश' जैसे तीन खंडों में बंटी इन कविताओं की सांस और संवेदना में न सिर्फ महानगरीय ज़िन्दगी की 'सफरिंग्स' को झेलनेवाले इंसानों की सांस और तड़प है बल्कि उस समूची भारतीय जिन्दगी की मार्मिकता है, जो खेतों में फावड़ों के निकट है और कारखानों में कर्म-व्यस्त, सड़कों पर बेरोजगार घूम रही है और मेज़ पर अपनी क़लम के साथ किसी दुर्निवार भय को समर्पित। कहा जाय कि ऐसी तमाम स्थितियों की अन्तर्यात्रा पर एक ओर यदि समाज के व्यापक छोरों से कवि की आत्मीयता और लगाव का परिचय देती है, वहीं दूसरी ओर आंतरिक स्तर पर 'कानों के पास मक्खी की तरह भिनभिनाती लोगों की उदासीनता', 'घड़ी का स्पंदन भोगती आँखों में चमकते रेडियम की जलन', 'जड़ चेहरों पर रेखाएं न उभार पाने वाला बच्चों का लौटता उदास मुँह', 'खांसते फुटपाथों को अपने में लपेटते चले जाते हुए अंधे पहिए' तथा 'पूरा का पूरा जलता हुआ जंगल/मुझ में से गुजरने लगता है' आदि का करुण अहसास, इन कविताओं को 'संवेदनात्मक ज्ञान और ज्ञानात्मक संवेदना'– से जोड़कर समाज में मानवीय जड़ों को टटोलने और उससे अपनी सृजनशीलता को संयुक्त करने का साहस प्रदान करता है। साहस और कवि-दृष्टि दोनों:–

"सूर्य का उगना दिन नहीं है,
उस उगे हुए को–
शिराओं की गति में पाना दिन है
सूर्य का बुझना रात नहीं है
उस बुझे हुए को–
मन के अनकहे सन्नाटे के बीच
पहचान लेना रात है।" (समय देवता)

फ्राड स्थितियों के विशाल जंगल में यह 'पहचान' ही आज के हर कलारूप की 'मुश्किल' है। इससे वंचित कोई भी कविता अपने शब्दों में कुहरा डालकर समकालीन संदर्भों से कट सकती है, या आंदोलन की दिशा को गलत रास्तों की ओर मोड़ सकती है अथवा थोड़ी देर को ही सही पाठक मन को भरमा सकती है। और आज तो पूर्वापेक्षा इसकी संभावनाएं कहीं अधिक हैं:–

"आस-पास की भोली सांसों में
झुंड झुंड भेड़िये
झुके प्रार्थना में एकसाथ गाते हैं। (नगर छोड़ते समय)

इन भोली सांसों के बीच से 'भेड़ियों' का बिलगाव कर लेने वाली आँखों के लिये आज के हिन्दुस्तान की विडम्बनाओं का आदि छोर अज्ञात नहीं है:–

"सबके बीच एक अमलतास उगता है
जब तक उसे पहचानूं
बबूलों के जंगल में सो जाता है।" (तीन कविताएं-1)

फिर तो देश का समग्र चरित्र ही अनुपस्थित होने लगता है:–

"न्याय
विधान
शासन
व्यापार
धर्म···
सतीत्व
पेटीकोट-सा सरकने लगता है नीचे।"

शायद कोई सच्ची कविता इन्हीं स्थितियों में पहुंचकर समाज के सामने एक निश्चित परिवर्तन की मांग करती है। मगर अपने 'जख्मों का उत्सव मनाकर' नहीं, न ही पश्चात्ताप की भाषा की शरण जाकर, क्योंकि यह हर्कत ही नहीं, स्थिति की भाषा हुआ करती है। और आज की कविता इसके सहारे जिंदा न रहकर गद्य की आत्मीय निकटता प्राप्त होने के कारण 'जीवन-संग्राम' की भाषा के सहारे जिंदा रहती है। तभी वह कोई निजी निर्णय भी ले पाने की स्थिति में होती है। कहना नहीं है कि कवि की सृजन-प्रक्रिया के दौरान यह भाषा 'दृष्टि की स्थिति मुक्त और संवेदना की स्थितिबद्ध वैयक्तिकता के समन्वित प्रयास' से मिलती है। ऐसी दृष्टि परिपाटीग्रस्त व्यंजनात्मक औजारों को छोड़ अपनी नई आग के लिए उन लोकोक्तियों, बोलियों, लोक-गीतों और लोक-कथाओं की ओर जाती है, जिन्हें रूसी लेखक आर. पोमेरेन्त्सेव 'भाषा का समृद्धतम खजाना-घर' कहता है। 'पक गयी है धूप' की कवि दृष्टि स्थिति से जमकर लिपट जाने के कारण इस 'खजाना घर' तक जा नहीं पाती, अपने पूर्ववर्ती औजारों से ही काम चलाती है। फलतः उसकी काव्य संवेदनाएं व्यंजना की चौहद्दियों पर मुझे हारती हुई दिखलाई पड़ती हैं। कम-अज़-कम 'तलाश' और 'पगडंडी' की अंतिम पंक्तियों का पश्चात्ताप तो यही संकेत करता है। यह यों ही नहीं है कि जहाँ कवि 'सभ्याचरण विहीन, जलावर्त, त्वचाओं, उन्मुक्त कुंतला, वत्सर, दृग, प्रांतर, निष्पन्न, निर्वसना, श्वेतश्मश्रु, श्वेत केश, श्वेत वस्त्र, अनल, दिग्विजय के अश्व, नव परिणीता, मज्जापायी, रक्तपिछच्ल, कामरूप, तमचर, असत्यदर्प, प्रवंचक, सात्विक आदि अनेक परम्परा प्राप्त शब्दों का बेहिचक प्रयोग करता है, वहाँ अपने व्यंग्य को उभारने के लिए संग्रह भर में बजबजाना गोंजना, पिपिहिरियां, हबोट्टा पैया तथा चिपचिपाए'– जैसे कुल सिर्फ दस या बारह ग्रामीण शब्दों का ही प्रयोग कर पाता है। वह भी नितांत असतर्क दृष्टि से।

लेकिन यही बात संग्रह की गीतात्मक रचनाओं को दृष्टिगत रखकर नहीं कही जा

सकती क्योंकि ये अपने संवेदनात्मक आवेग, शब्दों की मितव्यता तथा संरचना की सघनता के कारण श्रोता या पाठक के रागात्मक परिवेश को सक्रिय बनाने में सक्षम रचनाएं हैं, बल्कि जीवन-संघर्षों से चूर होकर पुनः जीवनेच्छा की प्यार भरी पुकार। आप चाहें तो भूमिका की सिफारिश पर उन्हें 'मन की लौ' कह लें-

"एक छिद्रित नाव-सा मन डूबने को
कौन देता ज़ल उलीच उलीच?"

(पहाड़ी झील के तट पर)

या फिर 'शाम' शीर्षक गीत को लिया जा सकता है

"फूल फूल में बंद हो रहा
झुकता-सा आकाश
दिशा-दिशा के बीच झूलता
है पुल सा वातास
मौन गूंज-सी एक न जाने किसकी किसके नाम
यह जाता जाता-सा दिन, आती-आती सी शाम।"

संभव है ऐसे गीत आज के तात्कालिक बहाव में फंसे हुए कुछ लोगों को नास्टेल्जिया का शिकार लगें पर ऐसा मैं इसलिए नहीं मान पाता कि इनके प्रकृति के मानवीकरण से छायावादी रंग से ज्यादा आज के हारे हुए मनुष्य को संबोधित जीवन की एक मौन अनुगूंज है जो आज की मशीनी ज़िन्दगी में बेहद प्रासंगिक लगती है। निश्चय ही इनसे संग्रह की शिल्पगत विविधता भी बढ़ी है और पाठक ऊब और एकरसता से बचा भी है।

संग्रह की लंबी कविताओं में कवि स्वयं से लड़ते हुए अपनी बाहरी व्यवस्था से भी लड़ने की कोशिश करता है अतः अनेक विचार-सरणियों से गुजरने के कारण अनेक स्थलों पर उनकी रूपकात्मकता बढ़ गयी है। यद्यपि आज की कविता सीधे-सीधे सत्य-कथन के शिल्प को लेकर चलती है, वह किसी रूपक, बिंब और प्रतीक व्यवस्था की उलझन में नहीं फंसना चाहती पर जब ये क्रूर यथार्थ पर चोट करने का रवैया लेकर आएं तो इनसे बचा भी नहीं जा सकता। संग्रह की कविताओं में यत्र-तत्र छूटकर गिरी हुई एक मुट्ठी धूप, जल-दर्पण पर ठहरा हुआ समय, झुक झुक माथा सूंघने वाला पिता-सा आकाश, थकी हुई हवाओं का स्नान, एक अनुभूति गुलाब होने की, तथा रंग में डूबी हवा आदि पारदर्शी और ताजे बिंबों के अतिरिक्त आधे कटे टिकट की छटपटाहट, तारों का पट पर गिरना, संदेह में डंसी हुई आँखें, हंसिया लिए उड़ती हवाएं, हाँफता हुआ रेगिस्तान, जबह की हुई ध्वनियां, प्रमाण-पत्रों का सफेद फेन, तथा भरा हुआ अवकाश अपनी चमक से इन कविताओं को प्रेषणीय बनाते हैं।

अतः आज की उठाईगीर सभ्यता के विरुद्ध 'धुएं और लपटों से कसी हुई' ये आवाज़ें सिर्फ इन्हीं अर्थों में ग्रहणीय नहीं हैं कि ये ऐसी किसी भी कविता से दूर अपनी अस्मिता

चरितार्थ करती हैं, जिनका स्मरण या तो उनकी काव्यात्मक कसीदाकारी के कारण होता है अथवा वृद्ध अनुभूतियों की उपदेशात्मक अभिव्यक्ति के कारण बल्कि ये ग्रहणीय हैं तो महज इसी अर्थ में कि जमाने की हिंसा-भरी सच्चाइयों का भेद भरा नक्शा इनके हाथ लग गया है और संवेदना के उन सारे जीवंत कोणों से ये पूरी तरह लैस हैं, जिनके बीच से गुजर कर इन्हें अपनी भाषा की खोज करनी है।

दिन एक नदी बन गया : टूटते संभ्रमों की वाणी

कन्हैया लाल नन्दन

मैं उन्हें वर्षों से जानता हूँ और उसके आधार पर कह सकता हूँ कि रामदरश जी खूब लिखें न लिखें, सही लिखना चाहते हैं, सही लिखते भी हैं और सही जीना भी चाहते हैं। उन्हें मालूम है कि 'राजा कौरव हों या पांडव/हम तो सदा वनवास ही झेलेंगे'।

उनके नये कविता संग्रह 'दिन एक नदी बन गया' (नेशनल पब्लिशिंग हाउस, दरियागंज, नई दिल्ली) में मेरी इस बात की बड़ी गवाहियां हैं, जबकि संग्रह अधिकांशतः छोटी कविताओं का है। उनकी इन छोटी कविताओं में एक कौंध है। छोटी कविताओं के शिल्प की तामीर में शब्द के अनुपात का ध्यान बड़ी कविताओं से ज्यादा रखना पड़ता है। बड़ी कविताओं की सरंचना ऐसी होती है कि एक दो पंक्तियों का विस्तार पकड़ में नहीं आता। छोटी कविताओं की संरचना में एक पंक्ति का भी विस्तार अनुपात का संतुलन बिगाड़ने के लिए काफी होता है। संग्रह की पहली कविता 'नदी' शिल्प के गठाव और विचार के कसाव का टटका उदाहरण तो है ही दूसरी कविता 'कलम' कौंध के अर्थ की व्याख्या करने में उलझ जाने या कहें कि विस्तृत होकर अपनी तीव्रता खो देने के खतरे को रेखांकित करने में सहायक होती है। रामदरश मिश्र हिंदी के उन कवियों में से हैं जो यह बहुत अच्छी तरह जानते हैं कि कविता का शीर्ष बिंदु कहाँ है। उनके पाठक भी इस बात को पहचानते हैं लेकिन दुख यह है कि बहुत सारे आलोचक उनके इस गुण की अवहेलना कर जाते हैं।

रामदरश जी स्वभाव से मृदु होने के कारण विरोध की मृदुता से पीड़ित हैं। अन्याय को अन्याय कहने में कभी नहीं हिचकिचाते लेकिन विरोध को शालीन बनाये रखने के लिए संस्कारवश अभिशप्त हैं। उनकी कविता की यही शालीन संस्कारशीलता उनकी निजता है जो उन्हें दोनों खेमों से उखाड़ फेंकती है। उनकी कलम को यह मंजूर नहीं कि शालीनता अपनी भद्रता में प्रशस्तिपत्र लिखने लग जाये इसीलिए सरकंडे की कलम से लिखना मंजूर करते हैं जो विरोधपत्र लिखती है। और यह भी मंजूर नहीं कि विरोध

बदतमीज और बदतहजीब हो जाये। उनका विरोध भी प्रेमपूर्ण होता है। चारों ओर कांटों के जंगल से घिरी, कभी-कभी डरी-सहमी हुई भी, एक लता का मकान है उनका मानस। लेकिन उस लता के सरोकार हमेशा अपने मकान के बाहर की दुनिया से जुड़े हैं, सेमल से, पेड़ पर बैठी चिड़िया से··· उनकी बात उनकी लता जिस मुहावरे में कहती है वही रामदरश की निजता है। सेमल का फूलना अगर आपने देखा है तो आपको भी लगा होगा कि उसके फूल ऐसे फूटते हैं जैसे सेमल अपना हाड़ फोड़कर फट पड़ना चाहता है अपने प्रिय के आगमन पर। लेकिन उसका दर्द सुनिए:

"और मेरा रक्त फूल बनकर दहकता रहा
अब इसमें मेरा क्या कसूर
कि मेरे सर्वस्व समर्पण को भी
तुम अपनी गंध नहीं दे सके
और औरों का अधूरा समर्पण भी
तुम्हारी दी हुई सांस से महकता रहा"

गंध की प्रतीक्षा में हाड़-तोड़ कर फूटना और फिर उसका वही गंधहीन झर जाना--कितना बड़ा संग्राम है जो सेमल के फूल में टूटता है।

रामदरश की कविताएं टूटते हुए संभ्रमों को वाणी देने वाली कविताएं हैं। ईमानदारी इतनी कि अगर वे वाणी नहीं दे पाते तो धूल से भी अपनी तुलना करके पश्चात्ताप में उतर आते हैं:

"कोई जितनी ही तेजी से कुचलता है
वह उतना ही ऊंचे उठती है
और दूर तक पीछा करती है
मधुमक्खियों की तरह
हमसे तो अच्छी यह धूल ही है न,
जो हर दमन का प्रतिरोध करती है।"

प्रतिरोध का परचम उनके हाथ में हमेशा है, लेकिन वे उसे फैशनवश नहीं लहराते, बल्कि स्थितियों की विद्रूपता अंदर तक जब उन्हें हिलाती है तो परचम अपने आप लहरता है। यह परचम उस आम आदमी की संवेदना का पैरोकार है जिसे उसके नारेबाज नेता 'राजधानी एक्सप्रेस' की तरह कुचलते हुए निकल जाते हैं और 'छोटे-छोटे स्टेशन' ताकते रह जाते हैं। रामदरश मिश्र उन छोटे स्टेशनों का दर्द आंकने वाले कवि हैं। दर्द के हर स्तर से वे गुजरे हैं··· इंतहा से भी :

"कितना बड़ा दर्द है
भीतर से एक महाभारत गुजरा हो
और कुछ न कहा जाये
चारों ओर शोर मच रहा हो

और अपनी जय के समय भी मौन रहा जाये।

इस मौन में असलियत के कितने गहरे रंग होते हैं, अगर कोई उन्हें पहचान लेता है तभी यह कह सकता है:

"हमेशा आकाश से झरती है एक नदी
और हमेशा ऊपर ही ऊपर कोई पी लेता है
धरती प्यासी की प्यासी रहती है
और कहने को आकाश से नदी बहती है।"

रामदरश जी का यह दर्द मेरे साथ उनकी मुलाकातों में भी फूटता रहा है। गाँव का स्वाभिमानी दर्द, जिसे मैं कभी-कभी छेड़ता भी रहा हूँ। 'आप जिस सर्वहारा के दर्द को गा रहे हो उसकी असलियत को सर्वहारा के मसीहा पहचानने से इनकार कर रहे हैं, आपको कैसा लगता है?'

रामदरश जी उत्तर में कविता की सी ईमानदारी उतारते हैं : 'जाहिर है खुशी तो नहीं ही होती। लेकिन हम क्या कर सकते हैं। हम इसलिए तो लिखते नहीं कि मसीहा पहचानें। अगर मसीहा की पहचान के लिए लिखना होता तो उन्होंने कब का मार दिया होता।'

मैं उनकी कविता की पंक्तियां याद करने लगता हूं:

"तुम्हें लगता है कि तुम उनके मसीहा हो
वे तुम्हीं को बुला रहे हैं
लेकिन मेरे दोस्त
दौड़ने से पहले एक लालटेन तो जला लो
कहीं ऐसा न हो कि
अंधेरे में दूर तक दौड़ने के जोश में
अपने आसपास के लिए
तुम स्वयं एक दुर्घटना बन जाओ।"

जुलूस कहाँ जा रहा है? कविता अनायास

ठाकुर प्रसाद सिंह

रामदरश मिश्र की कविताओं का नवीनतम संग्रह कुछ दिनों पूर्व प्रकाशित हुआ। इस बीच कविता पर बातचीत कुछ और आगे बढ़ गयी। श्री रघुवीर सहाय की कविताओं का नया संग्रह आया जिन्हें चिट्ठियां कहकर पुकारा उन्होंने। फिर श्री केदारनाथ सिंह की नयी कविता पुस्तक 'अकाल में सारस' पर 1989 का अकादमी पुरस्कार घोषित हुआ। रघुवीर सहाय और श्री केदारनाथ सिंह दोनों कविता में नयी मूर्ति गढ़ने, पुरानी जमीन तोड़ने और अपने मुहावरे गढ़ने की बातें बार-बार करते हैं। इससे उनका कवि-कर्म के प्रति अतिशय गंभीर होने का रुख स्पष्ट होता है। लम्बी राह चलकर ये दोनों कवि साधारण बातचीत सी लगने वाली कविता के संगठन-शिल्प (डिक्शन) पर उतर आए हैं। इस तरह की कविता सहज लगती हुई भी बहुत मुश्किल होती होगी तभी तो इन कवियों को यहाँ तक पहुंचने में इतना समय और श्रम लगाना पड़ा।

रामदरश की 'जुलूस कहाँ जा रहा है?' संग्रह की कविताएं भी बहुत सहज लगती हैं। बिना विशेष मुद्रा के इन्हें समझा जा सकता है। अनायास बन गयी लगती हैं ये कविताएं। इन्हें किसी बड़े दावे के साथ पेश भी नहीं किया गया है। पुस्तक में कोई भूमिका भी नहीं है। ऐसी हालत में इस संग्रह की कविताएँ ही, जो कुछ कहना करना होता है : कहती करती हैं। जब कविता के विषय में दुनिया भर के दावे पेश किये जा रहे हों और वक्तव्यों की धुंध फैली हुई हो, रामदरश जी ने अपनी कविताओं को इस तरह सड़क पर अरक्षित चलने के लिए छोड़ दिया है। इससे आश्चर्य तो होता है पर एक भरोसा इन्हें देखकर बनता है। भले ही ऐसा उन्होंने सहज आदतवश किया हो पर मुझे ऐसा लगता है कि ऐसा जानबूझ कर किया गया है। अपने लम्बे रचना कार्य में वे निरंतर आगे बढ़ते रहे हैं पर झूठे या सच्चे दावे उन्होंने शायद ही कभी किये हों। ऐसे जमाने में जब लिखने से अधिक जरूरी है कहना—रामदरश जी ऐसे कवियों की दिक्कत समझ में आती है।

सहज कविता आज की कविता का नया 'कैच वर्ड' है : इसके चलते त्रिलोचन भी लखपति हो गए : शायद केदार अग्रवाल भी हो जाएँ पर सहज कविता और शैलीगत

सहज कविता का फर्क तब भी करने को रह जाएगा। मेरी राय में फर्क करने के लिए तथाकथित सहज कविताओं के साथ रामदरश जी की ये अनायास कविताएं रखनी आवश्यक होंगी। इस संग्रह में कुछ बहुत ही सादी, साफ-सुथरी कविताएं हैं जिन्हें लिखने के लिए केवल एक सहज कवि मन जरूरी होता है। जैसे–

"कुछ भी तो नहीं रुका तुम्हारा
मुझ तक आने से
कहाँ था वह भाषा का संकट
जिस पर वे लोग
बरसों बहस करते रहे
और शब्द को आराध्य मानकर
उसके व्यूह में घेरते और घिरते रहे
तुमने तो बस जीवन जिया
और जीवन का हर नया क्षण
अभिव्यक्ति की परिभाषा बन गया
तुम्हारे भीतर से मथा हुआ अर्थ
खुद ही अपनी भाषा बन गया।"

उनकी 'कविता का जन्म' शीर्षक कविता कवि-कर्म के इस अनुभव को इस तरह व्यक्त करती है–

"वाचाल भाषा
गर्भिणी युवती की तरह
अपनी ही आभा के भार से भर जाती है
आँखें दृश्यों से होकर
हो जाती हैं दृश्यों के पार
x x x
चारों ओर के अवकाशों में
कुछ थर्राने लगता है
सन्नाटा भी धीरे-धीरे गाने लगता है
मैं भूल जाता हूँ–
अपना नाम, ग्राम और वल्दियत
और रह जाता हूँ–
हवा में खोयी हुई, खुशबू की तरह
आदमी की पहचान।"

इतना सब अनुभव करने पर उन्हें लगता है कि उनके भीतर एक कविता जन्म लेने जा रही है।

यह सरल सहजता रामदरश जी को बिना मूल्य चुकाये नहीं मिली है। वे अपने चारों ओर फैली दुनिया से बेखबर रहने वाले कवि नहीं हैं। वे गहराई से दर्द महसूस करते हैं और विरोधाभास में जीते हैं : इसके बाद भी सहज विश्वास से कह सकते हैं–

"चलो कुछ आहट तो हुई
एक पत्ता तो हिला
यह लम्बी उमस भरी रात कटे न कटे
जीने का बहाना तो मिला।"

रामदरश जी की अधिकांश कविताएं डायरी की तरह लिखी गईं छोटी-छोटी अनुभूतियों के चित्रों जैसी लगती हैं। डायरी लिखने के लिए बहुत प्रयास नहीं करना पड़ता। वह दिनभर के अनुभवों की बात आसानी से कहकर आगे बढ़ जाती है; उसमें लिखने वाले की ग्रंथिविहीन अनुभूतियां अपने-आप निथर-निथर कर आ जाती हैं। अक्सर ये कविताएं सूक्तियाँ जैसी छोटी होती हुई भी बड़े सत्य उद्घाटित करती चलती हैं। 'काफिला' शीर्षक कविता कुछ इसी तरह की है–

"पुकारो
एक बार फिर पुकारो
हो सकता है
तुम्हारी ही तरह कोई और पागल
पीछे छूट गया सभ्य काफिले से,
और रौंदे गए खेतों को आँसुओं से सींच रहा हो
धीरे-धीरे घायल रास्तों के शरीर में गड़ी
बूटों की कीलें खींच रहा हो,
पुकारो
फिर पुकारो
ताकि छूटे हुए पागलों का भी
एक काफिला बन जाय।"

समाज के दु:ख दर्द से रामदरश मिश्र का सरोकार बहुत गहरा रहा है। इस संग्रह में भी औरत और लड़की को लेकर कुछ बहुत अच्छी कविताएं हैं। धर्मपथ, कई दृष्टियों से उन्होंने देखा है, वैसे ही 'दंगा', 'माईक धर्म', 'काली आंधियां', 'कब तक', 'पेड़', 'रोशनी', और 'फरवरी' जैसी कविताएँ भी इस संग्रह में हैं जिनमें काफी तल्खी है। औरत की थकान से रामदरश जी बहुत अभिभूत हैं लड़की की नियति से भी बहुत दु:खी हैं लेकिन लड़की कविता के अंत में वे मात्र यह सुझाव देकर चुप रह जाते हैं–

"काश ये मां बाप
लड़की को भी थोड़ा-सा सही प्यार दे पाते
उसे ढाल बनने के साथ

हथियार बनने का भी संस्कार दे पाते।"

कुछ बहुत अच्छे गीत इस संग्रह में आ गये हैं जिनमें रामदरश जी बहुत ही सधे और साफ सुथरे गीतकार के रूप में दिखाई पड़ते हैं। इस दृष्टि से उनका 'दिन डूबा' शीर्षक भी बहुत अच्छा है।

"दिन डूबा अब घर जाएंगे
कैसा आया समय कि सांझे
होने लगे बंद दरवाज़े
देर हुई तो घर वाले भी
हमें देखकर डर जाएंगे
गली-गली औ कूचे-कूचे
भटक रहा पर राह न पूछे
काँप गया वह, किसने पूछा
सुनिए आप किधर जाएंगे।"

अपरिचय के युग में यानी व्यक्तित्वहीन कविता के माहौल में रामदरश जी जैसे कवियों को देखकर जहाँ आश्वासन बँधता है वहीं जी उदास भी हो जाता है। पता नहीं कविता पर सही बहस कब शुरूं होगी? जब होगी तब तक क्या कविता बहस के लिए बची रहेगी?

आग कुछ नहीं बोलती : युगीन जीवन की जटिलताओं की पहचान

श्याम गोविंद

रामदरश मिश्र के 'आग कुछ नहीं बोलती' काव्य संग्रह का पढ़ना मेरे लिए एक प्रीतिकर अनुभव रहा। प्रीतिकर इसलिए कि वे अपने ही अन्दाज में कही गईं, दिखने में साधारण मिजाज और धज दोनों ही लिहाजों से, लेकिन अपने प्रभाव और अर्थों में असाधारण कविताएँ हैं। रामदरश जी बोध के स्तर पर एकदम मौलिक हैं। पहली बार पढ़ने पर, हो सकता है, वे आपको कुछ विशेष न जंचें, लेकिन यदि आप कविता पढ़ने के शौकीन हैं तो दुबारा-तिबारा पढ़ने पर आप को उनकी ताकत और गरिमा का एहसास होने लगता है। वैसे भी, क्या किसी रचना को पहली बार में ही समग्रतः समझा जा सकता है? मेरे लिए तो ऐसा करना कभी-कभी कठिन हो जाता है। तब फिर मैं रचना को फिर-फिर पढ़ने को उद्यत हो जाता हूँ। बशर्तें कि पहली ही बार में कविता कविता लगे, वह रचना लगे। ऐसा ही कुछ अनुभव मुझे रामदरश जी की प्रस्तुत कविताओं में लगा। वे एकदम मौलिक हैं, उनकी कविता की धार ठण्डी है, लेकिन उनकी ठण्डक किसी गरम किए हुए लोहे की धार से कहीं अधिक प्रभावी है, संस्पृश्य है, पुरोगामिता-विरोधी और साफ है। यदि ऐसा न होता, तो भला निम्नांकित पंक्तियों का क्या सन्दर्भ हो सकता था, अर्थ को वे किस सतह पर छू सकती थीं कि–

> "चारों ओर का जल समेट कर अगाध बने
> अपनी गहरी चुप्पियों में डूबे सरोवर तुम यकायक थर्रा क्यों उठे?
> मैंने तो एक छोटी-सी कंकड़ी फेंकी थी।" (कंकड़ी)

कंकड़ी का फेंका जाना यद्यपि महत्वपूर्ण है, लेकिन क्या सरोवर और जल तथा उनका यकायक थर्रा उठना भी उतना ही महत्वपूर्ण नहीं है? कितनी छोटी सी क्रिया है, लेकिन वह कितनी विशद क्रिया को अपने होने के कारण संभव बनाती है, उसे एक अनुभव की सिद्धि देती है। क्रिया का यह एकदम अलग स्तर है जो कैलाश वाजपेयी, जगदीश चतुर्वेदी अथवा चन्द्रकांत देवताले से रामदरश मिश्र को एकदम अलग ही नहीं करता,

उन्हें अपनी ऊर्जा में एक नए ही जीवन बोध में अवस्थित करता है। मामूली को यों गैरमामूली बना देने में रामदरश मिश्र एकदम लीक से हटकर हैं। यह हटकर होना ही रेखांकित करने योग्य है, क्यों अन्यथा तो कविता मात्र ही यही करती है। लेकिन जब किसी कवि में यह चीज एक लक्षण के रूप में अलग से उभरे तो उसे सामने लाया ही जाना चाहिए। यह सिर्फ एक अनुभव, एक बिम्ब, एक संरचना की ही बात नहीं है, यह मैंने रामदरश मिश्र की समग्र कविताओं में देखा है। Insipid आपके यहाँ इतने अनायास तरीके से सन्दर्भयुक्त और मायनेखेज होने लगता है कि कभी-कभी तो लगता है कि प्रस्तुत कवि कैसे यह करता होगा, जब कि वह कुछ खास करता नहीं लगता। कवि की यह खूबी उन्हें अन्य समकालीनों से जुदा करती है, उनके बीच में एक अलहदा जगह अता करती है। कवि का यथार्थ कितना साधारण है। लेकिन उसका कहना उतना ही भिन्न और तारीफे काबिल है–

"कहाँ से आयी मकान में यह खुशबू?
मैंने तो जाते समय
इसे चारों ओर से बन्द कर दिया था
लगता है
कोई झरोखा खुला रह गया।

(बसंत)

या फिर–

"लड़का बड़ा हो रहा है
लड़की बड़ी हो रही है
लड़का धीरे-धीरे घर खाली कर रहा है
लड़की धीरे-धीरे घर भर रही है
लड़का डरा रहा है सड़कों, चौराहों को
लड़की स्वयं अपने से डर रही है।'

(लड़की)

है कहीं घटना जैसी घटना? तब भी आप यह नहीं कह सकते कि कविता में क्रियापद व्यर्थ ही लगा दिए गये हैं, या कि यह सब मूल रूप से Insipid है। यह सब जड़ होता, यदि उसमें कविता न होती, लेकिन यह एक सच्चाई है कि कविता यदि कविता है तो उसमें कुछ न कुछ क्रियात्मकता, रचनात्मकता अवश्य होगी और वह 'आग कुछ नहीं बोलती' के कवि में भरपूर है। मैंने उनकी कविताओं के अलावा अन्य रचनाएँ भी पढ़ी हैं, और मैं यह पूरी आश्वस्ति से कह सकता हूँ कि रामदरश जी मूल रूप से कवि हैं। यह मैं उनकी कहानियाँ उपन्यासादि के सन्दर्भ में कह रहा हूँ। जो बात वे कविता में कह जाते हैं, उतने ही शब्दों में वे अन्यत्र नहीं कह पाते। ऐसा करने में कविता की बिम्बधर्मी क्रियाशीलता उनकी मदद करती है।

बिम्बों की बात चली है तो मैं यहाँ बिम्बों के विषय में दो शब्द कहना चाहूँगा। आई. ए.रिचर्डस ने एक स्थान पर कहा है 'Too much important has always been attached to the sensory qualities of images. What gives an image efficiency is loss its Invidness as an image than its character as a mental event peculiarly connected with sensation.' बिम्ब की चर्चा जितनी मनोविज्ञान की दृष्टि से महत्वपूर्ण है। उतनी ही साहित्यिक अध्ययन के लिए आवश्यक है। बिम्ब स्मृति स्वरूप भी हो सकते हैं, अथवा किसी तरह का सतत अनुभव बन कर भी। लेकिन जरूरी यह है कि हमारे सामने यह चीज साफ रहे कि बिम्ब आस्वाद-मूलक अथवा घ्राणमूलक ही नहीं होते, वे गरमी से भी संबंधित हो सकते हैं, वे Hoptic (घटनामूलक) अथवा Empathic (तदानुभूतिमूलक) भी हो सकते हैं। उनके अनुभव की समानता और तुलनात्मकता में अपना ही महत्व होता है। यदि वे बाह्य संसार की बात करते होते हैं तो यह नहीं कहा जा सकता कि वे आन्तरिक संसार के लिए महत्वपूर्ण नहीं है। कविता में भौतिक होता तो है, लेकिन उसे आवश्यक तौर पर अन्तर्जगत का होना पड़ता है। हमें रामदरश मिश्र की कविता को इसी सन्दर्भ में पढ़ना उचित होगा। यदि अर्थ स्पष्ट है तो अनुभव को प्रभाववत्ता देनी ही होगी चाहे इसका कुछ भी परिणाम हो।

अब 'आग कुछ नहीं बोलती' के कथ्य पर बात करना जरूरी हो जाता है। जब कवि कहता है कि 'आग कुछ नहीं बोलती/वह अपने को समेटकर/चुपचाप माचिस की डिबिया में पड़ी होती है।' तब वह चीजों की आन्तरिक सच्चाई और प्रकृति के बारे में कहता होता है। आग का फिनोमिना अपने अस्तित्व से अपना अहसास कराये यह जरूरी नहीं, जरूरी यह है कि हम आग की अस्मिता और क्रियात्मकता को समझें। 'पेड़' नामक कविता में पेड़ों को आदमी के ऊपर भारी बताया गया है। क्योंकि वह किसी हवा को नहीं बाँधता, किसी भी पत्ते से झरकर पानी उसकी जड़ में चला जा सकता है, आदमी अपनी गति में भी पेड़ की स्थिरता के मुकाबिले शक्ति में कमतर है, क्योंकि आदमी-आदमी को मार देता/सकता है। पेड़ इस तरह की किसी हिंसा से सर्वथा स्वतंत्र है। बच्चे उत्तू को देखकर कवि कितना प्रसन्न हो उठता है! क्योंकि 'उत्तू फाटक पर चढ़कर/खोल देना चाहता है उसकी अर्गला।' बन्धन तो वयस्कों की दुनिया में हैं। बच्चे स्वतंत्रता के सच्चे हिमायती होते हैं। सच ही कवि ने जीवन के साधारण से अनुभवों में से असाधारणता के मोती चुन डाले हैं। 'कुर्ते' हो या 'कपड़े', 'भवन' हो या 'झाड़फानूस' सबमें कवि की अन्तर्दृष्टि सही और यथार्थ को बड़ी मजबूती से पकड़ती है। वह जिन्दगी की सच्चाई को कड़वाहट के साथ एक शान्त स्निग्धता से बयान करता है। इसी कारण वह हमारा ध्यान भी आकृष्ट करता है। फूल की ज़िन्दगी में वह उसका बीज रूप देखना नहीं भूलता, अपढ़ आदमी की इस गहराई को वह अनदेखा नहीं करता कि वह निरक्षर भले हो, लेकिन अज्ञानी कदापि नहीं है। परमात्मा, अनन्त और सर्वमयता के बारे में वह खूब सचेत होता है, उधर 'साक्षर' का साक्षर है जिसे चिन्ता है कि अक्षर

ज्ञान होने के बाद क्या वह सेठ के बहीखाते की कैद से छूट जायेगा! दरअसल, जैसाकि हमने ऊपर कहा रामदरश मिश्र की कविता उनकी सहजता से निःसृत है। 'फूल कितना बोलते हैं' इस बारे में बार-बार पठनीय है–

"अजिर में शिशु सा नया रस घोलते हैं,
ये अबोले फूल कितना बोलते हैं।
सुबह आँखों में इन्हें भर जागता हूँ
पास जा इनके खुला दिन मांगता हूँ
मुस्कराते हुए पलकें खोलते हैं।
थरथराकर समय वह चलता नदी सा,
हर महकता पल ठहर जाता सदी सा
गंध-लिपि से शिलाओं पर डोलते हैं।"

आज कविता रोमानी, गैर रोमानी तथा प्रगतिशील, सभी तरह की लिखी जा रही हैं। एक तरह की डिवायन कॉमेडी, नरक, स्वर्ग, और मुक्ति। सभी तरह के भावबोध की कविताएं हमें रामदरश जी के इस संकलन में मिलती हैं। और इस संकलन में ही क्यों, उनके दूसरे काव्य-संकलनों जैसे–'बैरंग बेनाम चिट्ठियां', 'पक गई है धूप', 'कंधे पर सूरज', 'जुलूस कहाँ जा रहा है', लगभग सभी में हमें तीनों ही प्रकार की कवितायें नजर आती हैं जो कवि के जीवनबोध की समग्रता का हमारे सामने खुलासा करती हैं। दरअसल, आग के विषय में यह कहना कि वह कुछ नहीं बोलती, कवि की मासूमियत नहीं, उसका जीवन का गहराई में जाकर साक्षात्कार करना है, उसकी सौम्यता है, वरना क्या यह हो सकता है कि आग हो और वह कुछ नहीं बोले! आग क्या सचमुच नहीं बोलती? चीजें और स्थितियाँ क्या सचमुच मौन हैं? यदि वह नहीं बोलती तो ऐसा वह क्यों करती हैं? इसीलिए न कि वह सचमुच आग के कारण नहीं बोलती, वरना उसे खूब बोलना आता है। दरअसल, ये कविताएं इनमें डूबकर पढ़े जाने की मांग करती हैं।

स्पष्ट ही कवि अपनी कविताओं में किसी वाद के विवाद में नहीं उलझा है। उसकी सीधी सादी सम्बद्धता, सम्पृक्तता मानवीय जीवन और मानवीयता के उपादानों से है। उसकी दृष्टि मर्मवेधी है और वह जिन्दगी को उसकी समग्रता में रचना से जोड़ने की सफल कोशिश में रत है। युगीन जीवन की जटिलताओं को वे गहरी नज़रों से देखने में सफल हुए हैं। और मजे की बात यह है कि वे इसका हमें कोई खास अहसास भी नहीं होने देते। इसके अलावा एक तरह की सात्विकता तथा सकारात्मकता भी उनमें लगातार उपस्थित है। रामदरश जी कुंठाहीनता, गतिमयता और उत्साह के कवि हैं, यद्यपि कहीं-कहीं वे कटुतिक्त होने से भी नहीं बच सके हैं। लेकिन कुल मिलाकर वह आग कुछ नहीं बोलती कहकर आग होने के कवि हैं।

बारिश में भीगते बच्चे : प्रकृति और लोकजीवन के सहज विन्यास की कविता

माहेश्वर

रामदरश मिश्र हिन्दी के उन विरल लेखकों में हैं, जिन्होंने जमकर लिखा है और प्रायः हर विधा में लिखा है और अक्सर अच्छा लिखा है।

हिन्दी में आजकल कम लिखने का फैशन है (न लिखना और न लिखने पर बहस चलाना भी इसी फैशन का एक उच्चतर रूप है)। गुलेरी जी ने तीन कहानियाँ लिखकर अमरत्व पा लिया तो तेरह बनी-ठनी, सजी-संवरी, कटी-छंटी रचनाएं लिख लेने पर अमरत्व की गारंटी समझिए। फिर ज्यादा कलम घिसाई करने का फायदा क्या? तिस पर भी जो आदमी लिखे जाय, लिखता ही चला जाय, उसके बारे में अमरत्व के इन उम्मीदवारों की जो राय बन सकती है, वह स्पष्ट है। ऐसे लोग जब रामदरश जी के ज्यादा लिखने की बात पर रहस्यमय ढंग से मुस्कुराते हैं तो उन चालीस चोरों की याद दिलाते हैं, जो शायद अली बाबा को देखकर ऐसे ही मुस्कुराते होंगे। बहरहाल, यहाँ इतना कह देना पर्याप्त होगा कि सृजन की विरलता जैसे श्रेष्ठता की गारंटी नहीं है, उसी तरह ज्यादा लिखना सामान्यता का प्रमाण नहीं है और अगर किसी बात का प्रमाण है, तो वह है—सृजनात्मक ऊर्जा का। और रामदरश मिश्र ने अपनी सृजनात्मक ऊर्जा का पर्याप्त प्रमाण दे दिया है।

रामदरश की एक गज़ल की पंक्तियां उनके सर्जनात्मक व्यक्तित्व को बहुत सफाई से खोलकर रखती हैं:

"बनाया है मैंने ये घर धीरे-धीरे खुले मेरे ख़्वाबों के पर धीरे धीरे।
किसी को गिराया न, खुद को उछाला। कटा ज़िन्दगी का सफर धीरे-धीरे।
जहाँ आप पहुंचे छलांगें लगाकर। वहाँ मैं भी पहुंचा मगर धीरे-धीरे।
पहाड़ों की कोई चुनौती नहीं थी। उठाता गया यों ही सर धीरे-धीरे।
गिरा मैं कहीं तो अकेले में रोया। गया दर्द से घाव भर धीरे-धीरे।
ज़मीं खेत की साथ लेकर चला था। उगा उसमें कोई शहर धीरे-धीरे।

न रोक़र, न हंसकर किसी में उड़ेला। पिया खुद ही अपना ज़हर धीरे-धीरे।
मिला क्या न मुझको, ऐ दुनिया तुम्हारी। मुहब्बत मिली है मगर धीरे-धीरे।
(हंसी होंठ पर आँखें नम हैं, 1997, पृ. 63)

धीरे-धीरे, कड़ी मेहनत और अनवरत लेखन के बल पर, बिना किसी साहित्यिक गुटबाज़ी और उटा-पटक के, बिना किसी प्रतिद्वंद्विता और ईर्ष्या के, बिना किसी श्लाघा और चुनौती के रामदरश मिश्र ने अपनी एक जगह, अपना एक लेखकीय व्यक्तित्व बनाया है और यह सच है कि धीरे-धीरे सही दुनिया (साहित्यिक तथा सामाजिक दोनों) की मुहब्बत उन्हें मिली है।

यहाँ रामदरश मिश्र के नवीनतम काव्यसंग्रह और गज़ल संग्रह 'हंसी होंठ पर आँखें नम हैं,'बारिश में भीगते बच्चे' के बहाने उनके काव्य-व्यक्तित्व और काव्य-सृजन पर विचार किया जा रहा है। रामदरश मिश्र जी की कविता पर कुछ भी कहने के पहले देखना होगा कि उनकी असल ज़मीन क्या है, उनकी संवेदनाओं का स्वरूप क्या है, वे जिस जुबान (भाषा) में 'बात' कह रहे हैं वह कहाँ से आई है और जो 'बात' कह रहे हैं उसकी बुनियाद में हमारे समाज का कौन-सा हिस्सा है (इसी में से रचनाकार के सरोकार आकार ग्रहण करते हैं)?

ऊपर जो गज़ल उद्धृत की गई है उसके एक शेर में कवि बताता है कि खेत की जो ज़मीन साथ लेकर चला था उसमें कोई शहर धीरे-धीरे उगा। इससे स्पष्ट है कि उनकी संवेदनाएं मूलतः गाँव के जीवन से जुड़ी हैं, जिनमें धीरे-धीरे शहरी जीवन के प्रभाव घुले हैं। भाषा भी उन्हें मूलतः ग्राम जीवन से मिली है, जिसका क्रमशः शहरीकरण (परिष्करण भी कह सकते हैं) हुआ है। और इसीलिए उनके सरोकार भी गाँव छोड़कर रोज़ी-रोटी की तलाश में शहर आए, शहर-दर-शहर भटकते आदमी के दुख-दर्द, आशाओं-आकांक्षाओं से बनते हैं।

यहाँ एक बात ध्यान देने की है कि कवि ने खेत की मिट्टी (एक जानी-पहचानी, सुनिश्चित जीवन-पद्धति और मूल्यबोध) लेकर अपनी यात्रा (जीवन यात्रा और काव्य यात्रायें-दोनों) शुरू की थी, पर उसमें धीरे-धीरे जो शहर उगा है, वह 'कोई' शहर है, 'कोई ख़ास' शहर नहीं है अर्थात् आज भी कवि अपनी शहरी संवेदनाओं को ठोस आधार नहीं दे पाया है, शहरी जीवन के दबावों को आज भी वह स्वीकार नहीं कर पाया है। एक गृहविरह, एक विच्छिन्नताबोध आज भी उस पर तारी है 'अजनबी' वह अभी तक नहीं बन पाया है, क्योंकि अपनी खेत की मिट्टी से वह आज भी जुड़ा हुआ है (भावना और संवेदना के स्तर पर)। रामदरश की पुरानी कविताओं और 'बारिश में भीगते बच्चे' की अनेक कविताओं में संवेदनाओं की यही बनावट, प्रकृति और लोकजीवन के प्रति गहरा ममत्व, बुजुर्आ राजनीति, शहरी जेहनियत, स्वार्थपरता और पूंजीवादी उत्पीड़न के विरुद्ध गहरे आक्रोश के स्वर हमें सुनने को मिलते हैं।

लोकजीवन से गहरे जुड़ा हुआ ही कोई कवि कह सकता है :

क्या रंग जवानी के उधर देख रहे हैं?
ये रंग नए औलिया पीपल के देखिए।

(हंसी होंठ पर आँखें नम हैं, पृ. 22)

जवानी के रंग (फैशन परेड, सौन्दर्य प्रतियोगिताएं और उच्च मध्यवर्गीय शहरी महिलाओं) को देखते शहरियों को कवि नये-नये, हरे पत्तों से भरे, झूमते पीपल के पेड़ के सौन्दर्य की ओर मोड़ना चाहता है और वह हल्के, चमकते हरेपन में डूबे इस पेड़ के चरित्र की ओर भी इशारा किए बिना नहीं चूकता। 'औलिया' है पीपल। फकीर है। अपना कुछ भी नहीं, सब कुछ दूसरों को लुटाता, मस्त है अपने फक्कड़ सौन्दर्य में। शहर के बनावटी और विलास में डूबे नकली सौन्दर्य के बरक्स पीपल के नये पत्तों ओर 'औलियापन' को समझने के लिए मध्यमवर्गीय सौन्दर्यदृष्टि काफी नहीं है।

मुझे याद है कि शील जी 'निकले हैं बकरी के थन' कविता में निम्नलिखित पंक्तियों को पढ़-सुनकर हमारे जनवादी लेखक साथी किस तरह मुस्कुराते थे:

"यह अनजाने नहीं
गले में
निकले हैं बकरी के थन।
लोकतंत्र के बेर-बेर की
चबा पत्तियां, फूट रही हैं
में में में में।"

शहरों में बैठकर अंगरेज़ी में मार्क्सवाद की डकार लेने वाले, उच्चमध्यवर्गीय मानसिकता के बौद्धिक बहेलिये इन पंक्तियों की सटीक बिंब परकता को कैसे पहचानेंगे? उनके लिए तो 'औलिया पीपल' और 'बकरी के गले में निकले थन' भदेसपन और ग्रामीणता के प्रतीक हैं, इसीलिए असुंदर हैं।

मगर रामदरश मिश्र कहते हैं :

"क्या हाल है शहर का, ये गाँवों से पूछिए
कितना ज़हर लहू में, दवाओं से पूछिए।"

(हंसी होंठ पर आँखें नम हैं, पृ. 81)

उनकी 'बाग' कविता शहर और गाँव के इस नये रिश्ते को परिभाषित करती हुई कहती है:

"चारों और मशीनों की घरघराहट···
ईंट के भट्ठों से फूटता गंधीले धुएं का विस्तार
घरों की मासूम खिलखिलाहट को पीती हुई
पक्के मकानों की कसी हुई मुस्कान
लोगों के चेहरों पर पसरी हुई
बाज़र की सपाट संपन्नता···
यहीं कहीं आमों का बड़ा-सा बाग था

वह कहाँ गया?···
कहाँ गये वे पेड़···
शीत में पीले पड़कर झड़ते जिनके पत्ते
लोगों की ठिठुरन में आंच बन जाते थे
जिनकी सूखी टहनियां
रसोईघर में रोटी में बदल जाती थीं"

(बारिश में भीगते बच्चे, पृ. 14)

'घरों की मासूम खिलखिलाहट' की जगह 'पक्के मकानों की कसी हुई मुस्कानों' और 'ठिठुरन में आंच बनते सूखे पत्तों' और 'रसोईघर में रोटी में बदल जाती सूखी टहनियों' वाले पेड़ों के बाग की जगह उभरती 'बाजार की सपाट संपन्नता' के माध्यम से लोकजीवन को लीलते हुए नगर अर्थात् बाजार को यहाँ साफ देखा जा सकता है। बाजारवाद के खिलाफ रामदरश मिश्र ने बार-बार चेताया है। उनके गीत, गज़ल और मुक्त छन्द की कविताएं इस बाजारवाद (पूंजीवाद, साम्राज्यवाद) के विरुद्ध जोरदार प्रतिवाद करती दिखाई देती हैं। उनकी एक गज़ल के दो शेर देखिए :

बाज़ार को निकले हैं लोग बेच के घर को,
क्या हो गया है जाने आज मेरे शहर को।
कितने हैं मेहरबान यहाँ के बहेलिये,
कहते हैं परिंदों से 'उड़ो' काट के पर को।

(हंसी होंठ पर आँखें नम हैं, पृ. 24)

बहुत सादगी से हमारे समय के एक बड़े सच को ये पंक्तियां खोलकर रख देती हैं। ज़मीन आदमी को जोड़ती है, जबकि बाज़ार आदमी को तोड़ता है, अलग-थलग करके उसे व्यक्ति बना देता है। कृषि से जुड़े परिवार एकजुट रहते हैं, पर ज्यों ही उनके घर से कोई व्यक्ति नौकरी करने शहर (यानी बाज़ार में) जाता है, वह परिवार टूटने लगता है। जमीन स्थिरता देती है, प्यार करना और जूझना सिखाती है, संवेदनाओं को फसलों की तरह हरा-भरा रखती है। इसके विपरीत बाज़ार तिकड़म सिखाता है, झांसा देकर अपना माल बेचना सिखाता है, उसका एक मात्र मूल्य है-पैसा या मुनाफा। ज़मीन बांध कर भी मुक्त करती है, बाज़ार मुक्त करके भी मनुष्य को बांध देता है। ज़मीन से जुड़े आदमी के साथ कुछ नैतिकताएं, कुछ जीवन-मूल्य जुड़े रहते हैं, बाज़र से जुड़े आदमी की कोई नैतिकता नहीं होती, और एक ही जीवन-मूल्य होता है-हर कीमत पर व्यक्तिगत पूंजी को बढ़ाते रहना। रामदरश मिश्र की गज़लें और कविताएं इस सत्य को उजागर करती हैं।

रामदरश मिश्र मूलतः गीति (लिरिक) के कवि हैं। गीतितत्व गाँव की संवेदना से उपजता है। प्रकृति में एक सधी हुई लय होती है, छंद होते हैं, रंग होते हैं और खुशबू होती है, इसीलिए गाँव की ज़िन्दगी से जुड़े व्यक्ति में लय, छंद, रंग और खुशबू

घुल-मिल जाते हैं। शहरी जीवन के मंथन में, भोग के आखेट में (निम्नवर्ग और निम्नमध्य वर्ग के लिए रोटी की तलाश में), मशीनों की जटिलता और गति के पागलपन में (भगवती चरण वर्मा की कविता 'भैंसागाड़ी' में 'गीत के पागलपन' की सच्चाई कलकत्ता और दिल्ली में रहकर समझ में आई।) भीड़-भाड़, गहमा-गहमी और उठा-पटक में जीवन धूसर और गद्यमय होता जाता है, मनुष्य निर्वासित और अकेला होता जाता है, बदमिजाज़ और आत्मकेन्द्रित होता जाता है। एक हाहाकार और पागलपन उसकी आत्मा में घर कर जाता है। इसीलिए गीति तत्व और लय-छंद उन्हीं कवियों और लेखकों में जीवित रह गये हैं, जो अभी भी (भले ही स्मृति में) गाँव और प्रकृति से जुड़े हुए हैं। और रामदरश मिश्र एक ऐसे ही रचनाकार हैं।

'उस बच्चे की तलाश' कविता में शहरीकरण से दूषित गाँव जब अजनबी लगता है, तब एक बच्चे के मुँह से एक पुराना गीत सुनकर, जिसे कवि वहाँ 'अलाव-सा छोड़ गया था', फिर से अपना गाँव उसे परिचित लगने लगता है। यहाँ 'गीत' के लिए 'अलाव' का प्रयोग अत्यंत सार्थक है।

'घर पांच कविताएं' में उच्चवर्ग, निम्नमध्यवर्ग, घुमंतू हुनरमंद वर्ग, निम्नवर्ग और पूर्णतया बेघर-बेसहारा लोगों के 'घरों' का वर्णन किया गया है। ये शहरी वर्ग और उनके घर हैं। (आश्चर्य की बात है कि उन्होंने किसी किसान के घर का या गाँव के अपने घर का वर्णन यहाँ क्यों नहीं किया?)

रामदरश जी शोषण और उत्पीड़न के विरुद्ध तेजस्वी स्वर में प्रतिवाद करते हैं, कहीं-कहीं शासक वर्ग और उनके सहयोगियों के विरुद्ध व्यंग्य की तेज धार का इस्तेमाल करते हैं। 'आदत', 'घर-एक', 'बड़प्पन', 'एक भूख', 'आग', 'मुट्ठियां' ऐसी ही कविताएं हैं। (बारिश में भीगते बच्चे) यहाँ वे नागार्जुन के व्यंग्य की धार अपनाते प्रतीत होते हैं।

नितांत व्यक्तिगत भावनाओं और संदर्भों को पूरे माहौल की पीड़ा से जोड़ने का उनका अपना अंदाज़ है। 'चलो दरवाज़ खोल दें', 'आशीष', 'हरसिंगार', 'तुम और मैं', 'डर', 'बड़प्पन दो' आदि कविताएं इसकी अच्छी मिसालें हैं।

रामदरश जी मूलतः लोकजीवन और प्रकृति के चितेरे हैं। उनकी संवेदना मूलतः गाँव से जुड़ी है और गीति उनके काव्य का प्रमुख तत्व है। इसलिए गीति तत्व (लिरिक) के बाहर आते ही लय और छंद का जादू गायब होने लगता है और उनकी मुक्तछंद कविताएं गद्य जैसी सपाट होने लगती हैं, सूक्तियों और वक्तव्यों में ढलने लगती हैं। काव्य का रचाव श्लथ और बिखरा-बिखरा सा होने लगता है। बिंब विरल होने लगते हैं और प्रतीक सरलीकृत। इसके बावजूद रचना अपने कथ्य से प्रभावित किये बिना नहीं रहती। इन कविताओं की एक ताकत इनकी सादगी है, जो एक तरल, पारदर्शी और स्पष्ट काव्य-दृष्टि का पता देती है। कहीं, कुछ भी, दुरूह, जटिल और उलझा हुआ नहीं है। कुछ लोग इन पर जटिल स्थितियों के सरलीकरण का आरोप लगा सकते हैं,

पर शमशेर जैसा जटिल और महीन कवि भी उनकी इस सादगी और सच्चाई का कायल है। रामदरश की कविता के बारे में शमशेर का कथन है:

'रामदरश मिश्र एक सच्चे कवि हैं। बहुत बड़े कवि नहीं, मगर बहुत संवेदनशील, सच्चे लिरिक कवि। जैसे कविता के अलावा उन्होंने अभिव्यक्ति की और भी विधाएं अपनाई हैं, मसलन उपन्यास, कहानी आदि और आलोचना को काफी समय दिया है, वैसे ही कविता में भी हम उनके कई रंग देखते हैं, यद्यपि मूल स्वर लिरिक ही माना जाएगा। प्राकृतिक वर्णन के लिरिक उच्छ्वास यानी ऋतुओं के नाना रूप-रंग की नानाविध कोमल प्रतिक्रियाएं : फिर शायद अधिकतर पिछले वर्षों में मुक्त छंद की अनेक प्रायः छोटी रचनाएं और गीत, जिनमें मध्यवर्ग की टूटन, विडंबना, नैराश्य और संघर्ष की रचनात्मक प्रतिक्रियाएं हैं—सब स्पष्ट, सहज और सच्ची। प्रयुक्त शब्दावली का एक खासा हिस्सा आधुनिक शैली का परिचित रूप प्रस्तुत करता है, पर उनकी खुली-सी स्पष्टता रामदरश जी की अपनी है, कहीं उनमें उलझन या दुरूहता नहीं। भावनाएं अपने खरेपन से हमें आश्वस्त करती हैं कि वे कवि की ही विशिष्ट हैं, धुनों का पुट भले ही परिचित परंपरा का हो, दुःख सुख कवि के अपने भोगे हुए हैं, व्यथाएं भोगी हुई हैं, सपने सब अपने हैं, उनका रंग लोक-कला का ज़रूर है। इसलिए पाठक के मन-तरंगों में भी वे सहज ही गृहीत हो जाते हैं।

('वातायन' पत्रिका से रामदरश मिश्र : 'मेरे प्रिय गीत' से उद्धृत)

शमशेर के इस मूल्यांकन के बाद रामदरश मिश्र की काव्य-यात्रा की उपलब्धियों के बारे में कुछ भी कहना आवश्यक नहीं लगता, पर एक बात कहने की धृष्टता करना चाहूँगा कि हिन्दी के अन्य बड़े कवियों त्रिलोचन, नागार्जुन, शील और केदारनाथ अग्रवाल—के बड़प्पन के जितने भी और कारण हो सकते हैं, उनमें से एक (और प्रमुख) कारण है—उनका प्रकृति और लोकजीवन से जुड़ाव, इसीलिए उनके यहाँ भी जो सर्वोत्कृष्ट है वह प्रकृति और लोकजीवन से जुड़ा हुआ है, रामदरश मिश्र की तरह। अगर इसे थोड़ा और 'पिन-प्वाइंट' किया जाय तो रामदरश जी की कविताओं को त्रिलोचन की काव्य कला के बहुत पास पाया जा सकता है, यद्यपि भाषा और शिल्प के स्तर पर त्रिलोचन कहीं ज्यादा सावधान और सक्षम हैं, पर लोक जीवन के प्रति गहरा लगाव, संवेदन और अभिव्यक्ति की सघनता और पारदर्शिता, सादगी और सपाट बयानी, सच्चाई और माटी से जुड़ाव दोनों में समान रूप से पाये जाते हैं।

अंत में एक बात और। सच्चा रचनाकार ही बड़ा रचनाकार होता है। काव्य में सच्चाई को भाषा के सात परदों के पीछे छिपाने की जो मध्यवर्गीय कला है, उसने कविता को आज प्रायः असंवेद्य, अननुमेय और अस्पृश्य बना डाला है। इसी कारण पाठक श्रोता उन तुक्कड़ों और मसखरों की तरफ मुड़ रहे हैं, जिन्हें न तो सच्चाई से कोई वास्ता है, न कविता से। ऐसे में रामदरश मिश्र जैसे कवि हमें आश्वस्त करते हैं, कि कविता का अंत अभी नहीं हुआ है, न होगा।

अभिव्यक्ति-3

पानी के प्राचीर : आंचलिकता क्या है?

सियाराम तिवारी

'मैला आँचल' की ख्याति के उपरांत हिन्दी-उपन्यासकारों का ध्यान आंचलिक उपन्यासों की ओर गया और उसके बाद लगभग एक दशक में इतने आंचलिक उपन्यास अवश्य लिखे जा चुके हैं कि उनपर सैद्धान्तिक विमर्श हो सके। 'सारिका' ने 'क्या आंचलिक उपन्यासों का कोई स्थायी मूल्य है?' शीर्षक पर एक परिचर्चा का आयोजन किया जिसमें प्रायः एक दर्जन विद्वानों ने अपने विचार प्रकट किये।[1] पर आचार्य नन्ददुलारे वाजपेयी के अतिरिक्त किसी ने आंचलिकता के स्वरूप को स्पष्ट करने का प्रयत्न नहीं किया। इस परिचर्चा का परिणाम यही रहा कि आंचलिकता की धारणा अब तक अस्पष्ट प्राय है।

आंचलिकता के सम्बन्ध में सबसे बड़ा प्रश्न यह है कि कृति के किस तत्त्व में उसे माना जाये। वस्तु एवं विधान के विविध प्रकारों के आधार पर उपन्यास-साहित्य के अनेक वर्ग किये गये हैं। आंचलिक उपन्यासों का एक स्वतंत्र वर्ग माना जाय या नहीं, आज प्रश्न यह नहीं है। समस्या यह है कि उसके स्वतंत्र वर्ग-निर्धारण का आधार क्या हो। इसके सम्बन्ध में पाठकों, विद्वानों और लेखकों में एक अविचारित, अतएव स्थूल धारणा प्रचलित है जिसके अनुसार स्थानीय रंग (लोकल कलर) की प्रधानता को आंचलिकता का आधार मानते हैं। ऐसे लोग नगरेतर जीवन पर लिखे गये उपन्यास, जिनमें स्थानीय रंग का प्राचुर्य हो और जिसकी भाषा भी स्थान विशेष की बोली की शब्दावली से लदी हो, को आंचलिक उपन्यास मानते हैं। किन्तु स्थानीय रंग उपन्यास का कोई तत्त्व नहीं हो सकता, किसी औपन्यासिक कृति की विशेषता भले ही हो सकता है। अतः स्थानीय रंग ही अगर आंचलिकता का आधार है तब तो आंचलिक उपन्यासों का कोई स्वतंत्र वर्ग नहीं माना जा सकता, बल्कि किन्हीं उपन्यासों की विशेषता मानी जा सकती है। सच तो यह है कि स्थानीय रंग हर उपन्यास में कुछ न कुछ होता ही है, चाहे वह ग्राम-जीवन पर आधृत हो या नगर जीवन पर! गाँवों की अपेक्षा नगरों का जीवन बहुत-कुछ वैविध्य-रहित होता है, फिर भी सभी नगरों की कुछ अपनी विशेषताएं होती हैं जिनके चित्रण के बिना उनको घटना-भूमि बनाकर लिखा गया उपन्यास नहीं हो सकता। हाँ, सभी कृतियों में स्थानीय रंग की मात्रा समान नहीं होती, पर किसी

विशेषता का अल्पाधिक्य कलात्मक मूल्य का मापदंड हो सकता है, वर्गबद्धता का आधार नहीं हो सकता।

द्रष्टव्य है कि आंचलिकता स्थानीय रंग में नहीं, बल्कि स्थापत्य में है। शिल्पगत विशिष्टता के ही कारण आंचलिक उपन्यासों का एक अलग वर्ग है। आंचलिक उपन्यासों में व्यक्ति का स्थान अंचल ले लेता है। इस तरह आंचलिक उपन्यासों में नायकत्व किसी को प्राप्त भी रहता है तो अंचल को, आंचलिक उपन्यासों के किसी पात्र विशेष को नायकत्व का श्रेय देना कठिन है। सामान्य उपन्यास अगर सभापति-युक्त सभा है तो आंचलिक उपन्यास सभापति विहीन सभा है जिसके प्रत्येक पात्र-सदस्य का पारस्परिक सम्बन्ध (स्टेटस) समान होता है। आंचलिक उपन्यास के घटना-विधान में सभी पात्रों का स्तर समान होता है। यहाँ किसी एक पात्र की अनुपस्थिति से घटना-शृंखला टूट नहीं सकती। यहाँ ऐसा भ्रम नहीं होना चाहिए कि आंचलिक उपन्यास के सभी पात्र व्यक्तित्व की दृष्टि से भी एक ही स्तर के होते हैं। किसी अंचल के सभी व्यक्ति एक ही समान नहीं होते, उनमें चोर से लेकर अपनी सीमाओं में महापुरुष तक होते हैं। उनके व्यक्तित्व की यह विविधता तथा विशिष्टता-उपन्यास में भी अक्षुण्ण रहती है। सामान्य उपन्यासों में नायक के अतिरिक्त पात्र नायक के चरित्र को पूर्ण करने के लिए आते हैं, उनका स्वतंत्र अस्तित्व नहीं होता। इसीलिए नायक के अतिरिक्त अन्य के चरित्र का सर्वांगीण विकास नहीं होता, उनके चरित्र का हर पक्ष उभर कर सामने नहीं आता। आंचलिक उपन्यासों में पात्र आंचलिक जीवन को पूर्ण करने के लिए आते हैं। इनके पात्रों के कार्य-कलाप नायक को फलागम तक पहुंचाने के लिए नहीं बल्कि आंचलिक जीवन के विविध पक्षों को रूपायित करने के लिए होते हैं। इसमें हर पात्र अपने भावों-अभावों के साथ उपस्थित होता है और किसी अन्य पात्र का मुखापेक्षी नहीं होता।

पात्रों की इस स्थिति का प्रभाव आंचलिक उपन्यासों के कथा-विन्यास पर भी पड़ता है। सामान्य उपन्यासों में कथा-प्रवाह मर्यादित रहता है किन्तु आंचलिक उपन्यासों में किसी व्यक्ति विशेष के जीवन से सम्बद्ध नहीं होने के कारण उसमें बिखराव होता है। आंचलिक उपन्यासों में वृत्त-चित्रों की तरह दृश्य बदलते हैं। समतल-प्रवाहिनी सरिता के समान आंचलिक उपन्यास की कथा-धारा एक रस चलती है। उसमें नाटकीय मोड़ एवं घटनाओं की गति में आरोह-अवरोह नहीं रहता है। ऐसा इसलिए होता है कि आंचलिक उपन्यासों का लक्ष्य अंचल विशेष के जीवन का चित्रण होता है, उस अंचल से संबंधित कोई घटना नहीं। जब भी कथा का आधार एक घटना होगा और उस घटना का श्रेयी कोई व्यक्ति होगा, तब वह उपन्यास आंचलिक नहीं रह जायेगा।

इस तरह आंचलिकता के शिल्पगत होने के कारण उसकी मर्यादा ग्रामीण अंचलों तक सीमित करना वांछनीय नहीं है। अगर एक ग्राम्य या अन्य अंचल पर लिखा गया शिल्पगत वैशिष्ट्य से युक्त उपन्यास आंचलिक है तो कोई कारण नहीं कि शिल्प की उसी विशेषता को अक्षुण्ण रखकर किसी नगर के एक मुहल्ले पर लिखा गया उपन्यास

आंचलिक न होगा। ऐसे उपन्यास को न 'अंचल' शब्द के किसी विशिष्टार्थ के कारण और न किसी प्रकार की पारिभाषिक आपत्ति के कारण आंचलिक वर्ग से बहिष्कृत कर सकते हैं। शैलेश मटियानी का 'बोरीवली से बोरीबंदर तक' नगर जीवन पर लिखा गया एक सुन्दर आंचलिक उपन्यास है।

इस विवेचन को स्पष्ट करने के लिए उदाहरण-स्वरूप 'पानी के प्राचीर' का विश्लेषण किया जाएगा। 'पानी के प्राचीर' ने आंचलिकता से संबंधित सारे भ्रमों का निराकरण कर आंचलिकता का प्रतिमान स्थापित किया है। इसमें गोरखपुर जिले में गोर्रा और राप्ती नदियों के बीच स्थित 'पांडेपुरवा' नामक गाँव की कथा कही गयी है। कथा का श्रेयस्व कोई व्यक्ति नहीं बल्कि पूरा गाँव ही है। यह सही है कि सभी पात्रों में नीरू का व्यक्तित्व स्वभावतः ही विशिष्ट हो गया है, पर यह उसकी चारित्रिक विशिष्टता है, उसको यह विशिष्टता कथा-योजना के कारण नहीं मिली है। कथा-योजना की दृष्टि से तो मुखिया, महेश और बैजू को भी उससे कम महत्त्व नहीं मिलना चाहिए।

'पानी के प्राचीर' का अध्याय-विभाजन कथा के खंड नहीं, बल्कि पांडेपुरवा के जीवन-चित्र के विविध पार्श्व हैं। वृत्त-चित्रों की तरह त्वरा के साथ दृश्य बदलते हैं और इस तरह चौहत्तर दृश्यों में उपन्यास समाप्त हुआ है। कोई भी पात्र ऐसा नहीं है जो सारे के सारे दृश्यों में उपस्थित हो और ऐसा आवश्यक भी नहीं था। ऐसा भी नहीं कि जिस किसी दृश्य में कोई प्रमुख पात्र अनुपस्थित है, उसका प्रमुख पात्र से कोई परोक्ष सम्बन्ध है। सभी पात्र चारित्रिक विकास की दृष्टि से स्वतंत्र हैं। नीरू और बिंदिया में कोई सम्बन्ध नहीं है, बैजू का मिलिंद और गतपति के साथ कोई सम्बन्ध खोजना दुष्कर है।

'पानी के प्राचीर' में घटना की गति नहीं, काल की गति है। आंचलिक उपन्यासों में घटना के अभाव के बावजूद गतिशीलता बनी रहती है। 'पानी के प्राचीर' के चित्र गत्यात्मक हैं। एक काल-खंड में पांडेपुरवा का जीवन जिस बिंदु तक खिसक सका, वहाँ तक चित्रित हो गया है। सामान्य उपन्यासों में नायक का जीवन विकास पाता है, आंचलिक उपन्यासों में अंचल विशेष का समूहात्मक जीवन आगे बढ़ता है। इसीलिए आंचलिक उपन्यासों में प्रमुख पात्रों का भी सभी दृश्यों में उपस्थित रहना आवश्यक नहीं होता और न सभी दृश्यों का कोई पारस्परिक सम्बन्ध रहता है। 'पानी के प्राचीर' की कथा-धारा में न कहीं क्षिप्रता है और न मंथरता। काल-प्रवाह जिस प्रकार मंथर गति से चलता है उसी प्रकार इसकी कथा-धारा एक-रस चलती है।

'पानी के प्राचीर' ने आंचलिक उपन्यासों के शिल्पगत वैशिष्ट्य के प्रति कोई दुविधा नहीं रहने दी है। जो आंचलिकता स्थानीय रंग में मानते हैं, उनका भ्रम 'पानी के प्राचीर' से दूर हो जाना चाहिए। इसके कथ्य एवं वर्णन में जितनी स्थानीयता है उतनी 'गोदान' में भी उपलब्ध है। तब 'गोदान' और 'पानी के प्राचीर' का अंतर क्या है? 'गोदान' की दोनों कहानियों को अलग-अलग देखें तो सारी कहानी एक सूत्र में अनुस्यूत है। उसके सारे पात्र होरी के जीवन को पूर्णता देने के लिए आये हैं। इसीलिए उसके परिजनों के

अतिरिक्त उसके पुरजनों के प्रति प्रेमचंद मौन हैं। इसके विपरीत 'पानी के प्राचीर' में उपन्यासकार किसी एक परिवार तक सीमित नहीं है। पांडेपुरवा के किसी परिवार से उपन्यासकार उसी सदस्य को लेता है जिसके माध्यम से वह ग्राम-जीवन के किसी पक्ष की झांकी दिखा पाने में समर्थ होता है। बैजू और गेंदा की कहानी तो है किन्तु उनकी मां के विषय में उपन्यासकार ने कुछ नहीं कहा। इसी तरह मुखिया और उसका बेटा महेश तो चित्रित होता है किन्तु मुखिया की पत्नी का कोई चित्र नहीं मिलता है। यहाँ उपन्यास में आये हुए किसी पात्र विशेष की कथा नहीं, बल्कि पांडेपुरवा की कहानी ही उद्दिष्ट है। इसलिए पांडेपुरवा के वैविध्यपूर्ण जीवन के जो पुरजन भागी हैं, उन्हीं का प्रवेश उपन्यास में हो सका है। सभी पात्र मिलकर किसी एक पात्र के जीवन को सम्पूर्णता नहीं देते, वे पांडेपुरवा के जीवन को समग्रता देते हैं।

आंचलिक उपन्यासों की भाषा हिन्दी की परिनिष्ठिता को नष्ट करने का खतरा न्योत रही है। आंचलिकता का आधार भाषा नहीं है, तब बोली के शब्दों को जानबूझकर क्यों घुसेड़ा जाय? आंचलिक उपन्यासों में किसी अतिरिक्त भाषा-नीति की बिल्कुल आवश्यकता नहीं है। पात्रोचित भाषा की नीति का पालन आंचलिक उपन्यासों में भी होना चाहिए। अंचलों में ऐसे व्यक्ति भी होते हैं जो स्थानीय बोली के अतिरिक्त भाषा बोल ही नहीं सकते। ऐसे पात्र यदि ठेठ बोली का भी प्रयोग करें तो क्षम्य है। 'पानी के प्राचीर' ने आंचलिक उपन्यासों की भाषा का दिशा-निर्धारण किया है। एक दृश्य है, चैत की नवरात्रि के समय भूत खेलाया जा रहा है। इसी दृश्य में तीन तरह की भाषा का प्रयोग हुआ है। उपन्यासकार की ओर से जो कुछ कहा गया है वह परिनिष्ठित हिन्दी-गद्य का सुन्दर उदाहरण है–

> "चांदनी रात भी भयावनी लग रही है। लगता है, अभी घर से बाहर निकला नहीं कि किसी देवता की सवारी से टकरा गया। चारों ओर लाल-लाल टेसू, लाल सेमल भवानी की ध्वजा की तरह आकाश में जल रहे हैं। नीम की हरी-हरी डालियों पर देवी शीतलामती झूला झूल रही हैं। चारों ओर एक अव्यक्त थरथराहट सी छायी हुई है। बच्चों की तो मुसीबत है, घर से बाहर निकलने में वे कांप उठते हैं।"

लेखक ने अपनी ओर से जहाँ भी, जो कुछ कहा है, सर्वत्र ऐसा ही शक्तिशाली और प्राणवान् गद्य का प्रयोग हुआ है। लेखक की भाषा के अन्य उदाहरण भी द्रष्टव्य हैं–

> 'जब पैर एकदम छौंछिया जाते तो दौड़कर किसी गुम आदि के पौधे पर चढ़ बैठता था।' पृ. 123
>
> x x x
>
> 'मजूरिनें साड़ी का आधा भाग निचोड़कर सुखाने के लिए सिर पर डाल लेती हैं और फिर सिमसियायी साड़ी के आधे भाग को एक-दूसरे की आड़ करके पहन लेती हैं।' पृ. 134

x x x

'घनश्याम का भी बैल इस समय कुछ घाही होकर बेकार पड़ा था। भाँज हो गया था दो दिन घनश्याम का खेत और एक दिन सुमेश का।' पृ. 144

x x x

'लम्बे-चौड़े बरामदे में सभी लोग यहाँ से वहाँ तक लेंढ़ियाए हुए थे।' पृ. 121

x x x

'फिर लोगों ने दोनों को अलग कर झगड़ा दरहम-बरहम किया।' पृ. 277

उपर्युक्त उद्धरणों में निर्दिष्ट शब्दों का प्रयोग द्रष्टव्य है। ये शब्द खड़ी बोली के नहीं हैं और बोली से लिए गये हैं। इनके अर्थ-बोध में कोई कठिनाई नहीं होती, संदर्भ इनका अर्थ स्पष्ट कर देता है। इन शब्दों की व्यंजना चमत्कृत करती है। लेखकीय टिप्पणी में भी बोली के उन शब्दों का ग्रहण विहित होना चाहिए जो कोई विशिष्टार्थ रखते हैं और हिन्दी में जिनके सटीक पर्याय का अभाव है। तीसरे उदाहरण में 'भांज' शब्द का प्रयोग ध्यातव्य है। बोली का यह एक प्रकार का पारिभाषिक शब्द है जिसका सही पर्याय खड़ी बोली में नहीं मिलेगा।

इस दृश्य में तीन प्रमुख पात्र हैं गेंदा, रामधन तेली और सुमेश। गेंदा एवं अन्य औरतें ठेठ भोजपुरी बोलती हैं–

'हम एकर सवति हईं रे सवति, हम आपन 5 बरिस के लइका लेके रन-बन में घुमत बाटी आ ई हमरे मरदे के साथ मउज करति बा। एकर दूध पिया के हम लइका जियावत बाटी, एके हम नाहीं छोड़ब रे नाहीं छोड़ब।'

और सुमेश की भाषा यद्यपि खड़ी बोली है पर वह लेखकीय भाषा से भिन्न है–

'बोल लौड़िया, सही-सही बोल! तू भरे पंच में दगा दे रही है। हमको नहीं जानती, हम टीले पर के बरम हैं।'

पात्रानुसार भाषा की इस योजना से पात्रों की सजीवता बढ़ी है।

निष्कर्ष रूप में यह निस्संकोच कहा जा सकता है कि 'पानी के प्राचीर' में हिन्दी-गद्य आगे बढ़ा है और साथ ही साथ आंचलिक उपन्यासों के लिए भाषा का प्रतिमान भी प्रस्तुत हुआ है।

संदर्भ एवं टिप्पणियाँ

1. सारिका(बम्बई), अक्टूबर, 1961–जनवरी, 1962

'पानी के प्राचीर' में प्रगतिशीलता

निर्मला वार्ष्णेय

रामदरश मिश्र का पहला उपन्यास 'पानी के प्राचीर' यद्यपि एक निर्माणाधीन कृति है लेकिन गाँव की ज़िन्दगी के आत्मीय रंग इस उपन्यास में बहुत गहराई से उभर कर सामने आये हैं। उपन्यास कला में भी अभ्यस्त होने के कारण एक ओर इस उपन्यास में बहुत सारे ऐसे अध्याय आ गये हैं जो कथा संगठन की दृष्टि से व्यर्थ हैं। दूसरी ओर 'मैला आंचल' की लोकप्रियता के कारण उसके शिल्प की अनुकृति भी यत्र-तत्र दिखाई पड़ती है। नाच-गान सम्बन्धी कुछ टुकड़े या कविताएं 'होली गीत' स्पष्टतः रेणु के प्रभाव की सूचना देते हैं। इसके बावजूद पूर्वांचल की कथा-व्यथा को यह उपन्यास बड़ी सूक्ष्मता से प्रत्यक्ष कर देता है। पाठक पर पूर्वांचल का रंग और क्षेत्र की सारी करुणा इस तरह असर डालते हैं कि वह उपन्यास की असंगतियों को भूल जाता है। सारी असंगतियां सम्प्रेषण के स्तर पर लय-ताल की तरह उपन्यास के अर्थ में समाहित हो जाती हैं, अपने पहले स्वरूप और संस्करण के कारण ही यह उपन्यास लोकप्रिय हुआ था और इनमें भी श्री मिश्र को उपन्यासकार के रूप में खड़ा किया था। यह दूसरी बात है कि दूसरे संस्करण में उपन्यासकार ने असंगत अध्यायों को या तो निकाल दिया या कई अध्यायों को एक रूप में जोड़कर कथा विन्यास को तर्क सम्मत बनाने का प्रयत्न किया। लेकिन इस उपन्यास में पूर्वांचल की गाथा के साथ ही एक अन्तर्दृष्टि सम्पन्न उपन्यासकार को भी प्रत्यक्ष कराया था। श्री रामदरश मिश्र में रेणु अथा अन्य समकालीन आंचलिक कथाकारों की तुलना में कथा-कौशल कम हो सकता है, भाषा का चातुर्य, व्यंग्य-पटुता कम हो सकती है लेकिन राजनीतिक समझदारी तथा जीवन की पहचान सबसे ज्यादा गहरी है। जीवन की पहचान के कारण ही श्री मिश्र धीरे-धीरे एक उपन्यासकार के रूप में प्रतिष्ठित हो गये हैं।

'पानी के प्राचीर' में पाण्डेपुर गाँव के छोटे-बड़े, अमीर-गरीब, ऊंच-नीच, ठग-मुकदमेबाज, मास्टर, खेतिहर, प्रगतिशील, प्रतिक्रियावादी तमाम तरह के लोगों की एक जमात है जो समय और इतिहास, शोषण और बगावत से टकरा रही है। इस गाँव में आरम्भ में ऐसे लोग दिखायी पड़ते हैं जो अपने तीज-त्यौहार मना रहे हैं, गा रहे

हैं, होली के लिए गरीबों की झोपड़ियाँ लूट रहे हैं, गोहरा लूट रहे हैं, और पीछा किये जाने पर, चूंकि पीछा किये जाने वाला गरीब है, छोटी जाति का है इसलिए उसे मारते-पीटते हैं। यह गाँव की वास्तविकता है इस वास्तविकता को ज्यों का त्यों प्रस्तुत कर देना ही शायद श्री मिश्र जी का उद्देश्य नहीं है। इसलिए उपन्यास के आरम्भ में ही वे विवेक, राजनीतिक समझदारी और प्रगतिशील दृष्टि का एक समन्वय करते हैं, इस समन्वय का प्रतीक निरंजन है। वह सारे लड़कों को डांटता है–"यह हमारा अन्याय है कि हम निरबल तेली का गोहरा भी उजाड़ें और उसे मारें भी।" नीरू के सम्वाद उपन्यास की बुनियाद हैं जहाँ से प्रगतिशील और प्रतिक्रियावादी तत्वों की जमात अलग होने लगती है। होली में झोंपड़ी के साथ गरीब लोग, गरीब रामदीन को भी चारपाई सहित डाल देते हैं। रामदीन होली जलने के मौके पर उसी ढेर में पड़ा रहता है। और जब लोग उसे निकालना चाहते हैं तो वह सत्याग्रह की भाषा में कहता है–"मुखिया बाबू किसलिए निकलूं। बाल-बच्चों को भगवान ने छीन लिया, जो रही-सही झोंपड़ी थी उसे आपके इन राजकुमारों ने उजाड़ कर होली मैया में डाल दिया। अब इससे बढ़िया चिता कहाँ मिलेगी, आज आप लोगों को आशीस देती हुई सांस-सांस उड़ जायेगी।" रामदीन के इस वक्तव्य में सत्याग्रह, करुणा और विरोध के वे सारे तत्त्व हैं जिन्होंने गांधी के नेतृत्व में स्वतंत्रता के लिए संघर्ष किया। इस तरह से श्री मिश्र स्वातंत्र्य आन्दोलन को गाँव की वैचारिक बुनियाद के भीतर ढूंढना चाहते हैं उनका विश्वास है कि गाँव में सांस्कृतिक स्तर पर सत्याग्रह के तत्त्व विद्यमान थे जिसे महात्मा गांधी ने राजनीतिक कार्यक्रम से जोड़ कर अंग्रेजों से सत्ता छीनने वाले शस्त्र के रूप में इस्तेमाल किया। सारे स्वातंत्र्य आन्दोलन को श्री मिश्र ने ग्रामीण जनवादी विचारधारा से जोड़ा है और इस जमीन पर 'नीरू' के चरित्र का विकास करने का प्रयत्न किया है। जब सन् 1942 में आजादी की लड़ाई तेज होती है उस समय भी नीरू नारों की भीड़ से दूर क्रान्तिकारियों से गुप्त बातचीत करता है और कहता है चूंकि वह प्रतिक्रियावादी जमींदार गजेन्द्र सिंह का कारिन्दा है इसलिए सीधे दल के साथ नहीं जा सकता। वह कहता है कि आप लोग स्टेशन फूंकिये। वह बाद में स्टेशन के रक्षक के रूप में आयेगा तब तक क्रान्तिकारियों को हट जाना चाहिए। स्पष्ट ही नीरू का चरित्र दुहरा है वह व्यवस्था से टकराता है और व्यवस्था में बना रहना भी चाहता है किसी निर्माणाधीन व्यक्ति में ये द्वन्द्व होते हैं। वे अपने आस-पास के जगत की विवशताओं की एक इकाई होता है। उसकी महत्ता इसी में है कि वह व्यवस्था के चक्रों से किस तरह संघर्ष करे। स्पष्ट चरित्र तो परम्परा से कटे हुए आदमी का ही हो सकता है। खास तरह के "कम्प्रोमाइज" व्यवस्था के भीतर तैयार करने ही पड़ते हैं। यही नीरू जीवन की असफलताओं से जब धीरे-धीरे निराश होकर टूट जाता है तो उसे लगता है–"यह समूची ज़िन्दगी निमित्त मात्र बनकर एक दिन टूट जाये। ज़िन्दगी में कहीं भी एक क्षण के लिए विराम तृप्ति न दिखायी पड़ी।" नीरू अभावों से मुक्त होने के लिए धीरे-धीरे गन्दे समझौतों की गिरफ्त में फंसता जाता

है। अपने भाई के द्वारा आलोचित होने पर फिर उसके भीतर का सोया हुआ आदमी जागता है। यह वही आदमी है जिसने आजादी भी चाही थी और अपने जमींदार की नौकरी भी चाही थी। वह अपने भाई केशु से वायदा करता है–"विश्वास मान केशु। अब तेरी पढ़ाई के रुपयों में किसानों के रक्त की गन्ध नहीं आयेगी।" वास्तव में नीरू उस संघर्ष का प्रतीक है जो प्रगतिशील बनने के लिए किसी समाज या व्यक्ति को करने पड़ते हैं। लेखक ने इस संघर्ष को जगाते हुए प्रगतिशीलता की सम्भावनाओं को जगह देने की कोशिश की है।

प्रगतिशीलता की संभावनाओं का दूसरा क्षितिज गाँव की परम्पराओं, नैतिक-अनैतिक सम्बन्धों के भीतर भी दिखाने का प्रयत्न किया गया है। पांडेपुर गाँव में छोटी-बड़ी जातियों के लोग यौन सम्बन्धों के स्तर पर भी प्रगतिशीलता की समस्याओं से लड़ रहे हैं। बिंदिया चमारिन के पीछे बड़े-बूढ़े लड़के सभी पागल हैं। बिंदिया चमारिन अनुभव करती है–"ये वामन के कुत्ते रात में विष्ठा तक खा लेंगे और दिन को होंठों पर पान की पीक पोतकर महकने की कोशिश करेंगे।" जाहिर है बिंदिया परम्परित अनैतिकता से अपनी देह की रक्षा नहीं कर पाती लेकिन विरोध उसके भीतर है। इस विरोध के बिन्दु पर ही वह प्रगतिशील है। इसी तरह विधवा गुलाबी जब बैजू पण्डित के घर बैठ जाती है तब गाँव की सामाजिक स्थिरता डगमगाने लगती है। नीरू इस अस्थिरता को प्रतिक्रियावादी हरकत के रूप में देखता है, और गाँव की पंचायत में एक प्रगतिशील व्यक्ति की तरह वक्तव्य देता है–"मैं जानता हूँ कि असहाय अबलाओं को छिपे-छिपाये अपनी वासना के होंठों से चूसकर फेंक देने वाले, भ्रूणों की हत्यायें करने वाले हमारे भीतर भरे पड़े हैं। लेकिन साहस के साथ दुनिया की झूठी बदनामी की परवाह किये बिना नारी का हाथ पकड़ने और उसकी सन्तान को अपनी सन्तान के रूप में स्वीकार करना बहुत बड़े पुरुषार्थ का कार्य है।" वह स्पष्ट कहती है–"मैं तुम लोगों के इशारे पर लट्टू की तरह नाचते रहने की बजाय एक मरद करके बैठ गयी हूँ तो तुम लोगों की छाती पर सांप क्यों लोटता है।" गुलाबी समझौतावादी स्त्री नहीं है। प्रगतिशील नैतिकता के कारण उसने समाज विरोधी नैतिकता की स्थापना की है।

वर्गचरित्र को ग्रामीण सन्दर्भ में पहचानने के लिए श्री मिश्र ने राजनीतिक भाषा के स्थान पर घटनाओं को संकेतार्थ निर्मित किया है। पांडेपुर गरीबों का गाँव है। इस गाँव की धरती वहाँ के निवासियों के पोषण में असमर्थ है, इसलिए गाँव के लोग बाहर जाकर मजदूरी करते हैं, मुन्शीगीरी करते हैं, भीख मांगते हैं। एक तरह से पूरे गाँव की अर्थव्यवस्था ही पराश्रित है। इस व्यवस्था का एक दृश्य है कि गाँव के कन्नू पांडे महात्मा बनकर एक-दूसरे गाँव में जमे हुए हैं। बड़ा सम्मान है, उसी गाँव का टीसुन भीख मांग रहा है। दोनों गंवार है, दोनों ही गरीब हैं, लेकिन दोनों के मांगने के तरीके में अन्तर है। नीरू इस विडम्बना पर सोचता है–"हाय रे! पांडेपुरवा गाँव तेरी ये हालत। कन्नू पांडे महात्मा बने हुए हैं। दोनों पक्के गंवार, किन्तु महात्मा बन कर लोगों को

ठग रहे हैं। टीसुन और पांडेय में क्या अन्तर है, दोनों ही भीख मांग रहे हैं। किन्तु टीसुन को गाली मिल रही है और कन्नू पांडेय को आदर, यश, धन तीनों।" लेखक ने संकेत द्वारा भारतीय संदर्भ में वर्ग-चरित्र की समस्याओं को उभारा है। शायद वे कहना चाहते हैं कि इस देश में अमीर और गरीब के बीच वर्ण एक बाधक तत्त्व है। भिखारी और सन्यासी एक ही परजीवी वर्ग के सदस्य हैं, लेकिन वर्णगत श्रेष्ठता के कारण दोनों के मूल अलग-अलग हैं। इस तरह लेखक ने वर्ग चरित्र अतः वर्ग-संघर्ष की सम्भावनाएं दूर की हैं।

"वर्ग संघर्ष" की स्थितियों के निर्माण में गाँव का पिछड़ापन छोटे-मोटे अंधविश्वास और जाति-वर्ण सम्बन्धी मूल भी बाधक हैं। ये बाधाएं बहुत भीतर तक गाँव को जकड़े हुए हैं। यही कारण है कि गाँव की पूरी मानसिक स्थिति बहुत दूर तक प्रगति विरोधी है। भूत-प्रेत में विश्वास है, गाँव में बीमारी का प्रकोप है तो बरुन और काली की पूजा हो रही है। सुरेश-पाण्डेय को देवी का आशीर्वाद प्राप्त है, इसलिए उन्हें ताऊन, हैजा, चेचक से डर नहीं लगता। उनके सिर सारे देवता आते हैं और वे ब्राह्मण होते हुए भी डीह बाबा के लिए सुअर का छोना मांगते हैं और काली माई के लिए "धार-कपूर" की आवश्यकता बतलाते हैं। इस जहालत का क्रम चलता रहता है, जिसका एक दूसरा स्तर नीरू के ही दुहरे चरित्र में दिखलायी पड़ता है। नीरू यद्यपि प्रगतिशील है लेकिन गरीबों की क्रान्ति उससे सही नहीं जाती। हरेठी पासी जब उसे और सिपाहियों को सलाम नहीं करता तो सिपाही के पूछने पर नीरू प्रतिक्रिया व्यक्त करता है, "सरकार यह छपिया गाँव का हरेठी पासी है। यह कलकत्ता से करान्ति पढ़ कर आया है, अपने गाँव के किसानों को बहकाता है, बड़ा हरामी है।" नीरू के चरित्र का ये अन्तर्विरोध ग्रामीण चेतना के विकास के समानान्तर ही है। एक अर्से तक न केवल गाँवों में बल्कि सम्पूर्ण देश में प्रगतिशीलता का अर्थ मानवतावाद ही हुआ करता था। नीरू पूरे उपन्यास में अनेक अवसरों पर मानवतावादी होने के कारण प्रगतिशील भी दिखलायी पड़ता है, लेकिन उसका चरित्र वस्तुतः एक प्रतिक्रयावादी का ही चरित्र है। वह अमानवीय प्रसंगों का विरोध तो करता है, लेकिन गरीबों को संगठित कर शोषकों के खिलाफ बगावत की भूमिका नहीं तैयार कर पाता। वह स्वातन्त्र्य आंदोलन के साथ है। निरबल तेली पर होने वाले अत्याचार के खिलाफ है। गुलाबी पर अभिव्यक्त होने वाली सामाजिक जड़ता का विरोधी है। अपने छोटे भाई के कहने पर गरीबों का शोषण नहीं करने के लिए भी कृतसंकल्प है। लेकिन उसका बार-बार व्यवस्था से चिपकता प्रतिक्रियावादियों के साथ समझौता करना छोटे-छोटे लालचों से घिर जाना सिद्ध कर देता है कि प्रकृतिवादी सिद्धान्तों के अनुसार उसके व्यक्तित्व का विकास नहीं हो पाया। यह अधूरापन नीरू जैसे एक व्यक्ति की सच्चाई नहीं है, पूरे गाँव और देश की सच्चाई है। उपन्यासकार श्री मिश्र जी ने इस सच्चाई को प्रस्तुत करते हुए प्रगतिशीलता का परिचय देकर प्रगतिशीलता की नियति पर भी आघात किया है। इसीलिए कहा जा सकता है कि 'पानी

के प्राचीर' क्रमशः विकसित होती हुई प्रगतिशीलता का इतिहास प्रस्तुत करने वाला उपन्यास है। ऐसा लेखक ने यथार्थ और इतिहास के दबाव में ही किया है, उन्होंने स्वप्नदर्शी लेखक की तरह अवास्तविक चरित्रों की सहायता से प्रगतिशीलता का आख्यान नहीं किया; इसलिए उनके उपन्यास में झगड़ों, मनमुटावों, दलबन्दी की भरमार दिखाई पड़ती है, लेकिन "वर्ग संघर्ष" का कोई चिन्ह स्पष्ट रूप से उभर कर सामने नहीं आता। इस उपन्यास की सार्थकता प्रगतिशील दृष्टि से इतिहास को समझने के कारण ही है।

संदर्भ एवं टिप्पणियाँ

1. "द्वितीय संस्करण" में मैंने कई छोटे-छोटे अध्यायों को तोड़ कर एक में मिला दिया और मात्र वातावरण की सृष्टि करने वाले कुछ छोटे-छोटे अध्यायों को निकाल दिया। इससे कथा की दृष्टि से उपन्यास में अधिक कसावट आ गयी।
2. पानी के प्राचीर, रामदरश मिश्र, पृ. 7
3. वही, पृ. 9
4. वही, पृ. 281
5. वही, पृ. 289
7. वही, पृ. 50
8. वही, पृ. 278
9. वही, पृ. 289
10. वही, पृ. 227
11. वही (द्वितीय संस्करण) पृ. 224
12. वही (द्वितीय संस्करण) पृ. 277

जल टूटता हुआ : स्वतंत्र भारत के ग्रामीण जीवन का प्रामाणिक दस्तावेज

उदयभान मिश्र

मैं इसे साहित्य के लिए शुभ मानूं या अशुभ कि जब हम किसी साहित्यिक कृति के बारे में सोचने बैठते हैं तो हम उस कृति के रूप और रचाव की बात न सोचकर उसमें उठायी गयी सामाजिक समस्याओं और सुझाये गये समाधानों पर सोचने लगते हैं। कृति समाज को किस दिशा की ओर ले जाना चाहती है? जो समस्या लेखक ने उठायी है, वह समस्या क्या सही परिप्रेक्ष्य में उठ सकी है? क्या उसका वही एकमात्र समाधान हो सकता था, जो कृति में सुझाया गया है आदि-आदि। कहने का आशय यह कि कृति किस तरह प्रस्तुत की गयी है इस पर विचार कम या नहीं के बराबर होता है। क्या प्रस्तुत किया गया है और क्यों प्रस्तुत किया है–इस पर बल अधिक दिया जाता है। एक सामाजिक नेता, या राजनेता भी तो सामाजिक समस्याओं से ही जूझता है और उसके समाधान की चेष्टा करता है। महात्मा गांधी 'अस्पृश्यता' को समाज के लिए अभिशाप मानते थे और उसके अन्त के लिए उन्होंने प्रयत्न भी किया और रास्ता भी दिखाया? तो यदि कोई उपन्यासकार अपनी कृति में 'अस्पृश्यता' की स्थिति का चित्रण करता है तो क्या गांधीजी की तरह उसके लिए भी यह जरूरी हो जाता है कि वह उसे समाप्त करने के लिए अपनी कृति के माध्यम से प्रयत्न करे और कैसे उसका अन्त हो, इसके लिए कृति द्वारा वह रास्ता भी दिखाये? यदि कृतिकार किसी राजनेता या समाजसेवी की तरह व्यवहार करने लगे तो वह लेखक कहाँ तक बना रह सकेगा, यह एक स्वाभाविक प्रश्न यहाँ उठता है।

मैं अक्सर यह महसूस करता हूँ कि एक कृतिकार के लिए मूल्यवान उस कृति को बुनने वाले रेशे ही होते हैं। वह रेशा 'शब्द' और 'शब्द-शक्ति' का होता है। अभिव्यक्ति की पूर्णता और क्षमता ही उस रेशे को दृढ़ता प्रदान करती है। मुझे किसी कृति के संदर्भ में उसकी बुनावट से इतर सारे प्रश्न और मानदण्ड अप्रासंगिक लगते हैं। दुनिया के

विख्यात आदर्शवादी लेखक टालस्टाय की कृति 'युद्ध और शांति' पढ़ते हुए मैं उसकी सहज कथन भंगिमा और अभिव्यक्ति-संक्षिप्तता पर ही मुग्ध होता हूँ। उसमें कैसा समाज चित्रित हुआ है और किस आदर्श की प्रतिष्ठा हुई है—ये प्रश्न मुझे नहीं छूते। जो चित्रित हुआ है वह ठीक-ठीक चित्रित हुआ है या नहीं, उसमें कहीं कोई दरार या खोट तो नहीं है—किसी कृति के साथ होते हुए—यही प्रश्न मेरे साथ होते हैं?

यह स्थिति ऐसी क्यों है? ऐसी क्यों नहीं है? यह चरित्र हंसता क्यों है? रोता क्यों नहीं है? यह स्थिति हंसने की नहीं, रोने की है—जैसे प्रश्न किसी कृति के सम्बन्ध में मुझे बेमानी लगते हैं। कृति जिस भी रूप में है उसे उसी रूप में स्वीकार करके उसे 'कलात्मकता' की कसौटी पर कसा जाना चाहिए। और रामदरश मिश्र का उपन्यास 'जल टूटता हुआ' जब मैंने पढ़ना शुरू किया तो यही प्रश्न मेरे दिमाग में कौंध रहे थे। मुझे इस बात से गहरी प्रसन्नता हुई कि रामदरश मिश्र का कथाकार प्रारम्भ से अन्त तक एक कलाकार की ही भूमिका निभाता है। कला से इतर वस्तुएं कलाकार के परिवेश में हैं, किन्तु वे उसकी कला नहीं हैं। यदि कुछ हैं तो उसके स्रोत या उपकरण मात्र।

रामदरश मिश्र के इस उपन्यास को आंचलिक उपन्यास की संज्ञा दी गई है। उत्तर-प्रदेश के 'कछार अंचल को चित्रित करने वाला उपन्यास, किन्तु 'आंचलिक' का अर्थ उस अंचल विशेष की ग्राम्य भाषा, ऊपरी हावभाव, लोक-रिवाज, चाल-चलन आदि का वर्णन मात्र ही है तो यह उपन्यास निश्चित रूप से आंचलिक नहीं है। शैलेश मटियानी जैसे एकाध लेखकों ने आंचलिकता के नाम पर ऊबड-खाबड़ भाषा और सतही ज़िन्दगी का जो चटपटा मसाला पाठकों के सामने प्रस्तुत किया है उससे पाठक 'आंचलिक' शब्द से ही बिदक उठता है।

रामदरश मिश्र का यह उपन्यास उन अर्थों में आंचलिक नहीं है। यह आंचलिक यदि है तो इन अर्थों में कि गोरखपुर जिला के उस क्षेत्र में पुरानी पीढ़ी और नयी पीढ़ी का संघर्ष किस रूप में और किस तीव्रता के साथ हो रहा है—इसका चित्रण इस उपन्यास में है। शहर अपने पंख उस क्षेत्र विशेष में किस कौशल से फैला रहा है और धीरे-धीरे किस तरह गाँव मर रहा है और शहर प्रवेश कर रहा है—इसका चित्रण इस उपन्यास में हुआ है। पुराने मूल्य किस तरह टूट रहे हैं और उनका स्थान नए मूल्य ले रहे हैं—इसकी संघर्ष और स्थापना यात्रा इस उपन्यास में दिखायी गयी है। गोरखपुर जनपद का तिवारीपुर गाँव अपने में एक स्वतन्त्र इकाई नहीं है। वह स्वातंत्र्योत्तर भारत के उन लाखों गाँवों का प्रतिनिधित्व करता है जहाँ अभाव, अशिक्षा, पाखण्ड और बाह्याडम्बरों का ताण्डव नृत्य अब भी हो रहा है। जहाँ अभाव और दैन्य में ज़िन्दगी ढोते हुए सुग्गन मास्टर, छल और प्रपंच के प्रतीक अवसरवादी सोशलिस्ट नेता रामकुमार है। रामकुमार, दीनदयाल, महीप सिंह, सरकारी अफसर और गुण्डों का जहाँ अब भी राज है, मगर एक नये उन्मेष के रूप में रूढ़ियों और जर्जर परम्पराओं से जूझने वाले सतीश और उमाकांत भी हैं। किन्तु इस अंचल विशेष में इन सारे उन्मेषों का स्वरूप कुछ स्पष्ट

नहीं है। एक तरफ जमींदारी-उन्मूलन, स्कूलों का प्रसार, सबको बोलने की स्वतन्त्रता, सबको समान अधिकार, मताधिकार, पंचायत राज की स्थापना, सुधार योजनाएं आदि-आदि हैं तो दूसरी तरफ भूख के मारे सुग्गन मास्टर की अंतड़ी में दर्द, बाढ़ में लुटती फसल, धूर्त और स्वार्थी नेता, तीन चार महीने की बाकी तनखाह, विद्यार्थियों के उदास गन्दे चेहरे, भ्रष्टाचार, लड़ाई-झगड़े, कलह ··· इन विरोधाभासों के जीते हुए लोगों की कथा 'जल टूटता हुआ' कहता है। 'मास्टर को लगा जैसे वह कुछ स्पष्ट नहीं हो पा रहा है। उसके भीतर दो धाराएं एक-दूसरे को काटती हुई बहे जा रही हैं, लगता है वह कहीं बहुत गहरे उलझ गया है, बिखर गया है अपने ही भीतर।' और यही वह स्थिति है जो इस पूरे उपन्यास की चेतना है।

जिस तरह कोई कविता पढ़ते समय कभी-कभी अर्थ समझ में नहीं आता, शब्दों के अर्थ स्पष्ट नहीं होते, उसकी लय मन को नहीं रिझाती किन्तु उसका चित्र मन पर छा जाता है और काफी देर तक 'हान्ट' करता रहता है, उसी तरह रामदरश मिश्र के उपन्यास की किस्सागोई, पात्रों का चित्रण, कथानक आदि सब कुछ इस 'स्थिति-चित्रण' के आगे गौण हैं। 'जल टूटता हुआ' स्वातन्त्रयोत्तर हिन्दी गद्य की एक महत्वपूर्ण कृति यदि है तो इसलिए नहीं कि वह एक आंचलिक कृति है या उसमें पात्रों का बहुत सजीव चित्रण हुआ है या उसकी कथा-वस्तु मन को देर तक बेधती रहती है बल्कि इसलिए है कि 'गोदान' के बाद संभवतः यह पहली कृति है जो आजाद भारत के गाँवों के आम आदमी को उसकी समग्रता में अत्यन्त सादगी के साथ उसकी तमाम अच्छाइयों-बुराइयों समेत प्रस्तुत करती है। ग्रामीण समाज की यथावत् स्थिति का 'आकलन' ही इस महत्वपूर्ण उपन्यास की आत्मा है और यही वह स्थिति है जो 'जल टूटता हुआ' के पात्रों, वर्णनों तथा तत्वों को पीछे छोड़ती हुई पाठक के मन पर छा जाती है। जिस तरह टालस्टाय के 'युद्ध और शान्ति' में महत्वपूर्ण उसमें चित्रित लगभग 500 पात्र नहीं हैं, बल्कि महत्वपूर्ण वह स्थिति है जिसे उपन्यासकार ने चित्रित किया है, उसी तरह इस उपन्यास 'जल टूटता हुआ' में उभारी गयी स्थिति ही महत्वपूर्ण है और यही 'स्थिति-चित्रण' इस उपन्यास को न केवल आंचलिक उपन्यासों के बीच अलग खड़ा कर देता है बल्कि इसे उनसे अधिक मूल्यवान और महत्वपूर्ण भी बनाता है।

संभवतः यही कारण है कि रामदरश मिश्र के उपन्यासकार ने इस उपन्यास को आंचलिक शब्दों की भरमार से बचाया है। इस सन्दर्भ में मात्र एक उद्धरण देना चाहता हूँ जो इस बात का प्रमाण है कि यदि उपन्यासकार की दृष्टि मात्र आंचलिक शब्दों या फैशनपस्त आंचलिक लेखकों का अनुकरण करने की होती तो ये पंक्तियां इस उपन्यास में निश्चित रूप में स्थान नहीं पातीं-"लड़के-लड़कियां अपने केले वाले सिल्क के धराऊं कपड़े धूप में सुखा रहे हैं। उनसे एक धूपायित गंध फूट-फूट कर बिखर रही है। कैसी जीवन गंध है इस धूप में। आह, इधर तो कई वर्षों से यह धूप अकेली पड़ गयी है। धान, मक्के, कोदों फसलों के बिना यह धूप निस्संग हो गयी है। इसी धूप में

मक्के की लाल-लाल स्वस्थ बालियां फैली होती थीं रस्सियों पर, छतों पर, खाटों पर। इसी धूप में धान कोदों की फैली हुई गंध पकती थी और जीवन महक उठता था" (पृ. 119)। गंध का पकना और जीवन का महक 'उठना' चले हुए मुहावरे में फिट होने वाले आंचलिक उपन्यासों में पाना कठिन है और यही वह बिन्दु है जो रामदरश मिश्र के उपन्यासकार को अपने समकालीन सभी कथा लेखकों से अलग खड़ा करता है।

हर युग का अपना एक व्यक्तित्व होता है। यह व्यक्तित्व अभिव्यक्ति के सभी माध्यमों में एक साथ व्यक्त होता है। चाहे कविता हो, चाहे कथा। दोनों विधाओं का बोध एक होता है एक युग में। यह निस्संकोच स्वीकार करना चाहिए कि समस्त साहित्य रूपों का आपस में एक-दूसरे में प्रवेश करना इस युग के साहित्य की मूल चेतना हो गयी है। विधाओं का कटघरा तोड़ना लेखक की अनिवार्य नियति बन गयी है। कहानीकार कमलेश्वर जब "उस रात वह मुझे ब्रीच कैंडी पर मिली थी और ताज्जुब की बात दूसरी सुबह सूरज पश्चिम में निकला था" के रूप में कविता करता है या मुक्तिबोध के यहाँ जब कहानी कविता हो जाती है और मोहन राकेश "लहरों के राजहंस" में कविता करने लगते हैं तो यह निस्संकोच स्वीकार करना पड़ता है कि सभी विधाओं की अनिवार्य नियति "कविता" होना है। देवीशंकर अवस्थी ने "नयी निगाहों के सवाल" में जब मोहन राकेश से यह कहा था कि "कहानी की चरम नियति कहीं कविता के आसपास ही है" तो उनकी बात में सच्चाई थी। निर्मल वर्मा का यह मन्तव्य भी इस बात को बल देता है कि गद्य की चरम उपलब्धि कविता हो जाने में ही है-बीसवीं शताब्दी की सबसे महान कहानी 'डेथ इन वेनिस' सिर्फ फेबल है- "फाकनर की कोई भी कहानी गद्य के टेक्सचर पर है एक काव्यखण्ड, चट्टान पर खींचे गये भित्ति-चित्रों सी जादुई है।··· अगर वे कहानियाँ हैं तो सिर्फ आत्मघाती अर्थ में-एक फेबल है, दूसरी कविता, तीसरी ऐण्टी कहानी-उन्होंने स्वयं बड़ी निर्ममता से अपनी ही विधा को तोड़ा है। उसके चौखटों से मुक्त होकर उन सूखी और कठोर और नामहीन चीजों को छूने की कोशिश की है, जो पकड़ से बाहर है।"

और इस दृष्टि से मुझे यह कहने की इजाजत दी जाये कि रामदरश के कलाकार ने जाने या अनजाने कविता और कथा के कटघरे को तोड़ा ही नहीं बल्कि उनको कई अर्थों में एक-दूसरे का पूरक और अभिन्न बनाया है। इस तरह हिन्दी के वे उन इनेगिने कलाकारों में से हैं जिन्होंने विश्व कथा साहित्य के नज़दीक अपनी कथा को ले जाने का प्रयास किया है। पश्चिम के कथा साहित्य का जो नवीनतम शिल्प "फैंटेसी" है उसे भी आप "जल टूटता हुआ" में पा सकते हैं। "चौधरी की वीभत्स आकृति सतीश की आँखों के आगे खड़ी हो गई। सतीश ने बढ़कर उनके पेट पर जोर से लात मारी और हुंकार उठा-'कमीने तू अभी भी जिन्दा है, आजादी मिलने के बाद भी।' चौधरी पेट पर हाथ फेरता हुआ हंसा-मारो, और मारो। यह पेट तो तुम्हारा ही है, तुम्हारे गहनों से भरा हुआ है यह, चोट मुझे नहीं, तुम्हारे गहनों को लग रही है।" (पृ. 28)

फैंटेसी का सहारा कलाकार उस कल्पित यथार्थ को चित्रित करने के लिये लेता है जिसे यथार्थ की वास्तविक स्थिति नहीं होती किन्तु जिसकी सृष्टि कलाकार "विशफुल थिंकिंग" को रूप देने के लिये करता है और इसके माध्यम से न केवल वह अपने "तनाव" को कम करता है बल्कि दूसरों के लिए एक 'संकेत' भी देता है। काफ्का की 'मेटामारफोसिस' या हिन्दी लेखक बदीउद्ज़मा के नवीनतम उपन्यास "एक चूहे की मौतें" में जिस फैंटेसी का सहारा लिया गया है वह यन्त्रयुग की वीभत्सता और उससे पैदा हुए नतीजों को चित्रित करने के लिये हुआ है। अभिव्यक्ति की इस आधुनिकतम टेकनीक का उपयोग रामदरश मिश्र के इस उपन्यास में पाकर प्रसन्नता होती है।

पूरे उपन्यास में कविता की लय उसी तरह व्याप्त है जैसे शिराओं और धमनियों में बहता हुआ रक्त।··· जैसे गाँव का गाँव निगलती हुई लाल-लाल लपटें आ रही हैं, जैसे कटे हुए हाथों, मुंडों, धड़ों को उछालती खून की धाराएं दौड़ रही हैं—भयानक आकृतियों जैसे गाँव के सिवान के सघन बागों से एक साथ चीख पड़ती हों (पृ. 19)। ये घिरे-घिरे बादल ··· यह सामने बहती हुई बाढ़ ··· यह डोलती हुई पुरवइया ··· और गीता की उमर ··· मास्टर सुगन को लगा कि गीता के भीतर की मौन नदी पुरवइया के झोंके में हरहरा उठी है (पृ. 33)। जड़ता की छाती में बिखरते हुए बीज, लहलहाते हुए अंकुर, झूमती फसलें और फसलों के कट जाने के बाद का सन्नाटा ··· सतीश को लग रहा है कि जैसे यह धरती का जीवन उसके जीवन का प्रतीक बन गया है (पृ. 82)। धूप आकाश में रेशमी कपड़े सी सूख रही है (पृ. 121) जैसी कविताएं 574 पृष्ठों वाले इस उपन्यास में फैली पड़ी हैं। प्रेमचन्द के 'गोदान' को महाकाव्य कहा गया लेकिन उसके व्यापक होने के अर्थ में रामदरश मिश्र का यह उपन्यास वास्तविक रूप में काव्यात्मक उपन्यास है जो आज दुनिया के बड़े से बड़े कथाकार की आकांक्षा और चेष्टा है—चाहे वह परिन्दे का लेखक निर्मल वर्मा हो, चाहे यूलिसिस का लेखक जेम्स ज्वायस या मेटामारफोसिस का लेखक काफ्का हो।

कवि शमशेर ने पहले कहीं लिखा है कि कविता में आज जो तत्व हम खोजते हैं वह अक्सर, कहानी, स्केच और उपन्यास के भावुक और गहरे स्थलों में सहज ही मिल जाता है। मुझे पूर्ण विश्वास है कि इस उपन्यास को पढ़कर शमशेर जी की यह आस्था और दृढ़ होगी। और कथा समीक्षा के लिए काव्य-समीक्षा पद्धति का जो प्रयोग नामवरसिंह जैसे समालोचक ने अपनाया है—उसे इस उपन्यास के सन्दर्भ में और बल मिलेगा।

नामवर जी ने जब 'काव्य-समीक्षा पद्धति' से कुछ कहानियों का मूल्यांकन किया तो उनके मन में विपक्षी आलोचनाओं को लेकर एक दुविधा थी—'कहानी समीक्षा की दिशा में कदम उठाने के पहले शायद इस प्रकार की दुविधा कुछ-कुछ अपने मन में भी थी' किन्तु यह दुविधा कैसे दूर हुई, इसे नामवरजी के ही शब्दों में सुनिये—"किन्तु कुछ दिनों के बाद जनवरी 1962 के 'एसेज इन क्रिटिसिज्म' में स्वयं उस पत्रिका के

सम्पादक औ. अंग्रेज़ी के जागरूक समालोचक एफ. डब्ल्यू. बेटसन एवं बी शाहेबिच द्वारा प्रस्तुत कैथरीन मैन्सफील्ड की कहानी 'मक्खी' का विश्लेषण देखकर संतोष हुआ। इस कहानी में आलोचना की वही विश्लेषणात्मक पद्धति अपनायी गयी है जो पिछले कुछ दशकों से छोटी कविताओं के विश्लेषण में सफल पायी गयी थी। इस निबन्ध से, मेरे निकट, उन लोगों के लिए भी उत्तर प्रस्तुत था जिनका यह आरोप था कि मैं कहानी समीक्षा में काव्य समीक्षा की पद्धति का बलात् उपयोग करके भूल कर रहा हूँ।"

मैं इस प्रसंग में नामवर जी से ही नहीं बल्कि सभी कथा आलोचकों के सामने यह प्रस्ताव करने की अनुमति चाहता हूँ कि रामदरश मिश्र का यह काव्यात्मक उपन्यास मात्र काव्य समीक्षा पद्धति से ही समझा जा सकता है। हो सकता है कि निर्मल वर्मा या रेणु की कहानियों की समीक्षा में 'काव्य-समीक्षा-पद्धति' का उपयोग जब नामवर जी ने किया हो तो कुछ लोगों को वह उनका 'बलात् प्रयास' लगा हो किन्तु यहाँ उन्हें मैं आश्वस्त करना चाहता हूँ कि इस उपन्यास के साथ इस पद्धति का उपयोग करके कोई भी आलोचक अपनी 'पैनी दृष्टि' और जागरूकता का ही परिचय देगा।

'जल टूटता हुआ' उपन्यास का एक-एक शब्द, प्रतीक और संकेत से बंधा हुआ है। जल का बहना, कभी बाढ़ में उफनना, कभी सूखना, कभी-कभी कई धाराओं का मिलकर बहना, कभी अलग-अलग हो जाना, कभी नये-नये बांधों का बंधना, कहीं पोख्ता होना, कहीं दरकना, कभी पीछे जाना, कभी दिशा बदल-बदल कर जाना, कभी चक्कर काटना, कभी एक धारा का दूसरी धारा के समानान्तर बहना, कभी एक का दूसरे को काटना—ये सब के सब ऊपर से सरल और सीधे दीखने वाले वाक्य और शब्द जीवन की 'जटिल गति' के प्रतीक हैं और पूरे जीवन का संश्लिष्ट और गुम्फित चित्र प्रस्तुत करते हैं। इनकी अर्थवत्ता, संकेतात्मकता कविता के मानदण्डों से ही समझी जा सकती है। 'जल का टूटना' अपने आप में आज के युग के एक कटु 'सत्य' और 'दयनीय स्थिति' की ओर संकेत करता है और यह काव्यात्मक संकेत मास्टर सुग्गन तिवारी के कीचड़ में गिरने से शुरू होता है और सतीश के घाव का रह-रहकर 'टीसने' तक फैलता है। 'यही घाव जरा रहकर टीस रहा है'—यह एक छोटा सा वाक्य व्यापक तौर पर इस युग की और विशेष अर्थ में जिस क्षेत्र विशेष से सम्बन्धित यह कथा है—उसकी वास्तविक स्थिति का प्रतीक बन जाता है।

'जल टूटता हुआ' आजादी के बाद के गाँवों की स्थिति का एक प्रतीक है। उस गाँव का प्रतीक जहाँ के 'मास्टर सपने में डूबे थे। एक चील बड़े जोर से टें करके ऊपर से उड़ गई। उसके पंजे में एक मछली छटपटा रही थी। मास्टर का ध्यान भंग हुआ और फिर उनके सामने दूर-दूर के नालों का उफनता हुआ जल लोटने लगा (पृ. 90)।' 'जल टूटता हुआ' में वह सतीश डोल रहा है जो 'दरवाजे पर बैठा-बैठा अपने सामने बहते हुए सूनेपन को एकटक निरीह आँखों से देखता रहता। सूनेपन की हर लहर जैसे उसकी आँखों के तट पर घोंघा, सेवार छोड़ जाती, और उसका कुछ बहा ले जाती। हेमन्त की

पीली-पीली बीमार धूप मानों उसके मन का विस्तार बनकर आस-पास के पेड़ों और खपरैलों पर अलसायी रहती (पृ. 112)।'

'जल टूटता हुआ' में वह शारदा है जो 'कुछ बोलती नहीं, मूक शिशु की तरह आँखों में व्यथा भरे ताकती रहती है (पृ. 562)।' एक चील का टें-टें करके आकाश में उड़ना, उसके पंजों में एक मछली का छटपटाना, स्वप्न में डूबे हुए मास्टर का ध्यान भंग होना, दूर के नालों का उफनना, जल का लोटना–फिर सतीश का सूनी निरीह आँखों से दूर के आकाश को एकटक देखना, आँखों के तट पर घोंघा सेवार का छोड़ दिया जाना, हेमन्त की पीली-पीली बीमार धूप का मन का विस्तार बन जाना और फिर उसका पेड़ों और खपरैलों पर अलसायी मुद्रा में पड़े रहना और मूक पशु की तरह शारदा का व्यथा भरे देखते रहना–इन ढेर सारे चित्रों और बिम्बों का विश्लेषण करने से हम इस युग की वास्तविक विसंगतियों और कुरूपताओं से साक्षात्कार करने लगते हैं। यह पूरा का पूरा उपन्यास ऐसे ही चित्रों और बिम्बों से रचा गया है। एक लम्बी कविता की तरह यह पूरा उपन्यास बिम्बों और चित्रों से संगठित हुआ है। बिम्बों की माला को आत्मसात किये बिना इस उपन्यास के महत्व को नहीं समझा जा सकता। जो इन बिम्बों की चित्रधर्मिता तक पहुंच सकेंगे, वह यह मानने पर मजबूर होंगे कि रामदरश मिश्र का यह उपन्यास पश्चिम के आधुनिकतम उपन्यासों की कतार में निस्संकोच रखा जायेगा और जिस काव्य समीक्षा पद्धति का उपयोग नामवर ने निर्मल वर्मा या रेणु के कथा साहित्य के लिये किया था, वही पद्धति इस उपन्यास के लिये अनिवार्य है।

यथार्थ की जो पकड़ इस उपन्यास में है वह इधर के बहुत कम उपन्यासों में है। इस उपन्यास में जग्गू जैसा पात्र भी है जो अब भी यह सोचता है कि 'ठीक है बाबा, हम लोगों के पास खेत नहीं है, लेकिन हमारी खुशहाली भी तो गाँव की खुशहाली के साथ जुड़ी हुई है। मालिकों के खेत बह जायेंगे तो हरिजन भाइयों को खाने पीने को कहाँ से मिलेगा' (पृ. 571)। इसके ठीक विपरीत सतीश भी है जो अनुभव करता है कि जग्गू की यह भाषा कितने साल पुरानी है, कई बार यह भाषा सुन चुका है। मालिक और नौकर की भाषा 'आज भी टूट नहीं सकी है' (पृ. 571)। जीवन सम्बन्धों के खोखलेपन, राजनीति के झण्डाबरदारों की मक्कारी, अदालतों का भ्रष्टाचार, प्रेम में स्वार्थपरता और सतहीपन इस उपन्यास में अति यथार्थता के साथ उजागर हुआ है। 'जल टूटता हुआ' को उपन्यासकार स्वातन्त्र्योत्तर गाँवों के आम आदमी और उसके परिवेश को तटस्थ किन्तु सम्वेदनशील दृष्टि से देखता है।

मैं चाहता हूँ कि रामदरश मिश्र के आजादी के बाद के श्रेष्ठतम उपन्यासों में से एक उपन्यास 'जल टूटता हुआ' को मात्र इस सन्दर्भ में न देखा जाये कि वह एक आंचलिक उपन्यास है बल्कि इस रूप में देखा जाये कि आजादी के बाद गाँव के 'आम आदमियों' की क्या स्थिति है, इसका यह एक प्रामाणिक दस्तावेज है। एक ऐसा प्रामाणिक दस्तावेज जो 'गोदान' के बाद सम्भवतः पहली बार प्रस्तुत किया गया है। इसकी प्रामाणिकता का

प्रमाण इससे अधिक और क्या हो सकता है कि रामदरश मिश्र ने इस उपन्यास का क्षेत्र वह चुना है जहाँ उनका शैशवकाल बीता है, जहाँ वे जवान हुए हैं और जहाँ की जमीन से उनका अब भी अटूट लगाव है।

'जल टूटता हुआ' : यथार्थ के बिम्ब और औपन्यासिक रचनाशीलता के तकाजे

नरेन्द्र मोहन

आखिर वह कौन-सा बिन्दु है जिस पर कोई कृति हमें छू जाती है और क्या छू जाने वाला और अभिभूत कर जाने वाला बिन्दु वह कोण बन सकता है जिससे हम कृति की देख-परख का पूरा का पूरा ग्रहण कर सकें? लगता है कि मार्मिक प्रभाव-बिन्दु पर निर्भर कोण या प्रभावाग्रही दृष्टि से किया हुआ मूल्यांकन रचना की कलात्मक सफलता या असफलता की पहचान नहीं करा सकता। ऐसा मूल्यांकन कोण वस्तुपरक न होने की वजह से कृति के भीतरी अभिप्रायों और अर्थ-संकेतों को समझने और पकड़ पाने की सामर्थ्य को मजबूत नहीं बनाता, बल्कि कमजोर ही बनाता है। औपन्यासिक कृति के प्रभावग्रही दृष्टि से परखने की कोशिश में यह खतरा सबसे अधिक रहता है क्योंकि उपन्यास का 'संसार' अपनी प्रकृति में संकुल और जटिल होता है और उसकी एक साथ कई तहें होती हैं। इस वजह से उसके भीतरी आशय या मूल संवेदना तक प्रभावबिन्दु के सहारे पहुंच पाना खासा कठिन है। यह कठिनाई तब और बढ़ जाती है अगर उपन्यास किसी अंचल-विशेष के समसामयिक जीवन के यथार्थ को आकलित करने वाला हो। 'रेणु' के 'मैला आंचल' के सन्दर्भ में मूल्यांकन की जो कठिनाइयां सामने आई थीं उनसे हिंदी पाठक परिचित हैं। प्रभावाग्रही दृष्टि तो वहाँ नाकाफी साबित हुई ही, आंचलिकता को भी मूल्यांकन आधार बना देने से 'मैला आंचल' की संवेदना को सीमित बनाने के उपक्रम हुए। रामदरश मिश्र के उपन्यास 'जल टूटता हुआ' के साथ भी ये खतरे जुड़े हुए हैं। आंचलिक स्वभाव और अभिरुचि वाले इस उपन्यास पर कहाँ से और किस कोण से बात शुरू की जाय? आंचलिकता इस उपन्यास के विवेचन का एक सुविधाजनक आधार बन सकती है, पर इस सुविधापरक रास्ते को अपनाने से उस यथार्थ की शायद खरोंच-भर ही मिल सके जो इसमें अभिव्यक्त है।

'जल टूटता हुआ' रामदरश मिश्र का दूसरा बड़ा उपन्यास है। पहला था 'पानी के प्राचीर'। इसकी भूमिका में लेखक ने लिखा है : "इसका भूभाग वही कछार अंचल

है जो 'पानी के प्राचीर' का है किन्तु समय की चेतना दोनों को अलगाती है। समय के फलक पर इन्हें एक भूभाग का पूर्वार्द्ध और उत्तरार्द्ध कहा जा सकता है किन्तु अपनी-अपनी सत्ता में पूर्ण स्वतंत्र।" इन दोनों उपन्यासों के सम्बन्ध की ओर संकेत करते हुए रामदरश मिश्र ने एक स्थल पर लिखा है: "जिस गाँव को मैंने इन दोनों उपन्यासों में चित्रित किया है वह भौगोलिक रूप से एक होकर भी चरित्र में दो गाँव हैं यानी स्वाधीनता प्राप्ति के पश्चात् गाँव अपने चरित्र में बहुत बदला है। इस बदलाव को उसके विविध आयामों में पहचान लेने की तड़प ही 'जल टूटता हुआ' है।" आजादी के बाद के गाँव के इस बदले हुए चरित्र को लेखक ने 'जल टूटता हुआ' के केन्द्र में रखना चाहा है।

'जल टूटता हुआ' के सन्दर्भ में यथार्थ की औपन्यासिक बुनावट से बात शुरू करना ज्यादा सही होगा। उपन्यास के पहले अध्याय को ही लें। इसमें लेखक ने मास्टर सुग्गन के जरिये स्वाधीनता-प्राप्ति के बाद के स्वप्नों और स्वप्न-भंग की स्थितियों की ओर संकेत किया है। मास्टर के लिए स्वतंत्रता-प्राप्ति रंगीन भोर के समान डहडहा उठने वाली कल्पना थी। उसे लगा था एक बड़ी चट्टान जैसे सर से उठ गयी। आकाश में अंधकार उगलते हुए बड़े-बड़े बादलों के पहाड़ जैसे पिघलकर बह गये। आज भी मास्टर का वह सपना हारा भले न हो, पर अब अभावों से जर्जरित उसका मन सपनों का तार जोड़ नहीं पाता। कीचड़ की आशंका ने सारे तारों को छिन्न-भिन्न करके बिखेर दिया था। लेखक ने मास्टर सुग्गन की मानसिकता को बड़ी कल्पनात्मकता से उभारा है और आर्थिक अभावों के शिकंजे में जकड़े हुए व्यक्ति की मूल्यगत पकड़ के ढीला होने को सूचित किया है। और फिर मास्टर 'गीतवा' के विवाह की सोचता है और सपने में खो जाता है। तो "हवा बह गयी, जोर से धान के बिरवे कुनमुना उठे, जैसे कोमल स्पर्श से किसी बछड़े के रोयें। मास्टर सपने में डूबे थे। एक चील बड़े जोर से टें करके ऊपर से उड़ गयी। उसके पंजे में एक मछली छटपटा रही थी।" यह कोरा चमत्कार कथन नहीं। यह एक ऐसा औपन्यासिक बिम्ब है जो गहरी अर्थ-व्यंजना लिए हुए है और उपन्यास के मूल आशय को गहरा रहा है। लगता है उसके भयाक्रांत मन का यह बिम्ब (चील के पंजे में छटपटाती मछली) भीतर से उछल कर बाहर प्रक्षेपित हो गया हो और पूरे उपन्यास में फैल गया हो। तभी एकाएक उसके ध्यान में जमींदार महीपसिंह आकर अटक जाते हैं और उसे लगता है जैसे बाबू महीपसिंह की भारी-भरकम देह यहाँ से वहाँ तक पसर गयी है। और वह भारी-भरकम बोझ के नीचे जमीन की सारी दुब को दबोचे हुए हैं। ये सभी बिम्ब मास्टर सुग्गन के भीतर की संक्रान्त-संक्रमित चेतना को ही उद्घाटित नहीं करते बल्कि उपन्यास की मूल संवेदना और सरोकार की ओर संकेत करते हैं। टूटने का एहसास, डरे हुए आदमी की मन:स्थिति, चील का टें करके उड़ना और उसके पंजे में मछली का छटपटाना और फिर महीप सिंह का क्रूर शोषक रूप–उपन्यास के शुरू के विधान में बिम्बों का यह अनवरत सिलसिला लेखकीय

आशय और उपन्यास की मूल संवेदना को सशक्त रूप से झलकाने में समर्थ है। ये संवेदनात्मक बिम्ब परिवेशगत ब्यौरों द्वारा तने होने के कारण केवल कुछेक स्थितियों के बिम्ब न होकर उपन्यास में एक वृहत्तर अर्थ सन्दर्भ की अनुगूंज छोड़ जाते हैं और औपन्यासिक कलेवर में सार्थक और चरितार्थ होते हैं।

इस उपन्यास का गाँव विकट और सर्वग्रासी यथार्थ की लपेट में है और मानव स्थितियों की विभीषिकाओं का आभास देने वाला है। इसमें परिस्थितियों का घटाटोप है। एक के बाद दूसरी और एक-दूसरी को काटती-पीटती, बनाती-ढहाती और टकराती परिस्थितियां हैं। इन्हीं में पात्रगत और स्थितिगत द्वन्द्व पैदा हुआ है। नित्यानन्द तिवारी ने ठीक ही लिखा है, "इन्हीं परिस्थितियों के जंगल में यह उपन्यास ले जाकर छोड़ता है जहाँ एक के बाद दूसरी परिस्थितियां और परिस्थितियों के भीतर परिस्थितियां और उलझती और जकड़ती चली जाती हैं। यह एहसास और प्रभाव निर्मित परिस्थितियों की अनेक वर्तुलाकार पर्तों के भीतर से उभरता है।" कभी बाढ़ का प्रकोप, कभी सर्प-दंश, कभी महामारी और कभी चकबन्दी की मुसीबत। पात्र परिस्थितियों के इस कुचक्र में पड़े हुए ही नहीं हैं, उनसे जूझते भी हैं। भूख तो गाँव में सर्वत्र व्याप्त है। बदमी का यह सोचना कितना साभिप्राय है—"यह पहरा किसे जगा रहा है। सभी घरों में भूख लोट रही है। भूख की चोरी करने कौन आएगा।" और जिस पर गुंडागर्दी, एक-दूसरे की जमीन हड़पने और साफ करने के षड्यंत्र। मतलब यह कि गाँव की ज़िन्दगी यातना का कभी न खत्म होने वाला एक सिलसिला बन जाती है। उपन्यास के प्रेम-प्रसंग इसी सिलसिले का हिस्सा बने हैं। कुंजू-बदमी और मास्टर-शारदा के प्रेम-प्रसंगों के ब्यौरे उपन्यास में खूब फैले हुए हैं पर वे सार्थक और आवश्यक हैं। वे उन परिस्थितियों को दिखाते हैं जिनसे प्रेम-विषय और विडंबनापूर्ण बन जाता है। इनके जरिये गाँव की ज़िन्दगी का एक और पक्ष सामने आया है—यातना का एक भावनात्मक छोर। वे प्रेम-प्रसंग गाँव में औरत की ज़िन्दगी की घुटन, विवशता और वेदना को बखूबी झलका देते हैं।

परिस्थितियों और प्रसंगों का ताना-बाना उपन्यास में ऐसा है कि उससे बनते-बिगड़ते संबंधों का, मनःस्थितियों के तनाव, द्वन्द्व, विरोध, विसंगति और विडम्बना और वर्ग चेतनाओं का बोध हो जाता है। लेखक ने परिस्थितियों या घटनाओं का नियोजन इस ढंग से किया है कि प्रसंग और पात्रों के क्रिया-कलाप बिल्कुल नये रूप में चमक उठते हैं। पंचायत के चुनाव और चकबन्दी आदि ऐसी घटनायें हैं जो सम्बन्धों के तमाम सूत्रों को उलझा देती हैं। एक-दूसरे की पोल खोलने के प्रयास में हर किसी की पोल खुल जाती है। भूपेन्द्र लाल के एस.सी.ओ. बनकर आने से कई चेहरे बेनकाब होते हैं और कइयों की विकृतियां सामने आती हैं। अनजान राय के आने से सम्बन्धों के नए संदर्भ बनते हैं और उसे उखाड़ने की साजिशें भी चलती हैं। उपन्यास में इस प्रकार की घटनाओं और प्रसंगों का अम्बार लगा हुआ है। पर आंचलिक उपन्यासों जैसा बिखराव

उसमें नहीं है कि घटनाओं में कोई सम्बन्ध-सूत्रता ही न हो या घटनाएं एक-दूसरे से स्वतंत्र और निरपेक्ष हों। यहाँ घटनाएँ एक-दूसरे से जुड़ी बँधी हैं और यथार्थ की तल्खी को सामने लाती हैं। एक स्थल पर रामदरश मिश्र ने लिखा है: "अन्तर्विरोधों के तनाव की पहचान करते हुए यथार्थ को उसकी समग्रता में लेना ही सही यथार्थवादी दृष्टि के फलस्वरूप यहाँ अन्तर्विरोध भी उभरे हैं और विभिन्न चरित्रों के बीच टकराहट भी। महीप सिंह और जगपतिया, महीप सिंह और सतीश, दीनदयाल और कुंजू-बिरजू, सतीश और कुमार, ब्राह्मण और हरिजन में यथार्थ की सीधी सपाट अभिव्यक्ति नहीं है बल्कि चरित्रों और स्थितियों के अन्तर्विरोध और तनाव भी समाने आए हैं। इस यथार्थ को सामाजिक-राजनीतिक परिप्रेक्ष्य में ग्रहण करके समझने में मदद मिल सकती है पर इसकी व्याख्या बद्धमूल सूत्रों (सामाजिक-राजनीतिक) के सहारे नहीं की जा सकती।"

यह समूचे गाँव का यथार्थ है। इस उपन्यास में वर्ग-चेतना उभरती हुई दिखती है, पर यह उपन्यास यथार्थ की सुनिश्चित और व्यवस्थित वर्ग-धारणाओं से प्रेरित नहीं है। एक बात अवश्य खटकती है और वह यह कि इस उपन्यास में वर्णन की पुरानी यथार्थवादी पद्धति अपनायी गयी है। उदाहरण के तौर पर इस प्रसंग को देखिए :

"बीस भर चाँदी की हँसुली के लिए चौधरी ने सिर्फ पाँच रुपये दिये हैं, कैसा बेईमान है यह।"

और सतीश मानो दिवा-स्वप्न में खो गया–चौधरी की बीभत्स आकृति उसकी आँखों के सामने खड़ी हो गई। सतीश ने आगे बढ़कर उसके पेट पर लात मारी और हुंकार उठा : "कमीने, तू अभी भी जिन्दा है, आजादी मिलने के बाद भी।" चौधरी पेट पर हाथ फेरता हुआ हँसा–"मारो और मारो। यह पेट तो तुम्हारा ही है, तुम्हारे गहनों से भरा हुआ है, यह चोट मुझे नहीं तुम्हारे गहनों को लग रही है। आजादी से क्या होता जाता है। मैं अपनी जगह पर बदस्तूर कायम हूँ और मुझे ही क्यों देखते हो, तुम्हारे नेताओं में भी तरह-तरह के चौधरी निकल आए हैं।"

वैषम्यपूर्ण स्थितियों के चित्रण और वर्णन की यह पद्धति और मुहावरा निस्संदेह यथार्थवादी ढंग का है। भाषा का रचाव और शैली कुछ इस ढंग की है कि यह मुहावरा जरूरत से ज्यादा मुखर प्रतीत होता है। वर्णन की यथार्थवादी रूढ़ि को काटने के लिए व्यंग्य और कटाक्ष काफी सहायक हो सकते हैं। पर इन औजारों का कोई पैना प्रयोग इस कृति में नहीं हो सका।

इस उपन्यास में लेखकीय दृष्टि भयावह और क्रूर स्थितियों के यथार्थ को एक मूल्य सन्दर्भ देने की रही है। इसके लिये सतीश को माध्यम बनाया गया है। वह गाँव की सीमाओं से लड़ता है और आदर्श गाँव का स्वप्न देखता है। घिनौनी यथास्थिति को तोड़ने का उसमें अपूर्व सात्विक उत्साह और साहस है। कुंजू के यह कहने पर, "लगता है गरीबी का कोई नहीं है–कल भी नहीं था, आज भी नहीं है। ये गन्दे जानवर कल भी राज करते थे, आज भी राज करने के लिये हाथ-पाँव मार रहे हैं, इनके मुँह खून लगा

है न आदमी का" प्रत्युत्तर में सतीश ओज और उत्साह से कहता है: "हाँ, लेकिन अब इन्हें बरदाश्त नहीं किया जायेगा। इनका राज बदलना ही होगा। इसीलिये तो पंचायत राज की व्यवस्था हो रही है। किसी भी कीमत पर इन्हें रोकना होगा मैदान में आने से। ये खलबलाए हुए हैं। जब शंकर का तांडव-नृत्य होता है तब राक्षस खलबला उठते हैं। आज शंकर का तांडव-नृत्य हो रहा है, सत्य उघड़कर सामने आ रहा है, ये राक्षस खलबलाए हुए हैं, इन्हें रोकना होगा ··· रोकना होगा ···।"

क्या इस प्रकार के आवेशपूर्ण कथन उपन्यास को किसी मूल्य-स्तर से जोड़ पाते हैं? उपन्यास में जो बदले हुए जीवन-सन्दर्भ और अस्तित्व से जूझने वाली स्थितियां हैं, उन्हें देखते हुए सतीश का इस प्रकार सोचने का रुख एक भावुक प्रतिक्रिया से अधिक अहमियत नहीं रखता। बद्धमूल भावुक धारणाओं के आधार पर स्थितियों को मूल्य-स्तर पर संक्रान्त नहीं किया जा सकता। दरअसल, गांधी द्वारा परिकल्पित आदर्श गाँव का सपना सतीश के अवचेतन में अंटा पड़ा है। यह उसकी मनोवैज्ञानिक 'फिक्सेशन' या 'आर्क टाइप' बन चुका है। बदली हुई स्थितियां उसके सामने हैं और वह उनके बीच से गुजरता भी है। उसे साफ महसूस होता है कि 'सत्य तो बुरी तरह से मर रहा है और सामूहिकता खंड-खंड में बंटकर इकाइयों में छटपटा रही है', तो भी गांधीजी की आदर्श गाँव की परिकल्पना उसकी बद्धमूल ग्रंथि बनी हुई है, तभी तो वह जग्गू से कहता है-"मैं तो जो भोग रहा हूँ, वह भोग ही रहा हूँ, लेकिन चिन्ता इस बात की है कि गाँव का क्या होगा? क्या इसी गाँव की कल्पना गाँधीजी ने की थी?" आगे वह फिर कहता है, "आजादी मिले इतने साल हो गये, लेकिन गाँधी का सपना कहाँ पूरा हुआ?" यहाँ पात्रगत मानसिकता में दुबके हुए विचार गाँव के यथार्थ जीवन की पहचान के औपन्यासिक बोध में आड़े आए हैं।

उपन्यास के अन्त में सतीश के भाई चन्द्रकांत के आई.ए.एस. बनकर आने के प्रसंग को किस रूप में ग्रहण किया जाए? क्या इस अन्त को सरल, सपाट, और राजपाट लौटाने जैसा सुखात्मक मान लें- ("सतीश की आँखों से आँसू झर-झर कर बरसते रहे और भीतर से उठती हुई आह को दबाकर उसके ओंठ हँसी से भीगते रहे।") या द्वन्द्वात्मक- ('भाइयों, मैं जिन्दा हूँ। घबड़ाने की कोई बात नहीं, डाक्टर कल फिर आयेगा ··· और हाँ, जिसे तुम लोग विस्मय से देख रहे हो, वह चन्द्रकांत ही है-इस गाँव के लिए हमेशा चन्द्रकांत ही बना रहेगा, जिस दिन इस गाँव में कलक्टर होकर लौटेगा, मैं समझूंगा मेरा भाई मुझसे छिन गया') यह अन्त राजपाट लौटाने जैसा सुखात्मक भले न हो पर द्वन्द्वात्मक भी नहीं है। विश्वास और शुभाशंषा के स्वर तकलीफ से निजात का भ्रम दे सकते हैं, उनसे द्वन्द्व और संघर्ष का शमन हो सकता है, पर द्वन्द्व और संघर्ष की रचना नहीं हो सकती। वैसे भी उपन्यास अपने पूरे रचाव, आन्तरिक तर्क-संगति और रचनाशीलता के बल पर जिस आखिरी त्रासद मुकाम पर आ पहुंचा था, वहाँ विश्वास और शुभाशंषा के स्तरों-रवैयों की संगति बैठाना मुश्किल है।

लेखकीय दृष्टि और रचनाशीलता के इस द्वन्द्व के बावजूद यह उपन्यास गाँव के समसामयिक जीवन की यथार्थ क्रूर स्थितियों और यातनाओं की सच्ची और प्रामाणिक तस्वीर पेश करता है। यह स्वाधीनता-प्राप्ति के बाद के गाँव-जीवन का अनुभूत यथार्थ-बिम्ब है जो औपन्यासिक रचनाशीलता के तकाजों से जूझता हुआ अपनी सीमा और विशिष्टता के स्तरों को खोलता चलता है।

आदिम राग : पारिवारिक चेतना

सुषमा

"आदिम राग" में उसका नायक "शील" एक विवाहित युवक है। जो "देहात में बीवी को छोड़कर इतने सालों से अकेला जी रहा है। उसकी बीवी एक काली मोटी, भैंस-सी, उम्र में उससे चार साल बड़ी, चेहरे पर चेचक के गहरे दाग, निपट जाहिल है, बचपन में ही उसकी शादी हो गई थी।" शील एक भावुक, कवि-हृदय, अंग्रेजी साहित्य का प्राध्यापक है। "उसके भीतर सौन्दर्य की एक बेचैन प्यास तड़प रही है। वह सौन्दर्य की धारा में धंस जाना चाहता है। लेकिन विवाह रूपी एक काला-सा पत्थर आकर टकरा जाता है।" इस स्थिति के सम्बन्ध में डॉ. विवेकीराय का कथन सविशेष अवतरणीय है "शील के रूप में इस ग्राम-प्रधान भारत देश के उन अगणित अभागे शिक्षा-प्राप्त लोगों के चेहरे समाये हुए हैं जिनका जीवन घर में पड़ी बाल-विवाह की सूखी अर्द्धांगिनियों के कारण नरक बना हुआ है और वे न चाहकर भी आजीवन इस सामाजिक बोझ को ढोने के लिए विवश हैं; अतृप्ति की कड़वाहट और नारी-सामीप्य की अभिशप्त लालसाओं की जलन को जीने के लिए बाध्य हैं।"

इस प्रकार शील बाल-विवाह और अनमेल विवाह का शिकार है और उसने देहात में अपने घर जाना तक छोड़ दिया है। अपनी एक शिष्या, "रीता" के साथ उसका प्रेम-सम्बंध हो जाता है। रीता के साथ वह अनेक प्राकृतिक स्थलों की यात्रा करने भी जाता है। उन दोनों के सम्बन्धों में भावुकता, एवम् सहृदयता है किन्तु शील ने रीता को अपने विवाह के सम्बन्ध में कुछ नहीं बताया है। वह रीता को केवल इतना ही बताता है कि वह अकेला है। रीता के साथ यह प्रेम सम्बन्ध शील के झूठ पर ही आधारित है। शील कई बार एकान्त क्षणों में सोचता है, "इस कुरूप होने में, चेचक का दाग होने में, उससे चार साल बड़ी होने में, बीवी का कोई दोष नहीं है। वह बड़ी ही सेवामयी है। किन्तु अब वह क्या करे, कैसे ढोये उसकी सेवा के ठण्डे शव को? उफ! उसने बहुत सोचा-विचारा लेकिन समझौता नहीं कर सका।"

रीता और शील के प्रेम-सम्बन्धों के द्वारा रामदरश मिश्र एक साथ कई प्रश्न उपस्थित करते हैं। क्या अनमेल विवाह हो जाने पर पति-पत्नी में कोई समझौता नहीं हो सकता?

घर में कुरुप स्त्री होने के कारण किसी भावुक सुशिक्षित व्यक्ति का किसी अन्य स्त्री से प्रेम सम्बन्ध हो जाना क्या उस अनमेल विवाह की सहज परिणति नहीं है? क्या किसी अध्यापक का अपनी शिष्या से प्रेम करना नैतिकता की दृष्टि से अनुचित नहीं है? इन सभी प्रश्नों का उत्तर मिश्र जी ने "आदिम राग" के अन्त में देने का प्रयत्न किया है। शील सोच रहा है "वह गाड़ी से उतरते ही बर्थ रिज़र्व करा लेगा। वह घर जाएगा ही और परिवार लायेगा। जैसा भी है अपना परिवार है। उससे प्रेम विवाह नहीं हो सकता वह न जाने क्यों रीता से स्वयं कुछ छिपाता रहा। उसे लगता रहा कि यदि वह बात सामने आ गई तो रीता उससे दूर हट जाएगी और शादी के प्रस्ताव के समय उसे वह बात बतानी ही पड़ती–वह अपनी पत्नी के होने की बात कैसे छिपा पाता–खैर–छोड़ो जो कुछ था उसे खत्म समझो।

निष्कर्ष यह है कि वैध वैवाहिक सम्बन्धों की स्थिति में मिश्र जी दूसरे विवाह के विरोधी हैं। इतना ही नहीं वह इस प्रकार के प्रेम का भी समर्थन करते प्रतीत नहीं होते। हाँ, मिश्र जी प्लैटोनिक तथा वायवीय, अशरीरी किस्म के भावुकतापूर्ण प्रेम का भी निषेध करते हैं। रीता के शब्दों में "वास्तव में सर, आपके साहचर्य में मुझे एक माधुर्य के साथ-साथ पवित्रता भी अनुभव होती है और न जाने उस दिन की उस क्रिया ने कैसी-कैसी चुभन भर दी–जैसे शीशा टूट गया हो, उसके अनेक टुकड़े बिखर कर चुभने लगे हों।" इसके विपरीत शील का कहना है "प्रेम का असली रूप यही है कि मिस रीता, वह अपने असली रूप में जंगली ही होता है, आदिम और उद्दाम। वह वहीं जाकर ठहरता है। उससे पहले की सारी परिस्थितियां तो बनावटी और अधूरी होती हैं–आदर्शवादियों और कायरों द्वारा आरोपित ⋯।" अतः रामदरश मिश्र प्रेम के शारीरिक धरातल को स्वीकार करते हुए विवाह सम्बन्ध में बंधे तरगों को विवाहेत्तर प्रणय सम्बन्धों का निषेध करते हैं। भावुकता और वैचारिकता के बीच से वैचारिक पक्ष अधिक सबल रूप में व्यक्त हुआ है।

इस उपन्यास में एक अन्य बिन्दु भी विचारणीय है। कथा-नायक शील के पास गाँव से एक पत्र आया है। जब भी गाँव से पत्र आते हैं उसे एक अजीब-सी वितृष्णा होती है। पत्र को पढ़कर वह एक खीझ से भर उठता है। वह घर छोड़कर भागता है और घर उसके पीछे-पीछे दौड़ता है। मां है, बाप है, घर पर भाई है, भतीजे हैं, भाभियां हैं, एक भरा-पूरा परिवार है लेकिन वह अकेला है फिर भी पूरा घर उसके पीछे-पीछे दौड़ता है–पैसे के लिए, पैसे के लिए–घर के टूटने और बिखरने की चिन्ता भाइयों को ही है, भतीजों को नहीं इसलिए उस भ्रातृत्व के आदर्शों का पालन करते हुए एकता के सूत्र को विच्छिनन् होने से बचाना ही है। और अभी तो मां-बाप भी हैं, उनकी स्नेह भीगी पलकें उसकी आँखों पर बिछ जाती हैं। इस अवतरण को यहाँ उद्धृत करने का अभिप्राय यह प्रदर्शित करता है कि यद्यपि शील वर्षों से गाँव नहीं जाता–वह घर से भागता-सा रहता है, परन्तु उसका कर्तव्य बोध "परिवार टूटने न पाए" यह विचार

निरन्तर उसके मन में समाया हुआ है। भीतर ही भीतर अपनी कुरूपा पत्नी के प्रति भी वह अपने दायित्व को भूला नहीं है। डा. विवेकीराय ने ठीक ही लिखा है–"कथाकार, रामदरश मिश्र, का शील बहुत सरलता के साथ विद्रोही बन सकता है। अपने दायित्व बोध को नकार सकता है परन्तु वह उस आरोपित और व्यावसायिक व्यक्तित्व से अपने को मुक्त रखता है–कथाकार ने शील के भीतर वाले दायित्व बोध को उभारने का प्रयास किया है। पत्नी से बहुत सम्बन्ध सम्पर्क नहीं है तो भी भीतर एक एहसास बना रहता है कि घर पर उसकी पत्नी है और उसके प्रति उसका कुछ कर्तव्य है।

इस प्रकार इस उपन्यास में नारी–नारी सम्बन्धों के रूप में विवाह, बाल-विवाह, प्रेम और विवाह, अनमेल विवाह के साथ-साथ गाँव से नगर की ओर चले जाने वाले युवकों की परिवार से जुड़ने-टूटने की समस्या को भी पत्नी और परिवार के सन्दर्भ में अपने दायित्व बोध का भी चित्रण किया गया है।

सूखता हुआ तालाब : टूटते हुए ग्राम जीवन की कथा

हरदयाल

रामदरश मिश्र इस उपन्यास "सूखता हुआ तालाब" में न कोई घटना-क्रम प्रस्तुत करना चाहते हैं न किसी सशक्त पात्र की रचना करना ही उनका उद्देश्य है। इस उपन्यास में उनका उद्देश्य स्वातंत्र्योत्तर काल के भारतीय गाँवों के सम्बन्ध में अपनी एक धारणा को उपस्थित करना है। यह धारणा सूत्र रूप में इस प्रकार है कि स्वतंत्रता से पहले का गाँव पवित्र, सौहार्दपूर्ण और रहने योग्य था किन्तु स्वातंत्र्योत्तर काल में राजनीति के प्रवेश ने उसे नरक बना दिया है। उसका जीवन रस सूखता जा रहा है और वह रहने योग्य नहीं रह गया है। शंकर के शब्दों में क्या स्वराज्य के बाद इसी गाँव की कल्पना की थी नेताओं ने?··· क्या होगा गाँव का जहाँ जड़ता इतनी कि एक बेवकूफ आदमी भी ओझा सोखा बनकर ठग ले जहाँ चालाकी इतनी कि हर आदमी अपने स्वार्थ के लिए दूसरे को बेच खाये।" यह धारणा उपन्यास में समग्रत: तो व्याप्त है ही विभिन्न शब्दों में यह अवधारणा के रूप में भी कई बार व्यक्त की गई है। रामी तालाब के प्रतीकार्थ के रूप में इसी धारणा को कथा-सूत्र में पिरोया गया है। रामी तालाब को कभी पूर्वजों ने सूखे से जूझने के लिए बनवाया था। उसके किनारे काली माई का छोटा-सा मंदिर बनवाया था। तब यह तालाब पवित्र माना जाता था। गाँव के सारे धार्मिक कार्य इसी के तट पर सम्पन्न होते थे। कथावार्ता, मनौतियां यहीं पूरी होती थीं। शादी-ब्याह, जनेऊ, मुंडन, ग्रहण और पर्वों के अवसर पर यहीं नहाते थे। बारातें इसी के किनारे बाग में ठहरती थीं। किन्तु अब यह सब कुछ समाप्त होता जा रहा है। लोगों ने तालाब में आवदस्त लेना शुरू कर दिया है। उसका जल सूखता जा रहा है निर्मल जल के स्थान पर कीचड़ और मल बढ़ते जा रहे हैं। उसमें से मछलियां भी पकड़ी जाने लगी हैं। गाँव के दो नेताओं–शिवलाल और शामदेव–ने चुपके से इस तालाब को अपने-अपने नाम लिखा लिया है और अब वे इस फिराक में हैं कि इस तालाब को पाट कर खेत बना लें।

इस तालाब का सूखना गाँव के पुराने आदर्श जीवन-मूल्यों का चुकना है। कीचड़ के रूप में कुछ पुराने अन्धविश्वास बचे हुए हैं। एक अन्धविश्वास है भूत-प्रेतों के प्रति।

इस प्रेत बाधा से देवप्रकाश, शंकर और जैराम को छोड़कर और कोई नहीं बचा है। सारे दुर्गुणों के भंडार बनारसी पर देवता का आवेश होता है। बनारसी के संकेत पर आया एक ओझा-ज्योतिषी सारे गाँव को भूत-प्रेतों के नाम पर ठग ले जाता है। जलेस्सर, ग़मलाल, शिवलाल, दयाल, शामदेव आदि का भूत-प्रेतों से अभिभूत होना एक बार को समझ में आ सकता है किन्तु प्रगतिशील कामरेड मोतीलाल का उनके सामने झुकना समझ में न आने वाली बात है। दूसरी पुरानी कीचड़ है जाति-पांति का शिकंजा और जरा-जरा सी बात पर जाति से निष्कासन। आज इस जाति से बहिष्कार के पीछे जातीय पवित्रता नहीं है। बल्कि अब यह गाँव की राजनीति का एक शक्तिशाली हथकंडा बन गया है। इसके सामने जमे रहने की सामर्थ्य केवल देवप्रकाश और शंकर में ही है। इसकी शक्ति कितनी है। इसका अनुमान इसी से लगाया जा सकता है कि सबको चुटकियों में उड़ाने वाला सारे गाँव के विरुद्ध देवप्रकाश का साथ देने वाला जैराम भी अन्ततः इसके सामने झुक जाता है।

यह पुरानी कीचड़ है, सड़ी, बदबूदार और उबकाई लाने वाली किन्तु गाँव के नेता इसका भी एक राजनैतिक हथियार के रूप में उपयोग करते हैं। डा. सरोज का कहना ठीक है कि "यह तो राजनीति का जमाना है। एक चीज़ दूसरी से जुड़ जाती है।" इस राजनीति की जड़ है शोषण-चक्र और ग्रामीण जनता की आर्थिक विवशता। सारा का सारा गाँव यह जानता है कि सही बात क्या है फिर भी वह शामदेव और शिवलाल के इशारे पर भेड़-बकरियों की तरह हंकने के लिए तैयार है क्यों? इसीलिए न कि सारे गाँव में कुछ परिवारों को छोड़कर बाकी सबकी आर्थिक स्थिति ऐसी है कि पेट पालने के लिए इन्हीं में से किसी के सामने झोली फैलानी है। इन्हीं का कर्जदार होना है। यह मजबूरी ऐसी है जिससे मुक्ति का कोई रास्ता इन मजबूर लोगों को नहीं दिखाई देता। शिवलाल जैसे लोग इसी विवशता का लाभ उठाते हैं और देवप्रकाश जैसे अपने शत्रुओं के विरुद्ध सारे गाँव को खड़ा कर देते हैं। अन्यथा शामदेव या शिवलाल में नेतृत्व की कौन-सी विशेषता है।

शामदेव या शिवलाल या उनके अन्य पक्षधर हिजड़े धूर्त और पतित हैं। असिस्टेंट स्टेशनमास्टर की नौकरी से अपने स्वाभिमान की रक्षा करने के लिए इस्तीफा देकर और अपने अफसर को पीटकर गाँव वापस आने वाले देवप्रकाश का बहिष्कार गाँव के नेताओं के संकेत पर इसलिए कर दिया गया है कि उनके चचेरे भाई विधुर पारस पड़ोस के गाँव की एक पासिन के घर आशनाई करते पकड़े गये और देवप्रकाश गाँव के नेताओं के सामने झुकने के लिए तैयार नहीं हैं। किन्तु गाँव में इस चारित्रिक पतन से कौन बचा है? मास्टर धर्मेन्द्र की बहिन लीला अहिर युवक रामदीन और देवप्रकाश के लड़के रवीन्द्र से उलझी हुई है। शिवलाल से कोई हरवाहिन ऐसी नहीं बची है "जिसके मुँह में मुँह न मारा हो।" वह चेनइया से उलझा हुआ है। चेनइया से शिवलाल के अतिरिक्त दयाल और धर्मेन्द्र भी लगे हैं। करतूत अपने गर्भ में धारण किये चेनइया गाँव से जा रही है।

शिवलाल की लड़की कलावती के 'धर्मेन्द्र भइया' का गर्भ है। कामरेड मोतीलाल ने अपनी विधवा भयहु की कामतृप्ति करना अपना कर्त्तव्य समझा है और उसका गर्भपात कराया है। सचमुच ऐसे गाँव का क्या होगा?

रामदरश जी इस गाँव के भविष्य के प्रति आशावान नहीं हैं। कोई संगठित गुंडागर्दी, भ्रष्ट राजनीति, चरम नैतिक पतन, हद दर्जे की बेहयाई, नीच स्वार्थपरता से कब तक जूझेगा? गाँव के नेताओं के नैतिक पतन की शिकार चेनइया के सामने गाँव को छोड़कर जाने के अतिरिक्त और कोई विकल्प नहीं है क्योंकि वह गर्भपात कराने के लिए तैयार नहीं है। ईमानदारी और स्वाभिमान के लिए जूझते देवप्रकाश के सामने भी गाँव छोड़ने के अतिरिक्त और कोई विकल्प नहीं है क्योंकि इस गाँव में रहकर न ईमानदारी को बचाया जा सकता है न स्वाभिमान को। गाँव में पांच वर्ष रहकर देवप्रकाश अनुभव करता है कि "इस गाँव में रहकर वह खुद भी गिरता जा रहा है। ⋯ वह चीजों का विरोध करता-करता उन्हीं का अंग बनता जा रहा है।" (पृष्ठ 116)

इस उपन्यास की शक्ति है इसकी प्रामाणिकता। इसमें गाँव का जो चित्र उभरा है वह उत्तरी भारत के स्वातन्त्र्योत्तर काल के गाँव का प्रामाणिक चित्र है। यह चित्र ऐसे व्यक्ति के द्वारा आँका गया है जिसका गाँव के साथ जीवन्त सम्पर्क है और जिसमें गाँव के प्रति एक ललक, एक नास्टैल्जिया है। गाँव की जड़ता और धूर्तता के बावजूद गाँव की सम्पन्न प्राकृतिक सुन्दरता आज भी इस ललक को जीवन प्रदान करती है। इसीलिए इस उपन्यास की घटनाएँ, विवरण, प्राकृतिक चित्र, संवाद, भाषा–सब एक ग्रामीण रंगत में रंगे हुए हैं। साथ ही, उपन्यासकार गाँव के तटस्थ भी है। वह गाँव को थोड़ी दूरी से देखता है। इसीलिए इस उपन्यास के अधिकाँश पात्र व्यक्तित्वहीन हैं। इस व्यक्तित्वहीनता के लिए इस छोटे से उपन्यास में पात्रों की बहुत अधिक संख्या भी उत्तरदायी है। अधिकांश पात्र अपनी एक झलक दिखाकर तिरोहित हो गये हैं। और जो दो एक पात्र बराबर पाठक की निगाह के सामने रहे हैं उनकी भी कुछेक रेखाएं ही दृष्टिगोचर हो पाती हैं, कोई भरा-पूरा चित्र नहीं।

स्वातन्त्र्योत्तर काल के भारतीय गाँव के सम्बन्ध में उपन्यासकार की एक अवधारणा को व्यक्त करने पर भी अनुभव की प्रामाणिकता और रचनाशीलता के कारण 'सूखता हुआ तालाब' एक महत्वपूर्ण उपन्यास बना रह सका है।

अपने लोग

(आचार्य हजारी प्रसाद द्विवेदी के पत्र के आईने में) 26-6-76

प्रियवर,

'अपने लोग', पढ़ गया हूँ। गोरखपुर को बहाना बनाकर तुमने इस समूचे पूर्वांचल को जीवंत रूप में चित्रित कर दिया है। इसके पात्र बिल्कुल परिचित जान पड़ते हैं। यथार्थवादी दृष्टि से इसके प्रत्येक पक्ष को देखा गया है और फिर भी सहानुभूति समवेदना सर्वत्र विद्यमान है। कमाल है। संज्ञा जैसे पात्र की सृष्टि करके तुमने मानवी के रूप में एक ऐसी देवी को चित्रित किया है जिसे साधारणतः यथार्थवादी लोग भूल जाया करते हैं। शिक्षा और राजनीति के क्षेत्र की स्वार्थपरता अत्यंत स्पष्ट होकर उभरी है। इस प्रदेश के सांस्कृतिक धरातल का पलायन भी प्रकट हो गया है। सन् 60 के आस-पास की चारित्रिक शिथिलता को इतने यथार्थ और जीवंत में शायद चित्रित नहीं किया गया। तुमने निस्संदेह एक बड़े अभाव ही पूर्ति की है। मुझे बड़ी प्रसन्नता हुई है। मेरी बधाई स्वीकार करो।

शुभेच्छु

हजारी प्रसाद द्विवेदी

'अपने लोग' युग-जीवन की उद्वेग-गाथा

नित्यानन्द तिवारी

कुछ रचनाएं पाठकों-समीक्षकों और साहित्य में रुचि रखने वाले लोगों को, विचार-चर्चा के लिए, स्वंय आमंत्रित कर लेती हैं। उनमें कोई न कोई ऐसी नोक उभरी होती है जो अपने समय की कड़वाहट को धारण करती है और नयी संभावनाओं के प्रति अभिमुख होने के लिए दिक करती रहती है। लेखक की सफलता इस बात में उतनी नहीं है कि वह अपने समय के जीवन की कितनी सही तस्वीर हमारे सामने खींचता है। उसकी चरितार्थता इस बात में अधिक है वह युग-जीवन के उद्वेगों के प्रति हमें कितना उन्मुख और उद्विग्न करता है। तभी उसकी रचना हमें अपने साथ लेती है और केवल सौन्दर्यात्मक संतोष ही नहीं देती, वरन् जीवन की तरह हममें जारी होने लगती है। डा. रामदरश मिश्र का तीसरा बड़ा उपन्यास 'अपने लोग' ऐसी ही रचनाओं में से है।

इस उपन्यास की सबसे बड़ी विशेषता इस बात में है कि वह परिस्थितियों के यथार्थ को सिर्फ आचोलनात्मक पद्धति से नहीं ग्रहण करता। इसकी अन्तर्वस्तु कुछ ठोस और विधेयात्मक अनुभवों, संकल्पों और सक्रियताओं से भी निर्मित होती है। मसलन इस उपन्यास में सब मिलाकर भारतीय समाज के विकास लक्ष्य और विधान के प्रति जागरूकता और सरोकार को रेखांकित किया जा सकता है। और यह बात वर्तमान पाठकों-आलाचेकों की एक खास आदत कि तीखी और आलोचनात्मक प्रतिक्रियाओं में सच्चाई और विश्वसनीयता अधिक होती है और विधेयात्मक पक्षों में यूटोपियाई मुद्रा मात्र पर आघात करती है। रामदरश जी यथार्थवाद को सिर्फ स्थितियों की तथ्यपरकता में नहीं, संभावना में भी खोजते हैं और यह विश्वास दिला पाते हैं कि संभावना का बोध जटिल और दुस्कर कार्य है।

इस उपन्यास में डा. सूर्य, मंगलसिंह, बलरामसिंह, रामजन्म दुबे जैसे अनेक पात्र एक तरफ और बी. लाल, मंजरी, पवन, साही, और किसान-मजदूरों के बीच काम करने वाला जनार्दन जैसे पात्र दूसरी ओर हैं। पहले प्रकार के पात्र और उनकी गतिविधियां,

उनकी चालें और निरंतर सफलताएँ, संभावनाहीन स्थितियाँ मात्र हैं। वे वर्तमान भारतीय समाज के ऐसे कठोर जड़ अवरोध-तथ्य हैं, जिनकी सही पहचान और अकूत ताकत का अन्दाजा लगाए बगैर आज का कोई रचनाकार, रचनात्मक उत्तेजना नहीं हासिल कर सकता। 'अपने लोग' में स्थितियों और तथ्यों की यह कठोर दुनिया है जिसका गहरा और आलोचनात्मक अहसास लेखक को है। लेकिन लेखक के अनुभवों की एक दूसरी दुनिया भी है जिसमें बी.लाल और पवन जैसे आवारा, मंजरी जैसी मजबूर लड़की, जनार्दन जैसा प्रतिबद्ध कर्मठ कार्यकर्त्ता और उमेश जैसा पागल सच विद्यमान है। यह संभावनाओं की दुनिया है। इसमें भारतीय समाज के विधान, लक्ष्य और विकास की शक्ति और कार्यक्रम निहित हैं।

इस उपन्यास में इन दोनों दुनियाओं की समानान्तर कथा काफी दूर तक कही गई है। लेकिन अन्त तक जाते-जाते यह उपन्यास वह बिन्दु उभार ही लेता है जहाँ इनकी सीधी और अनिवार्य टक्कर होती है। यह टक्कर इस बात का प्रमाण है कि लेखक स्पष्ट समाजवादी यथार्थवाद का पक्षधर है। डा. सूर्य और मंगलसिंह चुनाव प्रचार के लिए कवि-सम्मेलन का इस्तेमाल करना चाहते हैं। दूसरी ओर प्रमोद, साही आदि इस इस्तेमाल के विरोध में हैं। कवि सम्मेलन का मंच दो शक्तियों की खींच-तान और संघर्ष का नाट्य मंच बन जाता है। दोनों दुनिया आमने-सामने खड़ी हो जाती हैं–

"पुलिस के डण्डों से लोग लहू-लुहान हो गए। और डॉ. सूर्य चिल्लाकर बोले–"अरेस्ट कर लो इन कम्बख्तों को।"

"आप कौन होते हैं अरेस्ट का आर्डर देने वाले? डॉ. सूर्यकुमार, आप कोई पुलिस अधिकारी हैं? अपनी हैसियत पहचान कर बात किया कीजिए।" प्रमोद ने क्रोध से कहाँ

"अच्छा आप हैं?"

"जी, मैं हूँ।"

"अरे यार तुम।" शिवनाथ ने आत्मीयता से कहा–

"हाँ यार मैं हूँ। और ये हैं नरसिंह साही, इस जिले के सबसे ताकतवर कवि–मिट्टी की ताकत के कवि और यह है पवन–मेरा बेटा, कामरेड जनार्दन की पार्टी का प्रबुद्ध सदस्य और ये हैं इसके छात्र-साथी जो मिल-जुलकर जनता की ताकत और पीड़ा से सही समाजवाद गढ़ने की कोशिश में हैं और ये हैं बी. लाल। बोलो क्या कहना चाहते हो।"

यह नाटक, इस उपन्यास के पेट से पैदा होता है और उन शक्तियों और संभावनाओं का अहसास कराता है जो एक अलग भविष्य बनाने में सक्रिय हैं और जिनकी मानसिक और नैतिक धारणाएं उन संभावनाओं से निर्मित होती हैं। इसी नाटकीय बिन्दु पर अपने में कसमसाता, टूटता और कभी-कभी लुंज-पुंज लगता हुआ असहाय और कुछ न कर पाने की यातना झेलने वाला प्रमोद शक्ति-पुंज हो उठता है। इसी बिन्दु पर उमेश का पागलपन प्रखर सच्चाई, बी. लाल, पवन की आवारगी और मंजरी की विवशता शक्ति

के सही स्रोत के रूप में पहचानी जाती है और कामरेड जनार्दन की एक ओर ढिकली हुई कर्मठता केन्द्र में आ जाती है।

यही वह बिन्दु है जहाँ लेखक परिस्थितियों की सिर्फ आलोचना नहीं करता, पूरी ताकत से लड़ता है। सर्जनात्मकता को आलोचनात्मक रुझान में कम और सक्रिय संघर्ष में अधिक पाता है। इसी बिन्दु पर लेखन, बौद्धिक कर्म होते हुए भी जीवन कर्म प्रमाणित होता है।

लेकिन यह हुआ कैसे? किस लेखकीय योग्यता द्वारा यह संभव हो सका?

बहुत दूर तक लगता है कि लेखक प्रमोद के व्यक्तित्व की समस्या से सम्बद्ध है। कालेज की घटनाओं में सही और मानवीय पक्ष का समर्थन, उसके लिए ईंट की मार तक खाना, विलास की नौकरी के लिए भी समझौता न करना और कवि-सम्मेलन के संयोजन को अस्वीकार करना जैसी बहुत-सी घटनाएं हैं जो प्रमोद के संघर्ष को व्यक्तित्व के संघर्ष का प्रमाण देती हैं। यह सही है कि प्रमोद के संघर्ष से कुछ सामाजिक, सांस्थानिक और राजनीतिक अन्तर्विरोध खुलते हैं। मसलन, रामजन्म दुबे की घोर प्रतिक्रियावादी, साम्प्रदायिक तस्वीर प्रमोद की उनके प्रति घृणा और तिरस्कार भाव से खुलती है। कॉलेज में उसके आने से कॉलेज की सांस्थानिक गतिविधि में व्याप्त अन्तर्विरोध उग्र होता है। डा. सूर्य और मंगलसिंह से उसका सम्पर्क उनकी अवसरवादी राजनीति का पर्दाफाश करता है। लेकिन फिर भी उपन्यास की संभावनात्मक शक्ति का प्रतिनिधित्व प्रमोद नहीं करता। जब तक उसका संघर्ष व्यक्तिगत रहता है तब तक वह शक्ति नहीं निरुपायता का ही अनुभव कर पाता है। लेकिन ज्यों ही वह व्यक्तित्व-मोह से अपने को झटक देता है और बी.लाल, पवन और जनार्दन के साथ संघर्ष में शामिल हो जाता है, वह शक्तिपुंज हो उठता है। बी.लाल, पवन और जनार्दन का संघर्ष व्यक्तित्व का संघर्ष नहीं है। वह एक शक्ति-संगठन है जो अवसरवादी प्रतिक्रियापरक यथास्थितिवादी मजबूत संगठन से जूझता है।

बी. लाल इस उपन्यास का सर्वाधिक सशक्त बिन्दु है क्योंकि वह सामाजिक अन्तर्विरोध की उपज है। उसमें तमाम बुराइयां हैं। वह वेश्यागामी, लंपट अपनी मां को जबर्दस्त घृणा करने वाला और अपने अर्द्धविकसित भाई के प्रति कठोर है। लेकिन ईसाई मंजरी से उसका लगाव और विवाह-प्रस्ताव दकियानूसी भारतीय समाज के कठोर-विधान को तोड़ने और बदलने की क्षमता रखता है। कम से कम संभावना तो उसमें है ही। दकियानूसी समाज को बदलने और इस बहाने अपने व्यक्तित्व को ऊपर उठाने की गर्ज से वह ऐसा नहीं करता। ऐसी तो उसमें चेतना ही नहीं है। वह सामाजिक अन्तर्विरोधों का ऐसा आपेक्षिक गुरुत्व केन्द्र है जहाँ सामाजिक बुराइयां और नई सामाजिक संभावनाएं अपनी पूरी ताकत से एक-दूसरे के विरोध में स्वयमेव उभरती हैं। लेखक को अपनी ओर से न उसे अच्छा साबित करना पड़ता है न बुरा। उसमें यथास्थिति और संभावना का द्वन्द्वात्मक विधान अन्तर्निहित है। बी. लाल से ही साबित होता है कि

मानवीय सच्चाई और सर्जनात्मक संभावना को चरित्र और व्यक्तित्व की समस्या में से अब नहीं उभारा जा सकता। सामाजिक अन्तर्विरोधों के उन केन्द्रों में उसे खोजा जा सकता है जहाँ किसी भी तरह के प्रतिगामी ढांचे के टूटने की सम्भावना हो। तभी यथार्थ के ऐतिहासिक स्वरूप का साक्षात्कार किया जा सकता है। हो सकता है कि यह ऐतिहासिक यथार्थ प्रचलित सामाजिक नैतिकता और वैयक्तिक आचरण के सौम्य-प्रतिरूपों के विरोध में हो। हो सकता है कि वह अनैतिक और वैयक्तिक स्तर पर बहुत दिक करने वाला भी हो। इसलिए उसे परिवर्तनशील ऐतिहासिक यथार्थ के प्रति अभिमुखता सहन कर सकती है। बी. लाल ही यह विश्वास दिलाता है कि लेखक परिवर्तनशील ऐतिहासिक यथार्थ से अपने उपन्यास की अन्तर्वस्तु का निर्माण करता है, जिसमें रूढ़, सामाजिक, सांस्थानिक और विचारधारात्मक विधान टूटते हैं। यही कारण है कि प्रमोद का बहुत ईमानदार, यातनामय और बहुत दूर तक नैतिक संघर्ष बी. लाल के बेईमान, क्रूर और काफी दूर तक अनैतिक संघर्ष के मुकाबले कम सर्जनात्मक प्रभाव उत्पन्न करता है। प्रमोद जहाँ नवीनता और मानवीय समस्याओं को व्यक्त्वि के केन्द्र से पकड़ता है वहाँ बी. लाल उन समस्याओं को ऐतिहासिक संघर्ष का बिन्दु बना देता है। और अन्ततः प्रमोद को उस ऐतिहासिक संघर्ष में अपने को शामिल ही करना पड़ता है। इसी को मैंने ऊपर विधेयात्मक अन्तर्वस्तु कहा है जो मात्र स्थितियों से नहीं ऐतिहासिक संभावनाओं से निर्मित होती है। इसी कारण यह अधिक ठोस, मूर्त और प्रगतिशील है।

इस उपन्यास के विषय में इस तरह की चर्चा की गई है कि यह राजनीति से अलग मानवीय अनुभवों और हितों की वकालत करता है। लेकिन यह भ्रामक धारणा है। यह उपन्यास राजनीति से अलग मानवीय अनुभवों को ग्रहण नहीं करता। मानवीय अनुशासन में राजनीति को ग्रहण करता है। वह धूर्त पद्धति जो सिर्फ आदमी का इस्तेमाल करती है अपने स्वभाव से भ्रष्ट राजनीतिक ही होती है। परिवार, कचहरी, कालेज, स्कूल सबमें यह धूर्त पद्धति व्याप्त है। 'अपने लोग' उससे अलग होकर मानवीय अनुभव को नहीं खोजता। इस धूर्त पद्धति से लड़ता है और एक अधिक मानवीय राजनीतिक पद्धति के प्रति अभिमुखता प्रगट करता है। यह ठीक है कि यह उपन्यास अपने स्वरूप में राजनीतिक नहीं है, लेकिन सामाजिक परिवर्तन और नए मानवीय अनुभव राजनीतिक चेतना के बिना आज संभव नहीं है, उपन्यास में इसके भरपूर प्रमाण हैं। वह मानवीय पहचान को प्रगतिशील राजनीतिक विचारधारा से ही परिभाषित करता है। प्रमोद की निरुपायता और बेचैनी, शक्ति कहाँ पाती है? बी. लाल किस बिन्दु पर ऐतिहासिक यथार्थ प्रस्तावित करने लगता है? उमेश का पागलपन सच्चाई के लिए उत्तेजना का काम कहाँ करता है? पवन की आवारगी कहाँ पर सार्थक और मानवीय बन पाती है और उनके सामने डॉ. सूर्य, मंगलसिंह और शिवनाथ चौधरी कहाँ पर एक ही थैली के चट्टे-बट्टे के रूप में उभर कर आते हैं? कहीं न कहीं किसी न किसी रूप में कामरेड जनार्दन और उसकी राजनीतिक विचारधारा के संस्पर्श में ही ये सारे बिन्दु उभरते हैं।

यह उपन्यास सम्प्रदाय विरोधी, प्रगतिशील, सामाजिक और राजनीतिक संदर्भों में ही मानवीय अनुभव को परिभाषित और रेखांकित करता है।

इधर के प्रकाशित उपन्यासों में अपनी सशक्त अंतर्वस्तु के कारण 'अपने लोग' निश्चय ही अधिक गंभीर चर्चा और विचार-विमर्श का विषय बनेगा।

‘अपने लोग’ : आस्था और यथार्थ का द्वन्द्व

विनय

समकालीन साहित्य की मूल प्रकृति यथार्थवादी है। इस यथार्थवादी प्रकृति की विश्वसनीयता–सामाजिक विसंगति, क्रूरता, विषमता, आशा–आकांक्षा, सफलता–असफलता के निर्मम अनावरण की प्रक्रिया में लक्षित होती है। आज का लेखक सामाजिक यथार्थ और उसमें निहित द्वन्द्व की चेतना का उद्‌घाटन करता हुआ, भावुकता से मुक्त होकर, वस्तुपरक दृष्टि से, मनुष्य और उसके सामाजिक सम्बन्धों का उसके सामाजिक जीवन के अन्तर्विरोधों का चित्रण करता है। इस दायित्व के निर्वाह में वह व्यक्ति मन की आन्तरिक और बाहरी दुनिया को, मानवीय धरातल पर उदारता से व्यक्त करता हुआ उस सम्पूर्ण परिवेश को सामने लाता है, जो व्यक्ति और समाज के आचरण का जिम्मेदार होता है। यहाँ तक की रचनाशीलता किसी राजनैतिक–सामाजिक विचारधारा की प्रतिबद्धता की कायल नहीं होती–उसके व्यक्ति और समाजगत दृष्टिकोण का सीधा सम्बन्ध, समाज और व्यक्ति के वास्तविक चित्रण से ही रहता है लेकिन इसके आगे चलकर या कहना चाहिए कि अनावरण से आक्रमण तक पहुंचने के लिए एक प्रतिबद्ध दृष्टि की आवश्यकता होती है। वर्तमान समाज की जटिल संरचना के कारण कुछ लोग प्रतिबद्धता से अलग सम्बद्धता पर बल देते हुए अपने यथार्थवादी दृष्टिकोण की स्थापना करते हैं। ऐसे लेखकों का वैचारिक धरातल जरूरी नहीं कि समाजवादी–साम्यवादी सिद्धान्तवादिता का अनुकर्त्ता हो– लेकिन निश्चित ही वे समाजवाद विरोधी नहीं होते और जाने–अनजाने उन समाजवादी मूल्यों की स्थापना पर बल देते हैं जो राजनीति दर्शन की प्रतिछवियां होते हैं।

मानव–मूल्य चेता लेखक और राजनीतिक दर्शन के अनुगामी में एक भेद यह होता है कि जहाँ राजनीतिक व्यक्तित्व दलीय अन्तर्विरोध को जानते हुए भी कड़े अनुशास. की मांग करता है, वहाँ लेखक अपने द्वारा स्वीकृत दर्शन के व्यावहारिक अन्तर्विरोधों का भी निर्मम आलोचक होता है। उसकी दृष्टि केवल जीवन या लोक पर होती है और वह किसी भी लोक विरोधी बात को स्वीकार न करते हुए जनता के पक्ष में रहता है। वह कभी–कभी सत्ता का समर्थन करते वक्त भी देखता है कि कितनी मात्रा में उसका

यह कर्म लोक-अविरोधी है। क्योंकि वह बड़े अन्याय की तुलना में छोटे अन्याय के तात्कालिक समर्थन को भी उचित मानता है। रामदरश मिश्र के उपन्यास 'अपने लोग' के प्रसंग में मैंने ये बातें इसलिए उठाईं कि इस उपन्यास की संरचना के भीतर राजनैतिक चेतना से युक्त पात्र और स्थितियों का बहुत अधिक योगदान है। यह राजनैतिक उपन्यास न होते हुए भी सम्पूर्ण मानवीय व्यापार का विश्लेषण अधिकांशत: वर्तमान राजनीति के प्रभाव में करता है। बल्कि कहना यह चाहिए कि प्रस्तुत उपन्यास के सीधे-साधे दो पक्ष हैं–एक प्रोफेसर प्रमोद का पक्ष, दूसरा डा. सूर्य, शिवनाथ, मंगलसिंह आदि का पक्ष। इन दोनों पक्षों के द्वन्द्व में उपन्यास की कथात्मक स्थितियों का विस्तार होता है। इस द्वन्द्व की व्यख्या के लिए एक और आधार भी लिया जा सकता है, जिसका सम्बन्ध लेखक की मानव-मूल्य सम्बन्धी धारणा से है। पहला आधार है प्रमोद का परिवार जिसमें स्थितियों के रूप में प्रमोद का गोरखपुर आना, भाई की पत्नी का इलाज करवाना और छोटे भाई के मुकदमे के प्रसंग में उद्भूत मानसिक द्वन्द्व का प्रकाशन प्रमुख है। इस प्रसंग में आई कथा-स्थितियां मानव-मूल्यों के परम्परागत और सामयिक संघर्ष का यथार्थवादी चित्र उपस्थित करती हैं। दूसरा आधार है प्रमोद के कालेज की घटनायें जो अधिकांशत: वर्तमान राजनीति के उस रूप का उद्घाटन करती हैं जिसमें विद्यार्थियों को प्रभाव में लाकर दल के भविष्य को सुरक्षित करने की चालें चली जाती हैं, इसे आज की 'मिनी राजनीति' भी कहा जा सकता है।

तीसरा आधार है संसदीय उपचुनाव की घटना का, जहाँ जीवन के सारे मूल्य, राजनीति दर्शन द्वारा संचालित होते हैं। यहाँ आकर सारी स्थितियों के प्रश्न और उत्तर एक बात पर केन्द्रित हो जाते हैं। वह बात है 'गिव एण्ड टेक' अर्थात् सारे मानवीय आचरण इस बिन्दु पर रुकते हैं कि कौन किसके लिए कितना करता है और बदले में क्या पाता है।

इन तीनों आधारों पर 'अपने लोग' के कथानक को बुना गया है। जिन लोगों ने मिश्र जी का उपन्यास 'जल टूटता हुआ' पढ़ा है, वे उसकी सरंचना और 'अपने लोग' के वस्तुशिल्प का फर्क आसानी से समझ सकेंगे। 'जल टूटता हुआ' में घटनायें प्रमुख हैं जिनके तहत् स्थितियों का विकास या विन्यास हुआ। इस उपन्यास में स्थितियां प्रमुख हैं–और इसी बिन्दु पर यह उपन्यास परम्परित उपन्यासों से एक प्रस्थान बिन्दु की स्थापना करने वाले उपन्यासों में एक महत्वपूर्ण कड़ी के रूप में गिना जायेगा, जिन्होंने लगभग दो दशक से यह भूमिका अदा की है। प्रस्तुत उपन्यास के कथा-चयन में सामाजिक यथार्थ के अनेकानेक पहलू उद्घाटित हुए हैं। वर्ग-संघर्ष इस उपन्यास के मूल में नहीं, किन्तु वर्गचरित्र और सामान्य मानवीय संवेदना का द्वन्द्व अत्यधिक प्रखर होकर उभरा है और इस द्वन्द्व में लेखक उन तमाम प्रश्नों को उठाता चलता है जिनसे मानवीय त्रासदी का क्षेत्र बढ़ता ही जाता है। रचनाकार की सर्जनात्मक दृष्टि बार-बार इस तथ्य पर प्रकाश डालती है कि परिवेश के आग्रह से प्रतिकूल आचरण करने वाले

व्यक्ति का दोष, केवल व्यक्तिदोष मानकर छोड़ दिया जाए, या सारे सामाजिक स्वरूप में उसके स्रोत खोज कर उसके सही होने की दिशा का अनुसंधान किया जाए। नर्स मंजरी, आवारा बी. लाल, और प्रेम में असफल होकर पागलपन की हद तक पहुंचा उमेश–जिस त्रासदी से गुज़रते हैं, उसके लिए कौन उत्तरदायी है, केवल व्यक्ति का आचरण या पूरा सामाजिक परिवेश।

प्रस्तुत उपन्यास में जिस तरह से स्थितियों का संयोजन किया गया है, उससे यही लगता है कि लेखक परिवेश को व्यक्ति-निर्माण का मुख्य आधार मानता है। बी. लाल का सम्पूर्ण चारित्रिक विकास उसके अपने निर्माण का परिणाम न होकर परिवेश की देन है। यही स्थिति मंजरी के विषय में है। लेखक उमेश को जिस अवधारणा का प्रतीक बनाना चाहता है, वह भी पूंजीवादी मानसिकता के विरोध में सामान्य व्यक्ति के पक्ष को प्रस्तुत करती है। मंजरी की मां, बी. लाल से अपनी बेटी के नाम कुछ जायदाद लिखवाना चाहती है और माधवी उमेश के प्राध्यापकत्व को महत्व देती है। जिसके न होने पर सारी व्यक्तिगत आशायें परम्परावादी पिता की इच्छा पर समर्पित कर दी जाती हैं। अर्थात् दोनों की दृष्टियां सुरक्षावाद पर आधारित हैं। और यह सुरक्षावाद पूंजीवादी मानसिकता का ही प्रतीक है।

मिश्र जी के औपन्यासिक कथा संयोजन में मूलकथा के साथ अन्य कथाओं को एक निश्चित विचार के अनुरूप संयोजित किया जाता है। 'अपने लोग' में भी बी. लाल. और मंजरी, उमेश और माधवी के उप कथानक जातिवाद, परम्परावाद के प्रतीक हैं। बी. लाल और मंजरी का द्वन्द्व परिवेश और उनकी इच्छामूलक शक्तियों का द्वन्द्व है। एक स्थिति उन्हें पहले से मिली है, जिसने उनके स्वभावज जीवन की गति में अवरोधक खड़े कर दिए, दूसरी स्थिति वे स्वयं बनाना चाहते हैं, पर पहली की अपेक्षा दूसरी बाहरी आग्रहों से दलित होती जाती है। बी. लाल जिस रूप में अपना जीवन 'आउटग्रो' करना चाहता है, उसके मार्ग में उसकी मां का जीवन आ जाता है ··· अतः वह निरन्तर सौन्दर्यमूलक शक्तियों और हिंसात्मक प्रवृत्तियों के बीच जूझता है। दूसरे स्तर पर मंजरी की स्वभावज स्थितियां स्वार्थ और उपयोगितावाद के झटके खाती एक खालीपन की ओर बढ़ती है। यहाँ पर लेखक जीवन को पहचानने और उसे बेहतर बनाने के उपायों को निजी अर्थवत्ता और सामाजिक संदर्भ में प्रस्तुत करता है। वस्तुतः प्रमोद और संज्ञा के सम्पूर्ण सहनशील, संतोषी चरित्र के विकल्प में आत्मइच्छा से दहकते बी. लाल, मंजरी, के. लाल, इमरतिया के चरित्र यथार्थ के अधिक समीप बैठते हैं··· क्योंकि सोच और कर्म के स्तर पर जितना प्रभाव इन पात्रों पर पड़ता है उतना प्रमोद और संज्ञा पर नहीं पड़ता।

लेकिन प्रमोद लेखक की दृष्टि का संवाहक है और यह दृष्टि स्वार्थ, उपयोगितावाद, संघर्ष बनाम सुखद समतावादी संसार की दृष्टि है। इतना होते हुए भी प्रमोद की मानवीय धारणा को परिवार के सन्दर्भ में नितान्त सामयिक बना दिया गया है। वह ऐसा कल्पित

पात्र तो नहीं है जिस पर स्थितियां प्रतिकूल प्रभाव न डाल पायें··· लकिन उसके बाहरी मूल्य चेता व्यक्तित्व और भाई तथा परिवार के साथ सम्बद्ध व्यवहार में गहरी खाई है। भाई के बच्चों के प्रति उसका सोच, और उनके अपने सम्बन्धों के प्रति उसका रुख अधिक मानवीय नहीं बन पाता–यह बात किसी भी समकालीन चरित्र के लिए यथार्थपरक हो सकती थी लेकिन जिन मानसिक अवधारणाओं से प्रमोद का चरित्र बुना गया है, उनकी सापेक्षता में यह स्थिति अधिक तार्किक नहीं बन पाती।

'जल टूटता हुआ' में सतीश के द्वन्द्व का परिष्कार चन्द्रकांत के क्लक्टर बनकर आने में हुआ। 'अपने लोग' क्योंकि भिन्न धारणा को लेकर लिखा गया है, इसलिए प्रमोद के द्वन्द्व, जुड़ाव का परिष्कार पवन की गतिविधियों में होता है। अर्थात् अन्त तक आते-आते सामयिक प्रश्नों के हल को न पाने की स्थिति में दो ही परिणाम हो सकते हैं–निराशा, दैन्य, पलायन··· या किसी क्रान्ति चेता-व्यक्तित्व का आविर्भाव। निराशा या पलायन मिश्र जी की प्रकृति के अनुकूल नहीं है, अतः वे क्रान्ति चेता पवन, जनार्दन की सम्भावनाओं में बिगड़े वर्तमान का उजला भविष्य सौंप देते हैं। यहीं वे एक जागरूक रचनाकार का लक्ष्य वेध करते हैं। पर यह वेध सैद्धान्तिक नहीं है व्यावहारिक है।

मूलकथा में व्यक्त संकट और उससे उभरने के मानवीय संघर्ष में प्रमोद निरन्तर अकेला होता जाता है या किसी चक्र में फंसता जाता है। लेकिन उसका अकेलापन उसके सोच पर कोई खरोंच नहीं लगा पाता, वह निरंतर संघर्ष करता है। प्रमोद के संघर्ष के दो मानसिक आधार हैं–एक है संस्कार, दूसरा आक्रोश। उपन्यास के पूर्वार्द्ध में वह संस्कार जन्य द्वन्द्व में रहता है लेकिन उत्तरार्ध में आकर संस्कारों पर सामयिक स्थितियां हावी हो जाती हैं, एक व्यावहारिक दृष्टि का आविर्भाव होता है और प्रमोद संस्कारों को पीछे ढकेल कर यथार्थ और आक्रोश के बिन्दु पर खड़ा होता है। दोनों स्थितियों में उसका मानवीय विवेक जाग्रत रहता है, यही कारण है कि सब कुछ सहन करने की अपनी मजबूरी से ज्यादा वह पत्नी की स्वाभाविक सहनशीलता पर क्रोधित होता है। खीजता रहता है–किन्तु भाई की पत्नी का इलाज भी कराता है।

इधर दूसरे पक्ष में लेखक डा. सूर्य, शिवनाथ, मंगलसिंह, छात्र नेता जीवन सिंह आदि से सम्बद्ध स्थितियों के निर्मम अनावरण में सत्ताधारी के समाजवादी प्रयत्नों की वास्तविकता उधेड़ता है। वस्तुतः समाजवाद की स्थापना एक महान आस्था और उस आस्था से प्रेरित प्रयत्नों से ही हो सकती है। अब प्रश्न हो सकता है कि यह आस्था शुरू कहाँ से होती है, इसका उत्तर क्या है? इस विषय में यह कहना अनिवार्य होगा कि पूंजी और सत्ता के आसपास भी इस आस्था का जन्म असम्भव है। इसकी प्रारम्भिक किरणें निष्ठावान, अभाव को भोगने वाले व्यक्ति या जन समुदाय में उदित हो सकती हैं क्योंकि पूंजी का मालिक, सत्ता का चटकोरा क्राइसेस को देखता है, भोगता नहीं और किसी भी जड़बद्ध व्यवस्था को बदलने के लिए उनकी आवश्यकता होती है जिनकी धमनियों में क्राइसेस पैदा होता है–फलता है, जो उसे भोगते हैं। अतः पूंजी और शक्ति

के नैकट्य से इस आस्था का खण्डन होना स्वाभाविक है। या यूं कहा जाय कि यह एक ऐसा मुकदमा है जिसमें पावर पूअर दो पक्ष होते हैं और कम्प्रोमाइज़ की कोई गुंजाइश नहीं होती, और यदि पूअर को उसका अधिकार दिलाना है तो चोट उन नियमों पर करनी होगी, बदलना उन अधिनियमों को होगा–जिनके तहत् सामाजिक न्याय-बोध पावर के पक्ष में रूपान्तरित होता है–यहीं एक बात और कि संकट के दर्शक और भोक्ता के बीच एक और पक्ष है–वह पक्ष है मध्यवर्ग का। जो निम्नवर्ग की तुलना में क्राइसेस को कम भोगता है लेकिन जितना भोगता है, उससे ज्यादा, शिद्दत से महसूस करता है, समझता है, अन्ततः यह स्थिति उसे प्रकृत रूप से क्राइसेस के शिकार के पक्ष में कर देती है और वह निम्न वर्ग की समझ या विवेक की कमी को पूरा करके सामाजिक परिवर्तन की दिशाएं खोलता है।

'अपने लोग' में प्रमोद, उमेश (यदि पागल न होता तो) और साही तथा पवन व ज़नार्दन इस विचार के पूरक व्यक्तित्व के रूप में उभारे गये हैं जो मानवीय आस्था के साथ राजनैतिक-सांस्कृतिक धरातल पर परिवर्तन की मांग करते हैं। उधर डा. सूर्य, शिवनाथ, मंग़ल सिंह, केवल नारा देते हैं और व्यवहार में वे घोर अनैतिक और अमानवीय भी हो सकते हैं। डा. सूर्य के विषय में लेखक का यह कहना कि 'जो आदमी बिना फीस लिए एक गरीब के इकलौते पौते की दवा नहीं कर सकता, वह समाजवाद का सिपाही बनेगा'? उन तमाम चेहरों पर एक गंभीर आरोप है जो सुविधाओं की गद्दियों से समाजवाद की गोलियां फेंकते रहते हैं। मैं समझता हूँ कि इस कृति की रचना-प्रेरणा में मिश्र जी की यथार्थ दृष्टि जीवन के विस्तृत, बहु आयामी फैलाव को देखती है। यह देखने वाली दृष्टि अपने को किसी दलगत विचारधारा से नहीं बांधती–सिर्फ मानवीय संवेदनागत अपार सहानुभूति उसके पास है। अतः रचना के नैपथ्य और मंच दोनों पर साथ-साथ एक साहित्यिक व्यक्तित्व उभरता है जो प्रतिबद्ध नहीं है, सम्बद्ध है। इसे यूं भी कहा जा सकता है कि 'अपने लोग' में वर्तमान देश की राजनीति, साहित्य, समाज को 'गोरखपुर' के केन्द्रीय घटनास्थल के माध्यम से एक सम्बद्ध साहित्यिक की दृष्टि से देखा गया है। लेकिन वह साहित्यिक केवल दर्शक नहीं है, भोक्ता भी है, स्थितियों का प्रभाव अपने ऊपर झेलता निर्णय, अनिर्णय के बीच उलझता है। उसके सामने अनेक प्रश्न हैं–अनेक समस्यायें हैं। रामविलास के आर्थिक संकट, फुलवा के सामाजिक संकट की समस्याएं··· उसके सामने हैं और वह भरपूर कोशिश करने के बावजूद इस फ्रन्ट पर असफल होता है। वह जब कभी भी अपनी मानवीय दृष्टि से किसी बात की धारणा करता है या जीवन सत्य के निकट पहुंचने की चेष्टा करता है–प्रश्न या दलीय सिद्धान्तवादिता की जड़ता उसके आड़े आ जाती है–'प्रमोद सोचता है–

'कब से यह सिलसिला चल रहा है, उद्योगपति और व्यवसायी मोटे होते गये हैं, नेता मोटे होते गए हैं··· बंगले और कोठियां साफ-सुथरी होती गईं··· जनमार्ग गन्दे और भग्न होते चले गए। कोठियों में बल्ब जगमगाते चले गये, सड़कों पर बल्ब टूटते चले गए,

डाक्टर सूर्य का दवाखाना समृद्ध होता गया और जनता के अस्पताल मक्खियों, कीड़ों और दुर्गन्ध से भरते चले गए। कहाँ हैं वे लोग, कहाँ हैं वे लोग जो देश को बचा सकते हैं? कहाँ हैं वे लोग जो टूटी बजबजाती अस्त-व्यस्त आवाज़ों के बीच कोई ठोस अर्थपूर्ण आवाज़ उगा सकते हैं? वस्तुतः प्रमोद की इस उक्ति में लेखक का यही कष्ट नहीं बोलता कि उद्योगपति-व्यवसायी मोटे होते गये उसका वास्तविक दर्द यह है कि जनता के पक्षधरों का क्या हुआ? वे क्यों समझौतारस्त हो गये, या ठंडे पड़ गये? और इसका उत्तर 'अपने लोग' के भीतर से ही मिलता है कि जनता के पक्षधर अब स्थितियों का 'फ्लाइंग जायज़ा' ले रहे हैं-जो लोग जमीन पर कभी नहीं चले थे, जिन्होंने तपती मिट्टी, कीचड़ गारे की धसान, श्रम के पसीने को कभी महसूस नहीं किया था, वे तो ऊपर हैं ही, पर जिन्होंने इन सबका कुछ जायज़ा लिया था, वे भी छत पर खड़े आश्वस्ति से सांस ले रहे हैं। सारी संगति असंगति में बदल रही है, क्रान्ति संशोधन का जामा पहन रही है, सम्बन्ध स्वार्थों का चोला डाले हैं, और यह सब कुछ अपने लोगों के द्वारा किया जा रहा है। तब मूल्य चेता, व्यक्ति की वेदना बढ़ेगी ही और वह सारे समाज के बीच भी आत्म-परायेपन की भावना से दंशित होगा।

संवेदना और विचार के धरातल पर यह उपन्यास विकासशील देश में समाजवादी व्यवस्था की स्थापना के लिए जनता के पक्ष की मजबूती पर बल देता है। वह इंगित करता है कि वर्ग-संघर्ष से पहले भारतीय समाज के सदियों से चले आ रहे वर्ण-संघर्ष, जातिवाद, संस्कार-जड़ता को उखाड़ना होगा-तब वर्ग-संघर्ष के लिए सही रास्ता बन पड़ेगा। लेखक वर्तमान द्वन्द्वमयी स्थिति को पहचानता है-वह यह भी जानता है कि प्रगतिशील शक्तियां क्यों और कैसे 'डिफेन्सिव पॉजीशन' में खड़े अपने को 'जस्टीफाई' कर रही हैं। उसने बड़े करीने से वाम शक्तियों की दरारें भी उभारी हैं। इस उपन्यास की सबसे बड़ी शक्ति यथार्थवादी और आस्थावादी दृष्टि के द्वन्द्वात्मक संतुलन में व्यक्त हुई है।

वस्तुतः क्रूर यथार्थ को पहचानने की भेदक दृष्टि के साथ, जीवन के प्रति मानव के प्रति लेखक की आस्था उसकी सम्पूर्ण कथा-संयोजना को उदात्त भावक के अनुशासन में रखती है। वह आस्था के नाम पर कोई यूटोपिया निर्मित नहीं करता लेकिन सम्पूर्ण विसंगतियों की वास्तविकता के नाम पर मूल्यहीनता को भी स्वीकार नहीं करता। दरअसल मिश्र जी की रुचि मनुष्य और उसके जीवन में गुणात्मक रूप से फलित होती है। उसका सम्बन्ध मानवीय संसार से है। उसकी आस्था मानवीय विवेक और सदाचरण में है। उनकी रचनाओं से एक तथ्य निरन्तर प्रतिपादित होता रहता है कि मानव-जीवन सम्पूर्ण असंगतियों के साथ भी अर्थहीन नहीं है। इसीलिए 'अपने लोग' के 'डिसअप्रूव्ड' पात्रों डा. सूर्य, शिवनाथ आदि में भी वे कभी-कभी मानवीय सरोकार की झलक दिखाने से पीछे नहीं हटते। मंजरी के प्रसंग में डा. सूर्य का वहशी न हो जाना और शिवनाथ तथा प्रमोद के वार्तालाप में एम.एल.ए. शिवनाथ से मित्र शिवनाथ बन जाना-ऐसे ही

स्थल हैं–और मानव का मनोविज्ञान सिद्ध करता है कि ऐसी सम्भावनाएं कल्पित नहीं हैं।

आस्था और यथार्थ के द्वन्द्व के बीच उपन्यास का सम्पूर्ण कार्यव्यापार गतिशील रहता है। उसकी स्थितियां कभी किसी रूप में, कभी किसी रूप में आती रहती हैं, और रचना की अपेक्षित नाटकीयता में कोई व्याघात नहीं पड़ता। क्योंकि उसके संचालन के पीछे मानवीय विवेक और वैज्ञानिक दृष्टि का संतुलन रहता है अतः लेखक सामाजिक विसंगतियों के प्रति तार्किक रूप से निर्मम रहकर भी पाठक की चेतना को मानवीय आस्था के प्रति विश्वसनीयता दे पाता है।

ऊपर जिस द्वन्द्वात्मक संतुलन की बात कही गई है, उससे लेखक के जीवन दर्शन को पहचानना सरल हो जाता है। उसका दृढ़ विचार है कि हम जीवित जिजीविषा से युक्त, मानव समाज में रह रहे हैं। हमारा समाज है, 'देश है, लोग हैं, उनकी समस्यायें, कठिनाइयां, धूर्तताएं भी हैं–साथ ही माता-पिता, भाई-बहन और सम्बन्धों की मृदुता-कटुता भी है। हमारी अपनी अपेक्षाओं और दूसरों की अपेक्षाओं की टकराहट भी पूरे फार्म में है–लेकिन हम एकदम जीवनगत निरर्थकता में नहीं जी सकते और नहीं जी रहे हैं। हमारा मानव समाज कुल मूल्यों के आधार पर परस्पर जुड़ा भी है, और मूल्यहीनता के कारण अलगाव के दंश से पीड़ित भी है। तो भी एक मानवीय संवेदनात्मक दृष्टि कम या अधिक सबमें व्याप्त है–समस्या इस दृष्टि के विस्तार की है और लेखक उसका विश्वसनीय विस्तार करने में सफल भी हुआ है। मिश्र जी जीवन के संदर्भ में साहित्य के दायित्व को पूरी तरह से जानते हैं–यूरी बान्ड्रेव के शब्दों में–'साहित्य भौतिक मूल्यों का प्रतिपादन नहीं करता। विज्ञान की दृष्टि से इतर वह मानवीय नैतिक अवधारणाओं, विवेकशील दृष्टि की स्थापना करता है। वह जिस मानव मूल्य का प्रतिपादन करता है, उसे किसी भी प्रकार भौतिक उपलब्धियों से कम महत्वपूर्ण नहीं माना जा सकता है। (सोवियत लिट्रेचर नं. 11, 1974, पृ. 140)। एक समाजवादी समीक्षक की इस उक्ति के आधार पर 'अपने लोग' उपन्यास की सामयिक सार्थकता और समय निरपेक्ष जीवन्तता पर आश्वस्त हुआ जा सकता है।

इस वृहदाकार उपन्यास में एक दो बातें ऐसी भी हैं जिनकी स्थिति से मैं अपने आप को सहमत नहीं कर पाता हूँ। मानवीय धरातल पर उमेश की डायरी के पन्ने चाहे जिस पक्ष का उद्घाटन करें किन्तु वैचारिक दृष्टि से उमेश के मार्क्सवादी होने और प्रेम के बीच का द्वन्द्व अधिक तार्किक नहीं लगता। इस संघर्ष की असफलता का आधार उमेश का मार्क्सवाद नहीं हो सकता, माधवी के पिता का जातिवाद या पदवाद हो सकता है। दूसरे उपन्यास के पृष्ठ 140 पर कलकत्ते के प्रसंग में एक बात कही गई है "नहीं-नहीं साहब, आदमी भी मारते हैं। कलकत्ते में इतना हत्याकाण्ड मचा रखा है और आप कहते हैं कि खाली जानवर मारते हैं।" यहाँ पर यह रिमार्क पूरे विश्लेषण के अभाव में कोई संगति नहीं रखता। क्या लेखक नक्सलपंथियों का विरोध करना चाहता है? यदि ऐसा

है तो इस स्थल पर अधिक विवेचना की आवश्यकता थी।

शिल्प की दृष्टि से 'अपने लोग' एक वृहदाकार उपन्यास है। इसकी रचना-प्रक्रिया उनके अन्य उपन्यासों से भिन्न है। 'अपने लोग' तक आते-आते लेखक के सामाजिक वैचारिक दृष्टिकोण में गुणात्मक अन्तर आया है। प्रस्तुत उपन्यास के शिल्प विधान में मुख्य बात है—घटना-बहुलता के स्थान पर स्थितियों और परिवेश खण्डों का आधिक्य जो घनीभूत संवेदनाओं की संश्लिष्ट अभिव्यक्ति में रूपायित हुआ है। ये संवेदनाएं सीधे बाह्य स्थितियों से टकराती हैं और स्थितियों से अवरुद्ध होकर, इधर-उधर रास्ता बनाती गतिशील होती हैं। यही कारण है कि कोई एक पात्र पाठक की स्मृति मे चाहे चिरस्थायी न हो किन्तु उपन्यास का परिवेश उसे हमेशा के लिए याद रहेगा। इस उपन्यास के परिवेश खण्ड स्वयं में एक चरित्र के रूप में उभरते हैं—द्वन्द्व को सजीव कर जाते हैं।

इस उपन्यास का कथाविन्यास स्थितियों के परस्पर द्वन्द्व से हुआ है जिसमें मूलतः घटित होने वाली घटनायें तो केवल एक शैक्षिक वर्ष की हैं किन्तु उनका विस्तार 'फ्लैशबैक' या डायरी के पन्नों के माध्यम से हुआ है और वर्तमान में कम समय लेते हुए भी वर्तमान के पिछले संदर्भों के कारण उपन्यास का फलक अधिक विस्तृत और बहु-आयामी हो गया है। इसी प्रसंग में अनेक सामाजिक विसंगतियों को चित्रित करने के लिए अनेक छोटे-छोटे प्रसंगों की उद्‌भावना की गई है। इस प्रकार अपने आकार-प्रकार, सम्वेदनात्मक घनत्व और दृष्टि की सोद्देश्य सुदीर्घ वैचारिकता के कारण 'अपने लोग' समकालीन उपन्यास साहित्य में एक महत्वपूर्ण कृति के रूप में समादृत होगा, ऐसा मेरा विश्वास है।

रात का सफर : यातना का विद्रोह

अंजलि तिवारी

कितनी लम्बी रात थी–छः वर्षों की लम्बी रात।' और ऋतु इस लम्बी रात का सफर करती रही। उसके साथ ही उसके पिता भी पूरी रात पल भर के लिए नहीं सोये।

यह उपन्यास ऋतु के इसी सफर की कहानी है और उन सारी लड़कियों के सफर की कहानी है जिन्हें विवाह के पश्चात् एक लम्बी अंधेरी रात अजगर की तरह अपने गुँजलक में लपेट लेती है और जो टूट-टूट कर, पल-पल रीत कर जीने के लिए अभिशप्त होती हैं। विवाह कितना मोहक दिवा-स्वप्न होता है–प्यार की सुगंध से भरा दिवा-स्वप्न। लड़की दिन में उनींदी रहने और रात में आलिंगन-बद्ध रहने के सपने से लदी-फदी जब सुसराल जाती है और पहली ही रात में जब पति की या ससुराल वालों की उदासीनता या अप्रिय संलग्नता के आघात से उसके सपने टूट जाते हैं तब उस पर क्या बीतती है और नित खुलने वाले उपेक्षा के नये स्तरों का जब साक्षात्कार करती चलती है तो उसका जीवन कैसे डर की एक उदास लय बन जाता है इसका साक्षात्कार करना हो तो इस उपन्यास की ऋतु से मिला जा सकता है।

ऋतु दिल्ली के एक मजिस्ट्रेट की बेटी है। उसका बचपन गाँव के स्वच्छंद वातावरण में बीता है और उसके बाद का जीवन नयी दिल्ली के सुविधापूर्ण वातावरण में–मां-बाप के अतुल प्यार की छाया में। उसने अपने आंचल में न जाने कितना बटोरा है–प्रकृति का सौन्दर्य, घर की ममता, सहेलियों का प्यार और सबको सहेज कर जब ससुराल जाती है तो आँचल अचानक खुल जाता है और सारा प्रकृति-सौन्दर्य, ममता और प्यार छूट कर बिखर जाता है जिसे कुचल रहे होते हैं पति दिनेश, श्वसुर वकील साहब, बदतमीज़ ननदों की जोड़ी। पूरा घर उसे रहस्यमय लगता है। पति दिनेश सुहागरात को भी उसके पास नहीं आये और बाद में भी कभी नहीं आये, ननदें उसे घेरकर सोती हैं और श्वसुर साहब सब कुछ जानते हुए भी चुप हैं बल्कि अपने बेटे के रहस्य को जानते हुए भी दहेज के लालच में उन्होंने बेटे को शादी के लिए बाध्य किया। एक सड़ाँध घर से बाहर इस गंदे महल्ले में है, एक सड़ाँध इस घर के भीतर है। बाहर की सड़ाँध तो बर्दाश्त की जा सकती है किन्तु घर के भीतर की सड़ाँध को क्या कहा जाय?

सच बात तो यह है कि ऋतु के पिता राकेश जी बाहर की इस सड़ाँध से परिचित थे, किन्तु उन्हें लगा था कि दिनेश जैसे होनहार और सुन्दर युवक का साहचर्य ऋतु को इस दीन-हीन अभाव-ग्रस्त और गंदे महल्ले की सड़ाँध से दूर खींच ले जायेगा और एक महकती हुई दुनिया बसायेगा। लेकिन यहाँ तो बात कुछ और ही निकली। ऋतु के पूर्व जीवन के घर के भीतर और घर के बाहर के खुले, सुन्दर और साफ वातावरण के विरोध में उसके अलीगढ़ वाले वर्तमान जीवन के अवरुद्ध और गंदे बाहरी-भीतरी वातावरण को तान कर ऋतु की विडंबना और उसके मानसिक संकट को अधिक गहराया गया है, संक्रान्त बनाया गया है।

नारी पुरुषों के लिए खिलौना रही है। उसकी इच्छा हो तो खेले, न इच्छा हो तो उसे पड़ी रहने दे, इच्छा हो तो उसे प्यार का दान दे, न इच्छा हो तो मौन रहे या दुतकारता रहे। उसकी अपनी अस्मिता का सम्मान कभी नहीं किया गया। आधुनिक चेतना का दावा करने वाले आज के युग में भी यह क्रम टूटा नहीं है, बल्कि अधिक उलझ गया है। पढ़ा-लिखा सुशील-सा दीखने वाला सुन्दर युवक दिनेश एक नर्स से उलझा हुआ है तो भी ऋतु से शादी कर लेता है और शादी करने के बाद उसके साथ पल भर का भी सम्बन्ध नहीं बना पाता। उसने क्यों शादी की? शादी उसकी इच्छा के विपरीत बाप की मर्जी से हुई यह तर्क उसे बचा नहीं सकता। उसकी सारी पढ़ाई-लिखाई मानवीय चेतना-रहित व्यर्थता का जाल भर है। आधुनिक शिक्षा प्राप्त कर न जाने कितने युवक आज नारी के संदर्भ में सही निर्णय ले पाने में असमर्थ दिखाई पड़ते हैं। इसलिए वे लड़की के चुनाव, दहेज के प्रश्न और स्त्री को दी जाती हुई यातना में या तो शरीक हो जाते हैं या विरोध करने की इच्छा रहते हुए भी विरोध नहीं कर पाते, बल्कि दर्शक की तरह मूक बने खड़े रहते हैं। और उनकी इस चारित्रिकता के कारण स्त्री का जीवन आनंद का नहीं, किसी तरह तिल-तिल कर पहाड़ के कठोर दिन काटने के क्रम का पर्याय बन जाता है। ऋतु का जीवन इसके सिवा और क्या है?

लेखक ने दिनेश के माध्यम से आधुनिक कहे जाने वाले आज के पुरुष वर्ग के घिनौने चरित्र का उद्घाटन किया है और उसके आघात से टूटती, पल-पल रिसती, एक अकाट सन्नाटे का बोझ अपने भीतर ढोती नारी को ऋतु के रूप मे प्रस्तुत किया है, जो सुन्दर है, सुशील है, गुणवान है, सम्पन्न और उच्च पदस्थ बाप की बेटी है जिसके पास एक सुन्दर, स्वच्छंद अतीत के अनुभवों की मूल्यवान थाती है। लेखक प्रश्न जगाता है कि आखिर इस स्त्री का दोष क्या है, जिसकी सज़ा उसे इस परिवार में मिल रही है। पुलिस तो निरपराधियों को फंसाने के लिए कोई जुर्म गढ़ लेती है और उसकी सजा की एक सीमा होती है, किन्तु निरपराध स्त्री तो बिना किसी जुर्म के या अभियोग के पति-परिवार के कठघरे में खड़ी है और सज़ा भोग रही है—ऐसी सज़ा जिसका कोई अन्त नहीं है।

हमारी पारिवारिक नैतिकता की कितनी बड़ी विडंबना है कि पति ने जिसे वरण किया

है, उसका घर में या उस घर पर कोई अधिकार नहीं है और एक रखैल जैसी औरत अपना अधिकार समझती है–उस पर ही नहीं, पत्नी पर भी। और पत्नी पति की चुप्पी देखकर यह सब कुछ सहने के लिए अभिशप्त है। वह अपने ही घर में परायी है और पराया उस घर का अपना है। लेखक ने अनेक विषम संदर्भों में ऋतु को उपस्थित कर उसकी मानसिक बेचैनी को उभारा है ओर इस बेचैनी का एक कारण स्वयं ऋतु भी तो है। वह अनेक भारतीय नारियों की तरह पति के साथ बंधी रहने का रांस्कार ढोती है। पति का इतना कुछ ढोते हुए भी वह उससे छूटने की कल्पना ही नहीं कर पाती, उसे बार-बार सहेजने के क्रम में स्वयं बिखरती जाती है।

लेकिन यह उपन्यास नारी की व्यथा-कथा बनकर नहीं रह गया है। लेखक की आधुनिक और विद्रोही दृष्टि ने नारी–चरित्र का एक नया आयाक–ऊर्जा का आयाम उद्‌घाटित कर उसकी अस्मिता की रक्षा की है, उसे ताकत दी है। इस नरक में घुट–घुटकर मरती हुई ऋतु के भीतर कहीं इससे निकलने की मूक चाह थी कि मिसेज शर्मा ने उसे मुखर कर दिया, उन्होंने समझाया–"हाँ नया जीवन! प्रेम के शव को ढोने से कोई फायदा नहीं ऋतु। जीवन अमूल्य होता है। इससे सम्बन्धित जब किसी वस्तु का मूल्य चुक जाये तो उसे छोड़ ही देना चाहिए।" ऋतु को लगा कि मैंने शायद मिसेज शर्मा के माध्यम से अपनी ही आवाज सुनी। उनके विचारों ने मेरे भीतर जन्म लेते हुए नये विचारों को जैसे मूर्त कर दिया। एक दिन उसने कैंची उठाकर ग्रुप फोटो को बीच से काटकर दोनों को अलग कर दिया। दोनों के चित्र कटकर अलग–अलग गिर पड़े। उसके मन में एक विचार कौंधा कि मैं अपनी फोटो इनलार्ज कराऊँगी। इस प्रकार अपनी अस्मिता की निजता और विकास की एक गहरी चिंता उसके भीतर जाग उठी और उसी के फलस्वरूप अपने पति को चाँटा मारकर अलग हो गयी और अपनी नयी दुनिया बसाने के लिए यहाँ से चल पड़ी। इस प्रकार यह उपन्यास एक नयी मूल्य-दृष्टि प्राप्त कर लेता है।

उपन्यास की कथा पूर्व–दीप्ति पद्धति पर कही गयी है। ऋतु पति को चाँटा मारकर रात की गाड़ी से गोरखपुर से वाराणसी लौट रही है और पिछले छः वर्षों की व्यथा–कथा उसकी स्मृतियों में उतरा रही है। लेखक कवि है अतः उसने अपने काव्यात्मक कौशल से रेल की यात्रा को जीवन–यात्रा का प्रतीक बना दिया है। एक स्टेशन से दूसरे स्टेशन की दूरी मानों ऋतु के जीवन के एक पड़ाव से दूसरे पड़ाव तक की दूरी है। गाड़ी का सीटी देना, लाइन बदलना, स्टेशन का छूटना, किसी स्टेशन पर उसका ठहरना, मजिस्ट्रेट चेंकिंग, भिखारी बच्चों द्वारा भीख मांगा जाना, पुलिस के डंडे से चिल्लाते हुए भागना, किसी स्टेशन पर विदेश के लिए किसी की विदाई, परिवार वालों का रोना, ये सभी संदर्भ अपनी प्रतीकात्मकता से कुछ न कुछ कहते हैं और मूल संवेदना से जुड़कर उसे गहराते हैं। इतना ही नहीं ये एक ओर ऋतु के दर्द को अधिक मूर्त तथा व्यापक बनाते हैं, दूसरी ओर व्यक्ति के दर्द के साथ समाज के दर्द को जोड़ कर एक बड़े दर्द की रचना करते

हैं। गाड़ी में मजिस्ट्रेट चैकिंग होती है। ऋतु के पिता कहते हैं–"कैसे लोग हैं जो बिना टिकट के सफर करते हैं। ये देश की अर्थव्यवस्था को चौपट करते हैं। ठीक है इनको कड़ी से कड़ी सजा होनी चाहिए।" इस पर ऋतु सोचती है–"बिना टिकट के यात्रा करना जुर्म है और दूसरों के टिकट पर भी यात्रा करना जुर्म है। मैं भी तो ज़िन्दगी का सफर तय कर रही हूँ। मेरे पास तो सफर का टिकट था लेकिन मैं मुजरिम बनकर कठघरे में खड़ी हूँ और श्यामा दूसरे के टिकट पर सफर कर रही है और उसका सफर कितना सुखी है।" यह सामाजिक प्रसंग ऋतु के प्रसंग से जुड़कर उसकी विडंबना को और तेज करता है।

यह उपन्यास अपने सीमित आकार में भी और व्यक्तिगत संवेदना के चरित्र में भी यथाशक्य एक व्यापक सामाजिक संवेदना की रचना कर लेता है। इस प्रकार इस उपन्यास के कथानक की संरचना में ऋतु के जीवन में आने वाली अनेक घटनाओं, उसके आसपास घटित घटनाओं, अनेक छोटे-छोटे प्रसंगों, मन:स्थितियों और वातावरण का योगदान है। साथ ही इन तमाम बीती घटनाओं, प्रसंगों, मन:स्थितियों तथा परिवेश के साथ गाड़ी यात्रा के वर्तमान संदर्भ और परिवेश जुड़ गये हैं जिससे कथानक और भी संश्लिष्ट और विशिष्ट हो उठा है।

काव्यात्मक बिम्बों और अन्यान्य काव्य-युक्तियों ने इस उपन्यास को अनेक गहरे अर्थ-संकेत दिये हैं। इनके कारण एक ओर ऋतु की जटिल और गहरी मानसिकता का विधान हुआ है, दूसरी ओर कथा घटनात्मक स्थूलता से बचकर एक सांकेतिकता, संक्षिप्ति और आंतरिकता प्राप्त कर सकी है। अलीगढ़ की घुटन से मुक्त होकर ऋतु पहली बार दिल्ली लौट रही है। वसंत का उन्मुक्त वातावरण काव्यात्मक रूप में चित्रित होकर ऋतु की घुटन के साथ उसके अतीत की ओर इस यात्रा के समय की स्वच्छंदता को तान देता है और एक अद्‌भुत प्रभाव पैदा करता है। ऋतु अपनी तनहाई में चित्र बनाती है। वे चित्र अपने विविध रूप-रंगों से उसके भीतर की कथा कहते हैं। स्टेशनों पर के विविध दृश्य मात्र बाहरी दृश्य न होकर अपना प्रतीकार्थ फेंकते हैं और उपन्यास की केन्द्रीय अर्थवत्ता को व्यापक और सघन बनाते हैं। एक देहाती स्टेशन का चित्र देखें–

"कैसा लगता है छोटे-से देहाती स्टेशन का प्लेटफार्म विशेषतया रात में। एक्सप्रेस गाड़ियाँ उपेक्षा से इन्हें रौंदती हुई निकल जाती हैं। पहियों की घड़घड़ाहट की चोट से पलभर को तिलमिलाकर स्टेशन खामोश हो जाता है। कभी-कभी कोई सामान्य गाड़ी आकर ठहरती है। जगमगाती खिड़कियों से चेहरों के प्रतिबिम्ब प्लेटफार्म पर पलभर के लिए बरस पड़ते हैं। अंधेरे सन्नाटे में डूबा प्लेटफार्म स्वरों से थोड़ी देर के लिए इस तरह स्पंदित हो जाता है जैसे सोया हुआ विराट हाथी अपना कान फड़फड़ा दे। कितना उदास लगता है चारों ओर···!" "···उसे आज यह सब क्यों याद आ रहा है? कहीं वह भी देहाती टीसन तो नहीं?" स्टेशन का यह काव्यात्मक बिम्ब अपने आप में बहुत

प्रभावकारी है किन्तु अन्त में ऋतु में पर्यवसित होकर उसकी संवेदना का बिम्ब बन गया और अपने माध्यम से ऋतु के जीवन की न जाने कितनी पर्तों को संकेतित करने लगा।

इस छोटे से उपन्यास में कथा-कथन की पद्धति में वैविध्य है। कहीं लेखक कथा कहता है, कहीं ऋतु, कहीं उसके पिता राकेश। वैसे लेखक कम ही बोलता है, ऋतु ही अधिक बोलती है—कभी मौन रूप से कभी मुखर रूप से। कभी सोच में कभी संदर्भों में। इससे उपन्यास को छवि प्राप्त हुई है। कथा वर्तमान में भी चलती है और अतीत में भी और अतीत के अतीत में भी। कहीं वह कही गयी है, कहीं चित्रित की गयी है, कहीं नाटकीय पद्धति पर घटनाओं संदर्भों और मन:स्थितियों के तनाव से संकेतित की गयी है। वह बाहर भी चलती है और भीतर भी। सच तो यह है कि वह बाहर-भीतर के तनाव से चलती है।

भाषा में आद्योपान्त तमाम छोटी-छोटी अलग-अलग दीप्तियां हैं। भाषा भाषा का चमत्कार नहीं है वह संवेदना की अनिवार्य शाब्दिक उपस्थिति है। इस उपन्यास में संवदेनाओं के अनेक रंगों ने ही भाषा को कई रंग दिये हैं। कहीं संवेदना की लंबी गति और साँस के अनुसार वाक्य लंबे और आवेगित हो उठे हैं—"गाँव जाती थी तो नदी के किनारे खड़ी होकर वर्षा के उफान से लहराती नदी को देखती रह जाती थी।" कहीं त्वरा के साथ भागती संवेदनाओं या स्मृतियों या क्रिया-व्यापारों के साथ छोटे-छोटे वाक्य भागते नज़र आते हैं—"मैं करवट बदलती रही। पानी बरसता रहा। स्मृतियाँ भिगोती रहीं। एक झपकी-सी लगी, एक सपना आया और सुबह हो गयी। शब्द कहीं बड़े हैं कहीं छोटे, कहीं तत्सम, कहीं तद्भव, कहीं देशज। कहीं वे पात्रों के संवादों के संदर्भ में हैं कहीं लेखकीय कथन के संदर्भ में हैं, कहीं कविता के संदर्भ में। कहीं वे मन:स्थितियों के साथ जुड़कर एक रंग ग्रहण करते हैं, कहीं घटनाओं या क्रिया-व्यापारों से जुड़कर दूसरा रंग। रूप, रंग, गंध, स्पर्श की अनेक छोटी-छोटी दीप्तियों से स्पंदित भाषा ने एक ओर इस उपन्यास को अधिक पठनीय बनाया है दूसरी ओर अधिक आंतरिक।"

पानी का फर्श और आकाश की छत

ललित शुक्ल

रामदरश मिश्र अपने सभी उपन्यासों के कथा-बंध वर्तमान से लेते हैं। वह वर्तमान जिसकी नस-नस वह एक सजग लेखक की हैसियत से पहचानते हैं। दृश्य, समस्या, जीवन की जटिलता एवं परिवर्तन की विविधता को वर्तमान के फलक पर रूपायित करने में लेखक को जोखिम उठाना पड़ता है। वह अपनी धरती के काल्पनिक और अति काल्पनिक छायाचित्रों को देकर पाठकों का मन हल्के ढंग से नहीं बहला सकता। उससे गम्भीर पाठक वर्ग एक ऐसे यथार्थ की मांग करता है जो लेखक का, समाज का और समाज की प्रत्येक इकाई का यथार्थ हो। इस दिशा में रामदरश मिश्र ने 'आकाश की छत' नामक उपन्यास में अपने वर्तमान को ही रूपायित किया है। परिवेश की सच्चाइयों के रूपांकन के लिए उनका लेखक अपने आज को देखता है, आज के समाज को देखता है।

'आकाश की छत' लेखक का सातवाँ उपन्यास है। वस्तु-विधान की दृष्टि से उसका जाना-पहचाना रचाव-मार्ग यहाँ भी स्पष्ट है पर प्रस्तुति की भंगिमा में इस रचना में कुछ बदलाव आया है। उपन्यास का नायक यश राजधानी दिल्ली की बड़मानुसों की कॉलोनी मॉडल टाउन के पी ब्लाक में रहता है। मॉडल टाउन फैक्ट है पर पी ब्लाक फिक्शन है। अचानक यमुना में बाढ़ आती है। बाढ़ का पानी मॉडल टाउन को भी घेर लेता है। यश का मकान भी पानी से घिर जाता है। पाठक सोचता है कि बाढ़ की विनाश लीला का वर्णन आगे बढ़ेगा पर ऐसा होता नहीं है।

यह बाढ़ भ्रष्टता की है। इसमें मगर, घड़ियाल, सुइस, छोटी-बड़ी मछलियां सभी हैं। जहाँ-जहाँ आदमी को तबाह करने यह बाढ़ जायेगी, ये सभी जानवर भी जायेंगे। ये इतने ताकतवर हैं कि इन्हें कोई रोक नहीं सकता। 'आकाश की छत' की पूरी कथाभूमि को सम्हालने के लिए अकेला यश है, उसका अतीत है। उसके दोनों भाई, भाभी, पद्मिनी और राधा आदि का सम्बन्ध उपन्यास के ताने से नहीं अपितु बाने से है। एक नन्हा व्यक्तित्व समय और समाज की मार खाते-खाते अपने पैरों पर खड़ा होता है। लगता है यह सैलाब भी जीवन की परीक्षा के प्रश्नपत्र क. एक कठिन प्रश्न है जिसकी भाषा

की संरचना यों है : "पानी अभी बढ़ता ही आ रहा था। दूर-दूर तक ताल में उफनती धाराएं··· गली में, सड़क पर बढ़ता हुआ पानी··· देखते-देखते यह क्या हो गया? लोग अभी तक अपने-अपने सामानों को निकालने में लगे हुए थे। सोफा, खाट, अरतन-बरतन, फ्रीज, टी.वी., रेडियो और जाने क्या-क्या?" उपन्यास के प्रारम्भ में बाढ़ की भूमिका को लेखक बड़ी तन्मयता से प्रस्तुत करता है। बहुत बारीकी से एक-एक बिन्दु को आकारित करता है। एक ओर तो उसके ध्यान का कोण सीमान्त की ओर उन्मुख दीखता है, दूसरी ओर वह अपने ही आस-पास के बिम्बों को पानी के फलक पर तैरते देखता है। कुतिया, आवारा पिल्ले, पेड़ के सहारे टिकी झोंपड़ी, लोगों द्वारा फेंके गये रोटी के टुकड़े, पानी से भरी गली और सड़क सभी कुछ बाढ की नाश लीला की चपेट में है। नायक का अपना छोटा संसार भी पानी से बुरी तरह प्रभावित है। "कृष्ण जी की प्यारी नदी यमुना जी खुद ही चलकर आयी हैं अपनी जल सम्पदा लेकर उस जैसे नास्तिकों को तारने। नायक का तनाव से गुजरना स्वाभाविक है। स्वाभाविकता और सहजता कीर मनोभूमि पर नाराज़गी वाली मुद्रा का यह कथन द्रष्टव्य है–"आ गयी हो मेरी अम्मा, बहुत अच्छा किया, लेकिन तुम्हारी जैसी माताएँ तो मैंने कलयुग में भी नहीं देखीं। इतनी गंदगी, इतनी क्रूरता, इतनी विनाश लीला तो किसी मां के आँचल में नहीं देखी। आ गयी हो मेरी अम्मा तो सुअर की तरह घूम-घूमकर गली-गली गन्दगी चाटो।" इस प्रतिक्रिया का अन्त यहीं नहीं है। आगे दूर तक फैली चली गयी है। कहीं सांप, कहीं भैंस, कातर आवाज़ें, चुहलबाजियाँ और बहुत कुछ।

यथार्थ के इस दृश्यांकन में मां मरे बच्चे को पानी में फेंक रही है। व्यापारी बेशर्मी से हंस रहा है। उसके रहम की बोरियां बाहर निकल आयी हैं। इस नग्न यथार्थ से नायक का ऊबना स्वाभाविक लगता है। उसका रोमैण्टिक मूड बनता है। राधा की स्मृति, एक सुगंध। उपन्यास में विरोधी स्थितियों की तिक्तता वहाँ उभरती है जहाँ बाढ़ में घिरे ऐसे लोगों का भी चित्रण है जिनके यहाँ कोई कमी नहीं है। खाने-पीने के सामान में कोई कमी नहीं है। ऐसे लोग दूसरों की कठिनाइयों की कल्पना नहीं कर पाते। इस प्रकार की सामाजिक विसंगतियों का चित्रण 'आकाश की छत' में हुआ है। गाँव से आये नवयुवक का मोहभंग महानगर में इसलिए होता है क्योंकि यहाँ अनेक प्रकार की मानसिकताओं की टकराहट है। लोगों के जीवन-स्तर में अनेक प्रकार के शेड्स हैं। समझदारी के अभाव में ग्रंथियों का बनना और मोहभंग की स्थिति पैदा होना अनिवार्य है। किसी विभीषिका की चपेट में अपनी असमर्थता और अनुचित तरीके से कमाई हुई समर्थता का अहसास होना भी उतना ही स्वाभाविक है। लेखक कृति के नायक के अन्तर्मन की जटिलताओं को परखता है, आकलित करता है।

अपने लघु कलेवर में कृति बाढ़ की घटनाओं को समेटती है। साथ ही नायक की उस मानसिकता, याद और पिछले बाकी इतिहास का लेखा प्रस्तुत करती है। एक साथ दोहरी कथा-वस्तु का विधान इस कृति की एक अन्य विशेषता है। लेखक मूलतः कवि

है। उसके हृदय के फलक पर एक ओर तो गाँव चित्रित है, दूसरी ओर महानगर का वह नक्शा है जिसमें सड़कों की लम्बाइयाँ मनुष्य की औकता नापती हैं। एक सड़क दूसरी सड़क को काटती है। समान्तर पर तो बहुत कम चल पाती हैं। कवि का स्वभाव मर्म को छूने का होता है। 'आकाश की छत' में कविता की मिठास फैली हुई है। यह बात मैं रचना के एक सामान्य पाठक की हैसियत से कह रहा हूँ।

लेखक की यह प्रवृत्ति किसी पात्र के अन्तर्बाह्य का कलात्मक रूपायन करती है। इससे गद्य में रूखापन भी नहीं प्रवेश कर पाता। अंधेरे का अहसास लेखक को इस प्रकार होता है–"धीरे-धीरे एक अन्धकार पानी के ऊपर गहराता गया। उसने ताल की ओर देखा जैसे हिलता हुआ, शोर करता हुआ मोटा अंधेरा दिगन्तों तक फैला हो। इस अंधेरे ने कितना कुछ निगल लिया है अपने पेट में। सबको निगले हुए पानी और पानी को निगले हुए अंधेरा–अजगर के पेट में अजगर।" इस भयावह स्थिति से बचने के लिए नायक कसमसाता है। वह घिरा है कंटीले बाड़ में। बहुरंगी दुनिया की इस बस्ती की समस्या है बाढ़। पर जैसे गरीबी जैसी मुख्य समस्या से अन्य छोटी-छोटी समस्याएं जन्म लेती हैं वैसे ही बाढ़ ने इतनी विसंगतियां और समस्याएं पैदा कर दी हैं कि व्यक्ति और 'आकाश की छत' में नायक जैसा सामान्य व्यक्ति उसे झेल नहीं पाता।

पहले बाढ़ प्रकृति की देन थी अब सब मनुष्य के हाथ में है। बड़े-बड़े बांध उसके कब्जे में हैं, जब चाहे डुबो दें। प्रकृति की भवें तो तनी ही रहती हैं। इस रचना में नायक के स्वप्नलोक या विचारभूमि पर आगत की तस्वीरें अपने बहुविध रंगों में उतरती जाती हैं। क्षणभर का मध्यान्तर, फिर वही पानी का मटमैला संसार! पर कितनी देर के लिए!! पुनः पगडंडी की सैर। लेखक अपने लक्ष्य को पाने के लिए या यों कहिए कि बच्चे से युवक बनते समय संघर्षशील व्यक्ति की आपबीती के माध्यम से विसंगति मूलक समाज के दुमुँहे रूप को चित्रित करने के लिए सोच के रथ पर बिठाकर नायक को बाहर गाँव की ओर ले जाया जाता है। इस प्रक्रिया में लेखक जिज्ञासा के उन तन्तुओं को झकझोरता है जो पाठक को आगे उपन्यास पढ़ पाने के लिए प्रेरित करते हैं। आज जब कि मात्र स्त्री-पुरुष सम्बन्धों को चित्रित करने वाले उपन्यासों से हिन्दी साहित्य पटा पड़ा है, 'आकाश की छत' का लेखक अपने उपन्यास के नायक को ज़मीन का हवाला इस प्रकार देता है–"जमीन या नदी के प्रति प्रेम उसके लिए अमूर्त अवधारणा नहीं है, एक मूर्त संवेदना है और इसी संवेदना से वह और संवेदनाओं को पकड़ता है यही उसकी जड़ है, उसकी जमीन है।" एक युवा मन को अपनी ज़मीन पर भी तो चैन नहीं है। भाई, भाभी के व्यवहार (या दुर्व्यवहार) के धब्बे अतीत की चादर पर लगे हैं। फरेबी समाज की करतूतों का कुफल भी उसे भोगना पड़ता है। कामरेड जैसे लोग वहाँ है ही कितने। जो हैं वे भी मैदान छोड़ जाते हैं। जीवन संग्राम में बदरी भैया भी नहीं रह जाते, राधा भी छूट जाती है। न तो जागरण की स्थिति में चैन है और न स्वप्नलोक में। हाँ, विचारों के सहारे, सोच के माध्यम से पीछे जाते हुए यश को प्रकृति बहुत आकृष्ट करती

है। लेखक का कवि व्यक्तित्व प्रकृति के सामने आते ही उछाह से भर जाता है कवित्वमयी भाषा में गाँव में फैली प्राकृतिक सम्पदा का उल्लेख नायक बार-बार करता है। और ले-देकर बचा भी वही है।

राजनीतिक स्वतंत्रता मिलने के बावजूद भी कदाचित् स्वतन्त्रता पूरी तरह हमारे घर में बैठी नहीं है। आज की युवा पीढ़ी में जो अविश्वास और अनिश्चितता का भाव आया है वह सकारण है। सरकार के नट-बोल्ट ढले होने के कारणों की पड़ताल तो यहाँ नहीं है पर बाढ़ के कारणों में प्रकृति के अलावा अब सरकार भी शामिल है। एक मुहल्ला बचाने के लिए दूसरा डुबो दिया जाता है। अफसरशाही अपना नंगा नाच दिखाती है। 'आकाश की छत' के नायक के सोच में ऐसी हरकतें शामिल हैं। उसे सरकारी सहायता बेमानी लगती है। वह उसे बहुत ही सामान्य ढंग से ग्रहण करता है। सरकार की कथनी और करनी में बहुत अन्तर है। नेता कुछ और कहता है। अफसर अपने को बड़ा तीरन्दाज समझता है। अब तो स्थिति यह हो गयी है कि सरकार की किसी बात को विश्वसनीय कहा ही नहीं जा सकता। नेता और अफसर की साठ-गांठ में पब्लिस पिस रही है। सभी अपनी-अपनी बात को उचित ठहराने में व्यस्त हैं। नायक इन स्थितियों से अच्छी तरह परिचित है। उसका चित्त अस्थिर है। मानसिक रूप से वह भाग रहा है युवापीढ़ी भी तो भाग रही है। अपनी आपाधापी की दुनिया में कभी तो यश रेडियो का गाना सुनता है, कभी बाढ़ के समाचार से दुखी होता है। इतना ही नहीं, आराम की मुद्रा में दरी-तकिया डालकर खाट पर लेट भी जाता है।

पानी के विस्तार में असामाजिक तत्त्वों का विस्तार घुलमिल गया है। इन्होंने सारे वातावरण में भय और सन्देह का धुंआ फैला दिया है। स्मगलर किसी सब्जी वाले से दस-बीस पैसों के लिए कठहुज्जती करके उसे डाँटता है। इस सड़े हुए समाज को व्यक्त करने के लिए एक 'आकाश की छत' काफी नहीं है। संकेत सूत्रों को लेखक ने इतना फैलाया है कि छोटे कलेवर में भी कथ्य की उपयुक्तता स्पष्ट होकर सामने आ जाती है। अनावश्यक विस्तार पूरी कृति में कहीं नहीं पाया जाता। तेज भागती हुई ज़िन्दगी की भांति उपन्यास के दृश्य भी तेज भागते चलते हैं। लहरों की भांति नायक की चिन्ताओं के माध्यम से या फिर बाढ़ के उफ़नते पानी के माध्यम से अनेक चित्र खण्ड आकारित होते हैं। यह जिन्दगी सात समुन्दर पार की नहीं है। अपनी है, अपने पड़ोस की है। इसमें अजनबीपन नहीं है। यह यूटोपिया की नींव पर नहीं है। यह भोगे हुए यथार्थ की धरती है। यहाँ नक्काशी वाली बारीकी नहीं ही है। किसी बड़बोले शिल्पी का शिल्प-दर्प भी यहाँ नहीं है। अपनी बात जैसे अपनी बैठक में कही-सुनी जा रही है। नितान्त आत्मीयता और सहजता की स्याही से लिखा गया यह पूरा उपन्यास बहुरंगी जीवन चित्रों का चित्राधार है।

यहाँ पीड़ा और दर्द सीमा को तोड़ चुके हैं। अतीत की मोहकता में बंधा-घिरा यश नयी सुबह का स्वप्न चित्र देखता है। पुनः वही अविश्वास साकार होता है। पर वह क्या

करे! वह असमर्थ नहीं है। उसने बहुत-सी चुनौतियों का सामना किया है इसलिए इस चुनौती का भी सामना करेगा। पर इसका मौका ही नहीं मिलता। कहीं सन्नाटा पसर जाता है और कहीं गाड़ी गुजर जाती है। मानसिक यात्रा करते हुए यश का अपने गाँव-कस्बे पहुंचना स्वाभाविक है। नगर की तकलीफों के जंगल में गाँव की झोंपड़ी याद आना स्वाभाविक है। वहाँ का प्यार, फरेब सब कुछ उसे याद आता है। इस दुहरी मानसिकता में डूबा हुआ यश प्रपंच की मकड़जाली में फंसा हुआ है। पिता-स्मृति, भाई का स्नेह, गाँव की गन्ध में वह मन से डूबा है। रचना का केन्द्रीयन यश के साथ ही है।

सोच की दुनिया में सैर करते हुए कई बार गाँव जाकर वहाँ के अतीत को याद करना बहुत सहज है। छल, दंभ, भ्रष्टता सभी कुछ तो बढ़ा है गाँव में। कुछ तो आर्थिक विषमता के कारण और बहुत कुछ टुच्ची राजनीति के कारण। यश अकेला नहीं है, या बदरी भैया अकेले नहीं हैं। रूपमती और कामरेड भी अकेले नहीं हैं पर ऐसों की संख्या कम है। यह रचना आपको बिसूरने पर मजबूर करती है। शहर का तनाव झेलते रहने के बावजूद गाँव जाने का मन क्यों नहीं करता, क्योंकि वहाँ भी चैन नहीं है। लेखक का अपना अन्तर्दर्शन पैना है। ग्रैफिक डिटेल्स में रचना-कौशल की सुन्दरता दिखायी पड़ती है। गाँव और राजधानी की अनहोनी घटनाओं से घिरा-घिरा अपने रोमैण्टिक मूड में ही नायक वापस चला जाता है। क्या सारी समस्याओं का हल व्यक्तिगत रोमांस में ही है। नहीं, ऐसी बात नहीं है। यश की पीढ़ी के युवा मन का यही सोच है जो स्वतंत्र भारत में पनपा है।

वस्तुत: कल्पना से जीवन में ज्यादा रंगीनी है। इस जीवन को प्रामाणिकता के साथ लेखक अपनी रचना में रच सका है। राप्ती और यमुना के उद्दण्ड स्वभाव पर गुस्सा आना स्वाभाविक है पर उससे भी ज्यादा गुस्सा मनुष्यों के उस वर्ग पर है जो हमेशा अपना ही उल्लू सीधा करता रहता है। परिचित यथार्थ की मनोभूमि पर लिखा गया यह उपन्यास अपने शिल्प में पाठकों की दिलचस्पी अंत तक बनाये रखता है। लेखक अपने आसपास के संसार को इस विश्वसनीयता से प्रस्तुत करता है कि परायापन नहीं महसूस होता। यद्यपि ज्यादा बातें नायक के सोच के माध्यम से ही कही गयी है पर उनमें भी नाट्य तत्त्व के आधार होने के कारण आकर्षण है। इसे हम कालचित्रण का उपन्यास कह सकते हैं।

बिना दरवाज़े का मकान : महानगर के मुँह में कुछ जिंदगियां

कृष्णदत्त पालीवाल

आंचलिक उपन्यासों के क्षेत्र में अच्छे प्रयोग करने वाले कथाकारों में रामदरश मिश्र का नाम हिंदी पाठक भूले नहीं होंगे। उन्होंने 'पानी के प्राचीर' और 'जल टूटता हुआ' उपन्यासों के रूपबंध में आंचिलक उपन्यास की उर्वर भूमि को विविध उपायों से जोता-बोया था। लेकिन आंचलिक उपन्यासों की यह धारा देखते-देखते ही एक विधा के रूप में निचुड़ कर रूढ़ हो गई। उसकी संभावनाएं जमने लगीं और पुनरावृत्ति का शिकार हुआ यह मुहावरा चुक गया। आंचलिक उपन्यास की इस सीमा की पहचान मिश्र जी को थी, इसलिए वे नए उपन्यास-प्रकार की तलाश में निकले। इस तलाश में शहरों में बसे पात्रों की नारकीय यंत्रणा और पीड़ा की दुनिया दिखी। महानगर कुछ देता नहीं है, सब कुछ लील लेता है-इस बोध के साक्षात्कार ने जो यथार्थ बिंब निर्मित किया उसे उनके नए उपन्यास 'बिना दरवाजे का मकान' में देखा जा सकता है।

इस रचना में महानगर की ज़िंदगी की कराह से एक प्रतीकपात्र उठता-बनता है। उच्च वर्ग और मध्य वर्ग के विदूष ओर क्रूरता को यह पात्र अनेक आयामों से प्रत्यक्ष करता है। दीपा और बहादुर की कथा-व्यथा का भीतरी इतिहास है। दीपा और बहादुर गाँव में अपनी गरीबी और घरवालों के दुर्व्यवहार से तंग आकर आखिर वहाँ से भाग खड़े होते हैं और दिल्ली में एक गंदी बस्ती उन्हें ठिकाना देती है। अभावों से पिटती जिंदगी 'बिना दरवाजे के मकान' में शरण पाती है। ये दोनों पात्र यहाँ व्यक्ति नहीं हैं, एक वर्ग हैं, सामाजिक प्रतीक हैं, घुटते-मरते कलपते श्रमजीवी मानव की करुण गाथा हैं। दीपा में संघर्ष करने की शक्ति है। आक्रोश ही उसकी ऊर्जा है। उसकी लड़ाई के कई मोर्चे हैं-पुरुष के शोषण के खिलाफ नारी की लड़ाई, समाज के उच्च वर्ग के निम्न वर्ग से सनातन लड़ाई, गाँव और कस्बे की पहचानी कसैली लड़ाई। पर इस लड़ाई में सबकी पहचान खो गई है और शेष रही है एक बेशुमार भीड़। इसी भीड़ के बीच कमल-सी उचकी ताई जी दीपा को पुरुष प्रधान समाज के शोषण के खिलाफ खड़ा

होने का मंत्र दे जाती है।

शारीरिक जीवन जीने की चाह में दीपा परपुरुष बसंत को पाकर खुश है। दीपा का पति वर्षों से बीमार और मरियल है। शारीरिक सुख प्राप्त करने के लिए दीपा में कड़ा मानसिक द्वन्द्व है। यह उसके चरित्र का बेहद स्वाभाविक पक्ष है, जिसमें उसकी मानवीय छाया झांकती है। पर वह व्यभिचार न होकर जीने की जरूरी खुराक जैसी है। आखिरकार कहीं से तो जीवन में एक टुकड़ा सुख मिले। हर समय जेठ की दुपहरिया सा जीवन लेकर तो खटना मरना ही है। सभी पात्रों को उनका सहज व्यक्तित्व दिया गया है। वे कथानक के शरीर सुख आवश्यकता नहीं अनिवार्यता है–इस विचार-बिंदु से प्रेरित मिश्र जी ज़िन्दगी के सामाजिक-आर्थिक पहलुओं को प्रकृतवाद और यथार्थवाद की गतिशील दृष्टि से उठाते हैं। ऐसा नहीं कि ज़िन्दगी की जटिलता को विवेक की वयस्कता से वह देख नहीं पाते। लेकिन अजीब बात यह है कि देखकर भी वे जीवनगत अंर्तविरोधों की सूक्ष्मता को कम ही अभिव्यक्ति दे पाते हैं। अक्सर सरपट भाग कर ठहर जाते हैं और सतही बातों में, जैसे दीपा-मालकिन वृतांत में उलझकर आश्चर्यजनक बातूनीपन पैदा करते हैं।

रामदरश मिश्र रोचक या लारटपकाऊ कथानक के बल पर पाठक को आकृष्ट नहीं करना चाहते। वे हथकंडे शायद उनकी रूचि के विपरीत हैं। वे सामाजिक यथार्थ की भूमि पर खड़े होकर जीवन के गंभीर मूल्यों को उजागर करने के लिए आग्रहशील हैं। वे घटना क्रम और चरित्र चित्रण की इस घनिष्ठता को सहज गति के पास लाते हैं, फिर धीरे से जोड़ देते हैं। इस प्रक्रिया में कथा को गति मिलती है और पात्र को विकास का सुयोग। जब भी हमें दीपा और बहादुर का ध्यान आता है तो जीवन फिरकी की तरह घूमने लगता है। कारण यह कि पात्रों का मानसिक द्वन्द्व आरोपित न होकर पात्रों की अपनी मूल प्रकृति के भीतर से उमड़ा है। वे पात्र जैसे-जैसे कथा में आगे बढ़ते हैं? उनकी जीवन सम्सया और संघर्ष और अधिक घना होता जाता है। जीवन के दृश्य बदलते हैं, पात्र बदलते हैं, उनके रंगढंग बदलते हैं, वे दीपा-महेश् को मिलाकर जंगल में मंगल पैदा करने की तैयारी करते हैं। लेकिन वे इन पात्रों की विवशता, विपन्नता नहीं भूलते जो उन्हें खाए जा रही है। वर्ग संघर्ष की भूमिका को तीव्रता से लाने के कारण यहाँ मानवीय यातना और पीड़ा बहुत अधिक है।

दूसरा घर : नागरिक संवेदना में घुली गाँव की गंध

वीरेन्द्र सिंह

रामदरश मिश्र उन उपन्यासकारों में हैं जिन्होंने ग्रामीण और आंचलिक परिवेश की यथार्थ संवेदनात्मक धड़कनों को पकड़ने का प्रयत्न किया है। इस क्षेत्र में वे एक हस्ताक्षर हैं, और अपने इस बिम्ब को पहली बार उन्होंने तोड़ने का प्रयत्न किया है। इस अर्थ में उनका नया उपन्यास 'दूसरा घर' उनकी सर्जनात्मकता को एक नया आयाम देता है क्योंकि यहाँ पर आकर लेखक 'टाइप' बनने की प्रक्रिया से बच जाता है। जैसा कि मैं कह चुका हूँ मिश्र जी को हम गवई-गाँव के चितेरे के रूप में देखते आए हैं। 'दूसरा घर' इस चितेरे रूप को बखूबी सुरक्षित रखता हुआ, शहरी जिन्दगी में व्याप्त, 'गुप्त ताप' की तरह ग्रामीण संवेदना को इस प्रकार उभारता है कि सारा शहरी परिवेश यदा-कदा उसकी महक और गंध से भर जाता है। यहाँ पर यह कहना आवश्यक है कि इस उपन्यास का फलक शहरी जीवन है, पर धमनियों में गाँव की संवेदना 'हीमोग्लोबिन' की तरह व्याप्त है। इसके सभी प्रमुख पात्र (शंकर, कमलेश, रहमान, विनोद आदि) उत्तर प्रदेश और बिहार के गाँवों के हैं जो जीविकोपार्जन के लिए अहमदाबाद (गुजरात) में आते हैं और भिन्न प्रकार की विसंगतियों और संघर्षों से गुजरते हैं। उपन्यास की संरचना में यह द्वन्द्व और संघर्ष उस समय वर्ग संघर्ष का रूप ले लेता है जब उसके उपयुक्त प्रमुख पात्र सामाजिक कुरीतियों, विडम्बनाओं और व्यक्तिगत स्वार्थों में ग्रस्त 'व्यक्तियों' के खिलाफ कर्म और विचार के धरातल पर विरोध करते हैं। यह विरोध मध्यम एवं निम्नवर्ग के पात्रों (शंकर, कमलेश, विनोद आदि) के द्वारा सामने आते हैं जो किसी न किसी प्रकार की सामाजिक, राजनैतिक और शैक्षणिक व्यवस्थाओं से टकराते हैं। यहाँ पर एक तथ्य की ओर ध्यान जाता है कि उपन्यासकार ने इन पात्रों के सृजन में जिस विचार और संवेदना का 'घोल' प्रस्तुत किया है, वह उनके विरोध को गतिशील तो करता है, पर उस हद तक तीव्र और पैना नहीं, जो हमें रूसी उपन्यासकार शेलोखोव, पास्तरनाक आदि में प्राप्त होता है। इसका कारण कदाचित

भारतीय परिवेश है जिसमें हमारा युवक और बुद्धिजीवी कुछ असहाय की अवस्था में रहता है क्योंकि विरोध के लिए या परिवर्तन के लिए जिस सामूहिक शक्ति की आवश्यकता है, वह यहाँ के पीड़ित एवं शोषित वर्ग के पास कहाँ है? इस सत्य को एक विडम्बना के रूप में इस उपन्यास में रखा गया है। नेताओं, कुत्सित व्यक्तियों, सामाजिक सुधारकों आदि का जो एक बड़ा वर्ग है, वह किस कदर मूल्यहीन हो गया है, इसके विरोध में जो वर्ग या व्यक्ति आवाज उठाते हैं, वे अन्ततः या तो टूट जाते हैं या निराश हो जाते हैं। इस उपन्यास के उपर्युक्त पात्र कम या अधिक इसी मनःस्थिति से गुजरते हैं।

इस उपन्यास की संरचना वाक्य गठन की संरचना के समान है, क्योंकि उपन्यास के अवयव, वाक्य अवयव के समान, एक-दूसरे के पूरक हैं और समष्टि रूप से वे अर्थपूर्ण संरचना को जन्म देते हैं। घटनाएं क्रियापद हैं, संज्ञा सर्वनाम पात्र और व्यक्ति हैं तथा देशकाल अव्यय आदि हैं। इस दृष्टि से 'दूसरा घर' का विवेचन करें तो हम पाएंगे कि यह उपन्यास एक 'महाकाव्य' है जो घटनाओं पात्रों-चरित्रों और देशकाल को एक संरचना में रूपांतरित करता है। इस दृष्टि से शंकर, कमलेश आदि से संबंधित घटनाएं उन विलोम घटनाओं से टकराती हैं। यथा गंगाराम शास्त्री (नेता, पी.के.) प्रिन्सिपल आदि, जिससे 'वस्तु' को गति प्राप्त होती है। यह अवश्य है कि कहीं-कहीं इन घटनाओं को अधिक विस्तार दिया गया है, पर समष्टि रूप से यह विस्तार अखरता नहीं है। मेरी दृष्टि से रहमान की चाली (कसाई की चाली) का पूरा वर्णन मूल कथावस्तु से मेल नहीं खाता है क्योंकि यह घटना हिन्दू-मुस्लिम एकता को आरोपित करती है। इस उपन्यास का एक सजीव घटना-चक्र वहं है जो कमलेश व उसके मामा से सम्बन्धित है और लेखक ने इस 'चाली' का जो चित्र उपस्थित किया है, वह निम्न वर्ग की मानसिकता, उसके संघर्ष और उनके दयनीय जीवन की विडम्बनाओं को बखूबी पेश करता है। कहने का तात्पर्य यह है कि रामदरश मिश्र की औपन्यासिक कला में राग-संवेदन और सोच का जो 'घोल' प्राप्त होता है, वह उनकी संरचना को आकर्षक एवं कहीं-कहीं मर्मस्पर्शी भी बनाता है। इस संरचना में गवई गाँव की गंध उनकी भाषिक सरंचना के द्वारा इस प्रकार घुल गयी है कि शायद उसे अलग करके देखा नहीं जा सकता है। इस संरचना में प्रोफेसर गौतम का व्यक्तित्व वह आकर्षण केन्द्र है जिसके प्रति शंकर कमलेश और विनोद आदि सभी संघर्षशील और संवेदनशील पात्र ऊर्जा और प्रेरणा ग्रहण करते हैं। प्रिन्सिपल पी.के. से उनका वैचारिक विरोध अन्ततः उन्हें कॉलेज छोड़ने की स्थिति तक ले आता है और इस दशा को लेकर उनके शुभचिन्तक और प्रिय छात्र विक्षुब्ध हैं, पर डा. गौतम कोई भी विरोधी कार्यवाही करने को तैयार न होने के कारण सभी नाकाम हो जाते हैं। मेरे विचार से प्रोफेसर गौतम का संतुलित विचारात्मक संवेदना पूर्ण चरित्र वह 'सम्भावना' है जिस पर अकादमीय वातावरण का भावी रूप सामने आता है जिसे देश को जरूरत है। डा. गौतम को अनेक साक्षात्कार देने (?) के बाद प्रयाग

विश्वविद्यालय में नियुक्ति प्राप्त होती है तो दूसरी ओर शंकर, कमलेश, विनोद आदि पात्र भावी संघर्ष के अन्तहीन विस्तार में छोड़ दिये जाते हैं, कारण संघर्षशील सोचने वाले युवकों की शायद अभी यही नियति है। उपन्यास का यह खुला 'अन्त' भावी संभावना को संकेतित करता है जो भविष्य के गर्भ में छिपा हुआ है। उपन्यास का अन्त आरोपित न होकर सहज स्वाभाविक सम्भावना की ओर संकेत करता है। मेरे विचार से यह उपन्यास का सांकेतिक कलात्मक अन्त है।

इस औपन्यासिक संरचना में उन व्यक्तियों के 'मुखौटों' का पर्दाफाश किया है जो भ्रष्ट हैं, दुराचारी हैं जिनके शब्द और कर्म में एक गहरी खाई है। गंगाराम शास्त्री, डाहा जी, प्रिन्सिपल पी.के., नेताओं के गुण्डे, पारस भैया आदि पात्र सामूहिक रूप से वह 'सिम्फोनी' तैयार करते हैं जो समाज विरोधी हैं और नकारात्मक शक्ति को सकारात्मक (गौतम, शंकर आदि) शक्ति के सामने लाकर खड़ा करते हैं जो संघर्ष और द्वन्द्व को तीव्र करता है। इस संघर्ष में व्यंग्य, विक्षोभ, वैचारिकता, सहिष्णुता, संवेदनीयता, लोलुपता, भ्रष्टाचार, आदि तत्त्व एक-दूसरे से इस प्रकार 'संवाद' करते हैं कि पूरी औपन्यासिक संरचना यथार्थ और व्यंग्य के एहसास से भर उठती है।

उपर्युक्त विवेचन के प्रकाश में मैं कुछ उद्धरणों को देना चाहूँगा जो या तो किसी पात्र के कथन हैं, या स्वयं उपन्यासकार के विचार। शंकर का 'गन्दगी' के प्रति जो कथन हैं, वह भारतीय निम्नवर्गीय जीवन की त्रासदी है जो पूरे उपन्यास के कथ्य को सांकेतिक रूप से व्यक्त करती है–'जब आदमी गंदगी में जीने के लिए अभिशप्त हो तो 'गन्दगी' से दोस्ती करनी ही पड़ती है। इस अभाव की जकड़बन्दी में हिल-डुल पाना ही मुश्किल है, तब एक स्वच्छ ज़िन्दगी जीने की महत्त्वाकांक्षी आत्मपीड़न आत्मघात की अनवरत प्रक्रिया के सिवा और क्या हो सकती है (पृ. 55) एक स्थान पर लेखक कहता है–"दार्शनिकीकरण स्थितियों के ऊहा-पोह के बीच जीने का एक बुनियादी आधार देता है।" (पृष्ठ 157) एक अत्यन्त महत्त्वपूर्ण शंकर का यह कथन है कि–"गुजरात के सुख-सुविधा सम्पन्न वातावरण में मार्क्सवाद की आहट नहीं सुनाई पड़ेगी, लेकिन अपने यहाँ की जमीन मार्क्सवाद की पीड़ा की जमीन है।" (पृष्ठ 290)

इस प्रकार के अनेक कथन दिए जा सकते हैं, पर मैंने उन्हीं कथनों को लिया है जो पूरे उपन्यास की संरचना के मुख्य तत्व हैं। किसी भी रचना में ऐसे कथन प्राप्त होते हैं जो उस रचना के कथ्य और संवेदन को आरोपित करते हैं। मेरे विचार से रामदरश मिश्र का यह उपन्यास उनकी सृजनात्मकता को एक नया आयाम देता है जो उनकी भावी सम्भावना को उजागर करता है।

दूसरा घर : प्रवासी जीवन की अंतरंग पहचान

आलोक गुप्त

भारतीय जीवन की विवशता एवं संघर्ष के चित्रण में जहाँ आज अनेक रूढ़ियों का सहारा लिया जाने लगा है और सैद्धान्तिक शुष्कता से बचना आज के कथा लेखक के लिए असम्भव-सा बन गया है वहाँ अपनी गहन संवेदना, लोक-संबद्धता और सरल व सहज अभिव्यक्ति क्षमता के कारण रामदरश मिश्र अपनी अलग पहचान बनाये हुए हैं। 'दूसरा घर' में वे भारतीय जीवन के उस अछूते पक्ष को लेकर आये हैं जिसके मूल में गरीबी और उद्योगीकरण हैं। लेकिन न तो यहाँ गरीबी का सहज स्वीकार है और न उद्योगीकरण से उत्पन्न विषमताओं के कारण मात्र चीत्कार। गाँव के अभाव और गरीबी के कारण औद्योगिक नगरों की ओर भागने वाले लोगों की यह व्यथा गाथा है।

इस उपन्यास में उद्योग नगरी अहमदाबाद में रहने वाले उत्तर भारतीयों के जीवन-यथार्थ को विभिन्न कोणों से पकड़ने का महत्वपूर्ण प्रयास मिश्र जी ने किया है। अपनी पूरी ज़िन्दगी नगर की गन्दी बस्तियों में काटने वाले, देखते तो अपने गाँव की ओर ही हैं। यहाँ रहकर भी, यहाँ नहीं रहते। अपने अहमदाबाद निवास के समय लेखक को इन प्रवासियों के जीवन से जुड़ने का अवसर प्राप्त हुआ था। एक पत्रिका में इस उपन्यास को लिखने के उद्देश्य का लेखक ने उल्लेख किया है: "उनकी ज़िन्दगी के यथार्थ को देखकर बचपन में प्रवासियों के प्रति बना मेरा संस्कार चरमरा उठा। लगा कि इनके घरवालों से ज्यादा दर्द इनकी जिन्दगी में है। जो पैसा इनके घर पहुंचकर इनके घरों के सन्नाटे को काटता है, एक हदतक उनकी इजजत अफजाई करता है, उसे अर्जित करने की प्रक्रिया में इनकी ज़िन्दगी कितने सन्नाटे और अपमान से भर जाती है। इनकी जिन्दगी में न जाने कितनी आर्थिक और सामाजिक समस्याएं और पेच हैं। यह ऐसी जिन्दगी है जो अहमदाबाद से लेकर उनके गाँव तक तनी डोर पर नाच रही है। वह जहाँ हैं, वहाँ नहीं है।" (पृ. 20) मनुष्य के मन की यह विभाजित स्थिति ठेठ भारतीय समस्या है। औद्योगिक नगरों में रहनेवालों का परिवार गाँव के अभाव में पिसता है और यहाँ रहनेवाले छटपटाते हैं। इस छटपटाहट और बेचैनी का कोई उपाय नहीं है। शंकर सोचता है : "कितना बड़ा मकड़ी का जाला है जिसमें मैं और मेरे जैसे लोग फंसे हैं,

जाला हिलता है तो वे स्वयं थर्रा जाते हैं और जोर मारना बन्द कर देते हैं।" (पृ. 11) शंकर के सोच में जिस विवशता का संकेत मिलता है उसके अलग-अलग आयाम कमलेश, फेंकू और असरफी की ज़िन्दगी में दिखायी देते हैं और यही उपन्यास की केन्द्रीय संवेदना है।

गाँव इन प्रवासियों के पोर-पोर में बसा हुआ है। परिवार से बिछुड़े हुए इन लोगों के सामने तीज-त्यौहारों पर गाँव अपने रमणीय रूप में आ खड़ा होता है। कमलेश पार्क में बैठा सोचता है : "अपने यहाँ होली का दिन नहीं होता होली का मौसम होता है-पूरा महीना डेढ़ महीना होली का मौसम। सरसों फूली नहीं कि फागुनी रंगत हवा में तैरने लगती है और धीरे-धीरे फूलों का रंग गाढ़ा होने लगता है। जाड़ा अपने उत्कर्ष पर आकर उतरने लगता है और एक खुशबूदार ऊष्मा धूप के भीतर से फूटने लगती है। फागुन आता है तो धरती पागल-सी हो उठती है उसके अंग-अंग को फोड़कर कोई-न-कोई फूल उभर आता है, वह फूलमयी हो उठती है। कंगाली में भी आदमी मस्ती से भर जाते हैं।" (पृ. 219)

इन प्रवासियों की दुनिया तक ही उपन्यास के कथ्य को सीमित रखा गया है। गुजरात की सभ्यता-संस्कृति से अलग ये उत्तर भारतीय अपनी प्रादेशिक विशेषता को बरकरार रखे हुए अभावपूर्ण ज़िन्दगी गुज़ार रहे हैं। अहमदाबाद उन्हें मात्र आजीविका ही दे पाता है, दे पाया है, उन्हें अन्दर तक प्रभावित नहीं कर पाता, इसके अनेक कारणों की ओर लेखक ने संकेत किया है। इन प्रवासियों की अपनी दुनिया है। इनमें एक ऐसा भी वर्ग है जो परिवार के अभावों को कम करने के लिए यहाँ आया था, परन्तु तिकड़मों के द्वारा आज सम्पन्न बन चुका है। यह सम्पन्न वर्ग अपने भाइयों को मानवीय धरातल पर सहारा नहीं देता अपितु निहित स्वार्थों, गन्दी राजनीति और गुटबाजी के तहत गाँव से आये हुए भोले-भाले युवकों का शोषण करता है। प्रतिभावान कमलेश को पहलवानों की अखाड़ेबाजी का शिकार होना पड़ता है। रूपलाल पहलवान, गोरख पहलवान, गंगाराम शास्त्री, चिरन्तनदास जैसे सम्पन्न लोग सहायता के नाम पर अपने प्रदेश के लोगों का शोषण ही कर रहे हैं। दूसरी ओर, मनोहर, पारस जैसे लोग हैं जो इनकी सम्पन्नता की चमक में अन्धे होकर इन लोगों का गुणगान करते हैं। अपने गाँव-जवार के सामान्य लोगों के प्रति उनकी कोरी सहानुभूति होती है। मनोहर कमलेश के मामा की लड़की के लिए एक सम्पन्न विधुर का रिश्ता लेकर आते हैं। अनमेल सम्बन्ध की वकालत में मनोहर के यह शब्द उसकी मानसिकता को स्पष्ट कर देते हैं : "कमाल है कमलेश, मैं तो मामा के हित की बात कर रहा था और तुम लोग उलटे मुझी पर पिल पड़े। अरे भाई, मेरी नजर सीधी देखती है, बहुत अगल-बगल नहीं देखती। मैं इतना ही जानता हूँ कि वह सम्पन्न घर है, लड़का ठीक-ठाक है, शोभा सुखी रहेगी। अब ये सारे सवाल कि लड़के की उमर तीस साल है कि चालीस साल और उसके बच्चे हैं कि नहीं, हैं तो कितने, उनकी छानबीन में पड़ा नहीं और न पड़ना चाहता हूँ। बहुत

नुक्ताचीनी से काम बिगड़ जाता है। काम पर सीधी नजर रखो, बस काम बन जाता है" (पृ. 249)। पारसनाथ जी अपने उच्च जाति के संस्कार लेकर चोरी छुपे चन्दा से भिड़ते हैं परन्तु चिरन्तन के छोटे भाई कैलाश के द्वारा गुजराती लड़की से प्रेम विवाह करने पर खीझते हैं : "क्या उत्तर भारती ब्राह्मण समाज में लड़कियां नहीं थीं? एक-से-एक अच्छे घरों से रिश्ता आ रहा था, तीस-चालीस हजार दहेज मिल रहा था, लेकिन इस लौंडे ने सर्वनाश कर दिया। चिरंतन जी ने इतने कष्ट से इस लौंडे को पढ़ाया-लिखाया। लेकिन पढ़-लिखकर यह उन्हीं से फिरंट हो गया। दो पैसे की आमदनी का जुगाड़ हुआ तो उसे भी खा गया। चिरंतन जी पर क्या बीतती होगी?" (पृ. 215)

मनोहर, पारस के अतिरिक्त शंकर, कमलेश, विनोद, रहमान जैसे प्रतिभासम्पन्न युवक भी हैं। ये परिस्थितियों की मार, अभाव और पारिवारिक तनाव के बावजूद व्यापक मानवीय धरातल पर सोचते हैं। वे अपने ऊपर की हर चोट को उसके पूरे आयाम में देखते हैं, अत: वह दु:ख उन्हें तोड़ता नहीं है बल्कि ताड़ित लोगों से जोड़ता है। फैंकू की व्यथा सुनकर शंकर उत्तेजित हो जाता है। शंकर परिस्थिति को पूरे आयाम से देखता है अत: वह ज्यादातर संयमित रहता है। परन्तु मां की मृत्यु और एम.ए. में तृतीय श्रेणी आने पर वह उद्विग्न हो उठता है। अपराध-बोध से पीड़ित शंकर अपने मूल्यों और उद्देश्यों के प्रति शंकित हो जाता है।

डा. गौतम ऐसे प्राध्यापक हैं जिन्होंने अपनी उदारता और विद्वत्ता के कारण अपने लोगों व गुजराती समाज में सम्मानीय स्थान पाया है। शंकर, विनोद, कमलेश, रहमान के अतिरिक्त रूपलाल पहलवान तक उनका सम्मान करते हैं। दूसरी ओर, यशोधर मेहता जैसे मित्र और मनुभाई पटेल जैसे शिष्य उन्हें गुजरात की धरती से मिले हैं। मनुभाई के बारे में वे सोचते हैं : "यह सच्चा लड़का दुनिया के फरेबी लोगों के बीच कैसे चल पायेगा कैसे जी पायेगा?" (पृ. 108)

डा. गौतम सभी को मुक्त वातावरण देते हैं। उनकी मानसिकता भी सीधे संघर्ष की नहीं है। साहित्य के पठन-पाठन के लिए जिस शान्ति की आवश्यकता होती है, वह छोटे-छोटे संघर्षों से नष्ट हो जाती है। डिलाइट कॉलेज का प्रिन्सिपल पी.के. डा. गौतम को अपने यहाँ से निकालना चाहता है, अत: तरह-तरह से परेशान करता है। मनुभाई उसके विरुद्ध संघर्ष करने को कहते हैं परन्तु डा. गौतम सोचते हैं : "यदि मुकदमें से जीत गया या लोगों के विरोध करने से रोक लिया गया तो क्या मुझे पी.के. और उनके लोगों के साथ काम करना अच्छा लगेगा? क्या सम्भव नहीं है कि पी.के. अवसर निकाल-निकालकर या तो मेरा अपमान करेगा या उदासीनता दिखलायेगा? काम करने का मजा रहेगा क्या?" (पृ. 385)

लेखक ने प्रादेशिकता की समस्या को कई कोणों से परखा है। प्रादेशिकता का एक पहलू रागात्मकता का है। दूसरे स्थान पर अपने गाँव-जवार के व्यक्ति से मिलने पर सहज आत्मीयता हो जाती है, तो दूसरा पहलू यह है कि प्रादेशिकता का मोह संकीर्ण

बना देता है। मनुष्य दूसरे प्रदेश के लोगों से सम्बन्ध बढ़ाने में परहेज करता है। नहीं तो कोई कारण नहीं कि वर्षों से गुजरात में रहने के बावजूद उसका कोई रंग उन्हें छूता नहीं है। एक तीसरा पहलू यह भी है कि यहाँ रहने वाला हमेशा स्वयं को बाहर से आया हुआ ही महसूस करता है। यहाँ जन्म लेने वाले बच्चे भी बड़े होने पर यहाँ की धरती से सम्बन्ध नहीं बना पाते। सुनील को गुजराती बच्चों के बीच खेलते हुए देखकर डा. गौतम सोचते हैं: "बच्चों की दुनिया आपसी मेल-मुहब्बत के सिवा कुछ नहीं जानती। वे जहाँ पैदा होते हैं वहाँ की जमीन को अपनी जमीन मान लेते हैं, वहाँ की भाषा को सहज ही अपना लेते हैं। वे जहाँ आँख खोलते हैं, जहाँ से दुनियाँ की पहली पहचान प्राप्त करते हैं, उसी को अपना घर अपना संसार मान लेते हैं, किन्तु बड़े लोग उन्हें बोध कराते रहते हैं कि नहीं, तुम कोई और हो, कहीं और के हो या इसके विपरीत वहाँ के स्थानीय लोग यह समझते हैं कि ये कहीं और के हैं कोई और हैं। सब कुछ होने के बावजूद एक पतली-सी दीवार बीच में बनी होती है। बच्चे ज्यों-ज्यों बड़े होते हैं, उन्हें इस दीवार का बोध होता चलता है।" (पृ. 101)

उपन्यास में जगह-जगह गुजरात और उत्तर भारत के रहन-सहन, रीति-रिवाज के अन्तर को भी स्पष्ट किया गया है। जहाँ उत्तर भारतीय के घर की अव्यवस्था, फूहड़पन पर टिप्पणी और गुजराती परिवार की आयोजनबद्धता की प्रशंसा की गई है वहीं उत्तर भारतीयों के तीज-त्यौहारों और मनुष्य के प्रति लगाव को प्रभावपूर्ण ढंग से प्रस्तुत किया गया है। उत्तर भारतीयों की यह अजीबो-गरीब दुनिया अपनी अच्छाई-बुराई के साथ यहाँ साकार हुई है। इसमें गंगाराम शास्त्री जैसे लम्पट भी हैं, जो एक के बाद दूसरे प्रेम प्रकरण करते जाते हैं, शिक्षकों का शोषण करते हैं तथा तिकड़मों के बल पर शिक्षामन्त्री हो जाते हैं। पारस जैसे व्यक्तित्वहीन युवक भी हैं जिनके जीवन का अमूल्य समय गाँव में परिवार की प्रतिष्ठा बनाने के लिए दिन-भर खटकर धनोपार्जन करने में बीतता है। शंकर जैसे संवेदनशील, चिन्तनशील युवक भी हैं जो हृदय की सारी उदारता और अच्छाई के बावजूद अन्त में अपराध-बोध से पीड़ित होते हैं।

उपन्यास में कई स्थलों पर लेखक ने कन्ट्रास्ट प्रस्तुत करके प्रसंग की मार्मिकता को अत्यधिक गहन बना दिया है। यह मिश्र जी की सधी हुई कलम के कारण ही सम्भव हुआ है।

थकी हुई सुबह : नारी यथार्थ की सघन गूँज

त्रिभुवन नाथ वेणु

प्रख्यात लेखक रामदरश मिश्र के व्यक्तित्व और कृतित्व में ग्राम जीवन पूर्ण रूप से व्याप्त है। इनके उपन्यासों में चित्रित ग्रामजीवन स्वातंन्त्र्योत्तर बदलता ग्राम जीवन है जिसमें वे रचे-बसे हैं।

'थकी हुई सुबह' में उपन्यासकार ने स्थान-स्थान पर पाठकों को ग्रामीण जीवन के प्राकृतिक सौन्दर्य और उसकी संस्कृति से साक्षात्कृत करा दिया है, उसका ठाठ अनूठा है: "उसने फिर एक बार खेतों के पीले विस्तार की ओर देखा। लड़कियाँ साग-पात के लिए खेतों के पीलेपन में धंसी हुई सरक रही थीं।" मरद सिर पर घास का गट्ठर लिये मेड़ों से आ-जा रहे थे। लगता था प्रकृति की छवि के सागर में मनुष्यों की नावें तैर रही थीं। वह ताल वाले खेतों के बीच पहुंच गयी। अपने खेतों में खड़ी होकर चारों ओर देखने लगी। दिगंतों तक उमड़ी हुई हरीतिमा में एक सघनता आ गयी थी। पर इस उपन्यास में रोमांटिक चेतना नहीं, यथार्थ की सघन गूंज है। रामदरश मिश्र ग्राम जीवन के स्तर पर आधुनिकता की चुनौतियों को जहाँ स्वीकारते हैं, वहीं उनमें समस्याओं से साक्षात्कार की विशिष्टता भी परिलक्षित होती है।

वास्तव में 'थकी हुई सुबह' उस स्त्री (लक्ष्मी) के दर्द की महागाथा है जो अंधेरे से लड़ती हुई प्रातः की तरह उगती तो है किन्तु यात्रा में प्राप्त अनेक कटु और अमानवीय अनुभवों के कारण उसे प्रातः की ताजगी नहीं वरन् थकान ही प्राप्त होती है। अपने सहारे जहाँ उसे छोड़ते जाते हैं वहीं कुछ दूसरे सहारे अपने से जोड़ते हैं तो केवल लेन-देन के कारण। ऐसे सहारों के साथ चलने वाली यात्रा भौतिक दृष्टि से जीवन को सुखमय तो बनाती है किन्तु भीतर एक उद्वेग भर देती है। अतीत की विपन्नता के भीतर कुछ बनने का उत्साह, वर्तमान की सम्पन्नता के भीतर मानसिक रीतापन इसी द्वन्द्व की कथा को इसमें उरेहा गया है। लक्ष्मी की कथा के बहाने नारी जीवन के समूचे दर्द को इसमें उभारा गया है। नारी जीवन की पीड़ा को मिश्र जी अपने समूचे उपन्यास

में नये तेवर के साथ उभारकर प्रस्तुत करते हैं। प्रेमचन्द से लेकर कृष्णा सोबती तक में नारी जीवन की पीड़ा को यथार्थपरक दृष्टिकोण से प्रस्तुत किया गया है। प्रेमचन्द की परम्परा को आगे बढ़ाने वाले कथाकार रामदरश मिश्र जी सचमुच पीड़ा के कथाकार हैं और अपनी समग्र रचनाओं में इसी पीड़ा में सनी आम भारतीय नारी की जैसी तस्वीर उभारते हैं, वह अनूठी है।

समीक्ष्य उपन्यास में आज से पूर्व की कथा है जब लड़कियों को पढ़ाना अपनी प्रतिष्ठा के प्रतिकूल माना जाता था। उपन्यास की नायिका लक्ष्मी पढ़ने के लिए संघर्ष करती है। विवाह के पश्चात् भी उसे दाम्पत्य सुख नहीं मिल पाता है। उसका पति अपनी सौतेली माता के साथ गलत सम्बन्ध स्थापित करता है और इस बात का भेद खुलते ही वह घर छोड़कर भाग जाता है। यहीं से लक्ष्मी के जीवन में संघर्षों की शुरुआत होती है। लक्ष्मी जुझारू तेवर की है। वह संघर्ष करती है। अपनी पढ़ाई पूरी कर वह अध्यापिका नियुक्त होती है। लक्ष्मी अपना सारा जीवन दूसरों के लिए अर्पित कर देती है।

मिश्र जी की कहानियों में पीड़ा की जैसी प्रामाणिक अनुभूति है वह जनधर्मी रूप को प्रकाशित करती है और अपनी मिट्टी से जुड़ने की छटपटाहट तो इनमें एक अतिरिक्त वैशिष्ट्य और निखार प्रस्तुत कर देती है। वास्तविकता यह है कि लक्ष्मी एक निर्भीक नारी है जो पुरुषों के बनाये नियमों को तोड़ती है और गाँव के एक सम्मानित व्यक्ति के साथ अपना सम्बन्ध जोड़ लेती है और अन्त तक उसके साथ निर्वाह करती है। इसी बीच उसका भगोड़ा पति टपक पड़ता है। लक्ष्मी रामधन को अपना शरीर सौंपकर समाज से विद्रोह करती है और यहीं उसे थकान की प्राप्ति भी होती है।

कथ्य और शिल्प की दृष्टि से उपन्यास अत्यन्त कसा हुआ है। लक्ष्मी और अपने पति की कथा के बहाने उपन्यसकार ने नारी-दर्द की समूची कहानी रची है। अर्थलोलुप समाज के दुष्ट शनीचरों की कथा को उपन्यासकार ने एक नये तेवर के साथ प्रस्तुत किया है। आलोच्य उपन्यास पठनीय है, रोचक है और पाठकों को प्रारम्भ से अन्त तक बाँधे रखने की क्षमता से परिपूर्ण है। चूंकि रामदरश मिश्र जी लोक जीवन, लोक चेतना से जुड़े कलाकार हैं अतएव उनकी कहानियों में अनुभव की प्रामाणिकता है। वैसे वे कथा कहने में पूर्णतः दक्ष हैं। लक्ष्मी की कथा को अतीत और वर्तमान दोनों के झूले पर जब वे झुलाते हैं तो पाठक आनन्द से झूलता जाता है। उपन्यास में रसवत्ता है, प्राणवत्ता है और है हृदय को छूने की अपूर्व क्षमता। पाठक इस कृति को पढ़ते हुए कभी ऊबता नहीं है वरन् एक बार कृति को पढ़ने के पश्चात् वह दुबारा भी पढ़ने का लोभ-संवरण नहीं कर पाता है। कृति पाठकों को कथा-रस में खूब डुबोती है। कृति में पर्याप्त गहराई और गम्भीरता भी विद्यमान है। निस्संदेह रामदरश मिश्र जी ने नारी जीवन के दर्द को जिस रूप में रेखांकित किया है उसमें प्रस्तुत कृति अद्भुत है। प्रस्तुत उपन्यास में प्रेमचन्द की जन मन रंजन शैली तो है ही, कथ्य भी कम मार्मिक नहीं है।

'बीस बरस' : समकालीन ग्राम्यजीवन की त्रासदी

के. रजनी

'बीस बरस' रामदरश मिश्र का 1996 में प्रकाशित उपन्यास है। इस उपन्यास का शिल्प उनके अन्य उपन्यासों से भिन्न है– 'यह उपन्यास' शीर्षक भूमिका में लेखक ने स्पष्ट किया है कि…'बीस बरस' उपन्यास है किन्तु प्रचलित अर्थ में नहीं। इसमें आई घटनाएं और पात्र परस्पर उस रूप में विन्यस्त नहीं हैं जिस रूप में उपन्यास में होते हैं। कथा-प्रवक्ता दामोदर इन सबसे गुज़रता है–कभी प्रत्यक्ष रूप से, कभी स्मृतियों के माध्यम से, कभी दूसरों के अनुभवों और संवादों के द्वारा। लेखक दामोदर के माध्यम से यात्रा करता है। नए गाँव के जीवन यथार्थ की। यही उसका उद्देश्य रहा है। कोई चाहे तो इसे रिपोर्ताजात्मक उपन्यास भी कह सकता है।

प्रस्तुत उपन्यास की कथावस्तु कुल बारह परिच्छेदों में विभक्त है तथा कथानायक दामोदर 'नेरेटर' की भूमिका में सामने आता है। बीस वर्ष का, पूरी एक पीढ़ी का, समय शहर में बिताने के बाद दामोदर अपने भतीजे के साथ पुश्तैनी गाँव में लौटता है। यह, इस गाँव पर किसी सांसद या मंत्री की कृपा न हो सकने के कारण शहर से कुल बीस मील की दूरी पर होते हुए भी, बेहद अविकसित गाँव है। सड़कों को पक्की करने के नाम पर सरकार ने जो खडंजा बनाने की औपचारिकता की थी, उसकी ईंटें इस समय तक उखड़ चुकी थीं। रास्तों का हाल बीस साल में कुछ खास बदला नहीं। दामोदर यह भी देखते हैं कि "किसी-किसी गाँव के पास हाईस्कूल बन गए थे जिससे सड़क पर तमाम दुकानें खुल गई थीं। चाय की दुकानें तो जगह-जगह दिखाई दे रही थीं। गाँवों के खपरैल के मकान धीरे-धीरे पक्के मकान में बदल रहे थे। जहाँ मैंने बगीचे देखे थे वहाँ ईंट के भट्टे सुलग रहे थे। धुएं से आकाश भरा हुआ था। यह देखकर अच्छा लगा कि सरकार के न चाहने के बावजूद लोगों ने बहुत कुछ बदला है, आधुनिक लहर को गाँव में हाँक कर ले आए हैं।" गाँव में पहुंचने पर दामोदर के मन में एक-एक करके बचपन की यादें जागती हैं। वे अपने बचपन की अमराई को आज के गाँव में ढूंढते हैं और न मिलने पर यह देखकर उदास होते हैं कि मार्च का महीना आरम्भ हो गया लेकिन कहीं भी आम का बौर दिखाई नहीं देता बल्कि कटे हुए पेड़ों द्वारा खाली

किए गए स्थान पर धुआं उड़ाते हुए ईंट के भट्टे दिखाई देते हैं। इस प्रकार आरम्भ से ही लेखक गाँव के परिवर्तित परिवेश और विकृत होते हुए पर्यावरण को सामने लाता है–"एक अवसाद मन को घेर रहा था कि ये सारे बगीचे छोटे होते जा रहे हैं। नए बगीचे लगते हुए कहीं नहीं देखा। बगीचों के कटे हुए या टूटे हुए पेड़ों का स्थान पेड़ नहीं, खेत या भट्टे ले रहे हैं। और जब अपने गाँव के बगीचे में आया तो यह अवसाद और भी घना हो गया।" ऐसे अवसाद से घिरे हुए दामोदर जब मंजुल के घर के दरवाज़े पर मोटर साइकिल से उतरते हैं तो उन्हें देखकर बच्चों में हलचल-सी मच जाती है और उन्हें घर में "दिल्ली वाले बाबा" के नाम से पुकारा जाने लगता है।

होली का त्यौहार रामदरश मिश्र की अंतश्चेतना में कुछ इस तरह से रचा बसा है कि उनके साहित्य में बार-बार नए-नए संदर्भों के साथ प्रकट होता है। दामोदर भी इस त्यौहार की उमंग से तरंगित हैं और बीस साल बाद होली के अवसर पर गाँव आने के कारण कल के और आज के उत्सव की तुलना करने का उन्हें अवसर मिलता है। उन्हें बचपन का महीने भर चलने वाला उत्सव का उन्माद याद आता है, होली के गीत और कबीर की स्मृतियां आती हैं और याद आता है कि बीस वर्ष पूर्व गाँव छोड़ते समय वे अपने भीतर कछार के इस फाल्गुन को ले गए थे, पर आज उन्हें सारा दृश्य बदला-बदला दिखाई देता है।

टी.वी. में होली के नृत्य-गीत आ रहे हैं। दामोदर यह देखकर चिन्ता करता है कि गाँव में बिजली आने के कारण टी.वी. आ गया है। त्यौहार का वास्तविक उल्लास स्वयं गाने-बजाने में है। इसका स्थान अब गाँव में भी टी.वी. के गाने-बजाने ने ले लिया है।

होली बीत गई बिना उल्लास के व उमंग के। "फाल्गुन में भी यह दूरी, यह अजनबीपन बना रहे, कैसा विचित्र लगता है न।" दामोदर अपने खेतों को देखने के लिए जाते हैं। वहाँ पर गाँव के प्रतिष्ठित व्यक्तियों के पुत्र माधव प्रसाद और सुधाकर शराब पीकर गाँव की एक लड़की को छेड़ते हैं। वह लड़की स्वयं अपना बचाव करती है। दामोदर वहाँ से हरिजन टोले में चले जाते हैं। वहाँ भी काफी बदला हुआ माहौल दिखाई देता है। हरिजनों के बदले हुए मकानों को देखकर दामोदर बहुत ही प्रसन्न होते हैं और कहते हैं कि "आज़ाद मुल्क में एक ठीक-ठाक मकान में रहने का इन्हें भी तो हक है।"

मंजुल चला जाता है और दामोदर अपने आप गाँव को देखते हैं। राजनीति के कारण गाँव में अकेलापन आ गया है। अब त्यौहार शादी-ब्याह, जन्म-मरण सभी अवसरों पर लोग बहुत अकेले हैं। बस सगे लोग ही एकत्र होते हैं। गाँव में कितना बदलाव आया है। नई पीढ़ी के लोग पढ़-लिखकर गाँव के सामूहिक जीवन में रोशनी ला सकते हैं और भाईचारापन मज़बूत कर सकते हैं। लेकिन स्वातंत्र्योत्तर गाँवों में इसका ठीक उल्टा घटित हुआ।

दामोदर गाँव का बाज़ार देखने जाते हैं। वे गाँव के लोगों से मिलने के लिए बड़े उत्सुक

होते हैं किन्तु गाँव का बदला हुआ रूप देखकर निराश हो जाते हैं और वापस लौट आते हैं।

शिवरामा विधर्मी लड़की से विवाह करता है और उसे समाज भी स्वीकार करता है। यह सामाजिक परिवर्तन का संकेत है। परन्तु शिवरामा लड़ाई में मारा जाता है और उसकी पत्नी विधवा हो जाती है। विधवा की चूड़ियां फोड़ी जाती हैं और सिन्दूर पोंछा जाता है, लेकिन जब गाँव के लोग उसके बाल कटवाना चाहते हैं, वह प्रतिरोध करती है। इस पर समाज के ठेकेदार इसे मर्यादा विरुद्ध बताते हुए अपनी रूढ़िग्रस्त मानसिकता को उसके ऊपर थोपने का प्राणपण से प्रयास करते हैं। लेकिन वन्दना इस अन्यायपूर्ण रूढ़ि के समक्ष झुकती नहीं। उसका देवर भी इस अवसर पर साहसिकता का परिचय देते हुए उन वज्रमूर्खों पर सक्रोध प्रहार करता है।

और अन्ततः लेखक पुराने समाज के भीतर से जन्म लेते हुए नए सामाजिक मूल्यों की आहट को पहचान कर यह दर्शाता है कि वे दोनों परस्पर सहमति से दाम्पत्य बन्धन में बंध जाते हैं। यही समाज का वह नया ढांचा है जिसकी प्राक्कल्पना रामदरश मिश्र ने "पानी के प्राचीर" और "जल टूटता हुआ" जैसे अपने प्रथम दौर के उपन्यासों में नीरू और संध्या तथा कुंजू और बदमी के प्रसंगों के रूप में की थी। 'बीस बरस' में वह प्राक्कल्पना स्थापना के रूप में सामने आई है। गाँव में तूफान आ गया लेकिन अब तो नहीं कहने लायक रहा कि वन्दना रांड है और अपने देवर के साथ गुलछर्रे उड़ा रही है और जैसे धीरे-धीरे हर तूफान थम जाता है, यह भी थम गया। थम ही नहीं गया, औरतों की ज़बान धीरे-धीरे वन्दना जी के गुणगान करने लगी!

दिल्ली से तार आता है—"शीघ्र आ जाइए"। अगले दिन दिल्ली लौटने का कार्यक्रम तय होता है, इसी बीच पवित्रा और वन्दना से दामोदर की भेंट होती है। वे दोनों उनके वापस जाने के समाचार से खिन्न हैं। परन्तु दामोदर के माध्यम से लेखक का आश्वस्ति भाव इन शब्दों में व्यक्त होता है, "जाना तो था ही। हाँ, आप लोग भयानक सीमाओं के बीच जो मानवीय लड़ाई लड़ रही हैं वह बहुत मूल्यवान है। मैं आपके लिए कुछ कर सकूंगा तो मुझे प्रसन्नता होगी। आप मुझे निस्संकोच लिखा करें। मैं अपने अख़बार के द्वारा आपकी लड़ाई में सहभागी बनूंगा। बल्कि आप हमारे अखबार की संवाददाता बन जाएं।" परन्तु उपन्यास यहीं समाप्त नहीं होता। प्रवीण अपने ऊपर एक प्रायोजित-लेख दामोदर के पत्र में छापने का आग्रह करके अपने टुच्चेपन का जाते-जाते अहसास कराता है और शिवकुमार का अर्थपिशाच वाला रूप अब खुलकर सामने आ जाता है जब वह कृत्रिम भलमनसाहत के साथ दामोदर के खेतों को खरीदने का प्रस्ताव रखता है। प्रवीण और शिवकुमार की ओछी बातों से दामोदर के मन का खिन्न होना स्वाभाविक था। इसलिए उनका मन उखड़ जाता है और वे अगले दिन की प्रतीक्षा किए बिना उसी शाम गाँव से लौटने का निश्चय करते हैं। "एक गहरी चुप्पी खाटों के बीच पसर गई। शायद सभी यही सोच रहे थे देखो कब आना हो पाता है।"··· और इसी वाक्य के साथ

उपन्यास समाप्त हो जाता है। इस उपन्यास की यह शैलीगत विशेषता मानी जा सकती है कि लेखक दामोदर के रूप में भुक्त भोगी 'नेरेटर' बनकर उपस्थित हो जाता है और एक गहरे 'इन्वाल्वमेण्ट' के साथ बीसवीं शताब्दी के अन्तिम वर्षों में भारतीय गाँव के निरन्तर स्वार्थ-पिशाचों के गढ़ बनते जाने की त्रासदी को देखता, झेलता और वर्णित करता है। ग्रामीण संस्कृति की रूढ़ियाँ उसे अधिक जड़ होती दिखाई देती हैं जबकि उसका उदात्त मानवीयता वाला पक्ष लगातार क्षीण होता हुआ अपने मरते जाने के प्रमाण प्रस्तुत करता है। इसके बावजूद लेखक का गंवई मन पूरी तरह हताश नहीं है। पवित्रा, वन्दना, भजुरामा, अंगद और मंजुल जैसे जुझारू पात्रों में दृष्टिगत भविष्य के नए सामाजिक मूल्यों का विकास करने वाले गाँव की संभावनाएं बड़ी सीमा तक आश्वस्त करती हैं। यदि इस उपन्यास को बीसवीं शताब्दी के अन्तिम वर्षों के भारतीय गाँवों के सामाजिक यथार्थ का दस्तावेज़ कहा जाए तो यह उचित ही होगा।

संवाद

मैंने अपने आंगन में कच्ची ज़मीन छोड़ रखी है

ओम निश्चल

हाल ही में 'दयावती मोदी कवि-शेखर सम्मान' से सम्मानित रामदरश मिश्र कविता, कहानी, उपन्यास, आलोचना, निबंध, संस्मरण, यात्रावृत्त के ऐसे जीवंत हस्ताक्षर हैं, जिन्हें आलोचकों से कहीं ज्यादा साहित्य के संस्कारवान पाठकों की सराहना मिली है। गोरखपुर के डुमरी गाँव में 15 अगस्त, 1924 को जन्मे रामदरश मिश्र के समग्र साहित्य में मानव-मुक्ति की गहरी अनुगूँज सुनायी देती है। काशी के साहित्यिक माहौल में विकसित और अहमदाबाद तथा दिल्ली जैसे बड़े नगरों में पल्लवित रामदरश मिश्र का लेखन सन् 49 के आस-पास गीत विधा से शुरू होकर आज साहित्य की अनेक विधाओं तक इस तरह व्यापक हो उठा है कि उनकी साहित्यिक शख्सियत की पहचान को किसी एक विधा से सीमाबद्ध कर देखना कठिन है। 'पानी के प्राचीर', 'जल टूटता हुआ' और 'दूसरा घर' जैसे लोकप्रिय उपन्यासों के जनक रामदरश मिश्र को जिस विधा ने सबसे ज्यादा लेखकीय तोष दिया है—वह कविता है। कहने की जरूरत नहीं कि रामदरश मिश्र के उपन्यासों और कहानियों में जहाँ गंवई, कस्बाई तथा महानगरीय जीवनानुभवों की व्यापक उपस्थिति मिलती है, वहीं उनकी कविताओं में समकालीन कविता की कलावादी भंगिमाओं और श्लिष्ट शाब्दिक उपस्थापनाओं से अलग एक सादा संसार किन्तु उनकी संरचना में प्रगीतात्मकता और भावात्मक प्रतिक्रियाओं का एक सघन स्थापत्य दिखाई पड़ता है। दशकों से दिल्ली जैसे महानगर में रह रहे उनके रचनाकार को आज भी न तो गाँव भूला है और न वे ही गाँव को भुला सके हैं। उनकी रचनाएं, सच पूछिये तो शहर और गाँव के अंदरूनी हालात और जीवनानुभवों के अन्तर्द्वन्द्व से भीगी हैं; क्योंकि उनके नागरिक मन के भीतर गाँव आज भी बचा हुआ है। 'पानी के प्राचीर' से लेकर अब तक के नवीनतम उपन्यास 'बीस बरस' तक में गाँव उनके जेहन से तिरोहित नहीं हुआ बल्कि दिल्ली पर प्रस्तावित उनके आगामी उपन्यास में भी गाँव की धमक सुनायी देगी, ऐसी आशा है।

मानवीय मूल्यों को बचाये रखने की चिंता और वर्तमान से मुठभेड़ करते उनके गँवई मन-मिजाज को कभी 'प्रतिबद्धता', 'मार्क्सवाद', 'जनवाद' तथा किसी भी विचारवाद की तयशुदा सैद्धान्तिकी रास नहीं आई तथापि वे सदैव मनुष्य के पक्ष में अपनी आवाज बुलंद करते रहे। उनकी कविताओं को एक समय 'चुसे हुए शब्दों का विराट मलवा' तक कहा गया किन्तु असहिष्णुता से भरी आलोचना के इस दौर में भी वे सतत् कार्यरत रहे और उन्होंने अपने निरंतर लेखन से यह सिद्ध किया कि साहित्य-रचना उनके प्राध्यापकीय पांडित्य को प्रमाणित करने का आपद्धर्म नहीं है बल्कि वह समाज से गहरे सरोकार रखने वाले व्यक्ति का एकमात्र जीवनोद्देश्य है। आलोचना के अलावा नौ कविता संग्रहों, ग्यारह उपन्यासों, आठ कहानी संग्रहों तथा ललित निबंध, आत्मकथा, यात्रावृत्त की अनेक रम्य कृतियों के सहृदय लेखक रामदरश मिश्र को 'दयावती मोदी कवि-शेखर सम्मान' की बधाई देने के अवसर पर उनसे हुए विस्तृत बातचीत से एक बार फिर यह लगा कि उम्र की पचहत्तरवीं पायदान पर पहुँच चुके रामदरश जी के भीतर अभी भी किसी युवा कवि जैसी उत्कट कवि-चेतना सक्रिय है तथा अभी भी काफी कुछ लिखने की योजनाएं उनके भीतर घुमड़ती रहती हैं। प्रस्तुत है यह पूरी बातचीत।

ओम निश्चल : डॉक्टर साहब, आप इतने परिमाणमूलक और वैविध्यपूर्ण रचना-संसार के जनक हैं, जिसे लिखने के लिए प्रभूत समय, स्वतंत्रता और कठिन उद्यम चाहिए। इसके लिए आपने अपनी दिनचर्या को किस तरह साधा और संयमित किया है?

रामदरश मिश्र : देखिये, मैंने किसी योजनाबद्ध रूप में काम नहीं किया। हुआ यों कि मेरा जो मन है वह मूलत: एक लेखक का मन है, वह लिखने-पढ़ने में रमा रहता है और लिखने के लिए मेरे पास ज़िन्दगी के बहुत से अनुभव हैं, अनुभव अर्जित भी होते रहते हैं, आस-पास अनेक समस्याएं खड़ी होती रहती हैं, तो यदि आदमी का लिखने का मन हो और लिखने के लिए उसके पास पर्याप्त वस्तु हो, यथार्थ हो तो वह किसी न किसी रूप में लिख ही लेता है। मेरे लिए एक अच्छी बात यह थी कि मैं एक प्राध्यापक रहा हूँ और इस व्यवसाय में अवकाश खूब मिलता है, छुट्टी बहुत मिलती है। अब इस छुट्टी का उपयोग आप कैसे करते हैं, यह आपके ऊपर मुनहसर है लेकिन चूंकि मैं लेखक रहा, लिखना चाहता रहा, लिखना मेरी प्राथमिकता थी तो मैं उस छुट्टी का उपयोग लिखने में करता रहा—पढ़ने में करता रहा। मैं बहुत तेजी के साथ नहीं चला। जितना भी मैंने लिखा वह संभव इसलिए हुआ, धीरे-धीरे लिखने के बावजूद कि मैं लगातार लिखता रहा, लिखने के अलावा मेरे पास कोई काम नहीं था—और यह बात भी स्पष्ट कर दूं कि मैं रोज लिखता भी नहीं था, जिस दिन मेरी क्लास होती थी उस दिन मैं नहीं लिखता था क्योंकि मैं लिखता हूँ सुबह। सुबह यानी 4 बजे–5 बजे नहीं। सुबह का जो पहला काम होता है मेरा, वह लेखन का होता है। अगर मेरी क्लास नौ बजे या दस बजे की है तो वह क्लास मेरे सिर पर चढ़ी होती थी। मैं सुबह निश्चिंत नहीं हो पाता था जब पूरा दिन मेरे सामने पड़ा हुआ हो तो मैं सुबह

निश्चिंत भाव से लिखता हूँ, भले ही मैं आधा घंटा लिखूँ–एक घंटा लिखूं। तो, इस व्यवसाय में ऐसा समय भी काफी होता है। यानी रोज न लिखने के बावजूद लिखने वाले दिन मुझे काफी मिलते गये। चाहे सप्ताह की दो–तीन दिन की छुट्टियां हों, चाहे और छुट्टियां हों। और सबसे बड़ी बात यह थी ओम जी कि अवकाश को अपने लेखन के लिए ही इस्तेमाल करूं, इसकी छूट मेरी पत्नी सरस्वती जी ने मुझे दे रखी थी। घर की सारी ज़िम्मेदारी उन्होंने उठा ली थी और मुझे यह पता नहीं कि सब्जी किस भाव आती है, अन्य चीजें कहाँ से आती हैं। इन सारी चिन्ताओं से मैं मुक्त रहा। इसलिए आहिस्ता–आहिस्ता लिखने के बावजूद मैं इतना कुछ लिख पाया।

ओम निश्चल : डॉक्टर साहब, क्या आप समझते हैं कि आलोचकों ने आपके साथ न्याय किया है?

रामदरश मिश्र : यह तो आप भी बता सकते हैं··· (एक उन्मुक्त हंसी के साथ) मैं इस बात को कहूँ तो कैसे कहूँ, क्योंकि यह भी संभव है कि जितनी मेरी पात्रता थी, उतनी ही मिली। यह भी है कि आलोचक किसे कहा जाय। क्योंकि तमाम आलोचकों ने मुझ पर लिखा है–कविताओं पर भी और उपन्यासों पर भी, कहानी पर भी। लेकिन जो सवाल आपने किया है उसकी ध्वनि यह है कि एक खास तरह के जो आलोचक हैं, उन्होंने नहीं लिखा। जो लोग किसी भी प्रकार से अपने को केन्द्र में रखने में समर्थ हो गये हैं, उन आलोचकों ने मुझ पर नहीं लिखा तो नहीं लिखा। हम क्या करें इसके लिए। इसके पीछे मेरी अयोग्यता भी हो सकती है, उनकी राजनीति भी हो सकती है। कुछ भी हो सकता है। अब यह सवाल आप कर रहे हैं, तो जाहिर है कि आप जैसे पाठकों और सुधी लेखकों के मन में यह चिंता है। मैं यह भी कह सकता हूँ कि शायद ऐसा ही है। क्यों ऐसा हुआ है यह तो वे जानें। मैं ठीक से नहीं कह सकता कि मैं योग्य नहीं हूँ या वे किसी पूर्वग्रह के शिकार हैं।

ओम निश्चल : अच्छा, डॉक्टर साहब, आप अपने समय के अनेक आलोचकों के समकालीन रहे हैं। क्या ऐसा किसी आलोचक में आपको दिखाई पड़ा कि जिसके आब्जर्वेशन्स से आपने कोई सीख ली हो या आपको लगा हो कि उसके आब्जर्वेशन्स बहुत वस्तुनिष्ठ हैं और वे वास्तव में आलोचना के मान–मूल्यों के अनुसार किये गये हैं?

रामदरश मिश्र : ओम जी, मुझे अपने संदर्भ में तो ऐसा नहीं लगता है कि किसी ने मुझे कुछ दिया है, किसी से मैंने कुछ सीखा है। एक बहुत छोटी–सी बात–छोटे से क्षण की बात मैं आपको बता रहा हूँ। वह मेरे लिए एक बड़ी सीख थी। जो बात मैं कहने जा रहा हूँ उसका बड़ा मूल्य है। देखिये, बड़े सहज भाव से बात कही गयी थी और मुझे लगा कि बहुत अच्छी बात थी। मेरे शुरू के गीतों में काफी–कुछ विस्तार हुआ करता था। एक बार मैं और विजयदेवनारायण साही जा रहे थे, कवि–सम्मेलन में। कहीं रास्ते में रुक गये। उन्हें मैंने एक गीत सुनाया। उस गीत में सुबह भी थी, शाम भी थी, ये स्थान था, वो स्थान था आदि–आदि। उन्होंने कहा, "मिश्र जी, एक बात कहूँ आपसे

कि गीत जो है वह आत्मानुभव से, क्षण से फूटता है, और आप उस गीत में किसी एक बिन्दु पर होते हैं। अब इस गीत में शाम भी आ रही है और सुबह भी आ रही है या यह जगह भी आ रही है, वह जगह भी आ रही है तो आप कहाँ हैं, किस जगह हैं, कहाँ खड़े होकर देख रहे हैं? होना यह चाहिए कि एक बिन्दु पर जहाँ आप खड़े हैं उसके भीतर आने वाली सारी चीजें गीत में आएं। उस वक्त तो मुझे झटका-सा लगा क्योंकि जिस गीत की मैं चर्चा कर रहा हूँ–जो गीत मैं सुना रहा था, वह मेरा बड़ा प्रिय गीत था। बहुत पापुलर था वह गीत। किन्तु बाद में मुझे लगा, उन्होंने बहुत अच्छी बात कही है और उसी दिन से मैंने अपने गीतों को फिर संभाला। तो काम की बात हो, बहुत अच्छी बात हो तो वह आपको संभाल लेती है, आपको कहीं प्रकाश देती है। नहीं तो राजनीति के तहत अगर आलोचनाएं होती हैं तो वे कुछ देती नहीं हैं। इसीलिए यशपाल जी बार-बार कहा करते थे कि मुझे आलोचकों ने कुछ नहीं दिया, मुझे पाठकों ने दिया है। पाठकों ने जब भी सुझाव दिया तो मैंने उसको माना। आलोचकों ने जब भी सुझाव दिया तो मैं झल्ला पड़ा और समझ गया कि ये पूर्वग्रह से कुछ कह रहे हैं। यह बात सही है कि मुझे आलोचकों ने कुछ नहीं दिया है। हाँ, जब भी पाठक ने सुझाव दिया तो मुझे लगा कि यह सही बात कह रहा है और उस पर मैंने विचार किया। इस सम्बन्ध में कई उदाहरण दे सकता हूँ मैं।

ओम निश्चल : डॉक्टर साहब, साहित्यिक जगत में लगातार कोई न कोई पोलेमिक्स सक्रिय रहती है। लेखकीय दलबंदी, पुरस्कारीय जोड़-तोड़, वैचारिक घेरेबंदी, संघीय प्रतिबद्धताएं आदि-आदि। क्या इस पोलेमिक्स के चलते आप साहित्य की केन्द्रीय चर्चाओं और गतिविधियों से अलग-थलग नहीं पड़े हैं।

रामदरश मिश्र : हाँ, पड़ तो गए हैं। किन्तु जो बात सही नहीं मानता हूँ उसके साथ मैं होता नहीं हूँ। 'पोलेमिक्स' है, जोड़-तोड़ है, जिसे मैं सही नहीं मानता हूँ, उसके साथ नहीं हो पाता हूँ, तो अलग पड़ूंगा ही। जहाँ पूरा माहौल जोड़-तोड़ का हो और एक-दूसरे के साथ होकर–लिखना नहीं, बल्कि लिखे हुए को चर्चित करने का हो, वहाँ पर तो हम जैसे लोग अकेले पड़ेंगे ही, जोकि जो ठीक समझते हैं, वो लिखते हैं, जो ठीक समझते हैं, उसे कहते हैं और अपने घर पर पड़े रहते हैं, जबकि आप देख रहे हैं कि जितने भी आज साहित्य-संस्थान हैं या शिक्षा-संस्थान हैं, वहाँ कुंडली मारने के लिए भाग-दौड़ मची रहती है और मैं अपने घर में बैठा रहता हूँ। न मेरा साहित्य अकादमी से कोई वास्ता है, न एन.सी.ई.आर.टी. से कोई वास्ता है, न यू.पी. एस.सी. से कोई वास्ता है। मैं पढ़ाता रहा–पढ़ता रहा, लिखता रहा और यदा-कदा फंक्शन में कहीं चला जाता रहा, चला आता रहा। इसे मैं अच्छा मानता हूँ और इसका मुझे सुख मिला। बाकी इस राह पर चलने वाले को जो नहीं मिलता है, नहीं मिलेगा, जाहिर है, नहीं मिलेगा। लेकिन उसका दुख भी हमें नहीं है क्योंकि उसके लिए मैंने कुछ किया ही नहीं।

ओम निश्चल : हर युग में कविता का काम मानव को वृहत्तर मूल्यों की ओर अनुप्रेरित करना रहा है। आपने अपनी कविताओं के जरिये और समग्रतः अपने साहित्य के जरिये समाज को क्या संदेश देना चाहा है।

रामदरश मिश्र : देखिये, मेरी कोशिश यही रही है कि लोगों को मैं यह महसूस कराऊं कि यह जीवन जीने के लायक है और खासतौर से तब जबकि मूल्यों का इतना पतन हो गया है, हो रहा है–मूल्यों के पतन को रेखांकित करके साहित्य में, कला में मूल्यों की उपस्थिति के लिए की गई कोशिशों को एक रोमांटिक अंदाज माना जा रहा है। ऐसी स्थिति में किसी भी लेखक की चिंता होती है कि समाज बचा रहे, मनुष्यता बची रहे। समाज और मनुष्यता तब बचेगी, जबकि उसके मूलभूत मूल्य बचे रहेंगे। तो मेरी चिंता लगातार यही रही है कि जो मनुष्य के मूलभूत मूल्य हैं वे कहीं न कहीं से दिखाये जायें। यानी जो लोग यह मानते हैं कि मूल्य खत्म हो गये हैं इसलिए मूल्यों की बात करना एक रोमैंटिक बात करना है–मैं उनसे सहमत नहीं हूँ। मैं अब भी मानता हूँ कि मूल्य जिस दिन खत्म हो जाएंगे, उस दिन हम आप बैठकर बातचीत नहीं करेंगे, हमारे सरोकार खत्म हो जाएंगे। न तो समाज रहेगा, न साहित्य रहेगा और साहित्य होता ही इसलिए है कि समाज रहे और समाज रहे इसके लिए उसके मूल्यों को रेखांकित करना होता है। मैं अटूट भाव से यह स्वीकार करता हूँ कि आदमी के जो मूल्य हैं, जब तक वे बचे रहेंगे, तब तक वो बचा रहेगा और समाज बचा रहेगा। अब यह बात दूसरी है कि मूल्य बदलते हैं, मूल्य के स्थान बदलते हैं। आप मूल्य को कहाँ देखते हैं और कहाँ खोजते हैं और निराश होते हैं, यह अलग बात है। अगर आप मूल्य को खोजेंगे ऊँचे-ऊँचे लोगों के संस्कारों में, तो नहीं दिखाई पड़ेगा, सारे के सारे ऊँचे नेता लोगख ऊँचे पूंजीपति लोग, ऊंचे शिक्षाशास्त्री लोग, यहाँ तक कि जो ऊँचे-ऊँचे अन्तर्राष्ट्रिय महर्षि लोग हैं, उनमें मूल्य नहीं बचा है, केवल मूल्यों का प्रवचन बचा हुआ है। लेकिन जो आम आदमी है जो नहीं जानता कि मूल्य क्या चीज है, क्या चीज नहीं है, अभी सम्बन्ध वहाँ बचे हुए हैं, प्यार और करुणा और सहानुभूति बची हुई है। आप अगर आँख खोलकर चलिए तो रोज-ब-रोज इसका अनुभव करेंगे। ऊपर से लगता है कि एकदम कुछ बचा नहीं है। सारा का सारा अंधकार है। लेकिन नहीं, अभी अंधकार में आगे बढ़िए, तो लगेगा, यहाँ मूल्यों के कण चमक रहे हैं और लेखक का काम यह होता है कि उन मूल्यों के कणों को बटोरे और सामने लाकर ये दिखाए कि नहीं साहब, ज़िन्दगी अभी बची हुई है और बची रहे, यही हमारी कामना है। अपने हर लेखन में मैं कोशिश करता हूँ कि यह विश्वास कहीं उभरे, कहीं शक्ति पाए, चाहे मैं निगेटिव रूप से बात कर रहा हूँ, चाहे पाजिटिव रूप से, लेकिन मेरा उद्देश्य यह होता है कि ज़िन्दगी का सौन्दर्य कहीं रेखांकित हो।

ओम निश्चल : डॉक्टर साहब, आप एक दृष्टिवान कवि हैं, मूल्यवत्ता की दृष्टि से कविता में सतत् सक्रिय हैं। आपकी दृष्टि में एक आदर्श कविता का स्वरूप कैसा होना

चाहिए—आज की कविता के विशेष सन्दर्भ में?

रामदरश मिश्र : देखिये, मैं या मेरे जैसे लोग यह मानते हैं कि कविता सहज हो। सहज का अर्थ सरल नहीं होता है, यह बात मैं पहले स्पष्ट कर दूं और यह बात मैंने पहले भी स्पष्ट की है। सहज का मतलब होता है जो कृत्रिम न हो, बनावटी न हो। आप जो बात कर रहे हैं, वह बात आप अपने पूरे अनुभव से कह रहे हैं, पूरे विश्वास से कह रहे हैं, अपने भीतर उतार कर कह रहे हैं। वह बात लोगों तक पहुँचे, यह चिंता भी आपको होनी चाहिए। एक कवि की, साहित्यकार की चिंता यह होती है कि जो वह कह रहा है वह केवल 'एक्सप्रेशन' ही नहीं है, वह 'इम्प्रेशन' भी है, वह 'सम्प्रेषण' भी है, तो फिर उसे चिंता होती है कि इस सहज बात को पूरी कलात्मक शर्तों का निर्वाह करते हुए इस ढंग से कहा जाय कि अधिक से अधिक लोगों तक वह पहुँचे। चाहे अनुभव की बात हो और चाहे उस अनुभव को सहज रूप से व्यक्त करने की बात हो, सबके अपने-अपने ढंग होते हैं। कोई उसका एक बना-बनाया प्रतिमान नहीं होता है। आज की कविता में राजेश जोशी भी मुझे प्रिय हैं, (उनका भी अपना एक अलग रंग है) और कुमार अम्बुज की कविताएं पढ़ रहा हूँ, उनका रंग अलग है। लेकिन लगते हैं कि ये सहज हैं, जो अनुभव कर रहे हैं उसको अकृत्रिम रूप से हमारे सामने कह रहे हैं और उसके लिए वे अपने आस-पास के मुहावरे से अभिव्यक्ति खींच रहे हैं। तो वह कविता जो अपने कथ्य में और अभिव्यक्ति से अकृत्रिम हो, सहज हो, वह मुझे प्रिय लगती है।

आपको मैं एक घटना सुनाऊँ। फिराक साहब का इंटरव्यू हो रहा था। सात-आठ आदमी उनके साथ इंटरव्यू कर रहे थे। वे अकेले जूझ रहे थे। किसी ने पूछा, "फिराक सहब, आपसे पूछा जाए कि विश्व का महान काव्य-ग्रन्थ कौन-सा है तो आप क्या कहेंगे?" उन्होंने कहा, 'रामचरितमानस'। उन्होंने कहा कि "यह बहुत सहज ग्रन्थ है और सहज लिखना बहुत कठिन होता है और ये सारे भक्त कवि बड़े सहज थे।" तो आप यह मानें कि ये सरल तो नहीं थे, बड़े सघन कवि थे। चाहे वे बच्चों की बात कह रहे हों, चाहे किसी की बात कह रहे हों, उसको पूरी जटिलता के साथ उभारते थे, उन तमाग चीजों के अंतर्विरोध को समझते हुए उसको उभारते थे। फिर भी वे हमारी समझ में आते हैं। मै मानता हूँ कि कविता हो या कोई भी अन्य रचना, वह ऐसी हो जो कि अपनी पूरी कलात्मक क्षमता के बावजूद अधिक से अधिक लोगों तक पहुँचे और अधिक से अधिक लोगों को यह लगे कि यह उनकी बात है जो हमारे मुँह से कही जा रही है। आपका अनुभव कैसा है, आपकी अभिव्यक्ति कैसी है यह अलग बात है। जाहिर है कविता सबकी समान नहीं होती, अनेकता में एकता और एकता में अनेकता यहाँ भी होगी। फिर भी कोई ऐसी चीज़ है जो बताती है यह भी कविता है। कविता तुलसी की भी है, कबीर की भी है, कविता निराला की भी है, कविता प्रसाद की भी है—सभी कविताएँ हैं। कविता छंदवाली भी है, कविता गद्य छंद वाली भी है।

कविता गीत भी है–सभी कविताएँ हैं। क्यों हैं! लगता है जैसे एक कविता की जो प्रकृति है, जो हमारी चेतना में धंसी हुई है, वह दिखायी देती है। हम उसे परिभाषित नहीं कर पाते कि क्यूं कविता है। लेकिन लगता है कि यह कविता है। लगता है कि यह गद्य है। इस तरह कविता की एक बुनियादी प्रकृति होती है जो तरह-तरह के बावजूद कहीं एक होती है और इस बुनियादी एकता के बावजूद हर कवि का अपना रंग होता है। वह निजता से जुड़ी होती है। यदि आपकी निजता नहीं होगी तो लगेगा कि आप एक ही बात को दुहरा रहे हैं। उसकी बात को आप भी दुहरा रहे हैं। आप उस दौर से गुजरे हैं। आपको भी यह अनुभव हुआ होगा (यह बात पढ़ी भी होगी) कि लगता है कि एक ही कविता सारे कवि लिख रहे हैं। पर आज जो कविताएँ लिखी जा रही हैं, ऐसा आप नहीं कह सकते हैं। हर कवि की कविता का अलग-अलग रंग है। 'नयी कविता' में आपने देखा कि यह भारती हैं, यह अज्ञेय हैं, यह निराला हैं, यह मुक्तिबोध हैं, यह शमशेर हैं–सबका अपना रंग था। छायावाद में प्रसाद, प्रसाद हैं, निराला, निराला हैं, महादेवी, महादेवी हैं लेकिन जहाँ अनुभव की कृत्रिमता होती है या जहाँ अनुभव नहीं होता है, वहाँ लगता है कि अनुभव के फार्मूले से कविता लिखी जा रही है और वह एक-सी लगती है। इसलिए मैं कह रहा हूँ कि कविता की एक बुनियादी एकता होती है, उसके बावजूद हर कवि का अपने अनुभव का, अपने संस्कार का, अपनी भाषा का एक अलग रंग होता है। वह अलग रंग न हो तो कविता नहीं होती है। फिर लगता है कि हम कविता का दुहराव कर रहे हैं।

ओम निश्चल : आज के कवियों में अगर आप देखें, विशेषतः हर कवि की निजी रंगत के साथ। जैसे कि वरिष्ठ कवियों में त्रिलोचन जी हैं। नागार्जुन जी ने इस पूरे दौर में अपनी राजनीतिक रंगतों के साथ और बहुत हद तक अपने समकालीनों व युवा पीढ़ी के कवियों के सामने साहसिक अभिव्यक्ति का एक अनगढ़ किन्तु एक निर्भीक 'माडल' रखते हुए कविताएँ लिखीं, जो कि सहज और सम्प्रेषणीय है। कुंवर नारायण जी ने भी बहुत ही सहज और कलात्मकता के साथ लिखा है। मैं समझता हूँ उनके वैचारिक गद्य में जो एक खास तरह की रंगत है–कहीं पर असंप्रेषणीयता नहीं है–अपनी बात को वे बहुत ही दृढ़ता, कलात्मकता और नयी भाषा के उपार्जन के साथ कहते हैं, उसी तरह उनकी कविताएं भी बहुत ही सहज और कलात्मक हैं– तो अपनी निजी रंगतों के साथ और भी इनके समानांतर जो कवि हैं–आप उनमें अपनी पसंद कहाँ रेखांकित करते हैं।

रामदरश मिश्र : मैंने कहा न कि जो लोग अधिक सहज दिखाई पड़ते हैं, वे मुझे अधिक प्रिय लगते हैं और इस संदर्भ में एक बात की ओर इशारा करना चाहूँगा कि बहुत से लोग एक 'जार्गन' के तहत यह बात कहते हैं कि साहब कथ्य और वस्तु की जटिलता है, इसीलिए कविता जटिल हो गयी है। लेकिन मैं यह कहना चाहता हूँ कि वस्तु अगर कठिन है तो आपका काम है, उससे लड़िये, उसको सुलझाइये, फिर आप

जब रखिये सबके सामने तो वह सब तक संप्रेषित हो। यह नहीं कि जो अपढ़ आदमी हैं, जो नहीं जानता कविता क्या है, जो तांगा हाँकता है, रिक्शा चलाता है, उन सब तक पहुँच ही जाय किन्तु जो कविता का पाठक है (मैं कविता के पाठकों की बात कह रहा हूँ) उस तक तो संप्रेषित हो। इस बात को देर-सबेर उन लोगों ने भी समझा जो लोग किसी भी कारण से कठिन कविताएँ लिख रहे थे। विजयदेवनारायण साही का 'मछली घर' पढ़िये आप और 'साखी' पढ़िये। कितना अंतर दिखायी पड़ता है। कुंवर नारायण का 'आत्मजयी' पढ़िये कितना जटिल और उलझा हुआ काव्य है। बावजूद इसके कि वह एक प्रबंध काव्य है, उसको संप्रेषित होना चाहिए था। लेकिन बाद में वे कितने सहज और संप्रेष्य हो गये। इसका मतलब यह है कि यह कहना गलत है कि वस्तु जटिल होती है तो हम जटिल होते हैं। आखिर वे ही कवि जो पहले जटिल थे जब विकास करते हैं तो क्यों सरल हो जाते हैं, सहज हो जाते हैं। मुक्तिबोध की जो महान कविता है–'अंधेरे में' में वह जटिलता के बावजूद संप्रेषित होती है क्योंकि उसमें एक अन्विति है, एक लय है। लेकिन 'ब्रह्मराक्षस'–उसमें कुछ अंदाज ही नहीं मिलता है कि क्या बात कही जा रही है–अर्थ बहुत मुश्किल से उसमें से खींचना होता है। लेकिन 'अंधेरे' में क्योंकि हमारा बाहरी परिदृश्य बड़ा सघन है, साफ है तो फैंटेसी भी उसके साथ जुड़कर अपने को अभिव्यक्त करती है। हमारा कहना है कि जो लोग एक दौर में जटिल थे उन्होंने भी महसूस किया कि यह काम हमने अच्छा नहीं किया। उधर के कवि भवानी प्रसाद मिश्र, नागार्जुन, त्रिलोचन, केदारनाथ अग्रवाल या इधर के कुछ कवि राजेश जोशी, अरुण कमल, मंगलेश डबराल इन सबकी एक खास चिंता है कि हम अधिक सहज हों, अधिक दूर तक पहुँचे, हम जो बात कहें वह सबकी बात प्रतीत हो। जहाँ लेखक जान-बूझकर अपनी चीजों को घुमावदार बनाता है, वह जटिल हो जाती है। जो बात एक सीधे ढंग से कही जा सकती है, उसे आप घुमा-फिरा कर कह रहे हैं तो मालूम हो जाता है कि आप बिना वजह घुमा-फिरा कर कह रहे हैं। घुमाने-फिराने का मैं विरोधी नहीं हूँ, कविता का पाठक हूँ, स्वयँ कवि हूँ, इतना मैं सरलीकरण नहीं करूंगा। लेकिन जब लगता है कि बात घुमा-फिरा कर कही जा रही है तो वह बात मुझे प्रिय नहीं लगती। मैं अध्यापक था तो पढ़ाने के लिए कुछ भी पढ़ाना पड़ता था लेकिन जब अपनी इच्छा से कविता पढ़नी पड़ती है तो हम उन्हीं कविताओं को उठाते हैं, जो सहज हों, जो सीधे संवाद करती हों। भवानी प्रसाद मिश्र की तमाम कविताएं मुझे इतनी प्रिय हैं कि मुझे लगता नहीं कि वे कविताएं हैं, लगता है, आदमी बात कर रहा है। यानी कविता बात बन जाती है, बात कविता बन जाती है–लगता है कि जैसे एक सीधा संवाद हो रहा है कविता और हमारे बीच। ऐसे कवि हमारे मॉडल भी हैं, हमारे प्रिय भी हैं कितने ही लोग जो कि सहज कहे जाते हैं (और बड़े कवि भी) कहे जाते हैं उनकी सहजता कितने ही आवरणों में बँटी हुई होती है।

ओम निश्चल : कविता के जिस स्थापत्य की अवधारणा आपके मन में है या उस

स्थापत्य के भरोसे जो कवि आपको प्रिय लगते हैं, क्या आपको लगता है कि आज के स्थापित कवियों के कृतित्व में इस स्थापत्य का निर्वाह हुआ है या उस स्थापत्य की निर्मिति दिखायी देती है?

रामदरश मिश्र : स्थापत्य कभी अपने में कोई निश्चित वस्तु नहीं होता है। मैं स्वयं अपनी पुरानी कविताओं में कुछ हूँ, आज कुछ हूँ। स्थापत्य तो एकदम 'डायनेमिक' चीज़ है, बदलता रहता है, गतिशील है। स्थापत्य कोई भी हो, लेकिन वह स्थापत्य हमारे कथ्य के साथ संवाद करता हो, वह स्थापत्य अपने आप में एक माडल न बन जाय, अपने आप में एक लक्ष्य न बन जाए। जैसे कि हम कोई चीज़ चौंकाने के लिए कहें। हम ऐसा कोई माडल बना लें कि हम उसी के भीतर चलते रहें और उसी के भीतर चलते हुए कुछ लोगों को चौंकाते रहें और लोग कहें कि सचमुच बड़ी चौंकाने वाली बात कही जा रही है, बड़ी चमत्कृत करने वाली बात कही जा रही है। सामान्य लोग तो चौंक जाएंगे किन्तु कविता के जो पाठक हैं वे सोचेंगे कि इसमें धीरे से सहज भाव से, एक बातचीत ढंग से हमारे कान में कुछ सुनाने की ताकत है कि नहीं। यानी जिस तरह से हम मुक्त संवाद करते हैं उस तरह से बात है कि नहीं। एक सख्त भाषा में, सख्त मुहावरे में, सख्त बिम्ब में या सख्त प्रतीक में कसी हुई कविता हो चाहे बहती हुई सहज भाव से चलती हुई भाषा और आस-पास से लिये गये बिम्बों से पगी भाषा हो। मेरे ख्याल से स्थापत्य का कोई एक स्थिर और रूढ़ माडल मेरे मन में नहीं है। हाँ यह ज़रूर है कि हमेशा चाहता हूँ कि मेरे मन की जो बात है उसे बहुत सहज ढंग से रचनाकार कहे। उसके लिए स्थापत्य को स्वयं बनाये और स्वयं अपने स्थापत्य को मिटाता भी चले। बार-बार उसी स्थापत्य में अपनी बात कहता रहेगा तो यह उचित न होगा, क्योंकि बात भी बदलती है उसके साथ स्थापत्य भी बदलता है। यह क्रम चलता रहता है और हर कवि की कविता-यात्रा में यह बदलाव आता रहता है। अब अज्ञेय को ले लीजिए। अज्ञेय ने जिस स्थापत्य का इस्तेमाल किया था अपनी छायावादी संस्कार वाली कविताओं में, बाद में एकदम तोड़ दिया उसे। उनकी जो सामासिकता से लदी हुई भाषा थी, वह टूटी और छोटे-छोटे शब्द आने लगे। संस्कृत की शब्दावली हट गयी और बोलचाल की भाषा आने लगी। जहाँ छायावादी भाव की कविताएँ हैं, वहाँ पर वह तत्सम शब्दावली चलती है किन्तु जहाँ चूहे की खटपट, टांड़ में, कागज़, अखबार, खादर, बादर, किसान, खलिहान की बात आयी, वहाँ पर वह भाषा नहीं चली उनको लगा कि कविता में दृश्य बदल गया है तो भाषा बदलनी चाहिए, कहने का ढंग बदलना चाहिए।

एक सचेत कवि स्वयं निश्चित करता है कि हम जो कह रहे हैं उसके संदर्भ में कथन-शैली कैसी हो। कोई भी स्थापत्य हो वह अगर बाहर दूर तक फेंकता है तो सार्थक है। नहीं फेंकता, अपने भीतर ही समेट लेता है बात को, और आप सिर टकरा-टकरा कर उसमें से अर्थ निकालते हैं तो वह हमारे लिए माडल नहीं बन सकता।

ओम निश्चल : डॉक्टर साहब, आज के कविता-परिदृश्य में कई रंगतें हैं, आज

की कविताओं को पढ़ते हुए एक आलोचक और पाठक के बतौर आपके भीतर क्या प्रतिक्रिया बनती है। आज के कविता-परिदृश्य को देखते हुए आप क्या महसूस करते हैं?

रामदरश मिश्र : आज के कविता-परिदृश्य से मुझे बड़ा संतोष है और मुझे लगता है कि मैं कविता पढ़ रहा हूँ। यह बात मुझे बहुत अच्छी लगती है कि अनेक कवियों ने बहुत मामूली संदर्भों को लेकर बड़ी संवेदनशील कविताएँ लिखी हैं। उन्होंने बड़ी कविता लिखने के लिए बड़े विषय नहीं उठाये; वे विषय लिये जो कविता के विषय ही नहीं थे। विषय हों, संदर्भ हों, चीज़ें हों। अब जैसे इन दिनों 'क्रूरता' की कविताएं पढ़ रहा हूँ तो मुझे लगता है कि वहाँ बाज़ार है, गाँव हैं, करघा है या तमाम ऐसी चीज़ें जो हमारे आस-पास से जुड़ी हैं। उन्हें कवि मानवीय सरोकारों के संदर्भ के साथ कविता में ला रहा है। कुछ कवि तो हमारे ऐसे हैं जो कि बहुत महीन संवेदनाओं के कवि माने जाते हैं, उनकी कविता उन्हीं से बनती है लेकिन यहाँ लगता है कि ये एकदम मानवीय सरोकारों की कविताएँ हैं, समाज के सरोकारों की कविताएँ हैं। समाज के सरोकारों की कविताएँ बड़े आहिस्ता-आहिस्ता और अपनी निजता के साथ खुलती हैं। लगता है, कविता में संवेदनाओं की, स्पंदनों की एक माला बुनती चली आ रही है और उसके भीतर जो मानवीय चिंता है, मानवीय सरोकार हैं वे भी व्यक्त हो रहे हैं। वे मूल में हैं किन्तु वे ओझल नहीं हैं। जब उन्हीं मानवीय सरोकारों को हमारे क्रांतिकारी कवियों ने व्यक्त किया, प्रगतिशील कवियों ने व्यक्त किया तो बड़ा हल्ला-गुल्ला करके किया। कविता खत्म होती गयी, हल्ला-गुल्ला शेष रह गया। इसके विपरीत तमाम छोटे-छोटे संदर्भों को जब कवि बुनता है तो कविता बची रहती है, बल्कि कविता नयी होती रहती है और जो हमारी मानवीय चिंताएं बची रहती हैं। एक चिंता मुझे ज़रूर है कि ये कवि कल ऐसे ही लिखेंगे कि नहीं लिखेंगे। अगर ऐसे ही लिखेंगे तो इनकी सीमा होती है। क्योंकि जो वर्णनात्मक कविता होती है वह बड़ी आत्मीय होती है, जैसे कि प्रेमचन्द के उपन्यास वर्णनात्मक हैं। उस वर्णन में पहले भी वाल्मीकि ने रामायण लिखा, तुलसी ने मानस लिखा, प्रेमचन्द ने उपन्यास लिखे। नागर ने उपन्यास लिखे। तमाम बड़े लेखकों ने वर्णन शैली में बड़ी रचनायें लिखी हैं। फिर जैनेन्द्र आए, अज्ञेय आए-वे एक खास शैली लेकर आए। एक काव्यात्मक शैली लेकर आए तो एक नयी चमक तो आयी, लगा कि वर्णनात्मकता के विरुद्ध एक ऐसी बात पैदा हो रही है लेकिन उसकी सीमा थी, वह कुछ दूर तक चल कर खत्म हो गयी। उसके बाद उसकी व्याप्ति नहीं है लेकिन वर्णन की व्याप्ति आज भी है। उसी शैली में आज संजीव और शिवमूर्ति जैसे कहानीकार कहानियाँ लिखते हैं तो कितना अच्छा लिखते हैं। उसकी बड़ी ताकत होती है। ऐसे ही नागार्जुन की शैली है। उसकी ताकत चुकने वाली नहीं है। लेकिन यह जो लिखा जा रहा है बेशक नयी शैली में, इसमें बहुत दूर तक चलने की क्षमता नहीं है। इसकी अपनी सीमाएँ हैं। कुछ दूर तक तो बहुत अच्छा लगता है किन्तु अगर इसी शैली

में लिखते रहे तो कहना न होगा कि जो ताकत 'किवाड़' में थी, वह इसमें 'क्रूरता' में नहीं है, और 'अनंतिम' मैने पढ़ा नहीं है। मुझे लगता है कि वर्णन से एकदम अलग हट कर जिस शैली में लिखना होता है, उसकी एक सीमा बन जाती है। हम लोगों ने वर्णन को छोड़ा नहीं। विषय को लेकर जो एक आधार पर यात्रा होती है उसमें विषयाधारित अनुभव चलते रहते हैं और एक क्रम में चलते रहते हैं। मुझे लगता है कि यह कल भी चलेगा, कम से कम हमारे लिए। किन्तु वर्णनात्मकता से अलग हटकर जो नये किस्म की कविताएँ लिखी जा रही हैं, चाहे वे कुमार अम्बुज की ही क्यों न हों, वे बहुत दूर तक नहीं चल सकेंगी। उनकी एक सीमा है। यह मुझे चिंता है; पता नहीं आप इससे सहमत हैं या नहीं?

ओम निश्चल : पूरी तौर पर तो नहीं। बल्कि मैं कहूँगा कि 'क्रूरता' के जिस कवि कुमार अम्बुज की बात आप कर रहे हैं, उनके इस नये संग्रह (अनंतिम) में भी कुछ बहुत अच्छी कविताएं हैं, जैसे कि 'होम्योपैथी' पर 'आयुर्वेद' पर, 'सेल्समैन' पर। मैं समझता हूँ कि इन अनुभवों के सर्वथा नये आयाम इन कविताओं में उभरे हैं जो कि निश्चित रूप से इस कवि में हैं और वे ही कुमार अम्बुज को आज के दौर का महत्वपूर्ण कवि बनाते हैं।

रामदरश मिश्र : निश्चित रूप से ऐसा है, कविताएँ अच्छी होंगी लेकिन मेरा कहना यह है कि 'किवाड़' की अपेक्षा 'क्रूरता' ठंडी है।

ओम निश्चल : शायद आपको ऐसा लगता हो। अच्छा डॉक्टर साहब, एक दृष्टि जब पसंद की बनती है तो कुछ ऐसी दृष्टि भी बनती है जिसे हम नापसंदगी के खाने में भी डालते चलते हैं। आपको कविता में क्या कुछ ऐसा लगता है कि जिसे आप नापसंद करते हैं? क्या आप कह सकते हैं?

रामदरश मिश्र : देखिये, मुझे जो कविता-कविता नहीं लगती है, फिर भी कविता के नाम पर बहुत प्रचारित की जाती है, वह मुझे अच्छी नहीं लगती है। जैसे मैं कहूँ कि विष्णु खरे बहुतों के लिए बहुत महत्वपूर्ण कवि हैं, किन्तु उनकी कविताएं मुझे कविताएँ लगती ही नहीं। वे कितनी बड़ी कविताएँ हैं यह बाद की बात है लेकिन वे मुझे कविताएँ ही नहीं लगतीं—लगता है जैसे वे गद्य में एक बहस कर रहे हों, जिरह कर रहे हों—खरखरी भाषा में मुझे लगता है, यह कविता नहीं है, निरा गद्य है। और भी बहुत से कवि हैं, जिनकी कविताएं मुझे कविताएं नहीं लगतीं—यदि कविताएं लगें तो आदमी सोच सकता है, क्या अच्छा, क्या बुरा है। लेकिन वह कविता ही न लगे··· तो मैं पढ़ता ही नहीं हूँ, चाहें उसका कितना ही प्रचार क्यों न किया जाए। जो कविताएँ मुझे असहज लगती हैं, कृत्रिम लगती हैं, बनावटी लगती हैं, जहाँ लगता है कि कवि अपनी बात नहीं, औरों की बात कह रहा है और अपनी भी कह रहा है घुमा-फिरा कर कह रहा है, और केवल चमत्कार के लिए चमत्कार, प्रयोग के लिए प्रयोग कर रहा है, वहाँ मुझे कविता अपने से कहीं दूर फेंकती है। मैं उससे सट नहीं सकता।

ओम निश्चल : डॉक्टर साहब, अपनी अल्पजीविता के बावजूद लघु पत्रिकाएँ फिर व्यापकता से परिदृश्य में हैं। आज के परिदृश्य में बहुत-सी पत्रिकाएं हैं जिनकी कि सार्थक रचना-संसार के साथ हमारे बीच आवाजाही है। इसके बावजूद क्या आपको ऐसा नहीं लगता कि इन पत्रिकाओं की दुनिया पाठकीय दृष्टि से लगातार सिकुड़ती जा रही है?

रामदरश मिश्र : यह तो है। इनका महत्व है तो इसलिए कि आज बड़ी पत्रिकाएँ गायब हो गयी हैं। अभी भी कई पत्रिकाएँ हैं जो अखिल भारतीय स्तर की हैं और अच्छी हैं। ऐसी स्थिति में लघु पत्रिकाओं का महत्व तो है, लेकिन तमाम ऐसी पत्रिकाएं हैं, जिन्हें मैं भी नहीं जानता। कभी-कभी देखता हूँ किसी पत्रिका में उनका नाम तो मालूम पड़ता है कि यह पत्रिका भी निकल रही है, वह भी निकल रही है। इन पत्रिकाओं का उद्देश्य होता क्या है? होता यह है कि चलो भाई, हम कहीं छप नहीं पा रहे हैं तो हम लोग मिल-जुलकर एक पत्रिका निकालते हैं। तो वे केवल एक समुदाय के छपने के लिए निकलती हैं। कुछ लोगों की बात कहने के लिए निकलती हैं। जाहिर है कि वे पत्रिकाएँ अपनी गुणवत्ता के ख्याल से भी और इस प्रचार तंत्र के युग में अपनी अक्षमता के नाते भी बहुत दूर तक पहुंच नहीं पाती हैं। आज भी जो पत्रिकाएँ दूर तक पहुँचती है, उनमें आप पहले छपना चाहते हैं– वागर्थ, साक्षात्कार, आजकल उत्तर प्रदेश। कुछ लोगों के लिए हंस। जो भी पत्रिकाएँ अच्छी बन जाती हैं उनमें हम चाहते हैं कि छपें। वे ज्यादा लोगों तक पहुंचती हैं और वे पाठकों के लिए सुलभ भी होती हैं। अब जो पत्रिकाएँ किसी एक खास दायरे में निकलती हैं, खास दायरे तक पहुँचती हैं, उनमें न तो रचनाकार अपनी रचना देना चाहेगा और न वे पत्रिकाएँ पाठकों तक पहुँच ही पाती हैं। ऐसी स्थिति में इन पत्रिकाओं की दुनिया तक पाठकीय पहुँच निश्चय ही नहीं होगी।

ओम निश्चल : क्या मीडिया के बहुविध प्रक्षेपण के चलते भी साहित्यिक विधाओं पर या कि मुद्रित शब्द-सत्ता पर आपको कोई खतरा दिखायी देता है?

रामदरश मिश्र : नहीं, मुझे खतरा नहीं दिखायी पड़ता है, यह ज़रूर लग रहा है कि आज तमाम लोग साहित्य पढ़ने के स्थान पर सीरियल देख रहे हैं या और तमाम दृश्य-माध्यम की चीजें देख रहे हैं। लेकिन मुझे लगता है कि साहित्य का जो पाठक है वह साहित्य में ही तृप्ति पाता है। उसकी पूरी तृप्ति साहित्य के पठन से ही होती है। वह ऐसे ही है जैसे आप टेलीविजन पर समाचार देख-सुन लेते हैं फिर भी अखबार पढ़ते हैं। अखबार पढ़ने का सुख और है और वहाँ समाचार देखने-सुनने का सुख और है। एक बात मैं और कहना चाहूँगा कि जो लोग केवल दृश्य माध्यमों के कार्यक्रमों से संतुष्ट हो लेते हैं, वे साहित्य के पाठक कभी नहीं रहे। वे साहित्य पढ़ते रहे हैं तो वह साहित्य पढ़ते रहे हैं जो बहुत पापुलर है, चालू किस्म का है। बाकी जो साहित्य के पाठक रहे हैं और आज भी हैं, वे उसको देखने के बाद भी साहित्य पढ़ते हैं और एक सीमा के बाद उन्हें दृश्य माध्यमों से ऊब-सी होने लगती है। मैं आपको बताऊँ कि जब हमारे अच्छे उपन्यासों के ऊपर सीरियल बने थे तो बड़ा अच्छा लगा था और

अब भी अच्छा लगेगा। कम से कम इस माध्यम से हमारे श्रेष्ठ उपन्यास तमाम लोगों तक पहुंचते हैं, पहुंचेगे, लेकिन मुझे हमेशा लगा कि उपन्यास पढ़ने के बाद जो सुख मिलता है वह देखने के बाद नहीं मिल रहा है। यह सुख उसका पर्याय नहीं है। हम किसी उपन्यास को पढ़ते हैं तो अपने ढंग से पढ़ते हैं, अपनी शर्तों पर पढ़ते हैं, उसके साथ हम हो लेते हैं। उसके साथ हम सो जाते हैं फिर जागते हैं, फिर चलते हैं और न जाने उन शब्दों के माध्यम से कितनी ध्वनियां, कितने संकेत निकलते हैं जिनको हम अपनी कल्पना के माध्यम से सजीव करते हैं या हमारी कल्पना को खुलकर खेलने का मौका मिलता है। मीडिया में जो कुछ है, वह अंतिम है और जो लिखित है, उसमें अंतिम कुछ नहीं है। वहाँ आपकी अनन्त कल्पना के लिए अनन्त विस्तार होता है। आपकी कल्पना जहाँ तक चाहे जा सकती है। इसलिए जो साहित्य का संस्कारी पाठक है, वह जानता है कि साहित्य पढ़ने का सुख और होता है दृश्य मीडिया पर उसे देखने का सुख और होता है।

ओम निश्चल : मिश्र जी, आपको अभी 'दयावती मोदी कवि-शेखर सम्मान' से विभूषित करने का निर्णय लिया गया है, एक कवि के लिए यह निश्चय ही गौरव की बात है। इस पुरस्कार से विभूषित होकर आप कैसा महसूस कर रहे हैं?

रामदरश मिश्र : मुझे बहुत अच्छा लग रहा है। इसलिए भी कि एक बड़ा सम्मान तो है ही, किन्तु मुझे बहुत सहज भाव से मिला। पुरस्कारों की, जोड़-तोड़ की राजनीति के युग में हम जी रहे हैं और हम लगातार यह अनुभव कर रहे हैं कि पुरस्कार राजनीति का शिकार हो गये हैं। ऐसी स्थिति में एक महत्वपूर्ण पुरस्कार मेरे पास चला आया तो मुझे इसका एक सहज सुख है। मैं एक बात और कहना चाहता हूँ कि पुरस्कारों के साथ मेरा सम्बन्ध बड़ा सहज रहा है। यह बात मैं इसलिए कह रहा हूँ कि हमारे समय के अनेक लोगों ने पुरस्कार लेने और पुरस्कार ठुकराने की राजनीति बना रखी है। वे मिल-जुलकर पुरस्कारों पर कब्जा भी जमाएंगे और अगर उनको लगेगा कि पुरस्कार छोटा है (या और भी कारण हो सकते हैं) तो उस पुरस्कार को ठुकराकर फिर चर्चा में आ जाएंगे। इस तरह से पुरस्कार लेने और उसे ठुकराने दोनों की राजनीति और उससे जुड़ी चर्चाएँ चलती रहती हैं। मुझे यह बात कभी पसंद नहीं आयी। छोटे पुरस्कार भी मेरे पास आए। मैंने उन्हें बहुत सहज भाव से स्वीकार कर लिया क्योंकि पुरस्कार छोटे हों या बड़े हों, मैंने कभी किसी पुरस्कार के लिए प्रयत्न नहीं किया। किसी से कुछ कहा नहीं, कोई दौड़-धूप नहीं की। इसलिए कोई सम्मान मिलता है मुझे घर बैठे तो सहज भाव से स्वीकार्य होता है। मैं उसका सम्मान करता हूँ।

ओम निश्चल : आप अपने साहित्यिक जीवन में अनेक साहित्यिकों के सान्निध्य में रहे। काशी के कालखंड में हजारी प्रसाद द्विवेदी जैसे गुरुजन, नामवर सिंह, शिवप्रसाद सिंह, ठाकुर प्रसाद सिंह तथा आगे चलकर विद्यानिवास मिश्र, धर्मवीर भारती जैसे सुधी लेखक-मित्रों के प्रति आपके मन में विशेष आदर भाव रहा है। अपने समकालीनों के

साथ इस मैत्री भाव को आप किस रूप में देखते हैं तथा इसमें और कौन-कौन से लोग जुड़ते हैं?

रामदरश मिश्र : देखिये, आपने जो बात उठायी है, उसमें मित्र भी हैं, गुरुजन भी हैं, उसमें हमसे बड़े भी हैं, छोटे भी हैं। यहाँ आचार्य हजारी प्रसाद द्विवेदी जैसे बड़े लोगों के क्रम में मैं उमाशंकर जोशी का भी नाम लेना चाहूँगा, जो गुजराती के एक बड़े हस्ताक्षर हैं। उनका भी स्नेह मुझे प्राप्त था। नगेन्द्र जी का भी स्नेह प्राप्त रहा है। उनके साथ काम करने का मौका मिला। अपने से जो कनिष्ठ लोग हैं, उनमें नित्यानन्द तिवारी का नाम लेना चाहूँगा। वह मेरे बहुत अभिन्न हैं, मेरे सहकर्मी भी रहे और उन्होंने मेरे साहित्य को बड़े गौर से देखा और समझा है। मैं गोरखपुर के रामदेव शुक्ल का नाम लेना चाहूँगा जो मेरे साहित्य को समझते हैं प्यार भी देते हैं, गौरव भी देते हैं। समवयस्कों में बहुतों से मेरा उठना-बैठना रहा। बनारस में ठाकुर भाई थे ही, शिवप्रसाद सिंह थे, नामवर जी थे, केदार थे–कौन कितना चल सका, कितना निभा सका यह और बात है लेकिन बनारस में मैंने कहा न कि सब साथ थे और साथ बन रहे थे, साथ जैसे कि एक सहयोग-भावना लेकर ताकत प्राप्त कर रहे थे। त्रिलोचन जी थे ही, शंभुनाथ जी थे। अब कौन कितना मित्र था, यह बात तो अलग है लेकिन लगता था एक दुनिया थी हम लोगों की। भारती जी से सम्बन्ध हमारा बाद में बना जब हम गुजरात चले गये और वे बम्बई गये संपादक होकर धर्मयुग के। तो फिर धर्मयुग के माध्यम से हम लोगों के सम्बन्ध जुड़े और एक मैत्री भाव कायम हुआ। दिल्ली में कन्हैयालाल नन्दन हैं, मेरे बड़े अच्छे मित्र हैं। एक बात है ओम जी कि मैंने मित्रता की निर्मिति के लिए साहित्य को आधार नहीं बनाया। साहित्य एक माध्यम हो सकता है लेकिन मुझे लगा कि जो आदमी मेरे साथ सहज बना रह सकता है, उसके साथ मैं चल सकता हूँ और जो लोग साहित्य को लेकर राजनीति करने लगे, जो लोग साहित्य को लेकर छोटा-बड़ा और क्या-क्या फैसला करने लगे, वे मुझे रास नहीं आते थे। मित्र हैं तो मित्र हैं। भले ही उसका माध्यम साहित्य हो। अब महीप सिंह मेरे मित्र हैं। हम लोगों की दृष्टि में बहुत अंतर है लेकिन मित्र हैं तो मित्र हैं। नरेन्द्र मोहन और विनय मेरे मित्र हैं तो मित्र हैं, ललित शुक्ल , हिमांशु जोशी मेरे मित्र हैं तो मित्र हैं, हम लोगों के बीच जो सूत्र रहा, वह साहित्य ही रहा। उसके बाद जब मैत्री बनी तो मैत्री अपनी जगह, साहित्य अपनी जगह। लेकिन बहुत से लोग ऐसे हैं जो साहित्य के आधार पर मैत्री का समीकरण बनाते-बिगाड़ते रहते हैं। ऐसे बहुत से लोग बनारस में मिले जिनके साथ मेरे सबंध पहले बहुत अच्छे थे लेकिन उन लोगों ने अच्छा रहने नहीं दिया क्योंकि वे साहित्य की राजनीति से मैत्री को नापने-जोखने लगे। अब कुछ लोग याद आ रहे हैं, कुछ लोग नहीं याद आ रहे हैं, लेकिन हमारे मित्रों की दुनिया बड़ी है और साहित्य उसका आधार नहीं है।

ओम निश्चल : आपके रचना-संसार में–चाहे वह कविता हो, कहानी, उपन्यास

या संस्मरण-गाँव से कटने और महानगर में आ बसने के अनुभवों की वैविध्यपूर्ण अभिव्यक्ति मौजूद है। क्या यह अभिव्यक्ति कहीं न कहीं आपके लेखन की सीमाएं नहीं बनती गयी हैं?

रामदरश मिश्र : नहीं, ऐसा नहीं है। मैं इसे सीमा के रूप में स्वीकार नहीं करता हूँ, क्योंकि गाँव को जब मैंने देखा तो गाँव में गाँव है ही। अब 'पानी के प्राचीर' है, 'जल टूटता हुआ' है, 'सूखता हुआ तालाब' है, मेरा नया उपन्यास 'बीस बरस' है, ये सभी गाँव पर आधारित हैं तो इनमें गाँव आएगा ही। सवाल है कि हमारे शहरी उपन्यासों में गाँव क्यों आता है। अब देखें आप कि शहर भी एक नहीं है। दिल्ली हो या अहमदाबाद हो या बम्बई हो, या कोई शहर हो, कोई दावा नहीं कर सकता कि हमने पूरे शहर को चित्रित किया है। आज तक कोई भी ऐसा उपन्यास नहीं आया जो पूरे शहर का उपन्यास हो चाहे बम्बई हो या कलकत्ता हो या दिल्ली हो। हम लोग इस बड़े-शहर में भी एक शहर देखते हैं, वह हमारा अपना शहर होता है। यानी वह शहर जिसमें हम जीते हैं। उसको हम नहीं जीते हैं जो इलीट शहर है, नई दिल्ली शहर है, धनपतियों का लेकिन वह हमारा अपना शहर नहीं है। शहर तो उत्तम नगर भी है यह भी दिल्ली का एक हिस्सा है, जहाँ हम-आप हैं, जहाँ प्राध्यापक हैं, सब्जी वाले हैं, ठेले वाले हैं, रिक्शे वाले हैं, जहाँ नाई हैं, धोबी हैं, अनंत सामान्य लोग हैं और सारे लोग हैं जो गाँव से आए हुए हैं। जब हम इस शहर को पकड़ते हैं तो गाँव अपने आप चला आता है। यह आरोपित नहीं है। शहर की उस दुनिया को लेते हैं जिस दुनिया का संबंध गाँव से है। मैंने अहमदाबाद पर 'दूसरा घर' उपन्यास लिखा। उसमें वे लोग हैं जो अपने घरों से गए हुए हैं, मिलों में काम करने के लिए या अध्यापकी करने के लिए। कुछ लोग वे हैं जो वहाँ जाकर बस जाते हैं। कुछ लोग वे हैं जो वहाँ बसते नहीं, और नौकरी करके गाँव लौट आते हैं, तो अब वहाँ रहकर भी गाँव उनसे छूटता नहीं है। अगर हम अहमदाबाद के उस इलाके का चित्रण कर रहे हैं तो जाहिर है उस इलाके का एक सिरा वहाँ है, एक सिरा गाँव में है। वे यहाँ आए हैं नौकरी करने, मार खा रहे हैं दुकानदार की। वे कहते हैं, गाँव में जमींदार की मार खाकर तो यहाँ भाग आये। यहाँ भी अपनी वही हालत है। वे दो घरों के बीच में कैसे पिस रहे हैं, यह मेरे इस उपन्यास में है। 'अपने लोग' में प्रमोद है जो दिल्ली से गोरखपुर आकर सोचता है कि वह अब प्रायः अपने गाँव जो लगातार उसकी स्मृतियों में हाँट करता रहा है, जायेगा। वह गाँव तो नहीं जा पाता था लेकिन गाँव खुद आता था उसके पास। घर-परिवार के लोग, जवार के लोग, कचहरी करने के लिए, सिफारिश कराने के लिए, गाँव से आ जाते हैं। शहर में सब्जी बेचने वाली भी आ रही है, लकड़ी बेचने वाला आ रहा है—यह मैंने गाँव को आरोपित नहीं किया है। जिस ज़िन्दगी को लिया है मैंने, उस ज़िन्दगी के साथ गाँव अपने आप जुड़ा होता है। उसके बगैर उस शहर की ज़िन्दगी पूरी नहीं होती। इस रूप में मैंने उसे अनिवार्य वस्तु के रूप में लिया है, इसलिए मैं नहीं समझता हूँ

कि मेरे लिये यह खतरा है।

ओम निश्चल : डॉक्टर साहब, कहीं-कहीं लगता है कि आपके उपन्यासों की जो यात्रा है–अब तक लगभग 10-11 उपन्यास आपने लिखे हैं, इन उपन्यासों के जो चरित्र हैं, उनमें कहीं न कहीं आपका भी एक केंद्रीय चरित्र अपने पूरे स्वभाव के साथ, अपनी मस्ती के साथ अपने सोच और अपने विन्यास के साथ उपस्थित है। क्या जैसा कि हमें लगता है यह कहीं न कहीं आपके भीतर, आपके आस-पास और आपके मिजाज की कहानी भी है?

रामदरश मिश्र : हाँ, यह सही है कि हर उपन्यास में कहीं न कहीं मुझ जैसा एक पात्र दिखाई पड़ जाएगा आपको। अब वह कैसा बन जाता है यह तो नहीं कह सकता लेकिन इतना सच है कि 'प्रमोद' हों या 'गौतम' हों या और कई पात्र हों। मुझ जैसे आ जाते हैं। शायद इसलिए कि मैं उसके माध्यम से वह बात कहना चाहता हूँ जो मैं अपने माध्यम से ज़िन्दगी में सोचता-विचारता हूँ। लेकिन हर उपन्यास का कथ्य अलग होता है, उसकी जमीन अलग होती है, तो मुझ जैसा पात्र भी एक-सा नहीं होता है, उसकी समस्याएँ अलग-अलग होती हैं। 'प्रमोद' टीचर है, गोरखपुर में। 'गौतम' भी टीचर है। लेकिन दोनों अलग-अलग हैं, दोनों अलग-अलग ज़िन्दगी जीते हैं और अलग-अलग कोणों से समस्याओं को झेलते और उससे निजात पाते हैं। 'यश' है वह बाढ़ घिरा हुआ है। वहाँ बाढ़ की समस्या है। तो इन स्थानों में जो वस्तु है वह पात्रों के एक-से पन को कहीं तोड़ देती है।

ओम-निश्चल : डॉक्टर साहब, कभी इलाहाबाद, वाराणसी, लखनऊ और ऐसे ही छोटे नगर उपनगर साहित्य-लेखन, चर्चाओं और बहसों का केन्द्र हुआ करते थे। धीरे-धीरे इन नगरों में एक उजाड़-सा दिखने लगा और दिल्ली साहित्य-लेखन, प्रचार, प्रकाशन और बहुत हद तक सौदेबाजी का केन्द्र बनती गयी। इस परिवर्तन को लेकर आप क्या सोचते हैं?

रामदरश मिश्र : अब परिवर्तन तो हुआ। जैसे भी हुआ लेकिन यह अच्छा तो नहीं कहा जा सकता। मुझे याद है सन् 63-64 में कुछ ऐसा संयोग बना कि दिल्ली के माडल टाउन में तमाम लोग आये। मैं '64 में आया। नामवर जी आए, शमशेर आए, मलयज आए। आग्नेय आए और इसके बाद कई लोग आए। केदार जी बाद में आ गए और कुछ लोग पहले से ही आकर पढ़ा रहे थे। इसके पीछे नौकरी-चाकरी की भूमिका थी। लोग आए और आते गये और एक माहौल बनता गया। उन दिनों दिल्ली का माहौल बहुत प्रीतिकर था। साहित्य की दृष्टि से उर्वर माहौल था। जो पुराने लोग थे माचवे, भारत भूषण अग्रवाल और अज्ञेय आदि तो थे ही, नये लोग आए और आते गए एक अच्छी दुनिया बनी। मतलब जीवंत दुनिया। बनारस उजड़ गया, इलाहाबाद उजड़ गया और दिल्ली बस गयी तो उसमें राजनीति शुरू हो गयी, साहित्य की। कोई एक केन्द्र प्रधान हो उठे और अन्य सारे शहर वीरान हो जाएँ, अपने आप में यह अच्छी बात नहीं है,

संतुलन कहीं टूट जाता है। दिल्ली जैसे नगर में जहाँ पर सुविधाओं की दृष्टि में संभावनाएं हैं, वहाँ पर साहित्य को विकृत होते देर नहीं लगती है। यानी, साहित्य का जो एक सोच था, खरा सोच था, वह धीरे-धीरे सुविधा के जाल में घिर गया। सुविधा की प्राप्ति के लिए लोग तिकड़म करने लगे। सुविधाओं की प्राप्ति के लिए ही नहीं वरन् उन सुविधाओं पर किनका कब्जा रहे और कब्जे के लिए हम किन्हें छोटा बनाएं, किन्हें बड़ा बनाएँ, ये सारी बातें होने लगीं। इस तरह से धीरे-धीरे जैसे कहा जाए कि माफिया ग्रुप तैयार हो गया जो कि धीरे-धीरे यहाँ के सारे संस्थानों को, सुविधाओं को, अधिकारों को, पुरस्कारों को अपने कब्जे में लेने लगा। विदेश यात्राओं को, विदेशों के कोर्स में संकलित होने वाली रचनाओं को नियंत्रित करने लगा। यानी एक माफिया ग्रुप हावी हो गया और बाकी लोग छंटते गए। और दूसरे शहर तो उजाड़ हुए ही, यह जगह भी उजाड़ होने लगी, एक खास ग्रुप को छोड़कर। तो जो हुआ, मेरा ख्याल है कि अच्छा नहीं हुआ।

ओम निश्चल : कुछ आलोचकों का यह भी ख्याल है कि सच्चा साहित्य अभी भी ऐसे ही उपनगरों, कस्बों में लिखा जा रहा है, दिल्ली में नहीं। परन्तु 'परिमल' जैसी साहित्यिक संस्थाओं की सुगंध या कि सक्रियताएँ अब इन कस्बों-उपनगरों में नहीं दिखतीं। इनकी जगह प्रगतिशील, गतिशील, जन-संस्कृति मंच जैसे वैचारिक संगठनों ने ले ली है—पहले जैसा समरस साहित्यिक माहौल देखते-देखते बिला गया। साहित्यिक सन्नाटे से गुजरते इन उपनगरों में पहले की-सी साहित्यिक गतिविधियों का पुनर्वास क्या आपको संभव दीखता है?

रामदरश मिश्र : नहीं दीखता है। कारण यह कि वह माहौल बनना मुश्किल है। यह बात अपने में सच हो सकती है कि दिल्ली में उर्वरता नहीं रही, किन्तु यह बात भी सामान्य तरीके से कहना जरा कठिन है। दिल्ली में भी काफी लोग अच्छा लिख रहे हैं और घटिया भी लिख रहे हैं। दूसरे स्थानों पर भी क्या सब लोग अच्छा ही लिख रहे हैं? किसी शहर से कोई इक्का-दुक्का आदमी अच्छा निकल आता है। लेकिन जितने भी लोग लिख रहे हैं, उर्वर लिख रहे हैं, अच्छा लिख रहे हैं, यह कैसे कह सकते हैं आप। कह सकते हैं क्या? हाँ, इस रूप में यह कथन सच हो सकता है कि ज़िन्दगी की जो खरी हलचल है, ज़िन्दगी का जो एक 'रा-नेस' (कच्चापन) है वह छोटे शहरों में या गाँवों में ज्यादा होता है, पकी ज़िन्दगी से साहित्य नहीं निकलता है। तो जो छोटे कस्बे हैं, शहर हैं, वहाँ यह है कि अभी ज़िन्दगी की हलचलें कुछ हैं और वहाँ पर जो लड़के निकल रहे हैं, वे उस मिट्टी से पैदा होते हैं, उस समस्या से पैदा होते हैं, उस अनुभव से पैदा होते हैं। उस कच्ची मिट्टी से एक बड़ी मूर्ति बनने की संभावना होती है। दिल्ली में मिट्टी पक गयी है। बड़ी मुश्किल से उसमें से चीजें निकलती हैं। एक संभावना को लेकर बात सही हो सकती है। लेकिन दिल्ली ने ही कोई ठेका नहीं ले रखा है अच्छे लेखन का। बाहर से भी लेखन आ रहा है। यहाँ पर भी अच्छे लिखने वाले लोग हैं ही। उसका कारण वही है, जैसा कि आपने अभी कहा खासकर उपन्यासों

में गाँव आता है। तो उस गाँव ने ही बचा रखा है, मंगलेश को उनकी कविताओं में, हिमांशु जोशी को उनकी कहानियों में। जो कहानीकार हैं, उपन्यासकार हैं–गाँव से उनका रिश्ता बना हुआ है। तो अभी उतना हिस्सा जो है वह उनको पकने से बचाता है। मैंने लिखा है न– "मैंने अपने आंगन में कच्ची जमीन छोड़ रखी है ताकि एक नया पेड़ उगा सकूं।" अगर कच्ची जमीन न हो तो फिर यहाँ कुछ उगने की संभावना नहीं है। तमाम लोगों के भीतर एक ही चीज मिलती है। 'परिमल' संस्था की जो बात आपने उठायी, वह सच है। 'परिमल' जैसी संस्था नहीं बन सकती है। इसलिए कि आप दिल्ली में रचना की संभावना भले न देख पाते हों, लेकिन दिल्ली 'गवर्न' करती है। सारे कस्बों और शहरों के लोग दिल्ली की ओर मुँह किये रहते हैं। राजेन्द्र यादव का जो 'हंस' है, अपनी सारी तिकड़म, अपनी सारी फूहड़ता, अपनी सारी राजनीति का प्रसार बिहार में, यहाँ-वहाँ किये रहता है। एक कहानी छापिये जिसका वह 'फालोवर' हो जाता है। बहुत से लोग देखते हैं, नामवर क्या कहते हैं हमारे बारे में। तो अब जो शहरों या कस्बों में गोष्ठियां हैं उन गोष्ठियों के आका यहाँ बैठे हैं। 'परिमल' शुद्ध साहित्यिक संस्था थी और अपने लोगों के बीच बनी हुई थी। किसी से गवर्न नहीं होती थी। अब आपने ठीक कहा कि वहाँ प्रगतिशील लेखक संघ की स्थापना नामवर सिंह करा देंगे। जनवादी लेखक संघ की स्थापना राजेन्द्र यादव करा देंगे। लेकिन अच्छे साहित्यकारों की एक अपनी संस्था बने, जिसमें कि साहित्य की बुनियाद पर साहित्य की बातचीत हो, ऐसा संभव नहीं रह गया है। दिल्ली ने प्रदूषित कर दिया है, पूरे देश को। सब लोग आँख उठाकर इसी की ओर देखते हैं।

ओम निश्चल : 'दूसरा घर' के बाद आपके दो छोटे-छोटे उपन्यास आए किन्तु आपके बड़े उपन्यासों के जो पाठक रहे हैं, उन्हें जैसे लगा कि वे एक रचनात्मक गैप को भरने के लिए या कि समय के हाशिये पर रचे गये या कि आपके मिजाज में भी यह है कि आप जिस समय जो कुछ लिखना चाहते हैं, उसके लिए ऐसी कोई सीमाबद्धता नहीं है कि उसे आप किसी अगले समय के लिए टाल देंगे और केवल बड़ी ही चीज़ लिखेंगे। लेकिन मुझे ऐसा लगता है कि ये दोनों छोटे उपन्यास-इनकी जो भी चर्चा हुई हो, इनकी कोई विशेष केंद्रीयता नहीं बन पायी। अब जैसा कि आपसे अभी चर्चा हुई कि आपके मन में, अवचेतन में कहीं न कहीं है कि दिल्ली पर एक बड़ा उपन्यास लिखा जाय। मैं समझता हूँ इस बीच जो चर्चित उपन्यास आए हैं–'मुझे चांद चाहिए', 'चाक', 'इदन्नमम्', 'नीला चांद', 'वैश्वानर' तथा और भी कुछ लेखकों के बड़े उपन्यास, जैसे 'काल-कथा', 'कलिकथा वाया बाईपास' जिनकी चर्चा हो रही है–जो कि वस्तु और विन्यास, देश-काल और मानवीय समस्याओं-सरोकारों को छूते हैं, जाहिर है हम यह जानना चाहेंगे कि क्या 'दिल्ली' ऐसा ही उपन्यास होगा, यदि लिखा गया जो कि देश-काल, मानवीय सरोकारों तथा एक बड़े उपन्यास के फलक को छूता हुआ हो?

रामदरश मिश्र : देखिये, मेरे मन में जो उपन्यास है, एक बड़ा उपन्यास है और मेरी कल्पना है दिल्ली के एक बड़े और जटिल रूप को पेश करने की। इसमें उसका मुख्यतः जो सामाजिक, शैक्षिक, और साहित्यिक जगत है, उसकी आपसी आवाजाही आपसी हलचलें होंगी, फिर उसमें लोगों या साहित्यकारों के माध्यम से गाँव भी आएगा। गाँव के तमाम पात्र भी आएंगे। अभी मेरे मन में कुछ साफ नहीं है लेकिन दिल्ली को चित्रित करना है। इतना साफ है कि दिल्ली एक छोटा उपन्यास नहीं, एक बड़ा उपन्यास होगा। देखिये, ओम जी, एक बात कहूँ, हमारे साहित्य की यह नियति बन गयी है कि किसी एक आदमी की चर्चा एक कृति के साथ बांध दी जाती है। अब श्रीलाल शुक्ल चाहे जो लिखें, वह 'राग दरबारी' के अलावा कुछ नहीं है। एक-एक कृति के साथ लोगों को जोड़ दिया गया है। ठीक है कि मुझे मेरे बड़े उपन्यासों के साथ जोड़ा गया है, बड़े उपन्यास महत्वपूर्ण हैं, लेकिन मान लीजिए मेरे उपन्यास न होते और लोग चर्चा करना चाहते तो मेरे छोटे उपन्यासों के माध्यम से मेरी चर्चा करते। अब आप ही देखिये, श्रीकांत वर्मा का क्या है, 'दूसरी बार' कोई खास नहीं है। लेकिन चर्चा में हैं। उनकी चर्चा होती है। उनका वही उपन्यास है। मेरे तो बड़े उपन्यासों की भी चर्चा नहीं की इन लोगों ने, तो छोटे उपन्यास अपने आप छूट गये। ग्यारह-ग्यारह उपन्यासों की चर्चा कैसे होती। प्रेमचन्द की नहीं हुई। छोटे उपन्यास भी मुझे बहुत प्रिय हैं, लेकिन जाहिर है कि हर आदमी का चुनाव अलग-अलग होता है। कुछ लोगों को छोटे उपन्यास अच्छे लगते हैं, कुछ को बड़े उपन्यास अच्छे लगते हैं, मेरे बड़े उपन्यास लोगों को अच्छे लगे तो छोटे उपन्यास हाशिये पर चले गये। लेकिन जब मैंने उन्हें लिखा तो किसी तकाजे से ही लिखा-'थकी हुई सुबह' हो चाहे 'बीस बरस' हो, 'सूखता हुआ तालाब' हो, एक खास चीज़ को अन्विति में लेकर लिखा, अपनी बात कही। फिर हर रचना तो बड़ी नहीं होती। हर बार आप बड़ी रचना लिखने चलेंगे तो कुछ नहीं लिख पाएंगे। पहले क्या था-चाहे प्रेमचन्द रहे हों, चाहे नागर रहे हों। लिखते थे। कोई रचना बड़ी हो गयी, कोई छोटी हो गयी। अब क्या है कि पैदा होते ही कालजयी लेखक हो गया। अब वह सोचता है कि कालजयी तो पहले ही लिख दिया। अब जो लिखे इससे ज्यादा कालजयी हो। तब वह लिख पाएगा क्या। हमारे कुछ खास तरह के आलोचकों और लेखकों ने इनके लेखन को—मैत्रेयी पुष्पा हों या फलां हों, गोद में उठा लिया है। हम शिखर से शिखर तक यात्रा नहीं करते रहे हैं, शिखर से नीचे भी आते रहे हैं, फिर ऊपर चढ़ते रहे हैं। कुछ लोग सोचते हैं कि शिखर से शिखर तक कूद जाओ। तो शिखर से शिखर तक कितना कूदियेगा। एक बाद कूदियेगा, दो बार कूदियेगा···।

ओम निश्चल : दिल्ली पर उपन्यास की जो योजना है, उस पर जैसे खुशवंत सिंह ने एक खास तरह का उपन्यास लिखा, या कि और कुछ नये लेखकों ने दिल्ली पर औपन्यासिक रूप से जोर-आजमाइश की। आपकी रचनात्मक भावभूमि, जाहिर है कि इन उपन्यासों से अलग होगी और खास तरह की दिल्ली होगी-आपकी दृष्टि से देखी

आदमी अमुक को पढ़ रहा है तो अमुक आदमी उसके जवाब में एक मुहावरा तय कर रहा है। चीज़ें अच्छी भी लिखी जा रही हैं तो भी इन आलोचनाओं के दुराग्रह के कारण इनकी पहचान नहीं हो पाती। माना यह जाता है कि ये लोग जो कह रहे हैं, वे पूर्वग्रह से बंधे हुए हैं–चाहे बड़ाई कर रहे हों, चाहे उपेक्षा कर रहे हों, चाहे खराब कर रहे हों। यह एक आम धारणा बन गयी है। किसी का भी इंटरव्यू लीजिए-आप पूछिये-वही दस नाम आएंगे। दूसरे का इंटरव्यू लीजिए; वही दस नाम गिनाएगा। एक रिकार्ड बना लिया है इन्होंने, जो कभी वो प्ले करते हैं, कभी वो प्ले करते हैं। वस्तुनिष्ठता से इनका कोई लेना-देना नहीं है।

परिचय

रामदरश मिश्र : एक परिचय

रामदरश मिश्र का जन्म गोरखपुर जिले के कछार अंचल के गाँव डुमरी में 15 अगस्त, 1924 (श्रावण पूर्णिमा, गुरुवार) को हुआ। पिता का नाम रामचन्द्र मिश्र और माता का नाम कंवलपाती मिश्र है। मिश्र जी तीन भाई हैं–स्व. रामअवध मिश्र, रामनवल मिश्र तथा वे स्वयं। वे सबसे छोटे हैं। उनसे छोटी एक बहन है कमला।

बेटे-बेटियों, बहुओं, पोते-पोतियों से भरा-पूरा परिवार मिश्र जी को मानसिक भराव प्रदान करता है। पत्नी सरस्वती मिश्र हैं। तीन बेटे हैं–हेमंत, शशांक और विवेक। हेमन्त और विवेक राष्ट्रीय नाट्य संस्थान के स्नातक हैं और धारावाहिकों में अभिनय करते हैं। शशांक भारतीय स्टेट बैंक में कार्यरत हैं। दो बेटियां हैं–डा. अंजलि तथा डा. स्मिता। स्मिता दिल्ली विश्वविद्यालय के खालसा कालेज में प्रवक्ता हैं।

मिश्र जी की प्रारंभिक शिक्षा (मिडिल स्कूल तक) गाँव के पास एक स्कूल में हुई। फिर उन्होंने ढरसी गाँव स्थित 'राष्ट्रभाषा विद्यालय' से विशेष योग्यता बरहज से 'विशारद' साहित्यरत्न की परीक्षाएं पास कीं। 1945 में वे वाराणसी चले गये और वहाँ एक प्राइवेट स्कूल में साल भर मैट्रिक की पढ़ाई की। मैट्रिक पास करने के पश्चात् वे काशी हिन्दू विश्वविद्यालय से जुड़ गये और वहीं से इंटरमीडिएट, बी.ए., एम.ए. (हिन्दी) तथा पीएच.डी. किया।

सन् 56 में सयाजीराव गायकवाड़ विश्वविद्यालय बड़ौदा में प्राध्यापक के रूप में उनकी नियुक्ति हुई। सन् 58 में वे गुजरात विश्वविद्यालय से सम्बद्ध हो गये और आठ वर्ष तक गुजरात में रहने के पश्चात् 1964 में दिल्ली विश्वविद्यालय में आ गये। वहाँ से 1990 में प्रोफेसर के रूप में सेवामुक्त हुए।

मिश्र जी की साहित्यिक प्रतिभा बहुआयामी है। उन्होंने कविता, कहानी, उपन्यास, आलोचना और निबंध जैसी प्रमुख विधाओं में तो लिखा ही है, आत्मकथा, यात्रावृत्त तथा संस्मरण भी लिखे हैं।

मिश्र जी रचना-कर्म के साथ-साथ आलोचना कर्म से भी जुड़े रहे हैं। उन्होंने आलोचना, कविता और कथा के विकास और उनके महत्त्वपूर्ण पड़ावों की बहुत गहरी और साफ पहचान की है। मिश्र जी अपनी लंबी रचना-यात्रा में किसी वाद, किसी

आन्दोलन के झंडे के नीचे नहीं आये किन्तु वे अपने समय और समाज की वास्तविकताओं तथा चेतना से लगातार जुड़े रहे हैं। समय-यात्रा में बदलता हुआ यथार्थ उनके अनुभव और दृष्टि में समाकर उनकी रचनाओं में उतरता रहा है। परिवर्तनशील समय का सत्य उनकी सर्जना को सतत कथ्य की नयी आभा और शिल्प की सहज नवीनता प्रदान करता रहा है किन्तु उनकी बुनियाद उनका गाँव रहा है। गाँव को भी वे लगातार उसके परिवर्तनशील रूप में पकड़ने की कोशिश करते रहे हैं। समग्रतः उनके सारे सर्जनात्मक लेखन में अपने कछार अंचल की धरती की पकड़ है। मूल्य-दृष्टि की जड़ें उनके गाँव में ही हैं जिसे उन्होंने अपने जीवन के प्रारंभिक काल में भरपूर जिया था।

मिश्र जी ने अपनी सृजन-यात्रा कविता से प्रारंभ की थी और आज तक वे उसमें शिद्दत से जी रहे हैं। उनका पहला काव्य संग्रह 'पथ के गीत' 1951 में प्रकाशित हुआ था। तब से आज तक उनके नौ कविता संग्रह आ चुके हैं।

मिश्र जी कविता के साथ-साथ कहानी और उपन्यास लेखन में भी प्रवृत्त हुए। कथा-लेखन की यात्रा बाद में शुरू हुई किन्तु वह कम महत्वपूर्ण नहीं रही। विशेषतया उपन्यास के क्षेत्र में तो उनका अवदान अत्यन्त विशिष्ट है। उनके ग्यारह उपन्यासों में चार बड़े उपन्यास 'पानी के प्राचीर', 'जल टूटता हुआ', 'अपने लोग', तथा 'दूसरा घर' तो बड़े ही महत्वपूर्ण हैं और वे खूब चर्चा में रहे हैं। कहानी के क्षेत्र में मिश्र जी की उपलब्धियाँ कम नहीं हैं। अब तक उनके आठ कहानी संग्रह आ चुके हैं। 'सीमा', 'सड़क', 'लड़की', 'सर्पदंश', 'मां सन्नाटा और बजता हुआ रेडियो', 'खंडहर की आवाज़', 'मुर्दा मैदान' जैसी अनेक कहानियाँ हैं जिनका महत्व रेखांकित किया जा चुका है। उनकी आत्मकथा 'सहचर है समय' हिन्दी की कुछ गिनी-चुनी आत्मकथाओं में से एक है।

रामदरश मिश्र ने समय-समय पर ललित निबंध भी लिखे हैं जो 'कितने बजे हैं?' तथा 'बबूल और कैक्टस' में संगृहीत हैं। इन निबंधों ने अपनी वस्तुगत मूल्यवत्ता तथा भाषा शैलीगत सहजता से लेखकों और पाठकों का ध्यान अपनी ओर आकृष्ट किया है। मिश्र जी ने देशी यात्राओं के अतिरिक्त नेपाल, चीन, उत्तरी दक्षिणी-कोरिया, मास्को तथा इंग्लैंड की यात्राएँ की हैं।

सम्मान :

दयावती मोदी कवि शेखर सम्मान	1998
उत्तर प्रदेश हिन्दी संस्थान से 'साहित्य भूषण सम्मान'	1996
हिन्दी अकादमी, दिल्ली से 'अकादमी सम्मान'	1984
प्रगतिशील लेखक संघ आगरा	1985

नागरी प्रचारिणी सभा देवरिया	1982
नागरी प्रचारिणी सभा आगरा	1996
नक्षत्र अहमदाबाद	1980
भारतीय लेखक संगठन	1985

पुरस्कृत कृतियां

रोशनी की पगडंडियां (हिन्दी अकादमी दिल्ली)
'हिन्दी आलोचना का इतिहास', 'जल टूटता हुआ'
'हिन्दी उपन्यास एक अंतर्यात्रा' 'अपने लोग', 'एक वह'
'कंधे पर सूरज', 'कितने बजे हैं', 'जहाँ मैं खड़ा हूँ', 'आज का' हिन्दी साहित्य, संवेदना और दृष्टि (उत्तर प्रदेश हिन्दी संस्थान)
'अपने लोग' (आथर्स गिल्ड)

अकादमिक एवं साहित्यिक पद

1. अध्यक्ष, भारतीय लेखक संगठन 1984-1990
2. प्रधान सचिव, साहित्यिक संघ वाराणसी 1952-55
3. अध्यक्ष, गुजरात हिन्दी प्राध्यापक परिषद् 1960-64
4. अध्यक्ष, मीमांसा, नयी दिल्ली
5. अनेक मंत्रालयों में हिन्दी सलाहकार समिति के सदस्य
6. गुजरात विश्वविद्यालय के स्नातकोत्तर हिन्दी केन्द्र के प्रभारी प्रोफेसर (1959-64)
7. प्रोफेसर, दिल्ली विश्वविद्यालय
8. अनेक विश्वविद्यालयों में पाठ्यक्रम समिति के सदस्य
9. साहित्य अकादमी, हिन्दी अकादमी दिल्ली तथा अनेक विश्वविद्यालयों तथा अन्य प्रतिष्ठित संस्थाओं की संगोष्ठियों की अध्यक्षता
10. कई पत्रिकाओं के सलाहकार संपादक

साहित्यिक उपलब्धियां

1. रचनाओं का देश की प्राय: सभी भाषाओं में अनुवाद।
2. अनेक विश्वविद्यालयों तथा विद्यालयों के पाठ्यक्रम में रचनाएँ
3. रचनाओं पर अनेक विश्वविद्यालयों में पीएच.डी. का शोधकार्य।
4. रचनाओं पर कई समीक्षात्मक ग्रंथ प्रकाशित।

पुस्तक सूची

रामदरश मिश्र की रचनाएँ

काव्य संग्रह

1. पथ के गीत	राजेन्द्र एंड ब्रदर्स, बलिया (1951)
2. बैरंग-बेनाम चिट्ठियाँ	आस्था प्रकाशन, अहमदाबाद (1962)
3. पक गई है धूप	भारतीय ज्ञानपीठ, दिल्ली (1969)
4. कंधे का सूरज	राधाकृष्ण प्रकाशन, दिल्ली (1977)
5. दिन एक नदी बन गया	नेशनल पब्लिशिंग हाउस, दिल्ली (1984)
6. मेरे प्रिय गीत	कंदर्प प्रकाशन, दिल्ली (1985)
7. बाज़ार को निकले हैं लोग (गजल)	विकास पेपर बैक्स, दिल्ली (1986)
8. जुलूस कहाँ जा रहा है?	प्रभात प्रकाशन, दिल्ली (1989)
9. रामदरश मिश्र की प्रतिनिधि कविताएं	पार्श्व प्रकाशन, अहमदाबाद (1990)
10. आग कुछ नहीं बोलती	इन्द्रप्रस्थ प्रकाशन, दिल्ली (1992)
11. शब्द सेतु	साहित्य सहकार, दिल्ली (1994)
12. बारिश में भीगते बच्चे	वाणी प्रकाशन, दिल्ली (1996)
13. ऐसे में फिर कभी	नमन प्रकाशन, दिल्ली (1999)

उपन्यास

1. पानी के प्राचीर	हिन्दी प्रचारक संस्थान, वाराणसी (1961)
2. जल टूटता हुआ	वही (1969)
3. बीच का समय	राधाकृष्ण प्रकाशन, दिल्ली (1970)
4. सूखता हुआ तालाब	नेशनल पब्लिशिंग हाउस, दिल्ली (1972)
5. अपने लोग	वही (1976)
6. रात का सफर	राधाकृष्ण प्रकाशन, दिल्ली (1976)
7. आकाश की छत	वाणी प्रकाशन, दिल्ली (1979)
8. आदिम राग (बीच का समय)	वही, (1982)
9. बिना दरवाजे का मकान	प्रभात प्रकाशन, दिल्ली (1984)

10. दूसरा घर — वाणी प्रकाशन, दिल्ली (1986)
11. थकी हुई सुबह — इन्द्रप्रस्थ प्रकाशन, दिल्ली (1994)
12. बीस बरस — वाणी प्रकाशन, दिल्ली (1996)

कहानी संग्रह

1. खाली घर — ज्ञानभारती प्रकाशन, दिल्ली (1968)
2. एक वह — नेशनल पब्लिशिंग हाउस, दिल्ली (1974)
3. दिनचर्या — प्रवीण प्रकाशन, दिल्ली (1979)
4. सर्पदंश — पराग प्रकाशन, दिल्ली (1982)
5. बसन्त का एक दिन — प्रभात प्रकाशन, दिल्ली (1982)
6. इकसठ कहानियाँ — वही (1984)
7. अपने लिए — परमेश्वरी प्रकाशन, दिल्ली (1992)
8. मेरी प्रिय कहानियाँ — साहित्य सहकार, दिल्ली (1990)
9. चर्चित कहानियाँ — सामयिक प्रकाशन (1992)
10. श्रेष्ठ आंचलिक कहानियाँ — कादंबरी प्रकाशन, दिल्ली (1995)
11. आज का दिन भी — वही (1996)
12. एक कहानी लगातार — प्रभात प्रकाशन (1998)
13. फिर कब आयेंगे — इन्द्रप्रस्थ प्रकाशन, दिल्ली (1998)

समीक्षात्मक कृतियां

1. हिन्दी आलोचना का इतिहास — हिन्दू विश्वविद्यालय, बनारस (1960)
2. साहित्य, संदर्भ और मूल्य — एस.चांद एंड कं., दिल्ली (1961)
3. ऐतिहासिक उपन्यासकार : वृंदावनलाल वर्मा — वही (1964)
4. हिन्दी उपन्यास : एक अन्तर्यात्रा — राजकमल प्रकाश दिल्ली (1968)
5. आज का हिन्दी साहित्य : संवेदना और दृष्टि — अभिनव प्रकाशन, दिल्ली (1975)
6. हिन्दी समीक्षा : स्वरूप और संदर्भ — मैकमिलन एंड कं., दिल्ली (1974)
7. हिन्दी कहानी: अंतरंग पहचान — नेशनल पब्लिशिंग हाउस, दिल्ली (1977)
8. हिन्दी कहानी : आधुनिक आयाम — वणी प्रकाशन, दिल्ली (1978)
9. छायावाद का रचना-लोक — ज्ञान प्रकाशन, दिल्ली (1981)
10. आधुनिक हिन्दी कविता : सर्जनात्मक संदर्भ — इन्द्रप्रस्थ प्रकाशन, दिल्ली (1981)

11. हिन्दी गद्य साहित्य : आधुनिक आयाम	किताबघर, दिल्ली (1994)

ललित निबंध-संग्रह

1. कितने बजे हैं	प्रभात प्रकाशन, दिल्ली (1982)
2. बबूल और कैक्टस	इन्द्रप्रस्थ प्रकाशन, दिल्ली (1998)

यात्रा वर्णन

1. तना हुआ इन्द्रधनुष	साहित्य सहकार, दिल्ली (1989)
2. भार का सपना	वाणी प्रकाशन, दिल्ली (1993)
3. पड़ोस की खुशबू	नमन प्रकाशन, दिल्ली (1999)

आत्मकथा

1. सहचर है समय	किताबघर, दिल्ली (1991)

संस्मरण

1. स्मृतियों के छन्द	वाणी प्रकाशन, दिल्ली (1995)

चुनी हुई रचनाएं

1. बूंद-बूंद नदी	साहित्य सहकार, दिल्ली (1994)